ドイツ統一・EU統合とグローバリズム

教育の視点からみたその軌跡と課題

木戸　裕

東信堂

はじめに

　東西を28年間にわたり分断してきた「ベルリンの壁」は、1989年11月崩壊した。その翌年（1990年）10月3日、東西ドイツは悲願であった統一を成就した。すでに統一20周年を迎えた。第二次世界大戦の終結（1945年）後、ドイツは、米、英、仏、ソ連の4か国により分割占領された。その後、東西の冷戦を背景に、西ドイツ（ドイツ連邦共和国）と東ドイツ（ドイツ民主共和国）という2つのドイツが建国され（1949年）、東西ドイツは、以後まったく異なる政治体制のもとで、新しい国家づくりを行っていくことになった。

　西ドイツでは、憲法にあたるドイツ連邦共和国基本法により、教育制度の立法、組織、行政に関する権限は各州（Land）に委ねられた。その結果生ずる州間の相違をできる限り統一化するために、各州文部大臣会議（KMK）が設置され、同会議がドイツ全体としての文教施策の調整にあたることになった。西ドイツでは、わが国のように単線型の教育制度に移行することなく、従来の複線型の教育制度がそのまま残った。一方、ソ連占領地域から出発した東ドイツは、社会主義国家として、マルクス・レーニン主義のイデオロギー形成の一環としての統一的な学校制度が導入された。東ドイツでは「社会主義的人間の育成」が、教育的営みの中心を占めていた。

　東西ドイツの統一は、東ドイツの西ドイツへの「編入」という形で行われたため、旧西ドイツの教育制度は従来どおり維持され、旧東ドイツが、西のそれをモデルとして教育制度の再編を行った。しかし、一方は市場経済、自由主義体制、もう一方は計画経済、社会主義体制というまったく異なった政治的・経済的システムのもとで、両国は40年間それぞれ独自の教育制度を構築してきた。統一によって生じている問題は、教育の領域でも少なくないことは指摘されるところである。

　目を広くヨーロッパに転ずると、1957年に、ドイツ、フランスとその周

辺の6か国から出発した共同体は、EU（欧州連合）として27の加盟国を数えるに至っている。東西冷戦で分断されていた戦後体制は終結し、これまでの国家の枠組みを超えた「超国家」という、「ポスト国民国家」に向かって、ヨーロッパ全体が大きく動きつつある状況が存在する。EUといういわばヨーロッパ・ネーションを母国とするヨーロッパ国民を念頭に置いて、そのなかで学位であるとか、職業資格の相互承認など、いろいろな形で、教育における「ヨーロッパ次元」の確立を目指した試みが企てられている。

しかし他方、ヨーロッパ統合から疎外された集団によってかもし出される問題もまた同時進行的に噴出している。たとえば、トルコなどからの外国人労働者、経済的移民、戦前ドイツ領であった旧東欧・ソ連からの旧ドイツ系住民の引揚者、庇護申請者などいろいろなタイプの難民等々といった人々のなかには、EUにも、国家にも、また地域にも、いずれにもアイデンティティをもてない人たちも存在しているという状況も見逃せないであろう。

以上のような状況を背景に、ドイツでは、①旧東ドイツが旧西ドイツに吸収合併されたドイツ、②いろいろな国からの移民、難民を多数抱え多民族国家化したドイツ、③EU統合へ向けて国民国家の枠を超えつつあるドイツ、という三重に交錯した社会構造のなかで、教育の在り方が改めて問い直されているということができよう。換言すれば、ドイツにおいては、①東ドイツと西ドイツの統合、②ドイツ人と様々なタイプの外国人との統合、③ドイツのヨーロッパへの統合、という3つの統合に関わる教育課題が存在する。しかも、これらの課題は、並列的に存在するのでなく、いろいろな文脈のなかで互いに交錯し、複雑に絡み合いながら教育問題を形成している。たとえばヨーロッパ人と非ヨーロッパ人、同じ外国人労働者でも定住者と新たな参入者、キリスト教徒と非キリスト教徒、国内少数民族と外国人、旧ソ連から引き揚げてきたドイツ人とそうではない旧ソ連人の難民、あるいは旧東ドイツ出身者と外国人労働者との関係、さらに一口に外国人労働者といっても、多種多様な国々からの外国人労働者間の関係等々、様々なタイプの集団間にまたがる重層的な問題構造が浮かび上がってくる。こうした問題構造のなかで、つねに相克、緊張を孕みつつ、日々の教育現実が形成されている。

本書は、ドイツが置かれている教育状況を以上のような問題意識のもとで捉え、現代ドイツの学校と大学に関わる諸問題について、できる限り幅広い、多面的な角度から考察することを目的としている。

　筆者は、「ベルリンの壁」が開放された1989年の秋から冬にかけて、在外研究でドイツに滞在し、ドイツの教育機関を実地に訪問する機会に恵まれた。「ベルリンの壁」が開放されたというニュースはミュンヒェンで聞いた。「壁」が崩壊したのは1989年11月9日であるが、その数日前はベルリンにおり、民主化を求める市民の大規模なデモにも実際に遭遇した。市民たちの怒濤のようなシュプレヒコールが、今でも耳に残っている。そのときベルリンからミュンヒェンに向かう飛行機の窓から見えた延々と続く壁の情景が、いまだに眼に焼き付いている。その「壁」がわずか数日後に開放され、それから1年もたたないうちに東西ドイツの統一が実現するとは、そのときは夢にも思わなかった。その翌年の11月、筆者は再びベルリンを訪れる機会があった。今度は上空からベルリン市内を見下ろすと、壁の姿はすでに消えており、「壁がなくなった」ということを改めて実感した次第であった。
　その後のソ連や東欧諸国における社会主義体制の崩壊、そしてマーストリヒト条約に見られるように「ひとつのヨーロッパ」へ向けての大きな流れ、同時に一方では、ユーゴなどに象徴的に見られるような様々な民族紛争の頻発、他方では、外国人労働者問題など、ヨーロッパ統合とはかけ離れたところに存在する人々の集団と彼らに対する排他主義の表面化等々、近年におけるヨーロッパのあまりにもドラスティックな歴史の流れを見ていると、こうした激動の発端のひとこまを現地で体験できたということが、これを書いている今、大変感慨深く思い出される。
　1989年にドイツを訪れたときに思ったのは、ドイツ統一はまだまだこれからずっと先のこと、しかしEC（欧州共同体）の統合の方は、着実に進行しているという印象であった。同年秋、南ドイツのフランス国境近くにあるカールスルーエのヨーロッパ学校を訪問した。この学校は、もともとはEC勤務者の子女のための学校ということで創設されたが、その後幅広い生徒層に開

放され、ヨーロッパの様々な国の生徒がこの学校で学んでいる。この学校を最終的に卒業すると「ヨーロッパ・バカロレア資格」というヨーロッパ各国に通用する大学入学資格を取得することができる。私はこの学校で、校長先生と二人の教頭先生からお話を伺い、授業を参観させていただいたが、校長はオランダ人で、お二人の教頭はイギリス人とフランス人であった。校長先生から「何語でこれからお話しましょうか。ただし日本語はできません」と英語で言われ、私が「それではドイツ語でお願いします」と答えると、その後はオランダ人の先生も、イギリス人の先生も、フランス人の先生も、皆さんドイツ語で私に応対してくれた。そのときに校長先生がおっしゃった「この学校はドイツの学校でも、フランスの学校でも、イギリスの学校でもない。ヨーロッパの学校です」という言葉が大変印象に残っている。

　本書は、このときの研究旅行の前後から、様々な機会に、いろいろな場で、ドイツ統一とヨーロッパ統合に関連して発表した拙稿を再整理し、一冊の書物に取りまとめたものである。

　本書の構成は、序論「ドイツの教育制度概観」と、第Ⅰ部「ドイツ統一と旧東ドイツ教育の再編」、第Ⅱ部「ヨーロッパ統合とドイツの教育」、第Ⅲ部「ドイツの外国人問題と教育格差」の大きく3つの部分と、最後に「今後の展望」から組み立てられている。

　上に述べた現代ドイツ社会の三重構造という視点から言えば、第Ⅰ部でドイツ統一、第Ⅱ部でヨーロッパ統合、第Ⅲ部で外国人問題、という3つの統合に関わるそれぞれの教育の課題を取り扱う。これらを通して、東西ドイツの統一から、ヨーロッパ統合へ向かって動きつつあるヨーロッパ全体の大きな流れを教育の視点からたどっていく。同時に、こうした動きと並行して、ドイツ社会になかなか融合できない多数の「移民の背景をもつ」人々が抱えている教育現実に目を向ける。合わせて、社会的背景を異にする人々の間に見られる教育格差の問題に言及する。取り扱う領域としては高等教育が中心となっているが、初等・中等教育を含むできるだけ幅広い角度から展望することに努めた。

本書全体として、このような3つの教育課題を抱えるなかで、現代ドイツの教育がいかなる制度をもち、そのなかでどのようなシステムが実際に機能しているのか。ドイツとヨーロッパは、そのために具体的にどのような課題の解決に取り組み、どこへ向かおうとしているのか。そうしたドイツ統一からヨーロッパ統合へと向かう教育の軌跡をできる限り実証的に明らかにしていくことを主眼としている。最後に今後の展望では、「持続可能な社会構築」のための教育という視点から、本書を締めくくってみた。すなわち、欧州連合条約でEUの目的として謳われている「持続可能な発展」に果たす教育の役割という観点から、ドイツ教育の将来の展望を探求する。

　日本とドイツの戦後の歩みを見ると、どちらも敗戦と連合国による占領を経験した点など、少なからぬ共通点が存在する。同時に、たとえば戦後補償をめぐる両国の対処の仕方の相違など、両者の違いが、しばしば話題となる。教育の領域から見ると、異質なものとの共存、共生の実現、グローバル化時代における教育のあり方など、わが国もドイツも、今日共通する教育課題をもっている。多文化主義、異文化間教育の理念、エスニック・マイノリティの権利の保障、宗教の自由の尊重なども、彼我に共通する価値観であろう。しかし同時に、そうした共通の課題への取り組み方においては、それぞれに固有の独自性が見られ、その内実は同じではない。

　本書で取り扱っている内容はドイツの教育であり、ヨーロッパの教育であるが、記述にあたっては、「日本から見たドイツの教育」と「ドイツから見た日本の教育」の両方の視座を念頭にアプローチを試みている。筆者としては、個々の記述にあたり、わが国の教育現実との比較という視点をつとめて意識して執筆したつもりである。

　執筆にあたり、筆者として留意したのは次の点である。すなわち、その国の教育のもつ本質的な在りようは、教育現場における実践のなかに体現されるが、そこには、何らかのかたちでつねに政策が反映している。政策には、それを理由付け、相対化している理論、思想が背後にある。したがって、理論、政策、実践を総合的に見ていくことが、研究上不可欠であるという点である。本書は、内容的には、現在展開されている教育関連の諸政策を中心に

取り上げており、政策の視点が全面的に出ているが、つねに理念と実践という点も忘れないように心がけた。

　アプローチの方法としては、法律、制度、組織、カリキュラムなどに関わる一次資料を用いて、客観的に、中立的な立場から読者に情報を伝達することを目指した。同時に、それらの意味するところが、具体的かつ明示的に浮かび上がってくるよう努めた。統計類、データ等もできる限り挿入し、関連する法令などの典拠を明らかにして、一つひとつの記述が実証性をもったものとなるよう配慮した。

　本書が目指している到達点は、現代ドイツ教育のもっともアクチュアルと思われる諸問題に関する包括的で詳細な情報の紹介を通して、日独共通の課題について、これをできる限り根源的に考え、議論する、そのための拠り所となるパースペクティブを読者に提供することにある。

　以上、本書を執筆した筆者のねらいを記してみた。取り扱っている内容が多岐にわたり、思わぬ誤謬などがあることを恐れている。読者の皆さまから、御叱声とご教導をいただければ幸いである。

　現代ドイツとそれを取り巻く広くヨーロッパレベルで展開されている教育現実の一端が、少しでもビビッドに読者に伝わり、わが国教育のあり方を考える上で、多少なりとも本書が資するところがあれば、筆者として大変うれしく思う次第である。

平成24（2012）年10月

木戸　裕

ドイツ統一・EU 統合とグローバリズム
――教育の視点からみたその軌跡と課題／目次

はじめに ……………………………………………………………… i

序論　ドイツの教育制度概観 …………………………… 3

Ⅰ　教育制度の特色と概要……………………………………… 4
1　教育制度の特色 (4)
2　教育制度の概観 (6)

Ⅱ　個別の問題とドイツに見られる特色……………………… 12
1　接続の視点からみたドイツ教育の特色 (12)
2　わが国からみたドイツ教育の特色 (20)

注 (29)

第Ⅰ部　ドイツ統一と旧東ドイツ教育の再編 ………… 35

梗概 (35)

第1章　旧東ドイツ教育の終焉 ……………………………… 38

第1節　旧東ドイツのあゆみと教育制度の特色 ………………… 38
1　東ドイツの戦後のあゆみ (38)
2　旧東ドイツ教育の特色 (40)

第2節「壁」開放から「統一」前後における教育政策の展開 ……… 41
1　「壁」開放後の教育政策の「転換」(41)
2　「統一条約」における教育関係の規定と
暫定的教育関連法令の制定 (46)

第3節　「壁」開放後における学校教育の変化 ………………… 48
1　教育内容等の変化 (48)
2　アビトゥーア試験の問題から (50)
3　生徒および教員に対するアンケート調査の結果から (51)
4　旧東ドイツで取得した資格の承認をめぐって (56)

注 (60)

第2章　新しい学校制度の構築と各州の動向 ……………………63
第1節　新しい学校法の制定 ……………………………………63
第2節　新しい学校法の内容 ……………………………………68
1　学校の種類 (68)
2　多様性と透過性 (79)
3　学童保育 (82)
4　教員養成 (83)
5　就学義務期間 (83)
6　新しい授業科目の導入 (84)
7　私立学校 (87)

注 (90)

第3章　学校現場の反応と教員解雇をめぐる諸問題 ……………93
第1節　学校現場の反応──**学校関係者の発言から** ……………93
1　教員からみた新学期 (94)
2　生徒からみた新学期 (97)
3　新しい学校制度はどう見られているか (99)
第2節　教員解雇をめぐる諸問題 ………………………………102
1　解雇をめぐる関係者の発言から (102)
2　解雇の法的根拠 (104)
3　各州の状況──**ザクセン州の場合** (106)
【参考】教員の解雇基準（ザクセン州）(108)

注 (110)

第4章　旧東ドイツの大学の再編と大学ランキング ……………113
第1節　旧東ドイツ地域の大学制度の発展状況と再編の実際……113
1　統一直前における旧東ドイツ地域の大学 (114)
2　統一後の大学再編 (115)
第2節　旧東ドイツ地域の「大学ランキング」………………125
1　調査の方法および内容 (126)
2　調査結果の概要 (126)

注 (137)

第5章　統一をどう評価するか …………………………………141

第1節　親に対するアンケート調査の結果から………………141
　1　全体的な特徴 (142)
　2　個別の結果 (142)
　3　調査結果の検討 (150)

第2節　東西ベルリンの青少年の社会意識調査から…………152
　1　質問項目とその結果 (152)
　2　調査結果の考察 (153)

第3節　統一ドイツが抱える諸問題……………………………156
　1　二流市民 (156)
　2　魔女狩り (157)
　3　旧東ドイツ＝不法国家 (158)
　4　外国人敵視 (158)

注 (159)

第Ⅱ部　ヨーロッパ統合とドイツの教育 …………………161
　　　　——高等教育改革を中心に

梗概 (162)

第1章　教育政策—— ECからEUへ ……………………………167

第1節　教育政策のあゆみと法基盤……………………………167
　1　補完的社会政策から教育政策へ (167)
　2　マーストリヒト条約と教育に関する規定 (171)
　3　現在進行している教育計画 (173)

第2節　リスボン戦略とその展開——**ベンチマークの設定**………177
　1　目標設定と作業計画の策定 (177)
　2　ベンチマークの設定 (179)

第3節　拡大EUの教育課題……………………………………186
　1　ベンチマークと16の指標 (186)
　2　拡大EU全体としての課題 (189)

第4節　市民性の教育……………………………………………193

1　市民性の形成とEUの「青少年行動計画」(194)
　　2　シティズンシップ教育の視点から (195)
　注 (198)

第2章　ヨーロッパの高等教育改革（その1） ……………………207
——1990年代の動向と課題
　第1節　1990年代の高等教育の状況と大学評価 …………………207
　　1　「競争」と「評価」という考え方の登場 (207)
　　2　大学評価機関の設置 (209)
　　3　1990年代高等教育の課題 (210)
　第2節　EUの大学評価の試み ………………………………………214
　　　　——ヨーロッパ・パイロットプロジェクト
　　1　プロジェクトの概要 (214)
　　2　ドイツのナショナル・レポートから (221)
　第3節　ヨーロッパの大学ランキング ………………………………225
　　1　大学ランキングの概要 (226)
　　2　ヨーロッパの大学ランキングの意味するもの (231)
　注 (232)

第3章　ヨーロッパの高等教育改革（その2） ……………………235
——ボローニャ・プロセスを中心にして
　第1節　ボローニャ・プロセスの出発 ………………………………237
　　1　高等教育をめぐる一般的状況と課題 (237)
　　2　リスボン戦略と2つのプロセス (239)
　　3　ボローニャ宣言以降の展開 (244)
　　4　ボローニャ・プロセスの関係機関 (247)
　第2節　ボローニャ・プロセスの展開と課題 ………………………249
　　1　学位制度 (251)
　　2　質の保証 (255)
　　3　学位および学習期間の承認 (261)
　　4　生涯学習 (265)
　　5　ジョイント・ディグリー (266)
　　6　全体として見られる特色とロンドン・コミュニケ (267)

7　2007年以降のドイツの動き (270)
　第3節　ヨーロッパの高等教育改革とラーニング・アウトカム …271
　　1　QF-EHEA とドイツの高等教育資格枠組み (272)
　　2　生涯学習のためのヨーロッパ資格枠組み (275)
　　3　ラーニング・アウトカムをめぐる最近の動向 (279)
　第4節　ボローニャ・プロセスの特色と今後の方向性……………280
　　1　ボローニャ・プロセスの意義と課題 (281)
　　2　ボローニャ・プロセスに対する批判と意見 (285)
　　3　今後の方向性――**ヨーロッパの大学とアメリカの大学** (290)
　注 (294)

第4章　ドイツの高等教育改革――**1990年代の動向と課題** ……………306
　第1節　『シュピーゲル』誌と『シュテルン』誌の大学ランキング …307
　　1　『「シュピーゲル」誌の大学ランキング (308)
　　2　『シュテルン』誌の大学ランキング (320)
　　3　法学と医学に見る両誌のランキング表の比較 (324)
　第2節　大学ランキングに対する大学人の反応………………………329
　　1　デュッセルドルフ大学とボン大学の学長の感想 (330)
　　2　「ドイツ大学新聞」から (332)
　　3　『シュピーゲル』誌と『シュテルン』誌以外の大学ランキング (334)
　　4　大学学長会議の議論とパイロットプロジェクトの開発 (337)
　第3節　大学改革の課題……………………………………………………341
　　1　大学入学者選抜方式の見直し (344)
　　2　専門大学の拡充 (344)
　　3　標準学習期間での修了 (345)
　　4　学生に提供する教育の質の向上 (348)
　　5　学術後継者の養成 (357)
　　6　大学評価の導入と国際化への対応 (358)
　　7　女性教授の登用 (359)
　注 (361)

第5章　2000年代ドイツの大学改革 …………………………………369
　　　　――**新たな動向と今後の方向性**

第1節　ドイツの大学の現状と特色……………………………………370
  1　高等教育の大衆化 (370)
  2　ドイツの大学の特色 (372)
第2節　ドイツの大学の特色の変化……………………………………375
  1　大学による選抜枠の拡大 (375)
  2　段階化された高等教育の構造と単位制度の導入 (380)
  3　ジュニア・プロフェッサー制度の創設 (380)
  4　授業料徴収問題 (383)
  5　私立大学の増加 (383)
第3節　評価と競争を志向する大学へ…………………………………386
  1　エクセレンス・イニシアティブとエリート大学 (386)
  2　大学のランキング (389)
  注 (395)

第6章　教員養成制度……………………………………………401

第1節　現行の教員養成制度……………………………………………401
  1　養成大学の種類と教職の種類 (403)
  2　大学における学習と第一次国家試験 (405)
  3　試補勤務と第二次国家試験 (409)
  4　教員の採用状況等のデータ (412)
第2節　教員養成制度の改革動向………………………………………413
  1　ボローニャ・プロセスとPISAショック (413)
  2　ノルトライン・ヴェストファーレン州の改革動向 (414)
  注 (418)

第7章　ヨーロッパ学校とドイツの海外子女教育………………421

第1節　ヨーロッパ学校…………………………………………………421
  1　ヨーロッパ学校の概要 (422)
  2　カールスルーエのヨーロッパ学校 (429)
第2節　ドイツの海外学校制度…………………………………………435
  1　ドイツの対外文化政策と海外学校の歴史 (435)
  2　海外学校の種類 (439)

3　海外学校の実際——リスボンのドイツ人学校 (442)

　注 (458)

第Ⅲ部　ドイツの外国人問題と教育格差 …………………461

梗概 (461)

第1章　ドイツの外国人問題 ……………………………464

第1節　地域研究と比較の視点……………………………464
　　　　——エスニック・マイノリティの教育課題から

第2節　外国人をめぐる現況とその概念の多様性……………468
　1　外国人をめぐる現況 (469)
　2　外国人概念の多様性 (476)

第3節　EUの移民政策 ……………………………………482
　1　移民政策の展開 (482)
　2　移民政策に関わる具体的措置 (484)
　3　最近の動向と課題 (485)

　注 (488)

第2章　外国人問題と教育の課題 ………………………495

第1節　教育の視点から見た課題…………………………495
　1　外国人子女教育の問題点 (496)
　2　ドイツの外国人子女教育に見られる特色 (503)

第2節　格差と公正の視点からの課題……………………505
　1　移民の背景の有無による格差 (505)
　2　親の属性と子どものギムナジウム進学 (514)
　3　三分岐型学校制度と早期振り分けの見直し (518)

　注 (520)

終章　今後の展望——持続可能な社会の構築に向けて ……………528

第1節　アジェンダ21の内容とその展開・構造……………531
　1　アジェンダ21の内容 (531)
　2　アジェンダ21の展開・構造 (532)

第2節　EUおよびドイツの「アジェンダ21」策定状況　…………534
　　　　1　EU (534)
　　　　2　ドイツ (539)
　　第3節　ドイツのローカル・アジェンダ21 ——**その発展と事例**　……545
　　　　1　ローカル・アジェンダ21の発展 (545)
　　　　2　ノイマルクトのローカル・アジェンダ21 (546)
　　　　3　ローカル・アジェンダ21の効果と課題 (550)
　　　注 (553)

関連拙稿一覧　………………………………………………………555
あとがき　……………………………………………………………559
事項・人名索引　……………………………………………………567
大学名索引　…………………………………………………………589

図表一覧

序論　ドイツの教育制度概観
図序-1	ドイツの教育制度図	5
図序-2	第8学年の生徒の学校種類別在学率（1952-2005年）	9
図序-3	基幹学校、実科学校、ギムナジウムに入学するまでの手続き（バーデン・ヴュルテンベルク州）	14
図序-4	大学卒業までの分岐点	18
図序-5	アビトゥーア試験の総合成績（バーデン・ヴュルテンベルク州）	21
表序-1	第5学年の生徒の学校種類別割合（2006/07学年度）	8
表序-2	8年制ギムナジウム卒業者のアビトゥーア試験が行われる最初の年度	10
表序-3	学校種類間の移動（第7学年 – 第9学年、2006/07学年度）	16
表序-4	留年率（2006/07学年度）	17

第Ⅰ部　ドイツ統一と旧東ドイツ教育の再編
第1章　旧東ドイツ教育の終焉
図Ⅰ-1-1	旧東ドイツの教育制度	41
図Ⅰ-1-2	東ドイツから西ドイツへの移住者数の推移	57
表Ⅰ-1-1	「壁」開放前の東ドイツのアビトゥーア筆記試験問題	51
表Ⅰ-1-2	「壁」開放後の東ドイツのアビトゥーア筆記試験問題	51
表Ⅰ-1-3	教員の目から見た生徒の変化	53
表Ⅰ-1-4	教員の目から見た東西ドイツの教育制度の特色	53
表Ⅰ-1-5	学校生活で満足している点	54
表Ⅰ-1-6	学校生活で不満足な点	54
表Ⅰ-1-7	学校をサボったことがある者の割合	55

第2章　新しい学校制度の構築と各州の動向
図Ⅰ-2-1	ブランデンブルク州の学校制度	69
図Ⅰ-2-2	メクレンブルク・フォアポンメルン州の学校制度	70
図Ⅰ-2-3	ザクセン州の学校制度	71
図Ⅰ-2-4	ザクセン・アンハルト州の学校制度	71
図Ⅰ-2-5	テューリンゲン州の学校制度	72
図Ⅰ-2-6	旧西ドイツの学校制度	73
図Ⅰ-2-7	ベルリンの学校制度	74

図 I-2-8	通常学校からギムナジウム上級段階への移行（テューリンゲン州の場合）	81
表 I-2-1	旧東ドイツ5州およびベルリン（東）の新しい学校法	66
表 I-2-2	1991／92年新学期の生徒数、教員数、学校数	76
表 I-2-3	社会科の教授プランから（ザクセン州の場合）	88

第4章　旧東ドイツの大学の再編と大学ランキング

図 I-4-1	ドイツの主な大学とランキング	126
図 I-4-2	統一直後（1990年）と現在（1993年）との比較	127
図 I-4-3	教員の質についての東西の比較	134
表 I-4-1	ベルリン州の大学再編成	117
表 I-4-2	ブランデンブルク州の大学再編成	118
表 I-4-3	メクレンブルク・フォアポンメルン州の大学再編成	118
表 I-4-4	ザクセン州の大学再編成	119
表 I-4-5	ザクセン・アンハルト州の大学再編成	121
表 I-4-6	テューリンゲン州の大学再編成	122
表 I-4-7	教員の専門的能力	127
表 I-4-8	教員の教授能力	128
表 I-4-9	講義の幅の広さ	129
表 I-4-10	学習要求の見通しやすさ	129
表 I-4-11	他の学生との共同	130
表 I-4-12	教員との個人的接触	131
表 I-4-13	図書館資料の充実度	132
表 I-4-14	機器類等の整備状況	133
表 I-4-15	工学のランキング	135
表 I-4-16	人文科学、経済学、法学のランキング	136
表 I-4-17	総合ランキング	136

第5章　統一をどう評価するか

表 I-5-1	旧東ドイツ教育のどのような点を評価するか	143
表 I-5-2	「生徒たちは『壁』の開放前より今の方が喜んで通学しているか」に対する回答	143
表 I-5-3	「新しい学校タイプについて、どのくらいインフォメーションを与えられているか」に対する回答	144
表 I-5-4	親が子どもに期待する修了証	145
表 I-5-5	子どもに希望する職業修了証	145
表 I-5-6	学校に対する満足度──「学校は子どもたちの促進のために努力しているか？」	146

表 I-5-7	教師に対する信頼度	147
表 I-5-8	学校種類ごとの評価	147
表 I-5-9	基礎学校修了後、生徒を三種類の学校形態に振り分けることの是非	148
表 I-5-10	東西の親たちの意見	149
表 I-5-11	質問文	153
表 I-5-12	調査結果の一覧（％）	154

第II部　ヨーロッパ統合とドイツの教育——高等教育改革を中心に
第1章　教育政策——ECからEUへ

図II-1-1	市民性教育の内容	196
表II-1-1	ECの主な教育関連計画（1989-92年）	170
表II-1-2	マーストリヒト条約（第126条、第127条）	172
表II-1-3	生涯学習の促進に関する統合計画（2007－2013年）	174
表II-1-4	普通教育および職業教育におけるリスボン戦略への貢献	178
表II-1-5	5つのベンチマーク	179
表II-1-6	2000年以降の各国の進展状況	181
表II-1-7	中等教育関連のベンチマークの上位国	182
表II-1-8	高等教育および生涯学習関連のベンチマークの上位国	183
表II-1-9	2010年に向けた16の指標	187
表II-1-10	鍵となる指標に関する上位国	188
表II-1-11	国内総生産（GDP）に占める教育費の公財政支出の割合（％）	191
表II-1-12	青少年行動計画	195
表II-1-13	民主主義の教育	197

第2章　ヨーロッパの高等教育改革（その1）——1990年代の動向と課題

表II-2-1	1990年代高等教育制度改革の主要領域	213
表II-2-2	大学教育の質の評価に関する参加大学のための基準（自己評価のチェックリスト）	216
表II-2-3	PRGによる実地調査	220
表II-2-4	PRGにより作成される報告書の内容上の構成	221
表II-2-5	ドイツのナショナル・レポートの目次	222
表II-2-6	ヨーロッパの大学ランキング（『シュピーゲル』誌）	227
表II-2-7	質問票の項目（『シュピーゲル』誌）	228
表II-2-8	どの国がよい大学をもっているか？（『シュピーゲル』誌）	230
表II-2-9	どこの国に留学したいか？（『シュピーゲル』誌）	230

第3章　ヨーロッパの高等教育改革（その2）——ボローニャ・プロセスを中心にして

| 図II-3-1 | リスボン戦略と2つのプロセス | 240 |

図Ⅱ-3-2	ボローニャ・プロセスの進展	246
図Ⅱ-3-3	ボローニャ・プロセスの関係機関（全体図）	248
図Ⅱ-3-4	ボローニャ・プロセスの関係機関（ドイツ）	248
図Ⅱ-3-5	学士号取得後の進路	252
図Ⅱ-3-6	ヨーロッパレベルの資格枠組み	254
図Ⅱ-3-7	ドイツのアクレディテーション機関	256
図Ⅱ-3-8	QF-EHEA と EQF-LLL	275
図Ⅱ-3-9	ヨーロッパと各国の資格枠組みの関係	278
図Ⅱ-3-10	「ヨーロッパ高等教育圏」への道のり	283
表Ⅱ-3-1	ディプロマ・サプリメントの見本（グラーツ工業総合大学）	242
表Ⅱ-3-2	ボローニャ・プロセスの課題一覧	249
表Ⅱ-3-3	ボローニャ・プロセスの達成状況	250
表Ⅱ-3-4	第一サイクルおよび第二サイクルの実施段階	251
表Ⅱ-3-5	学士／修士課程で学ぶ学生の割合（ドイツの場合）	252
表Ⅱ-3-6	次のサイクルへのアクセス	253
表Ⅱ-3-7	国レベルの資格枠組み	253
表Ⅱ-3-8	「ヨーロッパ高等教育圏における質の保証に関するスタンダードおよびガイドラン」（ESG）にもとづく実施	258
表Ⅱ-3-9	外部による質の保証システム	259
表Ⅱ-3-10	学生の参加レベル	260
表Ⅱ-3-11	国際的な参加レベル	261
表Ⅱ-3-12	ディプロマ・サプリメント	261
表Ⅱ-3-13	リスボン協定	262
表Ⅱ-3-14	ヨーロッパ単位互換制度（ECTS）	263
表Ⅱ-3-15	ECTS とドイツの評点の関係	264
表Ⅱ-3-16	従前の学習の承認	265
表Ⅱ-3-17	ジョイント・ディグリー	267
表Ⅱ-3-18	2007年の数値の項目ごとのランキング	268
表Ⅱ-3-19	2005年以降進歩が見られた指標	268
表Ⅱ-3-20	国レベルの課題	269
表Ⅱ-3-21	ドイツの高等教育資格枠組み（学士のレベル）	274
表Ⅱ-3-22	各レベルに到達するために必要なラーニング・アウトカム（EQF-LLL）	277
表Ⅱ-3-23	平均学習期間（従来の大学修了証とバチェラーの比較）	287
表Ⅱ-3-24	ボローニャ・プロセスに対する懸念	288

第4章　ドイツの高等教育改革──1990年代の動向と課題

図Ⅱ-4-1	ドイツ大学所在地一覧（ランキング作成当時）	314
図Ⅱ-4-2	学生数等の推移（旧西ドイツ）	342
図Ⅱ-4-3	学生から見た大学改革の課題	343
図Ⅱ-4-4	学生から見た学習期間短縮のための措置	348
図Ⅱ-4-5	「教育の質」に対する学生の感想	350
表Ⅱ-4-1	学生に対する質問項目（『シュピーゲル』誌）	309
表Ⅱ-4-2	教授に対する質問項目（『シュピーゲル』誌）	311
表Ⅱ-4-3	ドイツの主な大学の学生数（ランキング作成当時）および創立年	313
表Ⅱ-4-4	ドイツ大学の総合ランキング（『シュピーゲル』誌）	316
表Ⅱ-4-5	「もう一度今の大学で学習したいか？」（『シュピーゲル』誌）	317
表Ⅱ-4-6	教授のアドバイス（『シュピーゲル』誌）	318
表Ⅱ-4-7	大学のランキング（『シュテルン』誌）	322
表Ⅱ-4-8	「どこの大学で学びたいか／教えたいか」（『シュテルン』誌）	323
表Ⅱ-4-9	「法学」のランキング（『シュピーゲル』誌）	325
表Ⅱ-4-10	教授1人あたりの卒業生数（法学）（『シュピーゲル』誌）	325
表Ⅱ-4-11	「法学」のランキング（『シュテルン』誌）	326
表Ⅱ-4-12	「医学」のランキング（『シュピーゲル』誌）	327
表Ⅱ-4-13	教授1人あたりの卒業生数（医学）（『シュピーゲル』誌）	328
表Ⅱ-4-14	「医学」のランキング（『シュテルン誌』）	329
表Ⅱ-4-15	法学のランキング（シュピーゲル、シュテルン、RCDS）	335
表Ⅱ-4-16	学生数等の増加（旧西ドイツ）	342
表Ⅱ-4-17	全卒業者に占める標準学習期間内の卒業者の割合（自然科学の例）	345
表Ⅱ-4-18	自然科学の卒業者の平均年齢および学習期間（平均）	346
表Ⅱ-4-19	大学生の卒業年齢と学習期間（平均）	347
表Ⅱ-4-20	具体的提言一覧（ノルトライン・ヴェストファーレン州学術研究省『教育の質に関する行動計画：最終報告書』から）	353
表Ⅱ-4-21	行動領域一覧（学術大学の場合）	354
表Ⅱ-4-22	教育の質の判定に関する質問表の例	356

第5章　2000年代ドイツの大学改革——新たな動向と今後の方向性

図Ⅱ-5-1	学生数の推移（1947年-2006年）	370
図Ⅱ-5-2	大学中退者の割合	373
図Ⅱ-5-3	大学教授に至る道（これまで）	374
図Ⅱ-5-4	高等教育の構造	380
図Ⅱ-5-5	大学教授に至る道（現在）	382
図Ⅱ-5-6	「エクセレンス・イニシアティブ」に選ばれた大学	387
図Ⅱ-5-7	エクセレンス・イニシアティブの配分割合	388

図Ⅱ-5-8	エクセレンス・イニシアティブの配分割合（分野別）	389
表Ⅱ-5-1	ドイツの大学の数（2007/08年冬学期現在）	371
表Ⅱ-5-2	大学の学習開始者の割合	371
表Ⅱ-5-3	入学制限が行われている専門分野と倍率（2008/09年冬学期）	372
表Ⅱ-5-4	大学による選抜基準（2008/09年冬学期、医学部の場合）	377
表Ⅱ-5-5	各州の大学授業料一覧（2009年4月現在）	384
表Ⅱ-5-6	主な私立大学一覧	385
表Ⅱ-5-7	大学のランキング（CHE調査：法学）	391
表Ⅱ-5-8	フンボルト・ランキング（生命科学：バイオ科学、医学、農学）	392
表Ⅱ-5-9	世界の大学ランキング	394

第6章　教員養成制度

図Ⅱ-6-1	ノルトライン・ヴェストファーレン州の新しい教員養成制度（概観）	415
表Ⅱ-6-1	全州の教職の名称一覧	404
表Ⅱ-6-2	教職のタイプごとの学習期間及び試補勤務期間	406
表Ⅱ-6-3	基礎・基幹・実科学校及び総合制学校の対応する学年の教職	406
表Ⅱ-6-4	ギムナジウム及び総合制学校の教職	407
表Ⅱ-6-5	ノルトライン・ヴェストファーレン州の第一次国家試験	408
表Ⅱ-6-6	ドイツの成績評価	408
表Ⅱ-6-7	評点と成績評価との対応	409
表Ⅱ-6-8	試補勤務の学習内容	410
表Ⅱ-6-9	第二次国家試験の最終判定	411
表Ⅱ-6-10	教職学習に占める新しい学習課程の普及率（2009/10年冬学期）	414

第7章　ヨーロッパ学校とドイツの海外子女教育

図Ⅱ-7-1	DSLにおけるポルトガル人生徒とドイツ人生徒の統合過程	446
表Ⅱ-7-1	第1および2学年の学習時間表	424
表Ⅱ-7-2	第3-5学年の学習時間表	424
表Ⅱ-7-3	中等学校の第1-3学年の時間表（週あたり時間数）	425
表Ⅱ-7-4	中等学校の第4および5学年の時間表（週あたり時間数）	426
表Ⅱ-7-5	中等学校の第6および7学年の時間表（週あたり時間数）	427
表Ⅱ-7-6	生徒の国籍	430
表Ⅱ-7-7	授業語ごとの生徒数	430
表Ⅱ-7-8	教員の国籍	431
表Ⅱ-7-9	初等学校の言語別生徒数	431
表Ⅱ-7-10	中等学校の言語別生徒数	432
表Ⅱ-7-11	1年生の外国語の選択状況	432
表Ⅱ-7-12	言語クラスごとの外国語選択状況（第4および5学年）	433

表Ⅱ-7-13	言語クラスごとの外国語選択状況（第6および7学年）	433
表Ⅱ-7-14	社会科の授業で使用される外国語	434
表Ⅱ-7-15	授業で使用される言語	448
表Ⅱ-7-16	DSLで使用される言語	451
表Ⅱ-7-17	家庭で使用される言語	451
表Ⅱ-7-18	生徒間（ドイツ人生徒とポルトガル人生徒の間）のコンタクト	452
表Ⅱ-7-19	友人の種類（ドイツ人とポルトガル人のどちらの友人が多いか）	452
表Ⅱ-7-20	英語の時間に机を並べたい生徒のタイプ（複数回答）	453
表Ⅱ-7-21	異なった集団に対する教師の接し方	453
表Ⅱ-7-22	DSLの問題点（複数回答）	454
表Ⅱ-7-23	DSLのよい点（複数回答）	456
表Ⅱ-7-24	海外学校の生徒数と生徒1人あたりの助成額等の内訳（1986年12月現在）	457

第Ⅲ部　ドイツの外国人問題と教育格差
第1章　ドイツの外国人問題

図Ⅲ-1-1	外国人人口の推移	470
図Ⅲ-1-2	外国人生徒数の推移（1970-2000年）	471
図Ⅲ-1-3	人口グループごとの外国人の流入（1980-2000年）	479
表Ⅲ-1-1	普通教育学校の外国人生徒数	473
表Ⅲ-1-2	職業教育学校に在学する外国人生徒数	474
表Ⅲ-1-3	国籍別外国人生徒数（普通教育学校2004/05年度）	475
表Ⅲ-1-4	移民の背景をもつ者および移民のタイプにもとづく人口構造（2005年）	477
表Ⅲ-1-5	ドイツの総人口（移民の背景をもつ者、もたない者）	478
表Ⅲ-1-6	難民のタイプ	480

第2章　外国人問題と教育の課題

図Ⅲ-2-1	「外国人はドイツ人の生活スタイルに合わせるべきである」という主張に対する賛否（1996年、2000年）	500
図Ⅲ-2-2	学校中退者の割合（ドイツ国籍・非ドイツ国籍、男女別）	507
図Ⅲ-2-3	OECDによる学力調査の結果（読解力、2003年）	511
図Ⅲ-2-4	大学入学者の割合（親が大学卒業かどうかによる相違）	515
図Ⅲ-2-5	親の属性とギムナジウム進学の勧告割合	516
表Ⅲ-2-1	国籍別、学校種類別の生徒数の割合（中等段階ⅠおよびⅡ、2005/2006年度、％）	506
表Ⅲ-2-2	学校修了者の比較（ドイツ人と外国人、男女別、2005年）	506

表Ⅲ-2-3	移民の背景／出身グループごとの中等教育学校就学率	508
表Ⅲ-2-4	中等段階Ⅰへの移行時（第5学年）の振り分けと第9学年の在籍率	509
表Ⅲ-2-5	就業状況の比較——移民の背景をもつ者ともたない者（2005年）	510
表Ⅲ-2-6	移民家庭の生徒の平均点比較（数学的リテラシー、2003年）	512
表Ⅲ-2-7	移民の背景をもたない者ともつ者との間の学力の差異（PISAの調査から）	513
表Ⅲ-2-8	初等教育段階における国際読書力調査（PIRLS）による生徒の学力比較	514
表Ⅲ-2-9	『シュピーゲル』誌のアンケートから	520

終章　今後の展望——持続可能な社会の構築に向けて

図終-1	アジェンダ21の内容	532
図終-2	持続可能戦略のレベル	533
図終-3	持続可能な社会構築へ向けての取組みの構造	534
図終-4	EU持続可能戦略の3段階	537
図終-5	ドイツの「持続可能戦略」の関係機関	540
図終-6	EU・連邦・バーデン・ヴュルテンベルク州の持続可能戦略	543
図終-7	持続可能な発展のための4つの領域と段階構造	544
図終-8	ドイツのローカル・アジェンダの発達	546
表終-1	EUの改訂持続可能戦略の概要	538
表終-2	ドイツの持続可能戦略と指標の達成状況	542
表終-3	持続可能な都市づくりのための6つの基本理念とその展開	548

【凡例】

1. インターネット情報は、2009末までに書き上げた初出原稿がもとになっている。したがって、この時点が最終アクセスとなっている。
2. 通貨の円換算は、相場が刻々変化しているので、初出原稿の執筆時点の金額を記している。
3. 人名の肩書き等は、いずれも記述した当該時点のものである。なお、現時点から見た「当時」については、括弧して（当時）と表記したが、頻繁にわたる場合は、その記載を省略した。
4. 末尾に、本書のベースとなっている関連拙稿の書誌事項を掲載した（「関連拙稿一覧」を参照）。なお、今回とりまとめるにあたり、表記等、できる限り全体的な統一をはかることを心がけた。
5. 人名、地名の表記は、できる限り原音に近い形を採用したが、一般名詞については日常よく使われている表記を使用している。たとえば、ミュンヒェン、バーデン・ヴュルテンベルク、ゲッティンゲン等は、「ヒェ」、「ヴ」、「ティ」を用いたが、イニシアティブ、モチベーションなどは、「ブ」、「チ」を使った。
6. 年号表記は、西暦を用いているが、国内に関わるものについては、元号も併記した。
7. 訳語の原語は、基本的に初出時に入れたが、章が異なる場合は、改めて記している（同じ章でも節が長い場合は、節の初出時に入れた場合もある）。
8. 索引は、「事項・人名索引」と「大学名索引」に区分した。人名は、事項索引のなかに含めた。

ドイツ統一・EU 統合とグローバリズム
──教育の視点からみたその軌跡と課題

序論　ドイツの教育制度概観

```
Ⅰ　教育制度の特色と概要
  1　教育制度の特色
  2　教育制度の概観
Ⅱ　個別の問題とドイツに見られる特色
  1　接続の視点からみたドイツ教育の特色
  2　わが国からみたドイツ教育の特色
```

　序論では、Ⅰでドイツの教育制度の特色と概要について述べる。ドイツの教育制度の特色として、①教育制度は州の権限となっている、②複線型の学校体系が構築され、多彩な学校タイプが見られるという点が挙げられる。こうした特色をもったドイツの教育制度を、(1)就学前教育、(2)初等領域、(3)中等領域Ⅰ、(4)中等領域Ⅱ、(5)高等領域、(6)障害をもつ生徒の学校、の順で概観する。

　次にⅡでは、まず1で、接続の視点から以下の順序で、ドイツ教育の特色を見ていく。(1)基礎学校から中等教育学校へのアーティキュレーション、(2)異なる学校タイプ間の移動、(3)留年の制度、(4)大学入学制度、(5)第2の教育の道、(6)半日学校と全日学校。2では、わが国からみたドイツ教育の特色について次の面からまとめてみる。(1)大学入試はない、(2)絶対評価による教育が行われている、(3)専門性の志向が強い、(4)子どもの教育にあたっては親の意向が強く反映される、(5)表現力の育成に力点が置かれている、(6)「落ちこぼれ意識」からみた相違、(7)大学の大衆化の捉え方。

I　教育制度の特色と概要

まず、ドイツの教育制度に見られる特色、学校体系の概観、個別の問題の順で見ていくことにしよう。

1　教育制度の特色
(1) 州単位の教育制度
ドイツは旧西ドイツが11州、旧東ドイツが5州の16の州からなる連邦制国家である。こうした連邦制国家に見られる特色として、教育に関する権限が各州に委ねられている点をあげることができる。すなわち各州には、名称は一様ではないが、いずれの州にも文部省に相当する省が置かれ、教育政策もそれぞれの州の事情に対応して策定されている。連邦教育研究省（BMBF）も設置されているが、連邦政府は高等教育、学術・研究などの一部に権限をもっているにすぎない[1]。

したがって教育に関する具体的なことがらは、各州の憲法、学校法、文部省令等によって定められている。たとえば、教育課程の編成、教科書の検定なども州ごとに行われている。大学入学制度など、連邦全体にかかわる大綱的な基準に関しては、各州の文部大臣によって構成される文部大臣会議（KMK）の決議によってできる限り制度的な統一化が試みられている。しかし、この決議には法的拘束力がなく、州によってかなりの相違がみられる。

(2) 複線型の教育制度と多彩な学校タイプ
ドイツに見られるもうひとつの大きな特色は、各州とも複線型の教育制度が採用されているという点である（生徒が共通して通学するのは基礎学校のみである）。したがってドイツでは、わが国と比較して、非常にバラエティーに富んだ種類の学校タイプが存在する。**図序 –1**は、各州による相違を一応度外視した一般的なドイツの学校体系図である。以下、図序 –1を参照しながら、現行の教育制度の概要を見ていくことにしよう。

序論　ドイツの教育制度概観　5

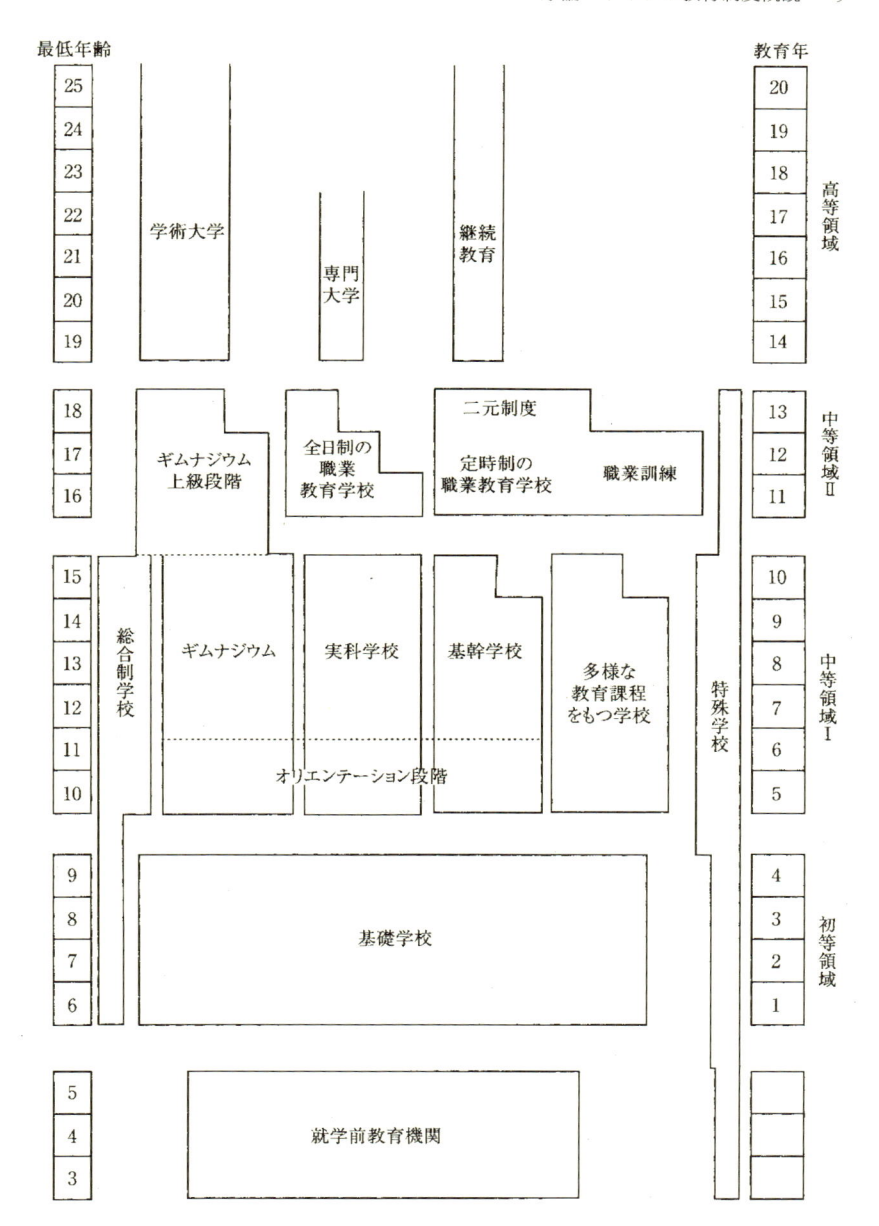

最低年齢								教育年	
25								20	
24								19	
23		学術大学				継続教育		18	高等領域
22				専門大学				17	
21								16	
20								15	
19								14	

				二元制度			
18		ギムナジウム上級段階	全日制の職業教育学校	定時制の職業教育学校	職業訓練	13	中等領域 II
17						12	
16						11	

15	総合制学校	ギムナジウム	実科学校	基幹学校	多様な教育課程をもつ学校	特殊学校	10	中等領域 I
14							9	
13							8	
12							7	
11			オリエンテーション段階				6	
10							5	

9				4	初等領域
8		基礎学校		3	
7				2	
6				1	

5		
4		就学前教育機関
3		

図序 –1　ドイツの教育制度図

（出所）Kai S. Cortina et al., *Das Bildungswesen in der Bundesrepublik Deutschland*, Reinbek: Rowohlt Verlag, 2008, S.26.

2 教育制度の概観

教育制度は、大きく就学前教育、初等領域、中等領域Ⅰ、中等領域Ⅱ、高等領域に区分される[2]。

(1) 就学前教育

まず就学前教育については、ドイツではわが国のように幼稚園と保育園が二元化されていない。すなわち、0歳から3歳までの子どもを受け入れる保育園(Kinderkrippe)と、3歳から就学年齢までの子どもが通う幼稚園(Kindergarten)というように年齢によって区分されている。また、どちらも法制上は児童福祉施設であり、学校教育制度のなかには組み入れられていない。

(2) 初等領域

初等領域の教育機関は、わが国の小学校に相当する基礎学校(Grundschule)である。基礎学校は4年間(ベルリンとブランデンブルクの2州は6年間)である。

各州とも法令により、当該年の6月30日までに満6歳に達している子どもは、新学年度の開始(8月1日)とともに、基礎学校へ就学することが義務づけられている。その年の7月1日から12月31日までに満6歳に達する子どもは、親の申請にもとづき、身体的・精神的に就学に適すると認められる場合は入学を許可される。また満6歳に達していても、心身の発達上就学に適さないと判定された子どものために、基礎学校に学校幼稚園(Schulkindergarten)、予備学年(Vorklasse)が設けられている。

全入学者に占める早期入学者(7月1日以降に満6歳になる生徒)の割合は、7%強(男子：5.6%、女子：8.7%)である。一方、就学義務年齢に達しながら入学を留保された子どもの割合は、5%弱(男子：5.9%、女子3.5%)となっている[3]。

(3) 中等領域Ⅰ

中等領域Ⅰは、前期中等教育に相当する。基礎学校における4年間の初等教育を終えると生徒は、大きく、基幹学校(Hauptschule)、実科学校(Realschule)、ギムナジウム(Gymnasium)という3つの異なった学校種類に振り分けられる。

このように初等教育を終わった時点で生徒を異なるタイプの学校種類に振り分ける制度（三分岐型学校制度）は、わが国などには見られないドイツの特色である。ただし、わずか10歳で早期選別を行うことによる不合理を緩和するという目的で、最初の2年間をオリエンテーション段階（Orientierungsstufe）[4]と呼ばれる観察段階にして、第6学年（基礎学校入学時からの通算）修了時に、それぞれの生徒の能力、適性、希望等に応じて、進学校を最終的に決定するという仕組みも採用されている。

　基幹学校は5年制で[5]、卒業後ただちに就職する生徒が多い。実科学校は6年制で、中級の技術者などの養成が目指されている。実科学校修了後、後述するように専門上級学校、さらには専門大学へと進学する者も少なくない。ギムナジウムは9年制（現在8年制に移行しつつある）[6]で伝統的な大学進学コースである。これら3つの学校形態をひとつにまとめた総合制学校（Gesamtschule）[7]も設けられているが、その普及度は州により異なる。

　なお、旧東ドイツの州を中心に、基幹学校、実科学校の両方の修了資格を取得することができる「多様な教育課程をもつ学校」（Schule mit mehreren Bildungsgängen）が設置されている。この学校タイプの名称は州により異なっている[8]。たとえば、ザクセン州では「中間学校」（Mittelschule）、テューリンゲン州では「通常学校」（Regelschule）、ザールラント州では「拡大実科学校」（Erweiterte Realschule）、ブレーメン州とザクセン・アンハルト州では「中等学校」（Sekundarschule）、ハンブルク州では「統合型基幹・実科学校」（Integrierte Haupt- und Realschule）などと呼ばれている。またベルリン、ヘッセン、メクレンブルク・フォアポンメルン、ニーダーザクセンの各州では、「連携または統括された基幹・実科学校」（Verbundene oder Zusammengefasste Haupt- und Realschule）、メクレンブルク・フォアポンメルン州、ラインラント・プファルツ州では「地域学校」（Regionale Schule）、ブランデンブルク州では「上級学校」（Oberschule）という名称の中等領域Ⅰに属する学校がある。

　第5学年の生徒の学校種類別の在籍者の割合を見ると（2006/07学年度）、約4割（39.9％）の者がギムナジウムに、2割弱（18.9％）が基幹学校に、約4分の1（24.8％）が実科学校にそれぞれ進学している。また旧東ドイツの州では、

基幹学校と実科学校の両方の修了資格を取得できる「多様な教育課程をもつ学校」に学ぶ者が58.3％となっている（旧西ドイツではこの学校タイプに学ぶ生徒は、1.7％）（以上、**表序 –1**を参照）。

第8学年の時点で生徒がどの学校タイプに在籍しているか、その割合の推移を1952年から2005年までたどったのが**図序 –2**である。これを見ると、1952年では、基幹学校（当時は国民学校と呼ばれていた）で学ぶ者の割合が圧倒

表序 –1　第5学年の生徒の学校種類別割合（2006/07学年度）

	生徒数	OS	HS	SMBG	RS	GY	IGS
全　体	709,890	1.7	18.9	6.3	24.8	39.9	8.4
旧西ドイツ	651,462	1.9	20.6	1.7	27.0	40.0	8.9
旧東ドイツ	58,428	X	X	58.3	X	38.8	2.8
BW	109,218	0.2	28.1	X	33.4	37.8	0.6
BY	123,931	0.2	39.0	X	23.1	37.4	0.2
BE*	23,430	X	8.3	X	18.9	46.0	26.9
BB*	13,865	X	X	38.5	X	45.3	16.2
HB	5,513	X	X	27.4	X	46.6	26.0
HH	14,062	3.7	19.2	X	X	48.8	28.3
HE	57,494	19.7	3.9	X	15.7	44.3	16.3
MV	9,365	X	X	85.6	X	4.1	10.3
NI	82,460	X	14.3	X	36.9	43.9	4.8
NW	180,245	X	15.2	X	27.9	39.3	17.5
RP	40,749	X	13.3	14.7	26.5	39.7	5.8
SL	9,386	X	0.9	36.9	2.1	40.8	19.2
SN	22,893	X	X	54.0	X	46.0	X
ST	13,313	X	X	52.0	X	45.0	3.0
SH	28,404	X	18.4	X	35.0	39.0	7.6
TH	12,857	X	X	52.7	X	44.9	2.3

（凡例）　OS：オリエンテーション段階，HS：基幹学校，SMBG：多様な教育課程をもつ学校，RS：実科学校、GY：ギムナジウム，IGS：統合型総合制学校
　　　　BW：バーデン・ヴュルテンベルク，BY：バイエルン，BE：ベルリン，BB：ブランデンブルク，HB：ブレーメン，HH：ハンブルク，HE：ヘッセン，MV：メクレンブルク・フォアポンメルン，NI：ニーダーザクセン，NW：ノルトライン・ヴェストファーレン，RP：ラインラント・プファルツ，SL：ザールラント，SN：ザクセン，ST：ザクセン・アンハルト，SH：シュレースヴィヒ・ホルシュタイン，TH：テューリンゲン
　　　　X：該当なし。
　　（＊）ベルリンとブランデンブルクは基礎学校が6年間なので、第7学年次の割合。
　（出所）Autorengruppe Bildungsberichterstattung (Hrsg.), *Bildung in Deutschland 2008 : Ein indikatorengestützter Bericht mit einer Analyse zu Übergängen im Anschluss an den Sekundarbereich I* , Bielefeld: Bertelsmann, W,2008, S.253.

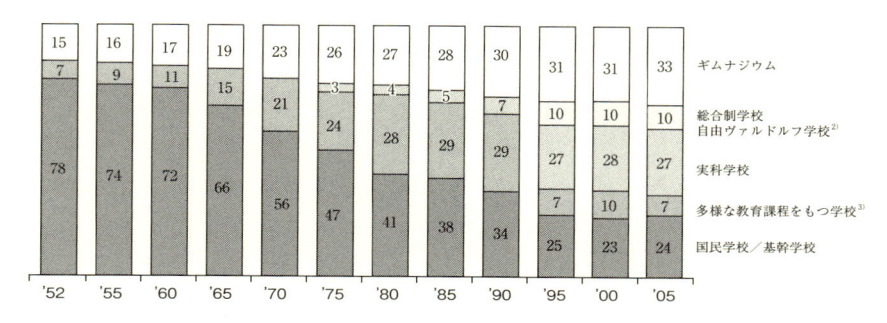

図序 –2　第8学年の生徒の学校種類別在学率（1952–2005年）[1]

（原注）1）1995年までは、旧西ドイツの数値。促進学校を除く。
2）総合制学校、自由ヴァルドルフ学校の数値は1975年から挿入。
3）基幹学校と実科学校が統合された学校形態の生徒数。
（出所）Bundesministerium für Bildung und Forschung, *Grund- und Strukturdaten 2007/2008, Daten zur Bildung in Deutschland*, S.25. 〈http://gus.his.de/gus/docs/GuS_Internet_2007_2008.pdf〉

的に高かった（78％）。同じ年、実科学校は7％、ギムナジウムは15％であった。これが2005年になると、基幹学校は24％にまで大幅に減少している。これに対し、実科学校は27％、ギムナジウムは33％と増加している。総合制学校は、1970年代から導入され、当初は3％であったが、2005年時点では、10％となっている。なお自由ヴァルドルフ学校は、シュタイーナー学校とも呼ばれ、初等・中等教育を一貫した形態をとっており、総合制学校の範疇に分類されている。

(4) 中等領域 II

中等領域 II である後期中等教育についてみると、この段階では、普通教育学校と職業教育学校とが、かなりはっきり区分されている点が特色としてあげられる。

(i) 普通教育の学校

普通教育学校としては、ギムナジウム上級段階があげられる。ギムナジウム上級段階は、ギムナジウムの最後の3年間で、9年制のギムナジウムでは第11学年から13学年（8年制の場合は第10学年から12学年）が相当する。ギムナジウム上級段階は、大学入学資格試験であるアビトゥーア試験に合格することにより修了する[9]。ギムナジウム上級段階は、学級制を解体し、全教科

表序 –2　8年制ギムナジウム卒業者のアビトゥーア試験が行われる最初の年度

最初から	ザクセン、テューリンゲン
2007年	ザクセン・アンハルト
2008年	メクレンブルク・フォアポンメルン
2009年	ザールラント
2010年	ハンブルク
2011年	バイエルン、ニーダーザクセン
2012年	バーデン・ヴェルテンベルク、ベルリン、ブランデンブルク、ブレーメン
2013年	ノルトライン・ヴェストファーレン、ヘッセン
2016年	シュレースヴィヒ・ホルシュタイン

（出所）Kai S. Cortina et al., *op.cit.*, S.484.

半年単位のコース制を採用するなど、それまでの学校タイプとは異なる特色をもっている。前述したように、ギムナジウムは9年制から8年制に移行しつつあるが[10]、その移行年度は州により異なっている。**表序 –2**は、8年制のギムナジウムで学んだ生徒を対象に実施されるアビトゥーア試験の最初の年度を示したものである。この表にあるように、2016年度のシュレースヴィヒ・ホルシュタイン州を最後に、全州のギムナジウムが8年制に移行される。

(ⅱ) 職業教育の学校

　職業教育の学校タイプは多岐にわたっている。形態としては、全日制の学校と定時制の学校（週のうち1-2日間通学する）がある。

　このうち職業学校（Berufsschule）は、全日制就学義務[11]の終了後、全日制の学校に通学しない生徒が通学する定時制の学校で、生徒は、週1-2日間授業を受けると同時に、徒弟（Lehrling）として企業等に勤務するかたわら企業内訓練を受ける。このように企業の職業訓練と職業学校における授業とが並行して行われるシステムは二元制度（duales System）と呼ばれ、ドイツのいわゆるマイスター教育の根幹を形成している。

　全日制の職業教育の学校としては、職業上構学校（Berufsaufbauschule）、専門上級学校（Fachoberschule）、職業専門学校（Berufsfachschule）、専門学校（Fachschule）など多彩なタイプの学校形態が存在し、目標とされる職業資格に対応して、それぞれ異なる特色をもっている[12]。

　職業上構学校は、企業での職業訓練中あるいはその修了後に通学する学校

で、1年-1年半で修了する（定時制の形態の場合は、2-3年）。この学校で取得される修了証は、実科学校修了証と同等のものとみなされ、卒業後、専門上級学校に進学することができる。

　専門上級学校は、「実科学校修了証」（中級学校修了証，Mittlerer Schulabschluss）をもった者を対象にした教育機関で、学習期間は通常2年間である。卒業後「専門大学入学資格」[13]を取得し、専門大学に進学することが可能となる。

　職業専門学校は、2-3年間の全日制の学校で、学校内において職業実践的訓練が行われる点に特色がある（学校内職業システム）。入学の要件、学習期間、卒業時の修了証に関しては、種々の形態がある。一定の要件を満たすことで、「専門大学入学資格」の取得も可能である。

　専門学校は、職業教育における継続教育[14]の役割を果たしている学校である。通常、すでに職業に従事した経験をもつ者が、この学校で特定の専門領域について再教育を受ける（期間：1-3年間）。入学にあたっては、「承認された訓練職種」（Anerkannte Ausbildungsberufe）[15]の職業訓練修了証が必要である。卒業後、「専門大学入学資格」の取得も可能である。

(5) 高等領域

　高等教育について見ると、大学は大きく2つの種類に区分できる。すなわち、博士号や大学教授資格（Habilitation）を授与できる大学とそうでない大学である。前者を学術大学、後者を専門大学と呼んでいる。前者には伝統的意味の総合大学（Universität）のほか、神学大学、芸術大学、体育大学といった単科大学が含まれる。これらの大学には通常ギムナジウム上級段階を終え、アビトゥーア試験に合格して「一般的大学入学資格」[16]を取得した者が進学する。

　一方、専門大学は、従来の技術者学校や高等専門学校などの職業中等教育機関が大学に昇格したもので、1970年から発足した。専門大学には、実科学校を経て専門上級学校を修了した者、ギムナジウムの第12学年（9年制ギムナジウムの場合）を修了した者のほか、前述のような職業教育の学校で「専門大学入学資格」を取得した者が進学する。専門大学の入学にあたっては、アビトゥーアの取得は求められていない。

(6) 障害をもつ生徒の学校

障害をもつ者の就学は、障害の種類に対応して、特別の学校形態で行われる。部分的には、障害をもたない者と一緒に統合した形態でも行われている。学校の名称は、州により異なる（特殊学校（Sonderschule）／障害をもつ者の学校／促進学校（Förderschule）／促進センターなどと呼ばれている）[17]。

II 個別の問題とドイツに見られる特色

次に、ドイツの教育制度に関わる個別の問題について、とくに「接続」の観点を中心にピックアップし、データ等を挙げながら記述してみたい。

1 接続の視点からみたドイツ教育の特色
(1) 基礎学校から中等教育学校へのアーティキュレーション

ドイツでは、生徒は基礎学校修了後、その能力、希望等にもとづき、進学するもっともふさわしいと思われる学校種類が勧告される。ただし親が学校側の勧告を拒んだ場合、生徒は、親が希望する学校に仮入学し、半年後の成績によって、当該校の校長が最終的な判断を下すといった制度がある。また親が学校側の勧告に同意できない場合、その生徒のみを対象とした入学試験が実施されることもある。しかし、わが国におけるように、志願者すべてを対象にして行われる入学試験といった制度はドイツには存在しない。

それでは具体的にどのような仕組みになっているのか、ヘッセン州とバーデン・ヴュルテンベルク州を事例に見ていこう[18]。前者では、親の意思が強く反映されている点に、後者では子どもの成績に重点が置かれている点にそれぞれ特色が見られる。

(i) ヘッセン州の場合

基礎学校の第4学年第1学期の終了までに、すべての基礎学校で親を対象とした「インフォメーションの夕べ」が開かれる。この場で、親は中等教育の各学校の代表者から、それぞれの学校の目的や教育内容について説明を受ける。あわせて親は、子どもを担当した教員から、どの学校形態に進学する

ことがその子どもにとってもっともふさわしいかについて助言を受ける。

　親は、基礎学校からの助言と、進学を希望する学校に求められている適性とを考慮して、子どもが進学する学校タイプを決定する（基幹学校、実科学校、ギムナジウム、協力型総合制学校、促進段階、統合型総合制学校のうちのいずれかの学校タイプを選択する）。その際、親は希望する学校タイプを請求する権利は有するが、子どもをある特定の学校に入学させることを請求する権利はもたない。

　親が、促進段階または統合型総合制学校を選択した場合は、子どもの進路決定は暫定的に留保されることになる[19]。

　親が、実科学校、ギムナジウム、協力型総合制学校の実科学校またはギムナジウムに相当する教育課程の選択を希望する場合[20]、学年会議[21]は、校長名による見解を文書で表明する。そのなかで、当該生徒にとってもっともふさわしいと思われる進路が記載される。その見解が親の希望に反している場合、親に対し、新たな助言の機会が設けられなければならないとされている。こうした助言を受けても、それでも親がそれに納得できない場合、子どもは、親が選択した学校タイプへと進学することになる。

　このように、親の意思により子どもを、基礎学校が行う勧告とは異なる学校タイプの第5学年に進学させることは可能となっている。ただし進学後、その子どもの学習の発達、達成の状況、学習態度などが、選択した学校の要求水準を満たすことができない場合、また選択した学校の授業で合格の成績を収める見込みがないと当該校が判断する場合には、第5学年の第1学期終了後または第5学年末に、当該校は、その生徒を別の種類の学校タイプへと転校させることができるとされている。

(ⅱ) バーデン・ヴュルテンベルク州の場合

　第4学年の第2学期に、親を対象とした説明会が開催され、親と基礎学校との間で面談が行われる。基礎学校は、生徒の進路について、「基幹学校のみ可」、「基幹学校または実科学校のいずれかが可」、「基幹学校、実科学校、ギムナジウムのいずれも可」の3通りの勧告を親に対し行う。この勧告にあたっては、成績のほか、学習態度、作業態度なども加味される。通常、ドイ

ツ語と数学の成績が、実科学校では「3.0」[22]よりもよい成績、ギムナジウムでは「2.5」よりもよい成績を収めていることが要求される。

　基礎学校の勧告に同意できない親は、子どもを「ガイダンス手続」に参加させることができる。この結果を考慮して、学年会議は、ガイダンス担当教員と共同で、「教育勧告」(Bildungsempfehlung; BE) を作成し、親に送付する。こ

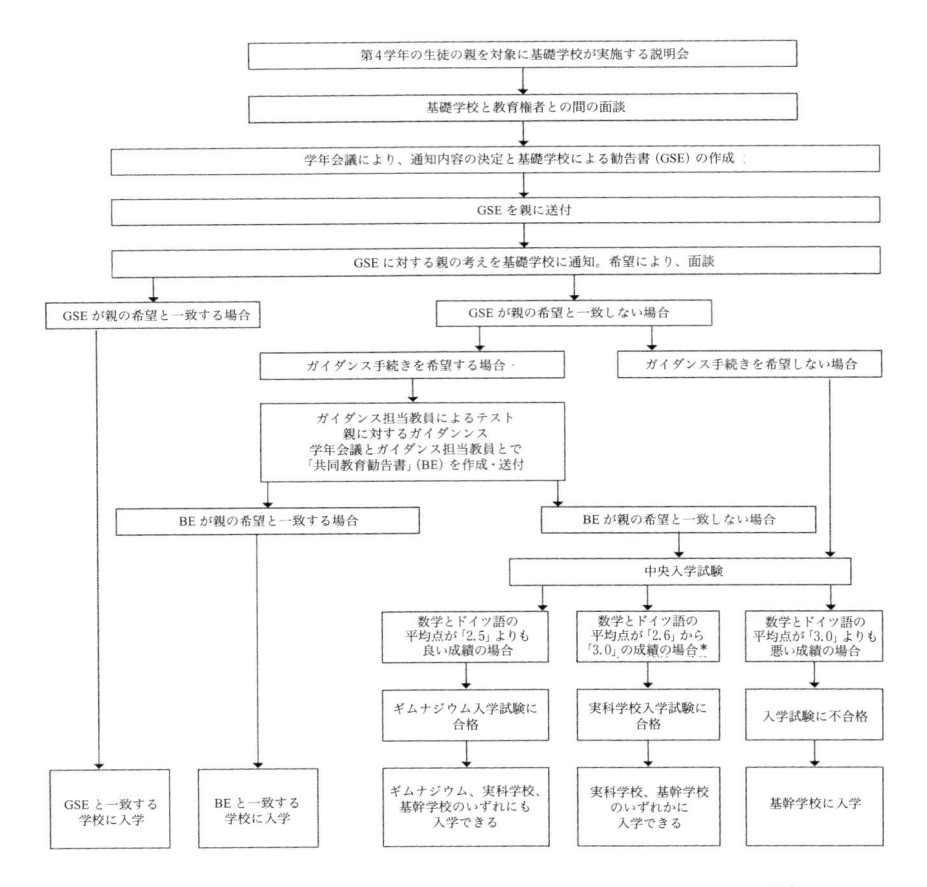

```
┌─────────────────────────────────────────────┐
│ 第4学年の生徒の親を対象に基礎学校が実施する説明会 │
└─────────────────────────────────────────────┘
                      │
┌─────────────────────────────────────────────┐
│        基礎学校と教育権者との間の面談         │
└─────────────────────────────────────────────┘
                      │
┌─────────────────────────────────────────────┐
│ 学年会議により、通知内容の決定と基礎学校による勧告書（GSE）の作成 │
└─────────────────────────────────────────────┘
                      │
┌─────────────────────────────────────────────┐
│              GSE を親に送付                  │
└─────────────────────────────────────────────┘
                      │
┌─────────────────────────────────────────────┐
│ GSE に対する親の考えを基礎学校に通知。希望により、面談 │
└─────────────────────────────────────────────┘
```

(フローチャート続き：GSE が親の希望と一致する場合／一致しない場合 → ガイダンス手続きを希望する場合／希望しない場合 → ガイダンス担当教員によるテスト、親に対するガイダンス、学年会議とガイダンス担当教員とで「共同教育勧告書」(BE) を作成・送付 → BE が親の希望と一致する場合／一致しない場合 → 中央入学試験 → 数学とドイツ語の平均点が「2.5」よりも良い成績の場合／「2.6」から「3.0」の成績の場合*／「3.0」よりも悪い成績の場合 → ギムナジウム入学試験に合格／実科学校入学試験に合格／入学試験に不合格 → GSE と一致する学校に入学／BE と一致する学校に入学／ギムナジウム、実科学校、基幹学校のいずれにも入学できる／実科学校、基幹学校のいずれかに入学できる／基幹学校に入学)

図序 –3　基幹学校、実科学校、ギムナジウムに入学するまでの手続き（バーデン・ヴュルテンベルク州）

　＊　ただし、どちらの教科も「4.0」よりも悪い成績であってはならない。
（出所）Statistisches Landesamt Baden-Württemberg, *Bildung in Baden-Württemberg 2007*, S.59.〈http://www.schule-bw.de/entwicklung/bildungsbericht/bildungsbericht_2007/d1.pdf〉

のBEが親の見解と一致しない場合、親は、そういう子どもを対象に州が行う入学試験を受験させることができる。

しかし、こうしたガイダンス手続のプロセスを経ずに、初めから、入学試験を受験させることも可能である。いずれの場合でも、ギムナジウムに入学するためには、この試験で「2.5」よりよい成績、実科学校の場合は、「3.0」よりよい成績を収めなければならない。

ただし、成績がこれらの基準をみたしていない生徒でも、その学校タイプの要求水準に達することが見込まれる適性を有していると、試験委員会を構成する委員の3分の2以上が認める場合、例外的に入学を許可することができるとされている（以上、**図序-3**を参照）。

(2) 異なる学校タイプ間の移動

第4学年修了後進学した学校種類の間での横断的移行は、第5、6学年で可能となっている。また、第7学年以降においても一定の条件のもとで可能である。そのための前提条件は、ごく大まかにいうと次のとおりである（バーデン・ヴュルテンベルク州の場合）[23]。

① 基幹学校からギムナジウムへの移動：生徒の全成績および学習態度がきわめて優秀で、ギムナジウムの要求水準に十分に達していると認められる場合、またはギムナジウムへの転学試験に合格した場合。

② 基幹学校から実科学校への移動：ドイツ語、数学および外国語がすべて「2」以上の成績で、かつすべての必修教科の平均点数が、「3.0」よりもよい場合、または実科学校への転学試験に合格した場合。

③ 実科学校からギムナジウムへの移動：ドイツ語、数学および必修外国語のうち少なくとも2教科が「2」以上の成績で、残りの1教科も「3」に達しており、かつ必修教科の平均点数が、「3.0」よりもよい場合、またはギムナジウムへの転学試験に合格した場合。

表序-3は、第7学年から第9学年の間に、学校種類を変更した者の割合である。この表にあるように、学校タイプを移動した者の割合は、2.6%となっており数は多くない。移動した者についてみると、成績の上の学校タイプへ

表序-3　学校種類間の移動（第7学年 - 第9学年、2006/07学年度）

	生徒総数	移動者数	移動率※	上への移動※※	下への移動※※
ドイツ全体	2,488,671	64,144	2.6	14.4	65.6
旧西ドイツ	2,168,433	56,580	2.6	15.0	68.3
旧東ドイツ	320,238	7,564	2.4	9.9	45.7

※　全生徒数のなかに占める割合（%）
※※　移動者のなかに占める割合（%）
（出所）Autorengruppe Bildungsberichterstattung, op.cit., S.255.

の移動（例：実科学校からギムナジウムへの移動など）が14.4%、下の学校タイプへの移動（例：実科学校から基幹学校へ）が65.6%となっている。このように、成績レベルの低い学校タイプへの移動が多く、上のレベルへの移動は少ない。このほか同レベルと見なされる学校タイプ間の移動もある[24]。

　ちなみに、ギムナジウムと基幹学校の間の移動はきわめて少ない。移動した全生徒数に占める基幹学校からギムナジウムへ移行した生徒数の割合は0.3%にすぎない。ギムナジウムから基幹学校への移動の割合も1.6%である。移動の割合が高いのは、ギムナジウムから実科学校が32.2%、実科学校から基幹学校が27.0%、基幹学校から実科学校が10.4%となっている（いずれも数値は、移動した全生徒数に占める割合）[25]。

(3) 留　年

　わが国と異なるドイツの特色として、ドイツでは義務教育である初等段階（基礎学校）から留年の制度がとり入れられている点を挙げることができる。

　表序-4は、学校種類ごとに、どの位の割合の生徒が留年しているかを一覧にしたものである。これを見ると、基礎学校で留年する者の割合は1.2%となっている。前期中等教育の学校では、実科学校に多い（5.2%）。後期中等教育で見ると、統合型総合制学校で6.0%が留年している（以上2006/07学年度）。

(4) 大学入学制度

　ドイツでは、わが国のような個々の大学ごとに行われる入学試験の制度は存在しない。アビトゥーア試験と呼ばれるギムナジウム卒業試験に合格する

表序 –4　留年率（2006/07学年度）

		初等段階	中等段階Ⅰ						中等段階Ⅱ		
			合計	HS	RS	SMBG	GY	IGS	合計	GY	IGS
1995/96	全体	1.8	3.6	3.4	5.3	3.4	2.9	.	2.5	2.5	.
	男子	2.1	4.2	3.8	6.1	4.3	3.5	.	3.0	3.0	.
	女子	1.6	2.9	2.8	4.6	2.4	2.3	.	2.0	2.0	.
2000/01	全体	1.9	4.1	4.3	6.0	3.9	3.2	.	3.2	3.2	.
	男子	2.1	4.9	4.8	6.9	4.8	4.0	.	4.1	4.1	.
	女子	1.6	3.3	3.5	5.1	2.8	2.5	.	2.5	2.5	.
2004/05	全体	1.4	3.6	4.1	5.1	4.6	2.3	2.6	2.9	2.7	4.8
	男子	1.5	4.2	4.6	5.8	5.5	2.8	3.0	3.7	3.5	5.6
	女子	1.3	3.0	3.6	4.5	3.6	1.9	2.2	2.3	2.1	4.1
2006/07	全体	1.2	3.6	4.1	5.2	4.3	2.3	2.5	3.0	2.7	6.0
	男子	1.3	4.1	4.5	5.8	5.0	2.9	2.8	3.9	3.6	7.2
	女子	1.1	3.0	3.6	4.5	3.5	1.7	2.2	2.3	2.1	5.1

（凡例）　HS：基幹学校，RS：実科学校，SMBG：多様な教育課程をもつ学校，GY：ギムナジウム，IGS：統合型総合制学校
（出所）　Autorengruppe Bildungsberichterstattung, *op.cit.*, S.259.

ことによって、原則としてどの大学、どの専門分野にも希望どおり進学できるという入学制度が採用されている。ただし、ドイツでも大学教育の大衆化が進み、医学部など特定の分野では、定員上すべての志願者を収容できない、いわゆる「入学制限」（Numerus clausus）という事態が生じており、1972年度から中央学籍配分機関（Zentralstelle für Vergabe von Studienplätzen）がノルトライン・ヴェストファーレン州のドルトムント市に設置され、連邦全体を一括して、入学者の決定とその行先の振分けが行われている。その際、基準となるのは、アビトゥーア試験の成績と待機期間（アビトゥーア試験合格後の経過期間。この期間が長いほど入学の可能性が高くなる）である。これに加えて医学系の分野では、面接等を加えた選抜基準が設けられている[26]。

　図序 –4は、基礎学校入学時から大学修了に至るまで、生徒が5つの分岐点ごとにどのくらいの割合で絞られていくのかを見たものである[27]。

　まず、第1の分岐点は、基礎学校修了時である。そこで大学進学コースに入っていく者がだいたい77％である。

　第2の分岐点は、中等段階Ⅱであるギムナジウム上級段階への進級である

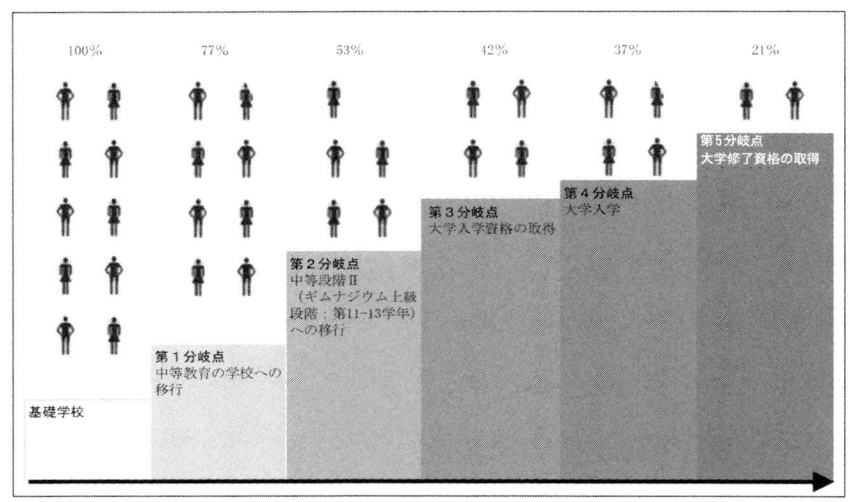

図序-4　大学卒業までの分岐点

(出所) Bundesministerium für Bildung und Forschung (hrsg.), *Die wirtschaftliche und soziale Lage der Studierenden in der Bundesrepublik Deutschland 2006: 18. Sozialerhebung des Deutschen Studentenwerks durchgeführt durch HIS Hochschul-Informations-System*, Berlin, 2007, S.66.

（総合制学校の対応する課程も含まれる）。ここで約53％の者に絞られる。

　第3の分岐点が、大学入学資格の取得である。約42％の者が、大学入学資格を取得する。

　第4の分岐点となるのは、大学入学である。ドイツでは、大学入学資格を取得してもすべての者が大学入学を希望するわけではない。大学に入学することよりも、就職と結びついた職業訓練のほうを選択する者も少なくない（いったん取得した大学入学資格は終身有効であるので、必ずしも取得した年に大学に入学する必要はない）。こうした事情により、大学に入学する者の割合は37％となっている[28]。

　第5の分岐点は、大学の修了である。大学に入学しても、卒業時に行われる教職などの国家試験に合格できないで中退していく者など、様々な理由から大学での学習を中断する者はかなりの数にのぼる。そうした者を除くと、最終的に大学修了証を取得する者は、約21％となっている。

(5) 第2の教育の道

　三分岐型学校制度のもとでは、かつては大学に入学するためにはギムナジウムを経るしかなく、どの種類の中等学校に進学するかによって将来の進路が決定された。しかし現在では、ギムナジウム以外の教育機関を経由して大学入学へと至る道も開かれている。

　ギムナジウムを経て大学へと進学するコース（「第1の教育の道」）に対して、ギムナジウム以外の学校タイプに学び、大学入学資格を取得するコースを「第2の教育の道」と呼んでいる。こうした道を歩む生徒たちのための学校として、たとえば夜間実科学校、夜間ギムナジウム、コレーク（Kolleg）などの学校がある。さらに現在では、こうした学校をまったく経ることなく、職業訓練資格の取得などを通して大学入学へと至る「第3の教育の道」も設けられている。なお、各種修了資格を取得できる通信教育の課程も設けられている。

　大学入学者について、その出身を見ると次のようになる[29]。

　一般大学（学術大学）の場合、入学者の92.1％は、ギムナジウム出身者（総合制学校でギムナジウムの課程を修了した者を含む）である。残りの約8％は、専門上級学校などを経て専門大学入学資格を取得した者が2.5％、「第2の教育の道」を経た者が2.2％、「第3の教育の道」はわずか0.6％となっている。

　専門大学の入学者では、職業教育の学校を経て「専門大学入学資格」を取得した者が42.0％である。またギムナジウム出身者で、学術大学に進学しないで、専門大学に入学する者の割合が48.2％いる。「第2の教育の道」は5.5％、「第3の教育の道」は1.9％となっている。

(6) 半日学校と全日学校

　以上(1)から(5)までは、学校制度のなかの接続関係を中心に見てきた。最後に、近年ドイツの学校形態に見られる大きな変化として全日学校（Ganztagsschule）の普及について紹介したい。

　ドイツでは、半日だけで授業が終了する半日学校（Halbtagsschule）が一般的で、午後までカリキュラムが組まれる全日学校は普及していなかった。学校はだいたい午前8時頃には授業が始まり、午後は1時ないし1時半に終了す

るといったケースが通常の形態であった。その理由として、基本法（第6条）に「子どもの教育は親が本来的にもつ権利であり、何よりもまず親に課せられた義務である」といった趣旨の規定があるように、子どもの教育については基本的には親が責任をもつというのが、伝統的な考え方とされていたからである。そういう背景もあり、学校が全日にわたって教育することに対しても、これは「親の教育権」を侵害するものであるという主張さえあり、ドイツの学校を全日学校にするといった提案には、これまで批判的な意見をもつ親が多かった[30]。

しかし、職業をもつ女性の増加、家族構造の変容など社会の変化にともない、学校の全日化を求める声が強くなってきたことと、とりわけ「PISA ショック」[31]が大きな転換点となり、午後も授業を行うことにより生徒の学力の向上をはかるべきであるとする考え方が一般的となった。

全日学校の制度について行われた最近のアンケート調査の結果を見ると[32]、被験者の4分の3は、全日学校の構築を支持している。被験者全体では76％（19％）、被験者を親に限定すると75％（21％）が賛成している（括弧内は支持しない者の割合）。子どもを通学させている学校種類別に見ると、総合制学校に子どもを通学させている親では86％（13％）が、全日学校を支持しているのに対し、基礎学校ではその割合は71％（25％）となっている。ギムナジウムでは、72％（24％）である。

全日学校の普及率は、学校の種類により、また州により異なっている。統合型総合制学校では77.9％で導入されているのに対し、基礎学校ではまだ29.1％、ギムナジウムでも29.8％となっている。また、同じ基礎学校でも、バーデン・ヴュルテンベルク州では全日学校の普及率はわずか2.4％にすぎない。これに対し、ベルリンでは100.0％、テューリンゲン州では97.6％となっている[33]。

2　わが国からみたドイツ教育の特色

以上、ドイツの教育制度を概観した。最後に、日本からみたドイツの教育制度の特色と思われる点を筆者のこれまでの体験等も挿入しながらまとめてみたい。その際、まず大学入学制度をひとつの事例として、そこに現われた

日独の相違点から見ていくことにしたい。その上で、いくつかキーワードを掲げながら、ドイツの教育に見られる特徴的な点を記述してみた。

(1) 大学入学制度の違い

わが国とは異なるドイツの大学入学制度のもっとも大きな特色のひとつとして、ドイツでは、わが国のように個々の大学ごとに行われる入学試験制度は基本的に採用されていないという点をあげることができる。

こうしたドイツの大学入学制度に見られる特色を、箇条書にしてまとめると次のようになろう[34]。

① アビトゥーア試験の総点は900点（300点以上が合格点）であるが、そのうち600点分は在学時の成績である。300点分について、ギムナジウムの卒業時に5教科で試験が行われる。このように単に1回きりの試験のみによるのでなく、在学時の成績が十分加味された評価方法がとられている（**図序 –5**を参照）。

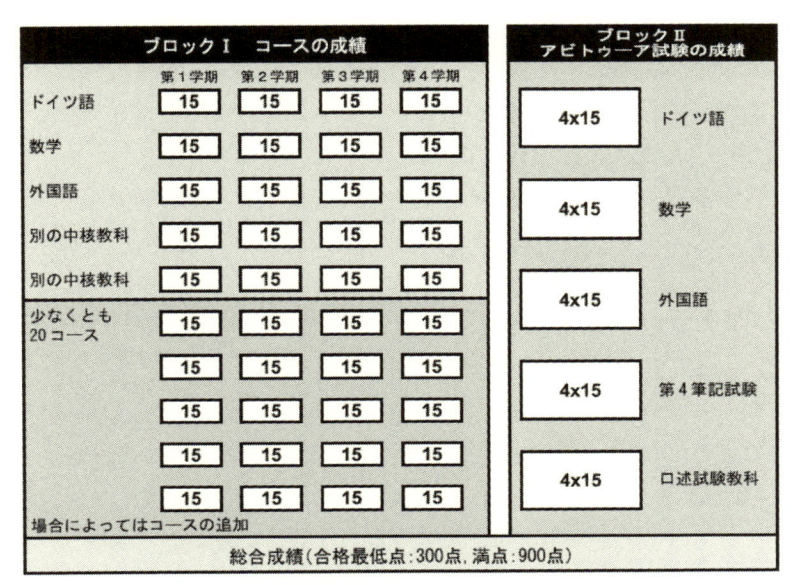

図序 –5 アビトゥーア試験の総合成績（バーデン・ヴュルテンベルク州）

（出所）Ministerium für Kultus, Jugend und Sport, *Leitfaden für die gymnasiale Oberstufe 2010*, S.10.〈http://www.sia.ulm.de/0809/kp_leitfaden_abitur_2010_internetversion.pdf〉

② 出題は、いわゆるマルチプルチョイス方式によらず、いずれも長時間にわたって相当高度の思考力を必要とする論文試験の形式がとられている[35]。

③ 卒業時行われる試験科目5教科のうち4教科は筆記試験であるが、残りの1教科は口述による試験となっており、人の前で自分の意見を説得力をもって発表する能力が試される[36]。

④ アビトゥーア試験は、わが国の大学入試センター試験のように全ドイツ同一問題で、同時に実施する共通試験ではない。各州ごとに行われる試験である[37]。

⑤ 出題者も、文部省（実質的には、ギムナジウムの教員）である。大学教授はアビトゥーア試験問題作成に関与していない。

⑥ このように、州によりアビトゥーア試験に出題される問題は異なる。しかも問題はいずれも論文形式のものである。しかし、試験後に付与される大学入学資格は、全ドイツに共通である。

⑦ アビトゥーア試験で試されるのは、まわりと比較して点数が高いか、低いかではない。すなわち、相対評価でなく、受験生が大学で学習する能力を有しているか否かの資質を検査する絶対評価である。したがって「落とす」ために行う試験ではない。

⑧ 入学者の選抜が行われる場合でも、たとえば「待機期間」という枠を設け、アビトゥーア試験に合格した者であれば一定期間「待機」することによって、最終的には希望する大学・学部に入学できる仕組みもとり入れられている。

⑨ いったん取得された大学入学資格は終身有効である。したがってアビトゥーア試験に合格したからといって、必ずしもただちに大学に進学する必要はない。「入学制限」分野でない限り、「登録する」(immatrikulieren) だけで、いつでも大学に入学できるからである。また大学入学資格取得者がすべて大学入学を希望しているわけではない[38]。

このようにドイツと日本の大学入学制度を比較して、まずどこが根本的に異なっているかと言うと、ドイツでは資格試験の制度が採用されているとい

う点を挙げることができる。ギムナジウムの卒業試験に相当するアビトゥーア試験に合格することにより、大学入学資格が付与される。大学入学資格をもっている者は、一部の学科等で「入学制限」は実施されているが、基本的にはいつでも好きなときに大学に入学できるというシステムが採用されている。わが国の場合、大学入試に合格した年に大学に入学しないと、入学する権利は消滅してしまうが、ドイツでは、アビトゥーアの資格を取得しても、すぐに大学に入学しなくてもよい。ただちに大学に入学する者の割合は約半数となっている[39]。

　このように、いったん社会に出てから、やはり大学で学びたいということで大学に入ってくる学生が数多くいる。制度上も、アビトゥーア試験に合格した者は、改めて大学入試という選抜を基本的には経ることなく大学に入学する権利があるというシステムがドイツでは保証されている。

　その点でもうひとつ付け加えると、大学に入学しても、そのあと行われる国家試験に合格しないと、大学で学んだことのメリットは何も残らない。単にハイデルベルク大学で学んだとか、ミュンヒェン大学に在籍したというだけでは、極端に言えば、何の評価にもつながらない。要するに大学に入学したというその事実だけでは、何の意味もそこにはまだ存在しないということになる。大学でどう学び、どのような「付加価値」を身に付けたかが重要な問題となる。

　繰り返しになるが、アビトゥーア試験は資格試験であり、そこで求められているのは受験生が、大学で学ぶ能力があるかないかの判定である。わが国のように他の人よりどの位点数が高いか、あるいは低いかといったことを比較して、その結果によって生徒を振るい落とす試験ではないということが大きな特色である。

(2) 絶対評価による教育

　ドイツの成績評価は、相対評価ではなく、絶対評価で行われるのが普通である。受験生が同じ時間にいっせいに同じ問題で試験を受けて、1点を争うというシステムでは、入学者の選抜にあたり、1点の違いに試験を受ける者

もまた採点をする側も神経をピリピリさせる。この点ドイツでは、わが国と比較するとずっとファジーというか、フレキシビリティーをもっているように思われる。しかしその分大学に入学したからといって、資格を取得しないと希望する職種につくことができない。資格を取得するためには国家試験に合格しなければならない。国家試験に合格して、あるディプロームを取得してはじめて、大学で学んだことが意味をもってくる。

　わが国では、大学の入り口、つまり大学入試にほとんど全エネルギーが費やされ、大学での学習の方は、とかく疎かにされがちである。就職にあたっても、大学で実質的に何を学んだかという達成度よりも、大学の名前（ブランド）のほうに重きが置かれる。企業の側は、新卒の学生に専門性をあまり期待しない。専門は企業に就職してから教育すればよい。それよりも協調性とか企業に対する従順性とかそういったものに重きを置く、そうした状況がある。

　わが国と比較して、出口の目標がはっきりしているという点もドイツの特色である。どんな学位を目指すのか、どんな資格を取得するのか、目的志向が非常にはっきりしている。教員も学生も、それに向かって全神経を集中しないと落ちこぼれてしまう。そういうシステムが確立しているように思われる。

　成績評価が「絶対評価」により行われるということの背景に、ドイツでは、「個人が単位」という考え方が中心としてあるように思われる。まわりと比較して点数が高いか低いかという「相対評価」であると、自分はあの人に負けたとか、勝ったとか、そうした勝ち負けが最大の関心事になる。しかし人と比較してではなく、絶対的にその者がどの程度優れているのか、あるいは劣っているのかが判定される。

(3) 専門性の志向

　加えて、ドイツの学生を見ると、あるいはドイツ社会を観察すると、「専門性」という考え方が、わが国よりも強く浸透しているように思われる。一例を挙げると、ドイツ語で「教員失業」(Lehrerarbeitslosigkeit)という言葉がある。私はこの言葉をはじめて聞いたとき、現職教員が解雇され、失業しているこ

とかと思った。ドイツ語の意味はそうでなく、教員の資格をもった者がなかなか採用枠がなく、正規教員に採用されずに空きができるのを待っている。そういう状況がドイツ語の「教員失業」の意味である。ちなみにドイツでは教員となるためには、大学卒業の時点で、まず第一次国家試験に合格しなければならない。そのあと試補勤務 (Vorbereitungsdienst) といって、一時的に公務員の身分を与えられ、給与を支給されながら、インターンのような実地訓練を大体2年間すませることが義務付けられている。試補勤務の最後に行われる第二次国家試験に合格して、はじめて正規の教員資格を取得できる。このようにドイツの教員養成制度は、わが国よりずっと手間のかかるシステムがとられている[40]。そういう制度が採用されているので、ドイツでは教員資格をもっている者は、正規教員に採用されていなくても「教員」(Lehrer) と呼ばれている。しかも最近は緩和されているが、一時期、教員の年齢構成のアンバランスにより、退職年齢に近い教員の数が極端に少なく、採用枠がほとんどなく、なかなか正規教員に雇用されないという状況が見られた[41]。

　この点と関連して、わが国と異なるいかにもドイツらしい特色であると思うのは、わが国の場合、教員採用試験に不合格であった学生は、あまり抵抗なく別の職種にすんなり入って行く。そこに日本の学生のフレキシビリティーがあると言うこともできるが、ドイツの学生は、本人も教員以外になるつもりはないし、また周囲も、教員になるコースを歩んできた学生は教員になるものとみなしている。したがって教員に採用されないからといって、簡単にコースを変更して会社員になるといった発想を本人ももたないし、企業の方も「失業教員」をむやみに採用することをしないという社会状況がある。要するに一人ひとりの学生を見ると、こういう国家試験に合格して、そのあとこれこれの職業につきたいという問題意識を、もちろんすべての学生がそうであるというわけではないが、わが国の学生よりも強くもっているのではないかと思われる。

(4) 親の意向が反映

　もう一点付け加えると、たとえばドイツでは前述のように義務教育の段階

から留年の制度が採用されている (1-(3)を参照)。基礎学校 (小学校) を終わった時点で、生徒は、①大学進学を目指すコース、②マイスターを目指すコース、③両者の中間のコース、というように大きく3つのコースに振り分けられる。ドイツの基礎学校は4年間であるので、10歳の段階で大きく進路が分けられてしまう。その決定にあたっては、学校の成績だけでなく、本人や親の希望が重視される。学校の成績は悪くても、どうしてもギムナジウムに進学したいという者は、各学校ごとにとくに入学試験が行われるわけではないので、いわば仮入学のような形でギムナジウムに進学することも可能である (1-(1)を参照)。しかし、ギムナジウムに入学できても学年末の評定で一定のレベルに達していないと判定されると必然的に留年となる。しかも通常2回続けて留年できない規則になっているので、そうした生徒は別の学校種類へと転学して行かなければならない。

　この点に見られるように、ドイツの特色として、親の意向が子どもの教育に大きく反映されるシステムになっているということが言えるであろう。1-(6)の「半日学校と全日学校」で述べたように、「子どもの教育は親が本来的にもつ権利であり、何よりもまず親に課せられた義務である」と憲法に相当する基本法 (第6条) で定められており、子どもの教育については基本的には親が責任をもつというのが、伝統的な考え方となっている。学校の運営にあたっても、重要事項の決定にあたり、親たちの間には、親としての権利の行使、自己の意見の主張といった要素を前面に打ち出す意識が浸透している。

(5) 表現力の育成
　(2)で述べたことの繰り返しになるが、ドイツの場合、成績評価はわが国のように「相対評価」ではなく、「絶対評価」で行われる。要するにその者が大学で学ぶ能力があるかないかを判定するのが、アビトゥーア試験であって、わが国のように他の人と比べてどの位点数が高いか、あるいは低いかといったことを比較して、その結果によって生徒を振るい落とすといった試験形態はとられていない。絶対的に、その者がどの程度、目標とする学力を身につけているかが判定される。

したがって(1)で見たようにアビトゥーア試験は、すべて論文形式で、いかに筋道の通った論理構成ができるかを検査するものである。また試験科目のうちの1科目は口述による試験となっており、人の前で自分の見解を、説得力をもって発表する能力が試されている。試験の採点にあたっても、結論はひとつとは限らない。たとえそれが一般常識からはずれた極端な内容であっても、そこで展開されている論理が採点者をして納得させるものであれば、しかるべき点数を与えられるとされている。

(6)「落ちこぼれ意識」から見た相違

大学生の意識ということで、ドイツと日本とでは「落ちこぼれ意識」に何か違いはあるか、という質問を受けたことがある。たしかにドイツでも、基幹学校で学ぶ生徒たちの間にそうした意識をもつ者が増えてきているといったことは言われている。ドイツでは、基礎学校を卒業した段階で、基幹学校、実科学校、ギムナジウムといった異なる種類の学校形態に生徒たちは振り分けられる。かつては基幹学校に学び、マイスターへの道を歩む若者は、彼らなりにプライドをもって、大学教授を目指す生徒たちに自分たちは決して劣らないという誇りをもっていた。またまわりもそう思って彼らを評価してきた。しかしそれがだんだん現在のように大学進学希望者が増え、基幹学校に学ぶ者は、大学進学コースに乗れなかった者と見るような社会風潮が出てくると、やはりわが国の場合と同じように、希望する学校に入れなかった生徒が味わう「落ちこぼれ意識」というものも出てきていることは事実である。ドイツの場合、そのグループのなかにとりわけ外国人労働者の子女が大変多く含まれることも特色である。またいわゆる「問題行動」が引き起こされる事例も、基幹学校に多いという点も指摘されている。

しかし大学生の場合、彼らはアビトゥーア試験に合格して、自分が入りたいと思った大学に「登録」し、学習している。したがって自分の学んでいる大学で劣等感をもつといったことは基本的にはないことになる。わが国のように偏差値で、ここは一流大学、あそこは三流大学というようなレッテルを貼られるといったことは、ドイツの場合、社会認識としてそうした考え方は

基本的に存在しないといってよい。入学した大学の名前で、「落ちこぼれ意識」をもつということは考えられないということになる。気に入らなければ、別の大学に入り直せばよい。仮に「落ちこぼれ意識」をもつとすれば、国家試験に2回落ちて、希望する職業につけなかったことで味わう挫折感ということになるかもしれない。しかしドイツの場合、国家試験の出題者は学生を教えた教授であり、学生の側も授業にきちんと出席して、「このレベルに到達すれば大丈夫合格する」という自信をもった段階で受験するので、合格率の方もそれなりに高くなっており、その面での「落ちこぼれ意識」というのは、あまり聞いたことがない[42]。

(7) 大学の大衆化

こうした彼我の相違から、大学の大衆化と言っても、その意味するところを見ると、わが国とドイツではだいぶ事情は異なっているように見受けられる。たしかに学生数は、ドイツでも急増した。しかしドイツの場合、アビトゥーア試験合格者は、言ってみれば国家によって大学生となるに値する者であるという、いわば「お墨付き」をもらっている学生たちである。1-(3)で見たようにドイツでは、留年の制度がある。アビトゥーア試験を受けるまで、ずっと留年なしで来ても13年間 (12年間) を要する。この間毎年進級試験をくぐり抜けてきており、アビトゥーア試験の受験者は、平均してすでに相当高い学力水準に達しているということができる。その上で、さらにアビトゥーア試験という関門を突破している。そういう意味では、大学が大衆化したといっても、ある一定の最低限の学力レベルは維持されていると考えることができるのではあるまいか。

また繰り返しになるが、ドイツでは、ほとんどすべての職種に国家試験があり、これに合格し、ある資格なりディプロームなどを取得し、大学を「退学」することが卒業を意味している。こうしたシステムを背景にもつドイツとわが国とを比較すると、大学での学習に対する取り組み方にもやはり違いが出てくるのではなかろうか。しかもドイツでは、最近その見直しが行われているが、原則として同じ国家試験は2回までしか受験することができない。以

上のような状況があるので、大学における教育の質、教授の教え方、教育内容などについても、おのずからいろいろと注文も出てくる。もちろんいちがいに断定はできないが、中等教育と高等教育の接続について、これをいかに機能的で実質的なものとするかについての当事者の問題意識は、わが国のそれよりも強いということができるのではあるまいか。

注

1　基本法では、教育・文化の領域に関しては、基本法が特段の定めを設けない限り州が権限を有するとされている。これは州の「文化高権」(Kulturhoheit) と呼ばれている。2006年の基本法改正により、州の「文化高権」が、さらに強められることになり、従来連邦がもっていた「大学制度の基本原則について大綱立法を行う権限」などが削除され、連邦がもつ権限は、「大学の認可と閉鎖」、「職業教育への助成」、「学術研究の振興」などを残すのみとなった。山口和人「連邦制改革のための基本法改正実現」『ジュリスト』1321号, 2006. 10, p. 211. を参照。なお、教育関係を所管する連邦政府の現在の名称は、連邦教育研究省 (Bundesministerium für Bildung und Forschung) であるが、以前は、教育・学術を所管する連邦教育学術省 (Bundesministerium für Bildung und Wissenschaft) と研究開発・科学技術を所管する連邦研究技術省 (Bundesministerium für Forschung und Technologie) の2つの省があった。1994年からこれら2つの省が統合され、連邦教育・学術・研究・技術省 (Bundesministerium für Bildung, Wissenschaft, Forschung und Technologie) となり、1998年から現在の名称となっている。

2　以下、本章の記述にあたっては、Kultusministerkonferenz, *Das Bildungswesen in der Bundesrepublik Deutschland 2007, Darstellung der Kompetenzen, Strukturen und bildungspolitischen Entwicklungen für den Informationsaustausch in Europa*, Bonn 2008. を参照（とくに S.38ff.）。〈http://www.kmk.org/fileadmin/doc/Dokumentation/Bildungswesen_pdfs/dossier_dt_ebook.pdf〉なお、拙稿「教育制度」加藤雅彦ほか編『事典現代のドイツ』大修館, 1998, pp. 547-565 も参照。

3　連邦教育研究省 (BMBF) が、文部大臣会議 (KMK) と共同で取りまとめた次の報告書を参照。Autorengruppe "Bildungsberichterstattung" (Hrsg.), *Bildung in Deutschland 2008 : Ein indikatorengestützter Bericht mit einer Analyse zu Übergängen im Anschluss an den Sekundarbereich I*, Bielefeld: Bertelsmann, W, 2008, S.253. 〈http://www.bildungsbericht.de/daten2008/bb_2008.pdf〉

4　オリエンテーション段階は、ヘッセン州では、促進段階 (Förderstufe) と呼ばれている。

5　ベルリンやノルトライン・ヴェストファーレン州のように、全日制就学義務が10

年間となっている州では、基幹学校は第10学年(基礎学校入学からの通算)まで継続する。これらの州では、第9学年の修了で「基幹学校修了資格」を取得できる。また、第10学年の修了により、1ランク上の「拡大された基幹学校修了資格」を取得できる。「基幹学校修了資格」を取得することなく退学した者は、あとから夜間の学校、職業教育の学校等に学ぶことによりこの資格を取得することが可能となっている。

6　大学入学資格取得までの就学年数は、統一まで、旧西ドイツは13年間(基礎学校4年、ギムナジウム9年)、旧東ドイツでは12年間であった。統一後、旧東ドイツ地域では、旧西ドイツに合わせる形で新しい教育制度が構築されたが、一部の州(ザクセン州, テューリンゲン州)は13年に移行しないで従来の12年間のままとどまった。ヨーロッパ統合が進行するなかで、ヨーロッパの多くの国々が12年間であること、また労働市場の国際競争の面からも、ドイツも12年間とすべきであるとする考え方が強くなり、すべての州のギムナジウムは、9年制から8年制へと移行しつつある。

7　総合制学校には、基幹学校、実科学校、ギムナジウムの3種類の学校形態を完全に解消した統合型総合制学校(integrierte Gesamtschule)と、これらの学校形態はそのまま残して、相互の横断的移行を容易にした協力型総合制学校(kooperative Gesamtschule)と2種類ある。

8　統一後における旧東ドイツの学校制度の再編をみると、総合制学校が正規の学校として位置付けられた州(ブランデンブルク)、三分岐型の学校制度が導入された州(メクレンブルク・フォアポンメルン)、ギムナジウムともうひとつの中等学校という二分岐型の学校制度が導入された州(テューリンゲン、ザクセン、ザクセン・アンハルト)と様々であった。第Ⅰ部第2章を参照。

9　詳細については、拙稿「ドイツの大学入学法制―ギムナジウム上級段階の履修形態とアビトゥーア試験」『外国の立法』238号, 2008.11, pp.21-72. を参照。

10　前掲注6を参照。

11　ドイツの学校の就学義務には、全日制就学義務と定時制就学義務がある。前者は、すべての子どもに適用され、9年間である(ベルリン、ブランデンブルク、ブレーメン、ノルトライン・ヴェストファーレンの4州は10年間)。後者は、全日制就学義務修了後、いかなる全日制の学校にも通学しない生徒に対して課せられ、3年間である。なお、ドイツでは、義務教育期間だけでなく、公立学校の授業料は大学に至るまですべて無料となっている(大学では、無償制の見直しが行われている。第Ⅱ部第5章第2節4を参照)。

12　そのほか、職業ギムナジウム(Berufliches Gymanasium)、専門ギムナジウム(Fachgymnasium)、職業上級学校(Berufsoberschule)、職業コレーク(Berufskolleg)、職業アカデミー(Berufsakademie)といった職業教育学校が存在する。また、職業基礎教育年(Berufsgrundbildungsjahr)、職業準備年(Berufsvorbereitungsjahr)という名称

の学年段階が設けられており、職業資格を取得するための準備教育が行われている（職業資格を取得することはできない）。

13 　大学入学資格には、すべての大学タイプとすべての専門分野に入学することができる「一般的大学入学資格」(allgemeine Hochschulreife)、すべての大学タイプの特定の専門分野にのみ入学できる「特定専門分野大学入学資格」(fachgebundene Hochschulreife)、専門大学にのみ入学できる「専門大学入学資格」(Fachhochschulreife)がある。職業ギムナジウム、専門ギムナジウムに学ぶことにより、「特定専門分野大学入学資格」を取得することができる。

14 　継続教育（生涯学習）を行っている教育機関として、社会教育施設としての市民大学（Volkshochschule）を挙げることができる。市民大学では、バラエティーに富んだ多彩な講座が開講されているだけでなく、基幹学校修了証などの学校修了証を取得することができるコースもある。

15 　ドイツでは、国が承認した約340の訓練職種が定められている。

16 　前掲注13を参照。詳細は、前掲注9の拙稿を参照。

17 　全生徒に占める特別な促進を必要とする生徒の割合は5.8%（その内訳は、学習障害2.7%、視覚障害0.1%、聴覚障害0.2%、言語障害0.6%、身体発達0.4%、精神発達0.9%等、となっている）。このうち84.3%は特殊学校などに通学し、15.7%は障害をもたない者と統合された形態で教育を受けている。Vgl. *op.cit.* 3, S.256.

18 　以下の記述は、文部大臣会議がまとめた次の資料による。Kultusministerkonferenz, *Übergang von der Grundschule in Schulen des Sekundarbereichs I*, Informationsunterlage des Sekretariats der Kultusministerkonferenz Stand: März 2006, S.9,21. 〈http://www.kmk.org/fileadmin/veroeffentlichungen_beschluesse/2006/2006_03_00-Uebergang-Grundsch-SekI-01.pdf〉

19 　促進段階（前掲注4を参照）と統合型総合制学校（前掲注7を参照）では、基幹学校、実科学校、ギムナジウムといった区分を設けず、すべての生徒が共通の授業を受けるので、学校からの勧告はとくに必要ではない。ただしその場合でも、親は、子どもがどの学校タイプがもっとも適しているかについて、基礎学校の勧告を申請することができるとされている。

20 　前掲注7に記したように、協力型総合制学校では、ひとつの学校のなかに、基幹学校、実科学校、ギムナジウムにそれぞれ相当する教育課程が設けられている。

21 　生徒が通学する基礎学校の第4学年の教員全体により構成される会議。

22 　ドイツの学校の成績評価は、一般的に「1」から「6」までの6段階で行われている。それは次のとおりである。「1」：非常によい (sehr gut)、「2」：よい (gut)、「3」：満足できる (befriedigend)、「4」：何とか間に合う (ausreichend)、「5」：欠陥の多い (mangelhaft)、「6」：不可 (ungenügend)。試験の成績も、最高点が「1.0」、最低点が「6.0」

となるように換算される。

23　Verordnung des Kultusministeriums über den Übergang zwischen Hochschulen, Realschulen und Gymnasien der Normalform vom 19. Juli 1985 (*GBl*. 1985, S.285) を参照。

24　総合制学校は、三分岐型の学校タイプのいずれにもあてはまるので、基幹学校から総合制学校へ、総合制学校から実科学校への移動などがこれに該当する。

25　*op.cit.* 3 の web サイトから „Tab. D1-11web: Übergänge zwischen den Schularten in den Jahrgangsstufen 7 bis 9 des Schuljahres 2006/07 nach Schularten, Wechselrichtung und Ländern" を参照。〈http://www.bildungsbericht.de/daten/d1.xls〉

26　詳細は、第Ⅱ部第5章第2節1を参照。

27　Bundesministerium für Bildung und Forschung (hrsg.), *Die wirtschaftliche und soziale Lage der Studierenden in der Bundesrepublik Deutschland 2006: 18. Sozialerhebung des Deutschen Studentenwerks durchgeführt durch HIS Hochschul-Informations-System,* Berlin, 2007, S.66. 〈http://www.studentenwerke.de/pdf/Hauptbericht18SE.pdf〉

28　なお、該当年齢（19～21歳）に占める大学入学者の割合は、60年代初頭は1割に満たなかった（1960年：7.9％）が、現在（2006年）では35.9％に達している。Statistisches Bundesamt, *Hochschulen auf einen Blick 2008*, Wiesbaden, S.10.

29　*op.cit.* 3, S.176.

30　拙稿「ドイツにおける全日学校の現状と課題」平成6～10年度特別研究『学校と地域社会との連携に関する国際比較研究　中間報告書（Ⅰ）』国立教育研究所，1996，pp. 301-314. を参照。

31　ドイツでは2000年に行われたOECD（経済開発協力機構）の「生徒の学習到達度調査」(PISA)で、OECD諸国の平均を下まわり、国民に大きな衝撃を与えた。

32　ベルテルスマン財団（ドイツの代表的なメディア企業のひとつであるベルテルスマン社の出資により設立された財団）が大手調査機関であるエムニッド研究所に委託して実施したアンケート調査。14歳以上の1,519人を被験者として2008年4月に実施された。*Integration durch Bildung, Ergebnisse einer repräsentativen Bevölkerungsbefragung in Deutschland,* Gütersloh: Bertelsmann Stiftung, August 2008, S.11. 〈http://www.bertelsmann-stiftung.de/cps/rde/xbcr/SID-0A000F0A-324F6DB7/bst/xcms_bst_dms_25183_25184_2.pdf〉

33　*op.cit.* 3, S.71, 260.

34　詳細は、前掲注9の拙稿を参照。なお、同拙稿では、バーデン・ヴュルテンベルク州の関連法令である「アビトゥーア試験に関する省令」（NGVO）も翻訳し紹介している。

35　たとえば、バーデン・ヴュルテンベルク州の前掲NGVOでは次のように規定されている「筆記試験では、異なる素材領域から1問又は複数の課題が出題される。解答時間は、短くても240分、長くても300分とする」（第21条第1項）

36 NGVOでは次のように規定されている。「口述試験で、生徒は、筋の通った弁論により試験テーマ又は試験課題について叙述するものとし、かつ、引き続く試験会話のなかで教科及び教科の枠を超えたより大きな関連性について秩序づけるものとする」(第24条第5項)。

37 従来、アビトゥーア試験は、各ギムナジウムごとに行われる州が一般的で、バーデン・ヴュルテンベルク州のように州の統一試験(中央アビトゥーア)として行われる州は少なかった。しかし近年、ほとんどの州で中央アビトゥーア試験が行われるようになった。その理由として、中央アビトゥーアを導入していない州のPISAの成績が芳しくない点が挙げられている。

38 たとえば、2004/05年冬学期に、ただちに大学に入学した者の割合は49％であった。遅れて入学する理由としては、「兵役／非軍事的役務」に従事する(男子の場合)、「大学入学前に職業訓練を受ける」、「大学で学習するつもりはない」などが挙げられる。Heine, C.; Spangenberg, H.; Schreiber, J.; Sommer D.: Studienanfänger 2003/04 und 2004/05, Bildungswege, „Motive der Studienentscheidung und Gründe der Hochschulwahl", *Kurzinformation* A15/2005, S.7.

39 前掲注38を参照。

40 ドイツの教員養成制度については、第Ⅱ部第6章を参照。

41 第Ⅱ部第6章第1節4の「教員の採用等のデータ」を参照。現在は、教員失業の状況は改善されつつある。

42 大学中退者に対し、その理由を質問すると、「試験に不合格のため中退」という割合は6％にすぎない。「職業上の新しい方向付けをもって前期に中退」27％、「職業上の新しい方向付けをもって後期に中退」24％、「職業上の新しい方向付けなしに前期に中退」13％、「財政上の理由により中退」13％、「家庭上の理由により中退」9％、「職業上の新しい方向付けなしに後期に中退」7％といった結果が出ている(Vgl. *HIS Kurzinformation*, A4/99, S.46)

第Ⅰ部　ドイツ統一と旧東ドイツ教育の再編

第1章　旧東ドイツ教育の終焉
　第1節　旧東ドイツのあゆみと教育制度の特色
　第2節　「壁」開放から「統一」前後における教育政策の展開
　第3節　「壁」開放後における学校教育の変化
第2章　新しい学校制度の構築と各州の動向
　第1節　新しい学校法の制定
　第2節　新しい学校法の内容
第3章　学校現場の反応と教員解雇をめぐる諸問題
　第1節　学校現場の反応──学校関係者の発言から
　第2節　教員解雇をめぐる諸問題
第4章　旧東ドイツの大学の再編と大学ランキング
　第1節　旧東ドイツ地域の大学制度の発展状況と再編の実際
　第2節　旧東ドイツ地域の「大学ランキング」
第5章　統一をどう評価するか
　第1節　親に対するアンケート調査の結果から
　第2節　東西ベルリンの青少年の社会意識調査から
　第3節　統一ドイツが抱える諸問題

【梗概】
　1990年10月、東西ドイツは統一された。統一は、東ドイツが西ドイツに「編入」される形で行われた。東ドイツにも西ドイツの州制度が導入され、新たに設けられた5つの州は、それぞれ新しい学校法を制定することになった。

こうして旧東ドイツ各州では、旧西ドイツをモデルとして、東ドイツ時代とはまったく様相を異にする教育制度が構築されることになった。その制度は、おおむね旧西ドイツに準拠しているが、基幹学校と実科学校をひとつにして二分岐型の学校制度をとる州などもあり、西にない特色も見られる。旧西ドイツの教育制度には、特段の変化はない。

　教育内容面でも、その変わり方は既に「壁」の開放直後からドラスティックであった。たとえば、社会主義統一党（共産党）に忠実な人間をつくる役割を果たしてきた「公民科」は、壁開放後間もなく廃止され、社会科がそれに取って代わった。歴史の授業も、従来のマルクス・レーニン主義にもとづく労働者階級中心の内容がすっかり改められた。そのほか、従来なかった宗教の時間の導入、ロシア語から英語、フランス語への外国語の移行、ドイツ語の教科書の作品の差し替え等々、教育内容は一変した。

　教育内容の刷新と並行して、秘密警察（シュタージ）に協力していた者、社会主義統一党の幹部、自由ドイツ青年同盟（FDJ）のリーダーであった者などを中心に相当数の者が解雇された。目立った政治的活動歴がなくても、たとえば公民科だけを教えていた教員など、そのポストが新制度ではもはや必要がなくなったというような理由で退職を余儀なくされたケースも少なくない。

　高等教育制度においても、旧東ドイツの大学は、それまでのマルクス・レーニン主義のイデオロギー形成の一環としての大学から、西ドイツ型の学問・研究の自由、大学の自治を基本とする大学へと大転換をとげた。これと並行して、少なからぬ数の大学教授が解雇され、従来の大学は、廃校もしくは再編された。またそのために旧西ドイツから多数の大学人が、東の再建のために派遣された。

　統一後、旧東ドイツ地域の親たちに行ったアンケート調査の結果を見ると、従来の東ドイツの教育制度がよかったとする者の割合はわずかである。しかし、必ずしもすべての者が西ドイツ型の制度をそのまま移入することを支持しているわけではない。教育の中身はともかく、これまでの東ドイツの学校制度にみられた10年間一貫した統一学校の理念は必ずしも間違っていなかっ

たという意見も少なからずある。生徒たちからは、新しい成績評価のシステムになじめない、成績への圧力が、これまでより厳しくなったという声も出ている。

　統一の際、東西ドイツ人が共有した「ドイツは一つ」という一体感は、ほどなくして薄らいでしまった。東の人々の約8割は、自分たちを「二流市民」と感じているという調査結果もあり、東西住民相互の交流はなかなかしっくりいっていない。

　統一は実現されたが、それによって生じている問題は決して少なくない。むしろ、真の意味での統一は、これから始まる。東西ドイツの統一に関わる教育課題は、「壁」崩壊後20年を過ぎた今日でも、引き続いて継続している。

第1章　旧東ドイツ教育の終焉

　わが国と同じくドイツも連合国による占領教育政策を体験したが、旧西ドイツは、わが国のように単線型の教育制度に移行することなく、従来の複線型の教育制度がそのまま残った。一方旧東ドイツでは、マルクス・レーニン主義のイデオロギー形成の一環としての統一学校制度が構築された。

　本章では、旧東ドイツ教育が終焉を迎える経緯を見ていく。まず第1節で、旧東ドイツ教育のあゆみと教育制度の特色について概観する。第2節では、「壁」開放から「統一」にいたる教育政策の展開をたどってみる。第3節では、「壁」開放前後における学校教育の変化について、教育内容等の変化、大学入学資格試験であるアビトゥーア試験の問題に見られる変化、生徒や教員に対するアンケート調査の結果、旧東ドイツで取得した資格の承認をめぐる問題などをとりあげ紹介する。

第1節　旧東ドイツのあゆみと教育制度の特色

1　東ドイツの戦後のあゆみ

　最初に、旧東ドイツの戦後のあゆみと教育制度の特色について、ごく簡単にまとめておくことにしよう。

　1945年5月8日、ドイツは連合国に無条件降伏し、米、英、仏、ソ連の4か国による分割占領、分割統治を経験することになる（ポツダム会議、1945年7-8月）。しかしその後、連合国内で米・ソ連の対立が激しくなり、米・英・仏が西側陣営、ソ連が東側陣営というように、ヨーロッパを東西に二分する冷

戦の構造ができあがる。こうした第二次世界大戦後の東西対立のなかで、ドイツが東西に分裂したのが1949年であった。同年5月23日に西側（米・英・仏）占領地域にドイツ連邦共和国（西ドイツ）が、同年10月7日にソ連占領地域にドイツ民主共和国（東ドイツ）が成立した。

　ソ連占領地域から出発した東ドイツは、社会主義国家として、とりわけ1960年代に著しい発展をとげた。こうした社会主義の教育の根本原則は、1965年に制定された「統一的社会主義的教育制度に関する法律」(Gesetz über das einheitliche sozialistische Bildungssystem) のなかで詳細に規定されている。要するに、「社会主義的人間の育成」ということが、旧東ドイツ時代の教育的営みのほとんどすべてであったといってよい。このように、一方は市場経済、自由主義体制、もう一方は計画経済、社会主義体制というまったく異なった体制のもとで、新しい国家づくりを行っていくことになった両国であったが、個人の自由の幅の大きい西へのあこがれ、また暮らしぶりも東は西に明らかに見劣りする、等々の理由から、東ドイツの人々が西ドイツへと移住するという流れは、とどまるところを知らなかった。こうした状況にストップをかけるためにつくられたのが「ベルリンの壁」であった（1961年8月13日）。東ドイツは「壁」の構築を「ファシストから社会主義を守るため」という理由をつけたが、「壁」による東西の分断によって、家族の離散、越境者の射殺など数多くの悲劇が生まれたことは周知のとおりである。

　東ドイツから西ドイツへと移住した者の数は、1949年から1988年までに公的数字でみる限りでも、約317万人に達している。また89年には、1年間で34万人にも及んだ[1]。1989年10月、在外研究で私がドイツに着いた頃は、ハンガリー等を経由して、東ドイツから西ドイツへと脱出する者が激増しており、その模様が毎日、テレビ、新聞などで大きく報道されていた。このような東ドイツ国民の西ドイツへの大量脱出と、東ドイツ国内でも民主化を求めるデモが相次ぎ、1971年から続いたホーネッカー体制は崩壊し（10月18日）、後任にクレンツ政治局員が就任する。ホーネッカー辞任に先立つ10月7日、東ドイツ建国40周年記念式典にゴルバチョフが訪れ、「遅れてくるものは罰せられる」という演説をする。つまり東ドイツもペレストロイカを進めよ、

というゴーサインを送ったわけである。

こうした事態のもとでクレンツ政権は、市民の国外旅行、移住制限を全面的に撤廃し、「ベルリンの壁」を含むすべての西ドイツとの国境を開放するという決定をした(11月9日)。抑圧の代わりに自由を与えることで、東ドイツ市民の西ドイツへの流出を防ごうとしたのである。

2 旧東ドイツ教育の特色

図Ⅰ-1-1に学校体系図を掲げたが、旧東ドイツの教育制度では、生徒は満6歳になると「10年制普通教育総合技術上級学校」(zehnklassige allgemeinbildende polytechnische Oberschule) に入学した[2]。この学校に通学する10年間が、旧東ドイツでは義務教育期間とされてきた。この学校は、その名前が示すとおり、普通教育科目の学習だけでなく、生産労働を伴う総合技術教育 (politechnischer Unterricht) も施されてきた点に特色がある。そして、この総合技術教育が、東ドイツの社会主義教育のいわば根幹を形成してきた。

大学に入学するためには、さらに2年間、「拡大上級学校」(Erweiterte Oberschule) 等に通学して、大学入学資格(アビトゥーア)を取得しなければならない。拡大上級学校、大学等への進学者の決定は、生徒の学業成績にもとづいて行われるが、合わせて、「自由ドイツ青年同盟」(Freie Deutsche Jugend) など、党(=社会主義統一党、SED)の活動にどれだけ積極的に参加したか、といった「社会主義的態度」が重視されてきた。それと同時に、大学入学者の決定にあたっては、社会主義の建設にとりわけ功績のある者の子女が優先的に考慮された[3]。

教育内容について言えば、従来東ドイツでは、資本主義社会を「階級の敵」とみなすイデオロギー教育が行われてきた。なかでも「公民科」(Staatsbürgerkunde) は、党 (SED) に忠実な人間をつくる役割を果たしてきた。後述するように、壁崩壊後「公民科」は廃止され、西ドイツ同様「社会科」(Gesellschaftskunde) が導入され、新しい内容で社会的学習がスタートすることになる。また「歴史科」も、マルクス・レーニン主義にもとづく労働者階級の歴史からその内容は一変する。

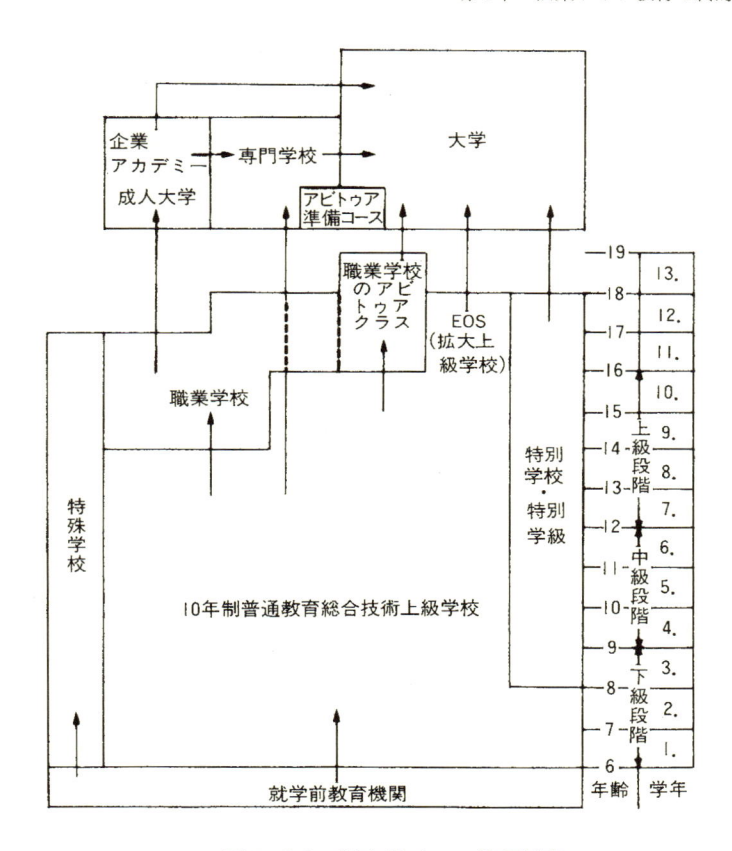

図 I-1-1　旧東ドイツの教育制度

（出所）Der Bundesminister für Bildung und Wissenschaft, *Zahlenbarometer, Ein bildungspolitischer Überblick 1990/91*.

第2節　「壁」開放から「統一」前後における教育政策の展開

1　「壁」開放後の教育政策の「転換」

　「ベルリンの壁」開放（1989年11月9日）後、東ドイツの政治情勢はめまぐるしく変転し、教育政策の面でも急激な「転換」(Wende) が見られる[4]。
　まず象徴的な出来事として挙げられるのは、1963年11月以来、25年以上

もその職にあったマーゴット・ホーネッカー（Margot Honecker, 1927-, ホーネッカー書記長の夫人）国民教育相の辞任であった。1989年11月16日付け『ノイエス・ドイチュラント』紙によれば、それは「裏口からの脱出」であり、「旧SED指導部が、新しい発展を適切に認識し、そこから結論を引き出すことができなかった」ことを象徴するものであった[5]。

同年11月13日、東ドイツ人民議会は、モドロウ（Hans Modrow）政治局員を首相に選出した。モドロウ首相は、11月17日の施政方針演説のなかで、「社会主義の革新」を訴え、「現代的社会主義の社会構想」のなかで、教育の面での民主化も達成されなければならないとした[6]。また、同じ11月にはすでに、社会主義統一党（SED）の「行動計画」も発表され、社会主義体制内での変革を模索する試みが開始された。具体的には、軍事教練（Wehrunterricht）、「公民科」の廃止といったことがらが、この計画のなかに盛り込まれている[7]。

西ドイツ側の動きとしては、11月28日にコール首相が、ドイツ統一のための10項目提案、3段階構想を発表し注目された（モドロウ首相は、11月17日の施政方針演説でドイツ再統一を否定している）。しかしこの時点では、統一の実現というゴールはまだずっと先のことと考えられていた。たとえば、11月25/26日付け『ノイエス・ドイチュラント』紙によれば、「東ドイツの改革を社会主義の方向で進めること」に対して、東ドイツ国民の90.2％が賛成（反対：7.2％）。「国家連合という形での両ドイツの政治的統一」に対して、53.4％が反対（41.2％が「望ましい」と回答）を表明している。

また、この時期注目される動向として「円卓会議（ラウンド・テーブル）」の設置をあげることができる。これは、SED政治局が、諸政党および反体制改革派市民組織に、自由選挙の施行と憲法改正を課題として組織化させたものである。この円卓会議は、12月7日正式に発足し、教育改革の問題もこの場で話し合われることになった。

年が改まり、1990年1月11日にメレマン（Jürgen Möllemann）（西ドイツ）とエモンス（Hans-Heinz Emons）（東ドイツ）の東西両教育学術相が会談し、両国の教育面での協力が確認された[8]。そして1月末に、ゴルバチョフ大統領（当時は最高会議議長）がドイツ統一を容認する発言をしたことで、統一への動きが一

気に現実味を帯びたものになってくる。

当初主導的であった考え方は、社会主義体制内での「社会主義の革新」であり、「現代的社会主義の社会構想」をとおしての教育の民主化ということであった。こうした考え方は、1990年3月に発表された2つの文書のなかに見て取ることができる。ひとつは、東ドイツ教育学術相エモンスによる「教育改革に関するテーゼ」(Thesen zur Bildungsreform)であり[9]、もうひとつは前述の円卓会議が作成した「教育、訓育、青少年」(Bildung, Erziehung, Jugend)と題するペーパーである[10]。

前者では、次のようなテーゼが掲げられている点が注目される。
① 教育を受ける権利は基本的人権のひとつである。教育は尊厳と自由を有する各人の個性の発展に資するものでなければならない。
② 教育は万人が同権であるという原則に拘束される。この原則にもとづき、多様化されかつ透過性をもった(durchlässig)教育の提供を通して、機会の平等、社会的正義が実現する。
③ 青少年は、家庭あるいは国家により、公的、私的にかかわらず、また組織化されているいないを問わず、様々な形で教育されることが保障される。
④ 個性の自由な発展という基本権は、万人に妥当する法律の枠内で、教える者と学ぶ者の自己責任と決定を包括する。
⑤ 東ドイツの教育制度は、生涯教育の保障を義務付けられている。
⑥ 政治的、社会的、学術的変動は、教育制度のダイナミックな、開かれた改革を要求している。
⑦ 学術研究は、社会および国家の教育上の決定を準備し、助言し、基礎付けることに寄与することが使命である。

後者においても、社会主義体制内での教育改革について、次のような具体的提言が行われている。
① 万人がその個人的諸条件に対応して発達するための機会の平等
② 万人が生涯にわたり教育を受ける権利の保障
③ 社会的に庇護され、誕生のときから豊かな情操を与えられることを要

求する権利
④　あらゆる子どもおよび青少年の人格の不可侵性の尊重
⑤　教育施設は、単に学術の仲介ないしは職業資格の取得のための手段を提供することにとどまらず、教育という営みすべてにわたる内容的要求にかなったものでなければならない。同時にそれは、複雑で、急激な変動にさらされた社会にあって、青少年が、自らの方向を定め、積極的に自己決定できる生活へと導くことに寄与するものでなければならない。
⑥　万人の尊厳性に敬意を払うことは、年齢、血統、性別、国籍、社会的および家庭的出自、政治的および宗教的アイデンティティに関わりなく、基本的には、個人的な、健康上の、身体的および知的な前提をも包括するものである。
⑦　教育のあらゆる領域において、学ぶ者、その法的擁護者、および教える者、すなわち利害関係者に対し、民主主義的な共同決定権を保障すること
⑧　世代間のおよび社会的集団間の出会いの場として、そのための直接的な環境のための教育施設の開放を含む地域における余暇形成の多様な可能性の発達
⑨　職業教育（職業訓練、専門学校および大学における職業教育）を受ける権利の保障
⑩　成人式は、学校から独立して自由な担い手によって行われなければならない。分化される上級段階への移行を前に行われる世界観上、中性の学校行事は、親および生徒の決定にゆだねられなければならない。

しかし、こうした社会主義体制内部における教育改革の試みは、その後3月18日に行われた東ドイツ初の自由選挙の結果、保守のドイツ連合が圧勝したことにより[11]、はっきりと終焉を迎えることとなる。そして以後は、西ドイツ型のそれに向かって教育制度の再編作業が進められていくことになった[12]。

この選挙は、さながら西ドイツ各政党の代理戦争という観があった。コール首相をはじめ西ドイツ各政党の党首クラスが連日東ドイツ国内を遊説し、

統一問題についてそれぞれの主張を訴えた。その際議論の中心になったのは、ドイツ統一を基本法第23条にもとづいて行うか、それとも第146条に拠るかということであった。キリスト教民主同盟 (CDU) を中心とする保守派は、第23条にもとづく統一を訴えた。すなわち、第23条は「この基本法は、ドイツのその他の部分に関しては、その加入によって効力を生ずる」としている。つまり、ドイツのその他の部分（東ドイツ）が、西ドイツへの加入を宣言するだけで、手続きが完了するとする主張である。簡単に言えば、西ドイツへの東ドイツの編入、ないし吸収合併という形での統一である。なお、1989年11月28日のコール首相の演説では、この第23条にもとづく統一という概念はまったく想定されていなかった。

一方、第146条による統一は、社会民主党 (SPD) を中心に主張されてきたものである。すなわち、第146条では「この基本法は、ドイツ国民が自由な決断により制定した憲法の効力の生ずる日にその効力を失う」と規定している。つまり、ドイツ統一が実現するときは、この規定にもとづいて西ドイツ基本法は廃止され、代わって統一ドイツは新しい憲法を制定することをうたった条文である。第146条を適用すると、東西ドイツがいわば対等な立場で新憲法を制定して統一が実現するというわけで、東ドイツの立場が尊重されることになるが、しかし手続きに大変な時間を要することになる。少しでも早い統一を実現するか、それとも慎重に議論を重ねた後の統一か、という選択に対して、東ドイツの国民は第23条にもとづく早い統一の方を選択したわけである。

選挙後、キリスト教民主同盟のデメジエール (de Maizière) が、社会民主党とともに大連立内閣を組織した。このデメジエール内閣の連合政権協定における教育・学術・文化政策の部分をみると、西ドイツのそれにほぼ近い内容となっている[13]。

この時点での主な動きを具体的にいくつか列挙してみよう。

① 連邦教育学術省、補正予算で「職業教育の近代化に関する東ドイツとの協力」、「大学の教授と研究における協力と交流の促進」等の計画を作成 (3月30日)。

② メレマン教育学術相「教育制度における西ドイツの協力」を表明 (4月4日)。
③ 各州文部大臣会議「東ドイツ出身者の西ドイツの大学への入学許可に関する決議」を採択 (5月10日)。
④ 両国の代表各8人からなる共同教育委員会が発足、東ベルリンで第1回の会合(5月16日)。以後この会議を通して、統一の過程における両国の、教育・学術に関する協力と教育制度間の調整が推進されることになる。

これと関連して、東ドイツに対する協力のひとつとして、西ドイツから東ドイツへの教科書供給について若干紹介しておこう。この時点で、西ドイツの教科書約250万冊が、東ドイツの約7,000校に、総額3,280万マルクの経費で調達されている。

その後もドイツ統一への歩みは急ピッチで進行し、5月18日には、西ドイツマルクを共通貨幣とする「通貨・経済・社会同盟条約」が調印される (7月1日から発効)。そして8月31日には東西ドイツの「統一条約」が締結された[14]。

なお、統一条約の締結に先立ち、東ドイツにも州制度が導入されることになる (東ドイツは、1949年の成立の時点では連邦制をとっていたが、1952年に州制度が廃止され、中央集権国家となった)。1990年7月22日に制定された「州制度導入法」(Ländereinführungsgesetz) により、ブランデンブルク、メクレンブルク・フォアポンメルン、ザクセン・アンハルト、テューリンゲン、ザクセンの5州が設けられた。そして西ドイツ基本法第23条にもとづき、東ドイツ州がドイツ連邦共和国 (西ドイツ) の構成州に加わるという形で統一が実現することになった。すなわち、東ドイツの西ドイツへの編入 (吸収合併) である。

2 「統一条約」における教育関係の規定と暫定的教育関連法令の制定

さて「統一条約」では、第8章が「文化、教育および学術、スポーツ」で、その内訳は、第35条「文化」、第36条「放送」、第37条「教育」[15]、第38条「学術および研究」、第39条「スポーツ」となっている。

このうちとくに第37条で、教育の領域における統一後の基本的な在り方が規定されている。すなわち、第37条では、東ドイツで取得した学校およ

び職業に関する修了証・資格は、統一後も有効であること（第1項）、教員試験に関しては、文部大臣会議における承認手続きが適用されること（第2項）、西ドイツの現行の学校制度の基本的枠組みを定めたハンブルク協定および各州文部大臣会議の諸協定を基盤として、東ドイツ各州が学校制度の改編に関する規程を定めること（第4項）、などが規定されている。

また第38条では、東ドイツに置かれている研究諸機関を対象として西ドイツの学術審議会が評価を実施すること（第1項）、科学アカデミーを分割して諸学術団体として存続させること（第2項）、諸研究機関に雇用されている者の雇用関係を1991年末まで延長すること（第3項）、教育計画と地域を超える意義を有する学術研究の設備・計画に関して連邦と各州が協力できることを定めた基本法第91b条を東ドイツ地域にも適用すること（第5項）などが規定された。

このように、統一条約では「この条約に特段の定めのない限り、西ドイツ法が、旧東ドイツ地域にも適用される」（第8条）とされ、教育制度の面でも、統一後は、基本的には西ドイツのそれにしたがう、という方向がはっきりと定まった。そして統一後は、これら5州がそれぞれ西ドイツ各州にならった教育制度を新たに構築して行くことになった。

そのための当面の暫定的措置として、すなわち東ドイツ各州が新しい制度を構築するまでの措置として、1991年6月30日までという期限付きで次の法令が東ドイツ地域に適用されることになった（1990年9月18日）[16]。

① 「普通教育学校および職業教育学校に関する原則と規則に関する規程」（Verordnung über Grundsätze und Regelungen für allgemeinbildende Schulen und berufsbildende Schulen—Vorläufige Schulordnung）
② 「教員養成に関する規程」（Verordnung über die Ausbildung für Lehrämter）
③ 「大学に関する規程」（Verordnung über Hochschulen—Vorläufige Hochschulordnung）
④ 「学生援護会の設立に関する規程」（Verordnung über die Einrichtung von Studentenwerken）

これらの規程では、義務教育の年限を現行のとおり10年とすること、大学入学資格（アビトゥーア）は、新しく加入する5州の間で統一的な原則と基

準にしたがって与えられること、教員養成については西ドイツにおけると同様に大学における養成と試補教育との2段階の養成とすること、などが定められている。また高等教育についていうと、西ドイツの大学大綱法の主要規定を導入し、たとえば大学における研究、教育、教員の招聘などの決定に際し、大学教員が最大の決定権を有すること、などが定められている。このうちとくに、①の「暫定学校規程」によって、対応する州法が制定されるまでの一般的諸原則が詳細に定められた。

さらに統一直前の1990年9月26日には、5月に設立された東ドイツと西ドイツの共同教育委員会が第3回目（最終）の会合をもち、義務教育の年限、学校制度の多様化、教員養成など、東ドイツ各州の普通教育学校制度の改編に関する勧告を決議した[17]。

第3節　「壁」開放後における学校教育の変化

1　教育内容等の変化

壁開放後、学校教育にも大きな変化が見られる。教育内容について言えば、従来東ドイツでは、資本主義社会を「階級の敵」とみなすイデオロギー教育が行われてきた。なかでも「公民科」は、党（SED）に忠実な人間をつくる役割を果たしてきた。後述するように、壁崩壊後「公民科」は廃止され、西ドイツ同様「社会科」（第2章第2節6(2)を参照）が導入され、まったく新しい内容で社会的学習がスタートすることになった。

また歴史、国語（ドイツ語）などでも、マルクス・レーニン主義の歴史観・世界観にもとづく教育内容が教授されてきた。

筆者は、1990年11月に東ベルリンの拡大上級学校（EOS、大学進学者が通う学校で、いわばエリート校、図Ⅰ-1-1を参照）を訪問し、ドイツ語、歴史、英語の3教科の授業を参観した[18]。以下、その折りの見聞を記してみたい。

改変にあたりとりあえず必要なのは教科書であるが、今すぐ独自のものというわけにはゆかない。筆者が訪れた拡大上級学校では、たとえばドイツ語と英語は、旧東ドイツ時代の教科書が（不適切な箇所を削除して）そのまま使

用されていた。「歴史は、従来のものはまったく使い物にならないので、西から新しいものを送ってもらった。ドイツ語や英語は、不適当な箇所は除いて、とくに新しくはしていない。しかし当面教科書は変わらないが、教授法が変わった。これまでは教員が生徒に対し、一方的に注入するという授業形態をとってきたが、壁の開放後は、生徒との討論を主体とした授業を心がけている」等々といった説明を現場の教員から受けたのが印象的であった。

これと関連して、筆者が興味深く読んだのは、次のような作家クリスタ・ヴォルフ (Christa Wolf, 1929-2011) の論説である。「わたしたちにはその訓練ができていないのです」という標題で、次のようなエピソードが語られている[19]。

「これは、2週間前のある朗読会でのエピソードです。ある一人のお医者さんが次のように言いました。『みなさん、これからは各自の持ち場で、とにかく自分の意見くらいは率直にはっきり言いましょう。びくびくしたり良心に背いたりしてはいけません』。この医師の発言のあと一瞬静まりかえりましたが、その沈黙を破って一人の女性が小声で悲しそうに言いました。『私たちにはその訓練ができていないのです』。その先をもっと話すようにうながされて、彼女はこの国における自分たちの世代――今現在40歳そこそこ――の政治的・道徳的な成長過程について語りました。彼女は子どものときから周囲に順応するように、つまり勝手に踊りの列から抜け出さないようにしつけられました。とくに学校では支障なく出世街道を歩んでいけるように細心の注意をはらって期待どおりの意見を述べるように教育されました。『今さら』と、この女性は言いました。『〈率直にしゃべったり〉、〈自分の意見を言う〉ことなど急にできっこありません。自分自身の意見が何かということすら、はっきりわからないのですから」。

なお、筆者が統一直後に訪問した東ベルリンの中等学校の授業を見学したときに大変印象的であったのは、授業の前に生徒たちが一斉に立ち上がり「グーテンターク」と挨拶を交わしたことである。「起立、礼」というわが国では見慣れた光景であるが、西ドイツの学校では、こうした場面に遭遇したことはなかった。「旧東ドイツ時代の権威主義的な伝統がまだ残っている」と同行してくれたドイツ人(西ドイツ出身)が解説してくれた。

ちなみに、筆者はそれ以前にフランクフルト（西ドイツ）のゲーテギムナジウムを見学したときの印象を次のように書いたことがある[20]。

「ギムナジウムの11年生（わが国の高2に相当）と9年生（わが国の中3に相当）の国語（ドイツ語）の授業を参観したが、授業は終始、対話形式で進められていた。教師の質問に対して生徒は全く物おじすることなく堂々と自分の意見を述べる。それに対し他の生徒が反論する、というように、教師と生徒たちの間の討論が授業の根幹を形成していた。このように、論理をきちんと構築して、説得力をもって自分の考えを相手に理解してもらうことのできる言語能力の育成といったことが、学校現場のもっとも重要な教育目標のひとつとされていた。それに引き換え、生徒たちのお行儀は概してよくない。足を投げ出し、頬杖をつきながら、先生の質問に答える子。しかし先生は生徒のお行儀については特段の注意をしない。先生にとって関心があるのは生徒の答えの内容である。並行して在独日本人学校もいくつか訪問したが、こうした点は、彼我対照的であった」。

数学、物理、化学といった自然科学の教科については、大きな変化はないものと思われるが、やはり現地で筆者が聞いた話では、これまではこうした教科のなかにもイデオロギー的な要素が盛り込まれていたようである。たとえば、数学の問題のなかで「ファシズムからわれわれを守る壁（注：ベルリンの壁）から○○メートルにある△△から□□すると……」といった出題がされていたとのことであった。

2　アビトゥーア試験の問題から

旧東ドイツ地域において、「壁」開放前と開放後では、大学入試問題は具体的にどう変ったかについて、1989年4月（壁開放前）と1990年4月（壁開放後）にそれぞれ実施された旧東ドイツ地域の大学入学資格試験問題（ドイツ語の問題）を訳出したのが、表Ⅰ-1-1および表Ⅰ-1-2である。

このように、壁の開放前と後とでは、出題内容が一変していることがわかる。なお、東ドイツではこれまで大学入学資格試験（筆記試験）は、同一の問題で全国一斉に行われた。しかし1991/92年度からは、西ドイツの制度にな

表Ⅰ-1-1　「壁」開放前の東ドイツのアビトゥーア筆記試験問題

論文
1. 文学作品における社会主義の価値
   社会主義の文学作品の中の登場人物の考え方、態度をとおして、あなたがいかに鼓舞されたかを考え、われわれの社会主義がもっている価値について記せ。
2. ドイツ民主共和国（DDR）の文学における社会主義の祖国愛をうたった詩の中の人物
   次に掲げる作品（省略：ヘルマン・カント等のSEDの党員作家の作品が列挙されている）の中の登場人物を例にして、彼らの決断と振舞いの中にわれわれの歴史的闘いの偉大さがどのように反映されているか記せ。
3. ファウストのビジョン
   ファウストの最後の言葉「自由な土地に自由な民とともに立つ」を解釈せよ。
4. パブロ・ネルーダ（Pablo Neruda）―人民の詩人であると同時に共産主義者（訳注：ネルーダ（1904-73）はチリの詩人。共産主義者。ノーベル文学賞、スターリン平和賞を受賞）
   この詩人の芸術的及び政治的達成の中にあなたは何を見るか。その際、教科書の中に出ているこの詩人の詩も引用せよ。
   または、メジェライチス（E.Miezelaitis、訳注：リトアニアの詩人、レーニン賞を受賞）の詩「人間」（詩の部分省略）を解釈せよ。

（出所）ベルリン文部省より入手した資料により筆者作成

表Ⅰ-1-2　「壁」開放後の東ドイツのアビトゥーア筆記試験問題

論文
1. われわれの明日の世界に対する今日の責任
   文学作品または映画作品を取り上げ、このテーマについてあなたが考えているところを述べよ。
2. 女性の宿命（Schicksal）についての考察
   女性の宿命について書かれた文学作品を通して、個人的な、社会的な体験と希望がどのように表現されているか記せ。
3. ソフォクレスの「アンティゴネ」の中の合唱とベッヒャー（Becher）のソネット「偉大さと悲惨」を比較・解釈せよ。
4. ベルンホフ（R.Bernhof）の「歴史」またはヘルムリーン（S.Hermlin）の「鳥と実験」（原文は省略）を解釈せよ。

（出所）ベルリン文部省より入手した資料により筆者作成

らい、各州ごとに、それぞれの州の法律にもとづき実施されることになった。

3　生徒および教員に対するアンケート調査の結果から

　ここでは、統一を目前にひかえ「東西ドイツの生徒・教員たちがどのような学校観を抱いているか？」について実施されたアンケート調査の結果を紹

介しながら、この時期、生徒や教員たちが、「壁」開放後の教育の変化をどのように見ていたかについて紹介したい[21]。

　この調査は、1990年5-6月にかけて、2,600名の生徒と生徒たちを教えている教員を対象に実施された。生徒たちの内訳は、旧西ドイツ（ルール地方）の者1,400名、旧東ドイツ（ハレ、ライプツィヒ地方）の者1,200名であった。いずれも第7、9、11学年（基礎学校入学時からの通算）の生徒たちである（年齢でいうと、大体13、15、17歳）。なお、この調査は、ジーゲン大学のツィンネッカー（Zinnecker, Jürgen）教授を中心とする東西ドイツの研究者10名が共同で開発したもので、この種のものとしては初めての試みとされている。以下、項目ごとにできるだけ箇条書にして、その結果を紹介してみよう。

(1) 東西相互の訪問の有無──西の生徒は東を知らない

　まず特徴的なのは、西ドイツ（以下、西と略）の生徒の場合、73％の者は東ドイツ（以下、東と略）に行ったことがない、と回答していることである。これに対し東の生徒は、ほとんどの者(98％)が西をすでに訪問したことがある。ただしほとんどの場合は、壁が開放された後である。

　西の場合、「東西ドイツの統一を、授業で一度以上取り上げたことがある」と回答した教員は約3分の2で、必ずしも政治的問題に対する関心は高くはない。これに対し、東の生徒たちは当然のことながら、政治的変化の波をもろにかぶっている。たいていのクラスで、何人かの生徒たちは、東から西へと移住してしまった。アンケートの結果では、このうち3分の2の者は、西へと移住後も、東の学友たちとコンタクトがあるとしている。しかし3分の1の者は、東の教育にまったく見切りをつけてしまった。

(2) 東の生徒たちの現況──「ベルリンの壁開放」後の変化

　次に、「ベルリンの壁開放」後、教員たちの目からみて「東の生徒たちがどう変わったか」、また「東の生徒たちは学校がどう変わったとみているか」について見ていこう。

　表Ⅰ-1-3は、東の教員たちから見た彼らの生徒たちの変化である。この表

からみる限りでは、教員たちはあまり大きな変化を認めていない。

一方、生徒たちの側では、多くの者（64％）が「壁開放後、学校生活はよりよい方向へとむかっている」と回答している。逆に「悪い方向にむかっている」と感じている者も31％いる。よくなったとされている点は、次のとおりである（いずれも複数回答）。

①自由に意見を言えるようになった（19％）、②マルクス・レーニン主義のイデオロギーを教授する教科である「公民科」が廃止された（15％）、③教員がうちとけた存在になり、締め付けが厳しくなくなった（10％）、④土曜日の授業がなくなった（8％）、⑤授業形態が改善された（7％）、⑥自由ドイツ青年同盟（FDJ）のシャツを着たりしなくてすむようになった（5％）。

これに対し、悪くなった点としては、とりわけ「成績ストレス」が増大した（8％）こと等があげられている。

表Ⅰ-1-3 教員の目から見た生徒の変化

	全くそのとおり	全然あてはまらない
生徒は自信がなくなった	7％	39％
生徒は自信があふれるようになった	7％	17％
生徒は積極的になった	3％	53％
生徒は攻撃的になった	6％	42％
教員と生徒との間の関係が信頼に満ちたものになった	6％	29％
学校が権威主義的になった	10％	29％

（出所）„Schule, Schüler und Lehrer im Vorfeld der Vereinigung, Bericht aus einer gesamtdeutschen Schülerbefragung", *Pädagogik*, 12/90

表Ⅰ-1-4 教員の目から見た東西ドイツの教育制度の特色

	東の教育の方が優れている	西の教育の方が優れている	同じ／どちらとも言えない
平等性	（西）16％ （東）37％	（西）48％ （東）12％	（西）36％ （東）51％
成績ストレスのない学習	（西）8％ （東）36％	（西）40％ （東）11％	（西）52％ （東）53％
達成を志向する教育	（西）21％ （東）5％	（西）52％ （東）81％	（西）27％ （東）14％
日常生活に密着した能力を身に付けさせる教育	（西）10％ （東）5％	（西）47％ （東）64％	（西）43％ （東）31％
学校外の教育、余暇の提供	（西）13％ （東）8％	（西）42％ （東）43％	（西）45％ （東）49％

注：（西）＝西ドイツの教員 （東）＝東ドイツの教員
（出所）*ibid.*

教員たちが「東西の教育制度を相互にそれぞれどのように評価しているか」をまとめたものが、**表Ⅰ-1-4**である。「平等性」、「成績ストレスのない学習」といった点について、東の教員たちは「壁開放」後も自国の制度を評価している。しかし、その他の点では、東西どちらの教員も、西の制度の方が優れていると考えている。

(3) 生徒たちは学校生活に満足しているか

東西の生徒たちが「現在の学校生活に満足しているか否か」を見てみよう。まず、満足している点をアットランダムに列挙させた結果が、**表Ⅰ-1-5**である（複数回答）。東と比較して、西の生徒の方が「余暇、休暇、休み時間」に満足している者の割合が高くなっている。しかし、その他の点では、東西間

表Ⅰ-1-5　学校生活で満足している点

	西の生徒	東の生徒
1. 余暇、休暇、休み時間	52%	37%
2. 友だちとの関係	34%	32%
3. 授業全般	14%	10%
4. 教員との関係	9%	5%
5. 学校行事、遠足	5%	9%
6. ふざけっこ、気の置けない時間	6%	6%
7. 個々の授業教科	4%	1%
8. 学校での成績	3%	0%

（出所）*ibid.*

表Ⅰ-1-6　学校生活で不満足な点

	西の生徒	東の生徒
1. 教員との関係	24%	24%
2. 授業の構成	14%	13%
3. 成績競争、ストレス	9%	11%
4. 授業、宿題	9%	10%
5. 点数、試験	9%	7%
6. 学校外の施設の不足	4%	9%
7. 学校の食事	−	8%

（出所）*ibid.*

にあまりきわだった違いはない。

　学校生活に不満足な点についていうと、**表Ⅰ-1-6**にみられるように「教員との関係」をあげる者が東西ともに多い。回答傾向もほぼ似かよっているが、東では学校外施設の不足、学校食堂の食事の貧弱さ等が嘆かれている。

(4) 生徒たちが好きな教科

　生徒たちに好まれている教科を東西で比較してみると、両者の相違はかなりはっきりしている。西の生徒の場合、国語（ドイツ語）、外国語等の言語系統の教科をあげる者が多い（西：51％、東：27％）。一方、東の生徒では、生物、化学、地理、物理といった自然科学の教科が好まれている（西：33％，東：47％）。

　主要な8教科について、好きな割合を比較してみると、化学（西：10％，東：13％）、社会／公民科（西：12％，東：1％）、生物（西：13％，東：18％）、美術（西：15％，東：15％）、国語（西：21％，東：14）、現代外国語（西：27％，東：13％）、数学（西：34％，東：17％）、体育（西：45％，東：46％）である。

　これを見ると、まず東に独特の教科であった「公民科」については、これを支持する者はわずか1％にすぎない。また、このなかには出ていないが、かつて東の社会主義教育の根幹を形成していた「総合技術教育」についても、ほとんどの者は好きな教科にあげていない。なお東で、現代外国語をあげる者が少ないのは、ロシア語しか選択できなかったためとされている。

(5) 学校内の秩序——あまり大きな差異はみられない

　最近半年間に「学校をサボったことがある」等の経験をした者の割合をまとめてみた（**表Ⅰ-1-7**を参照）。これによると、学校をサボった（西：38％，東：17％）、器物を損壊した（西：41％，東：47％）、生意気な受け答えをした（西：60％，東：61％）、遅刻をした（西：65％，東：58％）、先生のいうことを

表Ⅰ-1-7　学校をサボったことがある者の割合

	第7学年	第8学年	第9学年
西の生徒	26％	40％	46％
東の生徒	18％	18％	18％

（出所）*ibid.*

聞かなかった（西：71％，東：80％）、隠れて遊んだ（西：87％，東：91％）となっている。

　この結果で見る限り、学校をサボった生徒の割合は、西の方が断然高い。しかし、その他の点では、あまり大きな差異は見られない。なお、学年別に見ると、西では学年が高くなるにしたがって、学校をサボる者の割合が増加している。一方、東ではその割合は、学年に関わらず一定している。

　最後にライプツィヒ（東）の17歳の女生徒の発言を訳出しておこう。「統一されたドイツに私が望みたいのは、お金だけでなく、私たちもひとつの構成メンバーと認めてもらうことです。きっとすごい経済ブームがおこるでしょう。その結果、私たちの生活が改善されることを願っています。しかし東の人たちの経験不足から破滅が起こらないか、とても不安です。不安はありますが、やはりドイツ統一は私たちがとるべき、ただひとつの選択肢であったと確信しています」[22]

4　旧東ドイツで取得した資格の承認をめぐって

　ドイツが東西に分裂した1949年以来、東ドイツから西ドイツへと移住した者の数は、1988年末までに約317万人を数えた[23]。「壁」が開放された1989年には、1年間で、34万3,854人にも上った（図Ⅰ-1-2を参照）。とりわけ、89年の夏以降、ハンガリー等を経由して西ドイツへと脱出する者の数が激増した。こうした事態を背景に、ベルリンの壁が「崩壊」し、東西ドイツの統一問題が浮上してきたことはすでに見てきたとおりである。

　ここでは、こうした東ドイツから西ドイツへと移ってきた人々（ユーバージードラー，Übersiedler）[24]が東ドイツで取得した大学入学資格や教員資格をどのように承認するかといった問題についてまとめてみた。

(1) 大学入学資格の承認をめぐって

　東ドイツでは、大学入学者の決定にあたり、前述のように、共産主義の運動に対する貢献度も加味された。なお、大学入学に至るまでに、西ドイツは

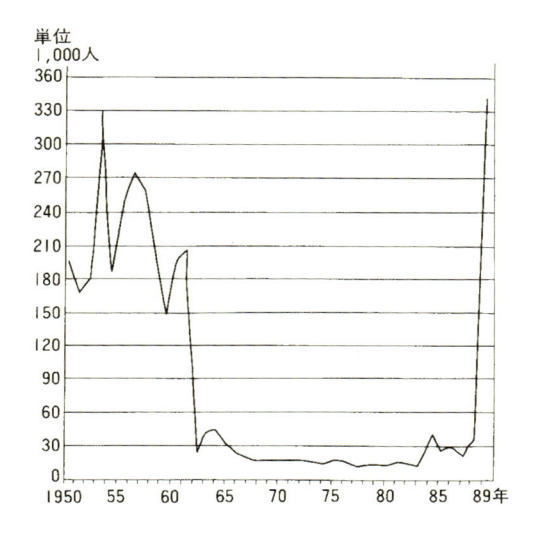

図 I-1-2　東ドイツから西ドイツへの移住者数の推移

(出所) „Wirtschaft und Statistik" 1989年9月号および „Frankfurter Allgemeine Zeitung" 1990年1月6日にもとづき作成

通常13年間を要するが、東ドイツでは、12年間で大学入学資格を取得することができる。このように制度上だけでなく、学習内容の面でも、要求される達成水準においても、まったく異なった体制のもとで取得された資格を、そのまま承認することができるのか、という問題が当然生じてくる。ここでは、東ドイツで取得された大学入学資格を、西ドイツにおいても承認すべきか否かについて、この時期に交わされた論議の内容をかいつまんでまとめておこう。

この問題については、すでに統一以前からいろいろな形で論議されてきた。1970年代に締結された文部大臣会議の協定[25]では、「東ドイツにおいて取得された大学入学資格は、西ドイツの大学入学資格としても承認される」という措置がとられた。当時は、東ドイツ出身の学生はごく限定されており、この協定でさしたる支障は生じなかった。

しかし、1989年以来、東から西への移住者が増大したのにともない、西

ドイツの大学に入学を希望する東ドイツの学生が急増した。こうした事態にともなって、たとえばバーデン・ヴュルテンベルク、バイエルンなどのキリスト教民主同盟・社会同盟（CDU/CSU）政権下の州は、当分の間、東ドイツの大学入学資格を自州の大学入学資格として認めないことを明らかにした。そして、点数制度の見直し、追試験の実施など一定の条件を定めた上で、これを認めるべきであるとした。一方、西ベルリンなどの社会民主党（SPD）が支配する州では、東ドイツで取得された資格も基本的には西ドイツのそれと同様に扱われるべきであると主張してきた[26]。

しかしそうなると、東ドイツからの学生は、特定の州に集中することになる。そこで「ベルリンの壁」開放後、文部大臣会議ではこの問題をめぐって協議が続けられた[27]。その結果、1990年5月10日、ボンで開かれた文部大臣会議で、各州の文部大臣たちは、次の点で意見の一致をみた。すなわち、旧東ドイツ地域で取得された大学入学資格は、統一ドイツにおいても有効であり、西ドイツの志願者と同等に取り扱う。ただし、「入学制限」分野では、当分の間、東西の志願者数の割合にしたがい、東西別々に入学者の配分が行われることにするというものである。つまり、仮に定員が100名で、西の志願者が90％、東が10％であったとすると、学籍も、西が90名、東が10名といった具合に配分されるというわけである。

なお、筆者が現地で受けた説明では、そうしないで単純に大学入学資格試験（アビトゥーア試験）の成績のみで比較すると、西は生徒の成績にばらつきがあるが、東は旧体制下で模範的に学習してきた生徒たちばかりで、彼らの点数は一様に高い。したがって東の出身者によって西の大学が占領されてしまう恐れがある、ということであった。

(2) 教員資格の承認をめぐって

東ドイツからの移住者のなかには、東ドイツの教員資格をもっている者も少なくない[28]。彼らはもし可能であるならば、西ドイツにおいて教職に就くことを希望している。たとえば、ノルトライン・ヴェストファーレン州には、「壁開放」後、こうした申し込みが数百人殺到した。しかし言うまでもなく、

東西の間には教員養成の制度面からみても、たとえば次のような相違点が存在し、両者を単純に同等とみなすことには異論があった。

① 東ドイツでは、学校実践的養成としての試補勤務 (Vorbereitungsdienst) にあたるものがない。一方、西ドイツ各州では、通常2年程度の試補勤務期間があり、その後、第二次国家試験を受験しなければならない。これに合格してはじめて正規の教員資格を取得することができる。東ドイツでは、国家試験は一度しかない。

② 西ドイツでは、教員はすべて大学で養成される。一方、東ドイツでは、大学での学習は必ずしも要求されていない。たとえば、東ドイツでは、下級段階 (1-3年生) の教員資格は、「10年制普通教育総合技術上級学校」を卒業後、教員養成所 (Institut für Lehrerbildung) で4年間の教育を受け、国家試験に合格することによって取得することができる。

③ 国家試験で要求される必修科目、選択科目等についても両者は異なっている。

④ 西ドイツでは、ギムナジウムの教員は他の学校種類の教員よりも、一段高い専門上の達成が要求されている。しかし東ドイツでは、大学入学志願者が学ぶ拡大上級学校 (EOS) と、その他の教員の間に区分を設けていない。むしろ政治的要素にしたがって赴任校が決定されてきた。

それでは、こうした問題点を解決するためにどのような論議が展開されたか。多くの教員もその一員として加入しているドイツ官吏組合 (Deutscher Beamtenbund) は、たとえば次のような提案をした。すなわち、西ドイツ基本法は「すべてのドイツ人は、職業、職場及び教育訓練の場所を自由に選択する権利を有する」と規定している (第12条第1項第1文)。この条文にもとづいて、東ドイツからの移住者であってもドイツ人である限りは、自由に職業を選択し、すべての公職に就くことができる基本権をもっている。他方、基本法は同時に、「職業への従事は、法律によってまたは法律の根拠にもとづいて、これを規律することができる」（第12条第1項第2文）としており、教員の場合も、各州の教員養成法等により、その資格と採用に関して一定の条件が定められている。したがってドイツ官吏組合は、東ドイツからの移住者に対して一定の再教育

を施すことで、彼らに西ドイツの教員資格を付与すべきである、とした。

注

1 数値は次の資料に拠る。*Wirtschaft und Statistik,* 1989.9; *Frankfurter Allgemeine Zeitung,* 6. Jan. 1990.
2 東ドイツの教育制度、とりわけ大学入学制度については、石井正司「東ドイツ―入試なき国の大学進学」中島直忠編著『世界の大学入試』時事通信社，1986年を参照。
3 このように東ドイツでは大学入学者は限定され、大学入学資格を取得できる者の数は、年間3万人までとされていた。前掲石井論文、621ページを参照。
4 Oskar Anweiler, Die 'Wende'in der Bildungspolitik der DDR, *Bildung und Erziehung*, 13 (1990), S.97f.
5 *Neues Deutschland*, 16.November 1989.
6 *a.a.O.*,18/19.November 1989.
7 *a.a.O.*,11/12.November 1989.
8 *dpa -Dienst für Kulturpolitik*, 3/90.15.Januar 1990.
9 *Deutsche Lehrer Zeitung.* 15/1990.
10 *Pädagogik und Schule in Ost und West*, 1990/H.2. S.118f.
11 選挙結果は、選挙前の予想を大幅に上回り、保守3党グループの「ドイツ連合」（キリスト教民主同盟、ドイツ社会同盟、民主主義の出発）が、40.8％という高得票率を獲得した。これに対し、「新フォーラム」などホーネッカー体制打倒の推進者たち（彼らは「同盟90」という市民団体を組織した）に対する支持は、わずか2.9％にすぎなかった。彼らは、社会主義統一党（SED）の一党独裁支配を根本から覆すことを目指したが、しかしそれは無条件に西ドイツ型へと移行するのではなく、東ドイツの民主化のなかで東ドイツのアイデンティティを確立することを訴えた。しかし、多くの東ドイツ国民にとっては、何よりもまず早急な統一が優先された。
12 たとえば、「円卓会議」は、1989年12月7日から1990年3月12日まで継続し、「ドイツ民主共和国憲法草案」まで作成されたが、まったく日の目をみることなく葬られることになる。
13 „Grundsätze und Pläne der Bildungspolitik in der DDR", *Deutscher Bildungsdienst*, Nr.19. Zweiunddreißigster Jahrgang, 9.Mai 1990. S.4f.
14 「統一条約」の日本語訳として、次の文献を参照。山口和人・大曲薫・河島太郎・寺倉憲一「ドイツの統一の回復に関するドイツ連邦共和国とドイツ民主共和国との間の条約―統一条約―」『外国の立法』30巻4号, 1991.7.
15 教育については第37条で、次のように規定されている。
　第37条　教育（Bildung）
　(1)　ドイツ民主共和国で取得されたかまたは同国によって承認された、学校、職業

及び大学の修了証または成績証明書は、第3条に言う地域で引き続いて効力を有する。第3条に言う地域またはベルリン（西）を含むドイツ連邦共和国の州で行われた試験または取得された成績証明書は、それぞれが同価値のものと認められる場合には、互いに同等であり同等の権能を有するものとする。同等であるか否かは、その都度当該官署への申請により決定される。試験または成績証明書に関する連邦及び欧州共同体の法規定、並びにこの条約の特別規定は優先される。すでに取得されたか、または国によって承認されたか、付与された、大学卒業者の職業上のディプローム、学位及び称号は、いかなる場合においても影響を受けない。

(2) 教職試験に関しては、文部大臣会議における従来の承認手続が適用される。文部大臣会議は、対応する移行規定を設ける。

(3) 訓練職種体系及び専門労働者職種体系にしたがって行われた試験と、認定された訓練職種の修了試験及び徒弟試験は、互いに同等である。

(4) 学校制度の新形成にあたり、第3条に言う地域で必要な規則は、第1条に言う各州で定められる。学校法に定められた各種修了証の承認のために必要な規則は、文部大臣会議の場で協定される。いずれの場合も、ハンブルク協定及びその他関連する文部大臣会議の協定が基礎となる。

(5) 学習の修了の前に大学を転じる学生に対しては、ディプローム規則に関する一般規定（ABD）第7条の原則にもとづいてか、または国家試験受験許可に関して適用される規則の枠内で、その者がこれまで獲得した学習成績及び試験成績は承認される。ドイツ民主共和国の技師学校及び専門学校の修了資格にしたがい認定された大学入学資格は、1990年5月10日の文部大臣会議の決議及びその付則Bに基づき有効とみなされる。学校教育及び大学教育の上に構築される専門学校修了証及び大学修了証の承認に関する一般原則は、文部大臣会議の枠内で開発される。

16 これらの法令の原文は、*GBl.* I Nr.63, S.1579ff. を参照。なお、「統一条約」第9条3項では、「この条約の署名後に公布されるドイツ民主共和国の法は、この条約の両当事国の間で合意がなされる場合に限り、なお効力を有する」とあり、東西ドイツの間でこれらの法令を暫定法として当分の間（1991年6月30日まで）東ドイツ地域に適用させることが取り決められた。*Deutsche Lehrerzeitung*,10/91,S.5 を参照。„DDR übernimmt per Rechtsverordnung Hochschulrahmengesetz", *dpa-Dienst für Kulturpolitk,* 39/90. 21.September 1990,S.1ff. も参照。

17 1990年9月26日のドイツ連邦共和国・ドイツ民主共和国共同委員会決議「ブランデンブルク、メクレンブルク・フォアポンメルン、ザクセン、ザクセン・アンハルト、テューリンゲン及びベルリン（東）における普通教育学校制度の新形成に関する原則及び勧告」(Grundsätze und Empfehlungen zur Neugestaltung des allgemeinbildenden

62　第Ⅰ部　ドイツ統一と旧東ドイツ教育の再編

Schulwesen in der Ländern Brandenburg, Mecklenburg-Vorpommern, Sachsen, Sachsen-Anhalt und Thüringen sowie in Berlin (Ost)—Beschluß der Gemeinsamen Bildungskommission der Bundesrepublik Deutschland—Deutsche Demokratische Republik vom 26. 09. 1990—) を参照。この決議のなかで、以下に掲げる文部大臣会議の協定を、今後におけるこれら地域の学校制度の新形成の基礎に置く、としている。
①　「オリエンテーション段階に関する協定」(1974年2月28日)
②　「普通教育学校の第7学年～10学年（中等段階Ⅰ）の生徒のための学習時間表に関する協定」(1978年6月16日)
③　「総合制学校の修了証の相互承認に関する大綱協定」(1982年5月27/28日)
④　「中等段階Ⅱにおけるギムナジウム上級段階の新形成に関する協定」(1972年7月7日及び1988年4月11日)
⑤　「アビトゥーア試験の統一的試験基準 (EPA) に関する協定」(1989年12月1日)
18　以下の記述は、1990年秋に行った現地調査による。
19　『ヴォッヘン・ポスト』1989年第43号を参照。訳文は、東ドイツの民主化を記録する会編『ベルリン1989』大月書店、1990年による。
20　拙稿「ヴァラエティーにとんだ教育制度―西ドイツの学校を訪問して―」国立国会図書館調査立法考査局『れじすめいと』第18号, 1990.5を参照。
21　„Schule, Schüler und Lehrer im Vorfeld der Vereinigung, Bericht aus einer gesamtdeutschen Schülerbefragung", *Pädagogik*, 12/90.
22　"Surveys reveal striking differences between schoolchildren in East and West Germany", *THE GERMAN TRIBUNE*, 6 . January 1991, No.1450.
23　前掲注1を参照。戸田典子「西ドイツの外国人・移住者・越境者」『レファレンス』468号, 1990.1, pp. 112-119も参照。
24　東ドイツからの移住者と並んで、戦前のドイツ領ないしはソ連領などに定住していたドイツ人とその子孫で、西ドイツへと移住してくる者の数も激増していた。その数は、1988年度20万2,673人、1989年度37万7,055人に上った。なお、ドイツ語では、東ドイツからの移住者を Übersiedler、旧ドイツ領等からの移住者を帰還者 (Aussiedler) と呼んで両者を区分している。前掲、戸田論文も参照。
25　1970年5月15日および1979年2月23日の文部大臣会議の協定を参照。
26　「統一条約」では、第37条（教育）で、旧東ドイツで取得された学校修了証、成績証明書は、統一後も引き続き有効であることが定められた。前掲15を参照。
27　*Frankfurter Rundschau*, 28.4.1990; *Frankfurter Allgemeine Zeitung*, 11.5.1990. を参照。
28　たとえば、ノルトライン・ヴェストファーレン州には、ベルリンの壁崩壊後、こうした申込みが数百人あり、対策を考慮している。„Auswirkungen der Aus-und übersiedlerproblematik auf die Schule", *Die Höhere Schule*, 3/1990,S.68ff. を参照。なお、以下の記述にあたってもこの資料を参照した。

第2章　新しい学校制度の構築と各州の動向

　1990年10月3日、東西ドイツは悲願の統一を達成した。旧東ドイツ地域では、新たに設けられた5州（ブランデンブルク、メクレンブルク・フォアポンメルン、ザクセン、ザクセン・アンハルト、テューリンゲン）が、それぞれ新しい教育法を制定することになった。教育制度も旧西ドイツをモデルとして、社会主義の時代とはまったく様相を異にするシステムが旧東ドイツ地域に構築されることになった。

　本章では、統一の翌年（1991年）秋から始まった新学期以降、旧東ドイツ地域でどのような学校制度が新たに構築されたかをまとめてみる。まず第1節で、各州で制定された新しい学校法の名称と、どのような人物が文部大臣に就任したのかを紹介する。次に、第2節では、各州の新しい学校法の内容をできる限り該当の条文等に言及しつつ、各トピックごとにその実際を見ていく。その際、旧西ドイツの制度とも比較しつつ、旧東ドイツ地域における制度再編の動向をできる限り具体的に明らかにする。

第1節　新しい学校法の制定

　統一後間もなく、旧東ドイツ5州の州議会議員選挙が行われた（1990年10月14日）。その結果は、ブランデンブルク州で社会民主党（SPD）が第一党となった以外は、いずれも保守のキリスト教民主同盟（CDU）が勝利を収めた。この州議会議員選挙の結果にしたがい、これら5州に州政府が形成され、以後新政府のもとで、教育の再編作業が進められることになった。

まず、新政府でどのような人物が文部大臣に就任したのか、これら5州の文部大臣を簡単に紹介しておこう[1]。

① ブランデンブルク州では、SPD が、自由民主党 (FDP) と市民グループが結成した団体である「連合90」(Bündnis 90) と連立して政権を形成した。この州ではバースラー (Birthler, Marianne) という42歳の女性が教育相に就任している。彼女の所属は「連合90」である。また学術・研究・文化相には、エンダーライン (Enderlein, Hinrich) (FDP, 1941年生まれ) が任命された。彼は1972年から88年までバーデン・ヴュルテンベルク州の州議会議員を務め、89年からは連邦教育学術省の政治計画作業グループの長であった。

② メクレンブルク・フォアポンメルン州で文部大臣になったのは、ヴツケ (Wutzke, Oswald) (CDU) で54歳。司祭である。

③ ザクセン州では、レーム (Rehm, Stefanie) (CDU) という40歳の女性が、学校・青少年・スポーツ相になっている。彼女は、教育学のディプロームの取得者で、ロシア語と英語の教員資格をもっている。この州には学術省も置かれており、その大臣には、旧東ドイツのデメジエール内閣の学術教育大臣であったマイヤー (Meyer, Hans-Joachim) (CDU, 1936年生まれ) が就任している。彼はフンボルト大学の英語・英文学の教授であった。

④ ザクセン・アンハルト州では、ゾベツコ (Sobetzko, Werner) (CDU) が教育・学術・文化相に就任した。彼は1939年生まれで化学のディプロームの取得者である。

⑤ テューリンゲン州では、リーバークネヒト (Lieberknecht, Christine) (CDU) という女性が教育相に就任した。彼女は32歳である (1958年生まれ)。彼女は同州 CDU の副代表を務めている。また同州の学術・文化相は、フィケル (Fickel, Ulrich) (FDP) で49歳、化学の分野で博士号を取得している。

以上が旧東ドイツ州の新文相およびその所属である。なお、ベルリンでは、90年12月2日に、連邦議会総選挙と同時に東西ベルリン統一の選挙が実施された。この統一ベルリンの選挙結果も CDU の勝利であったが、ベルリンでは、CDU と SPD が大連立を組むことになった。しかし、組閣作業にかなり手間取り、1991年の1月末になってやっと閣僚が決定した[2]。教育担当大臣 (Senator für Schule, Berufsbildung und Sport）には、CDU のクレマン（Klemann, Jürgen）（1944年生まれ）が就任した。また、文化担当大臣（Senator für Kulturelle Angelegenheiten）には、SPD 推薦（無党派）のロロフ・モミン（Roloff-Momin, Ulrich）が就任した。彼は1939年生まれで、ベルリン芸術大学学長である。なお、1989年1月以来西ベルリンでは SPD が政権党であった（それまでは CDU）。

　なお、統一後初の連邦議会総選挙の結果は、CDU の圧勝で、CDU と FDP が引き続き政権を担当することになった。1991年1月18日、第4次コール内閣が発足した。新しい教育学術大臣には、オルトレープ（Ortleb, Rainer）という旧東ドイツ選出の FDP の議員が就任した（彼は1944年生まれで、旧東ドイツ FDP の党首、統一後は FDP の副党首で、10月3日の統一後は、無任所相を務めていた）。なお、これまで教育学術大臣であったメレマン（Möllemann, Jügen）は、経済大臣に横すべりした[3]。

　さて、前述したように、旧東ドイツ5州は、1991年秋から始まる新学期に間に合うように新しい学校法を制定することを要請された。すなわち、「統一条約」の付属文書Ⅱ、第XIV章第Ⅲ節によれば、前述した「暫定学校規程」等の法令は、1991年6月30日以降は無効である旨規定されたからである。こうした時間的切迫もあり、ザクセン州を除く残りの4州は、当面暫定法で、これに対応することを余儀なくされた。したがって、ザクセン州以外の州では、「暫定学校法」（Vorläufiges Bildungsgesetz）または「第一次学校改革法」（Erstes Schulreformgesetz）といった名称が冠せられている。ただし、暫定法の適用期間が明確に定められているのは、テューリンゲン州のみで、同州の学校法では、「1993年7月31日にその効力を失う」（第31条第1項）と規定されている。なお、ベルリンでは、当初考えられた「全ベルリン学校法」（Gesamt-Berliner Gesetz）の制定は見送られ、旧西ベルリンの学校法が、旧東ベルリンにも適用されることになった。

　各州が、1991/92年新学期に向けて制定した新しい学校法は次のとおりである。

　①　テューリンゲン州「1991年3月23日の暫定教育法」（Vorläufiges Bildungsgesetz

表 I-2-1　旧東ドイツ5州およびベルリン（東）の新しい学校法

	ベルリン	ブランデンブルク	メクレンブルク・フォアポンメルン	ザクセン	ザクセン・アンハルト	チューリンゲン
学校法の名称	Schulgesetz für Berlin (SchulG) vom 20. August 1980 (GVBl.S.2103) (*1)	Erstes Schulreformgesetz für das Land Brandenburg (1.SRG) vom 28.Mai 1991 (GVBl.10 S.116)	Erstes Schulreformgesetz (SRG) vom 26. April 1991 (GVOBl.M-V Nr.8 S.123)	Schulgesetz für den Freistaat Sachsen (SchulG) vom 3.Juli 1991(SGVBl. Nr.15 S.213)	Schulreformgesetz für das Land Sachsen-Anhalt (Vorschaltgesetz) vom 11.Juli 1991 (GVBl. I S-A Nr.17. S.165)	Vorläufiges Bildungsgesetz (VBiG) vom 23. März 1991 (GVBl.5 S.61)
普通教育学校						
一基礎学校	第1-6学年（28条）	第1-6学年（6条）	第1-4学年（2条1項）	第1-4学年（5条2項）	第1-4学年（4条1項）中等学校と統合されることが可能（13条2項）	第1-4学年（4条2項）通常学校と統合されることが可能（4条4項）
一オリエンテーション段階	規定なし	規定なし	第5および6学年（2条2項）	第5および6学年はオリエンテーション機能をもつ（6条および7条2項）	第5および6学年は多様化された促進段階である（5条2項）	規定なし
一基幹学校	第7-10学年（30条）	規定なし	第5-9ないし10学年（2条4項）	規定なし	規定なし	規定なし
一実科学校	第7-10学年（31条）	第7-10学年（9条）	第5-10学年（2条4項）	規定なし	規定なし	規定なし
一基幹/実科学校の組合わせ	規定なし	規定なし	組織上の結合は可能（5条3項文）	中間学校第5-9ないし10学年（6条）	中等学校第5-9ないし10学年（5条1項）	通常学校第5-9ないし10学年（4条3項）
一ギムナジウム						
＊通常の形態	第7-10学年と上級段階（32条1項）	第7-10学年と上級段階（8条）	第5-12学年（2条5項）	第5-12学年（7条）	第5-12学年（6条）	第5-12学年（4条5項1文）
＊上構形態	第9/10学年と上級段階（32条2および3項）	規定なし	規定なし	規定なし	規定なし	第10学年のあと3年間（4条5項3文）
＊上級段階	3年間（32条4項）	あり（11条）	言及なし	あり（7条4項）	あり（6条4項）	あり（4条5項）
一総合制学校	第7-10学年（35条）	第7-10学年と上級段階（7条）	第5-10学年で各学年少なくとも3学級（6条）	規定なし	例外的場合（13条2項）	規定なし
特殊学校	あり（30条4項）(*2) 一盲者のための学校 一視力障害者のための学校 一聾者のための学校 一言語障害者のための学校 一身体障害者のための学校 一学習障害者のための学校 一精神障害者のための学校	促進学校（16条）	特殊学校（4条） 一学習障害者のための学校（促進学校） 一行動障害者のための学校 一視力障害者のための学校 一聴力障害者のための学校 一言語障害者のための学校 一身体障害者のための学校 一精神障害者のための学校 一言語治療学校	促進学校（13条） 一盲者および弱視者のための学校 一聾者および難聴者のための学校 一精神障害者のための学校 一身体障害者のための学校 一学習障害者のための学校 一言語治療学校 一教育上の介護を行う学校 一障害者のための職業教育学校	特殊学校（8条） 一盲者および弱視者のための特殊学校 一聾者のための学校 一難聴者のための学校 一精神障害者のための学校 一身体障害者のための学校 一学習障害者のための学校 一言語治療学校 一補習クラスを伴う学校	学校形態のなかに分岐されている。更なる規定は、特殊学校法に留保される。
予備学年	5歳児のための予備学年あり（28条1項）	規定なし	規定なし	基礎学校付設の準備学年が可能（5条3項）	基礎学校および特殊学校付設の準備学年が可能（4条3項および8条4項）	規定なし
学童保育	言及なし	基礎学校に付設される（4条2項）	必要な場合基礎学校に付設される（2条1項2文）	学校設置者は基礎学校に学童保育を設けるものとする（16条1項）	すべての基礎学校に通常学校における構成部分かつ（4条4項）必要な場合には特殊学校にも可能（8条1項）	特殊学校および通常の基礎学校における構成部分（19条1項）
全日学校	基礎学校および総合制学校(*3)	初等領域および中等領域Iで可能（4条1項）	基礎学校および特殊学校の生徒のための全日の世話（14条1項）	第5-10学年で必要と認められる場合に可能（16条2項）	中等段階Iで必要と認められる場合にも可能（12条）	要望のある場合にも可能（19条2項）

第2章 新しい学校制度の構築と各州の動向 67

職業教育学校						
―職業学校	規定あり (39条)	規定あり (12年間) 基礎段階 (1年間) 専門段階 (1-3年間)	規定あり (3条1項)	規定あり (8条) →基礎段階 (1年間) 専門段階	規定あり (9条1項) →基礎段階 (1年間) 専門段階	規定あり (5条2項)
―職業専門学校	規定あり (41条) 1―2年または3年	規定あり (13条) →通常、全日制	規定あり (3条3項) →1年ないし数年	規定あり (9条) →少なくとも1年	規定あり (9条1項) →少なくし数年	規定あり (5条3項) →2年ないし数年
―職業上級学校	規定なし	規定なし	規定なし (3条3項)	規定なし	規定あり (9条3項)	規定あり (5条4項) 中級修了証
―専門上級学校	規定あり (36条)	規定あり (14条)	規定あり (3条4項) →2年	規定あり (11条) →2年	規定あり (9条5項) →1年ないし2年	規定あり (5条5項)
―専門学校	規定あり (43条) 少なくとも2学期	規定あり (15条) 通常、2年間の全日制の授業	規定あり (3条7項) →3年	規定あり (10条) →少なくとも1年間全日制	規定あり (9条4項)	規定あり (5条7項)
―専門ギムナジウム (職業ギムナジウム)	規定なし	規定あり (3条5項) →3年	専門ギムナジウムの取得コースを伴う上級段階 (11条3項)	職業ギムナジウム (12条)	専門ギムナジウムは3年間	職業ギムナジウム (5条6項)は3年間
公立学校の設置者	ベルリン州 (2条)	初中領域および中等領域Iでは、市町村または市町村の連合、中等領域IIおよび促進学校では、都 (18条)	基礎学校、基幹学校、実科学校、職業教育学校は市町村、普通教育学校、促進学校は郡 (22条1項)	基礎学校では、市町村 (65条1項) その他の学校では、郡または郡申請により、市町村および目的連合 (Zweckverband) (65条2項)	通常、郡および郡に属さない市 (15条)
私立学校	私立学校法がある (*4)	ベルリンの私立学校法が準用される (*4)	1990年7月22日の私立学校基本法にしたがって定められている (29条1項) (*5)	私立学校に留保される (3条1項3文)	規定あり (14条3項) 詳細は私立学校法に留保される
就学義務期間	10年間 (13条)		9年間 (9条3項)	9年間	12年間 (39条1項) 少なくとも9年間 (39条2項)	12年間 (7条) 9年間 (7条)
―全日制の就学義務	職業訓練期間、少なくとも (14条3項)	職業訓練期間、全日制の職業基礎教育 (31条3項)	通常3年間 (9条4項)	通常3年間、訓練契約の終了をもって終わる (28条2項)		少なくとも 通常3年間
宗教の授業	宗教共同体に属する事柄であるが学校教時表のなかに組み入れられる (23条以下)	ベルリンの私立学校法に従い、今後宗教授業時間を州のために提供する規則を保つ (15条2項)	条件が整った場合に認められる (2条7項)	公立学校における正規の教科である (18条) 代替教科:倫理 (19条)	公立学校における正規の教科である (18条) 倫理を選択することも可能である (19条)	公立学校における正規の教科は私立にも設置される (26条2項) 代替教科:倫理
成人教育						
―市民大学	あり (52および53条)	言及なし	言及なし	言及なし	言及なし	地方自治体また私立に設置される (26条2項)
―コレーク	ベルリンコレーク (49条) 夜間ギムナジウム (48条)	コレークは通常、中等段階I (17条) 中等段階II (18条) の夜間商校で期間は6セメスター学期コレーク (19条)は通常1年間、移住者のためのコレークは通常2年間	認められる場合に可能である (2条7項)	あり→3年間 (14条3項) 夜間中間学校、夜間ギムナジウム (14条2項) (7条1項)	あり→4年間 (14条3項) 夜間実科学校、夜間ギムナジウム (14条2項) (7条1項)	あり→4年間 (4条7項)
教員養成	2段階 教育養成法	2段階、学校段階ごとの養成 (64条以下)	2段階、学校種類ごとの養成 (21条2項)	言及なし	言及なし	2段階、学校種類ごとの養成 (12条1項)

*1) 最終的には、1991年6月20日の法律により改正 (GVBl.Nr.27 S.141)、さらに1991年6月20日のベルリン学校法の統一化に関する規則 (GVBl.Nr.26 S.138) を参照。
*2) 1984年8月28日の特殊学校および特殊学校施設の新編規則 (ABl.S.1344)、1986年8月28日改正 (ABl.S.1255)。
*3) 1980年7月7日の基礎学校学校規程 (ABl.S.1139)、1982年7月21日改正。(ABl.S.1018)、1986年2月5日改正 (ABl.S.518)。
*4) 1987年10月31日公布されるベルリンの私立学校法 (GVBl.Berlin S.2458; GVBl.Brandenburg 1991 Nr.10 S.135)。
*5) 旧東ドイツの1990年7月22日の私立学校基本法 (GBl.I der DDR Nr.52 S.1036)。
(出所) Recht der Jugend und des Bildungswesens, Heft3/1991, S.304ff.

vom 23. März 1991）

② メクレンブルク・フォアポンメルン州「1991年4月26日のメクレンブルク・フォアポンメルン州第一次学校改革法」(Erstes Schulreformgesetz des Landes Mecklenburg-Vorpommern vom 26. April 1991）

③ ブランデンブルク州「1991年5月28日のブランデンブルク州第一次学校改革法」(Erstes Schulreformgesetz für das Land Brandenburg vom 28.Mai 1991）

④ ザクセン州「1991年7月3日のザクセン州学校法」(Schulgesetz für den Freistaat Sachsen vom 3. Juli 1991）

⑤ ザクセン・アンハルト州「1991年7月11日のザクセン・アンハルト州学校改革法」(Schulreformgesetz für das Land Sachsen-Anhalt vom 11. Juli 1991）

以上のような学校法の規定にしたがい、旧東ドイツ各州は、旧西ドイツの制度をモデルとして、東ドイツ時代とはまったく様相を異にする新しい教育制度を構築していくことになる。以下、できる限り該当する法律条文等にも言及しつつ、各トピックごとにその実際を見ていくことにしたい。なお、「旧東ドイツ5州およびベルリン（東）の新しい学校法」の内容を一覧にして掲載した（**表Ⅰ-2-1**を参照）。

第2節　新しい学校法の内容

本節では、各州の学校法の内容について、その中身を具体的に見ていくことにしたい。

1　学校の種類

学校は、普通教育学校（allgemeinbildende Schule）、職業教育学校（berufsbildende Schule）、特殊教育学校（Sonderschule）に分類される。ここでは普通教育学校について見ていくことにしよう。

(1) 基礎学校

初等教育段階の学校として、基礎学校（Grundschule）が設けられた。従来の

東ドイツの教育制度では、生徒は満6歳になると10年制普通教育総合技術上級学校 (Zehnklassige allgemeinbildende polytechnische Oberschule) に入学した (前掲図Ⅰ-1-1「旧東ドイツの教育制度」を参照)。この学校に通学する10年間が、東ドイツでは義務教育期間とされ、生徒はこの学校で、全国一律に社会主義のイデオロギー教育を注入された。こうした中央集権的な教育制度は、統一によってまったく一変した。

基礎学校は、ブランデンブルク州のみ6年間で、他の4州は、いずれも4年間となっている (以下、図Ⅰ-2-1〜5を参照)。旧西ドイツでも、ベルリンなど一部の州は6年間であるが、ほとんどの州は4年間となっている (後掲図Ⅰ-2-6「旧西ドイツの学校制度」、後掲図Ⅰ-2-7「ベルリンの学校制度」を参照)。なおブランデンブルク州が6年間であるのは、ベルリンと隣接しているため、ベルリンの学校法に合わせた結果であるとされている[4]。

基礎学校の目的としては、「遊戯的学習の要素を含む基礎的知識および基礎的能力の伝達」(S:5条1項, S-A:4条2項)、「遊戯的形態から学校的形態への移行」

段　階	学　年	教　育　課　程			
修了証：一般的大学入学資格、専門大学入学資格、職業資格を与える修了証					
中等段階Ⅱ	13 12 11	総合制学校のなかのギムナジウム上級段階	ギムナジウムのなかのギムナジウム上級段階	上級段階センター - ギムナジウム上級段階 - 職業学校 - 職業専門学校 - 専門上級学校 - 障害者のための学校	
修了証：職業教育資格、専門上級学校入学資格、10学年修了後ギムナジウム上級段階に進学できる資格付きの専門学校入学資格					
中等段階Ⅰ	10 9 8 7	総合制学校	ギムナジウム	実科学校	障害者のための学校
初等段階	6 5 4 3 2 1	基　礎　学　校			障害者のための学校

図Ⅰ-2-1　ブランデンブルク州の学校制度

(出所) Ministerium für Bildung, Jugend und Sport, *Schule im Land Brandenburg*.

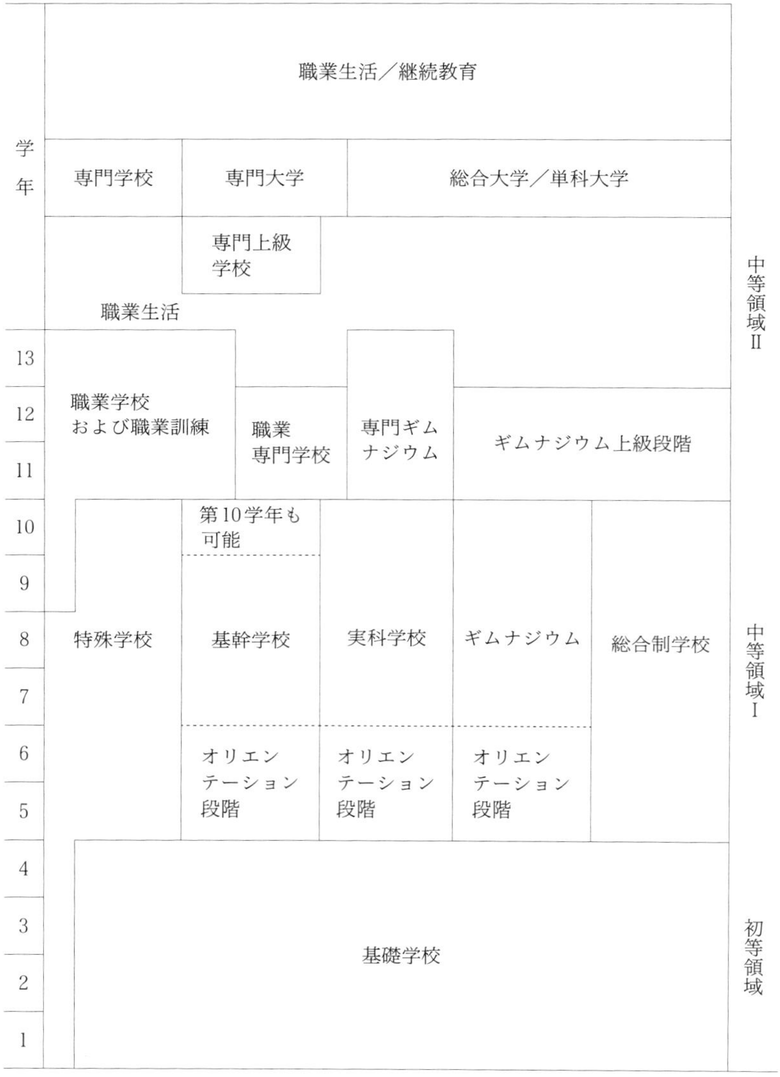

職業生活／継続教育

学年			
	専門学校	専門大学	総合大学／単科大学
		専門上級学校	

職業生活

中等領域 II

13	職業学校および職業訓練			
12		職業専門学校	専門ギムナジウム	ギムナジウム上級段階
11				

10		第10学年も可能			
9					
8	特殊学校	基幹学校	実科学校	ギムナジウム	総合制学校
7					
6		オリエンテーション段階	オリエンテーション段階	オリエンテーション段階	
5					

中等領域 I

4	
3	基礎学校
2	
1	

初等領域

図 I-2-2　メクレンブルク・フォアポンメルン州の学校制度

(出所) Kultusministerium des Landes Mecklenburg-Vorpommern, *Die neuen Bildungswege in Mecklenburg-Vorpommern.*

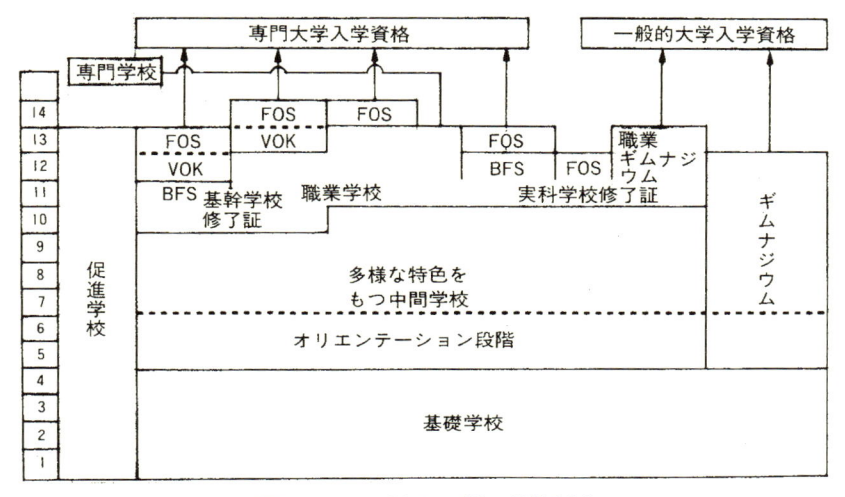

第2章　新しい学校制度の構築と各州の動向　71

図Ⅰ-2-3　ザクセン州の学校制度

［凡例］　BFS：職業専門学校　FOS：専門上級学校　VOK：専門上級学校の準備クラス
（出所）Sächsisches Staatsministerium für Kultus, *Bildungswege in Sachsen.*

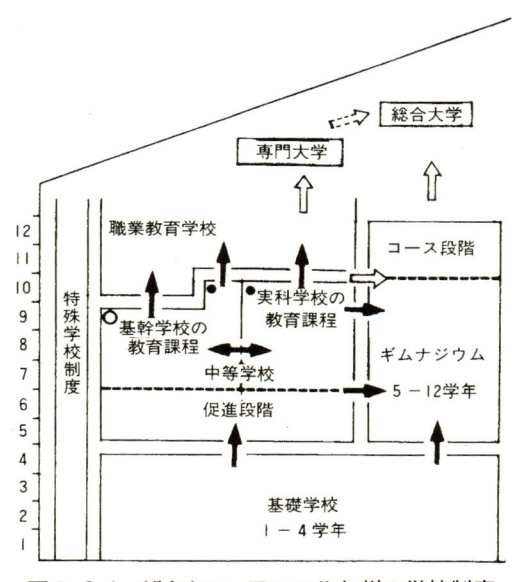

図Ⅰ-2-4　ザクセン・アンハルト州の学校制度

○　基幹学校修了証（第9学年修了）
●　実科学校修了証および基幹学校修了証（第10学年修了）
（出所）Ministerium für Bildung, Wissenschaft und Kultus des Landes Sachsen-Anhalt, *Der richtige Bildungsweg für unser Kind, —Eine Information über das neue Schulsystem in Sachsen-Anhalt.*

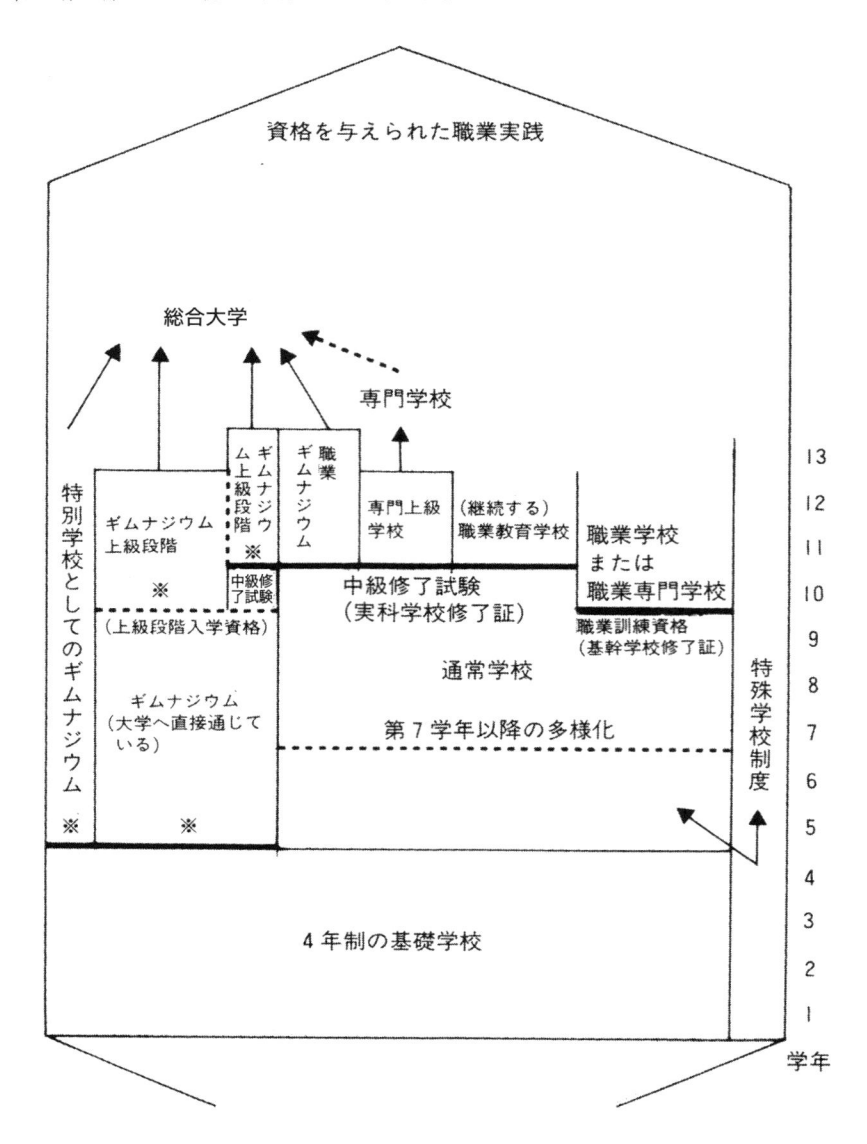

図Ⅰ-2-5　テューリンゲン州の学校制度

＊入学を許可されるためには一定の条件を要する
（出所）Thüringer Kultusministerium, *Die neuen Bildungswege in Thüringen*.

第2章　新しい学校制度の構築と各州の動向　73

| 学年 | | | | | | 年齢 | 教育領域 |

様々な形態をとった継続教育

- 職業資格を与える修了
  - 専門学校
- 一般的大学入学資格
  - 夜間ギムナジウム
  - コレーク
- 職業資格を与える大学修了
  - 総合大学、工業大学、教育大学、専門大学、行政専門大学、芸術大学、総合制大学

高等継続教育領域

13　職業資格を付与する修了　中級修了証　　専門大学入学資格　　一般的大学入学資格　　19
12　職業学校と企業での職業教育（二元制度）　職業上構学校　職業専門学校　専門上級学校　ギムナジウム上級段階／ギムナジウム／職業ギムナジウム／専門ギムナジウム／総合制学校　18
11　　　　　　　　　　　　　　　　　　　　　　　　　　　　　　　　　　　　　　17
10　職業基礎教育年　　　　　　　　　　　　　　　　　　　　　　　　　　　　　　16
　　　　　　　　　　　　　　　　　　　　　　　　　　　　　　　　　　　　　　15

中等領域II

　　　基幹学校修了証　　　　実科学校修了証
10　　　　　　　　　　　　　　　　　　　　　　　　　　　　　　　　　　16
9　　第10学年　　　　　　　　　　　　　　　　　　　　　　　　総合制学校　15
8　特殊学校　基幹学校　　実科学校　　ギムナジウム　　　　　　　　　　　14
7　　　　　　　　　　　　　　　　　　　　　　　　　　　　　　　　　　13
6　　　　　　　オリエンテーション段階　　　　　　　　　　　　　　　　12
　　　　　　　（学校形態に付属した又は学校形態から独立した）　　　　11
5　　　　　　　　　　　　　　　　　　　　　　　　　　　　　　　　　　10

中等領域I

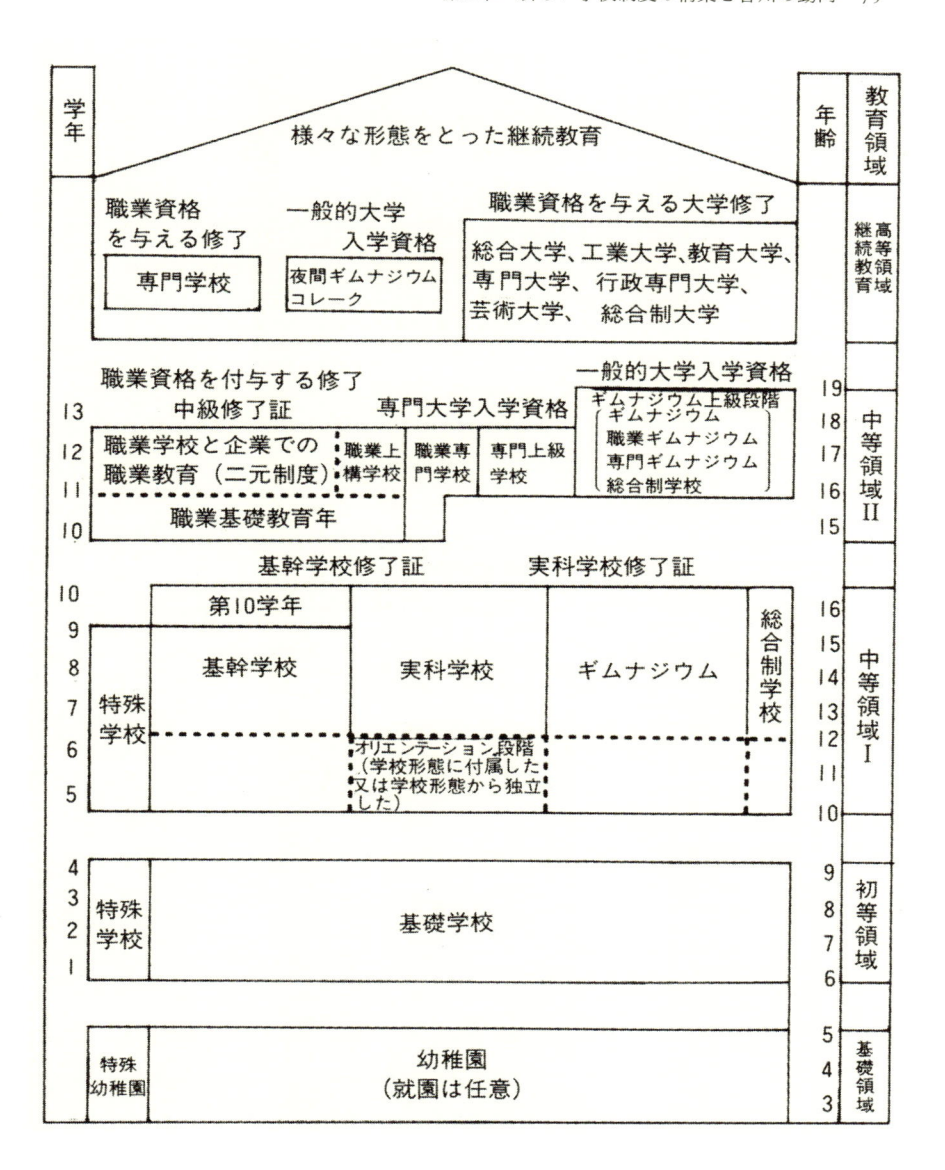

4　　　　　　　　　　　　　　　　　　　　　　　　　　　　　　　　　9
3　特殊学校　　　　基礎学校　　　　　　　　　　　　　　　　　　　　8
2　　　　　　　　　　　　　　　　　　　　　　　　　　　　　　　　　7
1　　　　　　　　　　　　　　　　　　　　　　　　　　　　　　　　　6

初等領域

　　　　　　　　　　　　　　　　　　　　　　　　　　　　　　　　　5
特殊幼稚園　　幼稚園（就園は任意）　　　　　　　　　　　　　　　4
　　　　　　　　　　　　　　　　　　　　　　　　　　　　　　　　　3

基礎領域

図I-2-6　旧西ドイツの学校制度

（出所）Der Bundesminister für Bildung und Wissenschaft, *Zahlenbarometer, Ein bildungspolitischer Überblick 1990/91.*

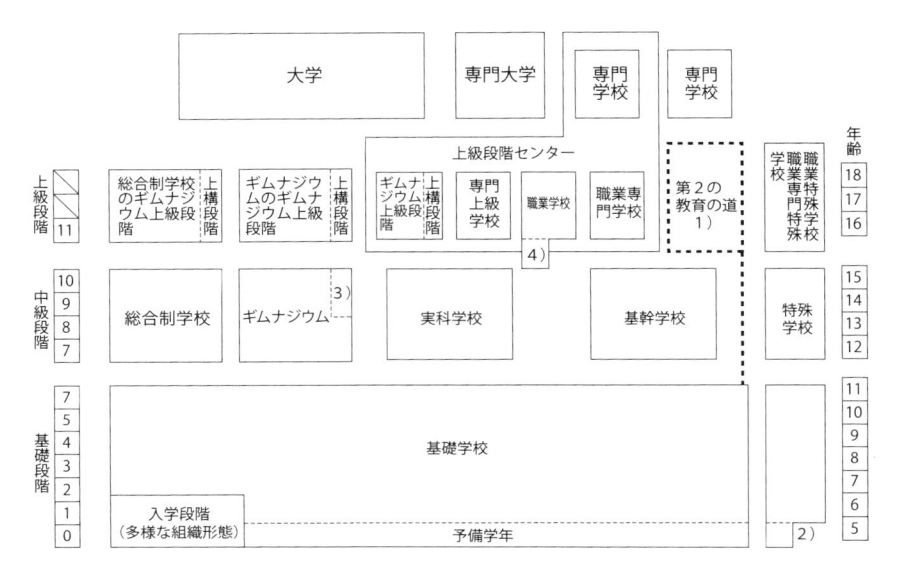

図Ⅰ-2-7　ベルリンの学校制度

注1) コレーク、夜間学校、市民大学
　2) 予備学年
　3) 上構学年
　4) 職業基礎教育年（10学年）
出所) Senatsverwaltung für Schule, Berufsbildung und Sport, *Was wird anders in der Schule?*

（B：6条1項）といった課題が掲げられている。テューリンゲン州では、こうした目的に加えて「子どもの知的、身体的、心理的および社会的発達の助力」が基礎学校の使命であるとされている（T：4条2項）[5]。

(2) オリエンテーション段階

　中等教育段階において生徒を3種類の学校形態に分岐させる教育制度が、旧西ドイツにみられる大きな特色となっている。ただし多くの州では、最初の2年間はオリエンテーション段階（Orientierungsstufe）といって観察期間を設け、第6学年（基礎学校入学時からの通算）修了後に、それぞれの能力、適性、希望に対応した学校が正式に決定されるという仕組みがとられている。

　旧東ドイツ5州においても、おおむねこうしたオリエンテーション段階の制度が導入されることになった。しかし、その規定の仕方は必ずしも一様で

はない。

　ブランデンブルク州は、基礎学校が6年制であり、基礎学校の第5、6学年がすでにオリエンテーション段階の機能を有しており、オリエンテーション段階という特別の制度は設けられていない（図Ⅰ-2-1を参照）。

　メクレンブルク・フォアポンメルン州では、学校形態に依拠したオリエンテーション段階（schulformabhängige Orientierunsstufe）[6]が取り入れられた（図Ⅰ-2-2を参照）。

　ザクセン州では、「第5および第6学年は、オリエンテーシ段階的機能をもつ」（6条2項、7条2項）と規定されている（図Ⅰ-2-3を参照）。

　ザクセン・アンハルト州では、促進段階（Förderstufe）という名称で呼ばれている（5条2項、図Ⅰ-2-4を参照）。

　テューリンゲン州の学校法には、こうしたオリエンテーション段階について規定した条文はない。

(3) 中等教育の学校

　中等教育の学校についてみると、旧西ドイツでは、上述のように、基幹学校、実科学校、ギムナジウムといういわゆる三分岐型の教育制度が採用されている（一部の州では、これらをひとつにした総合制学校も普及している）（図Ⅰ-2-6を参照）。

　これに対し、新しく形成された旧東ドイツ5州の中等教育学校の種類は、次のように様々である。

① 　ザクセン、ザクセン・アンハルト、テューリンゲンの3州では、8年制のギムナジウムともうひとつの中等教育学校が設けられた（S：6条以下／S-A：5条および6条／T：4条）。ただし名称は州によって異なり、ザクセンでは「中間学校」（Mittelschule）、ザクセン・アンハルトでは「中等学校」（Sekundarschule）、テューリンゲンでは「通常学校」（Regelschule）と呼ばれている（図Ⅰ-2-3～5を参照）。これらの学校では、基幹学校または実科学校の修了証を取得できる[7]。

② 　メクレンブルク・フォアポンメルン州のみ旧西ドイツと同じ三分岐型の制度（基幹学校、実科学校、ギムナジウム）が採用された（図Ⅰ-2-2を参照）。

表Ⅰ-2-2　1991／92年新学期の生徒数、教員数、学校数

	メクレンブルク・フォアポンメルン	ブランデンブルク	ザクセン・アンハルト	テューリンゲン
生徒数	280,000	370,000	415,000	376,000
教員数	21,300	35,000	32,000	27,250
学校数	953	1,135	1,715	1,436
(内訳)				
基礎学校	302	563[1]	870	770
基幹学校	37[2]	—	—	—
実科学校	403[3]	68	—	—
中等学校	—	—	618	—
通常学校	—	—	—	458
ギムナジウム	92[4]	79	140	105
総合制学校	18[5]	300	なし	なし
特殊／促進学校	101	125	87	103

ザクセン州では、新しい学校制度は1991/92学年度から導入されるので、ここでは取り上げられていない。
1) このうち92校は、総合制学校に付設されている。
2) いずれも基礎学校を付設している。
3) このうち340校は、基礎／基幹学校部分を含む。
4) このうち2校は、実科学校部分を含む。
5) このうち15校は統合型総合制学校、3校は協力型総合制学校
（出所）Hans Döbert, u.a., Schule zwischen Wende und Wandel – Wie weiter mit den Schulreformen in Deutschland-Ost?, *Die Deutsche Schule*, 1/1992, S.107.

ただしギムナジウムは、旧西ドイツより1年短い8年制となっている。総合制学校は、分岐型の学校制度を侵さない範囲でのみ設置を許されるとしている（6条3項）。

③　ブランデンブルク州では、総合制学校、ギムナジウム、実科学校の3種類の学校が設けられることになった（図Ⅰ-2-1を参照）。ただし、実科学校の設置数は少なく、実質的には総合制学校とギムナジウムの二本立てとなっている[8]。

このように旧東ドイツ5州は、各州の事情に対応して、それぞれ西のそれとはだいぶ趣を異にする学校体系を構築した（**表Ⅰ-2-2**は、1991年秋からはじまった新学年度における各州ごとの生徒数、教員数および学校数の一覧である）。

(4) ギムナジウム上級段階

旧東ドイツ各州では、いずれの州にも旧西ドイツ同様、ギムナジウム上級

段階 (Gymnasiale Oberstufe) が設けられ[9]、その修了に際して行われるアビトゥーア試験に合格することによって大学入学資格（一般的大学入学資格）[10]が付与される、という制度が採用されるようになった。

　ギムナジウム上級段階は、ザクセン、ザクセン・アンハルト、メクレンブルク・フォアポンメルンの3州では、第11、12学年の2年間、テューリンゲン州では、第10から12学年の3年間となっている[11]（図Ⅰ-2-2～5を参照）。ブランデンブルク州では、第11から13学年までとなっており、修学年数が他の4州より1年間長くなっている（図Ⅰ-2-1を参照）。

　このように、旧西ドイツの教育制度では、大学入学までに要する初等・中等教育の年限は13年間（基礎学校4年、ギムナジウム9年）であるが、旧東ドイツ各州は、ブランデンブルク州を除き12年（基礎学校4年、ギムナジウム8年）となっている[12]。この結果、東西で異なる年限をどのように統一するかは、今後解決しなければならない課題となった[13]。

　文部大臣会議の協定では、1995年までは移行期間として、東西で異なった年限が採用されることになっているが、そのあと、ブランデンブルクを除く旧東ドイツ4州が、旧西ドイツと同じ13年間の制度を導入するか否かは定かでない。旧西ドイツでも、キリスト教民主同盟（CDU）や自由民主党（FDP）の側から、他のEC（欧州共同体）の多くの国々にならい12年間とすべきであるという声が強くある。社会民主党（SPD）でもこれに同調する勢力が少なからず存在する。しかし、学校関係者からは、学習年数の削減による生徒の学力の低下を危ぶむ声も根強く残っている[14]。

　このように大学入学に至る年数は、東西で異なっているが、ギムナジウム上級段階の形態については、各州とも旧西ドイツのそれにほぼ準じている。たとえばザクセン州文部省のパンフレットは、ギムナジウムの特色を次のように記述している[15]。

　「ギムナジウムは、才能と学習意図をもつ生徒に対し、8年間で、大学で学習するために必要な能力を教授する学校である。ギムナジウムでは、一般的大学入学資格を取得するために必要な、しかも資格付きの職業訓練も可能とするような学問的事実、問題および方法が伝達される。ギムナジウムの授

業の目的は、外国語（少なくとも2か国語）、数学および自然科学の領域における深化された知識の教授である。とくにギムナジウムの生徒に要求される重要な能力および態度は、とりわけ理論的および抽象的連関性に対する理解力、解答を導き法則性を見い出すことのよろこび、平均的水準を超えた集中力、精神的重圧に耐える力、音楽的なものに対する感受性である。ギムナジウムでは、様々なコースをもつ多様な授業が提供される。たとえば、3つの外国語を学習する言語コース、数学／自然科学コース、音楽の授業を強化するコース、スポーツの授業を強化するコースなどをとおして、個人の才能が特別に促進される。ギムナジウム上級段階は、第11学年と12学年である。上級段階の授業は、クラス単位ではなく、必修領域、選択領域にわかれた各半年ごとの基礎コース、重点コースに区分され行われる。授業科目は、3つの大きな課題分野（言語／文学／芸術、社会科学、数学／自然科学）に分けられる。このほかに宗教または倫理、体育が履修される。ギムナジウム上級段階でもたらされる成績は、アビトゥーア試験の総合成績に組み入れられる。ザクセン州では、ギムナジウムの8年間を修了後、アビトゥーア試験を受験できる。アビトゥーア試験の合格証は、連邦のいずれの州にも有効である」。

　なお、かつての東ドイツの教育制度では、アビトゥーアを取得できる職業訓練（Berufsbildung mit Abitur）の課程があり、このコースを経て、大学へと進学する者が少なくなかった。こうした、専門労働者（Facharbeiter）の資格と大学入学資格の両方を取得できる学校形態を残したいという声は、東の教育関係者の間では強かったが、西の関係者は東がこうしたコースを残すことに対し否定的であった。そのいわば妥協の産物として、専門ギムナジウム（Fachgymnasium）または職業ギムナジウム（Berufsgymansium）の制度が各州に設けられ、ここで大学入学資格と職業資格を取得できることになった[16]。ただし、これらのギムナジウムは、いずれも旧東ドイツ地域の通常のギムナジウムより1年履修期間が長くなっている。

　後期中等教育機関の学校として、ブランデンブルク州のみは、上級段階センター（Oberstufenzentrum）という特色ある学校形態をつくった。すなわち、ここにはギムナジウム上級段階のほか、職業学校（Berufsschule）、職業専門学

校 (Berufsfachschule)、専門上級学校 (Fachoberschule) といったいろいろなタイプの学校がひとつのセンターのなかに統合され、生徒は、そのいずれの教育課程も履修できる仕組みになっている（図Ⅰ-2-1を参照）。

2　多様性と透過性

　旧東ドイツ時代は、すべての生徒に共通の10年間一貫した統一学校 (Einheitsschule) の制度が維持されてきたが、新しい学校法では、第5学年以降、多様な学校形態が提供されることになった。同時に各州とも、異なった学校種類間の横断的移行 (透過性，Durchlässigkeit)[17] が、様々な形態をとって可能であることを学校法のなかで規定している。たとえば前述のザクセン州文部省が作成した広報用パンフレットでは、多様性と透過性について次のように説明されている[18]。

　「ザクセン州学校法は、多様性 (Vielgestaltigkeit) と透過性という2つの特色を有している。すなわち、多様性とは、生徒が様々な教育の道を選択し、多様な学校修了証を取得できることを意味している。したがって、教育の道に袋小路がない。どの修了証にもそれに続く教育の道を選択できる可能性が保証されている。透過性とは、様々な仕方でもって、ある学校種類から別の学校種類へと転校することを保証するものである。このような理由で、中間学校の第5および6学年はオリエンテーション段階的な機能を有している。生徒は、基礎学校修了後に決定された学校の種類をこの段階で変更することができる。中間学校の生徒は、第6学年修了後ギムナジウムに転じることも可能である。またその逆のケースもある。中間学校からギムナジウムへの転学は、第10学年修了後にも行われる」。

　それでは異なった学校種類間の横断的な移行に関して、各州の学校法がどのように規定しているかを見ていこう。

　ブランデンブルク州では、親の申請がある場合にのみ、「教育および試験規則」(Ausbildungs-und Prüfungsordnung) にしたがって可能である、とされている (35条4項、36条4項2文)。

　メクレンブルク・フォアポンメルン州の学校法では、必要な法規命令を公

布できる権限が文部大臣に与えられ、このなかには、異なった学校種類間の移行の可能性も含まれている（24条1項1号）。

ザクセン州では、文部省は法規命令によって「学校変更に関する手続き」(Verfahren für Schulwechsel) を定める権限を与えられている（59条2項6号）。しかし、「学校変更」が、「学校種類間の移行」を意味しているかどうかについては、疑問ももたれている[19]。

ザクセン・アンハルト州では、転学先でしかるべき成績を収めることが可能とみなされる場合には、学校種類を転じることができる、とされている（34条3項）。

テューリンゲン州の学校法では、「通常学校からギムナジウムへの移行は、第5、6学年修了後も可能である」と規定されている（4条5項2文）。

なお、いずれの州でも、子どもの進路を選択する親（教育権者）の権利は保障されている[20]。しかし生徒がどの学校種類に入学を許可されるかに関しては、生徒の適性 (Einigung) にしたがう、とされている。また、適性をいかにして確認するか、たとえば入学試験を実施するか否か等については[21]、文部省の法規命令によって定められる、としている（S：34条、59条2項5号／S-A：34条1項、35条1項1号／T：6条1項、29条1項1号）。

第10学年修了後、ギムナジウム以外の中等学校からギムナジウム上級段階への移行について、各州の学校法の規定を見ると次のようになる。たとえば、ブランデンブルク州とザクセン・アンハルト州では、「特別の成績」(besondere Leistung) でもって「実科学校修了資格」を取得した者は、ギムナジウム上級段階に進学する権利を与えられる（B：9条4項2文、S-A：5条4項2文）。テューリンゲン州の学校法では、「実科学校修了資格」を有する者は、「ギムナジウム上級段階へ進学する可能性を得る」と規定されている（4条5項4文）。ザクセン州の場合も同様である。ブランデンブルク州では、総合制学校が正規の学校として導入されているので、大学進学を希望する生徒は、総合制学校のなかにあるギムナジウム上級段階へとそのまま進学できる（図Ⅰ-2-1を参照）。メクレンブルク・フォアポンメルン州の学校法には、これについて明確な規定はない[22]。

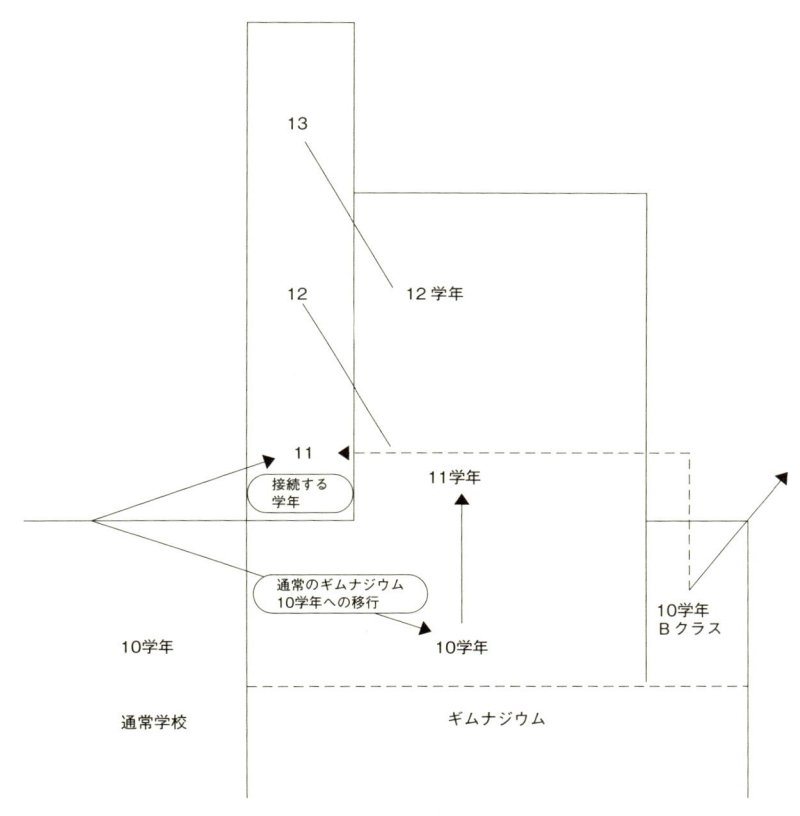

第2章　新しい学校制度の構築と各州の動向　81

図 I-2-8　通常学校からギムナジウム上級段階への移行（テューリンゲン州の場合）

（出所）Thüringer Kultusministerium, *Die neuen Bildungswege in Thüringen.*

　また、メクレンブルク・フォアポンメルン、ザクセン、テューリンゲンの各州では、「実科学校修了資格」の取得者は、専門ギムナジウムまたは職業ギムナジウムへ進学することも可能となっている（図 I-2-2, 3, 5 を参照）。

　テューリンゲン州の場合についてもう少し説明すると、次のようになる[23]。すなわち、図 I-2-8 に示したように、実科学校修了資格は第10学年修了後に取得されるので、実科学校の卒業生で、ギムナジウム上級段階（第10-12学年）へ進学を希望する者は、第10学年をもう一度繰り返すことになる。あるいは、第11学年から始まり、第13学年まで続くギムナジウム上級段階の第11学年

に進学することも可能である。なお、ギムナジウムの第10学年には、10B学年が設けられ、ここで中級修了証（実科学校修了証）を取得し、ギムナジウム以外の学校種類へと移行することも可能となっている。

3　学童保育

　旧東ドイツでは、女性の就業率が高く、子どもの保育施設の面では旧西ドイツよりも一歩進んでいたと言われる。すなわち、旧東ドイツ時代は、3歳から6歳の子どもの約95％が保育所に預けられていた[24]。

　それと同時に旧東ドイツでは、学童保育（Hort）の施設が学校に付設されていたことも旧西ドイツには見られない特色のひとつであった。統一後も、こうした学童保育の制度は維持されることになった。

　たとえばブランデンブルク州では、「基礎学校と中等段階Ⅰの学校は、人的、物的、学校組織的な条件がみたされる限り、親の希望にもとづき、全日学校（Ganztagsschule）[25]とする」（4条1項）ことが規定され、基礎学校の期間中、「親が希望するならば、基礎学校に学童保育施設を設けることができる」とされている（4条2項）。

　他の州でも、おおむね同様の規定がなされている[26]。ただし、ブランデンブルクを除く4州では、「全日学校」という代わりに、「全日あるいは午後の世話」（ganztägige bzw. nachmittagliche Betreuung）といった言い回しで規定されている（M-V：2条1項3文、14条1項、S：16条1項および2項、S-A：4条4項、12条、T：19条1項および2項）。またこれらの施設の利用は、任意とされている。

　なお、ザクセン、ザクセン・アンハルト、テューリンゲンの3州では、「全日あるいは午後の世話」は、人的、物的条件がみたされるとき提供されることができる、としている。その場合、ザクセン州とザクセン・アンハルト州では、学校監督官庁の同意が必要であるとされている。またテューリンゲン州では、学校設置者は、生徒の世話にあたり、「あたたかい昼食を提供する」としている。その際「その財政措置に関しては、学校設置者および経済的状況にしたがい親が負担する」と規定されている（15条4項）。メクレンブルク・フォアポンメルン州では、学校設置者はその可能性の枠内で、とりわけ基礎

学校および特殊学校の生徒たちに、「給食」(Schulspeisung)付きで「全日の世話」を行うとされている (14条2項)。その場合、どの位の額を給食費として親から徴収するかは、学校設置者が「自己の責任において」決定する、としている (14条3項)。

4 教員養成

東西ドイツはこれまで40年間、まったく異なった社会的、政治的システムのなかで、その国家目的の目指すところにふさわしい教員養成を行ってきた。制度面で言うと、旧西ドイツでは、①大学における養成教育、②試補勤務(Vorbereitungsdienst)という二段階で教師教育は行われている。教職志願者は、この間、第一次および第二次の2度にわたる国家試験に合格しなければならない。

これに対し旧東ドイツには、試補勤務の制度はなく、また国家試験も1回だけであった。また旧西ドイツの教員はすべて大学で養成されるが、旧東ドイツでは、下級段階の教員資格は、10年制普通教育総合技術上級学校を卒業後、教員養成所(Institut für Lehrerbildung)に4年間通学し、国家試験に合格することによって取得できた。

統一後、旧東ドイツ各州では、旧西ドイツと同様、二段階の養成制度が導入されることになった (B：64条以下、M-V：21条2項、T：12条1項)。

5 就学義務期間

旧東ドイツ時代は、10年制普通教育総合技術上級学校に通学する10年間が義務教育期間であった。これに対し旧西ドイツでは全日制就学義務(Vollzeitschulpflicht)は9年間であるが、全日制就学義務修了後、全日制の学校に進学しない生徒は、企業などで職業訓練を受けながら、定時制の職業学校に2-3年間通学する義務が課せられている (定時制就学義務(Teilzeitschulpflicht)、または職業学校就学義務(Berufsschulpflicht)と呼ばれている)。

旧東ドイツ各州も、新しい学校法のなかで、西のこうした制度をほぼ踏襲した。すなわち、ブランデンブルク州を除く4州は、就学義務期間を12年間

とし、そのうち9年間を全日制就学義務、3年間を職業学校就学義務または全日制の中等教育学校への就学期間と規定している（M-V：9および10条、S：26条以下、S-A：36条以下、T：7条）。

　ブランデンブルク州では、全日制就学義務は10年間とされ、これに職業学校就学義務が続く、と規定されている（30および31条）。職業学校就学義務は、職業訓練関係（Berufsausbildungsverhältnis）が終了するまで継続する。一方全日制の学校に通学する者は、満18歳に達した学年が終了する時点で、就学義務を免除される、としている。

6　新しい授業科目の導入

　教育内容面で見ると、その変わり方はすでに「ベルリンの壁」の開放直後からドラスティックであった（第1章第3節1を参照）。たとえば、社会主義統一党（SED）に忠実な人間をつくる役割を果たしてきた「公民科」（Staatsbürgerkunde）は、壁開放後間もなく廃止され、これまでなかった社会科（Gemeinschaftskunde）がそれに取ってかわった。また歴史の授業も、従来のマルクス・レーニン主義にもとづく労働者階級中心の内容がすっかり改められた。その他、従来なかった宗教の時間の導入、ロシア語から英語、フランス語への外国語の移行、ドイツ語の教科書の作品の差し替え等々、教育内容は一変した。ここでは、宗教の授業に関する各州の学校法上の規定と、社会科の「教授プラン」について、その概要を見ていく。

(1) 宗教の授業

　旧西ドイツ各州では、宗教の授業は公立学校における必修教科とされ、通常、プロテスタントとカトリックに分けて実施されている。ただし、無宗教、その他の理由がある場合、教育権者の意思で宗教教育を拒むこともできるようになっている。すなわち、ドイツ連邦共和国基本法では、「宗教教育は、非宗派学校（bekenntnisfreie Schule）を除く公立学校において、正規の授業教科（ordentliches Lehrfach）とする」（7条3項1文）と規定され、同時に「教育権者は、子どもを宗教の授業に参加させることについて決定する権利を有する」（7条

2項) とされている。

　一方、旧東ドイツの学校には、社会主義の教育理念にしたがい宗教の時間はそれまで存在しなかった。しかし前述のように、統一後旧東ドイツ地域の学校でも宗教の時間が、公立学校における正規の教科として導入されることになった (S：18条、S-A：19条、T：18条)。

　たとえばザクセン州学校法では次のように規定されている。

「第18条 (宗教の授業)

(1)　宗教の授業は、専門学校を除くすべての公立学校の正規の授業教科である。国の監督権に関わりなく、宗教の授業は当該宗教団体の原則に合致した形で、宗派に分けて実施される。

(2)　教員は宗教の授業を実施するにあたっては、当該宗教団体の全権委任を必要とする。教員は、いかなる場合でもその意思に反して宗教教育を施すことを強要されない。

(3)　宗教の授業は当該宗教団体に従事する者によって行われることができる。宗教団体は、相応の財政的負担をする。

第19条 (倫理科)

(1)　宗教の授業を受けない生徒は、倫理科の授業に参加する。

(2)　倫理科では生徒に対し、宗教的知識、社会的価値規範の理解、ならびに哲学的および宗教的問題への接近を教授する」。

　なお基本法には、いわゆるブレーメン条項 (Bremer Klausel) と呼ばれる条文 (第141条) がある[27]。すなわち、ブレーメンで、1949年1月1日の時点で適用されていた法律では、宗教教育は正規の教科ではなかった。これを受けて、基本法第141条は、「基本法第7条3項1文は、1949年1月1日において州法により別段の定めが存在していた州には適用しない」と規定している。したがって、この時点で「別段の定めが存在していた」ブレーメンとベルリンの両州では、宗教教育は、現在においても公立学校における正規の教科とみなされていない。ただし1949年当時、ソビエト占領地域であった旧東ドイツの州に対しては、基本法のこの条文は適用されないと解釈されている。なぜなら、旧東ドイツの5州は、法律上は1990年7月22日に制定された「州制度導入法」

により新たに形成されたとみなされるからである。また、第三帝国の時代を含めればほとんど60年間にわたって、脱宗派化（entkonfessionalisiert）された旧東ドイツ地域で、改めて宗教の授業を公教育のなかに義務付けることを訝る声も少なくない。

　こうした事情も反映して、各州とも宗教教育の実施にあたっては、しばらくの時間的猶予をもたせている。たとえばメクレンブルク・フォアポンメルンおよびザクセン・アンハルトの両州では、「宗教の授業は、教員、教材等の必要な条件が備わった場合に開講される」という趣旨の規定を設けている（M-V：15条2項、S-A：19条5項）。またブランデンブルク州では、宗教の授業に関する規則は、今後制定される新しい学校法（現在の学校法は暫定法である）に委ねられる、と規定されている（26条）。なお、ベルリンに隣接した同州の教授プランでは、ベルリンとの釣り合いを考慮して、「人生の形成、倫理、宗教」（Lebensgestaltung, Ethik, Religion）という名称の「中性的な」（neutral）教科名が採用されている[28]。

　また、ザクセン、ザクセン・アンハルト、テューリンゲンの3州では、宗教教育に参加しない生徒に対し、倫理の授業（Ethikunterricht）を受講することを義務付けている（S：19条、S-A：19条1，2項、T：18条）。その他、満14歳以上の生徒は、自らの意思で宗教教育を受けるか否かの決定を行うことができる、と規定されている（M-V：15条2項、S：20条、S-A：21条、T：18条）。

(2) 社会科の授業

　いずれの州でも従来の公民科にかわり、社会科が中等教育段階から教授されることになった。そこで取り上げられている内容は、たとえば表Ⅰ-2-3（88-89頁）のとおりである（ザクセン州，ギムナジウム第9-12学年の場合）。なお、ザクセン州の「教授プラン」の中から、ギムナジウムにおける社会科の学習目的について記述された部分を以下に訳出してみた（要旨）[29]。

　「社会科は、生徒が、国家および社会において政治的に志向された能力を獲得し、市民として、自らの責任でもって、社会的な義務を果たす行動をとることができるよう導くものである。倫理科、宗教科の学習内容を深めると

同時に、社会科の学習の重点は次の点にある。すなわち、われわれの自由主義的で民主主義的な国家の特色に関して、確固とした知識を習得し、理解することである。こうした基本的知識と並んで、青少年にとって特別の意味のある法制度についての知識も教授される。このなかでは、とりわけドイツ連邦共和国基本法とザクセン州憲法が重要である。社会科の授業は、生徒が自分の見解をもち、自ら判断する能力を獲得できるように形づくられる。このことは、教員は、授業で自分の考えを生徒に押し付けてはならない、ということを意味している。しかし、それはもちろん教員の生徒に対する無関心な態度を意味するものではない。要するに、社会科の授業では、次のことがらが目指される。すなわち、勇気と責任をもって自己の立場を表明することであり、同時に、異なった考え方に対して寛容の心をもつことである。ギムナジウム上級段階では、基礎コースでも重点コース[30]でも、生徒自らが行う学習を要請する難解なテーマが取り扱われる。授業では、社会科の方法論的な手続きも教授される。とりわけ重点コースにおいて、生徒は、政治理論と徹底的に取り組み、これを批判的に解釈する」。

7　私立学校

　旧東ドイツにおいては、教育は国家が所管する事項とされ、私立学校[31]の設置は認められていなかった。これに対し統一後は、いずれの州でも私立学校制度が導入されることになった。

　ただし、学校法のなかで「私立学校」という条項が設けられているのは、ザクセン・アンハルトとテューリンゲンの2州のみである（S-A：14-18条、T：14条）。たとえばテューリンゲン州の学校法では、「私立学校は、公立学校とならんで教育の一般的かつ公的な課題に責任をもつ」（14条3項2文）とされ、州は、「公立学校における生徒一人あたりに要する人件費の算定と同じ仕方でもって計算された額を私立学校に対し助成する」（14条3項4文）が、「私立学校法が制定されるまでは、州予算に応じて助成される」（14条4項2文）と規定されている。

　メクレンブルク・フォアポンメルン州では、新しい私立学校法が成立す

表 I-2-3　社会科の教授プランから（ザクセン州の場合）

第9学年	履修時間数：60
テーマ：ザクセンの青少年と政治	
学習領域1：青少年の経験領域における政治	18
学習領域2：ドイツ連邦共和国におけるザクセン州	20
学習領域3：ドイツ統一	14
生徒の達成の検証	4
職業指導の時間	4
第10学年	**履修時間数：60**
テーマ：経済、法律および国際政治	
学習領域1：ドイツ連邦共和国における経済秩序および経済政策	25
学習領域2：ドイツ連邦共和国における法律および法秩序	14
学習領域3：国際政治と安全保障	14
生徒の達成の検証	4
職業指導の時間	3
第11学年（基礎コース）	**履修時間数：30+30**
☆　第1学期	
テーマ：民主主義の基本秩序―自由主義的民主主義の理想像	28
生徒の達成の検証	2
☆　第2学期	
テーマ：国際関係―国際政治の緊張領域におけるドイツ連邦共和国	28
生徒の達成の検証	2
第12学年（基礎コース）	**履修時間数：30+25**
☆　第1学期	
テーマ：経済―ドイツ連邦共和国の経済秩序、経済および構造政策	28
生徒の達成の検証	2
☆　第2学期	
テーマ：政治の構造：現在の政治制度	23
生徒の達成の検証	2
第11学年（重点コース）	**履修時間数：75+75**
☆　第1学期	
テーマ：産業社会における個人	(75)
学習領域1：工業化と社会の変遷	20
学習領域2：法律上のモデルの理論的基礎付け	9
学習領域3：法律上のモデルの適用	30
学習領域4：個人と社会生活	10
生徒の達成の検証	6

第2章　新しい学校制度の構築と各州の動向　89

☆　第2学期	
テーマ：国際関係	(75)
学習領域1：国際関係の価値基準と要素	15
学習領域2：国際関係の構造上のメルクマールとしての対立と協調	25
学習領域3：国際政治の課題としての紛争の解決と平和の保障	29
生徒の達成の検証	6
第12学年（重点コース）	履修時間数 75+60
☆　第1学期	
テーマ：ドイツ連邦共和国の経済秩序、経済政策および経済発展	(75)
学習領域1：基本法と経済秩序	10
学習領域2：ドイツにおける景気と景気対策	25
学習領域3：戦後のもっとも重要な構造政策の課題としてのドイツ統一	34
生徒の達成の検証	6
☆　第2学期	
テーマ：現代の政治制度	(60)
学習領域1：自由主義的民主主義の理想像	12
学習領域2：ドイツ連邦共和国における政治的過程	24
学習領域3：アメリカの統治システム	12
学習領域4：政治システムの価値	7
生徒の達成の検証	5

(出所)　Sächsisches Staatsministerium für Kultus, *Lehrplan, Gymnasium,Gemeinschaftskunde/Rechterziehung/ Wirtschaft,*1992.

るまで、旧東ドイツ時代に制定された「1990年7月22日の私立学校基本法」(Verfassungsgesetz über Schulen in freier Trägerschaft vom 22.Juli 1990) が引き続き適用されるとしている（29条1項）[32]。

　ザクセン州の学校法では、「私立学校制度に関しては、私立学校法が適用される」(3条1項3文）としているが、私立学校法は1992年の時点では制定されていない。

　ブランデンブルク州の学校法では、同州の私立学校法が制定されるまでの間、ベルリンの私立学校法[33]が準用されると規定されている（62条）。

注

1　旧東ドイツの文部大臣たちの略歴については、*Erziehung und Wissenschaft*, 1990.12 を参照。
2　*Frankfurter Allgemeine Zeitung,* 25. Jan.1991.
3　*Frankfurter Rundschau,* 17.Jan.1991.
4　Hans Döbert, Renate Martini, Schule zwischen Wende und Wandel—Wie weiter mit den Schulformen in Deutschland?, *Die Deutsche Schule*, 1/1992, S.102.
5　以下、旧東ドイツ5州の略号として次のように記す。B：ブランデンブルク州、M-V：メクレンブルク・フォアポンメルン州、S：ザクセン州、S-A：ザクセン・アンハルト州、T：テューリンゲン州。
6　オリエンテーション段階には、ギムナジウム、実科学校、基幹学校という学校形態に依拠して（schulformabhängig）設置される場合と、これらの学校種類から独立した（schulformunabhängig）教育機関として設置される場合の2つのタイプがある。
7　これらの学校では、実科学校課程、基幹学校課程といった具合に2つのコースに分化されて授業が行われる。テューリンゲン州の通常学校を例にとると、第7学年からドイツ語、数学、第一外国語の時間が、実科学校クラスと基幹学校クラスに分けられる。第9学年からは理科（物理、化学、生物）がこれに加わる。また第7学年から、基幹学校修了証の取得を希望する生徒は経済と技術を、実科学校修了証の取得を目指す生徒は経済／環境／ヨーロッパ、第二外国語、自然科学、社会のなかからいずれかを選択する。生徒は第9学年を修了することによって基幹学校修了証を、第10学年を修了することによって実科学校修了証を取得できる（Thüringer Kultusministerium, *Die neuen Bildungswege in Thüringen,* S.4.）。」
8　ブランデンブルク州では、当初の政府案では、実科学校は例外的場合にのみ認められるとされたが、自由民主党（FDP）や親の団体の要請により正規の学校として位置付けられた（Hermann Avenarius, Die Schulgesetzgebung in den neuen Bundesländern, *Deutsche Lehrerzeitung,* 24/1991, S.6.; Wolfgang Schmidt, Die Neustrukturierung der allgemeinbildenden Schulen in den neuen Bundesländern, *Aus Politik und Zeitgeschichte*, 6. September 1991, S.37.）
9　図Ⅰ-2-1～5を参照。なお、ザクセン・アンハルト州では、ギムナジウム上級段階は、コース段階（Kursstufe）と呼ばれている（図Ⅰ-2-4を参照）。
10　旧西ドイツでは、大学という場合、学術大学（wissenschaftliche Hochschule）と専門大学（Fachhochschule）の2種類が存在する。学術大学には13学年（基礎学校入学時からの通算）、専門大学には12学年を修了することによって入学することができる。これに対応して大学入学資格は、「一般的大学入学資格」と「専門大学入学資格」に大別される。前者は、アビトゥーア試験に合格した者が取得でき、すべての大学種類、専門分野に有効である（序Ⅰ-1-（5）を参照）。この資格を、旧東ドイツ（ブラン

デンブルク州を除く）では、12年間で取得できることになった。
11　たとえば、テューリンゲン州のギムナジウムでは、第5～8学年の授業は同一の時間表にしたがって行われる。第9学年以降は言語ギムナジウム（Sprachliches Gymanasium）、数学／自然科学ギムナジウム（Mathematisch-naturwissenschaftliches Gymanasium）というように、異なる重点（Schwerpunkt）をもったギムナジウムのタイプが設けられる（Thüringer Kultusministerium,a.a.O.,S.16.）。
12　旧東ドイツでは、10年制普通教育総合技術上級学校と拡大上級学校（2年制）の通算12年間で大学入学資格を取得することができた。統一後、ブランデンブルク州を除く旧東ドイツの4州は、経済的理由もあり、従来の12年間を踏襲した。
13　統一後の1990年の時点では、州間でもまた政党の内部でも意見の一致をみていなかったが、現在（2010年）では、すべての旧西ドイツの州で、8年制ギムナジウムにすでに移行したか、移行しつつある（前掲表序-2を参照）。
14　Wolfgang Hörner, Barrieren auf dem Weg zur Bildungseinheit, *Pädagogik und Schule in Ost und West*, 40/1992, S.98.
15　Sächsisches Staatsministerium für Kultus. *Bildungswege in Sachsen*, 1992, S.12ff.
16　W. Hörner. *a.a.O.*, S.100.
17　たとえば中間学校（ザクセン州の場合）からギムナジウムへ転学といった具合に、異なった学校種類間の横断的移行のことを学校法では「透過性」（Durchlässigkeit）という言葉で表わしている。
18　Sächsisches Staatsministerium für Kultus, *a.a.O.*, S.3.
19　Avenarius, *ibid*.
20　ドイツ連邦共和国基本法は、第6条2項で次のように規定している。「子どもの育成および教育は、親の自然的権利であり、かつ何よりもまず親に課せられた義務である」。
21　たとえば、中等教育学校への進学に際し、親の意向と基礎学校の勧告が異なる場合、入学試験を行うという規定が、メクレンブルク・フォアポンメルン州の学校法の政府案には盛り込またが、州議会の審議でこの条文は削除された（Avenarius, *ibid.*）
22　H. Döbert u.a., *a.a.O.*, S.105.
23　Thüringer Kultusministerium, *a.a.O.*, S.4f.
24　「統一に伴う保育所閉鎖の危機」国立国会図書館調査立法考査局『海外ニュースガイド』1024号，1991年6月6日を参照。
25　旧西ドイツの学校では午前中のみの半日学校（Halbtgagsschule）が一般的であるが、近年、午後の授業も行われる全日学校も増加している。序論Ⅱ-1-(6)「半日学校と全日学校」を参照。
26　こうした学童保育施設の設置に関して、たとえばザクセン州は、「設置される

ものとする (sollen)」、ザクセン・アンハルト州では、「設置されなければならない (müssen)」、テューリンゲン州では、「通常の場合」設置される、と規定している (Avenarius, a.a.O., S.6)。また、テューリンゲン州では、基礎学校だけでなく、特殊学校にも、学童保育施設が設けられるとしている（19条1項）。

27　以下の記述にあたっては、前掲 H.Avenarius. *a.a.O.* を参照。
28　W. Hörner, *a.a.O.*, H.2.
29　Sächsisches Staatsministerium für Kultus, *Lehrplan, Gymnasium, Gemeinschaftskunde / Rechterziehung/ Wirtschaft,* 1992.
30　ギムナジウム上級段階では、学級単位の授業に代わって、コース制度が採用されている。すなわち、コースは各教科ごとに、不可欠の基礎的知識を身に付ける「基礎コース」(Grundkurs) と、自分の能力に応じてより深い学問的準備をする重点コース (Leistungskurs) に分けられる。
31　私立学校 (Privatschule) は、いずれの州の学校法でも、「自由な設置者による学校」(Schule in freier Trägerschaft) と呼ばれている。なお、私立学校は、通常、代替学校 (Ersatzschule) と補完学校 (Ergänzungschule) とに区分される。代替学校は、公立学校に相応する教育目標を有し、公立学校の代替をすると認定された学校で、設置にあたっては州文部大臣の認可を必要とする。補完学校は、代替学校でない私立学校(語学学校、美術学校など) で、州文部大臣への届出のみを必要とする。なお、本項で言う私立学校は、いずれも代替学校としての私立学校の意味で用いられている。
32　この法律によれば、私立学校 (代替学校) に対し、公立学校の基準に照らし合わせて、最低60％から最高90％までの州による財政援助が保障されている (Vgl. Avenarius, *a.a.O.,* 21/1991, S.3)。
33　「1987年10月13日公布条文によるベルリンの私立学校法」(Gesetz über die Privatschulen und Privatunterricht des Landes Berlin in der Fassung vom 13.Oktober 1987, *GVBl*, Berlin S.2458ff.) を参照。

第3章　学校現場の反応と教員解雇を
めぐる諸問題

　前章では、統一によって旧東ドイツの教育がどのように再編されたのか、主として制度面から見た変革について概観した。その際、旧西ドイツの制度とも比較しつつ、旧東ドイツ5州における教育の再編動向を、できる限り関連法律条文等にも言及しながら紹介した。

　本章では、旧東ドイツの教育制度の激変に対する学校現場の反応と教員解雇をめぐる諸問題を検討する。まず第1節で、教員と生徒が、それぞれ新学期をどう迎えたか現場の声をピックアップする。次に、新しい学校制度はどのように見られていたのか、アンケート調査の結果を紹介する。第2節では、教員の解雇をめぐる諸問題について、関係者の発言、法的根拠についてまとめてみる。またザクセン州を例に、解雇の基準、具体的な解雇者の数値等を見ていく。

第1節　学校現場の反応──学校関係者の発言から

　ここでは、1991年秋からはじまった統一後最初の新学期を、教員や生徒たちはどんな思いで迎えたのか、また彼らはどのような問題状況を抱えていたのか、さらに文部省当局はこうした現状をどのように認識していたのか、等々といった諸点について、関係者たちの発言を中心に見ていくことにする。以下、『ドイツ教員新聞』(DLZ)に掲載された学校関係者の座談会の内容を整理・要約して紹介することにしたい[1]。また合わせて、これらの諸問題に関連する現場の状況についても、できるだけ具体的事例等を加えて概観してみ

た。なおこの座談会は、1991年11月28日に、ザクセン州の州都であるドレスデンで行われたものである。出席者は、いずれもザクセン州の学校に関係する次の8名であった。

— Wolfgang Nowak（ザクセン州文部次官）[2]
— Katrin Wilczek（上級学校の女子教員）
— Günther Portune（ザクセン州文部省）
— Susanne Nitsch（第12学年の女子生徒）
— Hans-Jörg Hinner（上級学校の校長）
— Evelyn Weidlich（基礎学校の女子教員）
— Rolf Ott（職業ギムナジウムの校長）
— Marlies Bedrich（父母評議会の委員、母親）

1　教員からみた新学期

まず新学期を迎えて教員たちが、どのような感想を抱いているか、彼らの声を紹介してみよう。

「新しい学校法が制定されたあと、われわれザクセンの教員は、困難な条件下で仕事に取り組んでいる。しかしもう我慢できる限界を超えている、というのが実感である。新しくできる学校の概念についても、それが具体的にどのようなものなのか知らされていない。それに何よりも、7月に締結された労働協約[3]による賃金が11月現在まだ支給されていない。当局は、教員たちにやる気を起こさせなければならないのに、これでは誰もそんな気持ちにならない」。(Hinner)

「もっとも困っているのは、11月になっても教科書が完全に行き渡っていないという点である。何しろ新入学児童に教科書がないという有様である」。(Wilczek)

「私の学校では、教科書はやっと供給されたが、教授プランがなかなか届かなくて、一体どのように授業したらよいのかわからず困った」。(Weidlich)

「学童保育の専任の教員が配置されることになったのは結構であるが、学童保育の先生が授業を受けもたない分、ほかの教員に負担が覆いかぶさって

いる。またその負担分については無給である。学童保育についての規則も最終的に定まっていない。親と教員との間の話し合いの場がもたれていない。私たちは落ち着いて働ける職場環境にいない」。(Weidlich)

このように、教員たちはこれまで経験したことのなかった新しい事態を前にして、どのように振る舞ったらよいのか戸惑っている。同時に、新しい教科書の供給など、必要な教材が十分に調達されていない点、また教員に支払われるべき給与さえ滞っているといったかなり混乱した学校現場の様子が、浮かび上ってくる。

これらの発言に対し、文部省のノヴァック次官は次のように答えている。

「教科書がちゃんと出揃うのは、来年（1992年）からである。新教科書をどのように作成するかで時間がかかっている。われわれは旧東ドイツ時代の教科書にも何とかチャンスを与えたいと考えている。賃金の問題について言えば、分割払いまたは一部カットでもって何とかやりくりしなければならない状況である。われわれは文部大臣会議の協定にもとづいて、すべての教員の資格について審査しなければならない。それでもって、いかなる条件のもとで、いくらの賃金となるのか、目下リストの作成を急いでいるところである。私個人としては、できる限り多くの者の資格を承認したいが、西からは資格の基準を厳格に適用するように言われている。妥協点として、教員に現職教育（Fort-und Weiterbildung）を課すことによってできるだけ多くの者を承認したいと考えている。われわれが今、解雇している教員は、それでも資格の承認が得られない人たちである。こうした解雇は連邦全体で行われていることで、ザクセン州政府に責任をかぶされても困る。教員の格付けに関しては、比較的スムーズに進行している。なお、州扶助局（Landesamt für Versorgung）が設置され、ここから公務員の給与が支払われるようになった。ただ何分数も多く、誤って支給されるケースもあるようである。いずれにせよ、来年（1992年）1月末までには、協定どおりの賃金を支給する。また来年度からは、超過時間分の考慮もする。ただし、すべてを旧西ドイツ並みにするというわけにはいかない」。(Nowak)

以上は座談会の記録であるが、このほか旧東ドイツの教員たちは、新しい

制度に対して、どのような感想を抱いていたのであろうか。以下、ドイツ国際教育研究所 (DIPF) の作業グループが、旧東ドイツ地域の教員を対象に行ったインタビュー調査の結果のなかからその主要な点をまとめてみる[4]。

① 教員たちの眼から見ると、時間的な制約もあり[5]、教育政策の新しい定義付け、および学校制度の新たな構築は、もっぱら上からの (von oben) 改革という形をとって行われた。基本的な問題について、教員たちがともに考え、議論するといった場面は、ほとんど見られなかった。なぜなら彼らはたいていの場合、新しい教育政策の具体的な中身についてほとんど知らされていなかったからである。こうした経緯から、学校改革をもっと透明にかつ民主的に遂行することを主張する教員たちの声は、日に日に強くなっている。彼らは、教育上の決定権限が、もっと下まで、すなわち、個々の学校、教員、生徒、親のレベルにまで下ろされることを望んでいる。

② 教員たちの考えでは、学校制度の将来の構造は、政党が掲げる綱領のみに縛られてはならない。本来的には、親や子どもたちが何を望んでいるのかに左右されるべきものである、とされている。したがって、現在進行している学校計画は、絶対的なものではない。今後、状況に応じて変更可能なものでなければならない、と教員たちは考えている。

③ 教員たちが見るところでは、改革はすべて「外面からの」改革にとどまっている。今後、すみやかに「内面からの」改革が遂行されなければならない、とされている。それはたとえば、「授業の質の向上」、「学校の教育的環境の整備」、「民主的な学校運営」といった諸点である。その際、とりわけ「学校における共同決定」が重要である、と彼らは指摘している。

④ 目下進行している学校改革の一連のプロセスのなかで、教員たちをもっとも不安に陥れている問題は、彼らの身分の不安定さである。すなわち、彼らは、今後いつまで教職を続けていくことができるか定かでない。教員たちには、解雇の可能性がつきまとっている。資格の問題、雇用条件等に関して不明確である。こうした状況から、教員たちには、新しい学校への期待もあるが、諦めのムードもまた蔓延している、という

ことができる。
⑤　教員たちの間にみられるこうした諦めムードの要因として、次のような点も指摘することができる。すなわち、「壁」開放（1989年11月9日）のあと、1990年はじめに至る時期、東ドイツでは、市民レベルのいわば「草の根民主主義」とも言うべき教育改革案が数多く提起された。しかし、これらの提案は、その後の学校政策のなかにはほとんど採用されるに至らなかった。そこに起因する教員たちの挫折感と、新しい制度に対する幻滅感がそれである。

2　生徒からみた新学期

次に、生徒たちはどんな気持で新学期を迎えたのか。以下に引用するのは、第12学年の女生徒の発言である。

「最初は感激が大きかった。たとえば、教科の選択の幅が広がった。外国語（英語）などがその例である。しかしそれを教えることができる教員がいない。教科書も完全に揃っていない。私たちの生物の先生は解雇された。歴史の先生が一人もいない学校もあると聞いている。こうした状況にある私たちのことが、全然わかってくれていないように思う。また最近感じるのは、新しい成績評価のシステムになじめないことである。このところ教員は、成績のことをうるさく言うようになったと思う。成績プレッシャーから、生徒たちの間にフラストレーションも起こってきている」。(Nitsch)

このように生徒たちは、統一に対する感激を味わいつつも、新しい教育システムに必ずしもすべて満足しているわけではない。むしろ期待が大きかっただけに、失望もまめだっているように思われる。こうした生徒の感想に対して、ノヴァック次官は次のように言っている。

「6段階評価のシステム[6]は、旧西ドイツからもたらされたものである。やたらと『6』(不可) ばかりもち出す先生は教員失格である。英語の先生については、大体3年という期限付きで、とりあえず旧西ドイツの教員を採用したいと考えている。あなたが言っている問題を、1年間の移行期間で、すべて解決することは不可能である。もっと時間が必要である。すべてが新しくな

るわけであるから、そこには多くの困難な問題がつきまとう。しかし、新しくなるにあたって、かつてのように、すべてが上から決定されるということはない。われわれの教授プランに対し何か提案があったら、いつでも高等学務局 (Oberschulamt)[7]の方へ言ってきてほしい」。(Nowak)

　以上は、座談会での生徒と文部次官との間のやりとりである。第1章で、統一の年 (1990年) の6月に、東西ドイツの青少年を対象に行われたアンケート調査の一部を紹介したが[8]、それから1年たった1991年秋、その前年に行った調査を補完する形で、再度同様のアンケート調査が実施された。実施にあたり中心となったのは、前回と同じジーゲン大学のツィンネッカー教授である。今回の被験者は、旧東西両ドイツの13歳から29歳の青少年4,005名であった。その結果を要約すると、大体次のとおりである[9]。

① 　東の青少年の75％は、「自分たちの社会の発展」に対して、オプティミスティックな見方をしている。西の青少年においても、そう考える者の割合は年々高くなっている (1981年：42％、84年：54％、今回：71％)。ただし、東西の青少年の8割以上は「われわれは政治家に裏切られた」という見解を表明している。

② 　「統一そのものをどう思うか？」については、東の被験者の63％が、統一を肯定している（西では59％）。ただし統一の捉え方は、東西の青少年で異なる。すなわち、西の者たちにとって統一は、全ドイツに関わる事柄である（80％の者がそうした見方をしている）。一方、東の被験者（98％）にとって、統一は単に東ドイツにおける変化であるという認識である。したがって、西の青少年は統一の「観察者」、東の青少年は統一の影響を「個人的に被っている者」というように特色付けることができる。

③ 　統一後、東の青少年に降りかかってきた出来事として、失業 (15％)、社会的な不安 (11％) が挙げられている。また、11％が通貨同盟によって引き起こされた経済的な諸問題に、7％が政治的権力闘争の結果に、それぞれ当惑していると答えている。さらに、東の青少年の5人に1人は、この2年 (1989年から91年) の間に、彼らが被った「ネガティブな人生の出来事」を指摘している。一方、西の青少年に降りかかってきた出来事

としては、この研究から見る限りでは深刻なものはない。今まで離ればなれでいた家族／親戚の行き来ができるようになった、ドイツ国内どこでも自由に旅行できるようになった、等々といった点が挙げられている。
④　東の政治体制および経済の仕組みがすっかり変わったことについて、東の青少年の大多数は、ポジティブに評価している。ネガティブな評価を引き起こしている分野としては、住宅政策、社会保障制度といった領域が挙げられている。
⑤　旧東ドイツ時代の自由ドイツ青年同盟（FDJ）とかピオニール少年団など、青少年の大衆組織に対して、東の青少年の比較的多くは、むしろポジティブな思い出をもっている（60％）。その理由として、これらの組織に属することで、くつろいだ感情を味わうことができた、社会的保障が得られた、といった点が挙げられている。一方、ネガティブな記憶をもつ者（40％）は、これらの組織にみられた、強制、抑圧、腐敗といった要素を指摘している。
⑥　青少年の政治的関心の強さについて比較してみると、総体的に東の方が西の青少年よりも、その度合いは高くなっている（東：59％、西：54％）。興味深いのは、東西のこの差異は、東の女子の政治的関心がきわめて高いという点に起因する、とされている点である。

3　新しい学校制度はどう見られているか

　この座談会の出席者たちが住むザクセン州の学校法は、1991年7月3日に公布された。すでに前章で見たように、ザクセン州学校法は、他の4州の場合とは異なり、暫定法ではなく、最終的な法律とされている。こうした理由もあり、この法律が可決・成立されるに至るまでには、他の州における以上に紆余曲折があり、州議会与党であるキリスト教民主同盟（CDU）は、都合7回にわたって法案を修正することを余儀なくされた[10]。
　この間の事情を座談会の出席者たちは、どのように理解しているのか。また、彼らは新しく構築された学校制度に対して、どんな感想を抱いているのか。以下に何人かの声を抜粋して掲げてみよう。

「どこに、どういう学校を設置するかという学校ネットワークプラン (Schulnetzplanung) についてわれわれは何も知らされていない。1年間の移行期間を経て、来年から新しい学校体系になるわけだが、過去40年間がそうであったように、何か隠されて事が運ばれているように思う。教員にも、校長にも、学校会議にも、新しい制度について何の相談もない」。(Wilczek)

「旧西ドイツにもこれまでなかった新しい学校種類として、中間学校が設けられたが、一体どんな学校なのかはっきりしない。ひとつの学校に、基幹学校と実科学校という2つの特色ある学校タイプが並存することが果たして可能か。また、そこでの『透過性』[11]は保証されるのか」。(『ドイツ教員新聞』の記者)

「新しい学校構造について、まったく当惑している。私たち生徒に何も知らされていない。先生や親もよくわからない。このような不確実さのもとで、私たちは不安でいっぱいである」。(Nitsch)

「学校法の第一次案を示されたとき、私たちはこれについてずいぶん議論した。その時点では、中間学校という言葉は全然出てこなかった。中間学校という学校を知ったときには、すでに法律ができてしまっていた。その間に、総合制学校は、どこかへ行ってしまった。私たちは、学校センター (Schulzentrum) や全日学校 (Ganztagsschule) を目指す学校計画を提案した。しかし、市当局も高等学務局も、私たちの案を全然とり入れてくれなかった」。(Weidlich)

「私たちの見解では、ザクセンの学校制度は非常に窮屈なものに思われる。総合制学校の可能性を残すべきであったと思う。わずか4年で、子どものその後の人生が決まってしまうことに、親たちは賛成できない」。(Bedrich)。

学校関係者たちのこうした不満の声に対し、ノヴァック次官は、次のような趣旨の回答をしている。

「学校ネットワークプランについては、市町村の所管である。学校法では、ちゃんとしたプランが作成されなければならないという要請がある。しかし、今日明日にそれができるというものではない。

中間学校は、総合制学校と三分岐型の学校制度の双方から発達したもので

ある。総合制学校のもっとも大きな特色である〈透過性〉も、中間学校ではちゃんと保証されている。中間学校は、西の学校でイデオロギー的にもたらされた失敗を繰り返すことなく、独自の学校となることを目指している。すべての修了証が平等に提供されるというのが、この学校の基礎となっている原理である。すなわち、実践的な才能をもっている子どもにも、アビトゥーアへの道が開かれている。中間学校が魅力ある学校となることによって、ギムナジウムへの殺到もなくなる。

　〈透過性〉についてさらに言えば、まず第4学年のあとの進学であるが、基本的には、基礎学校の勧告と親の意思による。両者が一致しない場合は、受け入れ校が行う試験の可能性もある。中間学校の第5および第6学年は、オリエンテーション段階となっている。第6学年では、そのための教員の予算が認められれば、多様化されたコースを考えている。第6学年からギムナジウムへと進学を希望する場合は、試験を受けなければならない。第9学年を終えると、基幹学校修了証が与えられる。第10学年を修了した生徒は、職業ギムナジウム、専門上級学校、またはギムナジウム上級段階に進学することができる。このように中間学校は、ギムナジウムのオルタナティブなものとなるはずである。

　学校法の制定過程において、われわれは第一次案に対するアンケート調査を実施し、その結果を生かすようつとめた。ザクセンの人すべてを一堂に集めて説明することは、不可能である」。(Nowak)

　以上が、ザクセン州の新しい学校制度（学校法）をめぐる学校関係者間のやりとりの抜粋である。ここで終始争点となっているのは、三分岐型の学校制度と、そのなかで総合制学校をどう位置付けるかという問題である。以下、こうした背景について若干言及しておこう。

　すなわち、旧西ドイツでは、主として社会民主党（SPD）が政権党である州を中心に、ギムナジウム、実科学校、基幹学校といった従来の三分岐型の学校制度がもつ構造的欠陥を総合制学校の導入によって克服し、教育機会の平等化を目指す教育政策が推進されてきた。これに対し、キリスト教民主同盟（CDU）は、三分岐型の学校制度のもとで、できる限り生徒の能力、素質にか

なった多様な学校形態を提供し、一人ひとりの子どもにもっともふさわしい教育を受けさせることを主張している。

このような三分岐型教育制度と総合制学校をめぐる論争が、ザクセン州学校法の制定にあたっても展開されたわけである。当初 (1990年10月) の案では、旧西ドイツをモデルとする三分岐型の学校制度の導入が考えられていた[12]。その際、総合制学校の設置も認められるというものであった。しかし同年12月になって文部大臣は、基幹学校と実科学校をひとつの学校のなかに統合した中間学校という新しい学校タイプを提案した。この中間学校のなかに基幹学校、実科学校に相当する課程が設けられ、それぞれの修了資格（基幹学校修了証、実科学校修了証）が付与されるというものである。そしてその代わりに、総合制学校は、法案のなかから削除された。この中間学校という概念は、旧西ドイツにはなく漠然としており、州議会でもその在り方をめぐって様々の論議が交わされた、というわけである。

第2節　教員解雇をめぐる諸問題

次に、現職教員の解雇をめぐる諸問題について見ていくことにする。以下、まず解雇をめぐる関係者の発言を紹介する。次に、解雇の法的根拠、解雇の状況等についてまとめてみる[13]。

1　解雇をめぐる関係者の発言から

まず、前節に引き続き座談会の出席者の発言を掲げておこう。

「われわれは、新しい学習指導要領にどう対処したらよいかわからなくて困っている。新しい学習指導要領には、自由裁量の余地がたくさんあり、以前のものとはまったく変わっている。指導上の指針をどこに置くべきかわからない。またそのための現職教育の機会がない。」(Weidlich)

「一方では教員が足りないと言われ、他方では1万人、いやそれ以上の数の教員が解雇されなければならないとされている。解雇にあたっては、住民のしかるべき同意を得ることを希望する。」(『ドイツ教員新聞』の記者)

「代わりの先生を決めない段階で、解雇をすることはやめてほしい。そうでないと授業に穴があいてしまい、アビトゥーア試験にも差し支える」。(Nitsch)

「専門的能力のない者を解雇するというが、一体それはどうやって判定されるのか。私は、授業の仕方が上手で、子どもたちがその先生を慕い、成績も上がり、親も満足する、そういう教員が専門的に能力のある教員だと思う。私の学校では、かつてピオニール（共産党少年団）のリーダーで、ドイツ語と工作を教えていた女の先生が解雇された。彼女は卓越した授業を行い、一人残って生徒の面倒を見て、生徒の成績もぐんと上がった。しかし、こうした事実は、ヒアリング (Anhörung) の際、全然考慮に入れてもらえなかった」。(Hinner)

関係者のこうした声に対して、文部省の担当者およびノヴァック次官は、それぞれ次のように答えている。

「われわれは、現職教育のプログラムを多数設けている。重要なことは、学校の側でわれわれの方を向いてほしいということである。ザクセン州現職教育アカデミー (Sächsische Akademie für Lehrerfortbildung) には、この3か月で、約100のプログラムが組まれている。こうした催しは、目下のところ中央でのみ行われているが、徐々に地方にも支部をつくっていきたいと思っている。専門教科と並んで、教授法や教科の枠を超えた授業などについてのプログラムも準備されている。新しい点数評価の講習会も開いている。今後さらに、新しい学校の配置等が定まると、教員たちは、ギムナジウムや中間学校といったそれぞれの学校種類に対応した資格をもたなければならなくなるので、そのための資格を与えるコースも開講されることになる」。(Portune)

「連邦レベルで承認される教員であるかどうかということが問題である。承認は、旧西ドイツで供給ポストが多い分野では比較的容易に行われている。しかし、西と東の出身者が競争する領域では、各ポストごとに細かい審査が実施されている。とりわけギムナジウムの教員に関しては、新たに募集し直さなければならない。これは決して報復行為ではない。『正しい養成』(richtige Ausbildung) を受けた者が教員となり、生徒はその者から『正しい修了証』(richtige

Abschlüsse）を与えられる。これが西の教育的原則である。われわれは、他の州から、ザクセンの修了証は疑わしいと言われないようにしなければならない。

われわれは、需要と供給の関係をよく調査して、つまり学校づくりのプランをきちんと定めて解雇の問題にのぞんでいる。それでも資格をもった教員がどのくらい残るかわからない。われわれはまず、政治的な責任のある教員は、すべてこれを追放しなければならないと考える。そのための基準はすでにできている。それと同時に、これは教員の皆さんには都合のよくないことであるが、一定の基準、すなわち西の基準に照らし合わせて、需要のない教員は解雇しなければならない。たとえば、マルクス・レーニン主義を教えていた先生などが、これに該当する。われわれは最初に、質問用紙を全教員に配布し、これにもとづいて、問題のある教員についてはヒアリングを行った。聴取された者のうち大体40％は、学校に残れることになった。解雇された者の数は、1万人にまでは達していない。このあと、さらに4,500人から5,500人が解雇の通告を受けるであろう。

学校の発展（Entwicklung）をめぐる議論に、無慈悲なようではあるが、教員の気持がどうかといった感情論が入り込む余地はない。シュタージ（秘密警察）にかかわりをもった者の審査は、このあともまだ続く。

資格（Qualifikation）は欠いているが、ある教科を上手に教えてきた者は、できる限りそれを考慮したいとは思う。しかしそれは、あくまで書類の上で証明されなければならない」。（Nowak）

このように、すでに前節においても言及したが、教員の解雇をめぐる問題は、彼らの少なからぬ者にとって、もっとも大きな不安の種となっていた。以下、解雇の問題について、その状況等、資料をもとにもう少し詳しく見ていくことにしよう。

2　解雇の法的根拠

「統一条約」[14]第20条（公務における法的関係）第1項では、「加入[15]の時点での公務員の法的関係については、付属文書Ⅰで取り決めた経過規定を適用す

る」と規定され、付属文書Ⅰでは、次のような経過規定が定められている[16]。

すなわち、付属文書Ⅰ、第XIX章第Ⅲ節1では、「旧東ドイツの公的機関に勤務していた被雇用者の労働関係（Arbeitsverhältnis）は、それらの機関が連邦に移管された場合を除いて、統一の日から休止する」とされている。したがって、教員など連邦に移管されない機関に所属する公務員は公勤務に継続して従事することを希望しても、形式的には新規に任用されなければならず、その過程において審査が行われるというわけである[17]。

そして、同付属文書では、「公行政における労働関係の通常の解雇」（ordentliche Kündigung）について次のように規定している。すなわち、以下のような場合には、被雇用者を解雇することが認められる。

① 被雇用者が専門的資格（fachliche Qualifikation）または人格的適性（persönliche Eignung）の欠如のゆえに、求められている要請に合致しない場合。
② 被雇用者を雇用する必要がなくなり、もはや雇用することができない場合。
③ 被雇用者のこれまでのポストが補充を必要とせず解消される場合、またはポストの統合、合併もしくは構造の基本的な変更にあたり、従前のもしくはその他の雇用がもはや不可能であるとみなされる場合。

さらに続いて、次のような場合には、被雇用者の「特別の解雇（außerordentliche Kündigung）のための重大な理由となる」として、以下のケースが挙げられている。

① 人間性（Menschlichkeit）にもとる場合、または法治国家の基本原則に違反する場合。とりわけ、1966年12月19日の「市民的および政治的権利に関する国際規約」（国際人権規約）で保障された人権、または1949年12月10日の世界人権宣言に含まれる基本原則に違反する場合。
② 旧国家保安省／国民保安庁（Ministerium für Staatssicherheit/Amt für nationale Sicherheit）の業務に従事していた場合。

各州は、「統一条約」の以上の規定を根拠にして、それぞれ一定の基準を設け、それに合致しない者の解雇が行われることになったというわけである。教員についても、質問用紙（Fragebogen）が配布され、一人ひとりが審査の対

象とされることになった。

　各州に共通する審査の基準は、おおむね次のとおりである[18]（章末【参考】を参照）。すなわち、次の者が解雇の対象とされた。
- 自由ドイツ青年同盟（FDJ）の幹部、社会主義統一党（SED）の郡および県支部の協力者、国家保安省（MfS）、国家人民軍（NVA）および国家機構の協力者。部分的には、十分な専門的資格をもたずに1989年11月に教職に採用された者（いわゆる「モドロウ教員」（Modrow-Lehrer））。
- 非公式的に国家保安省に協力した者
- これまで公民科だけを教えていた教員、ロシア語と下級段階（第1-3学年）の教員、ピオニール少年団の指導者。

　以上のような教員の審査および解雇と並行して、旧東ドイツ各州では、教員定数の削減措置もまた計画された。すなわち、旧東ドイツでは、旧西ドイツと比較して、教員の相対的人数が多かったという事情が存在する。たとえば、旧東ドイツでは教員対生徒の比率が大体1対9であるのに対し、旧西ドイツのそれは、1対15であると言われている[19]。そこで財政赤字の解消のために、教員の定数も、西ドイツ並みに削減させることが求められたわけである[20]。したがって、前述したような事由に相当しない教員もまた、ここで解雇の対象とされていたのである。

3　各州の状況──ザクセン州の場合

　各州における教員の解雇および定数の削減等について、ザクセン州の場合を、ごくかいつまんで紹介してみよう[21]。

　1991年初頭、文部省は、法務省および内務省と協議の上、文部省関係の「秘密警察および政治的活動に関する質問用紙」を作成した。この「質問用紙」は、1991年2月中旬から、同州に3つある高等学務局を通じて個々の教員に配布された。そのなかには、旧東ドイツ国家における各教員の政治的活動等に関する詳細な質問事項が含まれている。そして、同年4月15日から7月1日にかけて、回収された質問用紙をもとに各教員について審査が行われた。審査には、各高等学務局から委託を受けた者があたった。彼らはいずれも、あら

かじめ連邦の「秘密警察解体委員会」による審査を受けている者たちである。その結果、7月初旬に、大体次のような結果が出されたとされている。

すなわち、ザクセン州に52,000名いる教員のうち、大体7,000名がとりあえず解雇の対象としてリストアップされた。その内訳は次のとおりであった。
- 2,000名は、政治的に責任をもつ教員。すなわち、自由ドイツ青年同盟等、かつての大衆組織のリーダーまたは秘密警察（シュタージ）のメンバーであった者たちである。
- 2,000名は、マルクス・レーニン主義、公民科等を教えていた教員。
- 3,000名は、モドロウ政府のもとで、1989年11月1日から翌年3月13日までに採用された教員（いわゆる「モドロウ教員」、この者たちは、多くの場合、政治的に責任はないが、資格の面で不適格とされている）。

以上の7,000名の教員に対して、それぞれいかなる政治的責任があったか等、その理由を付された解雇通知が送付された。この決定に不服のある者は、高等学務局に設けられる聴聞委員会（Anhörungskommision）に対し、異議を申し立てることが認められた。

同委員会は、あらかじめ「秘密警察解体委員会」によって審査された教育学者を委員長とする2ないし3名の委員から構成される。聴聞委員会では異議申し立てをした者から直接、その事情が聴取される。申立者はヒアリングの内容について記された聴聞記録を受けとるが、その者を解雇するか、継続して雇用するかの勧告は、当該高等学務局に対して行われる。この勧告に対する抗弁は、調停または裁判によって行われる。裁判にもち込まれる数は、3,000人を上まわることはないと予想されていた。なお、こうした政治的理由にもとづく審査は、この時点ですべて終了したわけではなく、その後も引き続いて行われることになっている。

以上は、前述の「統一条約付属文書」にいう「人格的適性」の欠如を理由とする教員の解雇であるが、第2段階として、「専門的適性」にもとづく審査が、1992年初頭からはじめられるとされた。ただしこれにもとづく解雇者がどの位の人数になるかは、定かではない[22]。また「専門的適性」の審査と並行して、教員定数の削減のため、とりあえず、55歳以上の教員6,000名のうち

3,000名に対し、早期退職が申し渡されることになった。

　以上、ごく概略にすぎないが、統一の翌年 (1991年) に行われた教員の解雇の実態について見てきた。最後に、こうした教員の解雇について、親たちはどう思っていたのだろうか。1991年10月に行われた調査[23]では、旧東ドイツの被験者のうち、「教員の政治的過去はあくまで追及されるべきである」と回答した者は53％であった。これに対し、大体3分の1の者は、こうした考え方を否定していた。また多くの親たちにとっては、「教員の過去をめぐる政治的論争」よりも、現在の学校が子どもたちにとって支障なく機能しているかどうかの方が、より高い関心事となっていた。

【参考】

「教員の解雇基準」(ザクセン州)[24]
I　政治的に責任がある教員
　1　次の者は政治的に責任があるとみなされる。
　　(a)　1980年以降、人民議会の社会主義統一党 (SED) の議員 (SED 会派、文化連盟、自由ドイツ労働総同盟または自由ドイツ青年同盟) であった者
　　(b)　1980年以降、県および郡の視学官またはその代理並びに職業訓練部門の長またはその代理であった者
　　(c)　1980年以降、学校監督官および学校監督庁の幹部職員であった者
　　(d)　全政党の主要役員であった者
　　(e)　1980年以降、大衆組織 (自由ドイツ青年同盟、スポーツ・技術協会、自由ドイツ労働総同盟) の主要幹部であった者
　　(f)　軍および警察勤務者であった者
　　(g)　1980年以降、自由ドイツ青年同盟の中央評議会委員および幹部であった者
　　(h)　「公民科」の専門的助言者であった者
　2　次の者は、その者が現に学校勤務に従事しており、かつ1980年1月1日以降、以下に相当する職にあった場合、政治的責任を審査される。
　　(a)　校長および教頭
　　(b)　スポーツ連盟の主要役員

(c)　社会主義統一党の名誉書記および社会主義統一党の郡より上の組織の名誉書記局員
　　(d)　市町村長およびその代理
　　(e)　郡および県の教育部門の協力者
　　(f)　「公民科」の教員
　3　政治的責任を有する者には解雇の意向が伝えられる。その者は、文書により、および／または聴聞を通して異議を申し立てることができる。
Ⅱ　1989年11月1日以降、産業界、国家的機関、またはその他の教育の領域から学校勤務に採用された者
　1　次の者には解雇の意向が伝えられる。
　　(a)　規定された養成教育の欠如のため教職資格に欠ける者
　　(b)　産業界から教員に採用された者で、勤続年数が3年に満たない者
　　(c)　国家的機関（行政、国家人民軍（NVA）、軍事教練の作業グループ、社会主義統一党の幹部）から教員に採用された者で、勤続年数が3年に満たない者または指導的役割を果たしていた者
　　(d)　国民教育省もしくは県の行政機関に勤務していたかまたは県視学官もしくは学校監督官として、教育の領域から採用された者
　2　以上に該当する者に対しては、聴聞を受ける権利が保障される。
Ⅲ　雇用を必要とされない教員
　次の者には解雇の意向が伝えられる
　　(a)　歴史、ロシア語、公民科、マルクス・レーニン主義の1教科教員
　　(b)　歴史および公民科の教員
　　(c)　専門教科の養成を受けていないディプロームのみの教員
　　(d)　教職資格をもたないピオニール団（訳注：6歳以上、14歳未満の少年、少女の大衆組織）のリーダー
　　(e)　教職資格は有するが専門教科をもたない全校ピオニール団（訳注：一つの学校の全ピオニール団員からなる組織）のリーダー
　　(f)　教員養成所（IfL）出身の全校ピオニール団のリーダー（ただし数学とドイツ語の2教科教員は除く）
　　(g)　公民科および歴史またはロシア語の大学卒業資格をもつ全校ピオニール団のリーダー

(h)　保育指導員の養成しか受けていないが、もっぱら教員として勤務してきた学童保育指導員
　　(i)　1教科の学童保育指導員
Ⅳ　以上のⅠからⅢの基準に該当し、すでに満55歳に達している者には解雇の意向が記載された、1991年9月30日をもって雇用関係を解消する契約書がただちに提示される。この者は、1991年12月31日以前に労働官署に対し、養老退職金の申請を行うことができる。

注

1　*Deutsche Lehrerzeitung,* 52/91, 4.Dezemberausgabe, S.4f.
2　同次官は、旧西ドイツのノルトライン・ヴェストファーレン州文部省からザクセン州の教育制度の再編のために派遣された行政官である。このように旧西ドイツから多数の官吏が旧東ドイツに派遣され、新しい学校制度の構築に大きな役割を果たした。彼らは「貸し官吏」(Leihbeamte) という名称で呼ばれている。天野正治・木戸裕・長島啓記「ドイツ統一と教育の再編」日本比較教育学会『比較教育学研究』第18号，1991年6月，15ページを参照。
3　旧西ドイツの教員の身分は、原則として官吏 (Beamte) であるが、旧東ドイツの教員はこの時期職員 (Angestellte) の扱いを受けていた。したがって、官吏以外の公務員がそうであるように、労働協約による賃金が支払われた。
4　Vgl.Hans Döbert, u.a., Schule zwischen Wende und Wandel—Wie weiter mit den Schulformen in Deutschland?, *Die Deutsche Schule,* 1/1992, S.108f.
5　各州は、1991年秋から始まる新学期に向けて、新しい学校法を制定することを、「統一条約」の規定にもとづき義務付けられていた。
6　旧東ドイツ地域にも、旧西ドイツにならった「1」から「6」までの6段階評価システムが導入されることになった。序論の注22も参照。
7　ザクセン州の学校行政に関しては、文部省が最高官庁として管轄権を有している。文部省の下に中級官庁としてドレスデン、ケムニッツ、ライプツィヒの3か所に高等学務局が置かれ、市町村の学校行政を監督するという仕組みになっている。
8　„Schule, Schüler und Lehrer im Vorfeld der Vereinigung, Bericht aus einer gesamtdeutschen Schülerbefragung", *Pädagogik,* 12/90. 第1章第3節3「生徒および教員に対するアンケート調査の結果から」を参照。
9　*DLZ,* 49/1991,1.Dezemberausgabe, S.3.
10　Wolfgang Schmidt, Die Neustrukturierung der allgemeinbildenden Schulen in den neuen Bundesländern, *Aus Politik und Zeitgeschichte,* 6.September 1991,S.41f.
11　原語は (Durchlässigkeit)。異なった学校種類間の横断的移行のこと。前章の注17

第3章　学校現場の反応と教員解雇をめぐる諸問題　111

を参照。
12　以下の記述は、前掲注10 Schmidt 論文による。
13　以下の記述にあたっては、前掲注10および次の論文を典拠にした。Wolfgang Schmidt, Lehrerüberprüfungen und Stellenreduzierungen in den neuen Bundesländern, *Pädagogik und Schulalltag*. 47 (1992) 1. 邦語論文として次の文献も参照。天野正治「ドイツ統一と学校・大学―旧東ドイツ地域の変革を中心に―」『全人教育』1991. 5.；長島啓記「旧東独地域における教員の状況」『教育と情報』1991. 7.
14　統一条約の邦訳は第1章注14の山口他訳を参照。
15　ドイツ統一は、第1章第2節で見たように東ドイツの西ドイツへの加入（Beitritt）という形で行われた。
16　付属文書の原文は、"*Gesetzblatt der Deutschen Demokratischen Republik*" 28.9.1900. Teil I, Nr.64 による。
17　広渡清吾「ドイツの社会と法」戒能通厚，広渡清吾『外国法』1991. 9, 300ページを参照。
18　以下の記述は前掲注10の Schmidt 論文44-45ページを参照。
19　たとえば次の論文を参照。Dieter E. Zimmer, Rausschmiß nach Bedarf, *Die Zeit*, Nr. 49, 29. November 1991, S. 12 ff.
20　「東西両ドイツの通貨・経済・社会同盟条約（国家条約）」（1990年5月18日調印、同年7月1日より発効）の第5章「国家予算および財政」第26条「ドイツ民主共和国の財政政策の原則」第3項は、次のように規定している（以下、訳文は『世界週報』1990年7月3日号に掲載された佐々木秀訳にしたがっている）。「ドイツ民主共和国の地域自治体は、予算の編成および執行にあたっては、赤字抑制のためにあらゆる努力を行う。支出に際しては以下に留意する。（中略）―公務部門の人件費支出の持続的引き下げ。―政府の根拠となっている法律規定を含め、あらゆる歳出の必要性と資金調達性見直し。―教育制度の構造改革および連邦制構造に基づく準備編成（研究部門も含む）」。この国家条約によって、統一後における東ドイツ地域の財政政策上の基本原則が定められた。そして、教育制度の領域でも、定員の削減をはかることが要請された。続いて、1990年7月22日に制定された「州制度導入法」により、東ドイツ地域に5つの州が置かれることになり、同法第19条で、財政上の権限は各州に委ねられることになった。また、第22条で、「施設および人の移行」について規定され、施設の改廃および公務員の任免は、すべて州がフリーハンドを与えられることになった。なお、1990年11月に、旧東ドイツ5州の教員の定員削減に関する勧告書が提出され、各州は、これにもとづいて教員定数の見直しをはかることになった（以上、前掲注13の Schmidt 論文を参照）。
21　以下の記述も前掲 Schmidt 論文を典拠としている。
22　前掲注13の Schmidt 論文によると、ザクセン州以外の4州の概略は大体次のとお

りであった。ブランデンブルク州では、約34,500人いる教員のうち、6,500人分のポスト削減が目指された。このうち政治的理由により解雇される者は大体1,000人である。メクレンブルク・フォアポンメルン州では、25,400人の教員が21,300人に削減された（そのうち何人が政治的理由による解雇かは不明）。ザクセン・アンハルト州では、38,000人から32,000人への削減が目指されていた（政治的理由による解雇者数は不明）。テューリンゲン州では、約32,000人のうち、3,250のポストが削減される予定である。また6,000人が政治的理由にもとづく審査にかけられている。

23　Vgl. *Fernseh-und Hörfunkspiegel*, I., 15.10.1991.
24　訳出にあたりテキストとして、*Deutsche Lehrer Zeitung, a.a.O.* を使用した。

第4章　旧東ドイツの大学の再編と大学ランキング

　本章では、統一後の旧東ドイツの大学を取り上げる。第1節で、旧東ドイツ地域の大学の統一後の再編状況を見ていく[1]。第2節では、統一の3年後（1993年）に『シュピーゲル』誌が旧東ドイツ地域の大学について実施した「大学ランキング」調査の結果を紹介し、旧東ドイツの大学改革の実態を探ってみる。

第1節　旧東ドイツ地域の大学制度の発展状況と再編の実際

　これまで見てきたように、東西ドイツの「統一条約」では、西ドイツの現行制度を基盤として、東ドイツの教育制度の改編作業が進められると規定された。こうして、統一後（1990年10月3日）旧東ドイツ地域では、新たに設けられた5州（ブランデンブルク、メクレンブルク・フォアポンメルン、ザクセン、ザクセン・アンハルト、テューリンゲン）が、それぞれ新しい教育法を制定することになり、大学制度も旧西ドイツをモデルとして、社会主義の時代とはまったく様相の異なるシステムが旧東ドイツ地域に確立されることになった。すなわち、統一後、旧東ドイツの大学は、これまでのマルクス・レーニン主義のイデオロギー形成の一環としての大学から、西ドイツ型の学問・研究の自由、大学の自治を基本とする大学へと大転換をとげることになった[2]。これと並行して、少なからぬ数の教授は解雇され、従来の大学、学部、学科は、廃止もしくは再編された[3]。そして、そのために旧西ドイツから多数の大学人が、東の再建のために派遣されることになった。

1　統一直前における旧東ドイツ地域の大学

統一の前年である1989年に、旧東ドイツ地域には、54の高等教育機関が存在し、約13万1,000人がそこで学んでいた[4]。この年における同年齢人口に占める大学進学者の割合を見ると、旧東ドイツは13.7％で、旧西ドイツの29.5％と比較するとかなり低く、東では大学に進学する者は、一定の選ばれた階層の生徒であったことがわかる[5]。

これら54の高等教育機関の内訳は、次のとおりであった[6]。

① 総合大学 (Universität) 6校：グライスヴァルト、ロストック、フンボルト（ベルリン）、ハレ、イェーナ、ライプツィヒ

② 工業総合大学 (Technische Universität) 4校：ドレスデン、ケムニッツ、マクデブルク、フライベルク鉱山アカデミー

③ 教育大学 (Pädagogische Hochschule) 9校：ポツダム、ギュストロウ、ノイブランデンブルク、ドレスデン、ライプツィヒ、ツヴィッカウ、ハレ・ケーテン、マクデブルク、エアフルト・ミュールハウゼン

④ 工業大学 (Technische Hochschule) 11校：コトブス建築、ヴィスマール工業、ヴァルデミュンデ・ヴィストロウ航海、ドレステン交通、ライプツィヒ工業、ツィッタウ工業、ツヴィッカウ工業、ケーテン工業、ロイナ・メルゼブルク工業、ワイマール建築・土木、イルメナウ工業

⑤ 技術大学 (Ingenieurhochschule) 3校：リヒテンベルク、ヴァルテンベルク、ミットヴァイダ

⑥ 医学アカデミー（Medizinische Akademie）3校：ドレスデン、マクデブルク、エアフルト

⑦ 芸術大学 (Künstlerische Hochschule) 12校：ベルリン・ヴァイセンゼー芸術、ベルリン「エルンスト・ブッシュ」演劇 (Schauspielkunst „Ernst Busch" Berlin)、ベルリン「ハンス・アイスラー」音楽 (Musik „Hans Eisler" Berlin)、ポツダム・バーベルスベルク映画・テレビ、ドレスデン芸術、ドレスデン音楽、ライプツィヒ印刷技術・書籍、ライプツィヒ音楽、ライプツィヒ演劇、ライプツィヒ文学研究所、ブルク・ギービッヒェンシュタイン工業造形、ヴァイマル音楽

⑧　経済大学（Wirtschaftshochschule）2校：ベルリン経済、ライプツィヒ商業
⑨　農業大学（Landwirtschaftliche Hochschule）2校：マイセン農業生産協同組合、ベルンブルク農業・食品科学
⑩　ポツダム法律・行政大学（Hochschule für Recht und Verwaltung Potsdam）
⑪　ライプツィヒ・ドイツ体育大学（Deutsche Hochschule für Körperkultur Leipzig）

2　統一後の大学再編

統一後、前述のように、大学制度も旧西ドイツをモデルとしてまったく新しく生まれ変わることになった。以下では、こうした大学再編の法的根拠と、そのプロセスを見ていく。

(1) 法的根拠

「統一条約」では、第13条「機関の移管」(Übergang von Einrichtungen) において、「第3条に規定する地域（注：旧東ドイツ地域）の行政機関その他の行政または法的義務に奉仕する機関は、その所在地の州政府の管轄に属する」と規定し、それぞれの機関の所在地の「州政府は、これらの機関の移管または解散について規則を定める」（第1項）としている[7]。そして「文化、教育、学術およびスポーツの機関」も第1項にいう機関に含まれるとされている（第3項）。

さらに、「統一条約」は第38条「学術および研究」(Wissenschaft und Forschung)で、次のように規定している。「学術および研究は、統一ドイツにおいても国家および社会の重要な基盤を構成する。公的に運営される研究機関に対する学術審議会[8]による評価は、業績達成能力のある機関を維持しつつ第3条に規定する地域において行われる学術および研究の必要な改革に寄与する。評価は1991年12月31日までに終了する。この場合において、個別の評価の結果は、それ以前においても順次公表されなければならない」（第1項）。

「統一条約」の以上の条文を根拠にして、旧東ドイツの大学の再編成が進められることになったわけである。すなわち、これまでの旧東ドイツの「学術および研究」を革新するために、次の措置が講じられることになった。
①　旧西ドイツの学術審議会が、旧東ドイツの大学一つひとつについて、

「評価」を行う。この評価は、1991年12月31日までに終了する。
② この評価にもとづき、各州政府は、法律でもってそれぞれの大学の存続、廃止、統合等について決定する[9]。

(2) 高等教育機関の再編成

(1)で述べたように、「統一条約」は、各州政府に対し、1991年末までという期間を区切って、高等教育機関の一つひとつについて、これをどのような形で再編するか決定することを要請した。その結果、いずれの州においても、マルクス・レーニン主義の学科をはじめとして、とりわけ法学、経済学、社会学の分野で、また人文諸科学ではとくに哲学、教育学、歴史学などを中心として、既存の大学の大規模な再編成が実施されることになった。

また合わせて、旧東ドイツ時代の総合大学と各種の単科大学という区分が、旧西ドイツ型の学術大学（総合大学、工業総合大学、工業大学、教育大学など）、専門大学、芸術大学という構成に改編され、これまで置かれていなかった専門大学が、旧東ドイツ地域にも新設されることになった。そのほか、下級段階の小学校教員を養成する機関であった教員養成所（Institut für Lehrerbildung）が廃止され、教員はすべて大学で養成されることになった。

表I-4-1〜6に、統一直後である1990年10月から2年後の1992年10月に至る間に、旧東ドイツの大学54校が、どのようにスクラップ・アンド・ビルドされたかをまとめてみた。その結果は、おおよそ次のとおりである[10]。

① ベルリン経済大学など、イデオロギー的色彩がとりわけ強かった5つの高等教育機関が廃止された[11]。
② 従来からの総合大学（6校）および工業総合大学（4校）は、存続することになった。しかし、名称は同じでも、学科組織、教育内容、人的構成など、きわめて広範囲にわたって大幅なリストラが行われた[12]。
③ 教育大学の多くは、近隣の総合大学または工業総合大学に吸収合併された。
④ 専門大学が21校新設された。

それでは、以下、各州ごとの状況をもう少し詳しく見ていくことにしよう[13]。

表Ⅰ-4-1　ベルリン州の大学再編成

1990年10月	1992年10月
フンボルト総合大学	→ フンボルト総合大学
リヒテンベルク技術大学	┐
ヴァルテンベルク技術大学	┘ ベルリン技術・経済専門大学
ベルリン・ヴァイセンゼー芸術大学	→ ベルリン・ヴァイセンゼー芸術大学
「エルンスト・ブッシュ」演劇大学	→ 「エルンスト・ブッシュ」演劇大学
「ハンス・アイスラー」音楽大学	→ 「ハンス・アイスラー」音楽大学
ベルリン経済大学	（廃止）

（出所）Josef Lange, Hochschulen und Forschungseinrichtungen in den neuen Bundesländern zwischen gestern und morgen, *Bildung und Erziehung*, 46.Jg.Heft 2, 1993.S.214f. にもとづき作成。

［ベルリン州］（表Ⅰ-4-1を参照）

ここでは東ベルリンにおける大学の再編状況をまとめておく。

① フンボルト総合大学は、存続することになった。

② ベルリン・ヴァイセンゼー、「エルンスト・ブッシュ」（演劇）、「ハンス・アイスラー」（音楽）の3芸術大学も、従来どおり残ることになった。

③ リヒテンベルクとヴァルテンベルクの両技術大学は、統合されて技術・経済専門大学として新たに生まれ変わった。

④ ベルリン経済大学は廃止された。

［ブランデンブルク州］（表Ⅰ-4-2を参照）

① 統一後ブランデンブルク州となった地域には、これまで総合大学は存在しなかったが、1992年までにポツダム総合、フランクフルト・アン・デァ・オーデル総合、コトブス工業総合の3大学が新設された。

② 従来のポツダム教育大学は、ポツダム総合大学に、コトブス建築大学は、コトブス工業総合大学にそれぞれ移管された。

③ 新たに、専門大学が5校（ブランデンブルク、エーベルスヴァルデ、ラウジッツ、ポツダム、ヴィルダウ）設置された。

④ ポツダム・バーベルスベルク映画・テレビ大学は、これまでどおり存続することになった。

⑤ ポツダム法律・行政大学は廃止された。

表 I-4-2　ブランデンブルク州の大学再編成

1990年10月	1992年10月
ポツダム教育大学 ……………………→	ポツダム総合大学（新設）
	フランクフルト・アン・デァ・オーデル総合大学（新設）
ポツダム法律・行政大学………………（廃止）	
コトブス建築大学 ……………………→	コトブス工業総合大学（新設）
	ブランデンブルク専門大学（新設）
	エーベルスヴァルデ専門大学（新設）
	ラウジッツ専門大学（新設）
	ポツダム専門大学（新設）
	ヴィルダウ専門大学（新設）
ポツダム・バーベルスベルク…………→ 映画・テレビ大学	ポツダム・バーベルスベルク 映画・テレビ大学

（出所）*ibid.*

[**メクレンブルク・フォアポンメルン州**]（表 I-4-3を参照）

① グライスヴァルトとロストックの両総合大学は、どちらも存続することになった。
② ヴィスマール工業大学は、専門大学として再出発することになった。なお、同大学の一部はロストック総合大学の工学部に組み入れられた。
③ 海洋学を学ぶ単科大学であったヴァルネミュンデ・ヴストロウ航海大学は、ロストック総合大学に統合された。

表 I-4-3　メクレンブルク・フォアポンメルン州の大学再編成

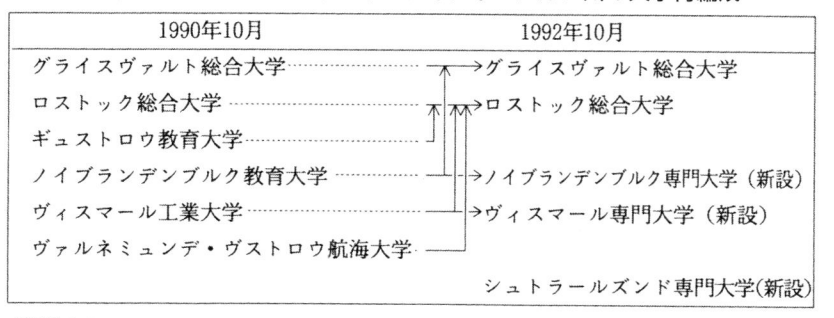

1990年10月	1992年10月
グライスヴァルト総合大学 ……………→	グライスヴァルト総合大学
ロストック総合大学 ……………………→	ロストック総合大学
ギュストロウ教育大学 …………………	
ノイブランデンブルク教育大学 ………→	ノイブランデンブルク専門大学（新設）
ヴィスマール工業大学 …………………→	ヴィスマール専門大学（新設）
ヴァルネミュンデ・ヴストロウ航海大学	
	シュトラールズンド専門大学（新設）

（出所）*ibid.*

④　ギュストロウとノイブランデンブルクにあった教育大学は、ロストックとグライスヴァルトの両総合大学に吸収合併されることになった。
⑤　専門大学学が3校（ノイブランデンブルク、ヴィスマール、シュトラールズンド）新設された。

[**ザクセン州**]（表Ⅰ-4-4を参照）

表Ⅰ-4-4　ザクセン州の大学再編成

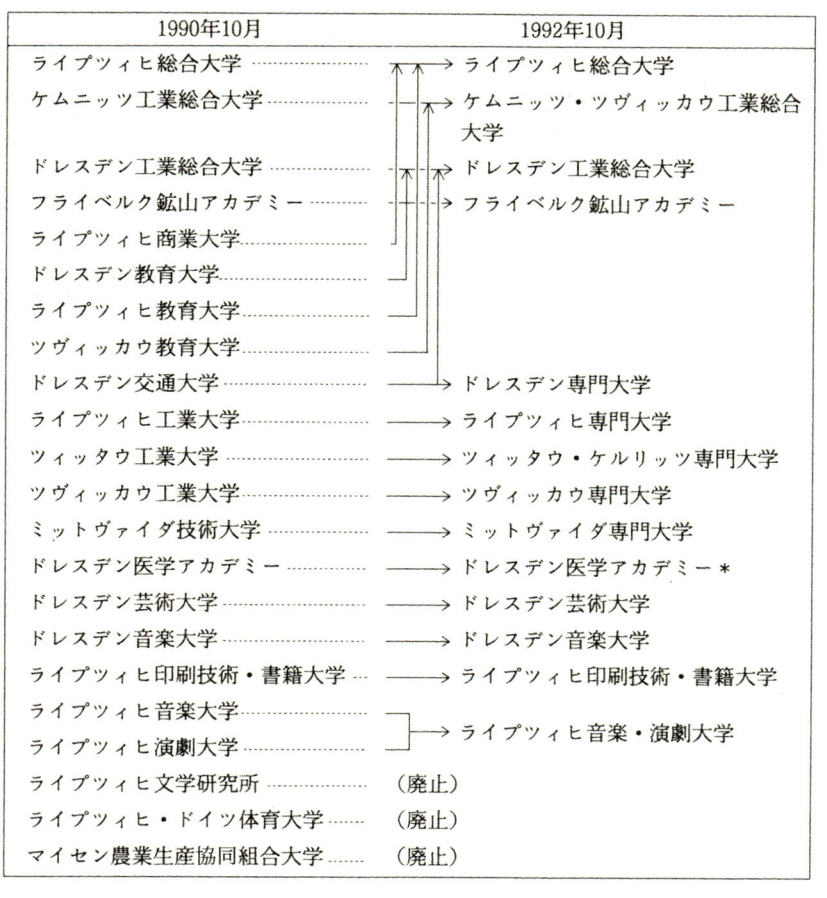

1990年10月	1992年10月
ライプツィヒ総合大学	→ ライプツィヒ総合大学
ケムニッツ工業総合大学	→ ケムニッツ・ツヴィッカウ工業総合大学
ドレスデン工業総合大学	→ ドレスデン工業総合大学
フライベルク鉱山アカデミー	→ フライベルク鉱山アカデミー
ライプツィヒ商業大学	
ドレスデン教育大学	
ライプツィヒ教育大学	
ツヴィッカウ教育大学	
ドレスデン交通大学	→ ドレスデン専門大学
ライプツィヒ工業大学	→ ライプツィヒ専門大学
ツィッタウ工業大学	→ ツィッタウ・ケルリッツ専門大学
ツヴィッカウ工業大学	→ ツヴィッカウ専門大学
ミットヴァイダ技術大学	→ ミットヴァイダ専門大学
ドレスデン医学アカデミー	→ ドレスデン医学アカデミー＊
ドレスデン芸術大学	→ ドレスデン芸術大学
ドレスデン音楽大学	→ ドレスデン音楽大学
ライプツィヒ印刷技術・書籍大学	→ ライプツィヒ印刷技術・書籍大学
ライプツィヒ音楽大学	→ ライプツィヒ音楽・演劇大学
ライプツィヒ演劇大学	
ライプツィヒ文学研究所	（廃止）
ライプツィヒ・ドイツ体育大学	（廃止）
マイセン農業生産協同組合大学	（廃止）

＊ドレスデン医学アカデミーは、ドレスデン工業総合大学に医学部が設置されるまで存続する。
（出所）*ibid.*

①　ライプツィヒ総合大学、ドレスデン工業総合大学、フライベルク鉱山アカデミーの3校が、同じ名称のまま統一後も存続することになった。
②　ケムニッツ工業総合大学は、ケムニッツ・ツヴィッカウ工業総合大学と名称を変更し、学科規模も拡大された。
③　ライプツィヒ、ツィッタウ、ツヴィッカウの3工業大学とミットヴァイダ技術大学は、いずれも専門大学に位置付けられ再発足した。
④　ドレスデンにあった交通大学 (Hochschule für Verkehrswesen Dresden) は廃止されたが、施設等は、新設のドレスデン専門大学に移管された。また、一部はドレスデン工業総合大学に移管された。
⑤　ライプツィヒ商業大学は、ライプツィヒ総合大学に統合された。
⑥　ドレステン医学アカデミーは、ドレステン工業総合大学に医学部が創設された段階で、同大学に吸収合併されることになった。
⑦　これまでのライプツィヒ音楽大学と演劇大学は統合されて、ライプツィヒ音楽・演劇大学となった。その他の芸術大学は、同じ名称のまま存続することになった。その結果、芸術大学は4校となった。
⑧　従来の教育大学3校（ドレスデン、ライプツィヒ、ツヴィッカウ）は、ドレスデン工業総合、ライプツィヒ総合、ケムニッツ・ツヴィッカウ工業総合の三大学にそれぞれ吸収された。
⑨　マイセン農業生産協同組合大学、ライプツィヒ・ドイツ体育大学、ライプツィヒ文学研究所は廃止された。
⑩　以上の結果、これまで22あった高等教育機関が、13大学に再編された。

[ザクセン・アンハルト州]（表Ⅰ-4-5を参照）
①　ハレ・ヴィッテンベルク総合、マクデブルク工業総合の2大学は、継続して残った。なお、後者は、学部が拡大され、「工業総合大学」から「総合大学」に改称される（1993年10月3日から）。
②　マクデブルク医学アカテミーは、1993年10月2日まで存続したあと、マクデブルク総合大学に吸収合併され、同大学の医学部となる。
③　ハレ・ケーテン教育大学とマクデブルク教育大学は、どちらも1993年3月31日まで存続したあと、それぞれハレ・ヴィッテンベルク総合大学、

マクデブルク工業総合大学に吸収合併される。
④　ケーテン工業大学は、1993年9月30日まで存続し、そのあとは新設のアンハルト（ケーテン／デッサウ／ベルンブルク）専門大学に移管される。
⑤　ロイナ・メルゼブルク工業大学は、1993年3月31日まで存続し、そのあとはハレ・ヴィッテンベルク総合大学と新設のメルゼブルク専門大学に組み入れられる。
⑥　新設された専門大学は、アンハルト（ケーテン／デッサウ／ベルンブルク）、マクデブルク、メルゼブルク、ハルツ（ヴェルニゲローデ）の4大学である。
⑦　ブルク・ギービッヒェンシュタイン工業造形大学は、同じ名称のまま

表I-4-5　ザクセン・アンハルト州の大学再編成

1990年10月	1992年10月
ハレ・ヴィッテンベルク総合大学	⟶ ハレ・ヴィッテンベルク総合大学
マクデブルク工業総合大学	⟶ マクデブルク工業総合大学[1]
ハレ・ケーテン教育大学	⟶ ハレ・ケーテン教育大学[2]
マクデブルク教育大学	⟶ マクデブルク教育大学[3]
マクデブルク医学アカデミー	⟶ マクデブルク医学アカデミー[4]
	アンハルト専門大学（新設）
	マクデブルク専門大学（新設）
	メルゼブルク専門大学（新設）
	ハルツ専門大学（新設）
ケーテン工業大学	⟶ ケーテン工業大学[5]
ロイナ・メルゼブルク工業大学	⟶ ロイナ・メルゼブルク工業大学[6]
ブルク・ギービッヒェンシュタイン工業造形大学	⟶ ブルク・ギービッヒシュタイン工業造形大学
ベルンブルク農業・食品科学大学	⟶ ベルンブルク単科大学[7]

注 (1) 1993年10月3日からマクデブルク総合大学に改称される。
　 (2) 1993年3月31日まで存続し、以後ハレ・ヴィッテンベルク総合大学に吸収される。
　 (3) 1993年3月31日まで存続し、以後マクデブルク工業総合大学に吸収される。
　 (4) 1993年10月3日にマクデブルク総合大学に医学部が設置される時点で消滅する。
　 (5) 1993年10月1日からアンハルト専門大学に移管される。
　 (6) 1993年3月31日まで存続し、4月1日からハレ・ヴィッテンベルク総合大学とメルゼブルク専門大学の一部となる。
　 (7) 1993年9月30日まで存続し、以後アンハルト専門大学に吸収される。
（出所）*ibid.*

122　第Ⅰ部　ドイツ統一と旧東ドイツ教育の再編

存続する。
⑧　ベルンブルク農業・食品科学大学は、ベルンブルク単科大学と改称し、1993年9月30日まで存続するが、以後は、アンハルト（ケーテン／デッサウ／ベルンブルク）専門大学に吸収合併される。

［テューリンゲン州］（表Ⅰ-4-6を参照）
①　イエーナ総合大学、エアフルト・ミュールハウゼン教育大学、ワイマール建築・土木大学、ヴァイマル音楽大学の4大学は、従来どおり存続することになった。
②　イルメナウ工業大学は、イルメナウ工業総合大学に拡大された。
③　エアフルト、イエーナ、シュマルカルデンの3都市に専門大学が新設されることになった。
④　エアフルト医学アカデミーは、エアフルト医科大学と改称された。

表Ⅰ-4-6　テューリンゲン州の大学再編成

1990年10月	1992年10月
イエーナ総合大学	→ イエーナ総合大学
エアフルト医学アカデミー	→ エアフルト医科大学
エアフルト・ミュールハウゼン教育大学	→ エアフルト・ミュールハウゼン教育大学
イルメナウ工業大学	→ イルメナウ工業総合大学
	エアフルト専門大学（新設）
	イエーナ専門大学（新設）
	シュマルカルデン専門大学（新設）
ヴァイマル建築・土木工学	→ ヴァイマル建築・土木工学
ヴァイマル音楽大学	→ ヴァイマル音楽大学

（出所）ibid.

　以上が、各州ごとに見た高等教育機関の再編状況である。旧東ドイツ各州は、こうした大学の統・廃合を「大学構造法」（Hochschulstrukturgesetz）あるいは「大学革新法」（Hochschulerneuerungsgesetz）といった名称の法律を制定することにより行ったわけである[14]。その結果、旧東ドイツ時代に54あった高等教育機関

が、47校（総合大学等の学術大学が16校、専門大学が21校、芸術関係の単科大学が10校）に再編成されることになった。

(3) 高等教育機関における人的革新

　こうした構造上の問題とならんで、旧東ドイツ各州の大学は、「人的革新」(personelle Erneuerung) というきわめて困難な問題にも取り組まなければならなくなった。教授等の学術研究者についても、「統一条約」の規定を根拠にして、各州はそれぞれ一定の基準を設け、それに合致しない者の解雇を実施することになったのである[15]。すなわち、「大学の革新にあたり、学術研究者および非学術研究者は、審査 (Überprüfung) を受けなければならない」旨の規定が、各州の大学法に盛り込まれることになった[16]。

　とくに大学教授など学術研究者の場合、この「審査」は大きく2つの観点から実施された[17]。すなわち、シュタージ（秘密警察）等との関わりがなかったかどうかといった「旧東ドイツの過去における人格的潔白性」(persönliche Integrität in der DDR) に関する審査と、大学教員にふさわしい学問的な業績を有しているか否かという「学術的資格」(wissenschaftliche Qualifikation) の審査である。

　教授等の学術研究者についても、前章第2節でみた学校教員の場合と同様、公勤務[18]に継続して従事することを希望しても、形式的には新規に任用されなければならず、それぞれ質問用紙が配付され、一人ひとりが審査の対象とされることになった。その過程において審査が行われた。この「審査」を経て、大学教員のうち相当数の者が、これまでの雇用関係を解消され、解雇通知を受けることになった。

　その決定手続きは、大体次のように行われた。まず名誉措置 (Ehrenverfahren) といって、旧体制下での政治的行為、つまりシュタージと関係があったかどうか等が審査される。審査は、各大学ごとに設けられる名誉委員会によって行われる。この委員会の構成メンバーは州議会によって任命された者（多くは旧西ドイツの法律家）、当該大学の教職員、学生の代表などである。この名誉委員会をパスすると、次に移行措置 (Überleitungsverfahren) の段階に入り、移行措置委員会が設けられ、教授たちの格付けが審査される。最後に、引受け

措置 (Übernahmeverfahen) がとられる。すなわち、格付けされた教授をどこの講座で引き受けるかといったことが、予算その他の条件を考慮して決定される。以上のように、名誉措置、移行措置、引受け措置という三段階のチェックを経てはじめて、再び教授のポストを得ることができるわけである[19]。

このように、従来の大学、学科がすべて西ドイツ側の基準で評価され、廃校になった大学、残ることにはなっても大幅に改組された大学、スクラップ・アンド・ビルドでまったく新しい大学をつくる、といった具合に、旧東ドイツの大学は一新された。この過程でなくなってしまった大学、学科の教授、存続の必要なしとみなされた講座の教授は、自動的に解雇になった。残った教授についても、一人ひとり適格審査が行われ、継続して雇用されるか否かが決定されたわけである。

たとえば統一直後の1990年10月31日に、旧東ドイツの54の高等教育機関に在籍していた学術研究者の数は24,350人（このうち、教授が2,870人）であった。これに加えてマルクス・レーニン主義の基礎教育に携わっていた教員とスポーツの教員が大体5,400人存在したので、統一直後の旧東ドイツの大学にはおよそ3万人が教育職員として勤務していたことになる。これらの者のうち約15%が、すでに同年 (1990) 末の時点で、新5州に雇用されなかったとされている[20]。

また前述したように、政治的な責任を有しない教授であっても、新しい大学でそのポストがもはや不要な者は、解雇の対象となった。

また旧東ドイツでは大学教員1人あたりの学生数が4.1人であるのに対し、旧西ドイツのそれは12人（総合大学の場合、専門大学では34人）となっており、旧西ドイツと比較して教員の相対的人数が多いという事情がある[21]。そこで財政赤字の解消のために、これら教員の定数も、旧西ドイツ並に削減させることが求められ、上記のような事由に相当しない大学教員も解雇の対象とされた。

こうして解雇された教授は、恐らく再び教壇に復帰することはできないわけで、大学教授たちの間に深刻な波紋を投げかけることになった。

第2節　旧東ドイツ地域の「大学ランキング」

　以上見てきたように、統一後旧東ドイツの大学は、組織的にも人的にも、また教育内容の面でも大変貌をとげた。以下、本節では、こうした大きな変化のまさに渦中にいる学生たちが、自己の大学をどのように評価しているかといった点に焦点を絞り、『シュピーゲル』誌が作成した旧東ドイツの大学の「ランキング表」を紹介してみることにしたい[22]。

1　調査の方法および内容

　『シュピーゲル』誌でアンケート調査の対象となったのは、旧東ドイツの12の大学[23]の学生1,200人であった。調査は、1993年1月から2月にかけて行われた。調査にあたっては、統一直後の1990年と1993年との間で、大学がどのように変わったのかについて、各大学ごとにその結果がランク付けされ、まとめられている。またこの間における、全体的に見た旧東ドイツの大学の状況の変化についても概観されている。同時に、これらを総合して得られた旧東ドイツの大学の「ランキング表」が掲載されている（参考までに、図Ⅰ-4-1は『シュピーゲル』誌で取り上げられた東西ドイツの大学と各大学のランキングである。旧西ドイツの大学ランキングについては第Ⅱ部第4章第1節1で取り上げる）。

　なお、質問に対する回答は、「1」から「6」の6段階評価で行われている[24]。

2　調査結果の概要

　以下、各項目ごとの調査結果の概要を箇条書にしてまとめておこう（図Ⅰ-4-2および表Ⅰ-4-7～14を参照）。

(1) 大学をめぐる状況の変化（1990年と1993年の比較）

ⅰ．**教員の専門的能力**（図Ⅰ-4-2および表Ⅰ-4-7を参照）

① 学生に自大学の教員[25]の専門的能力の水準を評価させた結果が表Ⅰ-4-7である。これを見ると、イルメナウ工業総合大学の教員に対する評価がもっとも高い。同大学は、統一直後の1990年の時点でもやはりトップを占めている。

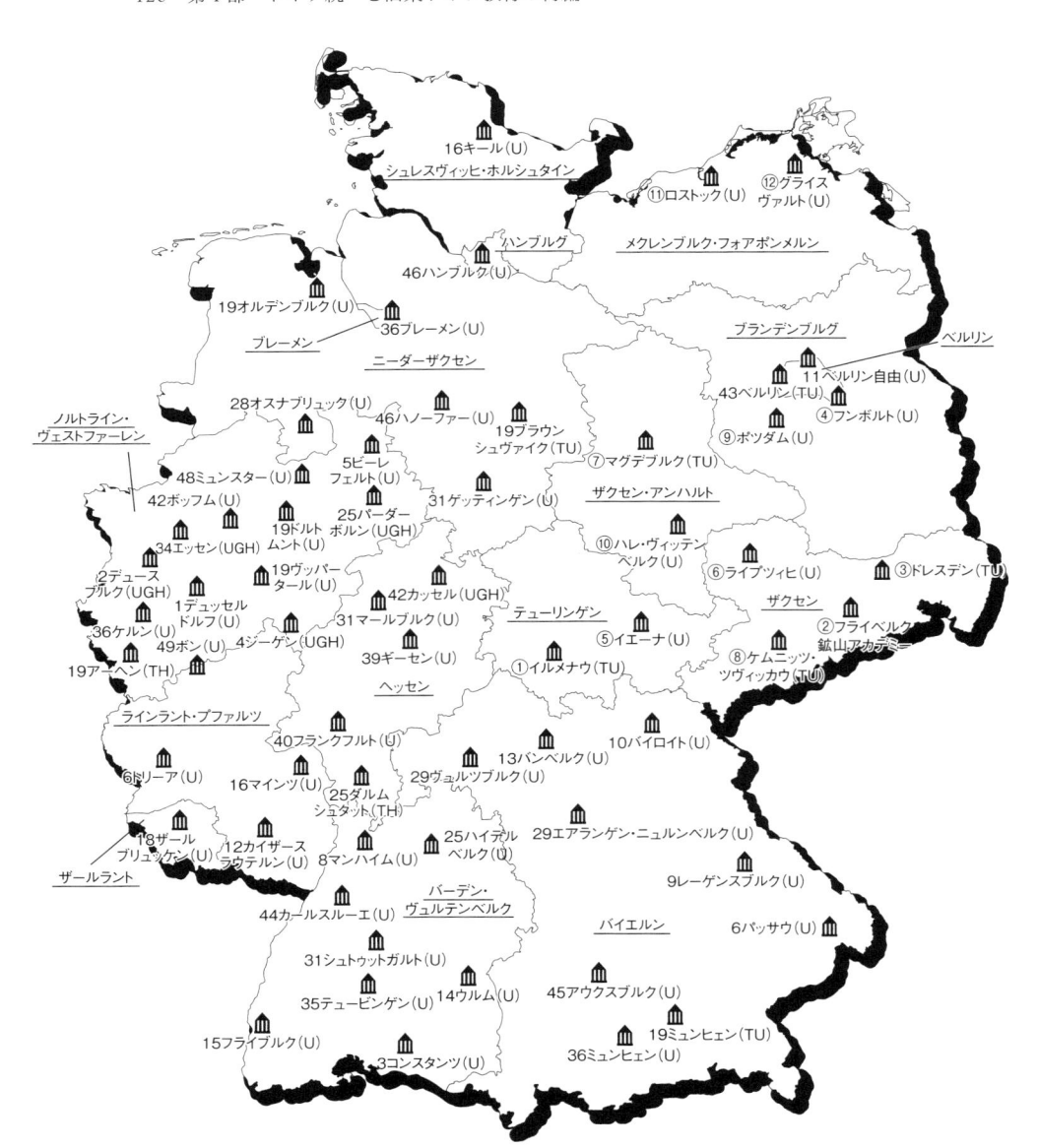

126　第Ⅰ部　ドイツ統一と旧東ドイツ教育の再編

図Ⅰ-4-1　ドイツの主な大学とランキング

［凡例］・大学名横の数字は『シュピーゲル』誌によるランキングを表す（旧東ドイツの大学については○で囲んだ）
　　　　・(U) は総合大学、(UGH) は総合制大学、(TU) は工業総合大学、(TH) は工業大学を意味する。
（出所）Spiegel, Spezial, 3/1993, S.19.

第4章　旧東ドイツの大学の再編と大学ランキング　127

表 I-4-7　教員の専門的能力

大 学 名	順位および評点 (1993年)		順位および評点 (1990年)	
イルメナウ TU	1	2.09	1	2.12
フンボルト（ベルリン）U	2	2.11	10	2.56
マクデブルク TU	3	2.25	3	2.28
ポツダム U	4	2.26	3	2.28
ケムニッツ・ツヴィッカウ TU	5	2.33	11	2.57
フライベルク鉱山アカデミー	5	2.33	12	2.67
ドレスデン TU	7	2.45	2	2.22
ハレ・ヴィッテンベルク U	7	2.45	6	2.41
イエーナ U	9	2.46	7	2.47
ライプツィヒ U	10	2.59	5	2.39
ロストック U	11	2.69	8	2.53
グライスヴァルト U	12	3.10	9	2.55

［凡例］「U」は総合大学、「TU」は工業総合大学を表す（以下の表も同じ）。
（出所）*Der Spiegel*, Nr.16, 19. April 1993, S.101.

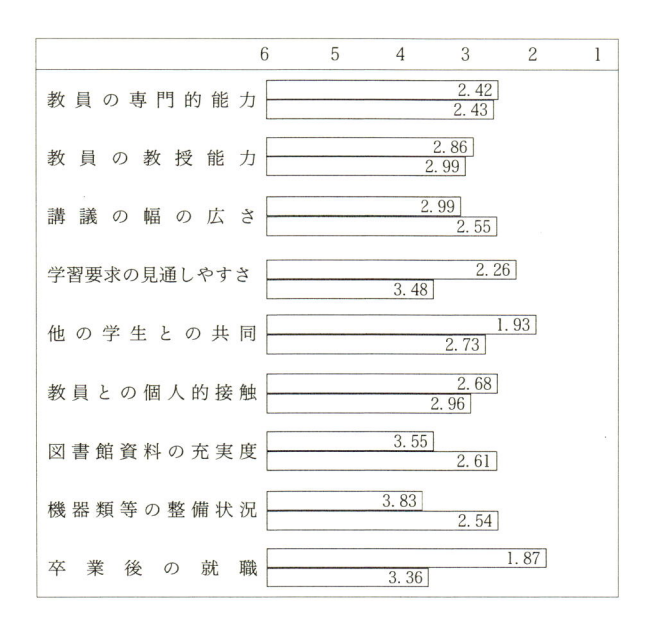

	6　5　4　3　2　1
教員の専門的能力	2.42 / 2.43
教員の教授能力	2.86 / 2.99
講義の幅の広さ	2.99 / 2.55
学習要求の見通しやすさ	2.26 / 3.48
他の学生との共同	1.93 / 2.73
教員との個人的接触	2.68 / 2.96
図書館資料の充実度	3.55 / 2.61
機器類等の整備状況	3.83 / 2.54
卒業後の就職	1.87 / 3.36

図 I-4-2　統一直後（1990年）と現在（1993年）との比較

［凡例］・評価は「1」がもっともよい、「6」がもっとも悪いを意味している。
　　　・上段は1990年、下段は1993年の評価である。
（出所）*ibid.*, S.100.

表 I-4-8　教員の教授能力

大　学　名	順位および評点 (1993年)		順位および評点 (1990年)	
フンボルト（ベルリン）U	1	2.67	3	2.77
イルメナウ TU	2	2.80	6	2.79
ハレ・ヴィッテンベルク U	3	2.88	1	2.67
ドレスデン TU	4	2.91	1	2.67
マクデブルク TU	5	2.93	5	2.78
イエーナ U	6	2.95	3	2.77
フライベルク鉱山アカデミー	7	2.99	8	2.86
ケムニッツ・ツヴィッカウ TU	7	2.99	10	2.93
ライプツィヒ U	9	3.01	7	2.85
ロストック U	10	3.16	11	3.13
ポツダム U	11	3.21	12	3.23
グライスヴァルト U	12	3.42	9	2.86

(出所) *ibid.*

② フンボルト大学は、1990年の評価はあまり高くないが（第10位）、1993年の段階では第2位にランクされている。

③ もっとも評価が低い大学は、グライスヴァルト大学である。

④ 全体でみると、統一直後（1990年）と現在（1993年）とで、学生の評価にほとんど変化は見られない（2.42→2.43）。

ii．**教員の教授能力**（図 I-4-2 および表 I-4-8 を参照）

① 大学教員の教授能力が向上したか、言いかえれば彼らの講義の仕方が、統一直後と比較して多少なりとも改善されたかについて見ると、学生たちの評価はむしろ悪くなっている（1990年：2.86, 1993年：2.99）。

② 個々の大学ごとに見ると、フンボルト大学がトップであった（99年は3位）。1990年にトップのハレ・ヴィッテンベルク大学は、1993年の結果では第3位である。学生の眼からは、この両大学の教員たちの評判がよい。

③ 下位3大学は、ロストック、ポツダム、グライスヴァルトである。これらの大学は、1990年の結果もあまり芳しくなかった。

iii．**講義の幅の広さ**（図 I-4-2 および表 I-4-9 を参照）

① 「開講される講義の幅が広くなったか」という点に関していえば、統一直後よりも、幅はだいぶ広くなったという結果が出ている（1990年：

第4章　旧東ドイツの大学の再編と大学ランキング　129

表 I-4-9　講義の幅の広さ

大　学　名	順位および評点 (1993年)		順位および評点 (1990年)	
フンボルト（ベルリン）U	1	2.20	6	2.95
ポツダム U	2	2.24	10	3.07
イルメナウ TU	3	2.26	6	2.95
フライベルク鉱山アカデミー	4	2.33	11	3.08
ドレスデン TU	5	2.37	2	2.91
ハレ・ヴィッテンベルク U	6	2.42	4	2.94
イエーナ U	7	2.53	1	2.80
マクデブルク TU	8	2.68	12	3.30
ロストック U	9	2.73	8	2.97
ライプツィヒ U	10	2.81	4	2.94
ケムニッツ・ツヴィッカウ TU	11	2.93	3	2.92
グライスヴァルト U	12	3.09	9	3.03

(出所)　ibid.

2.99，1993年：2.55）。

② 個々の大学ごとに見ると、フンボルト大学が「2.20」でトップである。
③ 一方、学生の評価が低いのは、グライスヴァルト大学である。他の大学の学生の多くが、多かれ少なかれこの面での状況が改善されたとみなしているのに対し、同大学では逆に「幅が狭まった」と学生は感じている。

表 I-4-10　学習要求の見通しやすさ

大　学　名	順位および評点 (1993年)		順位および評点 (1990年)	
フライベルク鉱山アカデミー	1	3.14	10	2.41
イエーナ U	2	3.23	7	2.31
ライプツィヒ U	2	3.23	10	2.41
ドレスデン TU	4	3.24	6	2.21
フンボルト（ベルリン）U	5	3.28	3	2.13
ケムニッツ・ツヴィッカウ TU	6	3.34	8	2.35
マクデブルク TU	7	3.38	12	2.59
ハレ・ヴィッテンベルク U	8	3.48	2	2.09
イルメナウ TU	9	3.58	4	2.20
ロストック U	10	3.61	8	2.35
グライスヴァルト U	11	3.91	4	2.20
ポツダム U	12	4.29	1	1.85

(出所)　ibid., S.102

iv．学習要求の見通しやすさ（図Ⅰ-4-2および表Ⅰ-4-10を参照）

① 「学習要求は見通しやすいか」という設問は、たとえば、ある国家試験を受験するためにはあらかじめどんな講義を履修しておかなければならないか、試験はいつどのように実施されるか、といった情報が学生に十分に周知されているかどうかを問うたものである。その結果をみると、統一直後よりも、この面での状況はだいぶ悪くなっていることかわかる（1990年：2.26，1993年：3.48）。

② 個々の大学ごとに見ると、フライベルク鉱山アカデミーがトップで、続いて、イエーナとライプツィヒの両大学が第2位を占めている。しかし、これら上位グループの大学でも、学生は「学習要求の見通し」が、以前より悪くなったと感じている。

③ ポツダム大学は統一直後の評価では、「1.85」でトップであったが、今回のランキング表では「4.29」と最下位であった。ポツダム大学ほど極端ではないが、グライスヴァルト大学も、1990年と比較して現在の評価はきわめて低い。

ｖ．他の学生との共同（図Ⅰ-4-2および表Ⅰ-4-11を参照）

① 他の学生との共同（Zusammenarbeit）、すなわち「級友たちとの交流は、

表Ⅰ-4-11　他の学生との共同

大　学　名	順位および評点 (1993年)		順位および評点 (1990年)	
マクデブルク TU	1	2.29	10	1.98
フライベルク鉱山アカデミー	2	2.42	7	1.92
イエーナ U	3	2.49	2	1.81
イルメナウ TU	4	2.52	1	1.67
ライプツィヒ U	5	2.62	5	1.89
ドレスデン TU	6	2.68	4	1.84
ケムニッツ・ツヴィッカウ TU	7	2.70	6	1.90
ロストック U	8	2.78	8	1.96
フンボルト（ベルリン）U	9	2.93	11	2.07
ハレ・ヴィッテンベルク U	10	3.04	9	1.97
グライスヴァルト U	11	3.11	12	2.35
ポツダム U	12	3.12	3	1.82

（出所）*ibid.*

以前よりうまくいっているか」について、統一直後と現在とを比較してみると、状況は相当悪くなっているという結果が出ている（1990年：1.93，1993年：2.73）。
② 個々の大学ごとのランキング表を見ると、マクデブルク工業総合大学がトップで、続いてフライベルク鉱山アカデミーという具合に、一般的に工学系の大学の評価が高くなっている。しかし、これらの大学でも、評点を比較すると、統一直後よりも現在の状況はいずれも悪化しているという結果が出ている。
③ フンボルト大学は、「教員の専門的能力」の面では、比較的高い評価を受けているが、この面での評価はあまり高くない。また、グライスヴァルトとポツダムの両大学は、この面でも最下位グループに属する。

vi. 教員との個人的接触（図Ⅰ-4-2および表Ⅰ-4-12を参照）

① 「大学教員とのパーソナルな関係があるか」という問いに対しても、学生たちは「かつて（1990年）の方が現在（1993年）よりも教員との親密度は高かった」と回答している（1990年：2.68，1993年：2.96）。
② 個々の大学別に見ると、イルメナウ工業総合大学が、統一直後も現在も、ともにトップを占めている。なお、評点が1990年よりもよくなっ

表Ⅰ-4-12　教員との個人的接触

大学名	順位および評点（1993年）		順位および評点（1990年）	
イルメナウ TU	1	2.22	1	2.36
ドレスデン TU	2	2.67	2	2.44
ポツダム U	3	2.82	6	2.59
イエーナ U	4	2.84	3	2.54
フライベルク鉱山アカデミー	5	2.86	7	2.62
ハレ・ヴィッテンベルク U	6	3.00	4	2.56
ロストック U	7	3.02	9	2.79
ケムニッツ・ツヴィッカウ TU	8	3.04	5	2.58
ライプツィヒ U	9	3.09	10	2.95
フンボルト（ベルリン）U	10	3.26	8	2.79
マクデブルク TU	11	3.35	11	3.03
グライスヴァルト U	12	3.38	10	2.95

（出所）*ibid.*

たのも同大学のみであった（他の大学はいずれも1990年と比較して現在の評価が下がっている）。

③ 一方、学生の評価が低いのは、マクデブルク（1990年、1993年とも11位）とグライスヴァルト（1990年：10位，1993年最下位）の両大学である。

vii. **図書館資料の充実度**（図I-4-2および表I-4-13を参照）

① 図書館資料の充実度、たとえば図書館に備えられるべき専門文献等が以前よりも充実したか、という点では、全体的にかなりの改善が認められるとされている。すなわち、1990年に「3.55」であった評価が、現在は「2.61」にまで上昇している。

② 個々の大学ごとの状況をみると、フライベルク鉱山アカデミー（1990年は2位）とイェーナ（1990年は1位）が、学生の眼から見て図書館の専門文献がもっとも充実していると感じられた大学であった。

③ 一方、ロストック（1990年は10位）とマクデブルク（1990年も12位）の両大学が、1990年に引き続き最下位グループを形成している。しかし、この2つの大学も、現在の評点は、統一直後よりもだいぶよくなっており、状況はかなり改善されているように思われる。

④ グライスヴァルト大学は、他のほとんどの問いで最下位グループにラ

表I-4-13 図書館資料の充実度

大　学　名	順位および評点（1993年）		順位および評点（1990年）	
フライベルク鉱山アカデミー	1	2.36	2	3.27
イェーナU	2	2.38	1	3.08
ケムニッツ・ツヴィッカウTU	3	2.46	5	3.43
フンボルト（ベルリン）U	4	2.48	8	3.70
ライプツィヒU	5	2.52	4	3.40
グライスヴァルトU	6	2.55	11	3.86
イルメナウTU	7	2.56	6	3.55
ドレスデンTU	8	2.63	3	3.38
ハレ・ヴィッテンベルクU	9	2.66	9	3.75
ポツダムU	10	2.70	6	3.55
ロストックU	11	2.84	10	3.79
マクデブルクTU	12	3.24	12	3.87

（出所）*ibid.*, S.104.

第4章　旧東ドイツの大学の再編と大学ランキング

表 I-4-14　機器類等の整備状況

大　学　名	順位および評点（1993年）		順位および評点（1990年）	
イルメナウ TU	1	2.04	7	3.94
ドレスデン TU	2	2.11	4	3.71
ポツダム U	3	2.35	9	3.95
イエーナ U	4	2.41	1	3.40
ケムニッツ・ツヴィッカウ TU	5	2.43	3	3.67
ライプツィヒ U	6	2.46	10	4.00
マクデブルク TU	7	2.47	5	3.72
フンボルト（ベルリン）U	8	2.51	6	3.90
フライベルク鉱山アカデミー	8	2.51	1	3.40
ハレ・ヴィッテンベルク U	10	2.82	7	3.94
ロストック U	11	3.11	11	4.09
グライスヴァルト U	12	3.20	12	4.21

（出所）ibid.

ンキングされているが、この面での評価は6位（1990年は11位）である。数値的に見ると同大学は、統一直後と比較して、もっとも著しい改善が見られたとされている。

viii. 機器類等の整備状況（図 I-4-2および表 I-4-14を参照）

① 新しい機器類等、設備面の充実度についてみると、図書館資料の面と同様、統一直後の1990年よりも現在は状況がかなり改善された、と学生は回答している（1990年：3.83，1993年：2.54）。

② 個々の大学ごとの評価で見ると、イルメナウ（2.04）、ドレスデン（2.11）、ポツダム（2.35）の順で充実しているという結果が出ている。

③ 一方、ロストック（3.11）とグライスヴァルト（3.20）が下位2大学である。両大学は1990年の数値も最下位グループであった。しかしこれらの大学も、評点を比較する限りでは、状況は以前より相当改善された、と学生は感じている（グライスヴァルト大学の場合でみると、1990年：4.21，1993年：3.20）。

以上の結果について、簡単にまとめておこう[26]。まず第一に言える点は、教育的な面での評価をみると、統一直後の1990年と比較して、状況は少し

もよくなっていないどころか、むしろ悪化しているということである。なるほど設備面は少しずつ改善されてきているが、そこで学ぶ学生から見ると、いわば教育の「ソフト」の面で、様々な不満が山積しているように思われる。すなわち、「教員の教授能力」、「学習要求の見通しやすさ」、「他の学生との共同」、「教員との個人的接触」といった面では、統一直後よりも状況はいっそう悪化したとみなされている。また、大学卒業後の就職の見通しがきわめて不透明である[27]、という点も学生たちの不安をかきたてている。なお、以前よりよくなったとされている点は、「講義の幅が広くなった」、「図書館資料が充実してきた」、「技術的設備が改良された」といった面であった。

これと合わせて、かつての東ドイツ時代へのノスタルジーもかなり根強く残っているのではないか、と『シュピーゲル』ではコメントされている。たとえば、旧東ドイツ出身の教員と西ドイツからやってきた教員とを比較すると、学生たちはおおむね旧東ドイツ出身の大学教員の方に高い評価を与えている（図Ⅰ-4-3を参照）。すなわち、「教員との接触のしやすさ」、「講義の雰囲気」、「教育面の能力」、「講義への学生の関与」などいずれをとっても東の教員の方が優れていると学生は感じている。また学生の眼から見ると、大学教員の「専門的水準」の面でも、東西にほとんど差は見られない、という結果

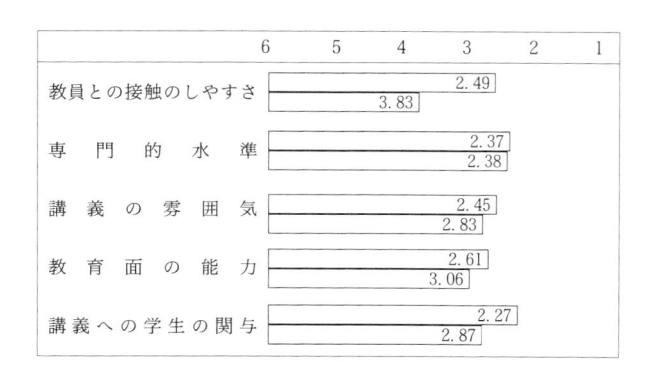

	6	5	4	3	2	1
教員との接触のしやすさ				2.49		
			3.83			
専門的水準				2.37		
				2.38		
講義の雰囲気				2.45		
				2.83		
教育面の能力				2.61		
			3.06			
講義への学生の関与				2.27		
				2.87		

図Ⅰ-4-3　教員の質についての東西の比較

［凡例］・評価は「1」がもっともよい、「6」がもっとも悪い、を意味している。
　　　　・上段は旧東ドイツ出身の教員、下段は｣旧西ドイツ出身の教員に対する評価である。
（出所）*ibid.*, S.100.

も出ている。なお、大学教員、とりわけ旧西ドイツ出身の教員たちに、大学再建への真剣さが欠如しているといった指摘もなされている。

(2) 全体的に見た旧東ドイツの大学のランキング

これまで見てきたように、旧東ドイツの大学はいまだに再建の途上にあり、状況は刻々と変化している。したがって、『シュピーゲル』誌に示されているようなランキング表がどれだけ客観的意味をもっているかは疑問であるが、現状を伝えるひとつの目安として、以下にその概要を箇条書にして紹介しておくことにしよう。

① 全体として工学部門でランキングをつけると、フライベルク鉱山アカデミー、イルメナウ工業総合大学、ケムニッツ・ツヴィッカウ工業総合大学が上位3大学であった。下位2大学は、マクデブルク工業総合大学とロストック総合大学である（**表Ⅰ-4-15**を参照）。

② 一方、人文科学、社会科学（経済学、法学）の文科系学科を総合すると、フンボルト、イェーナ、ライプツィヒの順になり、グライスヴァルトとロストックの両大学が下位2大学である（**表Ⅰ-4-16**を参照）。

③ これら文科系、理科系の両方を総合した結果は、イルメナウ工業総合大学、フライベルク鉱山アカデミー、ドレスデン工業総合大学といった理科系大学が上位3傑を占めた。これに対し、ハレ・ヴィッテンベルク、ロストック、グライスヴァルトが下位3大学となっている（**表Ⅰ-4-17**を参照）。

表Ⅰ-4-15　工学のランキング

大　学　名	順位および評点（1993年）		順位および評点（1990年）	
フライベルク鉱山アカデミー	1	2.40	1	2.58
イルメナウ TU	2	2.51	5	2.67
ケムニッツ・ツヴィッカウ TU	3	2.60	2	2.61
ドレスデン TU	4	2.69	3	2.62
フンボルト（ベルリン）U	5	2.76	7	2.86
イェーナ U	6	2.77	4	2.66
マクデブルク TU	7	2.83	6	2.75
ロストック U	8	2.90	7	2.86

（出所）*ibid.*, S.99.

表 I-4-16　人文科学、経済学、法学のランキング

大　学　名	順位および評点 (1993年)		順位および評点 (1990年)	
フンボルト（ベルリン）U	1	2.76	4	2.93
イエーナ U	2	2.79	1	2.79
ライプツィヒ U	3	2.87	4	2.93
ポツダム U	4	2.91	2	2.80
フライベルク鉱山アカデミー	5	2.92	6	2.98
マクデブルク TU	6	2.95	10	3.23
ケムニッツ・ツヴィッカウ TU	7	2.98	9	3.05
ハレ・ヴィッテンベルク U	7	2.98	8	3.02
グライスヴァルト U	9	3.31	7	3.00
ロストック U	10	3.32	3	2.89

（出所）*ibid.*

表 I-4-17　総合ランキング

順　位	大学名	評　点
1	イルメナウ TU	2.54
2	フライベルク鉱山アカデミー	2.65
3	ドレスデン TU	2.66
4	フンボルト（ベルリン）U	2.73
5	イエーナ U	2.75
6	ライプツィヒ U	2.86
7	マクデブルク TU	2.89
8	ケムニッツ・ツヴィッカウ TU	2.90
9	ポツダム U	2.94
10	ハレ・ヴィッテンベルク U	2.95
11	ロストック U	3.04
12	グライスヴァルト U	3.32

（出所）*ibid.*, S100.

以上のような結果について、『シュピーゲル』誌は次のように説明している。すなわち、第1位となったイルメナウは、学生数約2,800人の小規模大学で、学生と教員との人間的関係が密接である。合わせて、実験室や図書館などの設備が充実している点も学生に好感をもたらしている。またこうした背景として、同大学における「人的革新」がうまくいった点も挙げられるとしている。この点について言えば、工学など自然科学の分野は人文科学・社会科学などの分野に比較して、イデオロギー的・政治的な責任が少なかったからだとされている。

　これに対し、メクレンブルク・フォアポンメルン州のロストックとグライスヴァルトの両大学が『シュピーゲル』誌のランキング表の下位2大学である。同誌によれば、同州は、旧東ドイツ各州のなかでもとりわけ財政状況が悪い州である。連邦各州では、州予算の7.4％が平均して支出されているのに対し、同州ではわずか2.4％しか大学に向けられていない、としている。

同誌に掲載されたインタビュー記事で、グライスヴァルト大学の学長は「大学の建物がひどい。カタストロフィーの状況にある。講義室がないので、かつての共産党の建物を使用している」と語っている。いずれにせよ「とにかく再建のための予算が足りない」というのが旧東ドイツの大学のもっとも大きな悩みとなっている[28]。

注

1 以下の記述にあたっては、とくに次の文献を参照した。
① Josef Lange, Hochschulen und Forschungseinrichtungen in den neuen Bundesländern zwischen gestern und morgen, *Bildung und Erziehung,* 46.Jg.Heft 2, 1993.
② Bericht der Bundesregierung zur Stärkung der Wissenschafts-und Forschungslandschaft in den neuen Ländern und im geeinten Deutschland, Deutscher Bundestag 12. Wahlperiode, *Drucksache* 12/4629.
③ Christoph Führ, Die Deutschen Hochschulen vor den Herausforderungen der neunziger Jahre, Zur geschichtlichen Entwicklung und zur Krise unseres Hochschulsystems, *Deutscher Hochschulführer,* 1992.

なお、旧東ドイツ地域における大学の再編状況について邦語で書かれた文献として、次の論文を参照。①長島啓記「高等教育の再編状況」天野正治他著『ドイツ統一と教育の再編』成文堂, 1993年；②長島啓記「高等教育への期待と懸念—ドイツ」『IDE 現代の高等教育』No.350, 1993. 11. ；③吉澤昇「〈上から〉の、そして〈外から〉の大学革命—旧東ドイツ地域の大学〈刷新〉」『思想』1993. 11.

2 旧東ドイツの大学では、全カリキュラムのうちかなりの割合（2割前後）が基礎教育と称され、マルクス・レーニン主義のイデオロギー教育のために費やされた。たとえば、大学における総履修時間数のうち、化学では21％、機械工学では19％、経済学では32％が、こうした基礎教育の時間であった。合わせて、たとえば経済学では、履修される専門科目も、マルクス・レーニン主義の経済学に関わるものがすべてであった。旧東ドイツの大学のカリキュラム等の詳細は、次の文献を参照。Akademie der Pädagogischen Wissenschaften der Deutschen Demokratischen Republik. *Das Bildungswesen der Deutschen Demokratischen Republik,* 3. bearbeitete Auflage, Volk und Wissen, 1989, S.165f.

3 こうした従来の制度の廃止・再編のことを、ドイツ語では、「清算」を意味するAbwicklungという言葉で呼んでいる。

4 Der Bundesminister für Bildung und Wissenschaft, *Grund-und Strukturdaten* 1992/93, S.155, 161. なお、旧東ドイツの大学は、東ベルリンとザクセンに集中していた。たとえば、旧東ドイツ全体で54校あった大学のうちの22校が、ザクセンに置かれていた。また、

54大学のうち3校は学生数1万人以上の大学であった。一方、20校は1,000人以下の小規模校であった（Vgl. J.Lange. *a.a.O.*, S.210）。

5 Der Bundesminister für Bildung und Wissenschaft, *a.a.O.*, S.157, 160. ただし、ここでいう大学進学者の割合とは、19〜21歳人口の平均に占める1989年度の大学進学者数の比率をさしている。東ドイツでは、大学入学者の決定にあたっては、社会主義の建設にとりわけ功績のある者の子女が優先的に考慮された。第1章注3を参照。

6 旧東ドイツでは、これまで学術大学と専門大学という区分はなかったが、統一後の大学制度の再編成により、旧東ドイツ地域にも、全部で21校の専門大学が新設されることになった（表Ⅰ-4-1〜6を参照）。なお、本章に掲げた高等教育機関の内訳等の数値については、J. Lange, *a.a.O.*, S.209 を参照。

7 統一条約の訳文は、山口和人他「ドイツの統一の回復に関するドイツ連邦共和国とドイツ民主共和国の間の条約」『外国の立法』1991.7. を参照。

8 学術審議会（Wissenschaftsrat）は、1957年に連邦政府と各州政府間の行政協定により設置された審議機関で、学術の促進と大学の発展に関して各種勧告を行うことを任務としている。学術審議会の勧告は、法的拘束力をもつものではないが、旧東ドイツ各州の大学制度の再編成は、同審議会の勧告にほぼそった形で進められた。なお、前掲、長島啓記「高等教育の再編状況」65ページ以下を参照。

9 各州には文部省のほか、高等教育を所管する最上級官庁として、次のような名称の省が設置された。すなわち、ブランデンブルク州では学術・研究・文化省、ザクセン州では学術・芸術省、ザクセン・アンハルト州では学術・研究省、テューリンゲン州では学術・芸術省が、高等教育の所管省である。メクレンブルク・フォアポンメルン州では、文部省が高等教育も所管している。これらの省に旧西ドイツから多数の行政官が派遣され、旧東ドイツの教育制度改革の実務に携わることになった。

10 J. Lange. *a.a.O.*, S.211ff.

11 ベルリン経済大学のほか、ポツダム法律・行政大学、マイセン農業生産協同組合大学など、旧社会主義統一党の幹部の養成にあたっていた諸大学や、数々のゴールドメダリストを輩出したライプツィヒ・ドイツ体育大学（Deutsche Hochschule für Körperkultur Leipzig）、社会主義文学の中心的存在であったライプツィヒ文学研究所が廃止された（表Ⅰ-4-1, 2, 4を参照）。

12 こうした大規模なリストラの実際については、前掲、吉澤昇「〈上から〉の、そして〈外から〉の大学革命―旧東ドイツ地域の大学〈刷新〉」を参照。

13 以下、J.Lange, *a.a.O.* を参照。

14 旧東ドイツ各州で新たに制定された「大学法」は次のとおりである。ブランデンブルク州：Gesetz über die Hochschulen des Landes Brandenhurg vom 24.6.1991. メクレンブルク・フォアポンメルン州： Gesetz zur Erneuerung der Hochschulen des Landes Mecklenburg-Vorpommern vom 19.2.1991, ザクセン州：Sächsisches Hochschulerneuerungs-

第4章　旧東ドイツの大学の再編と大学ランキング　139

gesetz vom 25.7.1991, Gesetz zur Struktur des Hochschulwesens und Hochschulen im Freistaat Sachsen vom 10.4.1992. ザクセン・アンハルト州：Gesetz zur Erneuerung der Hochschulen des Landes Sachsen-Anhalt vom 31.7.1991, テューリンゲン州：Thüringer Hochschulgesetz vom .7.7.1992. なお、ベルリンでは「ベルリン大学法を補完する法律」(Gesetz zur Ergänzung des Berliner Hochschulgesetz vom 18.7.1991) により旧東ベルリンにある高等教育機関の存続・廃止・統合等が定められた。

15　こうした解雇の法的根拠については、前章第2節2「解雇の法的根拠」を参照。前述のような「審査」とそれにもとづく「解雇」の手続きに関する法的根拠は大学教職員の場合も同じである。

16　J. Lange, *a.a.O.*, S.217.

17　*ibid.*

18　ドイツの大学は、若干の例外を除き、ほとんどが州立大学である。したがって、大学の教職員も身分上は州の公務員である。

19　以上については、前掲、長島啓記「高等教育の再編状況」および吉澤昇「〈上から〉の、そして〈外から〉の大学革命―旧東ドイツ地域の大学〈刷新〉」を参照。

20　J. Lange, *a.a.O.*, S.210.

21　Der Bundesminister für Bildung und Wissenschaft, *a.a.O.*, S.21, 25.

22　以下、『シュピーゲル』誌の次の記事に拠る。„Welche Uni ist die beste? SPIEGEL-Rangliste der deutschen Hochschulen", *Der Spiegl*, Nr.16, 19. April 1993. なお、同誌の次の特別号も参照。*SPIEGEL SPEZIAL*, 3/1993.

23　『シュピーゲル』誌の調査対象となった旧東ドイツの大学は次のとおりであった（括弧内は創設年）。ベルリン州：フンボルト総合大学（1809年）、ブランデンブルク州：ポツダム総合大学（1991年）、メクレンブルク・フォアポンメルン州：グライスヴァルト総合大学（1456年）、ロストック総合大学（1419年）、ザクセン州：ライプツィヒ総合大学（1409年）、ケムニッツ・ツヴィッカウ工業総合大学（1836年）、ドレスデン工業総合大学（1828年）、フライベルク鉱山アカデミー（1765年）、ザクセン・アンハルト州：ハレ・ヴィッテンベルク総合大学（1502年）、マクデブルク工業総合大学（1953年）、テューリンゲン州：イエーナ総合大学（1558年）、イルメナウ工業総合大学（1953年）。なお、以下の表 I-4-7～17では、総合大学（Universität）は「U」、工業総合大学（Technische Universität）は「TU」と略記した。

24　すなわち、「1」が「もっともよい」、「6」が「もっとも悪い」である。

25　以下、本節で大学教員という場合、教授のほか、講師、学術助手等を総称した意味で用いている。

26　このほか『シュピーゲル』誌では「職業および実践関連性」、「講義科目の多様さ」に関する調査結果が掲載されている。前者では、イルメナウ工業総合大学がトップ、フンボルト大学とフライベルク鉱山アカデミーが第2位であった。最下位はグ

ライスヴァルト大学となっている。後者でもやはりイルメナウ工業総合大学がトップ（1990年は2位）で、続いてドレスデン工業総合大学が第2位（1990年はトップ）となっている。最下位は、前者の結果と同様グライスヴァルト大学であった。同大学は、1990年も11位でラストから2番目であった。

27　図Ⅰ-4-2に見られるように、卒業後の就職の見通しに対する評価は、統一直後は「1.87」であったのが、1993年には「3.36」と大幅に悪化している。

28　連邦と各州は1991年7月、旧東ドイツの大学の教職員や施設・設備の「革新」にあてるための大学革新プログラム（Hochschulerneuerungsprogramm, HEP）に署名した。これによると、1996年末までに総額で24億3,000万マルク（連邦75％、旧東ドイツ各州25％）が支出されることになっている（注1の②の資料の4ページ以下を参照）。

第5章 統一をどう評価するか

　本章では、教育の面から見たドイツ統一をどう評価するかについて検討する。まず第1節で、統一の翌年(1991年)に親を対象に行われたアンケート調査の結果を紹介する。第2節では、東西ベルリンの青少年を被験者として1991年4月から6月にかけて実施された社会意識調査を見ていく。第3節では、いくつかキーワードを掲げ、統一ドイツが目下抱えている社会的諸問題の一端を描写し、これらを通して浮かび上がってくる教育の面から見たドイツ統一の意味について考えてみる。

第1節　親に対するアンケート調査の結果から

　本節では教育の面から見たドイツ統一をどう評価するかについて、統一後行われたアンケート調査の結果を取り上げてみたい[1]。ここで紹介するアンケート調査は、ドルトムント大学学校開発研究所(IFS)が、1991年10、11月に実施したものである。「学校と教育」(Schule und Bildung)というのが調査のテーマで、被験者は全ドイツから抽出された18歳以上の市民2,850名(旧西ドイツ地域の者：1,895名、旧東ドイツ地域の者：955名)であった。このうち、学校に通っている子どもをもつ親が1,597名(旧西ドイツ地域の者：941名、旧東ドイツ地域の者：656名)であった。なお、同研究所は1979年から2年おきに同じテーマでアンケート調査を行っており、今回は第7回目にあたっている。また、旧東ドイツまでを含めた調査としては、今回が最初のものである。

1　全体的な特徴

まず最初に、このアンケート調査の結果から浮かび上がってくる全体的特徴を箇条書にして掲げておこう。

① 旧東ドイツ（以下、東と略）の被験者は、旧西ドイツ（以下、西と略）の教育制度が直輸入されたと感じ、このことに対し懐疑の念を抱いている。とりわけ、西の学校構造の早急な導入が、こうした不満足の要因となっている。

② 東の被験者は、10年制普通教育総合技術上級学校（POS）、拡大上級学校（EOS）、アビトゥーアを付与される職業訓練といった旧東ドイツ時代の学校制度そのものには反対していない。東の人たちは、かつての社会主義統一党（SED）のイデオロギーに貫かれた、いわゆる「命令教育学」（Kommmandpädagogik）に拒絶反応を示している。

③ 東の被験者の多くは、新しい教育制度の仕組み、新しく生まれた学校種類の特色等について、十分な情報を提供されていないと回答している。

④ 西でも東でも、子どもにより高い学歴を身に付けさせることを望む親が多い（旧東ドイツ時代は、子どもの大学進学を望む親の割合は低かった）。この点では、東は急速に西化しているといえる。

⑤ 「学校教育に何を望むか」について見ると、西では普通教育（Allgemeinbildung）の促進がトップに位置されているのに対し、東では規律（Disziplin）、礼儀正しさ（Höflichkeit）といった訓育的な点を重視する者が多い。西では一般的である「批判的思考」（kritisches Denken）などを挙げる者は、東には少ない。

2　個別の結果

以下、各項目ごとに被験者の意見をまとめておこう。

(1) 東の教育でよかった点

東の被験者を対象にした「東の教育のどのような点を評価するか」という問いに対する回答結果が**表Ⅰ-5-1**である。ここで高く評価されている点とし

表I-5-1 旧東ドイツ教育のどのような点を評価するか

	評価できる	部分的に評価できる	評価できない
全体（東）：955名			
総合技術教育	57%	31%	13%
国家主導の職業教育	31	38	31
すべての生徒に共通の10年間一貫した学校体系	57	28	15
学童保育の完備	86	13	2
近くに学校がある	87	12	1
親（東）：656名			
総合技術教育	55	27	18
国家主導の職業教育	32	40	28
すべての生徒に共通の10年間一貫した学校体系	49	32	19
学童保育の完備	88	11	1
近くに学校がある	93	7	0

（出所）*Deutsche Lehrerzeitung*, 15/1992, Aprilausgabe にもとづき作成。

ては、旧東ドイツ時代の学童保育施設の充実（全体：86％、親：88％）、居住地近くに学校が設けられていたこと（全体：87％、親：93％）などが挙げられている。また、旧東ドイツ教育を特色付ける教科であった総合技術教育（Polytechnischer Unterricht）に対しても、半数以上の者は今後も維持していく価値があると回答している（全体：57％、親：55％）。そのほか旧東ドイツ時代のすべての生徒に共通の10年間一貫した教育に対しても、約半数の者がこれを支持している。

(2) 生徒たちの通学の様子

表I-5-2 「生徒たちは『壁』の開放前より今の方が喜んで通学しているか」に対する回答

	そう思う（％）	どちらとも言えない（％）	そうは思わない（％）
親（東）：656名	25	29	45
学校の種類			
基礎学校	20	29	51
実科学校	28	32	40
ギムナジウム	31	33	36
AOS	24	16	59
職業学校（定時制）	28	35	37

［凡例］ AOS：10年制普通教育総合技術上級学校
（出所）*ibid.*

表Ⅰ-5-2は、「生徒たちは『壁』の開放前より今の方が喜んで通学しているか？」の問いに対する東の親たちの回答結果である。この結果に示されているように、45％の親は「そうは思わない」と回答している。「喜んで通学している」といっている親は、全体の4分の1にすぎない。学校種類別に見ると、基礎学校に通学する子どもの親に、「そう思う」という者が少ない（20％）。

(3) 新しい学校種類に対するインフォメーション

旧東ドイツ地域に新しく設けられた学校種類（基礎学校、基幹学校、実科学校、ギムナジウム、総合制学校など）について、東の被験者に「十分なインフォメーションが与えられているかどうか」、と質問した結果が表Ⅰ-5-3である。ここで明らかなのは、ほとんどもしくはまったくインフォメーションを与えられていない、と回答している者の割合が相当に高いということである。全体では、3ないし4人に1人は、そのように回答している。親たちで見ると、その割合は若干低くなるが、基礎学校を除くとそれでも4分の1程度の者は、新しい学校タイプについて十分な情報を与えられていない、と回答している。とくに基幹学校、総合制学校の場合に、そのように回答した被験者の割合が高くなっている。

表Ⅰ-5-3 「新しい学校タイプについて、どのくらいインフォメーションを与えられているか」に対する回答

	十分に与えられている	まあまあ	ほとんどもしくは全然与えられていない
全体（被験者：955名）			
基礎学校	44％	33％	23％
基幹学校	24	37	39
実科学校	29	34	37
ギムナジウム	31	30	32
総合制学校	26	38	36
生徒の親（被験者：656名）			
基礎学校	55	34	12
基幹学校	32	42	26
実科学校	41	36	24
ギムナジウム	45	32	23
総合制学校	33	41	27

（出所）*ibid.*

(4) 親が子どもに望む学歴

　東西ドイツの親たちが子どもに対し、どのレベルの学校修了証を期待しているかについて質問した結果が**表Ⅰ-5-4**である。この結果から、親が子どもに望んでいる学歴のレベルは、西も東も大差がないということがわかる。なお、西についてだけ言えば、前回（1989年）よりも、子どもが大学入学資格を取得することを希望する親の割合が低くなっていることが注目される（前回：56％、今回52％）。ただし親は、大学入学資格（アビトゥーア）の取得を子どもたちに期待しつつも、必ずしも子どもたちが大学に進学することだけを望んでいるわけではない。たとえば、「あなたのお子さんが大学入学資格を取得すると同時に、魅力ある職業訓練の場も提示され、本人の意思次第でどちらを選択することも可能である場合、あなたはどちらを望むか？」という問いに対し、「大学入学を選択する」と回答している親は、過半数を若干上まわる程度である（東：57％、西：53％）。

　このことは、**表Ⅰ-5-5**からもうかがうことができる。この表は、「子どもがどのレベルの職業修了証を受けることを望むか」を親に質問した結果である。この表からわかるように、西の場合、大学レベルの職業教育を望む親は

表Ⅰ-5-4　親が子どもに期待する修了証

	基幹学校修了証	実科学校／中級修了証	大学入学資格（アビトゥーア）
東	13％	36％	51％
西	12％（10％）	36％（34％）	52％（56％）

注）西のカッコ内の数字は前回（1989）年の結果
（出所）*ibid.*

表Ⅰ-5-5　子どもに希望する職業修了証

	職業学校／訓練（％）	専門学校（％）	専門大学（％）	大学（％）
1991年　西の親	40	18	15	26
1991年　東の親[1)]	42	12	15	18
職業別（西の親）				
労働者	59	18	12	12
一般サラリーマン	35	20	18	27
官吏	22	18	19	41
自営	33	17	10	41

注1）合計して100％とならないのは、アビトゥーアを付与される職業訓練が含まれていないため
（出所）*ibid.*

約4割となっている（専門大学：15％、総合大学：26％）。一方東では、子どもが総合大学で職業教育を受けることを望む親は18％にすぎない。専門大学を含めても、この数字は約3割程度である。その理由として挙げられるのは、東の場合、この表には現われていないが、旧東ドイツ時代には一般的であった、大学入学資格（アビトゥーア）を付与される職業訓練を希望する被験者が少なくないためとされている。

(5) 学校に対する満足度

「学校は、子どもたちの促進（Förderung）のために努力しているか？」という問いに対する回答結果が表Ⅰ-5-6である。東西を比較すると、西よりも東の被験者の方が、「学校の努力」を高く買っている（「学校は非常に努力している」西：全体34％、親40％、東：全体48％、親48％）。

表Ⅰ-5-6　学校に対する満足度
――「学校は子どもたちの促進のために努力しているか？」

	全然もしくはほとんど努力していない	若干努力している	非常に努力している
全　　体（西）	18％	48％	34％
生徒の親（西）	(15)	(46)	(40)
全　　体（東）	13	39	48
生徒の親（東）	(10)	(42)	(48)

（出所）*ibid.*

(6) 教員に対する信頼度

表Ⅰ-5-7は、親たちが、子どもたちが通っている学校の教員を信頼しているかどうかを質問した結果である。東西を比較してみると、学校種類ごとの相違はあるが、全般的に西よりも東の方が教員に対する信頼度は低い（「教員を十分信頼している」西：43％、東：39％）。

(7) 学校種類ごとの評価

個々の学校種類を、東西の被験者がどのように評価しているかを点数で表した結果が、表Ⅰ-5-8である（「1」から「6」の6段階評価となっており、「1」がもっ

第5章 統一をどう評価するか 147

表 I-5-7 教師に対する信頼度

	十分信頼している	部分的に信頼している	信頼していない
生徒の親（西）	43%	46%	11%
生徒の親（東）	39	47	14
学校種類ごとの結果（西）			
基礎学校	55	42	4
基幹学校	56	40	5
実科学校	45	48	7
ギムナジウム	31	57	12
定時制職業教育学校	31	40	29
全日制職業教育学校	39	48	13
学校種類ごとの結果（東）			
基礎学校	44	44	12
実科学校	35	45	20
ギムナジウム	41	53	6
10年制普通教育総合技術上級学校	31	43	26
定時制職業教育学校	33	49	18

（出所）ibid.

表 I-5-8 学校種類ごとの評価

旧西ドイツ（被験者：全体1,895名）

	「1」または「2」(%)	「3」(%)	「4」-「6」(%)
基礎学校	67	24	9
基幹学校	39	32	28
実科学校	61	30	9
ギムナジウム	65	23	12
総合制学校	44	29	27

旧東ドイツ（被験者：全体955名）

	「1」または「2」(%)	「3」(%)	「4」-「6」(%)
基礎学校	70	25	5
基幹学校	49	33	18
実科学校	74	21	5
ギムナジウム	88	9	4
総合制学校	61	30	10
分化された中間学校	54	33	13
10年制普通教育総合技術上級学校	67	22	11
拡大上級学校	75	15	10

（出所）ibid.

とも高い評価、「6」がもっとも低い評価となっている）。これらの結果はいずれも被験者の主観的な評価であるが、東も西も学校種類によってかなりのばらつ

きがみられる。東について見ると、ギムナジウムに対し高い評価を与えている者が多い（88％が、「1」または「2」の評価をしている）。これに対し、基幹学校に対する評価が低くなっている（「1」または「2」と評価している者：49％）。一方、西の学校について、前回（1989年）と比較すると、実科学校に対する評価はほとんど変化がない、基礎学校と基幹学校については、やや悪くなっている、ギムナジウムと総合制学校については、ややよくなっている、という結果が報告されている。

(8) 基礎学校修了後の生徒の振り分けに対する意見

第2章第2節でみたように、新しい東の制度では、生徒は基礎学校の4年間を修了すると、基幹学校、実科学校、ギムナジウムといった中等教育の学校に振り分けられる。こうした三分岐型の学校制度に対し、基礎学校修了後も、すべての生徒に共通の授業を提供した方がよいのではないかとする考え方も少なからず存在する。この点について、東西の被験者の回答結果をまとめたものが**表Ⅰ-5-9**である。

これによれば、東の被験者の多くは、基礎学校修了後も共通の授業を行う制度の方が、ベターであると回答している（全体、親ともに60％）。一方、西ではこの結果は、かなりはっきりと分極化している（「振り分けた方がよい」全体：36％、親：37％、「振り分けない方がよい」全体：41％、親：42％）。

表Ⅰ-5-9　基礎学校修了後、生徒を三種類の学校形態に振り分けることの是非

	振り分けない方がよい	わからない	振り分けた方がよい
西の被験者	41% (42)	23% (22)	36% (37)
東の被験者	60 (60)	18 (17)	22 (24)

［凡例］括弧内は親のみの回答
（出所）*ibid.*

(9) その他

そのほか、次頁の16の問いに対する東西の被験者の回答結果を一覧表にしたものが、**表Ⅰ-5-10**である（ただし①と②は西のみ）。紙幅の関係上、コメ

表 I-5-10　東西の親たちの意見

①	学校の横断的移行（例：実科学校からギムナジウムへ）が以前より容易になった。 西：そう思う（69％）　わからない（18％）　そうは思わない（13％）
②	基幹学校、実科学校、ギムナジウムの三者間の協力をよりいっそう緊密にすべきである。 西：そう思う（79％）　わからない（15％）　そうは思わない（6％）
③	もっと全日学校が設置されるべきである。 西：そう思う（41％）　わからない（24％）　そうは思わない（36％） 東：そう思う（33％）　わからない（28％）　そうは思わない（38％）
④	落第制度は廃止すべきである。 西：そう思う（27％）　わからない（20％）　そうは思わない（53％） 東：そう思う（14％）　わからない（16％）　そうは思わない（71％）
⑤	基礎学校の最初の3年間は点数評価をやめてよい。 西：そう思う（59％）　わからない（15％）　そうは思わない（26％） 東：そう思う（35％）　わからない（13％）　そうは思わない（52％）
⑥	外国人労働者の子女に対しては、特別のクラスを設けて教育することが望ましい。 西：そう思う（26％）　わからない（19％）　そうは思わない（54％） 東：そう思う（22％）　わからない（16％）　そうは思わない（62％）
⑦	各学校は、すべての重要な領域（例：財政、組織、教材等）で決定権をもつべきである。 西：そう思う（44％）　わからない（28％）　そうは思わない（28％） 東：そう思う（48％）　わからない（25％）　そうは思わない（27％）
⑧	もっと私立学校が設置されるべきである。 西：そう思う（13％）　わからない（19％）　そうは思わない（68％） 東：そう思う（12％）　わからない（22％）　そうは思わない（65％）
⑨	基礎学校でコンピュータ教育は不要である。 西：そう思う（50％）　わからない（15％）　そうは思わない（35％） 東：そう思う（29％）　わからない（18％）　そうは思わない（53％）
⑩	将来は（ヨーロッパ統合後）いずれの国の教師が、いずれの国で教えることになってもかまわない。 西：そう思う（60％）　わからない（20％）　そうは思わない（20％） 東：そう思う（71％）　わからない（12％）　そうは思わない（17％）
⑪	同性愛者ということを公言している者は、教師になるべきではない。 西：そう思う（35％）　わからない（17％）　そうは思わない（48％） 東：そう思う（31％）　わからない（16％）　そうは思わない（53％）
⑫	生徒は学校時代に2つの外国語は習得すべきである。 西：そう思う（74％）　わからない（17％）　そうは思わない（9％） 東：そう思う（77％）　わからない（15％）　そうは思わない（7％）
⑬	アビトゥーア試験は、13年ではなく12年修了後に受験できるようにすべきである。 西：そう思う（45％）　わからない（21％）　そうは思わない（33％） 東：そう思う（83％）　わからない（10％）　そうは思わない（6％）
⑭	ドイツの教育制度は特別に才能をもった生徒に対する配慮に欠けている。 西：そう思う（52％）　わからない（27％）　そうは思わない（21％） 東：そう思う（41％）　わからない（38％）　そうは思わない（21％）
⑮	少数の才能をもった者の促進の代わりに、すべての青少年に幅広い教育を施すべきである。 西：そう思う（72％）　わからない（21％）　そうは思わない（8％） 東：そう思う（66％）　わからない（24％）　そうは思わない（10％）
⑯	労働者の子女に対し、これまで以上に高いレベルの教育の道を可能にしてやるべきである。 西：そう思う（76％）　わからない（18％）　そうは思わない（6％） 東：そう思う（76％）　わからない（16％）　そうは思わない（8％）

（出所）*ibid.*

ント等は省略するが、回答の結果とともに、ここに掲げられている設問のテーマそれ自体に、この時期のドイツの教育問題の関心の置きどころがうかがわれ興味深い。

① 学校の横断的移行 (Durchlässigkeit) について
② 中等教育学校 (基幹学校、実科学校、ギムナジウム) 間の協力について
③ 全日学校 (Ganztagsschule) について
④ 落第の制度について
⑤ 低学年の成績評価について
⑥ 外国人子女の教育について
⑦ 学校がもつ権限について
⑧ 私立学校について
⑨ コンピューター教育について
⑩ ヨーロッパ統合と教員の他国間移動について
⑪ 同性愛の教員を認めるかについて
⑫ 外国語学習について
⑬ 大学入学に至る年限について
⑭ 特別の才能をもった者に対する教育について
⑮ 幅広い一般教育の是非について
⑯ 労働者子女の教育について

3 調査結果の検討

最後に、このアンケート調査の実施者であるドルトムント大学のロルフ (Rolff, Hans Günter) 教授の見解に依拠しつつ、以上の調査結果が意味するところのものについて、その要点をかいつまんでまとめておこう[2]。

① 最近「ひとつの国家のなかの2つの文化」(zwei Kulturen in einem Staat)、すなわち「統一ドイツというひとつの国家と、東と西という2つの文化」という言葉で、東と西との間の人々の乖離が語られている。このテーゼが今回の結果についても当てはまるかと問われれば、「イエス」とも「ノー」とも言うことができる。たとえば、生徒の親が望む修了証のレ

ベルおよび修了証がもつ意味についてみると、西も東も被験者たちの考え方に大差はない。すなわち、将来よりよい生活が保障されるという意味で、より高い学校修了証が望まれている。

しかし他方、そこには異なった価値志向も認めることができる。たとえば東の被験者は、西の学校構造の単純な導入ではなく、新しい教育的考え方に貫かれた改革された東独自の学校の構築を望んでいる。同時に彼らは、西と比べて、点数評価といった達成(Leistung)を重視する教育に重点を置いていない。むしろ、訓育的、規律的なものに学校教育の価値を見出している。また東の人々は、教育機会の平等、社会的弱者に対する援助といった要素を、西の人々以上により強く期待していると言えよう。

② アンケート調査の結果を見る限り、東の被験者は、東のかつての学校にも、また西の学校制度の直輸入に対しても満足していない。とりわけ、西の教育構造をそのまま受け入れることに対しては、かなりはっきりした拒絶反応を示している。東の人たちからは、たとえば次の諸点が望まれているように思われる。

- 基礎学校の修了後（すなわち4年生を終わった時点で）行われる生徒の振り分けについては見直すべきである。すなわち、生徒にとってはできる限り長い期間、同じ学校で（もちろんそこで多様化[3]（Differenzierung）は行われるにしても）共通の授業を受けることが望ましい。
- 振り分けが行われる場合でも、異なった学校種類間の横断的移行ができる限り保証されなければならない。
- 旧東ドイツ時代のように、できる限り住居近くに学校が設置されるべきである。

要するに、ロルフ教授によれば、現代化された総合制学校(modernisierte Gesamtschule)といった学校タイプの設置が望まれるとされている。

③ 東の人たちは、学校の民主的な発展の阻害となるような要因をその意識のなかにもっているのではないか、という指摘がしばしばなされる。こうした見方に対して、速断はできないが、次のことは言えるように思

われる。すなわち、西の親たちの間には、権利の行使、自己の意見の主張といった要素を前面に打ち出す意識が浸透している。したがって西では、親の意向に反した学校政策を政府が採用することは容易でない。しかし、30年前ないし40年前を振り返ると決してそうではなかった。東の親たちは、こうした意識をこれまでほとんど身に付けてこなかった。しかし今後は、彼らの意識も変わっていくであろう。

④ 親と教員の間の協力関係について言えば、西も東も教員に対する信頼度は決して低くない。親は、学校によって子どもたちが促進されることを強く望んでいる。とりわけ東の親たちにその意識が強い。こうした信頼関係を、よりいっそう深めていくためには、次の点が前提となるであろう。すなわち、親と教員の間の自由で生産的な (produktiv) 関係を確立することである。また、学校はひとつの自律性 (Autonornie) をもった機関として理解されなければならない。西の学校はこの点を重視し、学校現場においても、こうした考え方は浸透している。しかし、東の学校では、これらは今後の課題である。

第2節　東西ベルリンの青少年の社会意識調査から

本節では、東西ドイツの青少年の社会意識に関して、1991年4月から6月にかけて実施されたアンケート調査の結果を紹介することにしたい[4]。この調査の被験者は、東西ベルリンに居住する16〜21歳の青少年1,396名（東：786名、西：610名）であった。なお彼らはいずれも、職業学校（東：492名、西：387名）またはギムナジウム（東：294名、西：223名）に通学する生徒であった。

1　質問項目とその結果

被験者に対する質問文は、以下の12項目であった（**表I-5-11**を参照）。なおこのうち、①と②では、かつてのドイツに見られた覇権主義的なものを、生徒たちが現在でも抱いているかどうかが問われている。③から⑥の質問は、最近とくに顕著になっているといわれる外国人に対する敵視の度合いを見る

第5章　統一をどう評価するか　153

表 I-5-11　質問文

① 「ドイツは世界のなかでもっと指導的役割を果たすべきである」
② 「第二次世界大戦でドイツが失ったオーデル・ナイセ線以東の領土の回復を、政府は政治課題とすべきである」
③ 「第三世界の国家に対する開発援助をやめ、お金を旧東ドイツの再建のためにあてるべきである」
④ 「ドイツは東ヨーロッパや第三世界の国々からの難民の受け入れ国となるべきではない」
⑤ 「外国人はできる限りすみやかにドイツから立ち去るべきである」
⑥ 「労働者の採用にあたっては、基本的に外国人よりもドイツ人を優先すべきである」
⑦ 「旧ドイツ社会主義統一党 (SED＝共産党) 独裁政府の不法者たちに対し、死刑制度を導入すべきである」(注：現在のドイツでは死刑制度は廃止されている)
⑧ 「民主社会党 (PDS) の活動は禁止されるべきである」(注：PDS は SED の後身政党)
⑨ 「秘密警察 (シュタージ) の協力者が法廷に召喚されない場合、その者には私的制裁が加えられてしかるべきである」
⑩ 「警察は、過激派やテロリストたちをもっと厳しく取り締まるべきである」
⑪ 「ナチズムの犯罪に関して、教科書などの歴史記述は誇張して描写されていると思う」
⑫ 「ヒトラーの犯した誤りは第二次世界大戦を始めたことであった。それがなければナチ党は道理にかなった集団であった」

(出所)　Detlef Oesterreich, Jugend in der Krise, Ostdeutsche Jugendliche zwischen Apathie und politischer Radikalisierung, Eine Vergleichsuntersuchung Ost-und Westberliner Jugendlicher, *Aus Politik und Zeitgeschichte*, B19/93, S.21 ff. にもとづき筆者作成。

ものである。⑦から⑨は、旧東ドイツの政治的指導者や秘密警察の協力者たちの責任をどのくらい追及すべきかについての質問である。⑩は、極右主義者たちの過激な行動を生徒たちがどう見ているかを問うている。⑪と⑫では、ナチズムに必ずしも否定的な評価を下しているわけではない生徒がどのくらいいるのかを見ている。

2　調査結果の考察

以上の質問文に対する生徒たちの回答結果の詳細は、**表 I-5-12** のとおりである。ここでは、そのなかから特徴的と思われる点をいくつか列挙しておこう。

(1)　ドイツを偉大な国家としてアイデンティファイしようとする傾向は、東西ともに職業学校の生徒に多い。ギムナジウムの生徒の場合は、そうでない者の方が多い（①を参照）。

(2)　第二次世界大戦で失った領土の回復の主張に関しては、東西ともに「そうは思わない」とする者の方が多い。その傾向は、とりわけギムナジウ

表 I-5-12　調査結果の一覧（％）

質問項目		職業学校の生徒			ギムナジウムの生徒		
		そう思う	わからない	そう思わない	そう思う	わからない	そう思わない
①	東	57.1	16.3	26.5	26.9	16.7	56.5
	西	53.7	23.8	22.5	28.7	26.9	44.4
②	東	23.9	19.0	57.1	4.1	7.1	88.8
	西	21.7	31.0	47.3	4.2	6.9	88.9
③	東	32.4	21.6	45.9	11.2	16.7	72.1
	西	25.3	23.5	51.2	7.9	12.0	80.1
④	東	65.7	16.9	17.3	42.2	24.1	33.7
	西	58.7	19.1	22.2	35.6	27.3	37.0
⑤	東	43.1	25.9	31.0	9.2	22.4	68.4
	西	34.9	25.1	40.1	5.6	9.7	84.7
⑥	東	53.1	16.5	30.4	18.7	25.9	55.4
	西	40.1	22.2	37.7	6.5	10.6	82.9
⑦	東	27.6	20.2	52.2	8.2	14.6	77.2
	西	35.7	30.2	34.1	13.0	13.9	73.1
⑧	東	32.2	18.2	49.6	12.6	16.3	71.1
	西	46.0	35.7	18.3	26.4	21.8	51.9
⑨	東	24.1	20.6	55.3	9.2	17.0	73.8
	西	30.5	29.2	40.3	6.5	12.0	81.5
⑩	東	75.5	14.3	10.2	54.8	22.8	22.4
	西	79.6	10.6	9.8	56.5	22.2	21.3
⑪	東	15.1	37.1	47.8	4.4	16.0	79.6
	西	15.8	41.6	42.6	2.8	8.8	88.4
⑫	東	17.6	29.8	52.7	3.7	16.7	79.6
	西	16.3	35.9	47.8	2.8	4.6	92.6
平均	東		23.91			18.30	
	西		24.50			17.64	

（出所）*ibid.*

ムの生徒の場合により顕著である（②を参照）。

(3) 「開発途上国に対する援助予算を旧東ドイツの再建にまわすべきである」とする考えに対しては、東西ともにこれを否定する者の方が多い。しかし東の職業学校の生徒の約3分の1は、この考えを支持している（③を参照）。

(4) 現在ドイツはヨーロッパで一番の難民受け入れ国であるが、こうした

難民の大量流入について、職業学校の生徒の多くは批判的な見解をもっている。西のギムナジウムの生徒の場合は、難民の受け入れに肯定的である（④を参照）。

(5) 外国人に対する敵視の傾向は、東の生徒たちの方により強く現れている。たとえば、「外国人はできる限りすみやかにドイツから立ち去るべきである」に対して、東の職業学校の生徒の半数近くが「そう思う」と回答している。外国人敵視の傾向は、西のギムナジウム生徒の場合はあまり認められない（⑤を参照）。

(6) かつてのドイツ社会主義統一党や秘密警察が犯した犯罪的行為に対しては、西の生徒の方が東の生徒より厳しい見方をしている。たとえば、西の職業学校の生徒の3分の1以上が、「旧東ドイツ独裁政府の不法者に対して死刑制度を導入してもよい」としている（⑦を参照）。

(7) 旧ドイツ社会主義統一党の後身政党であるPDS（民主社会党）に対する評価については、東西の差異が著しい。西の職業学校の生徒の場合、半数近くがこの政党の禁止に賛成している。一方、東の職業学校の生徒の場合、PDSの禁止に対し反対の意見をもつ者が多数を占めている（⑧を参照）。

(8) 過激派やテロリストたちに対しては、東西の生徒とも、警察による取り締まりの強化をすることにより、法と秩序を回復すべきであるとしている。こう主張する者は、とくに職業学校の生徒に多い（⑩を参照）。

(9) ナチズムに対する評価は、ギムナジウムの生徒の場合は、東西ともに圧倒的多数は否定的である。しかし職業学校の生徒では、東西ともに約15％程度の者は、「ナチズムに関する歴史記述は大げさすぎる」と思っている（⑪を参照）。

(10) まとめて言うと「極右主義」という点に関しては、東西ともにそれほどの差異はみられない。しかし、外国人に対する敵視傾向という点では、東の生徒の方がずっとその傾向が強い。これに対し、西の生徒は旧東ドイツの過去の清算という問題に対して寛容でない。

このほかこのアンケート調査では、生徒たちから見た旧東ドイツの評価などにも言及されているので、最後にその一部を紹介しておくことにしよう。それによると、東の青少年にとって旧東ドイツ社会は、規制はたしかに強かったが、同時にゲマインシャフト的な社会であり、居心地は比較的よかったとされている。彼らは統一後、西の社会にどうやってとけこんだらよいのか戸惑っている。

すなわち、東の生徒たちにとって、旧東ドイツは「社会的安心感が強かった」(84.2％)、「将来のことを心配する必要がなかった」(60.5％)、「人々は互いに助け合っていた」(58.3％)、「子どもや青少年に多くのことをしてくれた」(59.4％)存在であった、といった具合にプラスのイメージが強い。マイナスのイメージとしては、「監視、規制が強かった」(67.1％)、「命令、指図」(66.4％)、「自己のイニシアティブを発揮する機会が少なかった」(43.3％)となっている。

これに対し西の生徒たちは、東の生活を「牢獄に閉じ込められていたようなもの」(76.4％)、「監視、規制」(87.3％)、「積極的に行動する可能性がない」(63.2％)とみなしている。

第3節　統一ドイツが抱える諸問題

以上見てきたようなアンケート調査などにも見られるように、統一は達成されたが、それによって生じているひずみは、決して少なくない。以下、いくつかのキーワードを掲げて、教育の面から見たドイツ統一の意味を考えるための参考にしたい。

1　二流市民

統一の際、東西ドイツの人々が共有した「ドイツはひとつ」という一体感はすっかり薄らいでしまったかの感を受ける。

『シュピーゲル』誌が行ったアンケート調査によると、東の人々の約8割は、自分たちを「二流市民」(Bürger zweiter Klasse)と感じているという[5]。また、東

の市民の約半数は「統一後、東西ドイツ人の間はむしろ疎遠になった」と回答しており、東西住民相互の交流はなかなかしっくりいっていない。さらに、東の人たちの63％は「西の人たちは、東を植民地のように占領した」と思っている。一方、西の人たちの58％は、統一の結果「自分たちの生活水準が下がる」と心配している。

2 魔女狩り

　目下のところ、これまで東ドイツがもっていたものはすべて悪かった、という見方はかなり根強い。しかし、それは現代の「魔女狩り」(Hexenjagd) ではないかとの批判もなされている。

　たとえば、ケルン大学のニーアマン（Niermann, Johannes）教授が、連邦議会の婦人・青少年委員会で行った報告は、その内容があまりにもセンセーショナルなものであったため人々の注目を集めた。すなわち彼によれば、旧東ドイツの学校の実態は次のようなものであった[6]。

　「学校は、大衆の抑圧と白痴化を目指す、党とイデオロギーと権力機構のための選別施設であった。生徒たちは、仮借なき評価システムの支配下に組み込まれていた。…個人、家族、宗教、言語に関わって規範から外れた子どもたち——たとえば、左利きの子、眼鏡をかけた子、学習障害の子、スポーツが不得手の子、どもりの子、夜尿症の子、等々——は、まさに地獄の苦しみを味わうことになった。彼らは、集団的な拒絶の事態に曝されたのである」。そして、同教授は「旧東ドイツの研究者たちによって達成された研究成果は…学術的には、紙切れほどの価値さえない（nicht einmal das Papier wert）」とまで言い切っている。

　ニーアマン教授のこうした極端な見解に対しては、予想されたとおり様々の反論が寄せられた。しかし同時に、旧東ドイツの教育のなかに、彼が指摘しているような要素がまったく存在しなかった、とは必ずしも言いきれないことも又事実であろう。

3　旧東ドイツ＝不法国家

こうした「魔女狩り」という議論の背景に、DDR（東ドイツ）＝不法国家 (Unrechtsstaat) という図式でもって、旧東ドイツとナチ国家との同一性を指摘する見方もかなり浸透しているようである。たとえば、H. オッテンスマイアー（Ottensmeier, Hermann）は、その著『ドイツにおける1933年から1989年の間のファシズムの教育制度』（副題が「第三帝国と東ドイツとの連続性」）のなかで、歴史教育を事例として、旧東ドイツとナチとは相反するものではなく、むしろ両者は一線上にある連続したものとして論じている[7]。

4　外国人敵視

また統一後、旧東ドイツの青少年の間に、外国人敵視（Ausländerfeindlichkeit）の傾向が強まっているということがしばしば指摘されている。

外国人の人口比でいうと、旧西ドイツが約9％であるのに対し、旧東ドイツは1％にも満たない。そのなかでとりわけ旧東ドイツ地域、それも青少年の間に外国人を敵視する傾向が顕著に見られる理由として、たとえば次のような説明がなされている[8]。すなわち、旧東ドイツ社会では、青少年に対して、画一的で権威主義的な、いわば「敵を憎悪する教育」が施されてきた。その意味で、ナチス体制のそれと少なからず共通点をもっている。それが東ドイツという国家の崩壊により、長年抑えつけられてきた箍がなくなり、その反動が少数者である外国人に対する暴力行為として表面化したのではないかというのである。

最後に、次のような思いにとらわれている東の人々も少なくないであろう。「今日ますますもって眼に見えぬ壁が東と西の間に構築されつつあることに、心ある者は気づくだろう。私たちがこれまで経験してこなかった失業、早期退職、浮浪者、暴力、残虐性、これらはいずれも、あまりにも早い東の西化の帰結である。大多数の人たちは、89年の〈転換〉(Wende) の目標が、東ドイツの民主的な新生であったことを忘れてしまっているように思われる。…今や旧東ドイツ市民は、市場経済の冷たい水の中に身を置くことを余儀なく

させられている。東と西との間に、壁の代わりに懸け橋をかけることが、そもそも可能であろうか」。

　これは教員組合の雑誌に掲載された「壁の代わりに懸け橋を！」という論説に対する、一教員の感想である。こうした東西を分けへだてている「壁」が取り払われる日はいつやってくるであろうか。

　統一後、筆者がもらったあるドイツの知人からの手紙には、「真の意味でのドイツ統一はこれから始まります」と書かれていた。統一ドイツが解決を迫られている問題は、教育の領域でも山積している。

注
1　以下のアンケート調査の結果については、次の資料を典拠にしている。なお、これらの資料中の引用ページ等の記載は省略した。*DLZ*, 52/1991, 4 Dezemberausgabe, 15/1992, 2 Aprilausgabe; *Erziehung & Wissenschaft*, 3/1992, S.13f., 4/1992 S.28f.; *Berliner Zeitung*, Nr.124 (29. Mai 1992).
2　以下の記述は、前掲 *DLZ*, 15/1992 に掲載された同教授に対するインタビュー記事をもとに筆者が要約したものである。
3　生徒の達成度等に応じて行われるクラス編成（能力別クラス編成）をいう。
4　Detlef Oesterreich, Jugend in der Krise, Ostdeutsche Jugendliche zwischen Apathie und politischer Radikalisierung, Eine Vergleichsuntersuchung Ost-und Westberliner Jugendlicher, *Aus Politik und Zeitgeschichte*, B19/93, S.21ff.
5　*Der Spiegel*, 30/1991, S.24ff.
6　ニーアマン教授が行った報告の内容は、『ノイエス・ドイチュラント』紙に掲載されている („Erzieht die jungen Ex-DDRer zu lieben, gottesfürchtigen Zwergen!", *Neues Deutschland*, 16/17. November 1991)。同紙のこの記事を翻訳解題した資料として、照井日出喜訳「一つの民族、二つの人種」『思想と現代』第29号, 1992.5 を参照。以下の引用も、ほぼ照井訳にしたがっている。なお、次の論説記事も参照。Karl-Heinz Heinemann, Was ein Professor (West) im Bundestag über den Osten weiß, *Frankfurter Rundschau*, 16. April 1992.
7　H. Ottensmeier, *Faschistisches Bildungssystem in Deutschland zwischen 1933 und 1989, Kontinuität zwischen Dritten Reich und DDR*, Hamburg 1991.
8　仲井斌『ヨーロッパの外国人問題』岩波ブックレット第235号, 1992.1, 56ページ以下を参照。

第Ⅱ部　ヨーロッパ統合とドイツの教育
―― 高等教育改革を中心に

第1章　教育政策――ECからEUへ
　第1節　教育政策のあゆみと法基盤
　第2節　リスボン戦略とその展開――ベンチマークの設定
　第3節　拡大EUの教育課題
　第4節　市民性の教育
第2章　ヨーロッパの高等教育改革（その1）―― 1990年代の動向と課題
　第1節　1990年代の高等教育の状況と大学評価
　第2節　EUの大学評価の試み――ヨーロッパ・パイロットプロジェクト
　第3節　ヨーロッパの大学ランキング
第3章　ヨーロッパの高等教育改革（その2）
　　　　――ボローニャ・プロセスを中心にして
　第1節　ボローニャ・プロセスの出発
　第2節　ボローニャ・プロセスの展開と課題
　第3節　ヨーロッパの高等教育改革とラーニング・アウトカム
　第4節　ボローニャ・プロセスの特色と今後の方向性
第4章　ドイツの高等教育改革―― 1990年代の動向と課題
　第1節　『シュピーゲル』誌と『シュテルン』誌の大学ランキング
　第2節　大学ランキングに対する大学人の反応
　第3節　大学改革の課題
第5章　2000年代ドイツの大学改革――新たな動向と今後の方向性
　第1節　ドイツの大学の現状と特色
　第2節　ドイツの大学の特色の変化

第3節　評価と競争を志向する大学へ
　第6章　教員養成制度
　　第1節　現行の教員養成制度
　　第2節　教員養成制度の改革動向
　第7章　ヨーロッパ学校とドイツの海外子女教育
　　第1節　ヨーロッパ学校
　　第2節　ドイツの海外学校制度

【梗概】

　ヨーロッパ統合は、経済面、さらに政治面での統合を目指しつつも、けっしてひとつの均質な国家を目指しているものではない。多文化、多言語のヨーロッパの実現が志向されている。したがってEUが統合されることにより各国の教育制度もすべて統一的なものとなる、といったことは考えられていない。

　しかし、今後ヨーロッパが本来の意味での市民の共同体になりうるか否かは、単に政治・経済上の問題にとどまらず、ヨーロッパがもつ多様な民族、言語、宗教的、文化的な確執・葛藤等々の正確な把握と理解にかかっている。その意味でも、教育の果たす役割、とりわけEUの将来を担う青少年の教育こそは、EUの今後の発展を左右するもっとも重要な要素のひとつであるといって過言ではない。

　こうした認識のもとで、「ヨーロッパ市民」の育成を目指したEUレベルの多彩な教育計画が実施されている。さらに近年その取組みは、EU加盟国の枠組みを超え、ほとんどヨーロッパ全域を包括するまでに拡大している。

　ヨーロッパにおける教育改革の大きな動きを見ると、EUでは2000年3月にリスボンで開かれた欧州理事会で「2010年までに、EUを世界でもっとも競争力のある、ダイナミックな知識を基盤とした経済空間とする」とした「リスボン戦略」が策定された。教育は、この「リスボン戦略」を達成する鍵を担う重要な要素として位置づけられている。「リスボン戦略」と並行して、

高等教育については「ボローニャ・プロセス」、職業教育の領域では「コペンハーゲン・プロセス」と呼ばれる教育改革が進行している。「リスボン戦略」を受けて、EUが取り組んでいる具体的な課題として、「早期学校離学者の減少」など5つのベンチマーク、「教育や訓練への投資の拡大」など16の指標が設定されている。

「ボローニャ・プロセス」は、英、独、仏、伊の4か国の高等教育関係大臣が1998年パリにおいて署名した「ソルボンヌ宣言」に始まる。これに盛り込まれた内容は、1999年に29か国が署名する「ボローニャ宣言」となって結実した。以後、2年おきに高等教育関係大臣会議が開催され、同宣言のフォローアップが行われている。

「ボローニャ・プロセス」には、EU加盟国だけでなく、広くヨーロッパ46か国が参加しており、2010年をひとつの目標に、ヨーロッパの大学の間を自由に移動でき、どこの大学で学んでも共通の学位、資格を得られる「ヨーロッパ高等教育圏」(EHEA)を確立することが目指されている。制度面では、学部、大学院という高等教育の基本構造の整備、ヨーロッパ共通の単位制度(ECTS)の開発、高等教育の質保証システムの構築などが謳われている。

ヨーロッパレベルでの取組みとして、学習者の学習成果（ラーニング・アウトカム）を基礎に置いた「ヨーロッパ資格枠組み」(EQF)の開発が進められている点も注目される。各国は、自国の資格のそれぞれと対応する「国の資格枠組み」を策定し、各資格のレベルが、EQFのどのレベルに対応するかを参照できるようにしようという仕組みである。EQFを仲介することにより、各国間で資格の相互承認が可能となる。またEQFは、職業教育と普通教育の両方にまたがっているので、両者の間の「透過性」を高めることも目指されている。

1980年代から90年代にかけて、ヨーロッパ諸国においても大学を取り巻く情勢に大きな変化が見られた。特徴としては、たとえば次のような点が挙げられよう。

① エリートの大学からマス化する大学への移行と、それにともなう「入学制限」の導入

② 後期中等教育と大学とのアーティキュレーションの多様化
③ 多様な高等教育機関のタイプの出現と高等教育システムの構造の変化
④ 大学生のドロップアウト率の増加
⑤ 厳しい財政状況のもとでの「公的支出」の削減

　こうした状況を背景として、大学で行われている研究と教育が、内部にとどまらず外部からも評価されなければならないという考え方が大きく浮上してきた。各大学は、それぞれに投じられた公的資金の使い道について、広く社会の「評価」を受けなければならないという考え方である。

　大学を維持するためには、人的にも物的にも巨大な資源を消費しなければならない。しかし大学が、果たしてそれに見合った実績を残しているのか、大学に投じられた国民の税金が合理的に説明できる形で納税者に還元されているのかどうか。この点を、"value for money"（支出に見合った価値）という観点から、大学は、社会に対して納得のいく説明をしなければならない。「アカウンタビリティー」（社会的説明責任）という考え方はアメリカにおいて発達してきたものであるが、時代のひとつの流れとして、ヨーロッパの国々においてもこうした要請が広く浸透してきたという点を挙げることができよう。

　加えてヨーロッパにおいてはヨーロッパの統合という視点から、EU域内での学生・教員の積極的な移動の促進と、それを支える共通の行動基準の開発がメインテーマとなっている。その試みは、EUの枠組みを超えて、ヨーロッパ全体へと拡大しつつある。

　ドイツなどヨーロッパの大学の多くは、アメリカに見られる学士、修士、博士というように段階化された高等教育の基本構造をこれまで採用してこなかった。何単位とったら卒業といった単位制度も設けられていなかった。また大学で行われている研究と教育の質を評価するという考え方もあまり顧みられることはなかった。こうしたヨーロッパの伝統的な大学像が、1980年代に始まる世界的な大学改革の潮流の中で、大きな変貌をとげている。その流れの中心に位置づけられるのが「ボローニャ・プロセス」であり、ヨーロッパの大学を大きく変革させようとしている。

　しかし、ボローニャ・プロセスが進行するなかで、改革にともなう学習基

盤の低下や不備などを指摘する学生や大学教員の批判も随所で少なからず見られる。

　ヨーロッパ内外の大学間の流動性を高め、大学同士の競争を通して高等教育の質を維持・向上させること、学生や市民の意識の覚醒を通して大学全体の活性化を広くヨーロッパレベルにおいて達成することが、ヨーロッパの高等教育改革のもっとも中心的な課題となっている。

　ヨーロッパの大学改革の大きな流れを見ると、「グローバル化」、「制度の共通化」、「アメリカ化」といったキーワードで特徴付けることができよう。すなわち、グローバル化にともなう自由主義的な市場経済の考え方が、大学改革の方向性に大きな影響を与えている。また、WTO（世界貿易機関）のサービス貿易交渉において、教育サービスの自由化に関する交渉が行われるなど、国際機関による様々な協定の採択、批准により、「制度の共通化」が進められている。こうした「グローバル化」と「制度の共通化」は、「アメリカ化」に向かっているようにも思われる。自由な市場経済の推進とあいまって、アメリカ的な法制度が世界に伝播し、それは高等教育の領域にも浸透しつつあるようにも見受けられる。

　しかし同時にヨーロッパでは、「ひとつのヨーロッパ」を視野に置いた一連の高等教育改革が進行している点に大きな特色が見られる。

　ドイツの教員養成制度は、①大学における養成教育、②試補勤務、の大きく二段階に区分することができる。試補制度の維持という点では大きな変化はないが、近年、教員養成制度も国際的な動向のなかで、様々な改革が試みられている。その背景となっている要因として、ボローニャ・プロセスと「PISAショック」という大きく2つの動きへの対応を挙げることができよう。ボローニャ・プロセスの展開のなかで、大学における教職学習も、全面的にバチェラー、マスターに対応する学習課程へと移行する方向で制度改革が進んでいる。また PISA ショックへの対応は、ドイツの教育政策の中心課題となり、生徒の学力向上に向けた一連の取組みのなかに教員養成制度改革も位置づけられている。さらにヨーロッパレベルでも、教員養成制度の改善は「リスボン戦略」の目標達成に貢献する重要な要素のひとつとして重視されてい

る。

　ヨーロッパ統合へ向けての文化、教育面での寄与の一例として、ヨーロッパ学校と海外学校を挙げることができる。

　ヨーロッパ学校は、設立時はEC（欧州共同体）に勤務する者の子女を対象に設けられたものであったが、現在では、より拡大された生徒層に開放されている。カリキュラム面でもヨーロッパの統合を念頭に置いた教育が行われている。この学校の修了時に行われる「ヨーロッパ・バカロレア試験」に合格することにより、EU加盟国すべてに通用する大学入学資格を取得することができる。

　ドイツの海外学校は、外国におけるドイツ人植民者・移民者の学校として出発した。戦前は、ドイツの覇権主義とも結び付いて、ドイツ文化圏の拡大を目的とする学校でもあった。しかし、第二次世界大戦後、海外学校は文化の単なる一方的輸出ではなく、現地文化を尊重しながら異なった文化間の共有を目指す、いわゆる「異文化間教育」の実践機関へと変貌していった。

第1章　教育政策──ECからEUへ

　本章においては、ECからEUへと発展するなかでどのような教育政策が考えられてきたのか、また現在ヨーロッパレベルでどのような教育政策が推進されているかを概観する。第1節では、教育政策のあゆみと法基盤について、補完的社会政策から教育政策への流れ、マーストリヒト条約と教育に関する規定、現在進行している教育計画の順で見ていく。第2節では、リスボン戦略とその展開について、とくにベンチマークの設定とその達成状況をまとめてみる。第3節では、拡大後のEUの教育現況と課題を整理する。最後に、第4節で、EUが策定している「青少年行動計画」を取り上げ、そのなかで目的とされている「市民性」の形成について概観し、本章のまとめとする。

第1節　教育政策のあゆみと法基盤

1　補完的社会政策から教育政策へ

　まずECの教育政策のあゆみを概観することにしよう[1]。ECは、欧州経済共同体（EEC）、欧州原子力共同体（EURATOM）、欧州石炭鉄鋼共同体（ECSC）という3つの共同体の総称であり、これらの共同体の設立条約が、EC法のいわば根源となっている（ECSCは1952年、EECは1958年、EURATOMは1958年にそれぞれ創設され、1976年7月からこれら3つの共同体の機関が合併しECとなった）。
　しかし、これら3つの設立条約のいずれをみても、教育制度それ自体は規定の対象になっていなかった。「欧州経済共同体を設立する条約」（ローマ条約）は、その第128条で、「理事会は、委員会の提案にもとづき、各国の経済お

よび共同市場の調和ある発展に寄与することができる職業訓練についての共通政策を実施するため必要な一般的原則を設ける」と規定した[2]。つまり EC の教育政策は、まず EC 域内における「共通の職業訓練政策」という、いわば社会政策に関連した形での規定から出発した[3]。それが大体1950年代から60年代前半にかけてである。

ローマ条約のこの規定にもとづいて、1963年に「共同職業訓練政策の実施に関する一般的原則」が理事会で採択された[4]。1960年代後半になると、単なる社会政策の補完的な形での職業訓練政策にとどまらず、より包括的な EC レベルでの教育政策が目指されるようになる。その主なものとして、1968年に採択された「共同体内における労働者の移動の自由に関する理事会規則」を挙げることができる[5]。たとえばその第12条は、「EC 加盟国の子女は、移住先のいずれの EC 加盟国内においてもその国の子女と同等の条件で、教育および職業訓練を受けることが保障される」と規定している。この理事会規則にしたがい、1977年に「移住労働者の子女の教育に関する理事会指令」が制定される[6]。この指令では、とりわけ次の3点が強調されている。

- 移住労働者の子女に対し、無料で受け入れ国の言語の入門授業を提供する。
- 移住労働者の子女を教える教員の養成および現職教育を実施する。
- 移住労働者の子女に対し、彼らの母語および母国の地誌を教授する。

同じく70年代で注目される政策としては、1976年の「教育の領域における行動計画」(教育関係閣僚理事会決議)が挙げられる[7]。そこでは EC 内の教育機関相互の協力と交流の強化を目指して、次のような内容が盛り込まれている。

- どのような授業形態が望ましいかについての情報および経験の交換
- モデルの提示
- 語学の授業方法の研究開発
- ヨーロッパについて学校での教授
- 教育制度面のアクチュアルなドキュメンテーションおよび統計の収集

以上は、60年代から70年代にかけての EC の教育政策の主なものである。これらをふまえて80年代になると、さらにより具体的な措置が講じられるようになる。80年代前半の主な政策文書としては、次のようなものが挙げられる[8]。

- 「青少年の職業準備を改善し、学校から職業生活への移行を容易なものとする措置」（1982年7月12日，教育関係閣僚理事会決議）
- 「高等教育における移動の促進」（1983年6月2日，教育関係閣僚理事会結論）
- 「教育における新しい情報技術の導入措置」（1983年9月19日，教育関係閣僚理事会決議）
- 「高等教育および高等教育機関間の協力の発展に関する決議」（1984年3月14日，欧州議会決議）

こうして80年代半ばから90年代前半にかけて、「ヨーロッパ統合」への教育面からの寄与を目的とする様々な具体的計画が実施されることになる。たとえば、加盟国が独自に編制してきたカリキュラムを「ヨーロッパ次元」(european dimension) という共通理念のもとで再構築しようという試みである「教育におけるヨーロッパ次元に関する決議」[9]、ディプロームの相互承認により、高等教育の領域における教員、学生、研究者の移動を促進することを目指した理事会指令である「少なくとも3年間継続する専門の教育および訓練の修了に際して授与される高等教育のディプロームの承認に関する一般的制度」[10]などが挙げられる。

こうして、これまでのローマ条約では「社会政策」との関わりのなかで職業訓練政策の推進という観点からの条文が設けられていただけであったのが、次に見るように、マーストリヒト条約（1993年発効）で、「教育、職業訓練および青少年」という章が設けられ、そのなかにはじめて「教育」に関する条文が挿入されることになる。

この時期、教育の次元での「ヨーロッパ統合」への寄与を目的として進行していた諸計画は、**表II-1-1**のとおりである。

表II-1-1　ECの主な教育関連計画（1989-92年）

	計画の名称	期　間	対　象	目　的	行動の内容
1	ERASMUS 計画	第1段階：1988-90 第2段階：1991-93	大学生43,000人と1,500の高等教育機関（第1段階）	EC内の高等教育機関に学ぶ学生の移動の促進およびヨーロッパ次元の促進	・大学間のヨーロッパネットワークの構築 ・他のEC加盟国に学ぶ学生に対する奨学金の支給 ・学位の相互承認措置の開発
2	COMETT 計画	第1段階：1988-89 第2段階：1990-94	大学生および企業のスタッフ。1987/88年度で合計2,400人の学生が参加。1,320のプロジェクト	ニューテクノロジーとリンクした高度の職業教育の改善のための大学と産業界との協力関係の促進	・大学と産業界との協力 ・国境を越えた大学生の企業への配置 ・職業継続教育の促進
3	ヨーロッパ青少年計画 (Youth for Europe)	第1段階：1989-91 第2段階：1992-	15-25歳の青少年。第1段階では80,000人	EC内における青少年交流の改善、促進、多様化	・最低1週間の相互訪問の助成 ・この計画についての情報を提供し調整するための国家機関の設置 ・青少年交流のリーダー養成のための研究訪問およびその援助
4	若年労働者の交換計画 (Exchanges of Young Workers)	第1段階：1985-90 第2段階：1991-	18-28歳の若年労働者または同年齢の求職者。1987/88年度で7,000人	EC内の他国での、職業訓練または労働経験の提供	・短期（3か月まで）、長期（16か月まで）の他加盟国における職業訓練または労働・交換ネットワークの形成
5	PETRA 計画	第1段階：1989-92	青少年に対する義務教育後の職業訓練 1989年度に154の職業訓練コースと200のプロジェクト	青少年の職業教育の促進を支援	・職業訓練コースの国境を越えたヨーロッパネットワークの形成 ・青少年自身による各種プロジェクトの実施 ・研究分野における協力
6	IRIS 計画	第1段階：1988-92	女子のための職業教育。1989年に71のプロジェクト	女子が職業教育にアクセスすることを促進	・女子のための職業訓練開発プロジェクト・ネットワークの形成
7	CEDEFOP 計画	1975年2月10日の理事会規則にもとづき創設、現在に至る	職業教育および継続教育の専門家、実践家等	職業教育および現職教育の促進、発展	・職業教育の専門家のための研究訪問 ・データバンク、ドキュメンテーション ・比較研究および研究援助
8	EUROTECNET 計画	第1段階：1985-89 第2段階：1990-94	青少年および企業の職業訓練従事者 1989年度に135のプロジェクト	ニューテクノロジーとリンクして職業訓練の分野における革新のEC全域への喚起	・職業訓練のためのヨーロッパネットワーク ・研究分野における協力
9	EURYDICE 計画	1980年にネットワークが創設	公教育の分野	EC各国の教育制度およびECの教育政策に関する情報の拡大	・共同体内の教育に関するデータバンク ・国家間の相互交流 ・出版物を通しての比較分析
10	ARION 計画	1978年から	教育政策の専門スタッフ 1978年以降3,200の研究訪問	教育制度の相互理解の促進	・1週間程度の研究訪問
11	LINGUA 計画	第1段階：1990-94	中等教育、高等教育機関に学ぶ生徒・学生、教師、企業で働く労働者	共同体市民として必要な言語能力の改良・促進	・エラスムス計画とリンクして教師の継続教育 ・教師用資料の作成 ・生徒間の交流 ・ビジネスの世界での言語能力向上
12	移民労働者の子女の教育計画 (Education of Migrant Workers' Children)	1977年より開始	初等・中等学校に通学する移民労働者の子女 1988年に15のパイロット・プロジェクト	すべての教育レベルにおける移民労働者の子女の統合	・母語の教授に関するパイロット・プロジェクト ・教師教育 ・帰国者のための教育

（出所）Gordon Blakely, *Youth Policy*, Routledge in association with the University of Bradford and Spicers Center for Europe Ltd., 1990, pp.70-72.

2 マーストリヒト条約と教育に関する規定

1992年2月に、EC12か国の首脳は、オランダのマーストリヒトにおいて「欧州連合(EU)を設立する条約」、いわゆるマーストリヒト条約に調印した。この条約には、大きく3つの柱がある[11]。第1に、ECU(エキュー)という共通の通貨を導入(1999年1月からはユーロの導入)することによる通貨統合・経済統合である。第2は、加盟国が共通の外交・安全保障政策をもとうという政治統合である。第3に、「ヨーロッパ市民権」を基盤に置いた社会統合である。なお、マーストリヒト条約により、EU(European Union)という名称が用いられるようになった。

マーストリヒト条約では、従来の「社会政策」の部分が「社会政策、教育、職業訓練および青少年」と改正され、新たに「教育、職業訓練および青少年」という章が追加された。これを見ると、「質の高い教育の発展に寄与する」ためにとして、その目的が次のように規定されている(第126条)[12](以下、**表Ⅱ-1-2**を参照)。

- 構成国の言語の習得とその普及を通して、「ヨーロッパ次元」の教育を発展させること
- 学位、学習期間などの大学間の相互承認を促進することにより、学生および教員の移動を奨励すること
- 教育機関の間の協力関係を推進すること
- 構成国の教育制度に共通する問題に関する情報や経験の交流を発展させること
- 青少年の交流および社会教育の指導者の交流を促進すること
- 遠隔教育(通信教育)の発展を促進すること

また同じように、職業教育についても、加盟国間におけるいっそうの協力関係の確立がはっきりと要請されている(第127条)。

こうして、教育政策面における加盟国間の緊密な協力関係の構築が明文化されることになった。この規定を踏まえて、このあと紹介するように、「教育におけるヨーロッパ次元」の確立を目指した様々な試みが、いろいろな形で活発に企てられることになる。またこれらの教育政策は、EUの枠組みを

表II-1-2　マーストリヒト条約（第126条、第127条）

第三章　教育、職業訓練及び青少年
第126条「教育」
1　共同体は、構成国間の協力を促進し、かつ必要な場合には、構成国の活動を支援及び補足することにより、質の高い教育の発展に寄与する。その際、共同体は、教育内容及び教育制度の組織に対する構成国の責任、並びに構成国の文化的及び言語的多様性を十分に尊重する。
2　共同体の活動は、次のことを目的とする。
　－　特に構成国の言語の習得及び普及を通じ、ヨーロッパ次元の教育を発展させること。
　－　とりわけ学位及び学習期間の大学間の承認を促進することにより、学生及び教員の移動を促進すること。
　－　教育機関の間の協力を促進すること。
　－　構成国の教育制度に共通する問題に関する情報及び経験の交流を発展させること。
　－　青少年の交流及び社会教育の指導者の交流の発展を促進すること。
　－　遠隔教育の発展を促進すること。
3　共同体及び構成国は、第三国及び教育の分野において権限を有する国際組織、特に欧州審議会との協力を促進する。
4　本条に定める目的の達成に寄与するために、理事会は、次のことを行う。
　－　構成国の法令の調和をはかることを除き、経済社会評議会及び地域委員会との協議ののち、第251条に定める手続に従い、促進措置を採択すること。
　－　委員会の提案に基づき、特定多数決により、勧告を採択すること。
第127条「職業訓練」
1　共同体は、職業訓練の内容及び組織についての構成国の責任を十分尊重しつつ、構成国の活動を支援及び補足する職業訓練政策を実施する。
　2　共同体の活動は、次のことを目的とする。
　－　特に職業訓練及び職業再教育を通じて、産業界の変化に対する適応を容易にすること。
　－　労働市場への職業的編入及び再編入を容易にするため、新規及び継続の職業訓練を改善すること。
　－　職業訓練を受ける機会を容易にし、かつ指導者及び訓練受講者並びに特に青少年の移動を促進すること。
　－　職業訓練の問題に関して、教育機関と企業の間の協力を促進すること。
　－　構成国の職業訓練制度の枠内で、共通する問題に関する情報及び経験の交流を構築すること。
3　共同体及び構成国は、第三国及び職業訓練の分野において権限を有する国際機構との協力を促進する。
4　理事会は、構成国の法令の調和をはかることを除き、第251条に定める手続に従い、かつ経済社会評議会及び地域委員会との協議ののち、本条に定める目的の達成に寄与するための措置を採択する。

(出所) 山手治之，香西茂，松井芳郎 (編集代表)『ベーシック条約集』第4版，東信堂，2003.4, pp.80-81. ドイツ語版により訳語を一部改変した。

超えて、EFTA（欧州自由貿易連合）諸国に、あるいは中欧・東欧諸国に、といった具合に、広くヨーロッパ全域に拡大していく。

なお、EUの教育政策の一般的な決定過程をみると、法案はまず欧州委員会から閣僚理事会（加盟国の教育関係大臣で構成される教育関係閣僚理事会）と欧州議会に提案という形で提出される。また経済社会評議会と地域委員会に諮問され、両者は意見を表明する。これらの手続きを経て、必要な修正が加えられ、改めて法案は委員会から理事会と欧州議会に付される。これを最終的に理事会と欧州議会が採択するという仕組みになっている[13]。成立した法案は、欧州委員会により執行される。

欧州委員会は、各加盟国から1人ずつ任命される27名の欧州委員により構成されている。委員長は2004年からポルトガル出身のジョゼ・マヌエル・バローゾ（José Manuel Barroso）が務めている。欧州委員会には、それぞれの専門分野ごとにその実務を担当する事務総局（Directorate-General）が置かれており、教育政策に関しては、教育・文化総局（Directorate-General for Education and Culture）の所管となっている。教育・文化総局を担当する欧州委員（教育・文化・多言語主義・青少年担当）には、キプロス出身のアンドゥルラ・バシリウ（Androulla Vassiliou）が就任している（以上、2010年現在）[14]。

3　現在進行している教育計画

欧州委員会は、2007年から2013年まで7年間の新しい教育計画として「生涯学習の促進に関する統合計画」（以下、「統合計画」）を策定している（**表II–1–3を参照**）[15]。

この統合計画の目的は、次のように記されている。

「この計画の一般的目的は、共同体を、生涯学習を通して、進歩する知識社会、持続する経済的発展をともなう社会へと導くことに寄与するものである。そこでは、よりよい労働場所、より大きな社会的結束と同時に、将来の世代に対する環境保護も保障される。とりわけこの計画は、普通教育と職業教育における共同作業と、共同体のなかでの移動を促進し、世界規模の質的保証を発展させるものである」[16]。

表II-1-3　生涯学習の促進に関する統合計画（2007－2013年）

生涯学習統合計画			
統合計画全体の展望 ・質的に高い生涯学習の展開 ・加盟国における生涯学習の質、魅力、アクセス容易性の改善 ・個人の発達、社会的共同、積極的市民意識、両性の平等および特別なニーズを必要とする者に対する生涯学習の寄与の強化 ・創造性、競争能力および就業能力の促進ならびに起業家精神の開発 ・あらゆる年齢層の者の生涯学習参加率の向上 ・言語学習および言語の多様化の促進 ・ヨーロッパ市民意識の開発にあたっての生涯学習の役割の拡大 ・ヨーロッパの普通教育および職業教育のあらゆる領域における質の改善に際しての共同作業の促進 ・統合計画によりカバーされる領域における、成果、革新的生産物およびプロセスの利用ならびにモデルとなる方法の交換			
コメニウス （学校教育）	エラスムス （高等教育）	レオナルド・ダ・ヴィンチ （職業教育）	グルントヴィ （成人教育）
就学前教育から後期中等教育までの教員、生徒およびこれらの者が所属する教育機関を対象。 ・ヨーロッパ文化およびヨーロッパ文化がもつ価値の多様性に対する青少年および教育者の理解の発展 ・個人の発展、よりよい就業機会、積極的なヨーロッパ市民意識にとって必要な基礎的知識、達成および能力を青少年が獲得できるよう援助 コメニウス移動行動、学校パートナーシャフト、多面的共同作業のためのプロジェクトならびに横断的措置	大学教育および第三領域（高等教育領域）で行われる職業教育を対象。 ・「ヨーロッパ高等教育圏」実現のための援助 ・大学教育および第三領域で行われる職業教育の革新的プロセスへの寄与を強化 計画の枠内で、個人の移動活動、とりわけ革新と実験に関わる共通プロジェクト、エラスムスの枠内でのテーマ・ネットワークならびに横断的措置	すべての職業教育の関与者の教授・学習のニーズに応える（第三領域の職業教育を除く）教育課程を提供または促進する教育施設・組織を対象。 ・各国の特殊な事情への適合を含む革新的移転を通して職業教育制度の改善を、とりわけめざす多面的なプロジェクト ・開発および範例的方法による移転を通しての職業教育制度の改善をめざした多面的なプロジェクト ・専門家および組織によって構成されるテーマ・ネットワーク ・横断的措置	成人学習に関わるあらゆる形態の教授・学習のニーズに対応する教育課程を提供または促進する教育施設・組織を対象。 ・ヨーロッパの住民の高齢化により生ずる教育生成の克服 ・成人の知識と能力を形成するオルタナティブの準備 グルントヴィの枠内で次の行動が促進される。 ・個人の行動 ・関連する組織が共通に関心をもつテーマに関する「グルントヴィ学習パートナーシャフト」 ・グルントヴィ・ネットワーク ・横断的措置
横断的計画（4つの重点的活動）			
1. 教育政策上の共同作業（生涯学習に関わる政策発展とヨーロッパレベルでの協力を援助する） 2. 言語学習の促進 3. 革新的情報コミュニケーション技術（ICT）にもとづく教育内容、教育的措置の発展の助成 4. 各種措置の成果の普及と利用、モデルとなる事例の交換の促進			
ジャン・モネ計画（3つの重点的活動）			
ジャン・モネ行動 ・ジャン・モネ・チェアー（Jean Monnet Chair） ・教授の団体、その他高等教育の教員、ヨーロッパ統合を専門とする研究者・ヨーロッパ統合研究を専門とする若手研究者の助成 ・ヨーロッパ統合のプロセスに関わる議論、反省および知識の促進を目的とする研究活動 多国間のプロジェクトネットワーク（多国間研究グループを含む）	ヨーロッパ統合に関わる事項を扱う諸機関に対する運営上および管理上の助成 ・欧州大学（College of Europe） ・ヨーロッパ大学インスティトゥート（European University Instirute） ・ヨーロッパ行政インスティトゥート（European Institute of Public Adminisralion） ・ヨーロッパ法アカデミー（Academy of European Law） ・特別なニーズの教育開発のためのヨーロッパ機関（European Agency for Development in Special Needs Education） ・ヨーロッパ訓練国際センター（International Centre for European Training. CIFE）		生涯学習に関わる教育および訓練の分野におけるヨーロッパの諸団体に対する運営上および管理上の助成

(出所) 欧州委員会のホームページから "What is the structure of the Lifelong Learning Programme" のサイトを参照して筆者作成。〈http://ec.europa.eu/education/programmes/llp/general/what_en.html〉

また「この計画は、生涯学習に関する政治的措置、とくに、リスボン戦略、ボローニャ・プロセスおよびコペンハーゲン・プロセス、ならびにこれらと対応する後続のイニシアティブを、ヨーロッパ次元で支援するものである」[17]。

具体的には、「価値の高い生涯学習の発展、高度の達成スタンダード、革新（イノベーション）の促進、ならびにヨーロッパ次元への寄与」、「生涯学習のヨーロッパ空間を実現するための支援」、「加盟国が行う生涯学習の質、魅力の向上、生涯学習へのアクセスの改良」が目指されている[18]。

実際の行動としては、学生、教員等の域内移動の促進、共同体レベルでの多面的なプロジェクト開発と協力ネットワークの構築、各種促進措置の成果の普及と利用、モデルとなる革新的な事例の相互交換などが行われる。

なお、この統合計画は、「コメニウス」など、これまで実施されてきた4つの個別の計画を統合したものとなっている[19]。

まず、「コメニウス」(COMENIUS) は、初等・中等教育にかかわる促進措置である[20]。これは、『大教授学』を著した教育学者のコメニウス (1592-1670) を念頭に置いてネーミングされている。

「エラスムス」(ERASMUS) は、大学教育に関わる計画である[21]。これもルネサンス期を代表する人文主義者のエラスムス (1466-1536) の名にちなんでいる（エラスムスは、国境を越えてヨーロッパ各地の大学を学生として、また教師として遍歴した）。

「レオナルド・ダ・ヴィンチ」(LEONARDO DA VINCI) は、職業教育、継続教育を促進することを目指している[22]。これもルネサンス期を代表する芸術家のレオナルド・ダ・ヴィンチ (1452-1519) に由来している。

「グルントヴィ」(GRUNDTVIG) は、成人教育に関わるいろいろな施策を実施している[23]。グルントヴィ (1783-1872) は、デンマークの宗教家、詩人で、政治家でもあった。彼は、誰でも、いつでも入学できる成人教育施設である国民大学 (Folkehøjskole) を創設したことで知られている。

それぞれの計画で、とくに重点とされている具体的目標と、それぞれの計画に支出される予定の予算額 (2007-13年) は、以下のとおりである[24]。

・コメニウスでは、2007-13年の間に、全生徒の5％を各種プログラムに

参加させる[25]（16億1,204万4,000ユーロ）。
- エラスムスでは、2010年までに300万人の学生の域内移動を実現する[26]（59億2,974万6,000ユーロ）。
- レオナルド・ダ・ヴィンチでは、2013年までに年間150,000人分の訓練場所を設定する[27]（36億4,935万5,000ユーロ）。
- グルントヴィでは、成人の移動を2013年までに年間25,000人にまで拡大する[28]（5億9,314万9,000ユーロ）。

以上が、この統合計画の中核となる4つの大きな行動である。これに加えて、それぞれに全体的に関わり、これらを補充する横断的計画が設定されている[29]。その重点となっているのは、生涯学習に関わる次の4つの行動である。①教育政策上の共同作業、②言語学習の促進、③革新的情報コミュニケーション技術（ICT）を用いた教育への助成、④教育的措置、成果等の普及、モデルとなる事例の交換。この横断的計画には、8億3,073万9,000ユーロが支出される予定である。

さらに、ヨーロッパ統合に関わる研究支援、高等教育機関、民間団体などへの援助を目的としたジャン・モネ（Jean Monnet）プロジェクトもこの統合計画に含まれる[30]。この行動には、2億7,084万ユーロの支出が見込まれている。

今後、実際に全体予算を配分するにあたっては、コメニウスに少なくとも13％、エラスムスに少なくとも40％、レオナルド・ダ・ヴィンチに少なくとも25％、グルントヴィに少なくとも3％が支出されるとしている[31]。上記の個別計画に含まれない措置を含めて、統合計画全体で、2007年1月から2013年12月までの7年間で、133億6,527万1,000ユーロの予算措置が講じられるとされている。

なお、この統合計画には、EU構成国だけでなく、アイスランド、リヒテンシュタイン、ノルウェーなどの欧州経済領域（EEA）諸国のほか、トルコも参加している。また加盟候補国であるクロアチアとマケドニア旧ユーゴスラビア共和国（FYROM）のほか、スイス、さらに西バルカン諸国（アルバニア、ボスニア・ヘルツェゴビナ、モルドバ、モンテネグロ、セルビア）も、欧州委員会と協定を締結することにより、この統合計画への参加が可能となっている[32]。

第1章　教育政策　177

第2節　リスボン戦略とその展開——ベンチマークの設定

　EU(欧州連合)では、2000年3月にリスボンで開催された欧州理事会で、「2010年までに世界でもっとも競争力のある、ダイナミックな知識を基盤とした経済空間を創設する」として、「知識社会における生活と労働のための教育および訓練」、「研究と革新の欧州空間の創設」、「雇用、教育および訓練における社会的統合の促進」など、経済・社会政策について今後10年間を念頭に置いたEUの採るべき包括的な方向性が示された(「リスボン戦略」)[33]。

　この「リスボン戦略」のなかで、教育水準の向上は、国際的な「競争力」を高め、「知識社会」を実現するために不可欠なものとして、EUレベルで積極的に取り組まれることになった。

　なお、リスボン戦略と並行して、高等教育の領域では「ボローニャ・プロセス」が進行している(第3章を参照)。これは、欧州委員会だけでなく、欧州審議会(Council of Europe)をはじめ、広くヨーロッパの大学、学生、経済界、労働界などの団体も加えた広範なメンバーをフォローアップ・グループとして、2010年を目標に「ヨーロッパ高等教育圏」の構築を目指すものである。

　また、職業教育の領域では、「コペンハーゲン・プロセス」と呼ばれる取組みも行われている(第3章第1節2(3)を参照)。この試みでも、欧州委員会とヨーロッパ各国の教育関係大臣が連携して、広くヨーロッパレベルでの各国間の協力・強化が進められている。

1　目標設定と作業計画の策定

　リスボン欧州理事会の議長総括では、今後の取組みにあたり、「開かれた調整方法」(offene Methode der Koordinierung)[34]が採用されるとしている。これは、加盟各国間で情報をオープンにし、よりよい事例をモデルとしながら全体を調整していくという方式である。具体的には、①まず共通の指針と目標を設定する。②これにもとづき、個別の指標を定める。③これを各国は自国の政策に反映させる。④このプロセスを定期的に検証、評価する、というものである[35]。教育政策の取組みについても、この手続きにより進められることに

表 II-1-4　普通教育および職業教育におけるリスボン戦略への貢献

各国の教育大臣は、3つの戦略的総合目標と13の具体的共通目標を設定した

以下の措置により制度の有効性と質の向上を図る	以下の措置により教育機関へのアクセスを容易にする	以下の措置により世界に開かれた教育を目指す
1. 教員および訓練者の養成の改善 2. 基礎的熟練の開発 3. すべての人の情報コミュニケーション技術へのアクセス 4. 自然科学・工学の学習課程の受講促進 5. 資源の最大限の利用	6. 開かれた学習領域の開発 7. 普通教育および職業教育の魅力の向上 8. 積極的市民意識、機会の平等および社会的共同の促進	9. 労働界、学校および社会との密接なコンタクト 10. 起業家精神の開発 11. 外国語のより強化された学習 12. 移動および交流の集中化 13. ヨーロッパ共同作業の強化

（出所）Kommission der Europäischen Gemeinschaften, *Arbeitsdokument der Kommissionsdienststellen „Allgemeine und berufliche Bildung 2010"*, S.10.〈http://ec.europa.eu/education/policies/2010/doc/staff-work_de.pdf〉

なった[36]。

　リスボン欧州理事会を受けて、2001年2月、EUの教育関係閣僚理事会は「普通教育および職業教育制度の具体的な将来目標に関する報告」[37]を採択し、同年3月のストックホルム欧州理事会に提出した。そのなかで、「普通教育・職業教育制度における質の向上と有効性の改善をはかる」、「すべての人に対し普通教育・職業教育へのアクセスを容易なものとする」、「普通教育・職業教育制度を世界に対し開放する」という3つの大きな目標と、それに対応する13の具体的目標が設定された（**表 II-1-4**を参照）。

　翌年（2002年）2月、教育関係閣僚理事会は、これらの目標に対応する「戦略目標」、「中核テーマ」、「進展の目安となる指標」、「今後のタイムスケジュール」などの雛形を盛り込んだ作業計画をとりまとめ、同年3月のバルセロナ欧州理事会に提出した[38]。以後、この計画のもとで、加盟各国の取組みが進展することになった[39]。

2 ベンチマークの設定

この作業計画にしたがい2003年3月、ブリュッセル欧州理事会は、「最良の実践を精査し、人的資源への効率的および効果的投資を確保する」ためにベンチマークを利用することを教育関係閣僚理事会に対し要請した[40]。この要請にもとづき、2003年5月5-6日に開催された教育関係閣僚理事会は、2010年までに達成することを目標として、とくに5つのベンチマークを盛り込んだ結論文書を採択した[41]。

5つのベンチマークは次のとおりである（**表Ⅱ-1-5**を参照）。①早期学校離学者の減少、②数学・自然科学・工学の大学卒業生の拡大、③後期中等教育修了者の拡大、④青少年の読解力向上、⑤生涯学習参加者の拡大、である。このうち、①、③、④は中等教育に関わるもの、②と⑤は、高等教育、生涯学習に関わるものとなっている。

以下ではこのベンチマークについて、その内容と、現時点でEU全体とし

表Ⅱ-1-5　5つのベンチマーク

事　項	ベンチマーク	備考（2000年の数値）
1　早期学校離学者	・2010年までに18-24歳の早期学校離学者の割合を、平均して最大でも10％以下とする。	EU 平均：17.6％
2　数学・自然科学・工学の卒業生	・2010年までに数学・自然科学・工学の大学卒業生数を現在よりも少なくとも15％高める（74万8,000人とする）。 ※数学・自然科学・工学の大学卒業生数に占める女子の割合を高める。	卒業者数（EU25か国）：65万2,000人
3　後期中等教育修了者の割合	・2010年までに20-24歳人口の85％が、後期中等教育段階（ISCED 国際標準教育分類3）を修了する。	EU 平均：76.6％
4　15歳の生徒の読解力（下位成績者の割合）	・2010年までに読解力に劣る15歳人口の割合を2000年と比較して20％減少させる（下位成績者の割合：15％以下）	EU 全体の下位成績者の割合：19.4％ 〔参考〕日本：10.1％ 　　　　米国：17.9％
5　成人の生涯学習への参加率	・2010年までに就業年齢層（25-64歳）の者の生涯学習（訓練・継続教育）への参加率を平均して12.5％とする。	EU 平均：7.1％

（出所）European Commission, *Detailed Analysis of Progress Toward the Lisbon Objectives in Education and Training, 2006 Report, Analysis based on indicators and benchmarks* 〈http://ec.europa.eu/education/policies/2010/doc/progressreport06annexes.pdf〉のデータをもとに筆者作成。

て、またそれぞれの加盟国が、どの程度目標値に到達しているか等、その状況を紹介する[42]。

なお、2010年に向けたリスボン戦略の折り返し点である2004年に、ベンチマークの進展状況などを記載した「中間報告書」がまとめられた。そのなかで、①「もっとも重要な領域に改革と投資を集中させる」、②「生涯学習が実現されなければならない」、③「普通教育と職業教育のヨーロッパを創設する」ことが、「成功のための鍵」であるとしている[43]。

①については、とくに「資金の投資、配分にあたり、有効性をより高める」、「教員の職を魅力あるものとする」ことが重要であるとされている。②については、「包括的で、結束力のある、調整された戦略の開発」、「障害をもつ人々の統合（インクルージョン）」、「共通のヨーロッパレベル原則の適用」が、③については、「ヨーロッパ資格枠組み（European Qualification Framework; EQF）[44]の必要性」、「移動の障害を除去するための積極的活動」、「教育におけるヨーロッパ次元の強化」が、それぞれとりわけ大きな課題に挙げられている[45]。

さらに、2005年のブリュッセル欧州理事会で「リスボン戦略」の新たな見直しが行われた[46]。そこでは、「人的資本」への投資が、「持続的な成長と雇用の改善」にとっていっそう求められるとされた。

同理事会を受けて、各国はそれぞれ自国のナショナル・レポートを提出することになり、それにもとづいて2007年に欧州委員会は新たに「中間報告書」を作成した。以下、この「中間報告書」のなかから、ベンチマークを中心に見ていくことにする[47]。なお、この報告では、EU27か国に加えて、今後の加盟候補国（クロアチア、マケドニア、トルコ）と欧州経済領域の3か国（アイスランド、リヒテンシュタイン、ノルウェー）のデータも分析の対象として盛り込まれている。また、EUの競争相手国として、米国と日本のデータも随時挿入され、比較の対象に加えている。

(1) 早期学校離学者の減少

早期学校離学者とは、前期中等教育段階の学校に学んだあと、継続する学校教育、職業訓練を何ら受けることなく学校を離れている者をいう。理事会

第1章 教育政策

表II-1-6 2000年以降の各国の進展状況

ベンチマーク※	読解力に劣る者 (15歳、%)		早期学校離学者 (18-24歳、%)		後期中等教育修了者 (20-24歳、%)		数学・自然科学・工学の卒業生 (人口1,000人あたりの数)		生涯学習への参加 (25-64歳、%)	
調査年	2000	2003	2000	2006	2000	2006	2000	2005	2000	2006
EU平均(加重平均)	19.4	19.8	17.6	15.3	76.6	77.8	10.2	13.1	7.1	9.6
ベルギー		↗↗		→		→		↗		
ブルガリア		nd	2001	↗		↗↗		↗		
チェコ		↘	2001	↗		→		↗↗		
デンマーク		↗↗				↗↗		↗↗		
ドイツ		↗↗						↘		
エストニア	nd	nd				↗↗		(↗↗)		
アイルランド		→	2002	↗		↗↗		↗		
ギリシャ		↘		↗		↗↗	2004	↗		
スペイン		↘		↗		↘		↗↗		
フランス		↘		↗↗		↗		↗↗		
イタリア		↘		↗↗		↗↗		↗↗		
キプロス	nd	nd		↘		↗↗		↗↗		
ラトビア		↗↗	2002	↗		↗↗		↗↗		
リトアニア	nd	nd		↗		↗↗		↗↗		
ルクセンブルグ	( )	(↗↗)		↗		↘		—		
ハンガリー		↗↗				→		↗		
マルタ	nd	nd				↗		↗		
オランダ	( )	(↘)				↗		↗		
オーストリア		↘		↗		→		↗↗		
ポーランド		↗↗	2001	↗		↗		↗↗		
ポルトガル		↗↗		↗		↗↗		↗↗		
ルーマニア		nd		↘		↗↗		↗↗		
スロベニア		nd		(↗↗)		↗↗		↗↗		
スロバキア		nd		↗		↘		↗↗		
フィンランド		↗↗				↘		↗		
スウェーデン		↘		↘		↘		↘		
英国		nd		↘		↘		↘		
クロアチア※※		nd		↗↗	2002	↗↗	2004	↗		
マケドニア※※	nd	nd	nd	nd	nd	nd		↗	nd	nd
トルコ※※		nd		↗		↗↗		↗↗		
アイスランド※※※		↘		↗		↗		↗↗		
ノルウェー※※※		↘		↗↗		↗↗		↗↗		

凡例: EU平均以上 / EU平均 / EU平均以下 / データなし

※ 数値は、欧州委員会統計局（Eurostat）による。「読解力に劣る者」は、OECDのPISA（生徒の学習到達度調査）による。
※※ EU加盟候補国
※※※ EFTA（欧州自由貿易連合）加盟国
【凡例】 ↗↗：EUの平均以上の改善が見られる　↗：改善が見られる
　　　　↘：悪化している　→：（変化の割合が1％以下）
　　　　‖：連続性がない（2000年と2006年で統計の取り方に連続性がない）
　　　　nd：データなし　　( )：比較できない
2000年のデータがない場合、別の年のデータを使用している。
「生涯学習への参加」は、2000年と2006年で統計の取り方に連続性がない国が多数あるので、矢印はつけていない。

(出所) Commission of the European Communities, *Progress Towards the Lisbon Objectives in Education and Training, Indicators and benchmarks* 2007, Commission Staff Working Document, p.14. 〈http://ec.europa.eu/education/policies/2010/doc/progress06/report_en.pdf〉

表 II-1-7　中等教育関連のベンチマークの上位国

ベンチマーク	2010年に向けた EU の目標	EU の上位 3 か国			EU27か国平均	米国	日本
早期学校離学者 (18-24歳,%)	10%以下	2006年					
		チェコ 5.5%	ポーランド 5.6%	スロバキア 6.4%	15.3%	—	—
読解力に劣る者 (15歳,%)	少なくとも20%減少させる（下位成績者の割合を15.5%以下とする）	2000年から2003年の間の変化（%）					
		ラトビア −40.2%	ポーランド −27.6%	フィンランド (−18.6%)	+2.1%	+8.4%	+88.1%
		下位成績者の割合（%, 2003年）					
		フィンランド 5.7%	アイルランド 11.0%	オランダ 11.5%	19.8%	19.4%	19.0%
後期中等教育修了者 (20-24歳,%)	少なくとも85%	2006年					
		チェコ 91.8%	ポーランド 91.7%	スロバキア 91.5%	77.8%	—	—

（出所）Commission of the European Communities, *op.cit.*, p.15.

結論では、「完全雇用と社会的連帯を確保する」ために早期学校離学者を減少させることが、「リスボンの目標達成」に決定的な意味をもつとされている。これにしたがい、次のようなベンチマークが設定された。

- 2010年までに18-24歳の早期学校離学者の割合を、EU全体の平均で最大でも10％とする。

EU全体で見ると、2000年の時点で、18-24歳人口に占める早期学校離学者の割合は17.6％であった。2006年にはこの数値は15.3％となっているので、一定の進展があったということができる。しかし、いくつかの国では、逆に2000年の結果よりも数値が高くなっているなど、2010年に目標とされるEUのベンチマークに到達するには、さらなる改善を必要とするとされている（**表II-1-6を参照**）。

ベンチマークの上位国を見ると、チェコ5.5％、ポーランド5.6％、スロバキア6.4％となっている（表II-1-7を参照）。このように上位国では、「10％以下とする」という2010年の目標値をすでにクリアしている。

(2) 数学・自然科学・工学の大学卒業生の拡大

「高い資格をもつ科学者の十分な供給は、知識を基盤とするグローバル経済」に勝ち抜くために重大な意味をもつとされ[48]、理事会結論では、数学、

表 II-1-8　高等教育および生涯学習関連のベンチマークの上位国

ベンチマーク	2010年に向けたEUの目標	EUの上位3か国			EU27か国平均	米国	日本
数学・自然科学・工学の卒業生（人口1,000人あたりの数）	少なくとも15%の増加（=10万人の増加）または2001-2010年の間に年間1.6%の増加	2000年から2005年の間の変化（%）					
		スロバキア +14.7%	ポルトガル +13.1%	ポーランド +12.1%	+4.7%	+3.1%	-1.1%
		20-29歳人口に占める割合（人口1,000人あたりの数、2005年）					
		アイルランド 24.5	フランス 22.5	リトアニア 18.9	13.1	10.6	13.7
		女子の割合（2005年）					
		エストニア 43.5%	ブルガリア 41.1%	ギリシャ 40.9%	31.2%	31.1%	14.7%
生涯学習への参加（25-64歳、%）	少なくとも12.5%	2006年					
		スウェーデン 32.1%（2005年）	デンマーク 29.2%	英国 26.6%（暫定値）	9.6%	--	--

（出所）Commission of the European Communities, *op.cit.*, p.16.

自然科学、工学の大学卒業生数の増大が謳われている。ベンチマークは、次のように設定されている。

- 数学・自然科学・工学の大学卒業生を2010年までに少なくとも15%高める（数にして10万人の増加）。

また理事会結論では、これと合わせて数学・自然科学・工学の大学卒業生（以下、MST卒業生）数に見られる男女間のアンバランスを解消し、女子の割合を高めることが求められている。

EU全体を見ると、MST卒業生数は、2000年以降すでに17万人以上増加している（割合にすると25%の増加、1.25倍となっている[49]）。したがって、「10万人（1.15倍）」という2010年の目標値にすでに到達している。

国ごとに見ると、MST卒業生の年間増加率が高いのは、スロバキア（+14.7%）、ポルトガル（+13.1%）、ポーランド（+12.1%）となっている。EU全体では、+4.7%となっており、目標値である1.6%を大幅に上まわっている（表II-1-8を参照）。

20-29歳の人口1,000人に占めるMST卒業生の数が多いのは、アイルランド（24.5人）、フランス（22.5人）、リトアニア（18.9人）である。EU全体では、13.1人となっている（表II-1-6, 表II-1-8を参照）。2000年には、人口1,000人あたり10.2人であったのが5年間で13.1人に増加している（表II-1-6を参照）。

男女間の MST 卒業生のアンバランスを解消するという点に関しても、改善が見られた。MST 卒業者に占める女性の割合では、エストニア (43.5%)、ブルガリア (41.1%)、ギリシャ (40.9%) が上位3か国となっている。EU 平均は、31.2% である (表Ⅱ-1-8を参照)。

(3) 後期中等教育修了者の拡大

理事会結論では、「知識を基盤とする社会への参加がうまくいく」ためには、少なくとも大学教育の前提となる後期中等教育を修了していることが必要である、とされている。したがって、ベンチマークは次のように設定されている。

- 2010年までに20-24歳人口の少なくとも85%が、後期中等教育段階 (国際標準教育分類3に相当する)[50]を修了する。

現状を見ると、2006年時点で後期中等教育を修了している青少年の割合は、EU 全体で約8割 (77.8%) である。2000年の数値は76.6%であったので、若干改善されている (表Ⅱ-1-6を参照)。

しかし、まだ5割前後と低い数値しか得られていない国も存在する。たとえば、ポルトガルは49.6%、マルタは50.4%となっている[51]。

ベンチマークの上位国は、チェコ (91.8%) がトップで、ポーランド (91.7%)、スロバキア (91.5%) の順になっている (表Ⅱ-1-7を参照)。このほかいくつかの国では、2010年の目標値である85%というベンチマークを超えている[52]。

一方、ドイツのように修了者の割合が低下している国も見られる (2000年：74.7%、2006年：71.6%)[53]。しかし大多数の国では、2000年調査よりも数値は、改善されている (表Ⅱ-1-6を参照)。なお、一般に修了率は、女子の方が男子と比較して約5%高くなっている (EU 平均で、男子74.8%、女子80.7%)[54]。

(4) 読解力の向上

「知識を基盤とする社会」に参加するために基礎的な能力を取得することは、すべての市民にとって不可欠なものであり、読解力などの「基本的スキルの習得」が理事会結論でも強調されている。ベンチマークは、次のように設定されている。

- 2010年までに読解力に劣る15歳人口の割合を2000年と比較して20%減少させる（下位成績者の全体に占める割合を15%以下とする）。

読解力に関する数値は、OECD（経済協力開発機構）が行ったPISA（学習到達度調査）の結果にもとづいている[55]。PISAでは、生徒の習熟度レベルを得点によって高い方から低い方へ、「レベル6」から「レベル1」までと「レベル1未満」の7段階に分類している。ベンチマークで「読解力に劣る者の割合」という場合、このうちの「レベル1未満の者」と「レベル1の者」の割合を合計した数値である。

全体に占める下位成績者の割合は、ベンチマークでは15%とされているが、現状はEU全体で19.8%となっている（2003年）。2000年の数値は19.4%であったので、下位成績者はむしろ増加しているという傾向を見て取ることができる（表Ⅱ-1-6を参照）。各国レベルでも、表Ⅱ-1-6の矢印が下向きになっている国が目につく。EU全体で15歳児は約500万人いるが、そのうちだいたい100万人が読解力に劣っているとされている[56]。

「読解力に劣る者」の割合の減少率を見ると、ラトビア（－40.2%）、ポーランド（－27.6%）、フィンランド（－18.6%）の順に高くなっている。EU全体では、この割合は2.1%増加している（表Ⅱ-1-7を参照）。

15歳児全体に占める「読解力に劣る者」の割合で比較すると、フィンランドがもっとも低い（5.7%）。以下、アイルランド（11.0%）、オランダ（11.5%）の順となっている（表Ⅱ-1-7を参照）。

(5) 生涯学習参加者の拡大

生涯学習は、EUの競争力、経済的繁栄のためだけでなく、社会的結合、雇用可能性、行動的市民性および自己実現のために不可欠のものであり、すべての者が、生涯を通して知識、能力、技能を最新の状態に保つことができるようにならなければならないとされている[57]。

そのために、ベンチマークは、次のように設定されている。

- 2010年までに就業年齢層（25-64歳）の者の生涯学習（訓練・継続教育）への参加率を平均して12.5%以上とする。

ここでいう生涯学習の参加率は、25-64歳の就業者のうち、どのくらいの割合の者が、調査時点で「最近4週間以内」に、何らかの生涯学習（教育・訓練）を受講しているかにより算出したものである。

EU全体で見ると、2000年調査では7.1％であったのが、2006年では9.6％に上昇しており、全体的には、各国とも一定の成果を収めていることが伺える（表Ⅱ-1-6を参照）。しかし、2010年に「12.5％とする」というベンチマークに到達するには、さらなる努力を必要とするとされている。

参加率が高い上位3か国は、スウェーデン（32.1％、2005年の数値）、デンマーク（29.2％）、英国（26.6％、暫定値）となっている（表Ⅱ-1-8を参照）。

なお、2000年と2006年の間で、多くの国で、必ずしも一貫した同じ手法の調査が行われなかったという理由で、表Ⅱ-1-6には、上昇、下降を示す矢印は記載されていない。

第3節　拡大EUの教育課題

本節ではベンチマークに関わる最近の動きを紹介し、拡大EU全体に共通する教育課題についてまとめておこう。

1　ベンチマークと16の指標

2007年5月25日、教育関係閣僚理事会は、結論文書「教育及び訓練におけるリスボンの目的へ向けての進展を監視するための指標及びベンチマークの一貫した枠組み」を採択した[58]。このなかに、**表Ⅱ-1-9**に掲げたような16の指標が盛り込まれている。今後は、これらの指標の進展状況を監視しながら、「2010年のリスボン目標」に向けたさらなる「戦略的な枠組み」を設定していくことが要請されている。

このうち、「③早期学校離学者の減少」、「④読解力、数学および自然科学のリテラシーの向上」、「⑨青少年の後期中等教育卒業率の向上」、「⑪高等教育卒業生の拡大」、「⑬成人の生涯学習参加者の拡大」は、上述の5つのベンチマークとなっている。また、「①就学前教育への入学者の拡大」、

表Ⅱ-1-9　2010年に向けた16の指標

① 就学前教育への入学者の拡大
② 特別のニーズを必要とする者への教育の促進
③ 早期学校離学者の減少
④ 読解力、数学および自然科学のリテラシーの向上
⑤ 言語のスキルの向上
⑥ 情報コミュニケーション技術のスキルの向上
⑦ 市民のスキルの習得
⑧ 学ぶ技術の学習
⑨ 青少年の後期中等教育卒業率の向上
⑩ 教員および訓練者に対する専門的能力の開発
⑪ 高等教育卒業生の拡大
⑫ 高等教育機関に学ぶ学生の国を超えた移動の促進
⑬ 成人の生涯学習参加者の拡大
⑭ 成人のスキルの向上
⑮ 住民の教育到達の向上
⑯ 教育および訓練への投資の拡大

（出所）Commission of the European Communities, *op.cit.*, p.10.

「⑫高等教育機関に学ぶ学生の国を超えた移動の促進」、「⑮住民の教育到達の向上」については、すでに幅広くデータが収集されるとともに、その定義も明確になっている。

次に、「②特別のニーズを必要とする者への教育の促進」、「⑥情報コミュニケーション技術のスキルの向上」、「⑯教育および訓練への投資の拡大」については、それぞれの指標についてその定義をさらに明確化する必要があるとされている。したがって、それぞれのデータの情報源、関連する技術的問題等を含め、各指標ごとに検討を続行していかなければならないとしている。

第3に、「⑦市民のスキルの習得」、「⑩教員および訓練者に対する専門的能力の開発」、「⑭成人のスキルの向上」という指標に関しては、まだ開発途上にあり、EU以外の国際機関との間でも協力関係を保ちながら発達させていかなければならないとされている。

第4に、「⑤言語のスキルの向上」と「⑧学ぶ技術の学習」については、今後EUとして新たな視点で開発していかなければならない指標として位置づけられている。

表II-1-10 鍵となる指標に関する上位国

ベンチマーク	EUの上位3か国			EU27か国平均	米国	日本
就学前教育機関への通学	4歳児の就学前教育機関への就学率（2005年）					
	フランス 100%	イタリア 100%	ベルギー 100%	85.7%	65.3%	94.7%
教育および訓練への投資	教育の公財政支出の対GDP比（%, 2004年）					
	デンマーク 8.47	スウェーデン 7.35	キプロス 6.71	5.09	5.44	3.65
	教育の公財政支出の対GDP比の2000年から2004年の変化（%）					
	キプロス +1.27	ハンガリー +0.93	英国 +0.65	+0.41	+0.18	-0.17
住民の教育到達	高等教育を受けた者の割合（25-64歳, 2006年）					
	デンマーク 35%	フィンランド 35%	エストニア 33%	23%	39%（2004年）	37%（2004年）

（出所）Commission of the European Communities, *op.cit.*, p.17.

なお参考までに、「①就学前教育への入学者の拡大」、「⑮住民の教育到達の向上」、「⑯教育および訓練への投資の拡大」に関する指標について、現状を示す数値は、**表II-1-10**のとおりである。

まず、「就学前教育機関への通学」について見ると、上位3か国はすでに100%となっている。EU全体では、85.7%である。

「教育および訓練への投資」を見るとデンマークが一番高い（8.47%）。EU全体の平均は5.09%となっている。

「住民の教育到達」は、25-64歳の成人のどのくらいの割合の者が、高等教育機関における学習に到達しているかを示した数値である。これを見るとトップはデンマークで、35%の者が高等教育機関で学んでいることがわかる。EU全体の平均は、23%である。

以上見てきたように、加盟国間に見られる教育格差を少しでも縮小することにより、「リスボン戦略」への積極的貢献を教育面でも、EUレベルで達成することが試みられている。ベンチマークに関する閣僚理事会の結論は、加盟国を法的に拘束するものではないが、共通のベンチマークを設定し、一定の目標に向かって各国がそれぞれ改善を行うなかで、EU全体としてのレベルアップが目指され、欧州委員会によりそのフォローアップが行われている

点は注目されよう。EU 全体としてのレベルアップを計ることにより、域内の自由移動もいっそう促進されることになろう。加えて、加盟国以外のヨーロッパ諸国にもこうしたイニシアティブを拡大し、広くヨーロッパ全体にまたがる教育のレベルアップが志向されている点も見逃せないであろう。

2　拡大 EU 全体としての課題

　最後に、拡大 EU 全体として認められる教育の現状と課題についてまとめておく[59]。

　EU 全体として認められる教育制度に関わる最近の「もっとも重要な傾向」[60]として、次の6点が挙げられている。
- 就学前教育を受ける者が増加している[61]。
- 高等教育に学ぶ学生がさらに増加している[62]。
- 自然科学と工学の卒業生が徐々に増加している。
- 学校教育の質がますます評価されている。
- 2004年以降の新規加盟国とそれまでの加盟15か国の教育制度の組織と経営（マネジメント）は、共通したものとなっている。
- 学校の IT 設備やインターネット接続などに見られる格差は解消しつつある[63]。

　こうした全体的な流れの中で、もっとも重要なイニシアティブとして取り組まなければならない課題領域は、次の5つとされている[64]。①高等教育の改革、②初等・中等教育の発展、③職業教育および成人教育の領域における協力関係の強化、④移動の障害の除去、⑤多言語の促進。

　これらを踏まえて、当面とくに取り組んでいかなければならない課題として、次の(1)から(7)のテーマが考えられる[65]。先に表Ⅱ-1-4に掲げた3つの大きな目標との関連で言えば、(1)から(4)までは「有効性と質の向上」、(5)は「アクセスの容易性」、(6)と(7)は「世界に開かれた教育」に対応している。

(1) 学習能力の向上

　まず全体として、もっとも大きな課題となるのは、学習能力の向上であろ

う。この点をベンチマークとの関連で言えば、次のようになる[66]（表Ⅱ-1-5を参照）。

- 読解力が劣った者の割合（15歳の生徒の場合）を今より20％減少させ、15.5％とするためには、あと20万人の生徒の読解力を向上させなければならない。
- 学校中退者の割合を10％以下とするためには、現在600万人いる中退者をあと200万人減少させなければならない。

(2) 教員養成の充実と退職教員の補充

生徒の学習能力の向上をはかるためには、いかにして優秀な教員を確保するかが鍵となる。そのためには、教職の魅力の向上、給与面など、待遇の改善が欠かせない。

また、教員の年齢構成を見ると、50歳以上の者が占める割合が高い。EU25か国の平均は29.7％であるが、ドイツやスウェーデンなどでは、その割合は40％を超えている。今後10年間で、EU全体として、少なくとも100万人の教員を新たに採用しなければならない[67]。

(3) 情報コミュニケーション技術への対応

学習能力の向上と関連して、誰でも容易に情報コミュニケーション技術（ICT）へとアクセスできるよう、情報リテラシーの向上をはからなければならない[68]。また、すべての市民が、コンピュータ技術を駆使できるよう、学校、家庭におけるIT関連の基盤整備の強化がさらに必要である。これに関連して、欧州委員会の「e-ラーニング戦略」[69]をいっそう進めていかなければならない。

ベンチマークで言われている「数学・自然科学・工学卒業生の増加」については、前述のように2002/03年度で、すでにEU全体としての目標値に到達している。この傾向が続けば、年間で約100万人の学生が、数学、自然科学、工学の領域で大学修了証を取得することになる（現在の卒業生は、75万5,000人）。ただしこれらの分野では、依然として女性の割合が少ない[70]。

表 II-1-11　国内総生産（GDP）に占める教育費の公財政支出の割合（％）

年	EU 25か国	ベルギー	チェコ	デンマーク	ドイツ	エストニア	ギリシャ	スペイン	フランス	アイルランド	イタリア	キプロス	ラトビア	リトアニア	ルクセンブルク	ハンガリー	マルタ
2000	4.94	—	4.04	8.39	4.53	5.59	3.79	4.42	5.83	4.36	4.57	5.60	5.43	5.67	—	4.54	4.55
2001	5.10		6.11	4.16	8.50	4.57	5.48	3.90	4.41	5.76	4.35	4.98	6.28	5.70	5.92	3.84	5.15	4.47
2002	5.22		6.26	4.41	8.51	4.78	5.69	3.96	4.44	5.81	4.32	4.75	6.83	5.82	5.89	3.99	5.51	4.54

年	オランダ	オーストリア	ポーランド	ポルトガル	スロベニア	スロバキア	フィンランド	スウェーデン	英国	ブルガリア	ルーマニア	クロアチア	トルコ	アイスランド	リヒテンシュタイン	ノルウェー	日本	米国
2000	4.87	5.66	5.01	5.74	—	4.15	6.12	7.39	4.58	4.41	2.89	—	3.49	6.00	—	6.82	3.59	4.93
2001	4.99	5.70	5.56	5.91	6.13	4.03	6.24	7.31	4.69	3.53	3.28	—	3.65	6.47	—	7.00	3.57	5.08
2002	5.08	5.67	5.60	5.83	6.02	4.35	6.39	7.66	5.25	3.57	3.53	4.32	3.56	7.12	2.95	7.63	3.60	5.35

（出所）*Gemeinsamer Zwischenbericht 2006 des Rates und der Kommission über die Fortschritte im Rahmen des Arbeitsprogramms „allgemeine und berufliche Bildung 2010"* (2006/C79/01), S.18f. 〈http://eur-lex.europa.eu/LexUriServ/site/de/oj/2006/c_079/c_07920060401de00010019.pdf〉

(4) 公的教育支出と投資の効率性・効果

次に挙げられるのは、公財政教育支出の問題である[71]。いずれのヨーロッパ諸国もGDP（国内総生産）に占める相当の割合を教育に投資している（2002年のEU全体の平均が5.22％である）。2000年が4.94％、2001年が5.10％であったので、その割合は、少しずつ増加している。しかし米国の5.35％には、まだ及ばない（表II-1-11を参照）。また国によりばらつきが見られる[72]。

公的教育支出の増加と合わせて、限られた「資源の最良の利用」（Best Use of Resources）と投資の効果をいかに高めるかが大きな課題となっている[73]。

(5) 教育へのアクセスの向上

幼稚園などの就学前教育機関への入学状況、18歳人口（後期中等教育の最終学年に相当する）の在学率、大学等の高等教育機関在学者の同年齢人口に占める割合、生涯学習への参加率など、教育機関へのアクセス状況は改善されつつある。しかしベンチマークとの関連で言えば、まだ次のような課題を達成しなければならない。

- 後期中等教育修了者の割合を85％まで高めるためには、あと200万人の生徒が後期中等教育を修了する必要がある[74]。
- 生涯学習へのアクセスでは、参加率を12.5％まで高めるにはさらに400万人が、4週間の研修に参加しなければならない[75]。

なお、高等教育の領域では近年、女性の資格水準がコンスタントに上昇していることが伺われる[76]。たとえばEUのいずれの国においても、大学卒業生の男女比を見ると、女子の割合は男子より高くなっている。しかし、卒業後の就業の職種とそこで占める指導的地位に関しては、どの職業グループを見ても、女子はまだ男子と同レベルに達していないとされている。

(6) 移動の促進

第1節3で見た「統合計画」のなかでも、とくに学生と教員の域内移動の促進が大きな課題となっている[77]。エラスムス計画は、それに資することを目的とするものである[78]。移動を促進するためには、学位や職業資格の相互承認が必要であることは言うまでもない。このあと第3章で取り上げるが、ボローニャ・プロセスのなかでは、ECTS（European Credit Transfer System）と呼ばれるヨーロッパ共通単位互換制度が開発されている。また職業教育に関しては、コペンハーゲン・プロセスのなかで「ヨーロッパ資格枠組み」（EQF）の開発などが進められている。

こうした取組みが、いっそう強化されなければならない。

(7) 多言語政策の促進

EUでは、多言語主義が採用されており、加盟各国の23の言語[79]を公用語として、公式文書はすべての公用語で作成されている。これら構成国の「言語の多様性」の尊重と「言語教育の普及」のために、外国語学習の改善による多言語の促進も大きな課題となっている。

2002年のバルセロナ欧州理事会の議長総括では、「とくに2つの外国語の早期教育を通して基礎的スキルを習得しなければならない」[80]として、学校教育のなかで少なくとも2つの外国語を学習することが求められている[81]。

以上大きく課題を7つにまとめてみたが、全体として、「公正」（Gerechtigkeit）と「効率性」（Effizienz）に主眼が置かれている[82]。そのなかで「鍵となる能力」[83]の向上をはかり、教育の「質」を高めていくことがもっとも大きな課題となっ

ていると言えよう。その過程で教育の成果が検証され、評価が行われる。こうした評価システムは、いずれの国においてもすでに導入されている[84]。

それでは、2004年と2007年の新規加盟国によるEU拡大は、教育政策面にどのような影響を及ぼすのだろうか。

ヨーロッパでは、すでに1970年代から教育関係閣僚による教育大臣会議が始まっており、その参加国はEU加盟国以外にまで及んでいる。そこでは、ボローニャ・プロセスやコペンハーゲン・プロセスの取組みにも見られるように、ヨーロッパの教育制度全般に関わる諸問題の調整が進められてきた[85]。さらに、こうした教育関係の様々な取組みには、欧州審議会をはじめとする国際組織も関与し、欧州委員会との共同作業も数多く行われている。これら一連の流れのなかで見るならば、EU拡大によってその教育政策に大きな変化が起こることは考えにくい。拡大により、ヨーロッパ統合に向けて教育政策がもつ意味は、ますます大きくなっていくであろう。

第4節　市民性の教育

以上見てきたように、拡大EUの教育政策は、欧州連合の枠を超えて広くヨーロッパレベルで展開されている。そのなかで「知識社会の実現」に必要な共通のベンチマークを設定し、自国のみにとどまらず、ヨーロッパ全体としての教育水準のレベルアップが目指されている。

こうした認識のもとで、これまで見てきたように「ヨーロッパ市民」の育成を目指したEUレベルの多彩な教育計画が実施されている。さらにその取組みは、EU加盟国の枠組みを超え、ほとんどヨーロッパ全域を包括するまで拡大している。

以下では、EU（欧州連合）が策定している「青少年行動計画」を取り上げ、そのなかで目的とされている「市民性」(citizenship) の形成について概観し、本章のまとめとしたい[86]。

1　市民性の形成とEUの「青少年行動計画」

　EUの行政執行機関である欧州委員会は、EU市民の育成を目指した「青少年行動計画」[87]を2007年から2013年までの7か年計画として推進している。これは2000年から2006年まで実施された同名の計画を引き継ぐもので、2006年11月15日に欧州議会と閣僚理事会により採択されたものである[88]。

　この計画は、15歳から28歳の青少年(場合により13歳から30歳)を対象とし、次のような目的をもっている[89]。

- ・青少年の市民性一般を形成し、そのなかでヨーロッパ市民性を促進する。
- ・青少年の連帯の推進、寛容の促進を図る。とくにEU内での社会的結束をはかる。
- ・異なる国々の青少年間の相互理解を促進する。
- ・青少年に関わる活動の支援システムの質の向上、組織の能力の向上に寄与する。
- ・青少年の分野におけるヨーロッパ共同を促進する。

　このように、この計画では「ヨーロッパの市民性」、「青少年の参加」、「文化の多様性」が優先的事項として掲げられ[90]、そのなかでもとくに「青少年のアクティブなシティズンシップの形成」が目指されているということができよう[91]。

　この計画には、7年間で8億8,500万ユーロ（約1,100億円）が支出され、参加国もEU加盟国にとどまらずアイスランド、リヒテンシュタイン、ノルウェー、トルコを含む31か国が参加している[92]。

　同計画は、**表Ⅱ-1-12**に記したように、5つの行動から構成されている。

　なお、こうしたヨーロッパ共同活動が行われる背景として、次のような点が指摘されている[93]。

- ・若者が政治的に無関心である。
- ・欧州議会選挙における青少年の投票率が低い。
- ・ヨーロッパ統合に関わる各種プロジェクト間の連携が欠如している。
- ・シティズンシップ教育の役割についての議論はあるが、主として中央レベルで集中的に行われているにすぎない。

表Ⅱ-1-12　青少年行動計画

行動1：青少年のヨーロッパ
1-1　青少年交流（青少年の交流を促進する） 1-2　青少年イニシアティブ（青少年に関わるイニシアティブを支援する） 1-3　民主主義に関わるプロジェクト（青少年が民主的な生活に参加できるよう支援する）
行動2：ヨーロッパ・ボランティア活動
青少年が行う様々なボランティア活動を支援する。
行動3：世界の中の青少年
3-1　EUの近隣国との間の青少年協力 3-2　その他の国との間の青少年協力
行動4：青少年のための支援システム
4-1　青少年の分野においてヨーロッパレベルで活動する団体の支援 4-2　ヨーロッパ青少年フォーラム（European Youth Forum）※の活動の支援 4-3　訓練および青少年の仕事、組織における活動のネットワーク化 4-4　革新（innovation）と質を高めるためのプロジェクト 4-5　青少年の仕事、組織における情報活動 4-6　パートナーシップ（青少年を支援するため地域とのパートナーシップを強化する） 4-7　計画の構造化のための支援（ヨーロッパレベル、国レベル、地方レベルでこの計画の目的を達成するための措置） 4-8　計画実施の促進措置（この計画の実施がスムーズに進行するための広報など各種措置）
行動5：青少年の領域におけるヨーロッパ共同活動の支援
5-1　青少年政策形成者と青少年との交流 5-2　青少年の分野における理解と知識を改善する活動の支援 5-3　国際機関（欧州審議会、国際連合など）との共同作業

※1996年に創設された国際的なNGO組織。
（出所）Decision No.1719/2006/EC of the European Parliament and of the Council of 15 November 2006 establishing the 'Youth in Action' programme for the period 2007 to 2013 にもとづき筆者作成。

・ヨーロッパ横断的に行われるプロジェクトへの関わり方が様々である。

2　シティズンシップ教育の視点から

　こうした「市民性」を形成するシティズンシップの教育として、いろいろな切り口がある[94]。ドイツの教育学者ヒンメルマン教授（ブラウンシュヴァイク工科大学）によれば、シティズンシップ教育は、人権教育、政治教育・市民の（civic）教育、政治制度・政治体制の学習、道徳教育、社会学習、経済学習、異文化間学習、メディア教育、グローバル学習（国際政治）、環境教育、ヨー

ロッパ学習、責任・市民としての勇気 (Zivilcourage)・リーダーシップの学習、平和教育、法教育、価値教育等々、多彩な内容が盛り込まれたものとなっている。そしてこうした分野横断的な、総合的な学習の目指すところは、「民主主義の学習」(Demokratie-Lernen) であり、それがシティズンシップ教育であるとしている (図Ⅱ-1-1を参照)。こういう幅広い分野がシティズンシップ教育という言葉の中に含まれている。

　ヒンメルマン教授によれば、「民主的な能力をもった市民性を形成する教育」は、「統治形態」、「社会形態」、「生活形態」という3つの形態から構成さ

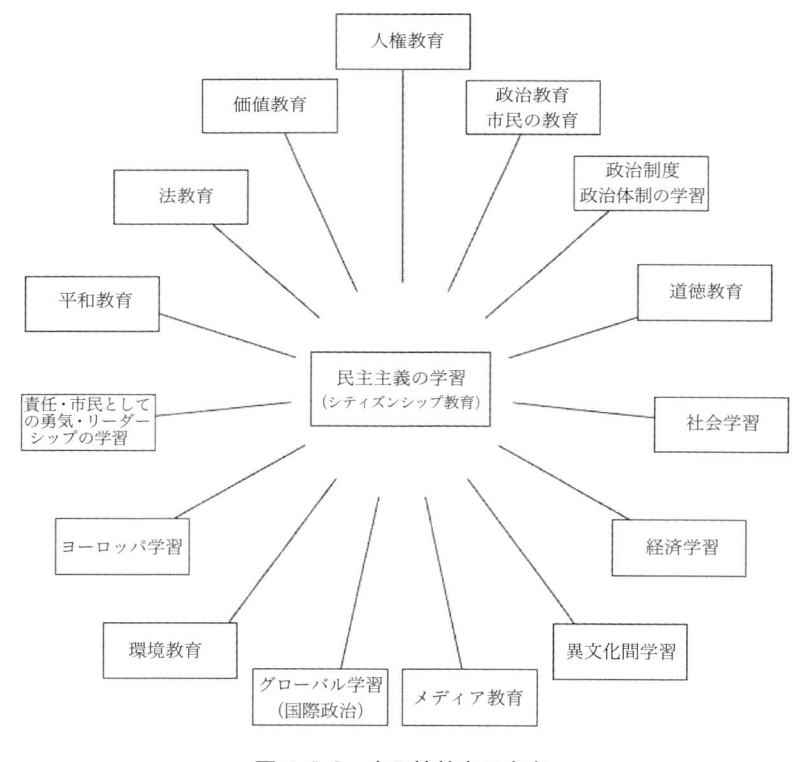

図Ⅱ-1-1　市民性教育の内容

(出所) 原図の出所は、G. Himmelmann, *Zukunft, Fachidentität und Standards der politischen Bildung*（本書では、Politische Bildung Schweiz, Was ist EDC? 〈http://www.politischebildung.ch/schweiz-international/international/edc-demokratie-erziehungsprojekt-des-europarates/was-ist-edc/〉から引用）

表II-1-13 民主主義の教育

生活の形態	社会の形態	統治の形態
－市民性／公正 －寛容 －生活様式の多様性 　（幸福の追求） －機会の多様性 －連帯性 －自己組織化	－多元主義 －社会的な多様化 －平和的な紛争処理 －競争／市場経済 －公開性／公共性 －市民社会	－人権／法治国家 －選挙／主権者としての国民 －議会主義／選挙による競争 －三権分立 －社会保障

(出所) Gerhard Himmelmann, „Demokratie-Lernen als Lebens-, Gesellschafts-und Herrschaftsform," in: Gotthard Breit, Siegfried Schiele (Hrsg.), *Demokratie-Lernen als Aufgabe der politischen Bildung*, Bonn: Bundeszentrale für Politische Bildung, 2002, S.29.

れるとしている（**表II-1-13を参照**）[95]。教育にあたっての重点配分は、初等段階で「生活の形態」について、前期中等段階で「社会の形態」について、後期中等段階で「統治の形態」について、それぞれ重点をおいた学習が行われるとされている[96]。

このように見てくると、シティズンシップ教育は、「民主的な市民育成のための教育」と言うように捉えてよいであろう。内容的には、広い意味での政治教育（Politische Bildung）と言うこともできよう。その場合、ここで言う、政治教育とは、単に、政治機構、議会制度、選挙制度等々を学習するだけにとどまらない。青少年は、社会のなかでどのようにして、アイデンティティを確立していくのか、どのようにしてシティズンシップを形成していくのか、また社会は、それにどのように関与しているのか、そういう「民主主義社会における共同体の基礎となり、社会に対し責任をもって行動できる、市民が主体の社会を形成する」、そういう意味での政治教育であり、それがシティズンシップ教育であるとまとめることができよう[97]。

社会主義体制の崩壊後、中・東欧諸国の教育制度は、旧西側諸国をモデルに再構築された。新規加盟国について見ると、制度上で見る限りその教育組織、学校経営の仕組みなど、拡大以前の加盟15か国のそれと大きな相違は見られない。

しかし、EUが進める「社会的一体性およびアクティブな市民性」[98]といっ

た視点で見ると、旧社会主義諸国には、「民主主義の教育」、「参加を主体とした学校文化」(participatory school culture)[99]などの面で、その成熟度がまだ必ずしも十分ではないように見受けられる。旧東西両陣営は戦後40年以上にわたって、まったく異なる政治体制のもとで、それぞれ目指す方向の異なる教育制度を構築してきた。旧西側諸国が標榜してきた、人権教育、政治的多元主義、多文化主義、異文化間教育などの教育理念は、旧東側諸国においては顧みられることは少なかった。このような教育理念を、ヨーロッパ全体のコンテクストのなかでどのように根付かせていくのか。「民主主義の赤字」(democratic deficit)[100]を「市民性（シティズンシップ）教育」によって補っていくことも、さらに取り組んでいかなければならない課題であろう。

EU全体の枠組みの中で、こうした市民性教育の普及のための様々な新しい教育プログラムも数多く開発されている[101]。

民主主義社会における共同体の基礎となり、社会に対し責任をもって行動できる、市民が主体の社会を形成する青少年のシティズンシップを形成する教育が、今後ますます求められることになるであろう。

注

1　ECの教育政策に関しては、次の拙稿を参照。「教育政策」『新生ヨーロッパの構築—ECから欧州連合へ—』日本経済評論社, 1992, pp. 226-286；「ドイツにおけるEC外国人学生をめぐる諸問題—教育機関への受け入れの問題を中心に—」『留学生の受け入れのシステム及びアフターケアに関する総合的比較研究』科学研究費補助金総合研究(A), 研究代表者：江淵一公, 1993. 3, pp. 153-169. なおECの教育政策に関連する先駆的論文の集大成として坂本昭『ECの教育・訓練政策—ヨーロッパ市民への模索』中川書店, 1993を参照。

2　教育制度の組織および教育政策は、それ自体としてはECの管轄領域には属さない。したがって、ECを構成する3つの設立条約は、その限りにおいて、連邦各州がもつ文化高権（Kulturhoheit）を侵害するものではない。ただし、「それが職業教育にかかわる場合、職業教育機関への受け入れおよびそこでの教育はEC法の適用領域となる」。この点に関しては、Gravier判決（*Rechtsache* 293/83, Sammlung 1985,606, Rdnr.19）を参照。同判決については、第Ⅲ部第1章注24も参照。なお、序論Ⅰ-1に記したように、ドイツの教育制度に見られる大きな特色として、各州（Land）が国家としての独立性（Eigenstaatlichkeit）をもっているという点が挙げられる。すなわち、

第1章　教育政策　199

専属的立法分野と呼ばれている特定の領域、たとえば文化、教育などの領域においては、「文化高権」と呼ばれ、州は連邦から独立した権限を有している。
3　さらに同条約では、「労働者の自由移動」(第48条以下)、自営業者の「居住の自由」(第52条以下)、「役務の自由移動」(第59条)等が保障され、「国籍による差別」(第7条)が禁止されている。ローマ条約のこれらの条文が、ECの教育法規を考える場合の出発点となっている。欧州石炭鉄鋼共同体設立条約には、教育に関わる条項はない。欧州原子力共同体設立条約では、次の事柄にのみ言及されている。①共同体内に技術的知識を普及すること(第2条(a))、②核物理学の研究領域における教育計画の実施を委員会に課すこと(第4条1項)、共同の核物理学研究センターの枠内で、学校設立の権限を委員会に与えること(第9条)。このようにECの教育政策は、域内「共通の職業訓練政策」といったいわば社会政策の補完的な形から出発している。その後、徐々に単なる職業訓練政策にとどまらない、より包括的なECレベルでの教育政策が目指されるようになる。ローマ条約の訳文は、横田喜三郎、高野雄一(編集代表)『国際条約集1992年版』(有斐閣, 1992年)から引用した。
4　Council Decision 63/266/EEC of 2 April 1963 laying down general principles for implementing a common vocational training policy, *Official Journal (OJ)* 063,20/04/1963 pp.1338-1341.
5　Council Regulation 1612/68 of 15 October 1968 on freedom of movement for workers within the Community, *OJ* L 257 ,19/10/1968 pp.2-12.
6　Council Directive 77/486/EEC of 25 July 1977 on the education of the children of migrant workers, *OJ* L 199, 06/08/1977 pp.32-33.
7　Resolution of the Council and of the Ministers of Education, meeting within the Council,of 9 February 1976 comprising an action programme in the field of education, *OJ* C 038,19/02/1976 pp.1-5.
8　それぞれ以下を参照。Resolution of the Council and of the Ministers for Education, meeting within the Council, of 12 July 1982 concerning measures to be taken to improve the preparation of young people for work and to facilitate their transition from education to working life, *OJ* C 193,28/07/1982 pp.1-2. ; Conclusion of the Council and the Ministers for Education meeting within the Council of 2 June 1983 concerning the promotion of mobility in higher education. ; Resolution of the Council and the Ministers for Education meeting within the Council of 19 September 1983 on measures relating to the introduction of new information technology in education,　*OJ* C 256,24/09/1983 p.1. ; Resolution on higher education and the development of cooperation between higher education establishments, *OJ* C 104, 16/04/1984 p.50.
9　Resolution of the Council and the Ministers of Education meeting within the Council on the European dimension in education of 24 May 1988, *OJ* C 177, 06/07/1988, pp.5-7. 邦語参考文献として以下を参照。小松弘幸「ヨーロッパ教育における教育理念の構造的分析―ヨーロッパ共同体の「ヨーロッパの次元」を中心に」『名古屋大学教育学部紀要　教

育学科』43(1), 1996年, pp. 95-104；園山大祐「EU（ヨーロッパ連合）にみる「ヨーロピアン・ディメンション教育」—— SOCRATES計画の現況と「ヨーロピアン・ディメンション教育」の意味」『九州教育学会研究紀要』24, 1996年, pp. 189-196.

10　Council Directive 89/48/EEC of 21 December 1988 on a general system for the recognition of higher-education diplomas awarded on completion of professional education and training of at least three years' duration, *OJ* L 019, 24/01/1989 pp.16-23.

11　邦語文献として、たとえば次の3部作を参照。大西健夫，岸上慎太郎編『EU政策と理念』早稲田大学出版部，1995.；大西健夫，中曽根佐織編『EU制度と機能』早稲田大学出版部，1995.；大西健夫，岸上慎太郎編『EU統合の系譜』早稲田大学出版部，1995.

12　マーストリヒト条約を改正したアムステルダム条約（1999年発効）では、教育政策に関して、特段の改正はない（ただし従来の第126条と第127条は、それぞれ第149条と第150条に移行している）。ニース条約（2003年発効）でも、修正は加えられていない（マーストリヒト条約の引用にあたっては、山手治之，香西茂，松井芳郎編『ベーシック条約集（第4版）』東信堂，2003.4を参照）。「欧州連合基本権憲章」(Charter of Fundamental Rights of the European Union , *OJ*, 2000/C 364/01.）では、第14条で「教育に対する権利」について規定されている（訳文は、岡久慶・山口和人訳「欧州連合基本権憲章」『外国の立法』211号, 2002.2, pp. 14-20. を参照）。「欧州憲法条約」では、第三部「連合の政策と運営」、第3編「域内政策および域内行動」、第5章「連合が調整、補完、または支援行動をとりうる領域」、第5節「教育、青少年、スポーツおよび職業訓練」で、第Ⅲ-282条「目的・手段」、第Ⅲ-283条「職業訓練」の規定がある（訳文は、衆議院憲法調査会事務局編『欧州憲法条約：解説及び翻訳』衆議院憲法調査会事務局，2004. 所収の中村民雄訳を参照）。

13　表Ⅱ-1-2の第126条第4項および第127条第4項を参照。

14　欧州委員会教育・文化総局のホームページを参照〈http://ec.europa.eu/dgs/education_culture/index_en.htm〉。欧州連合の機構等については、駐日欧州連合代表部ホームページを参照〈http://www.deljpn.ec.europa.eu/〉。

15　Vorschlag für einen Beschluss des Europäischen Parlaments und des Rates über ein integriertes Aktionsprogramm im Bereich des lebenslangen Lernens（KOM (2004) 474 endg.）なお、この文書は、2006年欧州議会と理事会により正式に決定された（Beschluss Nr. 1720/2006/EG, *ABl,* L.327/45 v.15. 11.2006）

16　Beschluss Nr.1720/2006/EG, Artikel 1 (2).

17　*ibid*, Artikel 32 (2) a).

18　以下の記述にあたっては、EUが行う教育政策のドイツの担当機関であるドイツ連邦職業教育研究所（BIBB）の以下の資料を参照した。„Das EU-Bildungsprogramm Lebenslanges Lernen (LLP) 2007-2013"〈http://www.nabibb.de/uploads/lebenslanges/basispraes

entation_pll_fahle_07-01-1.pdf〉
19 2000年から2006年までの7年計画では、コメニウス、エラスムス、グルントヴィが普通教育領域の政策として「ソクラテス」と呼ばれた。2007年からは、「ソクラテス」と「レオナルド・ダ・ヴィンチ」が、再編成されてひとつの「生涯学習計画」に統合された。06年までの計画については、拙稿「EU統合とヨーロッパ教育の課題」『比較教育学研究』27号，2001.6，pp.68-79. を参照。
20 *op.cit* 16, Artikel 16-19.
21 *ibid.,* Artikel 20-23.
22 *ibid.,* Artikel 24-27.
23 *ibid.,* Artikel 28-31.
24 予算額は以下を参照。KOM (2004) 474 endg., S.83ff.
25 *ibid.,* S.69.
26 *ibid.*
27 *ibid.,* S.72.
28 *ibid.,* S.74.
29 *op.cit* 16, Artikel 32-33.
30 *ibid.,* Artikel 34-37. なお、ジャン・モネの名称は、欧州石炭鉄鋼共同体（ECSC）の初代委員長を務めた Jean Omer Marie Gabriel Monnet (1888-1979) の名前を採っている。
31 *op.cit* 16, Artikel 32-33., Anhang B-11.
32 *ibid.,* Artikel 7.
33 Schlussfolgerungen des Vorsitzes Europäischer Rat (Lissabon), 23. und 24. März 2000 を参照。
34 *ibid.,* paragraph 37.
35 Anton Dobart, allgemeine und berufliche Bildung im Lissabon-Prozess, *EU-BILDUNG-2010, eine initiative des bm:bwk,* S.2.
36 Bundesministerium für Bildung und Forschung, *Europäische Zusammenarbeit in Bildung und Forschung, Eine Handreichung,* Berlin, 2005, S.7,11. 〈http://www.bmbf.de/pub/eu_zusammenarbeit_in_bildung_forschung.pdf〉
37 Bericht des Rates (Bildung) an den Europäischen Rat, *Die konkreten künftigen Ziele der Systeme der allgemeinen und beruflichen Bildung.* 〈http://ec.europa.eu/education/policies/2010/doc/rep_fut_obj_de.pdf〉
38 „Detailliertes Arbeitsprogramm zur Umsetzung der Ziele der Systeme der allgemeinen und beruflichen Bildung in Europa" 〈http://www.bibb.de/dokumente/pdf/a1.3_int_eu_arbeitsprogramm.pdf〉
39 バルセロナ欧州理事会の議長総括43では、次のように言われている。「欧州理事会は、普通教育および職業教育の制度に関する詳細な『2010年のための作業計画』に関する一致を歓迎する。欧州理事会は、普通教育および職業教育の制度が

2010年までに世界規模の質的レベルとなることを目標として定める。欧州理事会は、この計画が次の3つの基本原則により行われることで同意する。質の改善、すべての人に対するアクセスの容易化、世界に対する開放。欧州理事会は、2004年春の欧州理事会にその効果的実施に関して報告することを閣僚理事会および委員会に要請する」。欧州理事会の議長総括の原文は次のURLを参照。〈http://europa.eu/european_council/conclusions/index_en.htm〉

40　2003年3月のブリュッセル欧州理事会の議長総括40を参照。

41　Council Conclusions on Reference Levels of European Average Performance in Education and Training (Benchmarks)〈http://ec.europa.eu/ education/policies/2010/doc/after-council-meeting_en.pdf〉

42　以下の記述にあたっては、次の資料を参照した。European Commission, Directrate-General for Education and Culture, *Progress Towards the Lisbon Objectives in Education and Training,* 2008.〈http://ec.europa.eu/dgs/education_culture/publ/pdf/educ2010/indicatorsleaflet_en.pdf〉; Commission of the European Communities, Commission Staff Working Document, *Progress Towards the Lisbon Objectives in Education and Training, Indicators and benchmarks,* 2007.〈http://ec.europa.eu/education/policies/2010/doc/progress06/report_en.pdf〉

43　*Gemeinsamer Zwischenbericht des Rates und der Kommission über die Maßnahmen im Rahmen des detaillierten Arbeitsprogramms zur Umsetzung der Ziele der Systeme der allgemeinen und beruflichen Bildung in Europa*, Februar 2004, S.4ff.〈http://ec.europa.eu/education/policies/2010/doc/jir_council_de.pdf〉

44　Das Lissabon-Programm der Gemeinschaft umsetzen, Vorschlag für eine Empfehlung des Europäischen Parlaments und des Rates zur Einrichtung eines Europäischen Qualifikationsrahmens für lebenslanges Lernen (KOM (2006) 479 endg.)

45　*op.cit.* 43, S.3ff.

46　Schlussfolgerungen des Vorsitzes Europäischer Rat (Brüssel), 22. und 23. März 2005.

47　以下、Commission of the European Communities, Commission Staff Working Document, *op. cit.* を参照。

48　European Commission, Directrate-General for Education and Culture, *op. cit.*, p.3.

49　*ibid.*

50　国際標準教育分類（ISCED）のカテゴリー1が「初等教育修了」、2が「前期中等教育修了」、3が「後期中等教育修了」となっている。

51　Commission of the European Communities, Commission Staff Working Document, *op.cit.*, p.74.

52　*ibid.*

53　*ibid.*

54　*ibid.* p.76.

55 PISAは、OECD（経済協力開発機構）によるOECD加盟国の生徒の学習到達度調査で、「読解力」、「数学的リテラシー」、「科学的リテラシー」の3分野で行われている。いずれも、得点によって生徒の習熟度が「レベル1未満」から「レベル6」の7段階に分類されている。「レベル6」がもっとも高い段階である

56 European Commission, Directrate-General for Education and Culture, *op.cit.*, p.2.

57 *ibid.*, p.3.

58 Council conclusions of 25 May 2007 on a coherent framework of indicators and benchmarks for monitoring progress towards the Lisbon objectives in education and training (2007/C 1083/07) 〈http://register.consilium.europa.eu/pdf/en/07/st10/st10083.en07.pdf〉。以下の記述は、この結論文書に拠る。なお、この枠組みは、2007年2月21日に欧州委員会から教育関係閣僚理事会と欧州議会に送付された（COM (2007) 61 final）のち、同年3月29日に修正が加えられ、5月25日に教育関係閣僚理事会結論として採択されたものである。

59 以下、次の資料を参照。European Commission, *Progress Towards the Lisbon Objectives in Education and Training, Report based on indicators and benchmarks, Report 2006,* 〈http://ec.europa.eu/education/policies/2010/doc/progressreport06.pdf〉

60 Europäische Kommission, *Schlüsselzahlen zum Bildungswesen in Europa 2005, Die europäischen Bildungssysteme aus allen Perspektiven,* S1.

61 就学前教育機関へは、EU全体（当時の25か国、以下同じ）で、86.3％の者が通っている（2003年）。2000年には85.4％であったので、若干増加している。ただし、フランス、ベルギー、イタリア、英国、スペインでは、ほぼ100％であるのに対し、ポーランド34.1％、リトアニア53.1％、ギリシャ57.0％とかなりの開きがある。フィンランドは44.7％であるが、就学前教育機関にかわるデイケアセンターが発達しており、そこでレベルの高い教育が施されている（*op.cit.* 59, pp.28-29.）

62 20-24歳人口に占める高等教育機関在籍者の割合で見ると、EU全体で、すでに5割を超えるまでに上昇している（1998年：47.1％、2000年：56.4％）。とくに、フィンランド（89.1％）、スウェーデン（80.2％）が、高い数値となっている（*op.cit.* 59, pp.33-35.）。

63 学校におけるコンピュータの普及状況について見ると、国による差はまだ小さくない。たとえばコンピュータ1台あたりの生徒数は、デンマーク7.0人、ルクセンブルク6.6人であるのに対し、新規加盟国であるスロバキア33.5人、ポーランド21.8人、ラトビア20.4人となっている（2003年、以下同じ）。インターネットに接続している学校の割合は、低い国ではスロバキアが50.8％、ポルトガルが60.4％となっている。90％以上普及している国は、ルクセンブルク（95.9％）、フィンランド（92.1％）、スウェーデン（91.9％）である（*ibid.*, pp.113-115.）。

64 Europäische Kommission, *Allgemeine und berufliche Bildung 2010: Die wichtigsten Initiativen und Ergebnisse auf dem Gebiet der allgemeinen und beruflichen Bildung seit dem Jahr 2000,*

2007.1, S.1ff.〈http://ec.europa.eu/ education/policies/2010/doc/compendium05_de.pdf〉
65　*op.cit.* 59, pp.10-47.
66　*ibid.*, pp.14-18.
67　*ibid.*, pp.13-14.
68　*ibid.*, pp.21-23.
69　欧州委員会のサイトから"eLearning"を参照。〈http://ec.europa.eu/education/programmes/elearning/index_en.html〉
70　*op.cit.* 59, pp.19-21.
71　*ibid,* pp.23-25.
72　スウェーデン、フィンランドが、それぞれ7.66％、6.39％であるのに対し、ブルガリア3.57％、ギリシャ3.96％というように、かなりの開きがある。前年比でみると、チェコ、キプロス、ハンガリー、スロバキアなどの新規加入国で0.25％以上の増加率を示していることが眼につく（表Ⅱ-1-11を参照）。
73　*op.cit.* 59, p.13.
74　18歳人口のどのくらいの割合の者が在学しているかを見ると、EU全体では、76.4％である。フィンランド、スウェーデンは、91.9％、94.5％と9割を超えている（*ibid,* pp.30-31.）。
75　*ibid,* pp.35-39.
76　*op.cit.* 60, S.317ff.
77　*op.cit.* 59, pp.44-45.
78　たとえば、学生のEU域内移動に関しては、第1節でみた「エラスムス計画」のなかで、全学生の10％が自国以外の加盟国の大学で一定期間学習することが目指されている。そのためには、現状よりも数値を2倍以上増やさなければならない。EU全体で見ると、外国人学生の割合は6.2％となっている。2000/01年度は、5.3％であったので、約1％上昇している。国別でいうと、イギリスの大学に学ぶ外国人学生の割合が高い（*ibid,* pp.46-47）。
79　ブルガリア語、スペイン語、チェコ語、デンマーク語、ドイツ語、エストニア語、ギリシャ語、英語、フランス語、アイルランド語、イタリア語、ラトビア語、リトアニア語、ハンガリー語、マルタ語、オランダ語、ポーランド語、ポルトガル語、ルーマニア語、スロバキア語、スロベニア語、フィンランド語、スウェーデン語。駐日欧州連合代表部広報部『europe』, winter 2007, p.22.
80　Presidency Conclusions European Council, Barcelona, 2002, paragraph 44.
81　現状を見るとEUの生徒の多くは、まだ早期からの外国語学習を経験していない。2003年現在、前期中等教育段階で平均して「1.3」、後期中等教育段階で「1.6」の外国語を学習している（*op.cit.* 59, pp.46-47.）。
82　Schlussfolgerungen des Rates und der im Rat vereinigten Vertreter der Regierungen der

Mitgliedstaaten zu Effizienz und Gerechtigkeit in der allgemeinen und beruflichen Bildung v.8.12. 2006, *ABl*, C 298/3, S.3ff.

83 これら課題の基盤となる「鍵となる能力」として、次の8つの能力の開発が挙げられている。①母語の能力、②外国語の能力、③数学および基礎的な自然科学・工学の能力、④コンピュータ能力、⑤学習能力（学び方を学習する能力）、⑥社会的・市民的能力、⑦自分でイニシアティブをとって起業できる能力、⑧文化を受容し表現できる能力 (Empfehlung des Europäischen Parlaments und des Rates vom 18.Dezember 2006 zu Schlüsselkompetenzen für lebensbegleitendes Lernen, *ABl* L.394/13-18.)。

84 こうした評価は、「相互に学びあう」(Peer-learning) という観点から行われる。各国は自国以外のモデルとなる事例を相互に学習することで、EU全体としてそのレベルを高めていくことに重点が置かれている。また法的に拘束力をもつものではないとされている (Gemeinsamer Zwischenbericht 2006 des Rates und der Kommission über die Fortschritte im Rahmen des Arbeitsprogramms „Allgemeine und berufliche Bildung 2010", S.7ff.)。

85 David Phillips and Hubert Ertl, *Implementing European Union education and training policy: a comparative study of issues in four member states,* Boston: Kluwer Academic, 2003, pp.319-327.

86 EUにおけるヨーロッパ市民性形成の取組みについては、新井浅浩「EUの市民性形成論」二宮皓編著『市民性形成論』（放送大学大学院教材）放送大学教育振興会，2008，pp. 176-189を参照。

87 Das EU-Programm JUGEND IN AKTION 〈http://www.jugend-in-aktion.de/〉

88 Decision No 1719/2006/EC of the European Parliament and of the Council of 15 November 2006 establishing the 'Youth in Action' programme for the period 2007 to 2013. (*OJ* L 327, 24/11/2006, p.32)

89 JUGEND IN AKTION-Das neue EU-Jugendprogramm ab 2007. 〈http://www.jugendbuero.be/desktopdefault.aspx/tabid-1521//2518_read-28991/〉

90 *ibid.*

91 前掲注88を参照

92 前掲注87を参照。

93 Youth, Citizenship & European Identities, European Commission Fifth Framework Programme, Youth and European Citizenship, Presentation by Claire Wallace Institute for Advanced Studies, Vienna 〈http://www.sociology.ed.ac.uk/youth/docs/Claire_Aberdeen.ppt〉

94 シティズンシップ研究会編『シティズンシップの教育学』（晃洋書房，2006）では、シティズンシップ教育は、政治教育、法教育、人権教育、平和教育、歴史教育、愛国心教育、宗教教育、多文化教育、情報教育、環境教育、フェミニズム教育、性教育の12の分野の教育から構成されている (pp. 1-3.)

95 Gerhard Himmelmann, Demokratie-Lernen als Lebens-, Gesellschafts-und Herrschaftsform,

Gotthard Breit, Siegfried Schiele (Hrsg.), *Demokratie-Lernen als Aufgabe der politischen Bildung*, Bonn: Bundeszentrale für Politische Bildung, 2002, S.29. ヒンメルマン教授の所説に言及している邦語文献として、田口康明・中山あおい「ドイツ―政治教育からシティズンシップ教育へ」嶺井明子編著『世界のシティズンシップ教育―グローバル時代の国民／市民形成―』東信堂，2007，pp. 171-183を参照。

96 Himmelmann, *op.cit.* 95, S.33.
97 二宮　前掲書，pp. 26-39.
98 *op.cit.* 59, p.50.
99 European Commission, *Citizenship Education at School in Europe,* 2005, p.28. 〈http://www.eurydice.org/ressources/eurydice/pdf/055EN/005_chap3_055EN.pdf〉
100 Attila Ágh, *The Adolescence of East Central European Democracies: Europeanization as an Opportunity for Further Democratization,* p.3.
101 *op.cit.* 99, pp.31-32.

第2章　ヨーロッパの高等教育改革（その1）
── 1990年代の動向と課題

　本章では、1990年代のヨーロッパ高等教育改革の動向と課題について見ていく。まず、第1節で、1990年代の高等教育の状況を概観し、そのなかで、これまでそうしたものとは縁遠かったヨーロッパの大学においてもアメリカに見られるような大学の評価という考え方がだんだん浸透してきた背景を探る。第2節では、ヨーロッパレベルで初めて本格的に取り組まれることになった大学評価の試みである「ヨーロッパ・パイロットプロジェクト」について、その概要と、ドイツにおける試行状況について取り上げる。第3節で、ドイツの代表的な総合誌である『シュピーゲル』が実施した「ヨーロッパの大学ランキング」を紹介し、ヨーロッパにおいても「大学のランキング」といった考え方が登場したことの意味に言及する。

第1節　1990年代の高等教育の状況と大学評価
1　「競争」と「評価」という考え方の登場

　とりわけ1990年代に入り注目される動向として、ヨーロッパの大学でも「競争」と「評価」という考え方がしだいにクローズアップされてきた点が挙げられる[1]。中世以来、ヨーロッパの大学は「大学間に格差はない」という前提のもとで発達してきた。各大学は、学問的特色の上ではそれぞれがバラエティーに富んでおり、その意味での差はあるが、大学としてのレベルに差はないというのがヨーロッパの大学の建前であった。しかし、こうした建前は変更を余儀なくされるようになった。大きな流れとして、ヨーロッパの大学

も、「競争」と「評価」を主体としたアメリカ型の大学へと徐々に移行していった点を見て取ることができよう。

90年代になると、いずれのEU諸国を見ても、大学の質について、これを何らかの「評価」の対象とする試みが導入されている。また一部の国を除いて、その評価結果は報告書の形をとって公開されている。さらに、評価結果が資金配分とリンクされるようになった。

大学関係の情報調査機関である「大学情報システム」(HIS) が、ドイツ大学学長会議 (HRK) の委託により評価に関わる様々な情報を集めた "Eva Net" というインターネットのホームページを見ると、こうした「競争」と「評価」という考え方が登場した理由が、「経済的」、「構造的」、「政治的」、「社会的」という4つの面から次のようにまとめられている[2]。

① 経済的理由：公共予算は大きな赤字を抱えており、予算配分においてすべての需要に応えることはとうてい不可能であり、予算獲得のための競争が厳しくなった。このことは大学関係予算にも反映し、大学における教育と研究がどれだけ「達成を志向した」(leisitungsbezogen) ものになっているかについて、経済的観点から精査が行われなければならない。

② 構造的理由：大学は、経済、労働市場、そして国際化の強い影響下にある。その帰結として、大学制度をめぐって、また個々の大学間同士で、競争が厳しくならざるをえない。大学は、その特色形成 (Profilbildung)、達成の透明性 (Leistungstransparenz)、品質の基準について、説明できなければならない。

③ 政治的理由：大学の自律性 (Autonomie) の拡大を目指すと同時に、生産したものの「質」についての報告義務 (Rechenschaftspflichtigkeit) を求める要請がますます強まっている。

④ 社会的理由：大学はもはや一部のエリートのものではなく、青少年の多くの層を受容する教育機関となった。そのなかで大学は、アカデミックな教育の質のレベルをどのように維持できるかについて、社会に証明しなければならない。

2　大学評価機関の設置

またこの時期、ヨーロッパ各国においても大学評価機関が設置されるようになった[3]。

たとえばフィンランドでは、フィンランド高等教育審議会（Korkeakoulujen arviointineuvosto：1996年設立、以下年号は設立年）、デンマークではデンマーク評価機関（Danmarks Evalueringsinstitut：1999年、前身は1992年）、フランスでは全国大学評価委員会（Comité National d'Evaluation, C.N.E.：1985年）、オランダではオランダ大学協会（Vereniging van Samenwerkende Nederlandse Universiteiten, VSNU：1988年）、スウェーデンでは高等教育に関する国家機関（Högskoleverket：1993年）が、それぞれ大学評価の実施機関となっている。ドイツでは州レベルの大学評価機関として、たとえばニーダーザクセン州に中央評価・アクレディテーション機関（Zentrale Evaluations- und Akkreditierungsagentur Hannover：2000年、前身は1995年）という名称の大学評価機関が設置された。ただしドイツでは、ドイツの全大学を包括する評価機関はない。

評価の関与者を見ると、おおむねどの国も学生や経済界の代表を含む評価を行っており、評価報告書も公刊されている。また、こうした評価機関による大学評価の制度が導入されたのは、各国ともおおむね1990年代に入ってからとなっている[4]。

大学評価の進行状況を見ると、EU諸国のなかでイギリスとオランダでもっともドラスティックに大学改革が進行しているように見受けられる。

イギリスでは、各大学・学科ごとに「研究評価」と「教育評価」がHEFC（Higher Education Founding Council）と呼ばれる政府の高等教育財政審議会によって行われ、その結果が、それぞれの大学へ支給される交付金の額に反映される仕組みになっている[5]。

オランダでも1993年に施行された新しい大学法により、規制緩和政策が推進され、大学の権限は大幅に拡大された。しかしそれと合わせて、「大学評価」も制度化された。各大学は、研究と教育の質に関する評価報告書を公刊することを義務付けられ、その際、可能な限りその報告書は、他大学の協力を得て作成されなければならないとされている。また報告書の作成には、

「外部の専門家が参加するとともに、教育の質の評定にあたっては、学生の見解が考慮されるものとする」。「評価は、自己評価、他者評価の2段階で行われ、その際学術大臣の監督を受ける」、といった規定が設けられている[6]。

3　1990年代高等教育の課題

　欧州委員会の教育情報ネットワークであるユーリダイス（Eurydice）が2000年に刊行した『ヨーロッパにおける高等教育改革の20年：1980年以降』（*Two decades of reform in higher education in Europe: 1980 onwards*）では、1980年以降、20年間におけるヨーロッパの大学制度の発展状況と高等教育の今後の課題がまとめられている。そのなかでヨーロッパ各国の大学に共通して見られる特色として次のような点が挙げられている[7]。

①「大学の企業化」

　「今後は、企業的行動が大学領域において根をおろす。大学の自律性は、とくに大学経営、資金使用、学習提供の形成において、公的資金の欠乏に直面し、効率、コストの収益性およびフレキシビリティを目的とする企業的精神を促進している。求められているのは、大学の自律性の強化、新しい財政概念の生成、効率性の追求、経済界とのパートナーシャフトである」としている。

②「大学の質に対する関心」

　「今後は質を求める要望がますます強くなる。公的資金の使用にあたり、大学の自律性を高めることは、同時に大学で行われる活動の質を評価するプロセスの定式化ということも意味している」としている。つまり、「大学評価」を定式化することが求められていると言われている。

③「いろいろなタイプの学生に対する対応」

　「不均質な学生集団に大学構造を適合させることが求められる。大学教育へのより強化された参加は、今や人生の様々な段階にわたっている。大学はこうした様々なタイプの学習者の期待と人生スタイルにかなった新たな多様性を提供するために、入学政策、学習内容、学習構造について再考することを強いられている」として、「大学入学の拡大」、「人生の各段階に対応する

継続教育」、「学習者の需要に合わせた入学方式」といったことが挙げられている。

④「多様化された高等教育のタイプ」

「職業を志向した高等教育圏の導入とその持続的な強化、そして遠隔学習などの開かれた学習機会の拡大は、これまでの限定された教育と研究という大学風景に、新しい次元を与えた」と書かれている。要するに、高等教育の構造が、従来の古典的なユニバーシティ・タイプの構造から、様々な高等教育のタイプを許容する新しい構造へと変化したということが述べられている。

⑤「大学の国際化」

「大学教育のヨーロッパ空間」、「明日のヨーロッパの大学教育」ということが言われている。そのなかで、1999年6月に大学発祥の地であるイタリアのボローニャに、EU15か国を含む29か国のヨーロッパの教育大臣が集まり、「新しい千年紀の最初の10年間に次のことがらが達成されなければならない」という宣言をした、と記されている[8]。

- 容易に理解でき、比較できる修了証の導入
- 単位互換制度の確立
- 学生、教員、研究者、教育行政担当者の国境を越えた移動の促進
- 教育の質を確保するためのヨーロッパレベルでの共同作業の推進
- 高等教育におけるヨーロッパ次元の促進、とりわけカリキュラム開発、大学間の共同作業、移動を促進するプロジェクト、統合された学習、訓練、研究等々、といったことがらが挙げられている。

これらの課題をさらに箇条書にしてまとめると、次のようになる[9]。
① 高等教育と経済界の間の相互作用の促進
② 高等教育計画の経済関連性の促進
③ 適切な質の指標（indicator）を使用した質の保証の促進
④ 学生および教職員の移動の促進
⑤ 人生のあらゆる段階で高等教育にアクセスできるような生涯学習の促進

⑥　高等教育のサイクル構造の次のような明確な区分
- 第一サイクル（学士号）は、学生を労働市場へとエントリーさせる準備を行う段階
- 第二サイクル（修士号）は、研究志向の領域であり、専門化された知識を提供する段階
- 第三サイクル（博士課程）は、純粋な研究志向の段階

⑦　学習達成の承認のための単位システムの拡大

⑧　大学間、高等教育のセクター間、国同士の間での単位移転性(transferability of credit)の促進

⑨　高等教育の資格可読性および比較可能性の向上

以上のような動向を、改革の主要領域ごとに、各国の進捗状況と合わせて整理したものが**表Ⅱ-2-1**である。その内容をまとめると次のようになる。

第一に、「高等教育の構造面」からの改革である。具体的には、「職業教育を行う非大学高等教育機関の設立」、「中等教育に続く特定のコースの高等教育機関への引き上げ」、「学位取得コースの細分化」、「開かれた大学と遠隔学習（distance learning）」などが挙げられている。

第二に、「経営および管理」の面からは、まず大学の自律性の強化(increase in institutional autonomy)である。具体的には、「内部管理」(internal governance)の強化であり、予算支出の改革、「コース計画」の策定である。このうち予算支出の改革では、目的に合致している限り、自由に使用できる「一括補助金」(block grants)、経費配分に一定の方式をあらかじめ定め、この方式にもとづき資金を配分する「一定の方式にもとづく財政」(formula- based funding)、教育上の達成基準を契約(contract)の形で締結し、その成果にしたがって補助金を支出する「教育契約にもとづく財政」(funding by teaching contracts)などが提案されている。このほか、「授業料／入学登録料」などの徴収が挙げられている[10]。さらに「経営および管理」の面では、「質の管理の強化」も掲げられている。これは、「国レベルで定義された質の管理システム」である。また「経済環境との密接なリンク」ということも言われている。これは、経済界の「管理・監督機構への参加」、「質の評価への参加」である。

第2章 ヨーロッパの高等教育改革（その1） 213

表II-2-1 1990年代高等教育制度改革の主要領域

（★：1980年以前に導入され、現在も有効。▲：1980年から1998年の間に導入。○：導入を計画または1998年以降強化）

	B fr	B nl	DK	D	EL	E	F	IRL	I	L	NL	A	P	FIN	S	UK
高等教育の構造																
職業教育を行う非大学高等教育機関の設立	★	★	★	★	▲	▲	★	★		★	★	▲	▲	▲	★	★
中等教育に続く特定のコースの高等教育機関への引き上げ	▲	▲	▲		▲	▲				▲			▲	▲	▲	★
学位取得コースの細分化				○					○		○					▲
開かれた大学と遠隔学習	▲		▲		▲	★	★						▲			▲
経営および管理																
大学の自律性の強化	★	★		★		▲	▲	★			▲	▲	▲	▲	▲	★
・内部管理																
・予算支出	★	★	▲	○		▲	▲	★		▲	▲		▲	▲	▲	▲
――一括補助金	★	★	▲	○		▲		★			▲		▲	▲	★	▲
――一定の方式にもとづく財政												★		★		
――教育契約にもとづく財政	★			▲		▲	▲		○		▲			▲	▲	▲
――学生が支払う授業料/登録料				★	▲	★	★									▲
・コース計画																
質の管理の強化																
国レベルで定義された質の管理システム	▲	▲	▲		▲	▲	▲	★			▲		▲	▲	▲	▲
経済環境との密接なリンク	▲	▲	▲	○		▲				▲		▲		▲	▲	▲
管理・監督機構への参加	▲	▲	★	▲		▲						★		▲	★	▲
質の評価への対応				▲	▲	▲	▲				▲	▲	▲	▲	▲	▲
大学へのアクセスと中退者への対応																
職業資格をもつ学生のためのアクセス	▲	▲		▲	▲	▲		★		▲		▲	▲	▲	★	▲
伝統的な資格を有しない学生のための高等教育へのアクセス	★	▲	▲	▲		▲		▲				▲	★	▲	★	▲
新入生のためのインフォメーションとガイダンス	★		★	★		★		▲		▲		▲		▲	★	▲
カリキュラムと教授																
柔軟に編制された学習単位構造				○		▲			○	▲	▲			▲	▲	▲
労働市場との密接なリンク	▲				▲	▲					▲		▲	▲	▲	▲
ICT使用の増加				▲		▲					▲			▲	▲	▲
課程単位としての労働経験	▲			▲		▲					▲			▲	▲	▲
国際化																
学生および教職員の移動の促進				▲	▲	▲				▲	▲		▲	▲	▲	▲
課程編成における国際的次元の促進				▲		▲					▲			▲	▲	▲
外国での学習に対して財政およびその他の支援				▲		▲					▲			▲	▲	▲

（凡例）Bfr：ベルギー（フランス語圏）、Bnl：ベルギー（オランダ語圏）、DK：デンマーク、D：ドイツ、EL：ギリシャ、E：スペイン、F：フランス、IRL：アイルランド、I：イタリア、L：ルクセンブルク、NL：オランダ、A：オーストリア、P：ポルトガル、FIN：フィンランド、S：スウェーデン、UK：イギリス

（出所）Eurydice Studies. *Two decades of reform in higher education in Europe: 1980 onwards*, p.175

第三に、「大学へのアクセスと中退者への対応」である。これは具体的には、「職業資格をもつ学生のためのアクセス確保」、「伝統的な資格を有しない学生のための高等教育へのアクセス確保」、「新入生のためのインフォメーションとガイダンス」などである。

第四に、「カリキュラムと教授」の改革である。具体的には、「柔軟に編制された学習単位構造」、「労働市場との密接なリンク」、「情報コミュニケーション技術 (ICT) 使用の増加」といった措置が考えられている。

最後に、「国際化」である。具体的には、「学生および教職員の移動の促進」、「課程編制における国際的次元 (international dimension) の促進」、「外国での学習に対して財政上およびその他の支援」などを挙げることができる。

第2節　EU の大学評価の試み
——ヨーロッパ・パイロットプロジェクト

1990年代に入り、EU の教育政策として、広くヨーロッパ各国をその視野に入れた、様々な「高等教育の質を改善するためのイニシアティブ」が行われるようになった[11]。本節では、そのなかから「大学の領域における質の評価に関するヨーロッパ・パイロットプロジェクト」(Europäische Pilotprojekte für die Qualitätsbewertung im Bereich der Hochschulen) と、これを受けてのドイツの対応について、その概要を紹介する[12]。

1　プロジェクトの概要

このプロジェクトの目的としているところは、EU 諸国、さらには広くヨーロッパ各国における高等教育の質の確保を通して、単位の互換、学位、ディプローム、職業資格などの相互承認と学生の域内の自由移動を促進することである。これは個別の大学をランク付けするものではなく、各国に共通する指標を定め、自国以外の EU 諸国の専門家をメンバーとする評価チームによって、ヨーロッパレベルの大学評価を行い、最終的にはヨーロッパ統合を視野において、ヨーロッパ全体の高等教育の質を向上させようという見地か

ら実施されている。

　まず、このプロジェクトの発足の経緯について、次のように記されている[13]。「1994年に、EU 加盟国だけでなく EFTA（欧州自由貿易連合）諸国も加わり、EU の教育担当大臣による閣僚理事会の決議にもとづき、各国は高等教育の領域における質の確保と評価のためのパイロットプロジェクトに参加することが求められた。このプロジェクトは、個々の学科について実施されるものであり、各大学の一般的な評価を行うものではない。教育における質の評価の方法を試行することが目的である。それは特別の学科に向けられるのでなく、一般的に応用できるものでなければならない。このパイロットプロジェクトのために選択された学科は、すべての加盟国において提供され、できる限り統一のとれたものでなければならない」。

　このパイロットプロジェクトの一般的な目標としては、次の点が挙げられている[14]。

- 大学における教育の質の確保に関する措置の必然性を明確化すること
- 質の評価および質の確保への「ヨーロッパ次元」の導入
- 質の評価に関する国の手続きの軽減化
- 大学間の共同の促進、および加盟国における高められた学習提供の透明性を通した、大学修了証および学習期間の相互承認の強化

　こうした一般的な目的に対応して、このパイロットプロジェクトは、参加国に次のような機会を与えるものであるとされている[15]。

- 詳細な質の評価方法の開発に取り組むこと
- アカデミックな学習課程だけでなく職業教育の学習課程も含めること
- すべての加盟国間における経験の交流を通して、加盟国それぞれの特色を記述すること

　具体的には、①各大学が行う「自己評価」ならびに外部の専門家／評価グループによって行われる「外部評価」に関する共通の基準の開発、②「自己評価」と「外部評価」から得られる評価結果を盛り込んだ「報告書」の構成に

表 II-2-2　大学教育の質の評価に関する参加大学のための基準（自己評価のチェックリスト）

I. 自己評価グループの参加者（略）
II. 自己評価に関するチェックリストの目的と適用（略）
III. チェックリストの項目
　1. 大学
　　－　大学の簡単な記述（総合大学またはその他の高等教育機関）
　　－　この構造のなかでの組織的構築および専門部／学科の地位
　　－　行政構造の簡単な記述（例：決定のプロセスに関与する委員会の役割および機能）
　2. 学習目的
　　－　個々の学習課程の目標についての記述
　　　・　国家の目標に関して
　　　・　大学の使命および目標に関して
　　　・　評価される専門領域の特別のメルクマール
　　－　教育の質に関する研究の成果および学問的活動
　3. 学習課程
　　a）　学習課程の構築
　　　－　教育提供の実施に関するプログラムの構築および管轄
　　b）　教授および学習の条件
　　　－　専門特殊的内容、一般的構想的技能および個人的に伝達可能な技能
　　　－　学習プランにおけるヨーロッパ次元
　　　－　学習テクニック、学習行動および評価技術における学生のためのコース
　　　－　学生の自律的学習および学生による責任の引き受けの促進
　　　－　専門部／学部の経済界、商業界、公的な機関および職業団体との結び付き
　　c）　学習課程の評価
　　　－　用いられる評価メソッド（統合された一般的な知識、専門特殊試験、筆記／口述試験、随伴するコントロール）
　　　－　評価の頻度
　　　－　評価の展望および水準の設定に関する管轄権（大学、行政機関等々）
　　　－　試験内容に関する管轄（またはその他の評価の形態）
　　　－　学習目標に対する評価システムの意味
　4. 学生
　　－　量的データ
　　－　データについての説明
　　－　入学の条件
　　－　選抜手続き
　　－　学習ガイダンス
　　－　学生および雇用者の満足度に関する新しいアンケート調査の評価結果
　5. 教職員および教職員管理
　　－　量的データ
　　－　量的データに関する説明
　　－　いかなるレベルで誰が授業を行うか
　　－　採用、新たな配置に関する政策ならびに教職員の現職・継続教育
　　－　学習プログラムに影響を及ぼす教職員に関する特別の問題
　6. 施設
　　－　予算

第2章　ヨーロッパの高等教育改革（その1）　217

　　　　　－　財政の出所
　　　　　－　インフラストラクチャーの補助
　　　　　－　講義室、実践活動のための領域、実験室、図書館、学生が自由に使用できるコンピュータ等々
　7．質のマネジメント
　　　　　－　学習課程に関する学生、雇用者および外部評価者の見解の編成および評価
　　　　　－　学習課程／専門部と種々の大学職務間の結び付きの効果
　　　　　－　特別の学習導入、チューターおよび学習カウンセラーを必要とする学生のためのバックアップシステム
　　　　　－　学生が異議を表明する適当な方法が存在するか
　　　　　－　学生の達成の進歩を観察する方法
　　　　　－　教育の評価の方法
　　　　　－　評価手続きへの学生の関与
　　　　　－　学習プランの革新への責任
　　　　　－　定期的に用いられる手続きおよび対応する帰結措置に関するデータ
　8．外的な関係
　　　　　－　専門部／学部および経済界、産業界、商業界、公的機関、職業団体との間の結合
　　　　　－　国内および外国における類似の学部ないし専門部との結合
　　　　　－　「エラスムス計画」またはその他のヨーロッパ交換プログラムへの関与
　　　　　－　学習プログラムに関する国際連携および協力協定
　9．長所および短所
　　　　　－　報告された短所を克服するために計画された措置に関する見解
　10．統計上の資料（5年周期で）
　　　a）学生
　　　　　－　専門部／学科における学生の総数
　　　　　－　学生の構成（第1ゼメスターの学生数、男女別、自国および外国人別等々）
　　　　　－　学生の学習期間
　　　　　－　中退率および修了率
　　　　　－　平均学習期間
　　　　　－　接続する雇用
　　　b）教職員
　　　　　－　専門部／学科に勤務する学術スタッフの総数
　　　　　－　カテゴリー（教育、研究、管理、技術等）ごとの学術スタッフの総括
　　　　　－　その他のカテゴリー（職階、性別等々）ごとの学術スタッフの総括
　　　　　－　全時間就業者および部分時間就業者
　　　　　－　大学卒業者および教育担当の教員
　　　　　－　欠員

（出所）「大学評価のためのヨーロッパ・パイロットプロジェクト」のドイツ語資料（Europäische Pilotprojekte für die Qualitätsbewertung im Bereich der Hochschulbildung, Leitlinien für die beteiligten Hochschulen, November 1994）の記述をもとに筆者作成

ついて、そのおおまかなシラバスの提示、③それぞれの加盟国ごとに公刊される「ナショナルレポート」の吟味と、欧州委員会による各国の「ナショナルレポート」の総括である。大きく以上の3点について、試験的、試行的に

その大綱を提案したものということができよう[16]。

評価の手続きのプロセスは、次のように進行する。第一に、チェックリストにもとづく参加大学の自己評価と、その結果の全体的な総括。第二に、いわゆる「ピア・レビュー・グループ」[17]、すなわち当該分野の専門家集団による「外部評価」と「視察調査」。第三に、それぞれの国ごとの報告書、すなわち「ナショナルレポート」の作成と、このレポートのEUレベルでの吟味である。

以下、ポイントをいくつかピックアップしながら紹介していくことにしよう。まず、「自己評価」のチェックリストとして、どのような項目が挙げられているかを一覧表にしてみた（**表Ⅱ-2-2**を参照）。なお、こうして作成される自己評価報告書は、一応50ページを上回らないものとする（統計類、その他の添付資料を除く）とされ、当該分野における専門家集団であるピア・レビュー・グループ（以下、PRG）の事務局とナショナル・コミッティの事務局に提出される。

次に、PRGによる外部評価について見ていこう[18]。

まずPRGの任務として、次のように言われている。「PRGは、専門部／学部によって提供される情報や実地調査の枠内での議論を通して、教育の質と職業訓練プロセスの質（大学教育の組織ならびに大学卒業生および大学院生のスタンダードを含む）について、判断することにある。その評価にあたりPRGは、学生および社会、とりわけ将来の雇用者の期待を考慮しなければならない。PRGは、専門領域間の関係および大学間の関係について判断し、専門部／学部における教育の質の向上に関して提言を行うものとする」。

PRGのメンバー、すなわち「外部評価」を行う評価グループのメンバーについては、次の者から構成されるとしている。関連箇所を引用すると以下のようになる。

「個々の集団の構成員数は、それぞれの構成国によって異なることができる。しかしながら委員会は、通常5人の構成メンバーを包括し、次のような内訳となるようにする。

- 委員長は、いかなる場合も訪問する大学と結び付きがあってはならない。委員長は大学ないしその他の大学施設の管理に関する経験を有し、

近年の大学特有の発展に通じている者でなければならない。
- 大学の領域から専門家2名。
- 大学卒業生を採用する労働界から専門家1名、または職業団体から1名
- 他の加盟国から少なくとも1名の専門家。訪問は通訳なしに実施されるので、その者は訪問国の言語を駆使することができ、当該国の大学制度に通じていなければならない。
- 事務官1名。この者は、PRGの活動組織および報告書の作成準備に関与する。事務官は、PRGの構成メンバーとなることができる。
- 若干の場合、ある特定の領域（例：教授プランの開発）における経験をもつ専門家を入れることは、意味のあることになるであろう」。

このように、外部評価の評価メンバーに自国以外の加盟国の専門家を入れることが要請されている点、大学以外の領域から、すなわち大学卒業生を採用する企業、労働界の側からも委員を出すことが求められている点など、注目されるのではないかと思われる。なお、PRGのメンバーは、ナショナル・コミッティによって任命される。このナショナル・コミッティは、それぞれのパイロットプロジェクトに関係する国に設置される。ナショナル・コミッティは、PRGの長、その国の関係する大学のPRGの事務官を任命するとされている。

PRGによる実地調査は、**表Ⅱ-2-3**「PRGによる実地調査」にまとめたように、まず実地調査の準備段階での検討がある。そのあと実地調査は、同上表に記したようにおおむね9段階のステップを踏んで実施される。

以上のような実地調査を経てPRGによって作成される「外部評価報告書」の内容上の構成については、**表Ⅱ-2-4**「PRGにより作成される報告書の内容上の構成」に示したような雛型が提案されている。こうして作成された報告書は、それぞれの国のナショナル・コミッティに報告され、国別の報告書が作成される。同時にナショナル・コミッティは、EUにもその結果を報告し、ヨーロッパ全体の報告書となる仕組みになっている。

このようにEUレベルで、さらにはEFTA（欧州自由貿易連合）諸国も含めて全ヨーロッパ的な規模で、大学評価のための基準づくりが行われ、実行に移されることになった。

表 II-2-3　PRG による実地調査

I．実地調査の準備

1. 自己評価領域および意見の表明の検証
   - 報告書は批判に耐えられるか、分析は十分か？
   - 専門部の長所と短所が明瞭に記述されているか？
   - 弱点となる箇所を克服するための計画化された措置がはっきりと記述されているか？
   - 情報は欠けていないか？
2. 課題領域の形式化
   - 自己評価報告書の質に関する理解
   - 追加の情報が必要かどうかの決定
   - 実地訪問の際に質問される詳細な問いの最終的形式化
3. 議論に関する若干のポイント
   a) PRG は何をすべきか？
      教育の質の評価にあたり次の4つの基本的な問いが考慮されなければならない。
      - 目的は明瞭に形式化されているか？
      - 目的がカリキュラムのなかにどのように規定されているか？
      - 学生の評価および試験は、学習課程およびコースの内容を反映しているか？
      - 大学卒業生は、実際に期待される知識、能力、振舞いを実際に駆使しているか？
   b) PRG は講義を視察すべきか？
   c) 教育と研究の関係

II．実地調査

実地調査はおおむね次のように行われる
1. 大学の管理・行政担当者との打合せ
2. 自己評価の検討
3. 学生代表との話し合い
4. 教員との話し合い
5. 重要な委員会の代表との話し合い
6. 討議時間
7. 施設の見学
8. 視察
9. 大学の管理・行政担当者との最終的会議

(出所)　*ibid.*

第2章 ヨーロッパの高等教育改革（その1）　221

表II-2-4　PRGにより作成される報告書の内容上の構成

I．序言 ・グループ ・課題領域 ・作業方法 ・評価の簡単な査定	II．プログラム ・目的 ・構造 ・内容 ・教育および教育方法 ・学生の達成 ・評価方法	III．教職員および教職員管理 ・教職員：協力者の数および構成 ・授業義務 ・教職員管理
IV．質のマネジメント ・質の内部評価 ・行政の効率 ・教授プランの革新の導入のための措置	V．評価の構造 ・その国の大学制度の簡単な記述 ・専門領域／専門の簡単な記述 ・委員会	VI．学生 ・学生の数 ・入学の条件 ・中退者および卒業者の割合 ・平均的な学習期間 ・学習の助言 ・学習課題
VII．施設 ・予算および財政上の出所 ・インフラストラクチャー ・教室、実験室、図書館、コンピュータ室等	VIII．外部との関係 ・経済界、公的機関および職業団体との接触 ・国内および国外の高等教育機関との接触 ・「エラスムス計画」およびその他のヨーロッパ交流計画への関与	IX．結果の総括 ・重要な結論および提言

（出所）*ibid.*

2　ドイツのナショナル・レポートから

　次に、このヨーロッパ・パイロットプロジェクトに関するドイツのナショナル・レポートについて紹介してみたい。ドイツでは、大学学長会議（HRK）が、州および連邦からこのパイロットプロジェクトのためのナショナル・エージェンシーを引き受けることを委ねられ[19]、大学学長会議はそのための対応措置をとることになった[20]。

　大学学長会議は、ドレスデン工業総合大学とオスナブリュック専門大学の機械工学科、エッセン大学とハノーファー専門大学のデザイン学科をこのパイロットプロジェクトの参加大学に指定し、評価を実施した。以下は、その報告書の「評価プロセス」の部分を抜粋して翻訳したものである[21]。なお、報告書全体の構成は、**表II-2-5**のようになっている。

表II-2-5　ドイツのナショナル・レポートの目次

```
I    ドイツ連邦共和国における評価
  1  ドイツの枠組み条件
  2  ナショナル・コミッティの設置
  3  手続きの準備
II   ドイツにおける手続きの履行
  1  大学の選択
  2  時間的および財政的前提条件
  3  EUのパイロットプロジェクトに対するリアクション
  4  連邦および州からの援助
III  評価プロセス
  1  機械工学の領域における評価
  2  デザインの領域における評価
IV   結語
  1  内部評価
  2  外部評価
  3  外部評価の組織
  4  その他の手続き上の原則
```

(出所) Europäische Pilotprojekte für die Qualitätsbewertung im Bereich der Hochschulen, Bundesrepublik Deutschland, Nationaler Bericht, *Dokumente zur Hochschulreform*, 105/1995. S.v.

(1) 評価のプロセス

　機械工学科、デザイン学科のいずれも総合大学(Universität)、専門大学(Fachhochschule)のそれぞれ1大学が参加した。この理由から、評価チームには、総合大学の教授と専門大学の教授が加わった。評価チーム間の連携は調和がとれており、問題がなかった。とりわけ異なった大学タイプ間の不協和音は発生しなかった。

　参加大学は、ドレスデン工業総合大学とオスナブリュック専門大学の機械工学科、ハノーファー専門大学とエッセン大学のデザイン学科であった。

　評価チームは、1995年3月22日にボンで訪問過程について基本的に合意した。1995年5月28-30日にハノーファー専門大学芸術・デザイン学科、6月7-9日にオスナブリュック専門大学機械工学科、6月21-23日にエッセン大学造形・芸術教育学科、7月3-5日にドレスデン工業総合大学機械工学科の訪問が行われた。

　評価グループは、それぞれ第1日目に自己評価報告書を詳細に検討し、こ

れにもとづく設問表ならびに会話と視察の細かな計画を策定した。

　訪問期間中、インタビューはあらゆる集団（教員団、技術職員、学生）に対して行われた。さらにインスティトゥート、アトリエ、作業場、実験室、その他を巡回した。同様に大学の幹部職員と会合がもたれた。

(2) 機械工学における評価

　ドレスデン工業総合大学およびオスナブリュック専門大学の自己評価報告書は、総体的に現存する状況を的確かつ建設的に記述し、これに対応してポジティブな判断を下している。挙げられているデータは広範囲であり、インフォーマティブである。データに現れた欠陥と不備は、ひとえに限られた時間的枠組みと、大学におけるこうした経験の欠如に帰せられる。

　両大学における対話は開放的で、建設的、協力的雰囲気のもとで行われた。専門部／学部から指摘され、評価チームによって援助され、補完された改良可能性と改良の兆しは、学科の教育の改善に役立つものと思われる。

(3) 外部評価

　内部評価の結果にもとづき、それぞれの専門特殊的特性を考慮して、外部の助言と評価が行われた。外部評価委員として、内外の学術研究者のほかに、卒業生を雇用する雇用者側の代表からなる5-6人の専門家集団の形成は、適切であることが確認された。委員長職は、その分野の専門家ではないが、学科の状況と大学経営の使命に精通した学術研究者が就くべきであるとされた。国家的観点からの判定を際立たせるために、外国人の評価者が評価チームに入ることが促進された。

　外部評価は、内部評価と質保証システムとしての内部評価の効果を批判的に検証し、例示的に同様の機関を、専門と関連付けて比較する可能性を開示するものである。外部評価は、専門部／学部および大学が独自には処理できない問題を定義付け、その解決に寄与することができる。外部評価は、必要な出費の観点から、大学の外と内で、その他の期限についての特別の理由がない限り、約10年の間隔で行われることが望ましい。

評価グループは、専門部／学部を２ないし３日間訪問すべきであろう。訪問の期間は、専門特殊的要請に向けられることが望ましい。内部評価の結果と付加的な設問に対する回答にもとづき、外部評価は状況と詳細をその場で分析することが望まれる。評価すべき重要な点は、次のとおりである。
- 学習およびその転化の目的
- 学習課程および教育領域の構築と構造（講義とゼミナール、演習の関係、基礎学習および主要学習、深化された学習領域、教員の移動）
- 教育の組織（教育提供における衝突の回避、主要学習および副次学習、学習プランおよび学期あたり週時間数、学習期間、試験経過の観点でも）
- 教授学的問題（設問結果の状況、書面による、およびその他の形態による学習教材の調達可能性）
- 学校から大学への移行の問題およびその解決策
- 一般的ガイダンスおよび学習科目のガイダンス
- 研究の教育への組入れ
- 学術後継者の養成
- 教育の質の確保に関する措置

評価者は、これらの領域における状況について、専門部／学部内の異なった集団、とりわけ学部長、教授、学術協力者および学生と議論すべきであろう。訪問の最後に評価者集団は、専門部および大学の統括機関とのやりとりを踏まえて報告書を作成することが望ましい。

(4) 外部評価の組織

外部評価はこうした要求をみたすために、費用の点で、また手続きの点で、大学間の同意が必要であるので各大学が独立して行うことはできない。したがって組織は大学の枠を超えて構成され、大学自身によって実施されなければならない。EUのより大きな加盟国、とりわけ連邦制の構造をもった国々では、多数の地域的な（ドイツでは、州を超えた）、国家が関与した、大学と他の加盟国の評価機関（エージェンシー）が共同して作業する、独立した評価機関を設立することが重要な意味をもっているように思われる。

そのほかに、地域の団体とエージェンシーとの間の情報交換のために、国家が関与した、独立した、州の枠を超えた協調・アプローチ機関が設立されるべきである。そうした協調機関のそのほかの使命は、場合によっては地域の団体のための窓口、および国際的なスタンダードで評価手続きのさらなる発展のためのフォーラムを形成することにあるといえよう。こうした「協調機関」は、大学または地域の評価エージェンシーがこれを必要とし、財政が保証される場合は、内部評価、外部評価の実施にあたり、直接的にこの任務を引き受けることができるようにすべきであろう。こうした場は、ドイツにおいては、大学学長会議に設けられることができよう（以下略）。

以上、ドイツの「ナショナル・レポート」のなかから一部を抜粋し訳出してみた。こうしたパイロット・プロジェクトが、次章で見ていくボローニャ・プロセスにおけるヨーロッパ高等教育質保証協会（ENQA）による大学評価システムへと発展していくことになる。

第3節　ヨーロッパの大学ランキング

　前述したように、ヨーロッパの大学はこれまで建前として大学間の格差はないものとされ、アメリカの大学に典型的に見られる「ランキング」などといった発想は存在しなかった。しかし、かつては同年齢層のわずか数％にすぎなかった大学進学率が、90年代には、いずれのEU諸国においても、3割から4割近くにまで達するようになっている[22]。こうした学生数の急増の結果生じた学生のレベルやニーズの多様化に、制度をどのように対応させていったらよいのか、そのなかで高等教育の質をいかに維持し、かつ向上させるかということが、わが国同様ヨーロッパにおいても大学改革の緊急な課題となった。とりわけ学生に提供する教育の質の充実を中心に、これまでの大学教育のあり方が反省され、その改善をめぐって様々な試みがいろいろな形で模索されるようになった。

　ここで紹介するドイツの代表的な総合雑誌である『シュピーゲル』の「ヨー

ロッパの大学ランキング」も、そうした背景のなかで作成されたものと理解できよう[23]。

1　大学ランキングの概要
(1) ヨーロッパ15か国、百数大学を調査

『シュピーゲル』誌の調査（1998年）で対象となった専攻は、法学、工学、経済学、言語学（フランスで言えば、フランス語・フランス文学の意味）の4分野であった。ヨーロッパに数千ある高等教育機関の中から調査対象となった大学は、次のようにして選択された。まず国としては、ヨーロッパ15か国（ルクセンブルクを除くEU14か国とスイス）が選ばれた。これら15か国の大学教授（法学、経済学、工学、言語学）1,090人に対し『シュピーゲル』誌とドイツの代表的な世論調査機関であるエムニッド研究所とが協力して、電話インタビューを実施した。「もしあなたに息子さんまたは娘さんがいて、あなたが現在教えていらっしゃる専攻を大学で学びたいと言っているとします。その場合、あなたはご自身のお国の何大学を推薦しますか？」。このような質問をして、一人それぞれ3校ずつ具体的な大学名を挙げてもらった。

　この結果にもとづいて、だいたい各国の人口比に応じて各専攻ごとに、36ないし38の大学がピックアップされた。この38大学について最終的な調査結果を一覧表にしたものが、**表Ⅱ-2-6**である（誌面の関係で「法学」の結果のみ掲載）。

　法学でいうと1位はオランダのティルブルク・カトリック大学（1927年創立、以下カッコ内は創立年）、2位と3位はイギリスの名門ケンブリッジ（1318年）とオックスフォード（1167年）、4位はエラスムスやトマス・モアを輩出したベルギーのルーヴァン・カトリック大学（1425年）、5位は戦後に新設されたドイツのパッサウ大学（1972年）となっている。

　工学のトップもオランダで、エイントホーフェン工科大学（1956年）、続いて2位はケンブリッジ、オックスフォードの両大学とロンドン大学を構成する有名カレッジであるインペリアル・カレッジ（1907年）の3校が同点で並んでいる。経済学で見ると、スイスのローザンヌ大学（1537年）が1位、2位は

第2章 ヨーロッパの高等教育改革（その1）　227

表II-2-6　ヨーロッパの大学ランキング（『シュピーゲル』誌）［凡例］上：上位グループ、中：中位グループ、下：下位グループ

順位・大学名（創立年）所在国	点数	上	中	下	1	2	3	4	5	6	7	8	9	10	11	12	13	14	15	16	17
1 ティルブルク（1927）オランダ	49	15	2	0	2.1	2.0	2.4	3.1	2.4	2.3	2.2	3.3	1.8	1.9	2.7	2.4	2.0	2.1	1.9	1.9	2.0
2 ケンブリッジ（1318）英国	47	14	2	1	3.6	2.0	2.4	2.1	3.2	2.6	2.2	3.3	1.6	2.4	2.6	2.4	1.9	1.7	1.8	2.6	1.9
3 オックスフォード（1167）英国	46	14	1	2	3.6	2.0	2.1	2.3	4.5	2.4	2.8	3.4	2.4	3.0	3.1	2.8	1.7	1.6	1.9	2.0	2.1
4 ルーヴァン・カトリック（1425）ベルギー	45	12	4	1	2.6	1.6	2.7	3.3	3.9	2.7	2.8	4.0	2.4	2.4	3.6	2.6	1.5	1.6	1.6	2.0	2.4
5 パッサウ（1972）ドイツ	44	13	1	3	1.8	1.5	2.4	3.2	4.3	3.7	2.6	4.7	1.6	3.0	2.2	1.3	1.7	1.5	1.9	2.1	2.1
6 エディンバラ（1583）英国	41	9	6	2	3.6	2.1	3.7	2.1	2.7	2.5	1.8	3.3	2.1	2.0	3.2	2.9	2.3	1.6	2.0	2.7	2.1
7 ロンドン・スクール・オブ・エコノミックス（1895）英国	41	8	8	1	3.8	2.1	3.7	2.0	3.3	2.5	2.0	3.9	2.1	2.4	3.2	2.2	1.9	1.6	1.8	2.4	2.1
8 ルンド（1877）スウェーデン	40	9	5	3	2.4	2.8	4.1	3.5	2.7	2.5	2.5	4.1	2.3	2.3	3.3	2.2	4.2	2.5	2.1	2.1	2.2
9 リスボン・カトリック（1968）ポルトガル	40	8	7	2	3.1	1.1	3.3	3.0	3.1	2.6	2.4	4.6	2.0	2.6	3.0	4.0	1.7	2.5	2.3	1.8	2.6
10 ユニベルシティ・カレッジ・ロンドン（1826）英国	39	9	4	4	3.4	2.8	3.7	2.5	3.3	2.4	2.4	4.1	1.5	2.5	2.6	3.1	3.8	2.7	2.0	2.5	2.1
11 カルロス III世・マドリード（1989）スペイン	39	7	8	2	3.3	1.6	3.2	3.5	3.4	3.0	3.4	4.7	2.0	2.6	2.4	2.6	2.3	2.5	1.7	2.1	3.1
13 ヘルシンキ（1640）フィンランド	38	7	7	3	2.4	1.5	3.3	3.5	4.5	4.0	4.0	3.1	2.0	2.4	3.4	2.7	1.9	1.5	2.1	2.7	2.5
14 パドヴァ（1222）イタリア	37	5	10	2	3.2	1.7	2.9	3.7	3.8	4.4	3.2	3.2	1.9	2.0	3.6	2.7	2.0	2.1	1.8	2.4	2.5
15 ユニバーシティ・カレッジ・ダブリン（1908）アイルランド	36	6	7	4	5.3	1.1	3.6	2.6	2.9	2.1	3.0	4.9	2.1	3.5	3.4	4.0	3.5	2.7	2.4	2.1	2.2
16 オーフス（1928）デンマーク	35	7	4	6	3.7	2.7	3.6	4.3	2.9	3.1	2.9	3.7	2.0	4.4	3.3	4.1	1.7	1.7	2.0	1.9	2.3
17 ライデン（1575）オランダ	35	4	10	3	2.6	2.4	2.3	3.5	3.8	3.5	3.0	4.5	2.6	3.2	3.9	2.3	2.6	2.3	2.8	3.1	2.6
18 ハイデルベルク（1386）ドイツ	34	4	9	4	3.1	1.6	2.4	3.6	4.5	2.4	3.8	4.2	1.8	3.8	3.0	3.1	2.2	2.3	2.6	2.2	3.2
19 ザルツブルク（1622）オーストリア	34	4	9	4	2.9	2.4	3.8	3.8	3.3	2.7	3.9	4.8	2.1	5.2	2.3	3.3	2.1	1.8	2.6	3.1	2.9
20 マドリード自治（1968）スペイン	34	3	11	3	2.1	4.8	4.8	3.7	4.0	3.3	4.0	4.2	2.3	2.3	3.1	2.8	2.3	1.8	2.5	2.2	2.9
21 チューリヒ（1833）スイス	33	4	8	5	4.5	2.1	2.7	4.4	4.8	3.0	2.5	4.2	2.3	3.2	3.6	4.3	2.6	2.0	3.4	2.4	3.3
23 グルノーブル第II（1339）フランス	33	3	10	4	2.7	4.1	3.4	4.6	4.5	3.0	2.2	3.9	2.5	3.2	2.9	2.0	2.6	2.3	2.5	2.6	2.9
24 ミラノ（1923）イタリア	33	2	12	3	3.0	1.4	3.0	4.7	5.3	2.8	3.6	4.1	2.5	4.1	3.7	2.6	2.6	2.3	2.9	2.6	2.9
25 ストラスブール第III（1538）フランス	32	4	7	6	2.0	4.4	3.3	3.7	4.4	2.5	2.5	4.2	1.5	4.9	2.9	3.8	2.5	2.4	4.2	3.7	2.6
26 ボローニャ（11世紀）イタリア	31	4	6	7	2.2	1.4	3.2	4.3	4.9	3.6	3.6	2.8	2.8	4.6	3.0	4.6	2.4	1.8	3.3	2.6	2.8
27 エクス・マルセイユ第III（1413）フランス	31	4	2	10	2.6	1.4	4.3	4.2	4.5	2.7	3.6	3.5	2.3	3.6	2.6	2.8	3.1	1.9	2.6	3.3	2.9
27 フィレンツェ（1321）イタリア	31	2	10	5	2.5	2.5	2.8	4.4	4.8	3.0	4.7	2.5	2.3	3.8	3.5	4.3	2.5	2.6	2.5	2.1	2.9
27 パリ第I（1215）フランス	31	2	10	5	2.2	2.9	4.0	3.8	4.5	3.3	2.5	3.9	2.3	4.8	3.5	4.2	2.8	2.0	3.4	2.4	2.8
30 国立アテネ（1837）ギリシャ	29	3	6	8	2.4	4.4	1.7	4.3	3.4	2.5	3.3	4.1	2.7	4.8	4.9	3.6	2.4	2.7	4.6	2.4	3.7
31 ボン（1786）ドイツ	28	2	7	8	3.7	3.2	3.1	3.4	3.9	3.5	3.0	4.3	1.5	4.6	2.9	2.8	3.5	3.3	4.3	4.1	2.5
31 ローマ（1303）イタリア	28	2	7	8	1.9	2.7	3.0	4.4	5.0	4.8	4.8	2.8	2.3	5.5	3.4	2.9	2.9	3.3	4.1	3.0	3.8
33 ミュンヘン（1472）ドイツ	27	2	6	9	2.7	2.6	3.4	3.4	4.2	3.1	3.7	4.5	2.3	3.5	3.4	2.8	3.1	3.3	3.2	2.9	2.9
34 ケルン（1388）ドイツ	27	1	8	8	3.5	2.6	2.9	3.8	4.2	3.6	3.7	4.5	2.3	4.4	4.2	2.8	3.0	2.8	3.0	2.7	2.9
34 セビリャ（1502）イタリア	27	1	8	8	3.3	1.9	4.3	4.2	4.2	2.7	4.6	4.6	2.3	4.0	4.2	4.4	2.2	2.9	3.0	2.5	2.9
36 パリ第II（1215）フランス	23	1	4	12	2.5	3.7	3.6	3.8	4.3	2.7	3.1	4.1	2.7	3.9	3.8	4.4	3.6	2.6	3.9	3.6	3.3

（出所）*Der Spiegel*, Nr.19, 4. Mai 1998.

ドイツのバイロイト大学(1972年)とパッサウ大学となっている。言語学では、1位はフィンランドのヘルシンキ大学(1640年)、2位はオランダのアムステルダム大学(1632年)、3位はケンブリッジである。

(2) 教育面を中心にした質問事項

それではこのランキング表はどのようにして作成されたのかというと、1998年2月から3月にかけて、上述の教員調査によって選ばれた36〜38の各大学のそれぞれの専攻ごとに、大体50人くらいの学生に対し行ったインタビュー調査がベースになっている。インタビューの際に使われたのが、**表Ⅱ-2-7**の「質問票」である(質問表では1から20まであるが、18から20は工学部の学生のみを対象にしている)。

被験者は合計7,434人で、それぞれの質問項目について「1」(非常によい)

表Ⅱ-2-7　質問票の項目(『シュピーゲル』誌)

1. 「ゼミや講義は、学生で一杯ですか、それとも一杯になることはめったにありませんか?」
2. 「授業は、希望すれば(満杯といって断られることなく)履修できますか?」
3. 「講義の選択の幅は十分に広く設定されていますか?」
4. 「教員は、アクチュアルな研究上の問題にも言及しますか?」
5. 「講義は、職業実践を志向してしていますか?」
6. 「学生に対する試験の準備体制はきちんと確立していますか?」
7. 「教員による学習相談の体制は十分に整っていますか?」
8. 「学習環境は、仲間意識を感じさせるものですか、それとも孤立的な環境ですか?」
9. 「成績に対する要請は、高い(ポジティブ)ですか、それとも低い(ネガティブ)ですか?」
10. 「コンピュータ設備は十分に整っていますか?」
11. 「あなたは自分の大学を居心地がよいと思っていますか?」
12. 「語学コースは十分に整備されていますか?」
13. 「必要な本は図書館でいつでも手にすることができますか?」
14. 「専門の雑誌は十分に備え付けられていますか?」
15. 「データベースの検索は容易にできますか?」
16. 「図書館の開館時間が短くて利用できないようなことがありますか?」
17. 「全体としてあなたは自分の大学の学習状況をどのように評価しますか?」
    以下の質問は、工学部の学生に対して。
18. 「必要なときいつでも実験場所を確保できますか?」
19. 「実験室の機械設備は最新のものですか?」
20. 「学生は実験室で十分な指導をしてもらえますか?」

(出所) *ibid.*

から「6」(不可)までの6段階で回答してもらった。その平均点数をもとにランクづけされたわけである。質問文を見ると、学習環境など、大学におけるいわば教育の面に焦点をあてた内容となっているところに特色が見られる。

質問票の項目1から17が、表Ⅱ-2-6の1から17に対応している。トップになったティルブルク・カトリック大学で見ていくと、たとえば質問項目1「ゼミや講義は、学生で一杯ですか、それとも一杯になることはめったにありませんか？」では「2.1」という結果が出ている。この質問で一番得点が高かったのは、パッサウ大学で「1.8」、逆に一番点数が低かったのは、ユニバーシティ・カレッジ・ダブリンで「5.3」であった（表Ⅱ-2-6のなかで網掛けになっているのは、それぞれの質問項目のなかでトップとラストの大学を意味している）。

なおランキングを付けるにあたっては、単純にそれぞれの項目ごとに掲げられている点数を総合して算出するのではなく、次のような方法をとっている。すなわち各項目ごとに、それぞれ「上位グループ」「中位グループ」「下位グループ」の3レベルに区分し、上位グループに属する大学には3点、中位グループには2点、下位グループには1点をそれぞれ与え、その合計点でランク付けするという方法が採用されている。

ティルブルク・カトリック大学で見ると、全部で17項目のうち、上位グループに属する点数を得た項目が全部で15、中位グループに属する点数であった項目が2、下位グループという評価を下された項目が0となっている。したがって同大学の点数は、$15 \times 3 = 45$、$2 \times 2 = 4$、$0 \times 1 = 0$で、これらを合計した49点が総合点（満点は51点）ということになる。ちなみに一番低い評価しか与えられなかったのは、パリ第Ⅱ大学（上位グループ1、中位グループ4、下位グループ12で、合計点は23点）であった（36位）。

(3) イギリス、オランダの大学が上位グループ

以上の結果をもとに、調査対象とした法学、工学、経済学、言語学の4つの専門分野を全部総合して、どの国がよい大学をもっているかを、ごく大まかに分類すると、上位グループに属するのはイギリスとオランダの大学。中位グループがドイツ、フランス。下位グループを形成しているのが、スペイ

表 II-2-8　どの国がよい大学をもっているか？（『シュピーゲル』誌）

評価	国名	評価	延べ	上位	中位	下位
1位	イギリス	2.85	20	17	3	0
2	オランダ	2.50	8	5	2	1
3	ドイツ	1.93	28	9	8	11
4	フランス	1.55	20	1	9	10
5	スペイン	1.42	12	1	3	8
6	イタリア	1.40	20	1	6	13

（凡例）・「評価」は、「3.0」が最高点、「1.0」が最低点。
　　　　・「延べ」とあるのは調査対象となった大学（専攻）の総数。
　　　　・「上位」とあるのは、「上位グループ」に組み入れられた大学（専攻）の総数を表す（「中位」、「下位」についても同じ）。
（出所）ibid.

表 II-2-9　どの国に留学したいか？（『シュピーゲル』誌）

順位	国名	（％）
1	イギリス	(33％)
2	フランス	(18％)
3	ドイツ	(11％)
4	イタリア	(7％)
4	スペイン	(7％)
6	アイルランド	(3％)
7	オランダ	(2％)
7	スウェーデン	(2％)
7	スイス	(2％)
8	ベルギー	(1％)
8	デンマーク	(1％)
8	フィンランド	(1％)
8	ギリシャ	(1％)
8	オーストリア	(1％)
8	ポルトガル	(1％)

（出所）ibid.

ンとイタリアの大学となっている（被調査数の多い6か国に限定した結果）（**表II-2-8**を参照）。ちなみに、被験者に「君はどこの国の大学に留学したいか？」と質問すると、**表II-2-9**のようにイギリスの大学がトップとなっている。

　もちろんそんなに単純に大学をランク付けできるものではないが、EU諸国のなかでもっとも大学改革がドラスティックに進行している国は、イギリスとオランダであると言われている。第1節で見たように、両国は評価の実施面で、他の国々に先行している。こうした事情も、『シュピーゲル』誌のランキングに反映されているのではないかと推定される。

2 ヨーロッパの大学ランキングの意味するもの

　こうした大学のランク付けに、果たしてどのくらい信憑性があるのか、本当に大学の実態を反映したものとなっているのか等々、疑問に思われる点も多々存在する。しかし同時に、著名な雑誌がこういう形で大学のランキング表を発表することにより、何らかのインパクトを関係者に与えたのではないかと推察される。

　最後に、ヨーロッパの大学事情全般に関わる若干のコメントを記してまとめとしたい。

(1) 競争的大学への移行

　ヨーロッパ諸国の大学は、もちろん例外もあるが、主要な大学の多くは国立（州立）であるという点に特色がある（イギリスの大学は、国・公・私立という区分がなく、いずれも国庫からの助成金で運営される独立した法人となっている）。ヨーロッパの大学がもっぱら政府によってその財源が確保されてきたのに対し、アメリカの大学は、私立大学を中心に発達してきた。私立大学は、学生から徴収する授業料で主たる財政をまかなっており、アメリカでは他の大学と比較して、少しでも抜きん出ることが学生を獲得するためのもっとも有効な手段であった。これに対しヨーロッパの大学は、多くの国々で授業料が徴収されていない（たとえばドイツの大学では、最近その見直しが行われているが、ドイツ人、外国人を問わず授業料は無料となっていた）といった点にも象徴されているように、学生数の多い少ないは、大学財政に特段の影響を与えるものではなかった。そんなところからもヨーロッパの大学は、これまで市場経済的な競争原理とは無縁なものとして発展してきたといわれている。しかしこうしたヨーロッパの大学にも、「評価」という考え方が前面に登場してきた。

(2) 大学が社会から「評価」される時代に

　この時期にわが国でも、大学審議会の最終答申「21世紀の大学像と改革方策について」が提出された（1998年10月）。そこではわが国の大学が、「競争的環境」に置かれることにより自律性を高め、「個性が輝く大学」として21

世紀において発展していくことが可能であり、そうすることによってはじめて、大学は社会をリードできるのだ、と提言されている。

　こうした大学を取り巻く情勢の大きな変化は、わが国だけに見られる現象ではない。本章で見てきたように、ヨーロッパの国々においても、程度の差こそあれ、またその方向性はまったく同一というわけではないが、そこにおいてわが国と共通に見られる特色は、大学で行われている「研究」と「教育」をめぐって、その「質」が厳しく問われる時代に入っている、という現実ではなかろうか。換言すれば、「大学が社会から評価」される時代に入っているということである。大学に投じられた国民の税金が、合理的に説明できる形で納税者に還元されているのかどうかについて、大学は社会に対し納得のいく回答をしなければならない。「アカウンタビリティー」（説明責任）という考え方が、従来あまりそうした面に関心が向けられてこなかったヨーロッパの国々でも、大学改革の背景を形づくるに至っているということができよう。

　『シュピーゲル』誌が行ったヨーロッパの大学ランキングの試みも、ヨーロッパ各国の大学を活性化し、「国境なきヨーロッパ」の実現に向かって、学生、市民の意識を覚醒していくという大きな流れのなかで理解できるであろう。次章においてこうした流れをさらにたどっていくことにしたい。

注

1　以下の拙稿を参照。「ヨーロッパの大学にもランキング？—『シュピーゲル』誌の調査を中心に」『IDE・現代の高等教育』1999. 3, pp. 50-57. ;「ヨーロッパの大学ランキング—〈競争〉と〈評価〉を主体とした大学へ」『大学ランキング2000年版』朝日新聞社, 1999, pp. 212-217.

2　*Lehr-und Evaluationsberichte als Instrumente zur Qualitätsförderung—Bestandsaufnahme der aktuellen Praxis—*, HIS: Hochschul-Informations-System, 1996, S.7

3　1998年のEUの教育担当大臣による閣僚理事会の勧告にもとづいて、高等教育の質の確保に関するヨーロッパネットワーク（European Network for Quality Assurance in Higher Education; ENQA）が構築された。以下に例示した大学評価機関は、いずれもENQAに加入している（98/561/EC: Council Recommendation of 24 September 1998 on European cooperation in quality assurance in higher education, *Official Journal* L 270, 07/10/1998, pp.56-59 を参照）。

4　Eurydice Studies. *Two decades of reform in higher education in EUrope: 1980 onwards*. p.102.
5　拙稿「イギリスの大学ランキング」『大学ランキング2003年版』朝日新聞社, 2002, pp. 58-60.
6　Fritz Schaumann, Hochschulreform im internationalen Vergleich, *Wissenschaftsrecht, Wissenschaftsverwaltung, Wissenschaftsforderung*, S.47ff.
7　前掲注4の文献を参照。なお以下の記述は、次のドイツ語版（要約版）に拠る。Eurydice, Kurzfassung, *Zwei Jahrzehnte Hochschulreformen in Europa:Die Entwicklung seit 1980*, S.9ff. なお、この時期の全般的動向について、次の欧州委員会の資料も参照。European Commission. *Key data on education in Europe 1999/2000*, 2000（ドイツ語版：Europäische Kommission. *Schlüsselzahlen zum Bildungswesen in Europa 1999/2000*）
8　次章で紹介する1999年の「ボローニャ宣言」を指す。この宣言にもとづいて展開される「ボローニャ・プロセス」についても次章を参照。
9　Eurydice. *op.cit*., p.182.
10　この時期(1990年代後半) EU加盟国で見ると、デンマーク、オーストリア、スウェーデン、フィンランド、ギリシャ、ドイツなど、約半数の国では大学授業料が無料であった（『ドイツ大学新聞』(DUZ) 1998年第9号を参照）。ドイツにおける大学授業料徴収をめぐる動きについては、第5章第2節4を参照。
11　前掲注3の文書を参照。
12　本節の記述は、以下の拙稿に拠る。「大学評価のためのヨーロッパ・パイロットプロジェクトとドイツの対応」平成8年度文部省科学研究費総合(A)最終報告書：研究代表者：桑原敏明, 1997.3. 引用は次のドイツ語資料による。Europäische Pilotprojekte für die Qualitätsbewertung im Bereich der Hochschulen, Bundesrepublik Deutschland, Nationaler Bericht（以下、*Nationaler Bericht* と略）, *Dokumente zur Hochschulreform*, 105/1995. S.Ⅴ.
13　*Nationaler Bericht*, S.V.
14　*Nationaler Bericht*, S.VIf.
15　*Nationaler Bericht*, S.VI.
16　表Ⅱ-2-2に記した「大学評価のためのヨーロッパ・パイロットプロジェクト」のドイツ語資料を参照。
17　外部による質の評価に関するシステムの多くは、自己評価および「ピア・レビュー」にもとづいている。各大学は、まず自己評価報告書を作成する。そのなかに、専門領域、学部ないし「学派」外の評価委員会の訪問が結び付いている。ヨーロッパ・パイロットプロジェクトの枠内で、こうした専門家の集団を「ピア・レビュー・グループ」(PRG)と呼んでいる。
18　*Nationaler Bericht* を参照。
19　*Nationaler Bericht*, S.V.
20　*ibid*.

21 以下の記述は、前掲注12に記したドイツ語資料から抜粋し、翻訳したものである。
22 EU15か国（当時）の高等教育機関在学者数は、1996/97年度1,226万6,000人であった。1975/76年度は564万7,000人であったので、20年間で学生数は約2倍増加していることがわかる。EU諸国のなかで増加率がとくに著しいのは、ポルトガル、ギリシャ、スペインで、それぞれ20年前の3.94倍、3.10倍、3.07倍となっている（European Commission, *op.cit.*, p.222）
23 以下の記述は、*Der Spiegel*,Nr. 19/4.5.1998 および Nr. 20/11.5.1998にもとづいている。同誌の表紙には、「ヨーロッパの大学をテストする」(Uni-Test Europa) というタイトルが掲げられている。前掲注1に記した拙稿を参照。『シュピーゲル』誌は、1993年にドイツの大学ランキング」を発表し反響を呼んだが、今度は同じ手法を用いてヨーロッパの大学にランキングをつけている。ドイツの大学ランキングについては、第4章を参照。

第3章　ヨーロッパの高等教育改革（その2）
―― ボローニャ・プロセスを中心にして

　2007年1月から、ブルガリア、ルーマニアが、EU（欧州連合）に加盟した。半世紀前の1957年に、ドイツ、フランスと周辺の6か国から出発した共同体は、27の加盟国を数えるに至った。今や、東西冷戦で分断されていた戦後体制は終結し、ヨーロッパは、「ひとつのヨーロッパ」に向かって大きく動いている。

　そうした大きな流れのなかで、第1章で見たようにEUでは、国際的競争力を高め、知識基盤社会を実現することを目的とした「リスボン戦略」と呼ばれる経済・社会政策分野の改革が進行している。教育は、このリスボン戦略を達成する鍵を担う重要な要素として位置付けられている。

　リスボン戦略の展開の中で、高等教育については、本章で紹介する「ボローニャ・プロセス」と呼ばれる高等教育改革が推進されている。ボローニャ・プロセスとは、1999年6月にヨーロッパ29か国が署名した「ボローニャ宣言」に盛り込まれた内容の実現に向けた一連の取組みの過程をいう。そこにはたとえば、各国に共通する高等教育の基本構造の整備、ヨーロッパ共通の単位制度の開発、高等教育の質保証システムの確立など、従来のヨーロッパの大学には見られなかった大きな高等教育改革案が盛り込まれている。ボローニャ・プロセスは、こうした課題を目標として設定し、2010年をひとつの目途としてヨーロッパの大学全体のレベルアップをはかり、ヨーロッパの高等教育を世界的水準に高めようという試みである。これらの目標を達成することにより、ヨーロッパの大学の間を自由に移動でき、どこの大学で学んでも共通の学位、資格を得られる「ヨーロッパ高等教育圏」(European Higher

Education Area, EHEA）を確立することが目指されている。

　これまで、ドイツなど多くの大陸の大学には、アメリカのような学士、修士、博士というように段階化された高等教育の基本構造は存在しなかった。また、ヨーロッパ共通の単位制度を設けようといった発想もなかった。たとえばドイツでは、そもそも単位制度自体がなかった（「自由な学習」という概念が伝統的に採用されてきた）。アメリカでは当然のこととして実施されている大学の研究と教育の質を評価するという考え方も、ヨーロッパの大学には縁遠いものであった。一般的に、ヨーロッパでは、アメリカで発達したような大学間で競争するといった文化は、根付いてこなかった。多くのヨーロッパ諸国では、基本的に大学の経費は国が賄い、全国どこの大学もレベルとしては同じであり、大学間に格差は見られないという建前が貫かれていた。

　こうしたヨーロッパの伝統的な大学像が、大学を取り巻く社会環境の大きな変化のなかで変貌しつつある。ボローニャ・プロセスの展開も、そうした世界的な潮流のなかに位置付けられるであろう。本章では、ボローニャ・プロセスの進展状況を紹介しながら、ヨーロッパの高等教育の現状と課題を見ていく。

　以下、第1節では、前章で見た1990年代のヨーロッパ高等教育の課題がボローニャ・プロセスとなって結実する経緯を概観する。第2節では、ボローニャ・プロセスの展開とその課題を具体的にたどってみる。その際、2007年5月にロンドンで行われた教育関係大臣会議（以下、ロンドン会議）に提出された各国の資料にもとづき、2007年時点でのボローニャ・プロセスの達成状況を紹介する。合わせてドイツを例にして、同国における達成状況を見ていく。第3節では、ボローニャ・プロセスの今後の展開の中で注目すべきもののひとつとして「ラーニング・アウトカム」をベースとする「ヨーロッパ資格枠組み」（EQF）について言及する。第4節では、ボローニャ・プロセスの特色およびその意義について述べる。最後に、全体のまとめを行いたい。

第1節　ボローニャ・プロセスの出発

1　高等教育をめぐる一般的状況と課題

　前章で見たように、1980年代から90年代にかけて、大学を取り巻く情勢は、ヨーロッパ諸国においても大きな変化が見られた。ここで改めて、その特色と課題を箇条書にすれば、以下のようになるであろう[1]。

(1) マス化する大学への移行と入学制限の導入

　かつては同年齢層のわずか数％にすぎなかった大学進学率が、90年代にはEU諸国においても大体2割から4割に達するようになった[2]。これまでヨーロッパの多くの国々では、後期中等教育の修了試験が同時に大学入学資格試験となっており、これに合格した者は、あらためて大学入試を経ることなく大学に入学する権利があるというシステムが採用されてきた（資格をもった者に対して開かれた制度という意味で、「オープン・アドミッション」の制度と言うこともできよう）。この点が、個々の大学が入学者を選抜する制度、すなわち「セレクティブ・アドミッション」の制度が採用されているわが国などとは異なるヨーロッパの特色であった。したがって大学に入学する権利をもった者が大学に入学したいと言えば、大学当局は基本的にこれを拒むことはできない。財政赤字に直面し、大学の予算面でも緊縮財政を強いられるなかで、学習環境は据え置かれたまま、学生数は増加の一途をたどっている。いずれの国々も、このような状況を多かれ少なかれ抱えるようになった。

　こうした事情を背景に、資格をもつ者に開かれた「オープン・アドミッションの制度」から、資格をもった者のなかから入学者を選抜するという「セレクティブ・アドミッションの制度」へと各国とも変更を余儀なくされるようになった。現在、ほとんどの国で「入学制限」(numerus clausus) が導入されている[3]。

(2) アーティキュレーションの多様化と高等教育システムの構造の変化

　これまでのエリートの大学からマス化された大学へと移行するなかで、後期中等教育と高等教育のアーティキュレーションと高等教育機関の構造にも

変化が見られるようになった。また従来、後期中等教育では、普通教育と職業教育の役割分担が比較的はっきりしていたが、現在では、両者をどう結合させるかに重点が置かれるようになっている。職業教育で得られる資格によっても大学入学を認める様々な学校タイプが、各国で設置されるようになった。

　これと並行して、高等教育システムの構造も変化している。中世以来の伝統をもつ大学（ユニバーシティ）に加えて、様々なタイプの非大学高等教育機関が設置されている。また大学という名称は冠していても、従来のユニバーシティー型とは異なる形態の大学タイプも数多く登場している[4]。

(3) ドロップアウト率の増加と教育の強化

　そうした過程で、大学を卒業できず中退する学生の割合が増加している点も見逃せない。こうしたドロップアウト者の割合は、たとえば2000年の時点で、イタリア（66%）、ポルトガル（51%）、オーストリア（47%）、フランス（45%）など、相当高い数値が報告されている[5]。

　これと合わせて標準的な学習年数で卒業できない学生が増大し、それにともない長期化する在学期間も問題となっている[6]。そこから学生に対する教育の強化ということも、大学改革の大きなテーマとして浮上してきた。

(4) 自然科学分野における立ち遅れ

　そのほかヨーロッパでは、とくに自然科学分野における大学の立ち遅れということが以前から指摘されている[7]。とりわけ産業界からは、労働市場との密接なリンク、情報コミュニケーション技術（ICT）にかなった大学のカリキュラム編制、国際的競争市場に対応できる人材の育成などが強く要請されている。関連して、学生の工学、自然科学に対する「関心の低下」と、この方面の「学力の低下」という問題もクローズアップされている。

(5) 大学教育の質の改善と評価制度の導入

　大学を取り巻くこのような環境の変化と、各国とも財政状況の悪化に直面

するなかで、学生のレベルやニーズの多様化に制度をどう対応していったらよいのか。とくに学生に提供する教育の質の充実を中心に、これまでの大学教育のあり方があらためて見直され、その改善をめぐって様々な施策が考えられている。

　そうしたなかで大きく浮上してきたのが、第2章で見てきたように、各大学はそれぞれに投じられた公的資金の使い道について、広く社会の「評価」を受けなければならないという考え方である。従来そうした面にはあまり眼が向けられてこなかったヨーロッパの国々においても、大学で行われている「研究」と「教育」に対する「評価」ということに、しだいに関心が払われるようになった。換言すれば、大学をめぐって、その「質」がきびしく問われる時代、大学が社会から「評価」される時代にヨーロッパの大学も入っているということができよう[8]。

(6) ヨーロッパ統合に向けての教育の役割

　加えてヨーロッパにおいては、EUの統合という視点から、EU域内での学生・教員の積極的な移動の促進と、それを支える共通の行動基準の開発がメインテーマとなっている。その試みは、さらにEUの枠組みを超えて、ヨーロッパ全体へと拡大しつつある。

　「ひとつのヨーロッパ」に向かってヨーロッパ全体が動きつつあるなかで、ヨーロッパ内外の大学間の流動性を促進し、大学同士の競争を通して高等教育の質を維持・向上させること、学生や市民の意識の覚醒を通して大学全体の活性化をはかること、総体として高等教育の透明性を高め、ヨーロッパの大学の魅力を回復することが、広くヨーロッパにおける大学改革のもっとも中心的な課題となっているとも言えるであろう。

2　リスボン戦略と2つのプロセス

　前項で見たようなヨーロッパにおける高等教育をめぐる一般的状況を背景に、現在進行している高等教育改革を大きな枠組みで捉えると次のようになる。すなわち、大きな政治的枠組みのなかで「リスボン戦略」が展開され、

```
┌─────────────────────────────────────────────────────────────────┐
│         リスボン戦略（リスボン・アジェンダ）                    │
│  「2010年までに世界でもっとも競争力のある、ダイナミックな知識を基盤とした経済空間を創設する」│
│              ⇧                           ⇧                      │
│      ボローニャ・プロセス      ⇔      コペンハーゲン・プロセス   │
│   （ヨーロッパ高等教育圏の創設）      （ヨーロッパ職業教育圏の創設）│
│   ECTS：ヨーロッパ単位互換制度      ECVET：ヨーロッパ職業教育単位互換制度│
│   QF-EHEA：高等教育のための資格枠組み   QF-LLL：生涯学習のための資格枠組み│
│         国の資格枠組み                    国の資格枠組み         │
└─────────────────────────────────────────────────────────────────┘
```

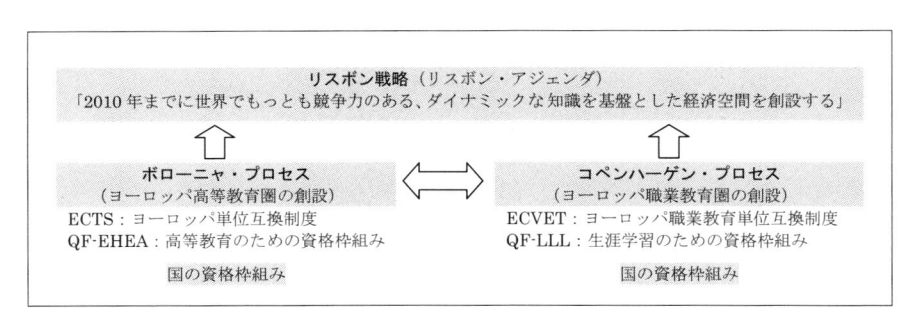

図Ⅱ-3-1　リスボン戦略と2つのプロセス

（出所）M. Stalder, *Kopenhagen-Prozess unterstützt Mobilität und Wettbewerbsfähigkeit*〈http://www.svb-asosp.ch/d/weiterbildung/bibliothek/download/051109_Folien_Stalder.pdf〉等をもとに筆者作成

これを支える形で、高等教育の領域では「ボローニャ・プロセス」が、職業教育の領域では「コペンハーゲン・プロセス」が進行している（図Ⅱ-3-1を参照）。

(1) リスボン戦略

　第1章で見たように、EUでは、2000年3月にリスボンで開催された欧州理事会で、「2010年までに世界でもっとも競争力のある、ダイナミックな知識を基盤とした経済空間を創設する」として、EUの採るべき包括的な方向性が示された[9]。リスボン戦略の柱は、経済成長と雇用拡大に重点を置いた経済政策であり、社会政策であるが、その成果をあげるためには「雇用、教育および訓練における社会的統合の促進」など、教育面での果たす役割がきわめて大きい。こうしてEUレベルでの教育水準の向上は、国際的な「競争力」を高め、「知識社会」を実現するために不可欠な要素として、リスボン戦略のなかで積極的に取り組まれることになった。

(2) ボローニャ・プロセス
(i) ソルボンヌ宣言からボローニャ宣言へ

　1998年5月、ドイツ、英国、フランス、イタリアの4か国の教育関係大臣は、ソルボンヌ大学（パリ大学）創立800年記念式典に出席し、高等教育の領域における開かれた「ヨーロッパ高等教育圏」の構築を謳う「ソルボンヌ宣言」[10]

に署名した。

この宣言では、経済面の統合だけではなく、「知のヨーロッパ」(Europe of knowledge) を築いていくことが重要であるとして、大きく次の3点が強調されている[11]。

① 各国に共通する、わかりやすい教育課程を設ける必要がある。具体的には、学部 (undergraduate) と大学院 (graduate) の2段階構造を採用し、共通なレベルの学位システムとし、国際的な透明性をはかり、資格の相互承認を改善する。

② 学生、教員の移動 (mobility) を促進し、彼らのヨーロッパ労働市場への統合をはかる。

③ そのための障害を取り除き、「ヨーロッパ高等教育圏」の調和を通して雇用可能性 (employability) を促進する。

加えて以上の内容が、他のEU諸国をはじめ広くヨーロッパ諸国の理解を得て、さらなる発展をはかることが決議された。この決議が、翌1999年、「ボローニャ宣言」として結実することになった。

(ⅱ) ボローニャ宣言

1999年6月、大学発祥の地とされるイタリアのボローニャに[12]、EU15か国を含むヨーロッパ29か国[13]の教育関係大臣が集まった。そこではソルボンヌ宣言を継承し、「ヨーロッパ高等教育圏」の構築を目指して「新しい千年紀の最初の10年間に次のことがらが達成されなければならない」として、より具体的に、以下のような内容が確認されることになった。これが「ボローニャ宣言」[14]である。要約すると、次の6点の目標を達成することがその骨格となっている[15]。

①理解しやすく比較可能な学位システムの確立

これにより「ヨーロッパ市民」の雇用可能性を促進し、ヨーロッパ高等教育システムの国際競争力を高める。

具体的には、「ディプロマ・サプリメント」(Diploma Supplement) を発行し、労働市場から見てわかりやすい学位システムとする。ディプロマ・サプリメントとは、学位証 (学士、修士などの学位) に添付される補足書類のことで、

表II-3-1　ディプロマ・サプリメントの見本（グラーツ工業総合大学）

TECHNISCHE UNIVERSITÄT GRAZ
ERZHERZOG - JOHANN - UNIVERSITÄT
Rechbauerstraße 12, A-8010 Graz

姓	BAUER
名	Franz
生年月日	Dezember 11, 1968
学生番号またはコード	F 086 87 11704
資格の名称（原語で）	Doktor der technischen Wissenschaften (Dr.techn.) 工学の博士号（工学博士）
学位授与機関名（原語で）	Technische Universität Graz（グラーツ工業総合大学）
学習機関名（原語で）	Technisch-Naturwissenschaftliche Fakultät（工学・自然科学部）
授業／試験の言語	German
資格のレベル	Doctoral study (UNESCO ISCED Code 6)（訳注）
入学条件	Completed diploma study in the same or equivalent discipline
資格に関わる主要学習分野	Technical Physics
学習形態	Full time study
標準学習期間	2 years (4 semesters)
コースの要件	Federal Engineering Education Act (Bundesgesetz über technische Studienrichtungen)（工学の学習に関する連邦法）
部門、コース、モジュール、あるいは学習ユニット	Curriculum agreed upon with the supervisor of the dissertation
個人の成績	See transcript of records enclosed (Grade average: 1.00)
成績評価	1 = Sehr gut（非常によい）　= Excellent/very good A 2 = Gut（よい）　= Good B 3 = Befriedigend（満足できる）= Satisfactory C 4 = Genügend　（何とか間に合う）= Sufficient D/E 5 = Nicht genügend　（不合格）= Fail FX/F
総合判定（原語で）	Mit Auszeichnung bestanden（優秀な成績で合格）
継続する学習課程	None
関連する職業上のステータス	Access to academic carreer (Habilitation)（大学教授への道、大学教授資格）
追加情報	Dissertation in "Electroluminescence Devices based on blue light-emitting Conjugated Materials for Polychromic Flat Panel Displays"（博士論文名：英語表記）
さらなる情報ソース	Registrar´s office: Tel.+43 316 873/6128 Fax:+43 316 873-6125 TU Graz on INTERNET: http://www.tu-graz.ac.at NARIC AUSTRIA: http://www.bmbwk.gv.at/naric

日付　　　　　　　　　サイン　　　　　　　　　公印

（訳注）基本的に英語で記載されるが、（原語で）とある項目は、当該言語（この表ではドイツ語）で表記される。ドイツ語部分は括弧内に訳を入れた。
　　　UNESCO ISCED Code 6 は、ユネスコ国際標準教育分類の大学形態の第3段階の学位（博士課程）に相当する。
（原注）日付、サイン、公印は省略。
（出所）〈http://www.bmbwk.gv.at/medienpool/7759/diploma-supplement_muster_en.pdf〉

取得学位・資格の内容、授与機関等について、標準化された英語で追加情報が記載されたものである。これにより国ごとに異なる多様な学位や資格の透明性を高めることが目指されている（**表II-3-1**「ディプロマ・サプリメントの見本」を参照）。なおその開発は、欧州委員会 (European Commission)、欧州審議会[16] (Council of Europe)、ユネスコ・ヨーロッパ高等教育センター (UNESCO/CEPES) が共同でこれにあたるとされている。

②2サイクルの大学構造（学部／大学院）の構築

基本的に2つの主要なサイクルからなるシステムを構築する。すなわち、学部と大学院の2段階構造である。第二段階（大学院）への進学要件として、最低3年の学習年限である第一段階（学部）の修了を課す。第一段階修了によって取得できる学位は学士 (Bachelor) とし、第二段階修了者には「修士」(Master) の学位が授与される。

③単位互換制度の導入

ECTS (European Credit Transfer System) という名称の「ヨーロッパ単位互換制度」を普及させる。この制度を導入することにより、ヨーロッパ各国間の学生の移動を促進する。

④学生、教員の移動の障害除去

国ごとに異なる職業資格に共通性をもたせるなど、移動の障害となっている要素を取り除き、移動を最も効果的に実現する。これにかなった職業訓練の機会と関連するサービスを積極的に提供する。

⑤ヨーロッパレベルでの質の保証

高等教育の質の保証に関する比較可能な基準と方法論を、ヨーロッパ各国の協力体制のもとで開発する。

⑥高等教育におけるヨーロッパ次元の促進

ヨーロッパという視点（ヨーロッパ次元）に立った、カリキュラム開発、研究プログラム、高等教育機関間の協力を通して、ヨーロッパの一体化をはかる。

大きく以上の6つの課題を解決し、「ヨーロッパ高等教育圏」(EHEA) の構築に向けて一連の取組みを進めていく過程がボローニャ・プロセスと呼ばれている。以後、そのフォロー・アップのために、2年おきに署名国が持ち回

りで、ヨーロッパの高等教育関係大臣会議が開催されている。

(3) コペンハーゲン・プロセス

一方、職業教育の領域では、「コペンハーゲン・プロセス」が進行している[17]。2002年11月に、コペンハーゲンで、EU加盟国、EFTA（欧州自由貿易連合）諸国を含むヨーロッパ31か国の教育関係大臣と欧州委員会とで、職業教育における「コペンハーゲン宣言」を採択したことから、この宣言にもとづくその後の一連の取組みをコペンハーゲン・プロセスと呼んでいる。コペンハーゲン・プロセスでは、ヨーロッパ次元の強化、移動の促進、比較可能な資格の付与、質の保証の確保など、ボローニャ・プロセスで目指されているのと同じ内容を、職業教育の領域で確立することが課題となっている。

具体的には、①資格の透明性を確立するために既存の手続きを使った統一的な枠組みの策定。そのために、ユーロパス（Europass）を創設する。ユーロパスには、その者が取得したスキルと資格が、容易に理解できる仕方で記載される。②ボローニャ・プロセスのECTSに相当する職業教育に関するヨーロッパレベルの単位互換制度として、ECVET（European Credit system for Vocational Education and Training）[18]の開発。③インフォーマルおよびノンフォーマルに行われた教育[19]により取得された資格と能力を承認するための共通の基準と原則の設定、④生涯学習へのアクセス改善を促進する、などが大きな課題となっている。

2004年12月には、オランダのマーストリヒトで、32か国の教育関係大臣のほか、欧州委員会、ヨーロッパの経営者、労働者の代表等も加わり、コペンハーゲン・プロセスの達成状況を検証するとともに、今後の職業教育における優先的政策がとりまとめられた（その内容は、「マーストリヒト・コミュニケ」と呼ばれている）。

3　ボローニャ宣言以降の展開

ボローニャ宣言（1999年）以後、2001年にプラハ（32か国参加）、2003年にベルリン（40か国）、2005年にベルゲン（45か国）、2007年にはロンドン（46か

国)、2009年にはベルギーのルーヴァンとルーヴァン・ラ・ヌーヴ(46か国)で、ボローニャ・プロセスのフォローアップ会議が開催され、回を追うごとに参加国は増加している。これまでの各会議において取り上げられた主な内容は、以下のとおりである[20]。

(1) プラハ会議

ボローニャ宣言の採択から2年後の2001年5月、プラハで教育関係大臣会議が開催された[21]。この会議では、1999年以降の目標達成状況の確認と新たな進展に向けた優先課題を中心に話し合われた。その内容はプラハ・コミュニケとしてまとめられた。

同コミュニケでは、ボローニャ宣言の6つの目標を補強する取組みとして、とくに次の3つの課題が付け加わった。①生涯学習を促進すること、②ボローニャ・プロセスの実施主体に、高等教育機関と学生をその一員として参加させること、③ヨーロッパ高等教育圏の魅力を高めること。

(2) ベルリン会議

2003年9月には、ベルリンで教育関係大臣会議が開催された。この会議から旧ユーゴスラビア諸国等、7か国が新たに加わり[22]、ボローニャ・プロセスの署名国は40か国となった。その内容は、ベルリン・コミュニケとして発表された。

同コミュニケでは、これまで目標とされてきた提言内容を具体的な施策としてさらに拡大し、推進していく方針が明確に打ち出された。その内容は次のとおりである。①高等教育機関レベル、国のレベル、ヨーロッパレベルの3つのレベルで、質を保証する仕組みをつくる。各国は、「アクレディテーション」(accreditation)と「評価」(evaluation)を実施する機関を2005年までに設ける。この機関が質保証のスタンダードを開発する。②学士、修士の2サイクルのシステムに加え、第3のサイクルとして博士課程をボローニャ・プロセスのなかに位置づける。③学位および学習期間の承認を容易にするために、すべての学位取得者に対し、無料でディプロマ・サプリメント(前掲表II-3-1を参照)

を提供する。④「ヨーロッパ資格枠組み」(第3節を参照) を開発する。⑤教育と研究の間の密接なリンクをはかる。

(3) ベルゲン会議

2005年5月、ノルウェーのベルゲンで、ボローニャ宣言以降、3回目にあたる教育関係大臣会議が開催された。同会議には、新メンバーとして、アル

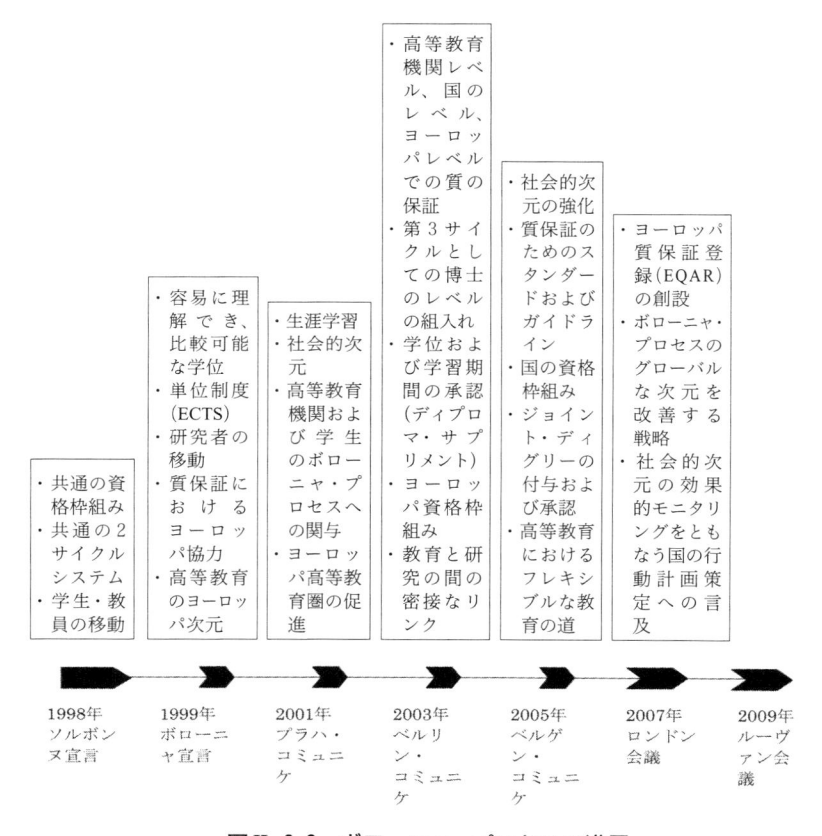

1998年 ソルボンヌ宣言	1999年 ボローニャ宣言	2001年 プラハ・コミュニケ	2003年 ベルリン・コミュニケ	2005年 ベルゲン・コミュニケ	2007年 ロンドン会議	2009年 ルーヴァン会議
・共通の資格枠組み ・共通の2サイクルシステム ・学生・教員の移動	・容易に理解でき、比較可能な学位 ・単位制度（ECTS） ・研究者の移動 ・質保証におけるヨーロッパ協力 ・高等教育のヨーロッパ次元	・生涯学習 ・社会的次元 ・高等教育機関および学生のボローニャ・プロセスへの関与 ・ヨーロッパ高等教育圏の促進	・高等教育機関レベル、国のレベル、ヨーロッパレベルでの質の保証 ・第3サイクルとしての博士のレベルの組入れ ・学位および学習期間の承認（ディプロマ・サプリメント） ・ヨーロッパ資格枠組み ・教育と研究の間の密接なリンク	・社会的次元の強化 ・質保証のためのスタンダードおよびガイドライン ・国の資格枠組み ・ジョイント・ディグリーの付与および承認 ・高等教育におけるフレキシブルな教育の道	・ヨーロッパ質保証登録（EQAR）の創設 ・ボローニャ・プロセスのグローバルな次元を改善する戦略 ・社会的次元の効果的モニタリングをともなう国の行動計画策定への言及	

図Ⅱ-3-2 ボローニャ・プロセスの進展

(出所) European Commission, *Higher Education in Europe 2009: Developments in the Bologna Process*, p.16
〈http://ec.europa.eu/education/higher-education/doc/eurydice09_en.pdf〉

メニア、アゼルバイジャン、グルジア、モルドバ、ウクライナの5か国が加わり、ボローニャ・プロセスの参加国は45か国となった。ベルゲン会議の最終コミュニケで確認された内容は、次のとおりである。①社会的次元(social dimension)の強化。②質保証のための基準（スタンダード）とそのガイドラインの適用。③国レベルの資格枠組み（National Framework of Qualifications）の設定。④ジョイント・ディグリー（共同学位）[23]の付与および承認。⑤高等教育におけるフレキシブルな学習の道（learning path）[24]の確保。

前述のソルボンヌ宣言からベルゲン会議までに確認された主な提案内容を時系列にすると、**図II-3-2**のようになる（ロンドン会議とルーヴァン／ルーヴァン・ラ・ヌーヴ会議の概要は後述する）。

4　ボローニャ・プロセスの関係機関

ボローニャ・プロセスは、EUが権限をもって実施するものではないが、**図II-3-3**に示したように、参加国および欧州委員会が、ボローニャ・フォローアップ・グループ（BFG）を形成し、諮問メンバーとして欧州審議会、ユネスコ・ヨーロッパ高等教育センター、ヨーロッパ高等教育質保証協会（ENQA）、ヨーロッパ学生連合（ESU）、ヨーロッパ大学協会（EUA）、ヨーロッパ高等教育機関協会（EURASHE）、教育インターナショナル（EI）、ビジネス・ヨーロッパといった関係諸団体の代表が関与している。

図II-3-4は、ドイツにおけるボローニャ・プロセスの関係機関を図示したものである。この図にあるように、連邦政府からは連邦教育研究省（BMBF）、州政府からは各州文部大臣会議（KMK）事務局が責任を有している。BMBFとKMKのもとに、アクレディテーション評議会（Akkreditierungsrat）（後述、後掲図II-3-7を参照）、大学の国際交流を行うドイツ学術交流会（DAAD）、経営者の組織であるドイツ経営者団体連合会（BDA）、教職員の労働組合である教育・科学組合（GEW）、大学学長会議（HRK）、学生の団体である学生自由連合（fzs）、学生生活を援護するドイツ学生援護会（DSW）などの関係者で構成される作業グループが置かれている（連邦教育研究省と各州文部大臣会議の代表者が共同でこの作業グループの議長を務めている）。また、大学人のなかからボローニャ・

248 第Ⅱ部 ヨーロッパ統合とドイツの教育

ボローニャ・プロセス（全体）

```
ヨーロッパ教育関係大臣会議（2年ごと）
          ↓
ボローニャ事務局
大臣会議の組織化／諸会議の作業計画の調整
          ↓
ボローニャ・フォローアップ・グループ（BFG）
参加国および欧州委員会の代表
年2回会合。欧州理事会の議長国がBFG議長を務める。
          ↓
      諮問メンバー
```

| 欧州審議会 (Council of Europe) | ユネスコ・ヨーロッパ高等教育センター UNESCO-CEPES | ヨーロッパ高等教育質保証協会 (ENQA) | ヨーロッパ学生連合(ESU) | ヨーロッパ大学協会(EUA) | ヨーロッパ高等教育機関協会 (EURASHE) | 教育インターナショナル (EI) 全ヨーロッパ教育構造インターナショナル (Educational International Pan-European Structure, EI) | ビジネス・ヨーロッパ (BUSINESS EUROPE) 欧州経営者連盟 |

図Ⅱ-3-3　ボローニャ・プロセスの関係機関（全体図）

（出所）DAAD, *Brücken für Bildung. Der Bologna-Prozess in Stichworten* 〈http://eu.daad.de/imperia/md/content/eu/flyer_final.pdf〉

ボローニャ・プロセス（ドイツ）

```
連邦政府                  政治的に責任      州政府
（連邦教育研究省）    ←――――――――→    （文部大臣会議事務局）
        ↓                                    ↓
        作業グループ「ボローニャ・プロセスの継続」
        （連邦教育研究省および文部大臣会議が共同で議長）
        ―――――――――― 構成員 ――――――――――
        BDA   DAAD   アクレディテーション評議会   DSW   連邦および
        GEW   HRK                              fzs    州の代表
        ↓                           ↓
ボローニャ・エキスパート（18人）   ボローニャ・コーディネーター
EU／連邦教育研究省のプロジェクト   各大学に置かれている。
「ドイツにおけるボローニャの促進」  大学学長会議が助成
(Promoting Bologna in Germany)
の枠内でDAADが助成
                    ↓
            ドイツの各大学
```

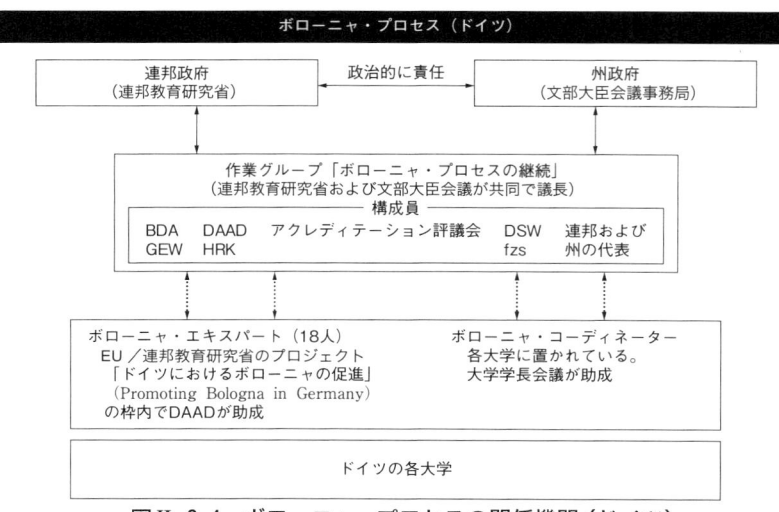

図Ⅱ-3-4　ボローニャ・プロセスの関係機関（ドイツ）

（訳注）BDA：ドイツ経営者団体全国連合会，DAAD：ドイツ学術交流会，GEW：教育・科学組合，HRK：大学学長会議，DSW：ドイツ学生援護会，fzs：学生自由連合．
（出所）DAAD, *op.cit.*

エキスパートとボローニャ・コーディネーターが任命され、ボローニャ・プロセスを促進するプロジェクトに従事している。

第2節　ボローニャ・プロセスの展開と課題

　以下、ボローニャ・プロセスのフォローアップ会議の第4回目にあたるロンドン会議[25]の報告書に拠りながら、ロンドン会議の開催された2007年5月時点の参加国の達成状況について、12の課題から見ていくことにする[26]。なお、**表Ⅱ-3-2**は、ボローニャ・プロセスの課題を一覧にしたものである。合わせて、それぞれの課題ごとの達成状況を5段階（A～E）で示した。また**表Ⅱ-3-3**は、ボローニャ・プロセスの各課題の達成状況を各国別に示したものである[27]。

表Ⅱ-3-2　ボローニャ・プロセスの課題一覧

課題	A	B	C	D	E
学位制度					
1. 第1サイクルと第2サイクルの段階化	23	11	10	4	0
2. 次のサイクルへのアクセス	37	5	2	1	3
3. 国レベルの資格枠組み	7	6	11	23	1
質の保証					
4. 「ヨーロッパ高等教育圏における質の保証に関するスタンダードおよびガイドライン」（ESG）にもとづく実施	17	26	4	1	0
5. 外部による質の保証システム	18	23	5	2	0
6. 学生の参加レベル	17	16	11	4	0
7. 国際的な参加レベル	11	14	16	3	4
学位および学習期間の承認					
8. ディプロマ・サプリメント	25	7	14	1	1
9. リスボン協定	31	5	1	3	8
10. ヨーロッパ単位互換制度（ECTS）	27	9	6	6	0
生涯学習					
11. 従前の学習の承認	17	11	9	9	2
12. ジョイント・ディグリーの創設と承認	32	16	0	0	0

（訳注）数字は、国の数を表わす（国の数については、本文の注27を参照）。
　　　　「A」から「E」は、各課題の達成度を5段階で表わしたものである。
（出所）*Bologna Process Stocktaking Report 2007*, Report from a working group appointed by the Bologna Followup Group to the Ministerial Conference in London, May 2007.〈http://eu.daad.de/imperia/md/content/eu/bologna/bolognaprocessstocktaking_london.pdf〉にもとづき筆者作成。

表II-3-3 ボローニャ・プロセスの達成状況

国名	学位制度			質の保証				学位および学習期間の承認			生涯学習	ジョイント
	1	2	3	4	5	6	7	8	9	10	11	12
アルバニア	C	E	D	B	B	B	C	B	D	A	E	B
アンドラ	C	E	D	B	B	D	E	B	E	C	B	A
アルメニア	A	A	D	C	B	C	E	C	B	D	D	B
オーストリア	C	A	D	A	A	B	A	A	A	A	B	A
アゼルバイジャン	A	E	E	B	C	C	E	C	A	D	C	A
ベルギー（フラマン語圏）	B	A	B	A	A	A	A	B	E	A	A	A
ベルギー（フランス語圏）	A	A	D	B	A	A	C	A	E	A	A	A
ボスニア・ヘルツェゴビナ	C	A	C	D	D	C	D	C	D	D	C	A
ブルガリア	A	A	B	B	B	B	C	A	A	B	A	A
クロアチア	C	A	C	B	B	A	B	C	A	A	C	A
キプロス	A	A	D	B	C	C	B	C	A	C	B	A
チェコ	A	A	C	B	B	C	B	A	A	C	D	A
デンマーク	A	A	A	A	A	B	A	A	A	A	B	A
エストニア	B	A	A	A	B	A	C	A	A	B	B	B
フィンランド	A	A	A	A	A	C	A	A	A	A	A	A
フランス	B	A	D	B	B	C	B	C	A	A	A	A
グルジア	B	A	D	B	D	C	D	A	A	B	C	B
ドイツ	C	A	A	A	A	A	A	C	E	C	A	A
ギリシャ	B	A	D	B	B	B	B	A	E	A	D	B
バチカン	A	A	B	B	B	C	B	C	C	D	D	A
ハンガリー	D	A	B	A	A	A	A	A	A	A	B	A
アイスランド	A	A	A	A	A	A	A	A	A	A	A	A
アイルランド	A	B	A	A	A	A	A	A	A	A	A	A
イタリア	A	A	C	B	B	B	B	A	E	B	B	A
ラトビア	A	B	C	B	A	A	C	A	A	B	C	B
リヒテンシュタイン	A	A	B	B	C	C	C	A	A	A	B	A
リトアニア	A	B	D	B	A	A	C	A	A	B	B	B
ルクセンブルク	B	A	D	B	B	A	B	C	A	A	B	A
マルタ	A	A	B	C	B	B	C	C	B	A	D	A
モルドバ	C	D	D	B	B	C	C	A	A	C	D	B
モンテネグロ	B	C	D	C	C	D	E	C	D	B	D	B
オランダ	A	A	C	A	A	A	A	B	E	A	C	B
ノルウェー	A	A	C	A	A	A	A	A	A	A	A	A
ポーランド	B	A	D	B	A	A	B	A	A	A	D	B
ポルトガル	C	A	A	B	B	B	A	A	A	C	B	A
ルーマニア	B	A	B	B	A	B	C	A	A	B	A	A
ロシア	D	B	C	B	B	B	C	D	B	A	B	A
セルビア	B	C	C	A	B	B	A	B	A	A	C	A
スロバキア	A	A	D	A	A	A	A	B	A	A	E	B
スロベニア	D	A	D	B	C	B	C	A	A	A	A	A
スペイン	C	A	B	A	A	C	B	C	E	B	B	B
スウェーデン	D	A	A	A	A	B	A	A	A	A	A	B
スイス	B	B	B	B	B	B	B	A	A	A	C	A
マケドニア	C	A	C	B	C	D	C	C	A	D	D	B
トルコ	A	A	C	A	B	B	A	A	A	A	B	A
ウクライナ	A	A	D	C	A	B	D	E	A	B	A	A
英国（EWNI）（注）	A	A	A	A	A	B	B	C	A	D	A	A
英国（スコットランド）	A	A	A	A	A	A	B	B	A	A	A	A

（訳注）英国のうち、スコットランドを除く、イングランド、ウェールズ、北アイルランドを指す。
（出所）*Bologna Process Stocktaking Report 2007*, p.80.

1 学位制度
(1) 第1サイクルと第2サイクルの段階化

　学士(第1サイクル)、修士(第2サイクル)という高等教育の基本構造の導入に関しては、ほとんどの国で定着しつつある(表Ⅱ-3-4を参照)。こうした構造はいずれの国でも法制化されている(2005年時点では「E」が3か国あった)。内訳を見ると、「すべての学生の少なくとも90％が2サイクルの学位システムに登録している」が、17か国から23か国に、「60–89％の学生が2サイクルのシステムに登録している」が6か国から11か国にそれぞれ増加している[28]。

　ドイツについて言えば、2007年の段階では「C」である。ドイツでは従来、わが国のように修士課程、博士課程といった具合に制度化された大学院教育は存在しなかった。また学士・修士に相当する学位制度も設けられていなかった。ドイツでは、ディプローム試験などに合格することが、大学卒業を意味しており、これらの試験は、学習した分野における資格を付与するために行われるものであった。博士号を取得する場合は、大学卒業後、指導教授のもとで数年間にわたって論文を作成し、博士試験に合格するというステップが踏まれてきた。こうした制度が、1998年に高等教育の大枠を定めた「大学大綱法」(第4次改正)により改正され、学士(バチェラー)、修士(マスター)の課程が導入されることになった。以後、学士課程、修士課程を採用する大学が増加しているが、ロンドン会議の時点では、まだ学習開始者の50％に達し

表Ⅱ-3-4　第一サイクルおよび第二サイクルの実施段階

段階	現　状	該当国数
A	2006/07年度に、すべての学生の少なくとも90％が、ボローニャ原則にしたがった2サイクルの学位システムに登録している。	23
B	2006/07年度に、すべての学生の60–89％が、ボローニャ原則にしたがった2サイクルの学位システムに登録している。	11
C	2006/07年度に、すべての学生の30–59％が、ボローニャ原則にしたがった2サイクルの学位システムに登録している。	10
D	2006/07年度に、すべての学生の30％未満が、ボローニャ原則にしたがった2サイクルの学位システムに登録している。またはボローニャ原則にしたがった学位制度の法制化が行われ、その実施を待っているところである。	4
E	2006/07年度に、ボローニャ原則にしたがった2サイクルの学位システムに登録している学生がいない。かつ、ボローニャ原則にしたがった学位制度の法制化が行われていない。	0

(出所)　*Bologna Process Stocktaking Report 2007*, p.12.

表II-3-5　学士/修士課程で学ぶ学生の割合（ドイツの場合）

2006/2007年度	全体数	学士（バチェラー）	修士（マスター）	学士／修士	全体数に占める学士／修士の割合（％）
学生総数	1,979,043人	329,808人	55,659人	385,467人	19.5
学習開始者 (HS)*	294,946	124,631	6,223	130,854	44.4
学習開始者 (FS)**	380,105	155,387	19,536	174,923	46.0

＊HS：大学ゼメスター入学者（大学に登録した新入生数），＊＊FS：専門ゼメスター入学者（専門課程に登録した学生数。新入生以外も含まれる）
（出所）DAAD, *Brücken für Bildung. Der Bologna-Prozess in Stichworten* 〈http://eu.daad.de/imperia/md/content/eu/flyer_final.pdf〉

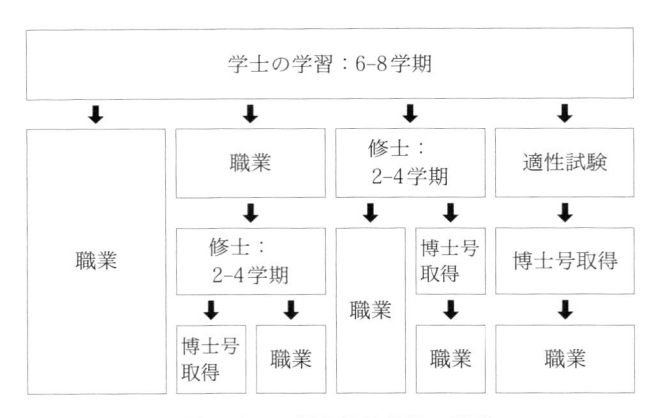

図II-3-5　学士号取得後の進路

（出所）Verwaltungsfachhochschule in Wiesbaden, *Glossar zum Bologna-Prozess*.
〈http://www.vfh-hessen.de/Verordnungen+Infos/Bachelor/Bologna-Glossar.pdf〉

ていない[29]（**表II-3-5**を参照）。

(2) 次のサイクルへのアクセス

第1サイクル（学士課程）から第2サイクル（修士課程）、第2サイクルから第3サイクル（博士課程）への接続関係について見ると、ほとんどの国（37か国）で、制度的に支障なく行われている（**表II-3-6**を参照）。

ドイツも「A」である。なお、図II-3-5に示したように、次のサイクルへの接続関係（学士から修士、修士から博士号取得）は、様々なケースがある。

第3章　ヨーロッパの高等教育改革（その2）　253

表II-3-6　次のサイクルへのアクセス

段階	現　状	該当国数
A	第1サイクルのすべての資格がいくつかの第2サイクルのプログラムに接続しており、かつ、すべての第2サイクルの資格が少なくとも1つの第3サイクルのプログラムに主たる移行上の問題なしに接続している。	37
B	第1サイクルのすべての資格が少なくとも1つの第2サイクルのプログラムに接続しており、かつ、すべての第2サイクルの資格が少なくとも1つの第3サイクルのプログラムに主たる移行上の問題なしに接続している。	5
C	第1サイクルの資格が第2サイクルに接続していない資格が25％未満ある。かつ（または）第3サイクルに接続しない第2サイクルの資格が25％未満ある。	2
D	第1サイクルおよび（または）第2サイクルの資格の25-50％は、次のサイクルの資格に接続していない。	1
E	第1サイクルおよび（もしくは）第2サイクルの資格の50％以上は、次のサイクルの資格に接続していない。または次の資格への接続の措置が何らとられていない。	3

（出所）*Bologna Process Stocktaking Report 2007*, p.14.

(3) 国レベルの資格枠組み

　ボローニャ・プロセスでは、前述したようにヨーロッパの大学の間を自由に移動でき、どこの大学で学んでも共通の学位、資格を得られる「ヨーロッパ高等教育圏」の確立が目指されている。ベルゲン会議（2005年）で、各国は、「ダブリン・ディスクリプター」(Dublin Descriptor)[30]と呼ばれる「ヨーロッパ高等教育圏」のための包括的な資格枠組みと合致する「国レベルの資格枠組み」の整備が求められることになった。この課題に関して各国の達成状況を見ると、多くの国々はまだその作業を開始した段階にある（**表II-3-7**を参照）。

　ボローニャ・プロセスにおいて進められている「ヨーロッパ高等教育圏のためのヨーロッパ資格枠組み」(QF-EHEA)と並行して、欧州委員会では「生涯学習のためのヨーロッパ資格枠組み」(European Qualifications Framework for Lifelong

表II-3-7　国レベルの資格枠組み

段階	現　状	該当国数
A	ヨーロッパ高等教育圏のための包括的な資格枠組みと合致する国レベルの資格枠組みが整備されている。	7
B	ヨーロッパ高等教育圏のための包括的な資格枠組みと合致する国レベルの資格枠組みが提案され、関連する利害関係者の間で議論され、実施に向けてのタイムテーブルが合意されている。	6
C	ヨーロッパ高等教育圏のための包括的な資格枠組みと合致する国レベルの資格枠組みについての提案が整備されている。	11
D	ヨーロッパ高等教育圏のための包括的な資格枠組みと合致する国レベルの資格枠組みの開発に向けての準備がスタートした。	23
E	ヨーロッパ高等教育圏のための包括的な資格枠組みと合致する国レベルの資格枠組みを設ける作業はスタートしていない。	1

（出所）*Bologna Process Stocktaking Report 2007*, p.16.

Learning, EQF-LLL）を策定している。QF-EHEA は、高等教育に限定されるが、EQF-LLL は、高等教育にとどまらず職業教育を含む教育のあらゆる領域をカバーするものである（**図Ⅱ-3-6**を参照）。QF-EHEA は、学士、修士、博士の３段階に区分される。

一方、EQF-LLL は、レベル１から８までの８段階からなっており、レベル６が学士、７が修士、８が博士に相当する。各国は、今後 EQF と参照可能な国レベルの資格枠組みを構築することが求められる[31]。それにより、単位の互換、資格の相互承認、フレキシブルな学習の道などが可能となる[32]。こうした資格枠組みは、ラーニング・アウトカム（学習成果）にもとづいて記述される[33]。

ドイツでは、すでに2005年に文部大臣会議により、国レベルの資格枠組みである「ドイツの大学修了証のための資格枠組み」（Qualifikationsrahmen für deutsche Hochschulabschlüsse）が策定されている[34]。この策定にあたっては、ドイツのボローニャ・グループを代表する関係者（前掲図Ⅱ-3-4を参照）が関与した。この資格枠組みと一致することが、学習課程のアクレディテーションにあた

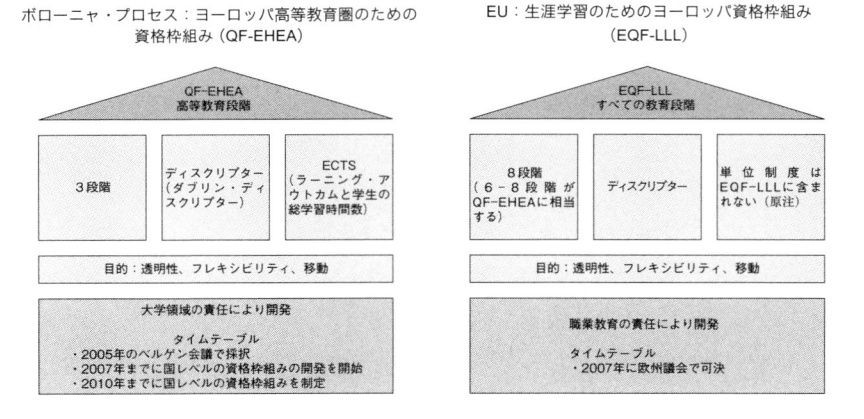

図Ⅱ-3-6 ヨーロッパレベルの資格枠組み

（原注）職業教育の領域に関しては、目下、単位制度として ECVET が開発中である。ECVET はラーニングアウトカムにもとづくが、ECTS と異なり学習者の時間的学習量を考慮しない。ECVET は、ECTS と一致しない。

（出所）Qualifikationsrahmen für den schweizerischen Hochschulbereich nqf.ch-HS Version für die Vernehmlassung 2008〈http://www.crus.ch/die-crus/analysiert-evaluiert/qualifikationsrahmen-nqfch-hs.html?no_cache=1〉

り、その前提条件となっている。

2　質の保証

　質の保証は、アクレディテーション（accreditation）と評価（evaluation）により行われる[35]。前者は、当該機関が一定の基準に達しているか、その資格、適格性について行われる認定のことをいう。「基準認定」、「資格認定」、「適格認定」といった訳語があてられる。後者は、認定を受けた機関等を一定の指標にもとづき、その達成度等について査定し、ランク付けなどを行うもので、その結果は、財政機関が資金を配分する際の参考資料にも用いられる。ボローニャ・プロセスにおいても、この2つの概念を合わせた質の保証のシステム化が要請されている。

　ドイツの場合、アクレディテーションについて「大学大綱法」は、「州は、対応する学習・試験成績及び修了資格相互の同等性並びに大学の転学可能性を保証するよう共同で配慮する」（第9条第2項）と規定し、州に対し、試験成績、修了資格の同等性と大学間の移動の可能性を保証する責務を課している[36]。こうした州の責任を果たすために、1998年12月に「アクレディテーション方式の導入にかかわる協定」が州文部大臣会議で決議され、文部大臣会議と大学学長会議（HRK）により、1999年にアクレディテーション評議会（Akkreditierungsrat）が暫定的に設置された（所在地：ボン）[37]。その後「ドイツにおける学習課程のアクレディテーションを行う機関を設立する法律」が制定され、同評議会は、2005年2月1日から正式に発足する運びとなり、新しい学位構造のためのアクレディテーションシステムの開発、比較可能な質のスタンダードの作成など、ドイツの大学全体に関わるアクレディテーション業務に携わっている[38]。なお、個々の大学のアクレディテーションは、同評議会から認定を受けた次の6機関により行われている（図Ⅱ-3-7を参照）。同評議会は、特別の場合を除き個別の大学のアクレディテーションは行わない。

　・中央評価・アクレディテーション機関（所在地：ハノーファー）[39]
　・国際ビジネス管理アクレディテーション基金（ボン）[40]
　・技術、情報学、自然科学および数学の学習課程に関するアクレディテー

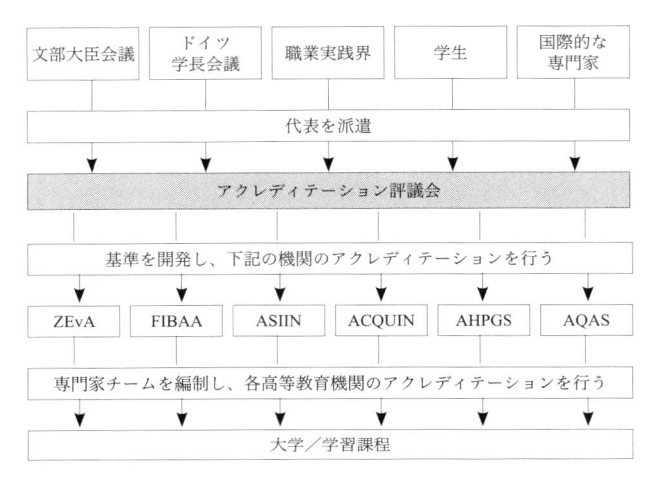

256 第Ⅱ部 ヨーロッパ統合とドイツの教育

図Ⅱ-3-7 ドイツのアクレディテーション機関

【凡例】
ZEvA：中央評価・アクレディテーション機関
FIBAA：国際ビジネス管理アクレディテーション基金
ASIIN：技術、情報学、自然科学および数学の学習課程に関するアクレディテーション機関
ACQUIN：アクレディテーション・認証および質保証協会
AHPGS：治療教育、福祉、保健および社会活動の領域の学習課程に関するアクレディテーション機関
AQAS：学習課程のアクレディテーションによる質保証機関
（出所）DAAD, *op.cit.*

　　ション機関（デュッセルドルフ）[41]
・アクレディテーション・認証および質保証協会（バイロイト）[42]
・治療教育、福祉、保健および社会活動の領域の学習課程に関するアクレディテーション機関（フライブルク）[43]
・学習課程のアクレディテーションによる質保証機関（ボン）[44]

　一方、「評価」という面から見ると、前述の1998年の「大学大綱法」第4次改正で、「研究と教育にどれだけ実績を残したかを基準に予算を配分する」という趣旨の「達成を志向した大学財政」（第5条）の考え方が盛り込まれ、第6条で「大学における研究と教育の活動は定期的に評価されるものとする。評価の結果は公表されるものとする」と規定された。同時に大幅な「規制緩和」も推進されることになり、これまで細かく大学運営について規定していた条

文のうち、かなりの箇所が改正法では削除された。これにより今後は、各大学が自己の責任において、積極的に大学改革を遂行していくことが急務であるとされている。

　評価機関について言えば、ドイツでは、全国レベルの機関は設置されていない[45]。しかし、バーデン・ヴュルテンベルク州評価機関財団（マンハイム）[46]など、地域レベルの評価機関、評価ネットワークが設けられている。また1998年以来、大学学長会議（HRK）と連邦教育研究省（BMBF）の共同事業として「質改善プロジェクト」（Projekt Q）が実施されている[47]。これらは基本的に、まず各大学内のレビュー、続いて外部専門家によるレビューが行われる。その過程で、必要に応じ国際的な参加者が関与する。学生もその過程に参加する、という方式で行われている。この方式は、ボローニャ・プロセスで提唱されている形式にもかなっている[48]。

　ヨーロッパレベルでの質の保証は、「ヨーロッパ高等教育質保証協会」（ENQA）[49]を中心に行われている[50]。こうした機関を設けようという構想は、1994年から95年にかけて試行された高等教育における質を保証する「ヨーロッパ・パイロットプロジェクト」がその出発点となっている（前章第2節を参照）。その後、1998年に策定された教育関係閣僚理事会勧告「高等教育における質の保証のためのヨーロッパ間協力」[51]を踏まえ、ボローニャ・プロセスの一環として、ヨーロッパ規模のネットワーク組織が設立されることになった。なお、前掲のドイツのアクレディテーション評議会をはじめ、各国のアクレディテーション機関、評価機関は、基本的にENQAのメンバーとなっている[52]。

　ヨーロッパの複数国にまたがって運営されている質保証機関として、次のような組織が挙げられる。

・ヨーロッパ・アクレディテーション・コンソーシアム（ECA）[53]

　ヨーロッパ8か国（オーストリア、ドイツ、アイルランド、オランダ、ノルウェー、スペイン、スイス、フランス）の14の機関が参加する組織で、2003年にコルドバに設置された。ECAは、アクレディテーションの相互認証システムの構築をその目的としている。

・高等教育における中・東欧質保証ネットワーク (CEE)[54]

アルバニア、ブルガリア、チェコ、エストニアなど中東欧諸国を中心に16か国（20機関）がネットワークに参加している。2001年にポーランドのクラクフに設立された。

・北欧質保証ネットワーク (NOQA)[55]

デンマーク、フィンランド、アイスランド、ノルウェー、スウェーデンの機関が参加している（2003年設立）。

以上が、質の保証に関わるヨーロッパとドイツの概要であるが、ロンドン会議の報告書では、ヨーロッパ高等教育質保証協会（ENQA）が刊行している「ヨーロッパ高等教育圏における質の保証のためのスタンダードおよびガイドライン」(Standards and Guidelines for Quality Assurance in the European Higher Education Area; ESG)[56]に適った質保証システムが作動しているかどうか、また、内部評価だけでなく外部評価が行われているか、学生が評価に参加しているか、国際的な評価体制が構築されているかについて検証されている。

なお質の保証に関しては、ドイツは以下のすべてで「A」となっている。

(1) ESGにもとづく実施

ENQAは、ヨーロッパレベルでの高等教育機関の質保証をはかることを目的に掲げる非政府組織（NGO）であり、審議メンバーとしてボローニャ・プロセスに参加している（前掲図II-3-3を参照）。ENQAは、質の保証の基準づくりを行い、ボローニャ・プロセス署名国の質評価機関は、すべてENQAの構

表II-3-8　「ヨーロッパ高等教育圏における質の保証に関するスタンダードおよびガイドラン」(ESG)にもとづく実施

段階	現状	該当国数
A	「ヨーロッパ高等教育圏における質の保証のためのスタンダードおよびガイドライン」(ESG)と合致する国レベルの質保証システムが完全に機能している。	17
B	ESGと合致する国レベルの質保証システムを措置するプロセスが開始している。	26
C	ESGと合致するように国レベルの質保証システムを改正するための計画およびデッドラインが設定されている。	4
D	ESGと合致する国レベルの質保証システムを検討中である。	1
E	ESGを実施する準備が何らできていない。	0

（出所）*Bologna Process Stocktaking Report 2007*, p.19.

成メンバーとなっている。ENQA が作成した ESG に依拠する質保証システムは、ほぼ3分の1の国で「完全に機能している」。それ以外の国でも、すでに実施作業を開始している（**表Ⅱ-3-8**を参照）。

ドイツでも、こうした質保証システムは前述のとおりすでに稼動している。学習課程のアクレディテーションは、州大学法、文部大臣会議決議、アクレディテーション評議会の指針にもとづき、ドイツの全大学で統一的に規律されている。一方、大学で行われている学習や教育に対する評価は、各大学で実施されている。したがって ESG の適用の仕方も異なっている。

(2) 外部による質の保証システム

外部による質保証システムに関しては、①内部評価、②外部レビュー、③結果の公表、の3点が満たされているかが検証されている。これに加えて、ESG にしたがって国の質保証機関が行うピア・レビュー（同分野の専門家による評価）のための手続きの有無について問われている。大多数の国は、①、②、③のすべてが行われている。しかし国の質保証機関が、ESG にしたがってピア・レビューを行っている国はまだ多くない（**表Ⅱ-3-9**を参照）。

表Ⅱ-3-9　外部による質の保証システム

段階	現　　状	該当国数
A	完全に機能した質保証システムが国のレベルで実施中であり、すべての高等教育機関に適用されている。 プログラムの評価または高等教育機関の評価は、次の3つの要素を含んでいる。①内部評価、②外部レビュー、③結果の公表。 加えて、「ヨーロッパ高等教育圏における質保証のためのスタンダードおよびガイドライン」(ESG) にしたがって国の質保証機関が行うピア・レビューのための手続きが設定されている。	17
B	質保証システムが国のレベルで実施中であり、すべての高等教育機関に適用されている。 質保証システムは、次の3つの要素を含んでいる。①内部評価、②外部レビュー、③結果の公表。 しかし、ESG にしたがって国の質保証機関が行うピア・レビューのための手続きは実施されていない。	26
C	質保証システムが国のレベルで実施中であるが、すべての高等教育機関に適用されていない。 質保証システムは、次の3つの要素のうち少なくとも1つを含んでいる。①内部評価、②外部レビュー、③結果の公表。	4
D	少なくとも最初の3つの要素を含む、プログラムもしくは高等教育機関の質保証に関する立法化もしくは規則化が準備されている。しかし、まだ実施されていない。または、立法化もしくは規則化の実施が非常に限定された規模で開始されている。	1
E	少なくとも最初の3つの要素を含む、プログラムもしくは高等教育機関の質保証に関する立法化もしくは規則化が行われていない。 または、立法化が準備中である。	0

（出所）*Bologna Process Stocktaking Report 2007*, pp.21-22.

ドイツは、これらの質の保証システムがすべて整備されている。

(3) 学生の参加レベル

学生が質の保証にどれだけ関与しているかをまとめたのが**表Ⅱ-3-10**である。「学生の参加レベル」について言うと、2年前のベルゲン会議のときと比較して著しい進展が見られる。表Ⅱ-3-10の4つのレベルすべてに学生が関与している国が、17か国にのぼっている（2005年は6か国であった）。学生の関与が3つ以上の国と合わせると、全体の3分の2を超えている。

ドイツでは、学生の代表がアクレディテーション評議会のメンバーとなることが義務付けられている[57]。各アクレディテーション機関が行う個々のアクレディテーション手続きに、学生は所見（Gutachten）グループとして参加する（アクレディテーション評議会とその下にある各アクレディテーション機関との関係については前掲図Ⅱ-3-7を参照）。所見者となるのは、ドイツの学生団体の連合組織である学生自由連合（fzs）の代表、専門ごとの学生代表、学生の州代表である。大学における内部評価の手続きでは、学生による授業評価が中心的な要素となっている[58]。

表Ⅱ-3-10 学生の参加レベル

段階	現　状	該当国数
A	学生が、次の4つのレベルで参加している。 ① 質保証のための国レベルの団体のガバナンス（管理）に参加 ② 高等教育機関および（または）プログラムの外部レビューに参加（専門家チームの中で、専門家チームの中のオブザーバーとして、または決定を行う段階で） ③ 外部レビューの間、意見聴取に参加 ④ 内部評価に参加	17
B	上記の4つのレベルのうち3つ	16
C	上記の4つのレベルのうち2つ	11
D	上記の4つのレベルのうち1つ	4
E	学生の参加はない。または、学生の参加のための構造およびアレンジメントについて何ら明確でない。	0

（出所）*Bologna Process Stocktaking Report 2007*, p.24.

(4) 国際的な参加レベル

国際的な参加がどのレベルまで行われているかという点では、**表Ⅱ-3-11**にあるように、4つのレベルを満たしている国は、まだ11か国にとどまって

第3章　ヨーロッパの高等教育改革（その2）　261

表II-3-11　国際的な参加レベル

段階	現状	該当国数
A	国際的な参加が4つのレベルで行われている。 ① 質保証のための国の組織のガバナンス（管理）のレベルで ② 国の質保証機関の外部評価のレベルで ③ 高等教育機関および（または）プログラムの外部レビューのチームの中で、そのメンバーまたはオブザーバーとして ④ ENQAまたはその他の国際的ネットワークの会員として	11
B	国際的参加が、上記4つのレベルのうち3つで行われている。	14
C	国際的参加が、上記4つのレベルのうち2つで行われている。	16
D	国際的参加が、上記4つのレベルのうち1つで行われている。	3
E	国際的参加は行われていない。または、国際的参加のための構造およびアレンジメントについて何ら明確でない。	4

（出所）*Bologna Process Stocktaking Report 2007*, p.26.

いる。こうした参加の体制が、いまだに確立していない国が4か国ある。

ドイツは、表II-3-11に記された4つのレベルのすべてを満たしている。

3　学位および学習期間の承認

(1) ディプロマ・サプリメント

ディプロマ・サプリメントとは、前述のように学位証（学士、修士などの学位）に添付される補足書類のことで、取得学位・資格の内容、授与機関等について、標準化された英語で追加情報が記載されたものである（前掲、表II-3-1を参照）。これにより国ごとに異なる多様な学位や資格の透明性を高めることが目指されている。**表II-3-12**にあるように、ディプロマ・サプリメントがスタートしていない国は1か国のみで、そのほかの国ではすべて導入されている。

表II-3-12　ディプロマ・サプリメント

段階	現状	該当国数
A	2007年に卒業するすべての学生が、EU／欧州審議会／ユネスコのディプロマ・サプリメントの書式で、広く話されるヨーロッパ言語によるディプロマ・サプリメントを、自動的に、無料で、受領している。	25
B	2007年に卒業するすべての学生が、上述のディプロマ・サプリメントを、要求により、無料で、受領している。	7
C	上述のディプロマ・サプリメントが、2007年に、ある学生またはあるプログラムに対して、要求により、無料で、発行されている。	14
D	上述のディプロマ・サプリメントが、2007年に、ある学生またはあるプログラムに対して、要求により、有料で、発行されている。	1
E	上述のディプロマ・サプリメントのシステマティックな発行がスタートしていない。	1

（出所）*Bologna Process Stocktaking Report 2007*, p.29.

ドイツでは、まだすべての学生にディプロマ・サプリメントが付与されるまで至っていない(「C」)。2006年夏学期で、学士課程では63％、修士課程では55％の課程で発行されている[59]。ドイツ大学学長会議は、EU、欧州審議会、ユネスコの三者共通のスタンダードに則った英語とドイツ語の雛形を作成しインターネット上に掲載している。ディプロマ・サプリメントは、無料で学生に交付されている。

(2) リスボン協定

リスボン協定は、1997年に欧州審議会とユネスコが合同でとりまとめた「ヨーロッパ地域の高等教育に関する資格の相互承認協定」(Convention on the recognition of qualifications concerning higher education in European region) をいう。この協定を受けて設置されている「ヨーロッパ情報センターネットワーク」(ENIC)(**表Ⅱ-3-13**を参照)には、ヨーロッパ諸国だけでなく、オーストラリア、カナダ、アメリカも代表を送っている[60]。表Ⅱ-3-13に掲げたように、ボロー

表Ⅱ-3-13　リスボン協定

段階	現　状	該当国数
A	リスボン協定が批准されている。リスボン協定の法的枠組みと、適切な立法化とが合致している。追加の補足文書が適切な立法化のなかで採用され、実際に適用されている。したがって次の5つの主要原則が満たされている。 ① 申請者は、適切な評価を受ける権利をもつ。 ② 本質的な相違が証明されない場合は、承認される。 ③ 否定的な決定の場合、その権限を有する承認機関は、本質的な相違の存在を証明する。 ④ 国は、高等教育機関と各機関のプログラムに関する情報が提供されることを保証する。 ⑤ ヨーロッパ情報センターネットワーク (European Network of Information Center; ENIC) が設置されている。	31
B	リスボン協定が批准されている。リスボン協定の法的枠組みと、適切な立法化とが合致している。追加の補足文書が適切な立法化のなかで採用されている。しかし補足文書の原則を実際に適用するためにはいくつかの改正が必要である。	5
C	リスボン協定が批准されている。リスボン協定の上に挙げた5つの原則のうち3つないし4つは、適切な立法化と合致している。	1
D	リスボン協定が批准されている。リスボン協定の上に挙げた5つの原則のうち1つないし2つは、適切な立法化と合致している。	3
E	リスボン協定が批准されている。リスボン協定の上に挙げた5つの原則のうちいずれも、適切な立法化と合致していない。 または、リスボン協定が批准されていない。	8

(出所) *Bologna Process Stocktaking Report 2007*, p.31.

ニャ・プロセスの参加国の多くは、すでにリスボン協定を批准し、その原則を適用するための国内法の改正をすませている。しかしまだ批准していない国もある[61]。

ドイツは、ロンドン会議の時点(2007年5月)では、批准していなかった(「E」)。しかし、その後2007年8月23日に批准し、同協定は、同年10月1日から発効している。

(3) ヨーロッパ単位互換制度 (ECTS)

ECTS (European Credit Transfer System) とは、ヨーロッパ共通の単位互換制度である[62]。ECTSでは、フルタイムで1年間の学習が60 ECTS 単位に相当する(2学期制の場合は1学期30ECTS単位、3学期制の場合は1学期20ECTS単位となる)[63]。表II-3-14に示したように、ECTSは大多数の国で、学士、修士のいずれの課程でも採用されており、単位の互換、累積等が可能となっている。単位制度は、すべての国で導入されている。

なお、履修科目を単位 (credit) に置き換え、何単位修得すれば、その課程を修了するといった単位制度は、アメリカで発展したものであり、伝統的なヨーロッパの大学制度のなかには見られなかったものである。

ドイツの大学においても、「単位」という考え方は採用されてこなかった。ドイツの大学制度に見られる大きな特色として、「自由な学習」という点が

表II-3-14　ヨーロッパ単位互換制度 (ECTS)

段階	現　状	該当国数
A	2007年にECTSの単位が、高等教育機関のプログラムのすべての第1および第2サイクルで配置されており、単位の互換と累積が可能となっている。	27
B	2007年に単位が、高等教育機関のプログラムの少なくとも75％の第1および第2サイクルで配置されており、ECTSを使用している。または、完全に比較できる単位制度が、単位の互換と累積を可能としている。	9
C	2007年に単位が、高等教育機関のプログラムの50-74％で配置されており、ECTSを使用しているか、または、完全に比較できる単位制度が、単位の互換と累積を可能としている。	6
D	2007年にECTSの単位が、高等教育機関のプログラムの50％未満で配置されている。または、ECTSと完全には比較できない、国の単位制度が使用されている。または、ECTSがすべてのプログラムで使用されているが、単位の互換のみである。	6
E	単位制度がまだ配置されていない。	0

(出所)　*Bologna Process Stocktaking Report 2007*, p.33.

挙げられてきた[64]。大体4年から5年の標準的な学習期間（Regelstudienzeit）は定められているが、わが国のように何単位とったから卒業といった概念はこれまで存在しなかった。学生は自らの学習計画にしたがって履修する。その間に大学を移動することも自由である。大学の卒業は、修学した学期（ゼメスター）数と、最終的にどのような試験（医師や教職などの試験、ディプローム試験、マギスター試験など。いずれも国家試験）に合格したかによって定まった。つまり、これらのいずれかの試験に合格し、大学を「退学する」ことが「卒業」を意味していた。ドイツではこうしたシステムが、「大学の自由」の骨格を形成していた。

これに対し前述の大学大綱法の第4次改正では、これまで規定のなかった「単位制度」(Credit Point System)が盛り込まれ、学習成績を単位の形でポイント化して、国内の大学間だけでなく外国の大学とも学習成果の比較・互換を可能にする条文が新設された（第15条第3項）[65]。こうした経緯を経てボローニャ・プロセスの進行と合わせてドイツでも、ECTSに対応させた単位システムが取り入れられるようになった。

表II-3-15　ECTSとドイツの評点の関係

ECTSの評点	合格した学生に占める割合	ECTSの英語表記	ドイツ語表記	ドイツの評点	説明
A	上位10%	Excellent	Hervorragend	1.0-1.5	卓越している：秀でた成績である。誤りがあっても取るに足らないほどわずか。
B	次の25%	Very good	Sehr gut	1.6-2.0	非常によい：平均を上回る成績。ただし若干の誤りはある。
C	次の30%	Good	Gut	2.1-3.0	よい：総体としてよい成績。堅実な作業。しかし若干の基本的な誤りがある。
D	次の25%	Satisfactory	Befriedigend	3.1-3.5	満足できる：中程度。しかし明らかな欠陥がある。
E	次の10%	Sufficient	Ausreichend	3.6-4.0	何とか合格：示された達成が最低の要請に合致している。
FX	—	Fail	Nicht bestanden	4.1-5.0	不合格：達成が承認される前に改善が必要である。
F	—	Fail			不合格：相当の改善が必要である。

（訳注）ECTSでは、各評点ごとに合格した学生に占める割合が定められている点が特色である。
（出所）ドイツ学長会議（HRK）のホームページから *Bologna-Prozess im Überblick*〈http://www.hrk-bologna.de/bologna/de/home/1916.php〉および *ABC der Hochschulreform, Überblick über wichtige Begriffe und Akteure*, S.9f.〈http://www.uni-mannheim.de/ects/p/W%F6rterbuch%20internet.pdf〉をもとに筆者作成

ドイツでも目下、ヨーロッパ各国の大学との間で、学習成果の比較・互換を可能とする制度を普及させつつある。学士の学習課程で74％。修士の67％で、単位制度が適用されている（2006年夏学期）[66]。したがって、現時点では「C」となっている。なお、ドイツの場合、ECTS とドイツの大学で使用されている評点とは、**表Ⅱ-3-15**のような対応関係を示している。

4 生涯学習

従前の学習で取得した資格等を承認して、これを以後の学習成果に加算するシステムの整備もボローニャ・プロセスのなかで大きな課題となっている。これにより、フレキシブルな学習の道を確保し、生涯学習を推進することができる。このシステムにより、職業教育で取得した資格、単位などを、高等教育機関への進学にあたり一定の条件のもとで算入することができる。こうした仕組みについては、すでに17か国が実施している。11か国では、これから実施するための体制がすでに整っている。しかし2か国では、まだこうしたシステムが導入されていない（**表Ⅱ-3-16**を参照）。

ドイツについて見ると[67]、すでに評価は「A」となっている。連邦と州は共同で職業上獲得した能力を、単位の付与も含めて大学での学習で承認するパイロットプロジェクトを推進している。たとえば、「ドイツ連邦共和国の生

表Ⅱ-3-16 従前の学習の承認

段階	現　状	該当国数
A	従前の学習を①高等教育のプログラムへのアクセスおよび②資格に向けた単位の配備および（または）いくつかのプログラムの要求からの免除のための基礎として評価する、手続き／国のガイドラインまたは政策がある。	17
B	従前の学習を評価するための手続き／国のガイドラインまたは政策がある。しかしそれらは上に述べた目的のうちの1つでのみ使用されている。	11
C	従前の学習の評価を規定するための手続き／国のガイドラインもしくは政策について合意が得られているか、もしくは措置を待っているところである。 または、従前の学習の評価のための手続き／国のガイドラインもしくは政策はないが、従前の学習の承認のための手続きが、いくつかの高等教育機関もしくは学習プログラムのなかで明白に実施されている。	9
D	従前の学習の承認の措置が、いくつかの高等教育機関でパイロット段階にある。 または、従前の学習の承認のための手続き／国のガイドラインもしくは政策を策定する作業が開始されている。	9
E	従前の学習の承認のための手続きが国のレベルで配備されていない。または高等教育機関／プログラムのレベルで配備されていない。	2

（出所）*Bologna Process Stocktaking Report 2007*, p.36.

涯学習戦略」(Strategie für Lebenslanges Lernen in der Bundesrepublik Deutschland) が、連邦各州教育計画研究助成委員会（BLK）[68]により策定された（2004年7月5日）。また、異なる教育領域間の円滑な移行を促進するために、大学と学校、企業、諸団体、労働行政、継続教育機関との間の協力が行われている。一例として連邦教育研究省が推進している「学習する地域――ネットワークの促進」(Lernende Regionen-Förderung von Netzwerken) には、多数の大学が参加している。こうしたネットワークは、現在、連邦全体で71存在する。そのための費用として、2001年から2007年に1億1,800万ユーロ（約190億円）が連邦教育研究省とヨーロッパ社会基金から支出されている。

　2002年からは、大学外で獲得した知識、能力を50％まで大学の学習に算入することが可能となっている。そのほか、職業教育から大学教育への移行を容易にするために、2003年9月、連邦教育研究省、各州文部大臣会議、大学学長会議の三者は共同で、「ITの領域における学習および試験成績の大学での学習への算入に関する各大学への勧告」(Empfehlung an die Hochschulen zur Anrechnung von Studien- und Prüfungsleistungen im IT-Bereich auf ein Hochschulstudium) を取りまとめている。なお、職業上の資格を付与された志願者に、学校での大学入学資格の付与なしで大学入学の可能性を与えるための前提条件と手続きについては、州が定めるとしている。特別な能力をもつ生徒は、正規の入学要件を満たしていなくても大学で学習し、そこで得られた成績は、のちに正規の学生になったときにこれを承認することも可能とされている。

5　ジョイント・ディグリー

　外国の大学とタイアップして、学位を自国と外国で同時に取得できるジョイント・ディグリーの創設と承認については、**表Ⅱ-3-17**にあるとおり、すべての国で実施されている。

　ドイツも「A」である。ドイツについて見ると[69]、ジョイント・ディグリーは、とくにフランスとの間で伝統的に行われてきた。現在は、「ヨーロッパ高等教育圏」の大学に幅広く発展している。また、「エラスムス・ムンドゥス」[70]で促進されている修士プログラムに関与している。なお、ドイツでは、共通

表Ⅱ-3-17　ジョイント・ディグリー

段階	現状	該当国数
A	法律が、ジョイント・プログラムとジョイント・ディグリーの創設を認め、これを促進している。高等教育機関の多くがすでにジョイント・プログラムを創設しており、国により承認された学位をすべてのレベルの他の国々の高等教育機関と共同で授与している。	32
B	ジョイント・プログラムを創設し、ジョイント・ディグリーもしくは少なくとも二重ないし多重の学位の授与および承認を行うための法的な問題もしくはその他の障害はない。または、ジョイント・プログラムを創設するための立法は、ジョイント・ディグリーの付与および承認が準備され同意されている。しかし、まだ実施されていない。	16
C	他の国々の高等教育機関とのジョイント・プログラムを創設するための法的な問題またはその他の障害はない。しかし、学位はジョイント・プログラムの終了後1か国のみで付与される。	0
D	ジョイント・プログラムを創設し、ジョイント・ディグリーの付与または承認するための障害はない。しかし、法律または規則は制定中である。	0
E	現在の立法では、ジョイント・プログラムを創設し、ジョイント・ディグリーを付与し、承認する可能性はない。この状態を変更する計画はない。	0

(出所)　Bologna Process Stocktaking Report 2007, p.37.

ディプローム、ジョイント・ディグリーについては、州大学法で規定されている。一方、点数制度、試験期間、再受験の回数などは大学間で取り決めている。また大学学長会議は、2005年2月、「二重学位および共通修了証の発達に関する勧告」(Empfehlungen zur Entwicklungen von Doppeldiplomen und gemeinsamen Abschlüssen) を取りまとめている。

6　全体として見られる特色とロンドン・コミュニケ

以上、ロンドン会議に提出された参加各国におけるボローニャ・プロセスの進展状況を伝える報告書の内容の概略を紹介した。最後に、全体として見られる特色と、ロンドン会議の最後に発表されたロンドン・コミュニケについてまとめておく。

(1) 全体として見られる特色

これまで見てきた12項目の達成度を全体としてランキングにしたのが、**表Ⅱ-3-18**である。課題の中で進展状況がもっとも著しいのは「ジョイント・ディグリー」である。一方で「国レベルの資格枠組み」の実施の面では、立ち遅れている国が多い。

2005年以降で一番進歩が見られたのは、「質保証への学生の参加」である(**表Ⅱ-3-19**を参照)。各国が取り組んでいる課題について見ると、「質の保証」、

表II-3-18　2007年の数値の項目ごとのランキング

ランク	指標	スコア
1	ジョイント・ディグリーの創設と承認	4.6
2	次のサイクルへのアクセス	4.5
3	外部による質保証システム	4.2
4	ヨーロッパ単位互換制度（ECTS）	4.2
5	ESG*にもとづく実施	4.2
6	第1サイクルと第2サイクルの段階化	4.1
7	ディプロマ・サプリメント	4.1
8	質保証への学生の参加レベル	4.0
9	リスボン協定	4.0
10	従前の学習の承認	3.7
11	質保証への国際的な参加レベル	3.5
12	国レベルの資格枠組み	2.9

＊ヨーロッパ高等教育圏における質の保証に関するスタンダードおよびガイドライン
（出所）*Bologna Process Stocktaking Report 2007*, p.48.

表II-3-19　2005年以降進歩が見られた指標

	指標	2007年	2005年
1	質保証への学生の参加	4.0	3.0
2	次の段階へのアクセス	4.5	3.9
3	2サイクルの学位制度の実施	4.1	3.6
4	外部による質保証の実施	4.2	3.8

（出所）*Bologna Process Stocktaking Report 2007*, p.48.

「アクレディテーション」（基準認定）といった「質の保証文化」（quality assurance culture）の促進が、第1位を占めている（27か国が挙げている。複数回答）。続いて、「学生や教職員の移動」の促進（23か国）、「雇用可能性の拡大と関係者のそれへの関与」（20か国）、「研究」の振興（18か国）などが、上位に位置づけられている（**表II-3-20**を参照）。

ドイツについて、その課題を列挙すると次のようになる[71]。①学士課程、修士課程という2サイクル構造のさらなる進展、②高等教育の資格枠組みと高等教育以外の資格枠組みとの連結、③高等教育機関における内部の質保証

表II-3-20　国レベルの課題

課題	国の数（%）
質の保証、アクレディテーション	27（56%）
学生および教職員等の移動（とくに学生の移動）	23（48%）
雇用可能性の拡大と関係者のそれへの関与	20（42%）
研究（博士課程の学習を含む）	18（38%）
国レベルの資格枠組み（アウトカムズにもとづいた資格）	17（35%）
財政（資源のよりよい配分；マネジメントを含む）	17（35%）
諸計画のなかでのヨーロッパ次元、ジョイント・ディグリー	14（29%）
自律性などの高等教育機関レベルの懸案事項	13（27%）
国レベルのガバナンス（管理方式）、戦略、高等教育に関する立法	9（19%）
学位制度	8（17%）
生涯学習	8（17%）
参加の拡大	8（17%）
学位等の承認	5（10%）

（出所）*Bologna Process Stocktaking Report 2007*, p.46.

マネジメントの発展、④ECTSとディプロマ・サプリメントの措置のさらなる促進、⑤構造化された博士課程の促進、⑥不利な状況にある者に対する高等教育の社会的次元の進展、⑦アクレディテーションと質保証手続きの開発、⑧リスボン協定批准後の実施準備、⑨第二サイクル（修士課程）に登録する学生数の増加、等々となっている。

(2) ロンドン・コミュニケ

2007年5月のロンドン会議の最終コミュニケ（ロンドン・コミュニケ）では、「ボローニャ・プロセス：2009年のためのプライオリティ」として、とくに次の6点が挙げられている[72]。

① 学生、教職員のさらなる移動の促進
② 出身階層などによる不利を除去する社会的次元への目配り
③ ボローニャ・プロセスに関連するデータの収集の強化
④ 大学卒業者の雇用可能性の拡大
⑤ グローバルな文脈におけるヨーロッパ高等教育圏（EHEA）の推進

⑥　関係者に関わる現状調査 (stocktaking) の詳細化。

　これらのなかで、移動を促進し卒業生の雇用可能性を高め、ヨーロッパ高等教育圏をグローバルな文脈で実現する手段として、各国の「資格枠組み」の創設と、そのヨーロッパレベルでの「資格枠組み」(EQF-LLL) との参照可能性が課題となっている[73]。

　これらの課題は2009年にベルギーのルーヴァンで開催される教育関係大臣会議 (ルーヴァン会議) までに、重点的に取り組まれることになった[74]。

7　2007年以降のドイツの動き

　最後に、2007年5月のロンドン会議以降のドイツにおける主な動きと今後の課題についてまとめると次のようになる[75]。

① 2007年以降、学士、修士の課程に入学する学生数の割合は、45％から75％に増加している[76]。今後、学士、修士の卒業生の労働界への受入れをはかると同時に、構造化された博士課程の品質管理構造を確立する。

② 従来のアクレディテーションの制度に加えて、高等教育機関内部のシステムを評価する制度が導入された。アクレディテーション評議会自体も評価を受けている。高等教育のための国の資格枠組みもすでに策定されている。ドイツは、ヨーロッパ質保証登録 (European Quality Assurance Register; EQAR)[77] のメンバーともなっている。

③ リスボン協定については、2007年10月に批准を終えた。資格の相互承認のための「国家行動計画」(2007年) が、関係者の協力を得て実施に移されている。

④ 2007年の「滞在法」(Aufenthaltsgesetz) と「EU自由移動法」(Freizügigkeitsgesetz/EU) の改正により、学生の移動がよりフレキシブルになった。

⑤ 2007年に連邦と州は、大学入学者の割合を40％まで高めること、職業教育と高等教育の間の相互移行可能性 (Durchlässigkeit) を大きくすること、継続教育の促進を図ること等を目的とするイニシアティブを協同して推進することで合意した。

⑥ 職業教育を含む教育のすべての領域をカバーする「国家資格枠組み」

に集中的に取り組んでいるところである。これによりすべての教育領域間の相互移行可能性を拡大し、生涯学習を促進させる。

そのほか、大学のカリキュラムをフレキシブルにして教育の質のさらなる改善をはかる、学生に対するカウンセリングとサポート体制をさらに拡充する、といったことがらが報告されている。

第3節　ヨーロッパの高等教育改革とラーニング・アウトカム

すでに見てきたように、ボローニャ・プロセス（高等教育）とコペンハーゲン・プロセス（職業教育）は、あいまってリスボン戦略の目標達成に寄与するとされている（前掲図Ⅱ-3-1を参照）。このうちボローニャ・プロセスでは「ヨーロッパ高等教育圏のためのヨーロッパ資格枠組み」(Framework of Qualifications for the European Higher Education Area、以下、QF-EHEAと略）が、コペンハーゲン・プロセスでは欧州委員会の「生涯学習のためのヨーロッパ資格枠組み」(European Qualifications Framework for Lifelong Learning、以下、EQF-LLLと略）が、それぞれ段階化された資格枠組みを形成している。以下で紹介するようにEQF-LLLは8段階に区分され、上位の3段階がQF-EHEAの博士、修士、学士の各段階と対応している。QF-EHEA、EQF-LLLにもとづいた各国の資格枠組みの制定が、目下参加国の課題となっている。QF-EHEA、EQF-LLLは、それぞれ各段階の学習終了時点で習得されていなければならないラーニング・アウトカム（学習成果）にしたがって記述されている点に特色がある。

本節においては、まず1で、ボローニャ・プロセスの中で進められているQF-EHEAの概要と、それに対応して作成された各国の資格枠組みの一例としてドイツの事例を紹介する。次に2では、欧州委員会が策定したEQF-LLLについて、その中身を見ていく。最後に、以上を通して浮かび上がってくるラーニング・アウトカムをめぐる諸問題と、ヨーロッパ高等教育の課題についてまとめてみる。

1 QF-EHEA とドイツの高等教育資格枠組み
(1) ボローニャ・プロセスと QF-EHEA

　前述のようにボローニャ・プロセスでは、2010年までに「ヨーロッパ高等教育圏」を実現することが目指されている。その目標を達成するために、ボローニャ・プロセスのフォローアップ会議であるベルリン会議 (2003年) で「ヨーロッパ資格枠組み」の開発が合意された。続いてベルゲン会議 (2005年) で、各国は「ダブリン・ディスクリプター」[78]にもとづいて策定された QF-EHEA と合致する「国レベルの資格枠組み」(National Framework of Qualifications) の整備が求められることになった。ベルゲン会議で採択された「ベルゲン・コミュニケ」では、次のように宣言されている[79]。

　「われわれは、国の資格枠組みとヨーロッパ資格枠組みのなかに、大学における生涯学習をより強力なものとする可能性を見出す。われわれは、大学およびその他関係者との間で、大学外で取得された知識 (従前の学習, prior learning) と大学入学に際してのノンフォーマルおよびインフォーマルな学習の成果の承認、大学での学習におけるそれらの算入の改善に取り組むことになろう」。

　これらの資格枠組みは、ラーニング・アウトカムを用いて記述される[80]。その理由として、次の点が挙げられる。

　これまでドイツなどヨーロッパの多くの国々では、段階化された高等教育の構造は採用されてこなかった。これに対し、ボローニャ・プロセスでは、各国ごとに異なる高等教育の構造を、学士、修士、博士というように区分したシステムへ移行させる政策が推進されている。このように3段階構造を採用しヨーロッパ高等教育圏 (EHEA) を実現するためには、ヨーロッパ単位互換制度 (ECTS) により単位の互換性をはかり、各段階の修了時における学習者の達成度を比較可能なものとする必要がある。そこで注目されることになったのが、ラーニング・アウトカムの考え方である。高等教育の各段階ごとに、そこで求められる共通のラーニング・アウトカムを定義付け、それが達成されているか否かを単位の認定を通して検証することにより、各国の高等教育制度の同等性と質を保証するシステムを構築しようというものである[81]。

ボローニャ・プロセスでは、後述するようにそれをさらに職業教育における資格と関連付けることも意図されている。

QF-EHEAでは、ラーニング・アウトカムとは、「学習者が、学習プロセスの終了時点で、知り (know)、理解し (understand)、できる (be able to do) ことが期待される内容についての表明 (statement)」と定義されている[82]。学士 (バチェラー) に相当する者に要求されるアウトカムについて、QF-EHEAでは、次のように記述されている[83]。

① 普通中等教育の上に構築される学習分野における知識と理解を示している。上級の教科書による支援を必要とするが、知識のいくつかの面では、学習分野の最先端にある。
② 作業の中で、知識と理解を専門的な方法により適用できる。
③ 学習した分野の枠内で議論を行い、持続し、問題を解決することができる。
④ 関連するデータを収集し、解釈する。その上で関連する社会的、科学的または倫理的な問題を含めて、判断を下すことができる。
⑤ 高い自律性をもって、さらに学習を継続するスキルをもっている。

このように、学士で求められるラーニング・アウトカムは、学生の知識および理解力、知識と理解の適用力、判断力、コミュニケーション能力、学習スキルなどについて、これらを一般化して記述した内容のものとなっている[84]。

(2) QF-EHEAに対応する国レベルの資格枠組みの制定状況

ボローニャ・プロセスの参加国が、QF-EHEAに対応する国レベルの資格枠組みを制定しているか否かに関して、各国の達成状況を見ると、多くの国々は、まだ制定作業の開始段階にある。QF-EHEAと合致する国レベルの資格枠組みがすでに整備されている国として挙げられているのは、ドイツ、英国、アイルランド、ポルトガルなど、まだ7か国にとどまっている (2007年5月現在)（前掲表Ⅱ-3-7を参照）。次にドイツの事例を紹介する。

(3) ドイツの高等教育資格枠組み

ドイツでは、2005年に国レベルの資格枠組みである「ドイツの大学修了証

のための資格枠組み」(Qualifikationsrahmen für deutsche Hochschulabschlüsse) が取りまとめられている。この策定にあたっては、大学学長会議 (HRK)、文部大臣会議 (KMK)、連邦教育研究省 (BMBF) の三者が共同で関与し、最終的には文部大臣会議決議として採択されている[85]。ドイツでは、この資格枠組みと一致することが、大学における学習課程のアクレディテーション（基準認定）にあたっての前提条件となっている。

表Ⅱ-3-21が、学士レベルの高等教育資格枠組みの内容である。この表に

表Ⅱ-3-21　ドイツの高等教育資格枠組み（学士のレベル）

「知ること」および「理解すること」	できること（知識の開示）	形式面
知識の拡幅： 　卒業者の知識および理解は、大学入学資格のレベルの上に構築され、基本的にこれを凌駕する。 　卒業者は、その者の学習領域の学術的な基礎に関して幅広い、統合的な知識および理解を証明している。 知識の深化： 　卒業者は、その者の学習計画に関する重要な理論、原理および方法の批判的な理解に通暁し、その知識を垂直的、水平的および側面的に深化できる状態にある。その者の知識および理解は、専門文献の水準に合致している。しかし同時に、その者の学習領域におけるアクチュアルな研究水準にある若干の深化された知識のストックを含んでいるものとする。	卒業者は、次の能力を取得している。 手段的能力： ―知識および理解を、その者の活動または職業に適用でき、その者の専門領域で、問題を解決し、論拠を示し、それをさらに発展できる能力 組織的能力： ―関連する情報を、とくにその者の学習計画のなかで収集し、評価し、かつ解釈する能力 ―社会的、学術的および倫理的認識を考慮した、学術的に基礎づけられた判断を導き出すことができる能力 ―独力で、継続する学習プロセスを形成する能力 コミュニケーション能力： ―専門と結び付いた立場および問題解決を定式化し、論拠を示して弁論する能力 ―専門的代表者および素人と、情報、理念、問題および解決について意見交換できる能力 ―チームの責任を担うことができる能力	入学資格： ―大学入学資格（原注） ―学校における大学入学資格を有しない職業上の資格をもつ者に対する州法上の規定に対応した大学入学資格 期間： （論文作成を含めて）3年、3.5年または4年（ECTSに換算して、180、210または240単位） 　学士レベルの修了証は、第一の職業資格を付与する修了証を意味する。 接続可能性： 　修士のレベルのプログラム（卓越した資格の場合、直接博士号取得レベルへ） 　別の継続教育のオプション 職業教育からの移行： 　大学外で取得され、試験により証明される資格および能力は、各大学への入学にあたり、同等性の検証手続きにより各学習課程の成績要件と合致するものとして算入される。

原注）大学入学資格の種類は、次のとおりである。
　―一般的大学入学資格
　―特定専門分野大学入学資格
　―専門大学入学資格（場合によっては、専門分野ないしは学習課程と関連する）
　　このほかに、学校における大学入学資格を有しない職業上の資格をもつ者に対する、州法により規定された大学入学の可能性がある。
（出所）Qualifikationsrahmen für Deutsche Hochschulabschlüsse vom 21.04.2005.〈http://www.kmk.org/doc/beschl/BS_050421_Qualifikationsrahmen_AS_Ka.pdf〉

あるように入学資格等の形式面と合わせて、「知ること」、「理解すること」、「できること」について、それぞれに期待される学習成果を記述している。

2　生涯学習のためのヨーロッパ資格枠組み

　ボローニャ・プロセスで進められている QF-EHEA と並行して欧州委員会は、「生涯学習のためのヨーロッパ資格枠組み」（EQF-LLL）を策定している（図Ⅱ-3-8を参照）。QF-EHEA は高等教育に限られているが、EQF-LLL のほうは、生涯学習のための資格枠組みとして、あらゆる職業教育の資格をヨーロッパレベルで段階化し、最終的にそれらを教育のすべての領域の資格と比較でき

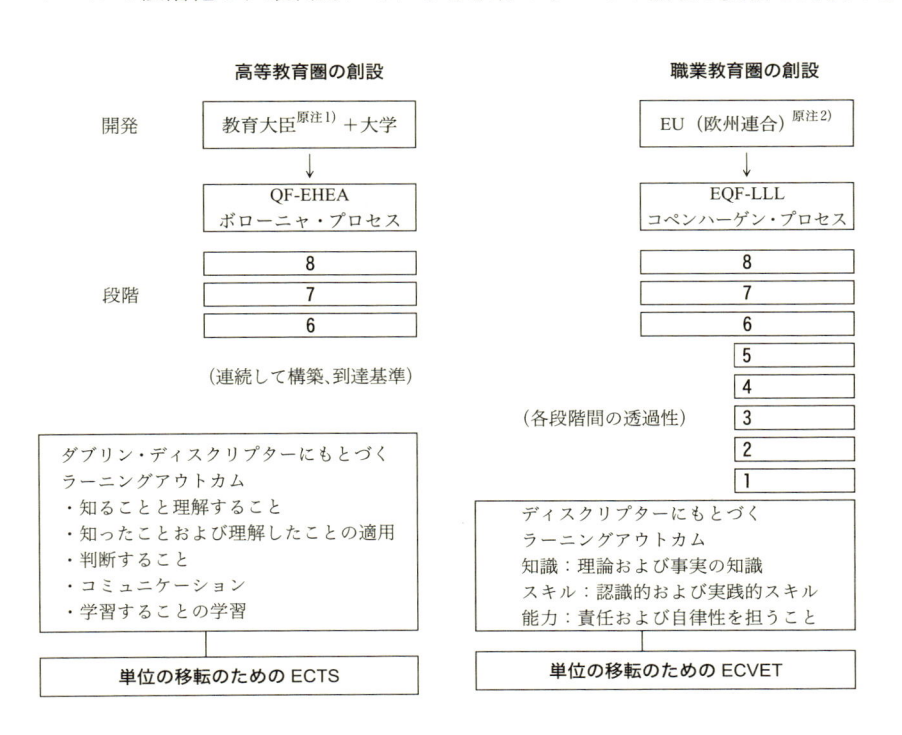

| 高等教育圏の創設 | 職業教育圏の創設 |

開発

教育大臣^{原注1)}＋大学	EU（欧州連合）^{原注2)}
↓	↓
QF-EHEA ボローニャ・プロセス	EQF-LLL コペンハーゲン・プロセス

段階

高等教育圏側：8／7／6（連続して構築、到達基準）

職業教育圏側：8／7／6／5／4／3／2／1（各段階間の透過性）

ダブリン・ディスクリプターにもとづく
ラーニングアウトカム
・知ることと理解すること
・知ったことおよび理解したことの適用
・判断すること
・コミュニケーション
・学習することの学習

単位の移転のための ECTS

ディスクリプターにもとづく
ラーニングアウトカム
知識：理論および事実的知識
スキル：認識的および実践的スキル
能力：責任および自律性を担うこと

単位の移転のための ECVET

図Ⅱ-3-8　QF-EHEA と EQF-LLL

原注1）46か国　2）31か国
（出所）ドイツ学術振興会（DAAD）"Brücken für Bildung, Der Bologna-Prozess in Stichworten" を参照。
　　〈http://eu.daad.de/imperia/md/content/eu/flyer_final.pdf〉一部筆者加筆。

るようにすることが目指されている。各国は、この EQF-LLL と参照可能な「国の資格枠組み」を目下構築中である。

(1) EQF-LLL の策定

コペンハーゲン・プロセスの展開の中で、2004年に発表されたマーストリヒト・コミュニケでは、ヨーロッパ資格枠組み（EQF）は、職業教育の魅力を高め、職業教育制度における質の向上と保証を確保する役割をもったものとされ、次のように言われている[86]。

「この枠組みは、資格の承認および移転のための共通の参照枠組みとして資するものであり、職業教育および普通教育（中等教育および高等教育）もカバーする。それは、とりわけ能力およびラーニング・アウトカム（学習成果）にもとづいて構築されるものとする」。

2006年に欧州委員会が取りまとめた EQF 草案は、EU の教育関係閣僚理事会、欧州議会での議論を経て、2008年4月に「EQF-LLL の創設に関する勧告」として欧州議会および教育関係閣僚理事会により採択された[87]。

今後、2010年までに各国の制度と EQF を連結し、2012年以降に付与される国内資格には、対応する EQF のレベルが記されなければならないとされている[88]。

(2) EQF-LLL の内容

「EQF-LLL の創設に関する勧告」では、「ヨーロッパ資格枠組み」は、ヨーロッパ各国の資格制度と結合するヨーロッパ共通の基準となる枠組みとして、①市民の国境を超えた移動の促進、②市民の生涯学習の支援、という2つの中核目標をもっている[89]。具体的には、次のような特色がある[90]。なお、**表Ⅱ-3-22** が各レベルごとに記述されたラーニング・アウトカムの内容である。

① 生涯学習に対応するために、普通教育、職業教育の資格のみにとどまらず、継続教育、現職教育の資格も包括し、ヨーロッパレベルの段階への関係付けを可能とすることを目指している。これにより、教育制度間、また教育制度内の相互移行可能性を改善する。

表II-3-22　各レベルに到達するために必要なラーニング・アウトカム（EQF-LLL）

	知識	技能（スキル）	能力（コンピテンス）
	EQFとの関連の中で、知識は、理論および／または事実にもとづくものとして記述される。	EQFとの関連の中で、スキルは、認識的なスキル（論理的、直観的および創造的な思考を含む）ならびに実践的なスキル（手先の器用さ、および方法、素材、道具、器具の使用を含む）として記述される。	EQFとの関連の中で、コンピテンスは、責任および自律性を担うという意味で記述される。
レベル1	・基礎的な一般知識	・単純な課題の遂行に必要な基礎的なスキル	・構造化された文脈の中で、直接的な指導のもとでの労働または学習
レベル2	・労働または学習領域における基礎的な事実にもとづく知識	・課題を遂行し、かつ日常の問題を単純な規則および道具を使って解決するために、関連する情報を適用するのに必要である基礎的な、認識的および実践的スキル	・ある程度の自律性をもって、指導のもとで行われる労働または学習
レベル3	・労働または学習の領域における事実、原則、方式および一般的概念	・課題の処理および問題の解決のための一連の認識的および実践的スキル。その際、基本的な方法、道具、素材および情報が選択され、かつ適用される。	・労働または学習の課題を処理するための責任を担う。 ・問題の解決にあたり、その都度の状況に自身の行動を適合させる。
レベル4	・労働または学習の領域における理論および事実にもとづく知識についての幅広い多様性	・労働または学習の領域における特殊な問題の解決のために必要な一連の認識的および実践的スキル	・通常は既知であるが、変化することもある労働または学習の文脈の行動要因の中での自律的な作業 ・他者のルーティンワークの監督。その際、労働または学習活動の評価および改善のためにある程度の責任が担われる。
レベル5	・労働または学習の領域における包括的で特殊化された理論および事実にもとづく知識ならびにこれらの知識の限界に関する意識	・抽象的な問題に対して、創造的な解決を行うために必要である包括的な、認識的および実践的スキル	・予見できない変化が起こる労働または学習の文脈の中での指導および監督 ・自らの達成および他者の達成の検証および発展
レベル6	・理論および原則に関する批判的理解を含む労働または学習の領域における進展した知識	・特殊化された労働または学習の領域で、専門の熟達および革新的能力を示すことができ、複雑で、予見できない問題の解決のために必要な進展したスキル	・複雑な、専門的または職業的活動ないしプロジェクトを管理し、予見できない労働または学習の文脈の中で決定の責任を担う。 ・個人および集団の職業的発展に対する責任を担う。
レベル7	・革新的な思考法および／または研究の基礎として、高度に特殊化された知識。その一部は、労働または学習の領域における最新の認識と結び付いている。 ・ある領域およびさまざまな領域間の接点における知識についての問題に関する批判的意識	・新しい知識を獲得し、新しい方式を開発するとともに、様々な領域の知識を統合する、研究および／または革新の領域における特殊化された問題解決能力	・複雑で、予見できない、新しい戦略的なアプローチを必要とする労働または学習の文脈を管理し、形成する。 ・専門知識および職業実践のための寄与および／またはチームの戦略的達成の検証に対する責任を担う。
レベル8	・労働または学習の領域、様々な領域間の接点における最先端の知識	・研究および／または革新の領域における中心的な問題設定の解決、ならびに現存の知識もしくは職業的実践の、拡大または新たな定義付けのための、総合および評価を含む、もっとも進展し、特殊化されたスキルおよび方法	・研究を含む先導的な労働または学習の文脈の中で、新たな理念または方式を開発する際の専門的権威、革新的能力、自律性、学術的および職業的完結性、ならびに持続的関与

（出所）Europäische Gemeinschaften, *Der Europäische Qualifikationsrahmen für lebenslanges Lernen (EQR)*, 2008, 〈http://www.ond.vlaanderen.be/hogeronderwijs/bologna/news/EQF_DE.pdf〉

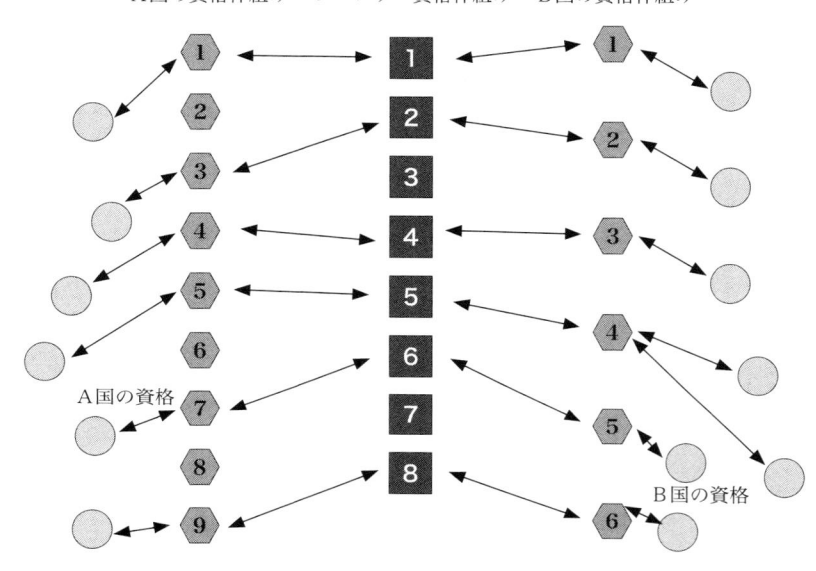

図II-3-9　ヨーロッパと各国の資格枠組みの関係

（出所）Arbeitsunterlage der Kommisionsdienststelle auf dem Weg zu einem Europäischen Qualifikationsrahmen für Lebenslanges Lernen, SEK (2005) 957, p.16.〈http://ec.europa.eu/education/policies/2010/doc/consultation_eqf_de.pdf〉

② 基準レベルは、ラーニング・アウトカムの形で記述されている。それは、知識、技能（スキル）、能力（コンピテンス）という概念にもとづいている。
③ 8つの水準段階から構成されている。レベル1は前期中等教育学校修了証に、レベル8は博士課程修了に相当するものとなっている。

図II-3-9に示したように、EQF-LLL はヨーロッパの国々に共通する資格のレベルを8段階に区分して、各国は自国の資格のそれぞれについて、そのレベルがヨーロッパ資格枠組みのどのレベルに相当するのかを比較可能とする仕組みである。各国は、普通教育の資格だけでなく職業教育の資格についても、それぞれの資格が EQF-LLL のどのレベルに対応するかを参照できるようにしなければならないとされている。これにより、職業教育と普通教育との相互乗り入れが実現でき、またどこの国の資格でも、それが EQF-LLL の

どのレベルに対応するかがわかれば、各国間の資格の相互承認が可能となり、資格の透明化をはかることができるというものである。8段階の「レベル8」は博士、「7」は修士、「6」は学士のレベルとなっている。したがって職業教育で得た資格のレベルが、ヨーロッパレベルの「6」と対応するのであれば、それは普通教育の「学士」のレベルに相当することになる。

(3) ドイツの対応

ドイツについて見ると、文部大臣会議と連邦教育研究省が中心となり、被雇用者、雇用者の団体など関係者も含めて、ドイツの国家資格枠組みの策定作業が進行中である。2008年末までには試行案をまとめ、2009年末までに試行が開始されることになっている。最終的に、2012年末までに「ヨーロッパ資格枠組み」と対応する「ドイツ資格枠組み」が構築される予定である[91]。

3 ラーニング・アウトカムをめぐる最近の動向

ボローニャ・プロセスのロンドン・フォローアップ会議では、次のように言われている（2007年5月）[92]。「高等教育の資格、学習期間、ノンフォーマルな教育とインフォーマルな教育を含む従前の教育の承認は、国内的にも、グローバルな文脈でも、ヨーロッパ高等教育圏（EHEA）に欠かすことができない要素である」。

このように、資格枠組みについては、各高等教育機関がラーニング・アウトカムと単位にもとづいたモジュールと学習計画を発達させ、従前の学習形態を承認するための制度改善に積極的に取り組んでいくことが要請されている。また、雇用可能性を高めるために政府と大学は、ラーニング・アウトカムにしたがったカリキュラムの革新をはかる過程で、雇用者と被雇用者の協力を得ることが欠かせないとされている[93]。

今後は、ECVETによる職業教育の資格が、EQFのどのレベルに相当するかの対応関係を明らかにすることにより、高等教育とノンフォーマルな教育およびインフォーマルな教育を含むあらゆる種類の職業教育との間で、透過性（相互の移行可能性）を高めていくことが、もっとも大きな課題のひとつと

して位置付けられている[94]。

　ドイツについて言えば、前節4に記したように、2002年から大学外で取得した知識、能力を50％まで大学の学習に算入することが可能となっている[95]。またいずれの州においても、一定の職業資格をもった者は、正規の大学入学資格をもたなくても、州の定めるところにより大学に入学することが可能となっている。ただし、その割合はまだわずか1％にすぎない。ラーニング・アウトカムにもとづく資格枠組みの定着により、こうした者の割合が高まっていくことが期待されている[96]。

　こうした「ヨーロッパ資格枠組み」の取組みに見られるように、ヨーロッパレベルで各国に共通する指標を定め、学生や雇用者などの代表者も評価に加わり、高等教育機関の質を高めていく体制が構築されつつある。その中で、ラーニング・アウトカム（学習成果）による資格枠組みの整備は、大きな意味をもっていると言えよう。

第4節　ボローニャ・プロセスの特色と今後の方向性

　これまで、広くヨーロッパレベルで進行しているボローニャ・プロセスの最近の動向を概観した。こうしたヨーロッパの状況は、わが国における高等教育改革の動きと共通している点も少なくない。たとえば前節でみたラーニング・アウトカムについてみると、中央教育審議会大学分科会制度・教育部会は、2008（平成20）年3月、「学士課程教育の構築に向けて」を公表した[97]。そのなかで、現在、高等教育改革において求められているのは、高等教育の多様性を追求しつつ、同時に高等教育の標準性をいかにして確保するかという問題であるとして、とくに今後の大学改革の具体的な方策として、次のような課題を例示している。すなわち、「学習成果（ラーニング・アウトカム）の重視」による「学習到達度の的確な把握・測定や組織体制の整備」、第三者評価制度の確立と質保証システムの整備などである。大きく言えば、「競争」、「多様性」の追及と同時に、大学間の「協同」、教育の質の「標準性」をいかに

して確保するかが課題となっている[98]。

本節では、まずボローニャ・プロセスに見られる意義と課題について言及する。次に、ボローニャ・プロセスは、関係者たちからどのように捉えられているのか、とくに学生の側からのボローニャ・プロセスに対する批判を中心に見ていく。最後に、ヨーロッパ高等教育の今後の方向性について、アメリカの大学との比較を行いながらまとめてみたい。

1　ボローニャ・プロセスの意義と課題
(1) ヨーロッパレベルでの取組み

ボローニャ・プロセスでまず注目すべき点は、ヨーロッパ46か国の教育関係大臣が一同に会して、広くヨーロッパ的視野に立って「ヨーロッパ高等教育圏」の確立に取り組んでいるということであろう。これまで見てきたように、ボローニャ・プロセスでは、ヨーロッパレベルで各国に共通する指標を定め、学生や雇用者などの代表も評価者を務める体制を構築している。外国からの専門家も評価チームのメンバーに入って高等教育の質の改善に取り組んでいる。学位や資格の承認の面では、ヨーロッパ共通の単位制度をさらに発展させると同時に、学習成果（ラーニング・アウトカム）を基礎においたヨーロッパレベルでの「資格枠組み」の開発が進められている。またジョイント・ディグリーのシステムも浸透しつつある。

こうした取組みを通して目指されているのは、ヨーロッパ内外の大学間の流動性を高め、大学同士の競争を通して高等教育の質を維持・向上させることであり、学生や市民の意識の覚醒を通して大学全体を活性化させることである。総体として、ヨーロッパの経済的、社会的な基盤強化をはかることであり、最終的にはヨーロッパ統合に寄与することである。これらの目的を達成するために、ボローニャ・プロセスは、たんに一国の段階にとどまらない、広くヨーロッパ全体を巻き込んだ取組みとなっている。

(2) 様々な関連諸機関との協力

次に挙げられる特色は、様々な関連諸機関との協力という点である。ボ

ローニャ・プロセスには、ヨーロッパの様々な国際的な機関、団体が連携し、その過程に参加している（前掲図Ⅱ-3-3および図Ⅱ-3-4を参照）。また組織的には、ボローニャ・フォローアップ・グループ（Bologna Follow Up Group; BFUG）という組織が設けられ、署名国46か国と欧州委員会の代表から構成されるメンバーが、ボローニャ・プロセスのフォローアップを行っている。BFUGには、欧州審議会をはじめとする、下記のような関連団体が協議機関(consultative member)としてその運営に参加し、ボローニャ・プロセスに幅と厚みをもたせている。

- ヨーロッパ大学協会（EUA）
- ヨーロッパ学生連合（ESU）
- ヨーロッパ高等教育機関協会（European Association of Institutions of Higher Education, EURASHE）
- ユネスコ・ヨーロッパ高等教育センター（UNESCO-CEPES）
- ヨーロッパ高等教育質保証協会（ENQA）
- 全ヨーロッパ教育構造インターナショナル（Educational International Pan-European Structure）
- ヨーロッパ産業連盟（UNICE）

このほか、ヨーロッパ大学院連盟（EURODOC）、ヨーロッパ先端工学教育研究会議（Conference of European Schools for Advanced Engineering Education and Research, CESAER）なども関連領域でBFUGに勧告を提出している。BFUGは少なくとも年2回開催され、欧州理事会議長国が議長を、次期教育関係大臣会議の開催国が副議長を、それぞれつとめることになっている。

なお、**図Ⅱ-3-10**は、2010年の「ヨーロッパ高等教育圏」構築に向けての、ヨーロッパレベルの主な歩みを年代ごとにピックアップしたものである。右側は大学、学生団体の高等教育に関わる諸宣言などが、左側には、欧州委員会、高等教育関係大臣会議等の政策レベルの主要事項がピックアップされている[99]。このうち「ジョイント・スタディ・プログラム」は、欧州委員会の主導で1976年から始まった学生、教員の交流プログラムであり、1987年から開始された「エラスムス計画」に引き継がれた。88年には、ヨーロッパ各国の大学の

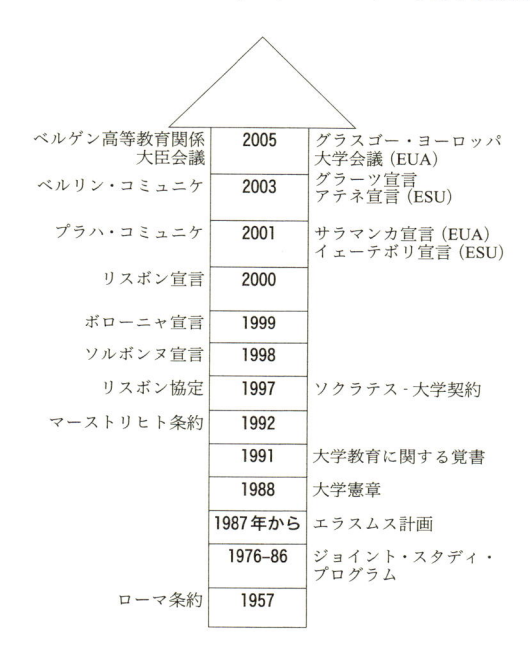

ベルゲン高等教育関係大臣会議	2005	グラスゴー・ヨーロッパ大学会議 (EUA)
ベルリン・コミュニケ	2003	グラーツ宣言 アテネ宣言 (ESU)
プラハ・コミュニケ	2001	サラマンカ宣言 (EUA) イェーテボリ宣言 (ESU)
リスボン宣言	2000	
ボローニャ宣言	1999	
ソルボンヌ宣言	1998	
リスボン協定	1997	ソクラテス・大学契約
マーストリヒト条約	1992	
	1991	大学教育に関する覚書
	1988	大学憲章
	1987年から	エラスムス計画
	1976-86	ジョイント・スタディ・プログラム
ローマ条約	1957	

図Ⅱ-3-10　「ヨーロッパ高等教育圏」への道のり

(出所) *HIS, A6/2005*, S.2.

学長がボローニャに集まり、ヨーロッパの大学間の協力と大学の使命について共同宣言に署名した。これは「大学憲章」(Magna Charta Universitatum) と呼ばれている。91年には欧州委員会により「大学教育に関する覚書」がまとめられ、高等教育の果たす役割の重要性が強調されている。97年には、「ソクラテス計画」など、EUの高等教育政策の遂行にあたり大学との協力を確認する「契約」が、欧州委員会と大学学長との間でかわされた（「ソクラテス・大学契約」）。また、ボローニャ・プロセスの進行とともに、ヨーロッパ大学会議、ヨーロッパ学生連合が、それぞれの立場で図に掲げられているような宣言を採択している。リスボン協定とは、1997年に欧州審議会とユネスコが合同でとりまとめた「ヨーロッパ地域の高等教育に関する資格の相互承認協定」を指している[100]。

このようにボローニャ・プロセスは、様々な関係諸機関との連携のもとで、

また図Ⅱ-3-10に示したようなヨーロッパの高等教育に関わる諸計画、諸宣言を背景に、試行錯誤を繰り返しながら進展している。

(3) 文化高権との関わり

(1)でボローニャ・プロセスの特色としてヨーロッパレベルでの取組みであるという点を挙げたが、教育制度そのものは各国それぞれが独自のシステムを有しており、EUがこれをひとつのものとしようといった政策は、まったく想定されていない。マーストリヒト条約でも、「教育内容および教育制度の組織に対する構成国の責任を十分に尊重」し、「促進措置の採択にあたっては、構成国の法令の調和をはかることを除外する」と規定している（前掲表Ⅱ-1-2を参照）。しかし、各国がEUの一員として、EUレベルの政策を推進させるということは、究極的には主権をEUに委譲することにもつながる。その過程において、多くの領域における立法権限がEUへと移行されることを意味している。このことはたとえばドイツなど連邦制の国家では、これまで不可侵とみなされてきた文化・教育といった州の専権的立法分野にまで、EUによる立法が及んでくることを余儀なくさせられる。EUの協議の対象が教育制度の分野に及んでくるとき、州の立法権をどのようにEUのプロセスのなかに位置付けたらよいかが大きな問題となる。

マーストリヒト条約では、いわゆる「補完性原理」、すなわち「構成国が効果的になし得ない措置についてのみEUが行う」という原則が取り入れられている。したがって教育の領域で言えば、前述のように「構成国の責任を十分に尊重する」という但書きが挿入され、そのための協議機関として地域委員会が設けられ促進措置を採択することになっている。しかし、「補完性原理」については多様な解釈があり、必ずしも「上位レベル（EU）に対する下位レベル（州）の優先」という意味でのみ理解されているわけではない[101]。州が教育に関する権限を有しているドイツなどでは、州の「文化高権」(Kulturhoheit)[102]が徐々に侵害されていくことに大きな不安を抱く層も残っている[103]。

こうした不安をどのように解消し、教育政策における各国間の協力関係を構築していくかも、今後、徐々に解決していかなければならない課題であろう。

ボローニャ・プロセスについても、これはヨーロッパ全域をいわば包括する高等教育改革であり、そこには人的にも、物的にも、相当の資源が投じられている。それは、各国の従来の大学制度に大きなインパクトを与えるものである。ボローニャ・プロセスに対し、たとえば上述の「文化高権」の立場から警戒の念を抱く人も少なくない。とりわけ学生、教員などからは、このあと見るように、その急進的な進め方に批判がないわけではない。

　しかし、マーストリヒト条約で法規定されたのは、あくまでも教育における協力関係であり、国がもつ多様性を否定するものではない。求められているのは、多様性のなかでの調和であり、そこから導き出される収斂である。ボローニャ・プロセスは国際条約ではなく、46か国の教育関係大臣の決議であり、そこに法的な拘束力はない。ボローニャ・プロセスをどこまで実現できるかは、各国の積極的な取組みにかかっている。

2　ボローニャ・プロセスに対する批判と意見

　これまで見てきたように、ボローニャ・プロセスはヨーロッパ46か国が参加し、一体となって進めているヨーロッパの高等教育改革である。共通の目標を定め、その進行にあたっては、大学の教員、学生の代表なども加わったフォローアップ体制が組まれている。

　しかし、こうした改革は、これまでの大学の仕組みを大きく変更するものであり、ボローニャ・プロセスに対する批判は、とくに学生の側から少なからず見られる。以下では、ドイツの学生側の批判と大学教員の意見についてその概要を紹介する。

(1) 学生からの批判

　ボローニャ・プロセスが進める大学改革に対して、ドイツの学生たちは大きく次の3点からこれを批判している[104]。

　① 大学の学校化 (Verschulung des Studiums)：大学がギムナジウムの延長になってしまった。アビトゥーア試験合格後、さらに3年間学校に通っているようなものである。

②　職業準備への狭小化 (Verengerung auf Berufsvorbereitung)：大学の授業が、狭い職業準備に偏り、経済界が求める基準にそったカリキュラムになっている。フンボルトの理念である「包括的な教育」(umfassende Bildung) に代わり、経済の論理を向いた大学に変わってしまった。

③　移動の障害 (Hürden beim Hochschulwechsel)：大学のカリキュラムが窮屈であり、大学を移動してそこの大学のカリキュラムに合わせる余裕がないなど、大学間の移動を促進するはずのボローニャ・プロセスが、逆に大学間の移動に障害をもたらしている。

　このように、ボローニャ・プロセスに対する学生の批判として、大学が学校化されたという不満がある。ドイツでは、「学校」と呼ばれるのは中等教育機関までで、大学は「学校」とは呼ばれない。"studieren"（学習する）は、大学で学習するという意味である。それが、学士課程の導入により、大学が学校化されてしまったという批判がある。学習内容も、これまでフンボルト以来ドイツの大学が標榜してきた「大学の自由」(akademische Freiheit) が失われ、「包括的な学習」から狭い職業準備教育に陥ってしまった。移動を促進するはずのボローニャ・プロセスが、逆に移動を停滞させているとも指摘されている。その理由として、今までは大学のカリキュラムに余裕があったのが、ボローニャ・プロセスにより、学士、修士の課程が導入されることになり、試験が増え、カリキュラムも窮屈になったということが挙げられている。そういう状況の中で大学を移動することは現実的に難しくなったというものである。

　大学の学習が窮屈になったという点でいうと、**表Ⅱ-3-23**は、従来の大学修了証とバチェラーの学習期間を比較したものである。

　従来の学生の在学期間の平均は、11.6ゼメスター（5.8年）となっている（2008年）。2000年には12.1ゼメスター（6.05年）であったので、それと比較すれば短くなっているが、それでもバチェラーの場合の平均学習期間の6.7ゼメスター（3.35年）と比べると長い。以前は、大学で余裕をもって学習し、国家試験に合格する自信がつくまで在学した[105]。それがバチェラー、マスターと段階を踏んだ学習課程が導入され、単位制が採用されるようになり、単位

表II-3-23　平均学習期間（従来の大学修了証とバチェラーの比較）

試験年	平均学習期間（単位：ゼメスター）				
	計	一般大学修了証	芸術系大学修了証	専門大学修了証	バチェラー
2000	10.7	12.1	9.8	9.0	X
2001	10.7	12.1	9.8	9.0	X
2002	10.6	11.9	9.8	9.1	6.5
2003	10.5	11.9	9.8	8.9	6.5
2004	10.4	12.0	10.0	8.9	6.7
2005	10.2	11.9	10.1	8.9	6.9
2006	10.0	11.8	10.1	8.9	6.9
2007	9.9	11.7	9.9	9.0	6.8
2008	9.6	11.6	9.8	8.9	6.7

（出所）Statistisches Bundesamt, *Hochschulstandort Deutschland 2009, Ergebnisse aus der Hochschulstatistik*, 2009, S.10.

の取得にあたっての試験の回数が増え、いくつものハードルを乗り越えていかなければならないということで学生にも教授にもプレッシャーとして働いているということは想像できる。

(2) アンケート調査の結果から

コブレンツ－ランダウ大学教育研究センター（zepf）が行ったアンケート調査では、ボローニャ・プロセスに対する懸念として表II-3-24のような点が挙げられている[106]。

またボローニャ・プロセスがうまくいっていない理由としては、次のような点が挙げられている[107]。

- 古いディプロームの学習課程の教材が、そのまま新しいバチェラーの課程で使われている。
- アクレディテーションの際指摘された人的資源の欠陥が、文部省により補われていない。
- 改革のプロセスは、政治的に計画された以上に時間を要するものである。
- ドイツの特色である教育連邦主義はボローニャ・プロセスと合致しない[108]。

表II-3-24 ボローニャ・プロセスに対する懸念

懸念事項	割合
ボローニャ改革の帰結として大学の学校化をもたらしている。	16.95
大学の学習課程が、ますます経済の利害を指向するようになる。	12.53
学生が、自分の専門について包括的な知識をもたなくなる。	12.14
学生は、恒常的な試験により過剰な要求を強いられる。	10.97
ボローニャ改革は、知識の在庫一掃セールである。	10.06
ボローニャ改革で目指されている学習は、フルタイム学生にのみ可能である。（パートタイムの学生、継続教育の学生、勤労学生には可能でない）。	7.22
卒業生の能力の特色にかなった満足できる職がない。	5.78
教授の水準が落ちている。教授は、教える人、試験する人にすぎない。	5.17
ボローニャ改革は、修了証の国際的な相互承認へと向かっていない。	5.08
教授が、研究のための余裕をほとんどもてなくなっている。	4.63
ボローニャ改革は、関係者の負担増をもたらしている。	4.15
多くの場合、学科における大学での学習能力が維持されていない。	4.03
その他	1.28
合　計	100.00%

（出所）Doris Jäger-Flor & Reinhold S. Jäger,*Bildungsbarometer zum Thema Bildungsproteste*, Zentrum für empirische pädagogische Forschung der Universität Koblenz-Landau, 3/2009,S.16.

- アクレディテーションが、あまりにビューロクラティックである。
- 教員増という面が改革のプロセスから抜け落ちている。
- 学習課程がすべて改革プロセスに組み入れられているわけではない。

それでは「ボローニャ・プロセスが成果を収めるためには何が欠かせないか？」という問いに対する回答を列挙すると以下のようになる[109]。

- 教員による学生のケア体制の改善
- 学生の資格目標が達成されたかどうかについて、検証する適切な資格マネジメントの実施
- 資格付与段階（学士／修士課程）の構築に、よりフレキシビリティをもたせる（4＋1年，3.5＋1.5年など）
- 大学経営の決定権限強化（強化されたリーダーシップの原則）
- 改革過程のゆるやかな時間設定
- より改善されたガイダンス

(3) 大学教員からの提言

ドイツの大学人の多くが加入しているドイツ大学連盟 (Deutscher Hochschulverband; DHV) は、「ボローニャ・プロセスそのものを否定するわけではない」としながらも、「ボローニャ・プロセスの具体的措置がドイツにおいてうまくいっているかと言われれば、失敗していると言わざるをえない」として、現状を次のように分析している[110]。

① 新しい学習課程で移動は増加するどころか減少している。内外の大学間の転学は、とくにモジュール化されたバチェラーの課程で難しくなっている。新しい特色形成の枠組みのなかで生まれた学習課程は特殊化し、一般化していない。その結果、バチェラーの課程ではドイツ国内の大学の転学さえ難しくなっている。国際的な交流はいっそう難しくなっている。ヨーロッパ高等教育圏を創設するというボローニャ・プロセスのもっとも大きな目標と反している。

② バチェラーの課程では、学習中断者が減少に向かうというより、逆に増加している。これまで学習中断者は一般大学では20％、専門大学では22％であったが、最新の報告によれば、バチェラーの課程でみるとその割合は、一般大学で25％、専門大学では39％となっている。とりわけ、自然科学、工学の分野で、その割合は高くなっている。この分野では、2人に1人ないし3人に1人は、学習を修了することができない。

③ 新しい学習場所での成績証明書の承認は、新たな問題を引き起こしている。ヨーロッパ単位互換制度 (ECTS) は、国によってまちまちに適用されている。学習成績は、ECTSではほとんど比較できない。自動的な学習成績の承認というボローニャ改革とはほど遠い。

以上を踏まえて、具体的な改革として、DHV は次のような提案をしている。

① 修士を通常の大学修了証とし、学士、修士を一貫した学習課程とすべきである。ただし、バチェラーで職業に就く者を排除するものではない。

② マスター取得者を8割程度にすべきである。現在、20％から30％がマスター、残りがバチェラーである割合を、マスター取得者が70-80％とすべきである。

③　工学のディプローム（Ingenieur-Diplom）のように、世界的に承認されておりドイツの学術の優秀性のシンボルでもあるものは、「工学修士・工学ディプローム」（Master Ing.= Dipl.-Ing.）といった名称を冠するべきである。
④　連邦政府は移動促進プログラムを掲げているが、移動協定はそれぞれの大学が国内および外国のパートナー校との間で行っている。大学間の協定を超えたカリキュラムの具体的な調和は、連邦レベルのプログラムを策定することにより与えることができる。
⑤　大学は卒業生の雇用問題に積極的に取り組むべきである。そのための教育の質の向上にもっと関心を払うべきである。
⑥　いくつかの学科では、様々な理由からバチェラー、マスターへの移行はまだ行われていない。こうした学習課程では、ボローニャ・モラトリウム（Bologna-Moratorium）を行い、問題点を解決した上で移行すべきである。

　そのほか DHV は、改善案として、試験の回数を減らすこと、モジュール制にフレキシビィリティをもたせること、選択必修科目を増やすこと、またとくに修士課程との間の透過性（Durchlässigkeit）などを提案している。

　以上、ボローニャ・プロセスに対する批判、提言等をみてきた。学生の不満は、ボローニャ・プロセスそのものに対するというよりも、ドイツの大学が抱える様々な問題点、矛盾に対し抗議しているのではないかと思われる点も多々見て取ることができよう。学生側からはとくに大学授業料の徴収に対する不満が非常に高いことがうかがえる（第5章第2節4を参照）。

3　今後の方向性──ヨーロッパの大学とアメリカの大学

　これまでボローニャ・プロセスについて、その進展状況を見てきた。その過程で課題となっている、たとえば学部と大学院の区分、単位制、あるいは「アクレディテーション」と「評価」といった概念などいずれもアメリカにおいて発達してきたものである。なかでもとりわけ「評価」という考え方が、ヨーロッパの大学でも大きくクローズアップされてきている点が注目される。第

第3章　ヨーロッパの高等教育改革（その2）

2章でも見たように中世以来、ヨーロッパの大学は、「大学間に格差はない」という前提のもとで発達してきた。各大学は、学問的特色の上ではそれぞれがバラエティーに富んでおり、その意味での差はあるが、大学としてのレベルに差はない、というのがヨーロッパの大学の建前であった。

しかし今や、いずれのヨーロッパ諸国でも、大学の質について、これを何らかの「評価」の対象とするシステムが導入されている。さらに「競争」という概念も前面に出てきている。このように、方向性としては「評価」と「競争」を主体としたアメリカ型の大学へとしだいに移行しつつある、ということができよう。

同時に、ヨーロッパにおいては、「ひとつのヨーロッパ」を念頭に、ヨーロッパ全体の知識基盤のレベルアップを視野に置いた一連の高等教育改革が進行している点に大きな特色が見られるのではないかと思われる。

最後に、アメリカの大学で「評価」と「競争」という考え方が何故発達したのか、箇条書にして整理しながらアメリカ型とヨーロッパ型の大学タイプを比較しつつ全体のまとめとしたい[111]。

第1に、ヨーロッパの大学とアメリカの大学を比較すると、ヨーロッパ諸国では、主要な大学の多くは国立である（あるいは国家が維持している）という点に特色がある。第2章第3節2(1)でも見たようにヨーロッパの大学が主として政府によってその財源が保障されてきたのに対し、アメリカの大学は、州立大学の果たしてきた役割も小さくないが、レベルが高いとされる大学は、私立大学が占めてきた。私立大学は、主たる財源をもっぱら学生から徴収する授業料でまかなっており、そのためアメリカでは、できるだけ多くの学生を集めることが存立の必須条件であった。したがって他の大学と比較して、少しでも秀でることが、学生を獲得するためのもっとも有効な手段であった。そもそもアメリカという社会が、ヨーロッパのような階級社会でなく、競争社会であったこともその背景として考えられるであろう。これに対し、たとえばドイツの大学ではこれまで授業料が徴収されてこなかった点に象徴されているように、学生が何人入学しようと、あるいはしまいと、大学財政の面

に基本的に特段の影響を与えるものではなかった。そうしたところからもヨーロッパの大学は、これまで市場経済的な競争原理から無縁なものとして発展してきたと言われている。

　第2に、アメリカの大学はヨーロッパと比較して、数が多いという点を挙げることができよう。1900年代の初頭、たとえばドイツの大学は20数校にすぎなかったが、アメリカではすでに500を超える大学が存在していたと言われている。このようにヨーロッパの大学は少数であり、それぞれが独自の長い伝統をもち、大学間に格差は基本的にないものとされてきた。一方アメリカの大学は数が多すぎて、質・量ともに大学間に差がありすぎる。どこがどんな特色をもち、また本当にそこの大学できちんとした教育が行われているのか等々、判断することが難しい。こうした点からアメリカでは、「アクレディテーション」という考え方が発達してきたとされている。

　第3に、アメリカの大学は大学のタイプ、カリキュラムなど、ヨーロッパの大学と比べて非常にバラエティーに富んでいるという点が挙げられる。数が多いという特色を「大規模性」という言葉で呼ぶと、バラエティーに富んでいるという特色は「多様性」という言葉で言い表すことができる[112]。こうした点からもそれぞれの大学が、いわば消費者である学生に、どんな商品を提供できるかという具合に、マーケティングの手法に立った大学経営がアメリカの大学ではヨーロッパ以上に求められることになる。したがってアメリカでは、このような多様な大学タイプのなかからどの大学を選択するかということで、色々なガイドブックやランキング表が作成されている。

　第4に、ヨーロッパ諸国では、全国規模の資格試験、国家試験が発達し、大学卒業者のキャリアは、どこの大学を卒業したかによって規定されるというよりも、むしろどういう国家試験、学位試験に合格したかが大きな意味をもってきたと言われている。これに対し、アメリカではそうした全国規模の資格試験制度はそれほど整備されていない。したがって、アメリカでは出身大学の質ということがヨーロッパの大学以上に問われ、そこからまた大学間の優劣を競う競争が生まれている、という指摘がなされている。

　第5に、ヨーロッパの大学では、中世以来の伝統のなかで、学生はある特

定のひとつの大学にのみ在学するのではなく、むしろいくつかの大学を転学して学習するのが一般的であるとされてきた。その典型が「エラスムス計画」の名称に借用されている人文主義者のエラスムスである（彼はヨーロッパ各地の大学を転々と遍歴した）。ヨーロッパ型の大学の場合、「資格をもっている者に大学は開放される」といういわばオープン・アドミッションのシステムが採用されている。同時に、たとえばドイツで言えば、どこの大学を卒業したというよりも、どんな資格、学位を最終的に取得したかが問われる社会意識がある（序論Ⅱ-2-(1)を参照）。同じ大学に入学から卒業までいなければならないという必然性も、必要性もないという傾向がヨーロッパ型の大学には強い。これに対し、アメリカでは学生の移動は、わが国と比較すれば、格段に盛んである。しかし多くの学生は、入学した大学を卒業するのが普通である。大学を移動する場合は、よりランクが高い、質がよい、評判がよい、よりよい教育をしてくれるランクの一段高い大学に移動するケースであって、レベルの同じ大学間の移動ではないという特色がある。

　以上、ヨーロッパの大学とアメリカの大学の特色を対比的に並べてみた。わが国の大学は、戦前はドイツを中心とするヨーロッパの大学にそのモデルを求め、戦後はもっぱらアメリカ型の大学制度に眼を向けてきた。全体としてみれば、従来の国家財政による維持を前提とした運営から、「評価」と「競争」を主体とした自律的大学経営へと、ヨーロッパの大学も変化しつつあるように見受けられる。換言すれば、これまでの「国家施設型大学」から「コーポレート型大学」へと移行しつつあるということもできよう[113]。将来的には、国立大学も私立大学も「企業化」[114]された大学へと向かって収斂し、従来の区分はなくなってしまうのか。最近の動向からそうした萌芽を見て取れないこともないが、将来のゆくえはなお混沌としており、その行き着く先はいまだ見えてこない。

　わが国においても、国立大学の法人化など大学政策は現在大きな転換期に立っている。そのなかで「経済効率の重視」であるとか、「競争原理の導入」といった眼に見える成果のみが強調され、「真理の探究」、「人格の完成」といっ

た古典的な大学の理念・伝統が見失われていくことに、危惧の念を抱く大学人も少なくない。しかし、大学のもつこうした永遠の課題も、今日的な状況に照らし合わせて、改めて問い直さなければならないであろうし、同時にできる限り現実的な視点から、積極的にこれと取り組んでいかなければならないであろう。

ヨーロッパにおいて大学は、中世以来、「知」の創造や継承においてリーダー的役割を果たしてきた。そうした大学の役割は、これからも変わることはないであろう。しかし今日の大学に求められているのは、大学によって生み出される「知」が、現代社会の様々な枠組み、諸条件のなかで、どのような意味を有しているかということではなかろうか。換言すれば、「知」の生産を意味付けているその価値について社会に向けて説明できること、そこに大学の存在意義、社会的使命も帰せられるのではなかろうか、という点である[115]。

そうした点も踏まえながら、今後、ヨーロッパ統合という共通の課題を背景に、これまでの伝統的な大学制度の基本的理念構造の上に、21世紀を知的にリードできるどのような新しい大学像が浮かび上がってくるのか。ヨーロッパの高等教育改革の動向に注目していきたい。

注
1　1980年以降のヨーロッパの高等教育改革の特色と課題については、欧州委員会の教育情報ネットワークである Eurydice の以下の資料を参照。Eurydice, *Two decades of reform in higher education in Europe: 1980 onwards*. Brussels: EURYDICE European Unit, 2000. なお、第2章第1節も参照。
2　European Commission, *Key data on education in Europe 2005*, Luxemburg: Office for Official Publications of the EC, p.137.
3　拙稿「多様化された教育の道への移行とヨーロッパ統合に向けた模索―ヨーロッパにおけるアーティキュレーションの現状と課題」『IDE』408号, 1999.6, pp. 59-63を参照。
4　同上。
5　OECD, *Education at a glance: OECD indicators 2000,* Paris, 2000, p.172.
6　たとえばドイツの場合、1990年度における学生の在学期間の平均は7.8年、卒業

第3章　ヨーロッパの高等教育改革（その2）　295

者の平均年齢は28.1歳であった（Vgl.*Deutsche Universitätszeitung*, 13/1993, S.16.）

7　こうした自然科学分野の立ち遅れに関して、たとえば第1章第2節で見たように、欧州委員会は、「数学、自然科学、工学の大学卒業生数を2000年から2010年までの間に少なくとも15％高める」とするベンチマークを定めるなど、重点的な施策を講じている。Commission of the European Communities, *Progress Towards the Lisbon Objectives in Education and Training,Indicators and benchmarks 2007*, Commission Staff Working Document, p.9以下を参照。

8　拙稿「EU諸国の大学評価の動向」『大学評価研究』2号、2002.3, pp. 25-34.を参照。

9　第1章第2節「リスボン戦略とその展開」を参照。同章の注33も参照。

10　「ヨーロッパの高等教育制度の構造の調和に関する共同宣言」（Joint declaration on harmonisation of the architecture of the European higher education system）〈http://www.bologna-bergen2005.no/Docs/00-Main_doc/980525SORBONNE_DECLARATION.PDF〉

11　Klaus Schnitze, *Von Bologna nach Bergen, HIS-kurzinformationen A6/2005,* April 2005, S1ff.（以下、*HIS A6/2005* と略); Eurydice, *Focus on the Structure of Higher Education in Europe 2004/05,* 2005.〈http://www.Eurydice.org/Documents/FocHE2005/en/FrameSet.htm〉（以下、*Focus 2004/05* と略）

12　11世紀（1088年頃）ボローニャで、法律を学ぶ学生と教師が組合（universitas）を結成したが、これが今日の大学（university）の起源とされている。

13　ボローニャ宣言に署名した29か国は以下のとおりである。オーストリア、ベルギー、デンマーク、フィンランド、フランス、ドイツ、ギリシャ、アイルランド、イタリア、ルクセンブルク、オランダ、ポルトガル、スペイン、スウェーデン、イギリス（以上、1999年時点のEU加盟15か国）。アイスランド、ノルウェー、スイス（以上、リヒテンシュタインを除くEFTA加盟3か国）。チェコ、エストニア、ハンガリー、ラトヴィア、リトアニア、マルタ、ポーランド、スロバキア、スロベニア（以上、キプロス以外の2004年のEU加盟9か国）。ブルガリア、ルーマニア（2007年のEU加盟2か国）。

14　Joint Declaration of the European Ministers of Education convened in Bologna on the 19th of June 1999.〈http://www.bologna-bergen2005.no/Docs/00-Main_doc/990719BOLOGNA_DECLARATION.PDF〉連邦教育研究省（ドイツ）のホームページから「ボローニャ・プロセス」も参照した。〈http://www.bmbf.de/de/3336.php〉

15　*HIS*, A6/2005, S.1ff.; *Focus 2004/05*, p.11. ボローニャ宣言を中心とするこの間の事情に詳しい邦語文献として以下を参照。吉川裕美子「ヨーロッパ統合と高等教育政策―エラスムス・プログラムからボローニャ・プロセスへ」『学位研究』17号、2003.3, pp. 69-90; Ulrich Teichler（吉川裕美子訳）「ヨーロッパにおける学位の相互承認と単位互換―経験と課題」『学位研究』17号、2003.3, pp. 25-50.；津田純子「世界の大学改革事情(1)　ヨーロッパ高等教育圏構想に関する諸宣言」『大学教育研究年

報』9号，2004.3, pp. 155-175.
16 欧州審議会は、1949年にヨーロッパにおける人権、民主主義、法の支配という価値観を共有する目的で設置され、現在加盟国は、45か国である。欧州審議会とボローニャ・プロセスの関わりについては、同審議会のホームページを参照。〈http://www.coe.int/T/DG4/HigherEducation/EHEA2010/BolognaPedestrians_en.asp〉
17 以下の記述は、次の資料を参照。Bundesministerium für Bildung und Wissenschaft, *Der Kopenhagen-Prozess in der beruflichen Bildung*〈http://www.bmbf.de/de/3322.php〉
18 Winfried Heidemann, *ECVET und EQF im Kopenhagen-Prozess der europäischen Berufsbildung*, S.6ff.〈http://intern.hib-bezirksprojekt.de/fileadmin/user/dokumente/2005/ecvet_dok_einf_hr_forum_159__2_.pdf〉
19 フォーマルな教育は制度化された教育システムのなかで行われる教育、ノンフォーマルな教育はフォーマルな教育の枠外で行われる体系化された教育、インフォーマルな教育は家庭や地域などで行われる体系化されていない教育をいう。源由理子「ノンフォーマル教育援助における参加型評価手法の活用—『利害関係者が評価過程に評価主体として関わること』の意義」『日本評価研究』7(1), 2007.3, pp. 75-76.
20 以下、各会議の概要は次の資料を参照。Europäische Kommission, Generaldirektion Bildung und Kultur, *Im Blickpunkt: Strukturen des Hochschulbereichs in Europa–2006/07*, S.11ff.〈http://www.eurydice.org/ressources/Eurydice/pdf/086DE/086DE_004_C01.pdf〉
21 プラハ会議には、ボローニャ宣言の署名29か国に、新たにキプロス、トルコ、クロアチア、リヒテンシュタインの4か国が加わり、参加国は33か国となった。
22 ベルリン会議の新たな参加国は、アルバニア、アンドラ、ボスニア・ヘルツェゴビナ、バチカン、ロシア、セルビア・モンテネグロ、マケドニアである。
23 ジョイント・ディグリーとは、大学間の相互認定の締結により、2つの大学の学位を同時に取得できるシステムである（第2節5を参照）。
24 たとえば、フルタイムで学ぶことができない者には、夜間、週末の学習課程を用意するとか、インターネットを使ったeラーニングを積極的に取り入れるなど、多様な学習の道を用意することが提案されている。また高等教育機関へのアクセスにあたっても、すでに取得している職業教育の資格を大学入学資格の一部に換算するなど、フレキシブルな学習の道が考えられている。
25 ロンドン会議には新たにモンテネグロが加わり、参加国は46か国となった（セルビア・モンテネグロは2003年から参加しているが、2006年にモンテネグロはセルビアから分離独立した。なお、セルビア・モンテネグロはセルビアが承継している）。
26 *Bologna Process Stocktaking Report 2007*, Report from a working group appointed by the Bologna Followup Group to the Ministerial Conference in London, May 2007.〈http://eu.daad.de/imperia/md/content/eu/bologna/bolognaprocessstocktaking_london.pdf〉

第3章　ヨーロッパの高等教育改革（その2）　297

27　ロンドン会議の参加国は46か国であるが、ベルギーは、ベルギー（フラマン語圏）とベルギー（フランス語圏）として、英国は、英国（イングランド、ウェールズ、北アイルランド）と英国（スコットランド）として、それぞれ別個にデータが提出されている。したがって全部で48か国として数えている（以下の表の全体の国の数も、すべて48か国として数えている）。

28　*op.cit.* 26, p.13. なお、2004/05学年度の始めの段階では、導入されていない国は、アンドラ、ポルトガル、スウェーデン、スペイン、ハンガリー、ルーマニアであった（スペイン、ハンガリー、ルーマニアの3国は、2004年または05年から法制化される予定であった。2000年以前では、これらの国のほか、ルクセンブルク、リヒテンシュタイン、ベルギーのフラマン語圏とフランス語圏、オランダ、スイス、イタリア、エストニア、セルビア・モンテネグロ、アルバニアで、まだ2サイクル構造は導入されていなかった）。スウェーデンでは、2サイクル構造の導入をはかる法案が提出されていた（2005年5月）。ポルトガルでも、法制化まで至っていなかったが、高等教育の構造をボローニャ宣言に合わせて再編することになる。アンドラは、高等教育のスケールも小さく、2サイクルに向けた動きはなかった。また、2000年以前は「必要な追加・拡張措置をともない、2サイクル構造が存在する」という回答であった、ドイツ、フランス、デンマーク、オーストリア、ノルウェー、フィンランド、ポーランド、チェコ、スロバキアなどの国々が、04/05年には、いずれも「ボローニャ・プロセスに対応する2サイクル構造が存在する」へと移行している（ロシア、ギリシャ、セルビア・モンテネグロは、00年と05年で変化はない）。また、「ボローニャ・プロセスに対応する2サイクル構造が存在する」と回答した国（ブルガリア、チェコ、ドイツ、アイスランド、リトアニア、ノルウェー、ポーランド、ロシア、スロバキアなど）でも並行して、2サイクルに区分されない従来の学習課程も残っている（以上、*Focus 2004/05*, p.5 を参照）。しかしこうした国々でも、その後徐々に2サイクルへと置き換えられている。

29　KMK und BMBF, *Zweiter Bericht zur Realisierung der Ziele des Bologna-Prozesses*, S.8f. 〈http://www.bmbf.de/pub/nationaler_bericht_bologna_2007.pdf〉なお、ドイツでは本文にあるように、ロンドン会議の報告書の時点では、学士課程、修士課程に入学する学生の割合は全入学者数の50％に達していなかったが、2008/2009年冬学期の数値を見るとすでに7割を超え、73.8％となっている（Hochschulrektorenkonferenz, *Statistische Daten zur Einführung von Bachelor- und Masterstudiengängen, Wintersemester 2009/2010*, S.22を参照）。ドイツにおける詳細は、第5章第2節2「段階化された高等教育の構造と単位制度の導入」で見ていく。

30　2004年3月にダブリンで開かれた「質に関する共同イニシアティブ」グループの報告書に由来する。学士、修士、博士の修了証に関する共通の枠組みを記述したもの。Gemeinsame "Dublin Descriptors" für Bachelor-, Master- und Promotionsabschlüsse

〈http://www.jointquality.nl/content/descriptors/DublinDeutsch.pdf〉を参照。
31　EQF-LLL については、本章第3節で取り上げるが、たとえば、A国のXという資格は、A国の資格枠組みではレベルの「7」に相当するが、それはヨーロッパ資格枠組みの「6」に対応する。一方、B国のYという資格は、B国の資格枠組みではレベルの「5」に相当するが、それはヨーロッパ資格枠組みの「6」に対応する。そうするとA国のXという資格とB国のYという資格は、ともにヨーロッパ資格枠組みの「6」に対応することになり、XとYは同等と見なされるというように使用される。第3節でみるように、8段階の「レベル8」は博士、「7」は修士、「6」は学士のレベルとなっている。したがって職業教育で得た資格のレベルが、ヨーロッパレベルの「6」に相当するのであれば、それは、普通教育の「学士」のレベルに相当することになる（図Ⅱ-3-9も参照）。この EQF-LLL の各レベルを記述しているのが、第3節で取り上げるラーニング・アウトカム（学習成果）である。なお、2008年4月23日に「EQF-LLL の創設に関する勧告」が欧州議会および教育関係閣僚理事会により署名されている。以上、欧州委員会のホームページから "The European Qualifications Framework (EQF)" を参照。〈http://ec.europa.eu/education/lifelong-learning-policy/doc44_en.htm〉
32　*op.cit.* 26, p.17.
33　ラーニング・アウトカムについては、第3節で改めて取り上げるが、従来の学習は、ラーニング・インカム、つまり学習のインプットの面、たとえばカリキュラムがどう編成されるかなどの教育の枠組み面のほうに眼が向けられてきた。これに対し、ラーニング・アウトカムは、学習者が、学習プロセスの終了時点で、どこまで達成したかという能力の全体としての学習成果を重視する。後掲注82を参照。
34　*Qualifikationsrahmen für Deutsche Hochschulabschlusse* –im Zusammenwirken von HRK, KMK und BMBF erarbeitet und am 22.04.2005 von der KMK beschlossen.〈http://www.kmk.org/doc/beschl/BS_050421_Qualifikationsrahmen_AS_Ka.pdf〉後掲表Ⅱ-3-21「ドイツの高等教育資格枠組み」を参照。
35　*Focus 2004/05*, pp.28-30.
36　ドイツの大学は国防大学など一部の大学を除き、ほとんどが州立である。私立大学も教会が設立する教会立のものを除くと、その数はきわめて限られている。
37　KMK und BMBF, *Realisierung der Ziele des Bologna-Prozesses, Nationaler Bericht 2004 für Deutschland*, 2005, S.7f.
38　アクレディテーション評議会では、大学の代表4人、州の代表4人、職業実践界から5人、学生から2人、外国の専門家2人が、それぞれ評議員を務めている。アクレディテーション評議会は、国際的な質保証ネットワークのなかで、ドイツの利害を代表する。現在（2010年）の評議員の構成は、以下のとおりである。大学の代表：Reinhold R. Grimm（イェーナ大学教授）（会長）、Reinhard Zintl（バンベルク大学教授）、Stefan Bartels（リューベック専門大学教授）、Ute von Lojewski（ミュンス

ター専門大学教授)。州の代表：Klaus Tappeser (バーデン・ヴュルテンベルク州学術・研究・芸術省局長)、Michael Ebling (ラインラント・プファルツ州学術・青少年・文化省次官)、Friedrich Wilhelm Rothenpieler (バイエルン州学術・研究・芸術省局長)、Thomas Deufel (テューリンゲン州文部省次官)(副会長)。職業実践界の代表：Ernst Baumann (BMW 社前取締役)、Petra Gerstenkorn (産業サービス労働組合連邦執行部)、Regina Görner (金属産業労働組合執行部)、Hans-Christian Vollmer (ニーダーザクセン州内務・スポーツ・統合省課長)、Thomas Sattelberger (ドイツテレコム社人事担当取締役)。学生の代表：Johanna Thünker (デュッセルドルフ大学学生)、Moritz Maikämper (コトブス大学学生)。外国の専門家：Sijbolt Noorda (オランダ大学協会会長)、Andrea Schenker-Wicki (チューリヒ大学教授)。以上、アクレディテーション評議会ホームページ〈http://www.akkreditierungsrat.de/index.php?id=18&L=1htt...r%2Fcon〉を参照。邦語参考文献として、清成忠男「ドイツの評価・認定機関」『大学時報』298 号, 2002. 7, pp. 72-77. を参照。

39　Zentrale Evaluations-und Akkreditierungsagentur (ZEvA) 〈http://www.zeva.uni-hannover.de〉
40　Foundation for International Business Administration Accreditation, (FIBAA) 〈http://www.fibaa.de〉
41　Akkreditierungsagentur für Studiengänge der Ingenieurwissenschaften, der Informatik, der Naturwissenschaften und der Mathematik (ASIIN) 〈http://www.asiin.de/dEUtsch/newdesign/index_ex5.html〉
42　Akkreditierungs-Zertifizierungs-und Qualitatssicherungs-Institut (ACQUIN) 〈http://www.acquin.org〉
43　Akkreditierungsagentur für Studiengänge im Bereich Heilpädagogik, Pflege, Gesundheit und Soziale Arbeit e.V. (AHPGS) 〈http://www.ahpgs.de/〉
44　Agentur für Qualitätssicherung durch Akkreditierung von Studiengängen (AQAS) 〈http://www.aqas.de〉
45　*op.cit.* 37, S.8.
46　Stiftung Evaluationsagentur Baden-Württemberg (EVALAG) 〈http://www.evalag.de〉
47　HRK–Hochschulrektorenkonferenz–Projekt Qualitatssicherung 〈http://www.enqa.net/agencydet.lasso?id=3779&cont=member〉
48　*op.cit.* 37, S.8.
49　European Association for Quality Assurance in Higher Education 〈http://www.enqa.net/〉
50　Commission of the European Communities, *Report from the Commission to the European Parliament, the Council, the European Economic and Social Committee and the Committee of the Regions on the implementation of Council Recommendation 98/561/EC of 24 September 1998 on European cooperation in quality assurance in higher education*, COM

(2004) 620 final.

51 Council Recommendation of 24 September 1998 on European cooperation in quality assurance in higher education (98/561/EC)

52 COM (2004) 620 final. の pp. 9-14 に各機関の名称、概要が一覧になって掲載されている。

53 ECA (European Consortium for Accreditation) 〈http://www.ecaconsortium.net/index.php?section=content&id=1〉

54 CEE (Central and Eastern European Network of Quality Assurance Agencies in Higher Education) 〈http://www.uka.amu.edu.pl/subnetwork.html〉

55 NOQA (Nordic Quality Assurance Network in Higher Education) 〈http://www.kka.fi/nordicquality/index.lasso〉

56 European Association for Quality Assurance in Higher Education, *Standards and Guidelines for Quality Assurance in the European Higher Education Area* 〈http://www.bologna-bergen2005.no/Docs/00-Main_doc/050221_ENQA_report.pdf〉 ESG は、ENQA がヨーロッパ大学協会 (EUA)、ヨーロッパ高等教育機関協会 (EURASHE)、ヨーロッパ学生連合 (ESU) との協議を経て作成し、2005年のベルゲン会議で採択された。三部から構成されており、第一部は高等教育機関の内部質評価 (internal QA)、第二部は高等教育の外部質評価 (external QA)、第三部は外部の質評価機関 (QA agency) となっている。

57 前掲注38に記したように、同評議会の構成員17名中2名は学生の代表となっている。

58 *op.cit.* 29, S.14f.

59 *ibid.*, S.16.

60 リスボン協定に関する邦語文献としてウルリッヒ・タイヒラー (吉川裕美子訳)「ヨーロッパにおける学位の相互承認と単位互換―経験と課題」『学位研究』17号, 2003. 3, pp. 25-50を参照。

61 リスボン協定の批准状況等については、Die Bundesbehörden der Schweizerischen Eidgenossenschaft のサイトから、以下のページを参照。„Übereinkommen über die Anerkennung von Qualifikationen im Hochschulbereich in der Europäischen Region"〈http://www.admin.ch/ch/d/sr/0_414_8/index.html〉

62 ECTS の詳細は、欧州委員会のホームページの Education and Training から、"ECTS-European Credit Transfer and Accumulation" を参照。〈http://ec.Europa.EU/education/programmes/socrates/ects/index_en.html〉

63 ABC der Hochschulreform, Überblick über wichtige Begriffe und Akteure, S.9f. 〈http://www.uni-mannheim.de/ects/p/W% F6rterbuch% 20internet.pdf〉。なお、1 ECTS 単位は、30時間の学習時間を想定しており、年間の学習総時間数1,800時間 (60 ECTS 単位)

となる。これはワークロード、すなわち教員が行う授業時間だけでなく、学生が実際に学習に費やす総時間数を意味する。ECTS については、次の文献を参照。堀田泰司「ヨーロッパにおける高等教育改革（Bologna Process）— ECTS と Learning Outcome の果たす役割」『広島大学留学生センター紀要』16号，2006，pp. 21-29.
64　第5章第1節2(2)「自由な学習」を参照。
65　第4章第3節6「大学評価の導入と国際化への対応」も参照。
66　op.cit. 29, S.16.
67　以下のドイツの状況に関する記述は、*ibid*, S.17f. を参照。
68　BLK は、連邦と州が共同して連邦全体に関わる教育計画を策定するために設置された機関。なお、BLK は2007年12月に廃止され、BLK の任務は2008年1月から合同学術会議 (Gemeinsames Wissenschaftskonferenz; GWK) に引き継がれている。
69　以下の記述は、op.cit. 29, S.17f. を参照。
70　EU レベルで行われている教育関連計画のひとつで、第三国との共同を通して異文化理解を促進し、大学教育の質の向上を図るための事業が推進されている。
71　op.cit. 26, p.64.
72　ロンドン・コミュニケの原文は、ドイツの連邦教育研究省のサイトから入手した。„Londoner Kommuniqué, Auf dem Wege zum Europäischen Hochschulraum: Antworten auf die Herausforderungen der Globalisierung"〈http://www.bmbf.de/pub/Londoner_Kommunique_Bologna_d.pdf〉; Pat Davies, Learning outcomes: the European policy context.〈http://www.uni-graz.at/weiwww_tagung_outcome_vortrag-davies.pdf〉
73　次節を参照。法的な拘束力はないが、2010年までに各国は自国の資格システムを「ヨーロッパ資格枠組み」(EQF-LLL) と関連させ、2012年までに各国は自国のすべての資格を EQF-LLL のレベルと参照可能とするよう整備しなければならない、とされている。欧州委員会のホームページから "Frequently asked questions about the European Qualifications Framework" を参照。
74　2009年4月28日、29日にベルギーのルーヴァンとルーヴァン・ラ・ヌーヴにおいて、ボローニャ・プロセスの10年目にあたるフォローアップ会議が開かれた。この会議では、それまで10年間の高等教育改革を振り返り、今後の10年間に向けての優先事項を確認した（ルーヴァン／ルーヴァン・ラ・ヌーヴ・コミュニケ）。それによれば、ECTS やディプロマ・サプリメントによりヨーロッパの教育制度の互換性、比較可能性は増大したが、ヨーロッパ高等教育圏（EHEA）はまだ実現していないとして、とくに次の点が強調されている。①マイノリティ集団に属する人たちの高等教育へのアクセスを拡大する。各国は、今後10年間に到達すべき測定可能な目標を設定するものとする。②卒業する学生の少なくとも20％は、外国での学習または訓練を経験しているものとする。③生涯学習と雇用可能性（employability）を高等教育の重要な使命とする。④学生中心の学習が、継続するカリキュラム改革

のゴールとなるべきである。そのほか、2012年までに国の資格枠組みの策定作業を終える、ボローニャ政策フォーラムの開催によるグローバルな政策対話の強化などが挙げられている。以上、Eurydice, *Focus on Higher Education in Europe 2010: The Impact of the Bologna Process,* 2010〈http://eacea.ec.europa.eu/education/eurydice/thematic_studies_en.php〉を参照。

75 *Bologna Process Stocktaking Report 2009*, Report from working groups appointed by the Bologna Follow-up Group to the Ministerial Conference in Leuven/Louvain-la-Neuve 28-29 April 2009, p.106. を参照。〈http://www.ond.vlaanderen.be/hogeronderwijs/bologna/conference/documents/Stocktaking_report_2009_FINAL.pdf〉ドイツの『ナショナルレポート2009』(National Report for Germany) も参照。〈http://www.ond.vlaanderen.be/hogeronderwijs/bologna /links/National-reports-2009/National_Report_Germany_2009.pdf〉

76 2008/09年冬学期現在、全ドイツで12,300ある学習課程のうち9,200が学士、修士の課程へと移行している。とくに、法学、経済学、社会科学、数学、自然科学の学習課程では、ほとんどの学生が学士、修士の課程で学ぶようになってきている。連邦教育研究省 (BMBF) のホームページから「ボローニャ・プロセスの進展状況」について記述している箇所を参照〈http://www.bmbf.de/de/3336.php#stand_umsetzung〉。前掲注29も参照。

77 ロンドン会議で、ヨーロッパ各国の高等教育評価機関の登録簿を作成することが提案され、2008年からEQARが発足した。EQARは、ヨーロッパ高等教育質保証協会 (ENQA)、ヨーロッパ学生連合 (ESU)、ヨーロッパ大学協会 (EUA)、ヨーロッパ高等教育機関協会 (EURASHE) によって設立され、高等教育の質保証にいっそうの透明性をもたらすことがその目的とされている。

78 前掲注30を参照。

79 Bergen-Kommuniqué (2005年5月19/20日) については次のURLを参照。〈http://www.bmbf.de/pub/bergen_kommunique_dt.pdf〉

80 *op.cit.* 26, p.16.

81 ラーニング・アウトカムについて国際的な視点で論及した論文として、川嶋太津夫「ラーニング・アウトカムズを重視した大学教育改革の国際的動向と我が国への示唆」『名古屋高等教育研究』第8号, 2008.3, pp. 173-191を参照。

82 "A Framework for Qualifications of the European Higher Education Area Bologna Working Group on Qualifications Frameworks", p.29.〈http://www.bologna-bergen2005.no/Docs/00-Main_doc/050218_QF_EHEA.pdf〉前掲注33も参照。

83 The framework of qualifications for the European Higher Education Area〈http://www.bologna-bergen2005.no/EN/BASIC/050520_Framework_qualifications.pdf〉前掲注81の川嶋論文の184ページに訳文が掲載されている。

第3章　ヨーロッパの高等教育改革（その2）　303

84　ドイツ大学学長会議（HRK）の *Bologna Glossar* を参照。〈http://bologna.owwz.de/home.html?&L=1〉
85　Qualifikationsrahmen für Deutsche Hochschulabschlüsse (Im Zusammenwirken von Hochschulrektorenkonferenz, Kultusministerkonferenz und Bundesministerium für Bildung und Forschung erarbeitet und von der Kultusministerkonferenz am 21.04.2005 beschlossen)〈http://www.kmk.org/doc/beschl/BS_050421_Qualifikationsrahmen_AS_Ka.pdf〉
86　Kommuniqué von Maastricht zu den künftigen Prioritäten der verstärkten Europäischen Zusammenarbeit in der Berufsbildung〈http://www.bmbf.de/pub/communique_de_141204_final.pdf〉
87　"Recommendation of the European Parliament and of the Council (April 2008) on the establishment of the European Qualifications Framework for lifelong learning"〈http://eur-lex.europa.eu/LexUriServ/LexUriServ.do?uri=OJ:C:2008:111:0001:0007:EN:PDF〉
88　欧州委員会のホームページから "The European Qualifications Framework (EQF)" を参照。〈http://ec.europa.eu/education/lifelong-learning-policy/doc44_en.htm〉前掲注73も参照。
89　Klaus Fahle, Georg Hanf, *Der Europäische Qualifikationsrahmen–Konsultationsprozess läuft*〈http://www.bibb.de/de/21696.htm〉
90　*ibid.*
91　Georg Haf, *Der Europäische und der Deutsche Qualifikationsrahmen, Arbeitsbereich Internationales Monitoring und Benchmarking Europäische Berufsbildungspolitik*〈http://www.bibb.de/dokumente/pdf/12pr_diadcta2008_1.pdf〉
92　前掲注72に記したロンドン・コミュニケの原文も参照。
93　同上。
94　Herbsttagung des Projekts Qualitätsmanagement der HRK, Bonn, 5./6. November 2007〈http://www.hrk.de/de/home/121_3844.php〉
95　*op.cit.* 29, S.17f.
96　2009年4月に開催されたルーヴァン／ルーヴァン・ラ・ヌーヴ会議に提出されたドイツのナショナル・レポートを参照。Vgl. *Bologna-Prozess, Nationaler Bericht für Deutschland 2007-2009*, S,28ff. 原文は、文部大臣会議のホームページから入手した。〈http://www.kmk.org/wissenschaft-hochschule/internationale-hochschulangelegenheiten/bologna-prozess.html〉
97　中央教育審議会大学分科会制度・教育部会「学士課程教育の構築に向けて（審議のまとめ）」（平成20年3月25日）〈http://www.mext.go.jp/b_menu/shingi/chukyo/chukyo4/houkoku/080410/001.pdf〉
98　こうした課題を国際的に考察している前掲注81の川嶋論文が参考になる。
99　以下、*HIS*, A6/2005, S.2ff. を参照。

100　第2節3(2)「リスボン協定」を参照。
101　ヘルマン・アベナリウス（結城忠監訳）『ドイツの学校と教育法制』教育開発研究所，2004，pp. 14-18.
102　教育・文化の領域に関しては、基本法が特段の定めを設けない限り州が権限を有している。これを州の「文化高権」という。
103　アンケート調査の結果を見ても、外交政策などについては7割以上の者が、EUレベルで決定すべきであるとしているのに対し、教育制度に関しては、約6割の者が各国レベルの決定が望ましいと回答している。INRA Deutschland, *Auf dem Weg zur Erweiterung Image, Aufgaben und Zukunft der Europäischen Union*, 2002, S.35.〈http://ec.europa.eu/public_opinion/archives/eb/eb57/eb57_germany.pdf〉
104　„Kritik an der Bologna-Reform", *ARD-Morgenmagazin*, 24.11.2009〈http://www.tagesschau.de/multimedia/video/video608768.html〉
105　ドイツの大学では、基本的にこれまで授業料は徴収されなかった。また国家試験の受験回数は2回までと定められており、2回不合格になるとその試験は受験できない。学生は、合格の見込みがついて初めて受験した。そうした事情があり在学期間は長かった。第4章第3節3「標準学習期間での修了」を参照。
106　Doris Jäger-Flor & Reinhold S. Jäger, *Bildungsbarometer zum Thema Bildungsproteste*, Zentrum für empirische pädagogische Forschung der Universität Koblenz-Landau, 3/2009,S.16.〈http://www.vep-landau.de/Bildungsbarometer/Bildungsbarometer_2009_3.pdf〉
107　*ibid*, S.19.
108　教育に関する権限は連邦でなく州が有しているとする文化高権主義をいう（注102を参照）。
109　*op.cit.*106, S.20.
110　以下の記述はドイツ大学連盟の次の文書に拠る。Deutscher Hochschulverband, *Zur Reform des Bologna-Prozesses*, 2008.〈http://www.bildungsklick.de/datei-archiv/50525/dhv_zur-rettung-des-bologna.pdf〉
111　Andreas Reich, Eine Rangfolge für die deutschen Universitäten, *Wissenschaftsrecht, Wissenschaftsverwaltung, Wissenschaftsförderung*, Band 22, Heft 2, Juni 1989, S.128ff. なお、Christine Brinck. Hochschulranking in den USA funktioniert und bei uns nicht, *Die Zeit*, 04.10.2000 も参照。
112　アメリカの大学の種類としては、研究大学（リサーチ・ユニバーシティー）、大学院大学、総合大学、教養カレッジ（リベラルアーツ・カレッジ）、2年制の短期大学(公立の機関は主としてコミュニティー・カレッジ、私立の機関はジュニア・カレッジと呼ばれている）、専門大学（ビジネス・スクール、ロー・スクール、メディカル・スクールなど）等々、実に多様なタイプが存在する。舘昭『現代学校論―アメリカ

高等教育のメカニズム』放送大学教育振興会, 1995, p. 23. を参照
113 金子元久「国立大学法人」の財政的側面（第7回高等教育財政・財務研究会 (2001. 11. 16) 講演記録）〈http://www.zam.go.jp/n00/pdf/ng001004.pdf〉
114 Eurydice, *Kurzfassung, Zwei Jahrzehnte Hochschulreformen in Europa: Die Entwicklung seit 1980*, Brüssel: Europäische Ingormationsstelle von EYRYDICE, 2000, S.9. 〈http://www.Eurydice.org/Documents/ref_essentiel/de/FrameSet.htm〉
115 第35回日本比較教育学会全国大会における公開シンポジウムの内容について報告した拙稿「公開シンポジウム　高等教育における〈知〉の再構築—その国際比較研究—」『比較教育学研究』26号, 2000. 7, pp. 228-229を参照。

第4章　ドイツの高等教育改革
―― 1990年代の動向と課題

　高等教育の大衆化がいわれるなかで、大学教育の質をいかに維持し、これを向上させるかということは、今日いずれの国々においても共通の課題となっている。

　わが国でも、平成3年（1991年）6月に大学設置基準等が改正され、とりわけ設置基準の「大綱化」による大学のカリキュラム等の大幅な「弾力化」と、これにもとづき大学における教育研究水準の向上をはかるため大学自らが行う「自己点検・評価」、という従来にはなかった新しい規定が盛り込まれた。

　「大学の評価」という問題に関して、もっとも長い歴史と実績をもつのはアメリカであるが、前章で見たように中世以来の古い伝統を有するヨーロッパの大学でも、こうした動向はまさしく今日的な課題となった。

　本章では、1990年代のドイツの高等教育の改革状況を見ていく。ドイツでは大学間に格差はないものとされ、大学をランク付けするといったことは考えられてこなかった。しかしドイツでも、大学が行っている教育と研究、とくに大学でどれだけよりよい教育が行われているかを評価するという考え方が前面に打ち出されてくる。

　従来ドイツの大学は、研究第一主義という傾向が強く、学生の教育という面がなおざりにされがちであった。しかしドイツの大学においても、とりわけ学生に提供する教育の質の充実を中心課題として、従来の大学教育の在り方が根本的に反省され、その改善をめぐって様々な試みが模索されるようになった。学生の多様なニーズと社会の需要にどれだけ応えられるかが、大学改革のひとつの中心テーマとなっている。

第4章　ドイツの高等教育改革　307

　以下、まず第1節で、ドイツの代表的な総合雑誌である『シュピーゲル』と『シュテルン』の両誌が相次いで発表した「大学ランキング」を紹介し、両者を比較する。第2節では、こうした大学ランキングの試みに対する大学人の反応、およびその意味等について、いくつかの記事を紹介しながらまとめてみる。第3節で、90年代ドイツにおける大学改革の課題について考察する[1]。

第1節　『シュピーゲル』誌と『シュテルン』誌の大学ランキング

　1989年12月、『シュピーゲル』誌は「ドイツの大学ランキング表」を発表し、各方面に大きな反響を呼んだ[2]。それから3年たった1993年4月、同誌は第2回目の調査結果を掲載した(4月19日号)。その前の週には、やはりドイツの代表的な総合雑誌である『シュテルン』誌が、『シュピーゲル』誌の前回の調査結果を明らかに意識したランキング表を作成し発表している(4月15日号)[3]。

　両者のランキング表の詳細についてはこのあと紹介するが、その調査結果はきわめて対照的であった。すなわち『シュピーゲル』誌の評価では、主として戦後設立された比較的新しい大学が上位を占めたのに対し、『シュテルン』誌によれば、昔からの伝統をもつ歴史の古い大学の方にどちらかと言えば高い評価が与えられている(以下、括弧内は創立年)。たとえば、『シュピーゲル』誌では、デュッセルドルフ(1965年)、デュースブルク(1972年)、コンスタンツ(1966年)、パッサウ(1972年)、レーゲンスブルク(1962年)といった大学に、一方、『シュテルン』誌によれば、ゲッティンゲン(1737年)、ハイデルベルク(1386年)、テュービンゲン(1477年)、ミュンヒェン(1472年)、フライブルク(1457年)といった大学に、それぞれ高い評価が与えられている。これに対しもっとも低くランクされたのは、『シュピーゲル』誌ではボン(1786年)、『シュテルン』誌ではブレーメン(1971年)であった。

　以下、『シュピーゲル』誌と『シュテルン』誌の調査結果をそれぞれ紹介し、そのあと「法学部」と「医学部」を例にとり、両誌の結果を比較してみることにしたい。

1 『「シュピーゲル』誌の大学ランキング
(1) 調査の方法および内容

まず『シュピーゲル』誌の「ランキング表」の中身から見ていくことにしよう。

『シュピーゲル』誌の調査の第一の特色は、学生を被験者として、主として教育の面から大学を評価している点である。すなわち、学生を対象に「重要な講義、演習、ゼミが頻繁に満員となるか？」とか、「授業はしばしば休講となるか？」、「教員は授業の準備を十分にしてくるか？」といったアンケート調査（**表Ⅱ-4-1**を参照）を各専攻ごとに実施し、学生に自大学の状況を採点させている。同時に、「もう一度大学に入学するとすれば、今と同じ大学を選ぶか？」とか、「修了試験で何点くらいとれそうか？」といった問いに対する学生の回答結果も集計され、ランキング表にしてまとめられている。

また、今回の調査のもうひとつの特色は、教授に対してもインタビューを実施し、各専門分野ごとに、教授から見た「優れた大学」、「劣った大学」の評価をさせている点である（**表Ⅱ-4-2**を参照）。

以上は、いわば主観的な評価であるが、合わせて客観的なデータとして、各専攻ごとの「学習期間」の平均、「教授一人あたりの卒業生数」等についても数値が算出され、各大学間の比較が行われている。

さて、この調査方法を開発したのは、シュテファン・ホルンボステル（Stefan Hornbostel）（イェーナ大学、社会学）とハンス・ディーター・ダニエル（Hans Dieter Daniel）（マンハイム大学、心理学）の２人であった[4]。この２人の研究者が中心となり、ビーレフェルトにある世論調査機関であるエムニッド研究所と『シュピーゲル』誌の編集部とが彼らに協力し、表Ⅱ-4-1およびⅡ-4-2に掲げたような質問項目が作成された。

調査は次のように行われた。1993年1月4日から2月26日にかけて、エムニッド研究所から委嘱された438名のインタインタビューアーが、旧西ドイツの57大学、旧東ドイツの12大学に出向き、西10,637人、東1,191人の学生に聞き取り調査を実施した。一方、教授に対しては、1,185名の者を被験者として、エムニッド研究所から直接電話によるインタビューを行った。

表II-4-1　学生に対する質問項目（『シュピーゲル』誌）

1. あなたが学んでいる大学のあなたの主専攻の学習条件についてお尋ねします。重要な講義、ゼミ、演習の受講者はどのくらいいますか？「1」は重要な講義等が満員状態になっていないことを、「6」は逆に超満員になっていることを意味します。「2」から「5」はその中間を意味します。あなたの評価はいずれですか？

    　　　　　　ポジティブ　　　　　　　　　　　　　ネガティブ
    　　　　　① ② ③ ④ ⑤ ⑥

2. あなたが見るところもっとも多い講義の受講者は何人位ですか？
    　　人数：（　　　　　　　　人）

3. ゼミまたは演習ではどうですか？
    　　人数：（　　　　　　　　人）

4. 講義等が休講になることが多いですか？　前学期の場合で答えて下さい。「1」は「ほとんどない」、「6」は「非常にしばしばある」を意味します。あなたの判断では「1」から「6」のいずれに該当しますか？

    　　　　　① ② ③ ④ ⑤ ⑥

5. 必修の授業があなたやあなたの仲間にもっとも都合のよい具合に、正確に学習規程にしたがって提供されていますか？（「1」は「まったくそのとおり」、「6」は「全然そうではない」を意味します）

    　　　　　① ② ③ ④ ⑤ ⑥

6. 授業と試験とは対応していますか？（「1」は「非常に対応している」、「6」は「全然対応していない」を意味します）

    　　　　　① ② ③ ④ ⑤ ⑥

7. 主要学習において講義等の選択可能性が十分にありますか？（「非常にある」場合は「1」、「全然ない」場合は「6」）

    　　　　　① ② ③ ④ ⑤ ⑥

8. 学生が学習上必要な場合に教員（以下、教員という場合、教授の他、講師、助手等も含むものとします）から個人的にアドバイスを受けることができますか？（「頻繁に受けることができる」場合は「1」、「ほとんど全く受けることができない」場合は「6」）

    　　　　　① ② ③ ④ ⑤ ⑥

9. あなたの印象では、教員は講義の準備を十分にしていると思いますか？（「十分に準備している」場合は「1」、「ほとんど全く準備していない」場合は「6」）

    　　　　　① ② ③ ④ ⑤ ⑥

10. 試験、レポート、論文等の成績について、なぜその点数がついたかについて教員から十分な説明を受けていますか？（「十分に受けている」場合は「1」、「ほとんど全く受けていない」場合は「6」）

    　　　　　① ② ③ ④ ⑤ ⑥

11. 講義等について学生から提案があった場合、教員はそれを考慮してくれますか？（「非常

に考慮してくれる」場合は「1」、「ほとんど全く考慮されない」場合は「6」)
　　　　　　１　　２　　３　　４　　５　　６

12. 教員は主要学習の授業等を通して、アクチュアルな問題、研究について学生に話してくれますか？（「非常にしばしば話してくれる」場合は「1」、「ほとんど全く話してくれない」場合「6」）
　　　　　　１　　２　　３　　４　　５　　６

13. 教員は学生がよく理解できるように、専門的連関性などについてわかりやすく説明してくれますか？（「非常にわかりやすく説明してくれる」場合は「1」、「全然わかりやすく説明してくれない」場合は「6」）
　　　　　　１　　２　　３　　４　　５　　６

14. 教員は学生が試験の準備をするのを手助けしてくれますか？（「大いに手助けしてくれる」場合は「1」、「ほとんど全く手助けしてくれない」場合は「6」）
　　　　　　１　　２　　３　　４　　５　　６

15. 主要学習の授業は職業実践にも対応していますか？（「非常によく対応している」場合は「1」、「ほとんど全く対応していない」場合は「6」）
　　　　　　１　　２　　３　　４　　５　　６

16. あなたの専攻の学習のために必要な図書を図書館からすぐに借りることができますか？（「すぐに借りることができる」場合は「1」、「すぐに借りることはほとんどできない」場合は「6」）
　　　　　　１　　２　　３　　４　　５　　６

17. 学習環境についてお尋ねします。学生はゼミなどで快適に学習していますか？（「非常に快適に学習している」場合は「1」、「全然快適に学習していない」場合は「6」）
　　　　　　１　　２　　３　　４　　５　　６

18. あなたにとってゼミナールや講義と並んで、学習を進めてゆく上でもっとも重要と考えるものは何ですか？次の4つのなかからひとつだけ選んで下さい。
　　　　□実験室　　□図書館　　□コンピュータ　　□実習設備

19. 上であなたが選んだものをあなたが利用したいと思ったとき、頻繁にこれを使うことができますか？（「非常に頻繁に使うことができる」場合は「1」、「ほとんど全く利用できない」場合は「6」）
　　　　　　１　　２　　３　　４　　５　　６

20. 上であなたが挙げた設備等は最新のものですか？（「最新のものである」場合は「1」、「非常に古い」場合は「6」）
　　　　　　１　　２　　３　　４　　５　　６

21. 演習や実習などにあたって学生に対する個人的ガイダンス等は十分に行われていますか？「十分に行われている」場合は「1」、「ほとんど全く行われていない」場合は「6」)
　　　　　　１　　２　　３　　４　　５　　６

22. 大学の選択について、もっぱら教育の質という点に絞ってお答え下さい。
　　もしあなたが、同じ専攻分野でもう一度学習をやりなおすとした場合、あなたは今と同じ大学で学びたいと思いますか？「はい」または「いいえ」で答えて下さい。
　①「私は今の大学で学びたいと思う」･････････････････････････････　はい□　いいえ□
　②「私は別の大学で学びたいと思う」･････････････････････････････　はい□　いいえ□
　③「私は専門大学で学びたいと思う」･････････････････････････････　はい□　いいえ□
　④「わからない。なぜなら他の大学について十分な情報を　与えられて
　　いないから」･･　はい□　いいえ□
　⑤「わからない。なぜならもう一度大学で学びたいと思うかわからない
　　から」･･　はい□　いいえ□
　☆　②または③で「はい」と答えた人は、具体的な大学名を書いて下さい。
　大学名：
23. あなたは修了試験で、どのくらいの総合成績を収めることができると思いますか？（法学の学習者はこの問いは飛ばして下さい）
　　□「非常によい」成績　□「よい」成績　□「満足できる」成績　□「何とか合格」の成績
　　□「不十分」な成績　□おそらく合格できない
24. 法学の学習者のみ答えて下さい。総合成績は何点くらいだと思いますか？
　　点数：　　　　　　　　　□おそらく合格できない

（出所）*Der Spiegel*, 3/1993, S.7ff.（以下、*Spiegel* と略）

表Ⅱ-4-2　教授に対する質問項目（『シュピーゲル』誌）

1．あなたの息子（娘）さんが＿＿＿＿＿＿を学びたいと言っています。基礎学習の段階で、あなたはドイツのどの大学を推薦しますか。3校挙げて下さい。その際、教育の質ということを選択の基準にして下さい（下線部には、あなたが教えている専攻名を記入してください）。
　　(1)
　　(2)
　　(3)

2．あなたの息子（娘）さんが、すでに大学で学び始めていると仮定します。主要学習の段階で、あなたはドイツのどの大学を推薦しますか。3校挙げてください（あなたの御専攻で、お答えください）。
　　(1)
　　(2)
　　(3)

3．上の問いとは反対に、基礎学習の段階で、どの大学だけはあなたの息子（娘）さんに推薦したくないか、3校挙げてください。
　　(1)
　　(2)
　　(3)

4．同じく主要学習の段階で、どの大学だけは息子（娘）さんに推薦したくないか、3つ挙げてください（あなたの御専攻で、お答えください）。
　　(1)
　　(2)
　　(3)

（出所）*Spiegel*, S.7.

インタビューを受けた学生は、いずれも第5-10ゼメスター（学期）に在学し、少なくとも同じ専攻を当該大学で1ゼメスター以上学習している者であった[5]。また、調査対象となった学習領域は、次の15の専門分野である。政治学／社会学、数学、英語・英文学、生物学、教育学、経済学、化学、独語・独文学、物理学、歴史学、電気工学、法学、情報学、機械工学、医学[6]。その理由として、ドイツの全大学生の大体7割が、これらの分野で学習しているからとされている。教授についても、これらの専攻に属する者が対象となっている。

調査の対象となっている大学の種類について見ると、学術大学である総合大学および総合制大学（Gesamthochschule）[7]が中心で、専門大学については大学としての性格が異なるという理由で、この調査では省かれている。また、国防大学、通信制大学（Fernuniversität）、教会関係の大学、私立大学も数が少ないため、対象外となっている。そのほか、最近新設された大学もまだ評価が定着していないということで取り上げられていない。なお、参考までに本章で取り上げられている大学について、ランキング作成当時の学生数、創立年等をまとめておいた（**表Ⅱ-4-3**を参照。またドイツ各州の大学一覧として**図Ⅱ-4-1**を参照）。

こうして、延べ594の専攻で、1専攻につき18名の学生が質問を受けた。その際、1か所での質問は回答結果を偏らせる恐れがあるという理由で、インタビューは講義室、実験室、図書館といった具合に少なくとも3か所以上の場所で実施された。

質問に対する回答は、「1」から「6」の6段階評価で行われている（ただし、前掲表Ⅱ-4-1に挙げられている質問項目のうち、2、3、18、22-24を除く）。すなわち、「1」が「もっともよい」、「6」が「もっとも悪い」評価である。この評点をもとに、個々の専門分野ごとに全被験者の平均点が算出され、各専攻別のランキング表がつくられた。そしてこれらを総合して全体のランキング表が作成された（後掲**表Ⅱ-4-4**を参照）。

ランク付けにあたっては、各大学が、上位グループ、中位グループ、下位グループに分類されている。そのグループ分けにあたっては、たとえば、学生によって極端に異なった評価が行われている場合などは、たとえ上位グ

第4章 ドイツの高等教育改革 313

表II-4-3 旧西ドイツの主な大学の学生数(ランキング作成時)および創立年

州名／大学名 (創立年)	合計(女子)	内訳 ドイツ人(女子)	外国人(女子)	新入生(女子)
バーデンヴュルテンベルク				
フライブルク (1457)	22,825 (9,812)	20,909 (8,813)	1,916 (999)	2,952 (1,435)
ハイデルベルク (1386)	27,502 (13,010)	24,687 (11,520)	2,815 (1,490)	2,961 (1,555)
ホーエンハイム (1818)	5,680 (2,334)	5,318 (2,216)	362 (118)	806 (348)
カールスルーエ (1825)	21,118 (3,761)	19,452 (3,416)	1,666 (345)	3,205 (627)
コンスタンツ (1966)	9,601 (3,953)	8,829 (3,595)	772 (358)	1,748 (802)
マンハイム (1907)	12,704 (4,723)	11,642 (4,248)	1,062 (475)	1,679 (762)
シュトゥットガルト (1829)	20,576 (4,423)	18,346 (3,810)	2,230 (613)	3,181 (730)
テュービンゲン (1477)	25,128 (10,971)	23,295 (10,033)	1,833 (938)	3,072 (1,388)
ウルム (1967)	5,917 (1,850)	5,694 (1,768)	223 (82)	911 (269)
バイエルン				
アウクスブルク (1970)	14,069 (6,805)	13,359 (6,479)	710 (326)	2,528 (1,258)
バンベルク (1647)	7,499 (3,728)	7,229 (3,595)	270 (133)	1,220 (682)
バイロイト (1972)	8,372 (3,041)	8,061 (2,904)	311 (137)	1,347 (520)
エアランゲン・ニュルンベルク (1743)	28,056 (10,659)	26,599 (10,129)	1,457 (530)	3,791 (1,548)
ミュンヒェン (1472)	63,449 (32,110)	59,241 (29,890)	4,208 (2,220)	5,832 (3,283)
ミュンヒェン工業 (1868)	22,637 (5,076)	21,353 (4,849)	1,284 (227)	3,364 (743)
パッサウ (1972)	8,451 (3,968)	7,994 (3,763)	457 (205)	1,435 (731)
レーゲンスブルク (1962)	15,348 (7,213)	14,689 (6,861)	659 (352)	2,703 (1,357)
ヴュルツブルク (1582)	20,705 (9,405)	19,779 (8,969)	926 (436)	2,831 (1,405)
ベルリン				
ベルリン自由 (1948)	61,932 (31,340)	56,561 (28,731)	5,371 (2,609)	4,260 (2,456)
ベルリン工業 (1946)	37,187 (11,123)	31,445 (9,685)	5,742 (1,438)	3,952 (1,327)
ブレーメン				
ブレーメン (1971)	15,651 (7,009)	14,616 (6,648)	1,035 (361)	2,310 (1,125)
ハンブルク				
ハンブルク (1921)	43,500 (19,575)	41,325 (18,595)	2,175 (980)	3,564 (1,810)
ヘッセン				
ダルムシュタット工業 (1836)	17,884 (3,763)	16,332 (3,439)	1,552 (324)	2,658 (650)
フランクフルト (1914)	35,831 (16,914)	32,291 (15,311)	3,540 (1,603)	3,655 (1,967)
ギーセン (1607)	20,753 (10,637)	19,602 (10,118)	1,151 (519)	2,577 (1,495)
マールブルク (1527)	16,637 (7,691)	15,406 (7,164)	1,231 (527)	2,346 (1,188)
カッセル総合制 (1970)	15,817 (6,068)	14,795 (5,797)	1,022 (271)	2,347 (925)
ニーダーザクセン				
ブラウンシュヴァイク工業 (1745)	17,237 (5,204)	16,406 (4,962)	831 (242)	2,242 (723)
クラウスタール工業 (1775)	4,138 (640)	3,730 (585)	408 (55)	458 (71)
ゲッティンゲン (1737)	31,096 (13,302)	29,185 (12,497)	1,911 (805)	3,430 (1,689)
ハノーファー (1831)	30,656 (11,388)	29,089 (10,848)	1,567 (540)	4,126 (1,613)
オルデンブルク (1974)	11,803 (5,653)	11,337 (5,515)	466 (138)	1,478 (728)
オスナブリュック (1973)	12,857 (6,511)	12,572 (6,392)	285 (119)	2,200 (1,222)
ノルトライン・ヴェストファーレン				
アーヘン工科 (1870)	36,757 (9,168)	32,919 (8,352)	3,838 (816)	3,731 (1,042)
ビーレフェルト (1969)	15,789 (7,659)	14,809 (7,176)	980 (483)	2,405 (1,211)
ボッフム (1961)	35,646 (13,401)	32,959 (12,461)	2,687 (940)	4,148 (1,710)
ボン (1786)	36,037 (16,432)	33,934 (15,465)	2,103 (967)	3,876 (1,854)
ドルトムント (1966)	22,004 (7,901)	20,660 (7,562)	1,344 (339)	2,864 (1,053)
デュッセルドルフ (1965)	17,181 (8,585)	15,740 (7,849)	1,441 (736)	1,919 (1,018)
ケルン (1388)	50,225 (25,062)	46,573 (23,333)	3,652 (1,729)	4,996 (2,866)
ミュンスター (1780)	44,042 (21,109)	42,320 (20,400)	1,722 (709)	4,821 (2,634)
デュースブルク総合制 (1972)	14,509 (4,378)	13,474 (4,093)	1,035 (285)	2,281 (647)
エッセン総合制 (1972)	20,535 (8,800)	19,219 (8,311)	1,316 (489)	3,040 (1,318)
パーダーボルン総合制 (1972)	16,631 (4,418)	15,820 (4,230)	811 (188)	2,837 (772)
ジーゲン総合制 (1972)	12,429 (3,664)	11,666 (3,470)	763 (194)	2,349 (757)
ヴッパータール総合制 (1972)	16,536 (5,396)	15,306 (5,066)	1,230 (330)	2,536 (906)
ラインラント・プファルツ				
カイザースラウテルン (1975)	9,881 (1,722)	9,184 (1,628)	697 (94)	1,698 (326)
マインツ (1477)	27,261 (13,437)	25,210 (12,374)	2,051 (1,063)	2,932 (1,538)
トリーア (1970)	10,048 (4,923)	9,145 (4,518)	903 (405)	1,718 (929)
ザールラント				
ザールブリュッケン (1948)	20,299 (8,801)	18,756 (8,072)	1,543 (729)	2,797 (1,291)
シュレースヴィヒ・ホルシュタイン				
キール (1665)	19,876 (8,594)	18,750 (8,125)	1,126 (469)	3,163 (1,444)

括弧内は女子を内数で示す。
(出所) Statistisches Bundesamt, *Statistisches Jahrbuch 1992*, S.42f.
　　　なお、創立年については、*Deutscher Hochschulführer 1992* による。

314　第Ⅱ部　ヨーロッパ統合とドイツの教育

図Ⅱ-4-1　ドイツ大学所在地一覧（ランキング作成当時）

（出所）*Deutscher Hochschulführer 1992*

ループよりも平均点で高い評価を得ていても、中位グループにするといった調整が施されている。また、一様にマイナスの評価が与えられている場合にのみ、下位グループとされている。そして、上位グループに2点、中位グループに1点を与え、下位グループは0点として、各大学の各専攻ごとの合計点を算出し、理論的に可能な最高点数に対するその比率（％）を算出し、総合ランキング表の点数とした[8]。

　一方、教授に対しては同じ大学人を評価するという印象を極力避けるため、ただ単に「自分の息子、娘に対するアドバイス」としてだけ質問している。すなわち、「自分の子どもをどこの大学で学ばせたいか／学ばせたくないか」という形で回答を求めている。その際、選択に困らないように順不同で3つの大学を挙げることができるように配慮されている（前掲表II-4-2を参照）。

(2) 調査結果の概要
(i) 総合ランキング表

　表II-4-4が総合ランキング表である（以下、創立年と学生数をカッコ内に記した。なお前掲表II-4-3も参照）。これを見ると、デュッセルドルフ大学（1965年、17,181人）がトップで、以下、デュースブルク（1972年、14,509人）、コンスタンツ（1966年、9,601人）、ジーゲン（1972年、12,429人）、ビーレフェルト（1969年、15,789人）といった60〜70年代の大学の拡張期に新設された比較的中規模の大学がベストテンを占めている。これに対し、古い伝統をもった、規模も大きな大学の地盤沈下が目につく。すなわち、下位3大学は、最下位から順に、ボン（1786年、36,037人）、ミュンスター（1780年、44,042人）、ハノーファー（1831年、30,656人）となっている[9]。

　このうち、デュッセルドルフ大学は、11の専攻のうち10専攻でトップであり、総合評価は「95.5」でずば抜けている。一方、ボン大学は13専攻中9専攻が下位グループで、上位グループに属する専攻分野はひとつもない。その結果、総合点は「15.4」という具合で、きわめて低い評価しか与えられていない。

　このような違いがどこからくるのか。『シュピーゲル』誌によれば、学生にとって重要なのは次のようなことである。すなわち、ノーベル賞学者の数

316 第Ⅱ部 ヨーロッパ統合とドイツの教育

表Ⅱ-4-4 ドイツ大学の総合ランキング(『シュピーゲル』誌)

順位	大学名	点数	政治学/社会学	数学	英語英文学	生物学	教育学	経済学	化学	独語独文学	物理学	歴史学	電気工学	法学	情報学	機械工学	医学
1	デュッセルドルフ	95.5	▲	●	▲			▲		▲	▲						
2	テュービンゲン	90.9	▲	▲				▲		▲	▲	●	▲	▲			
3	コンスタンツ	85.0	●	●	●		▲		●	▲							
4	ジーゲン	83.3	▲	▲	▲	●			●	▲	▲	●					
5	ビーレフェルト	81.8	●	●	●				●	▲	▲	▲		●			
6	パッサウ	78.6								▲		▲		●●			
7	トリーア	78.6	▲							▲		●		●●			●
8	マンハイム	75.0				●	●			▲		▲		●●			●
9	レーゲンスブルク	72.7	▲	▲	●●	▲				▲	●	▲	▲	●●			●
10	バイロイト	71.4		▲						▲		▲					●
11	ベルリン自由	66.7	●			●				▲	●	●			●		
12	カイザースラウテルン	64.3		▲			▲			▲	●				●		
13	バンベルク	58.3	●		▲	●				▲		●					
14	ウルム	57.1		●		●			▲	▲	●		▲		●		●
15	フライブルク	54.5		●	●●	●	●			▲	●●	●		●●			●
16	キール	54.2						▲		▲		▲	●		●		●
17	マインツ	54.2		●●	●●	●	●	▲	▲	●	●	▲	●		●		●
18	ザールブリュッケン	53.6		●	▲	●	●			▲		▲	●		●		
19	アーヘン	50.0		●	▲				●	▲	●		●		●	▲	
19	ブラウンシュヴァイク	50.0	●	●	▼		●		●	▲		●			●	●	
19	ドルトムント	50.0		●		●	●			▲	▲				●●		
19	ミュンヒェンⅠ	50.0	●	●	●	●	●			▲			●		●		●
19	オルデンブルク	50.0	●		●	▲	●			▲	▲						
19	ザンクト・ガレン	50.0	●	▲	▲		▲	▲		▲		▲	●	●			
25	ダルムシュタットⅠ	45.5	●	▲			●			▲	●		●		●	●	▶
25	ハイデルベルク	45.5		▼		●	▶			▲	●	●					●
25	レーゲンスブルクⅡ	45.5	▼	●	●	●	▶			▲			●		●		
28	オスナブリュック	43.8	●	●	●	▶	●			▲	●	▶					
29	エアランゲン・ニュルンベルク	42.3	●	●	●	●	●			▲		▶		●●	●		●
29	ヴュルツブルク	42.3	▼	●	▶	●				▲					●	●	●
31	ゲッティンゲン	41.7	●			●				▲		●		●	●		●
31	マールブルク	41.7		●	▶	●				▲	▶			●			●
31	シュトゥットガルト	41.7	▶	●	▶	●	▶			▲					●	▶	
34	エッセン	40.9	●	●	●	▶				▼		▶	▲		●		●
35	テュービンゲンⅡ	39.5	●	●	●		●		▲	▼	●		●	●			●
36	ブレーメン	37.5		▶		●	●			▼	●	●				●	
36	ギーセン	37.5	●		▶		●			▼		▶	▶				▶
39	ミュンヒェンⅡ	37.5	▶	●		▶	●			▲		▶		▶			▶
40	フランクフルト	36.4	▼		●	●	▶			▼	●	▶		●			▶
41	カッセル	34.6			▼	●				▼						●	
42	ボッフム	33.3	●		▶		●			▼				▶	●	●	▶
43	ベルリン工	32.1	●	▶		▶	▶			▼	●		▶	●		●	
44	フランクフルト	31.3			▶					▼			▶	●	▶		●
45	アウクスブルク	27.8	●	▶			●			▼		●		●			▶
46	ハンブルク	26.9	●	●	▼					▼	▼	●			●	●	▶
46	ハノーファー	26.9		▶	▶		▶			▼	▶				●	●	▶
48	ミュンスター	16.7	▼	▶	●	●	▶			▼	▶	▶		▶			●
49	ボン	15.4		●	▶		▶			▼	▶	▶	▲	▶	●		●

(注) ▲ : 上位グループに属する大学、● : 中位グループに属する大学、▼ : 下位グループに属する大学。
(出所) Spiegel, S.16f.

第4章　ドイツの高等教育改革　317

よりも、教授からどれだけ個人的な指導を受けられるかとか、必要な図書や備品が備わっているかといったことである。こうした教授と学生との間の個人的関係は、ボン大学のような「マンモス大学」では望めないからだとされている。同様に、たとえばジーゲン大学の学生は、教授から自分の名前を呼んでもらえるとか、デュースブルク大学では教授室のドアが空いており、学生はいつでも教授と面談することが可能である、等々といった理由が『シュピーゲル』誌では紹介されている。

なお、個々の専攻ごとのランキング等については、『シュテルン』誌のそれと比較しながら3で、法学と医学の場合を中心に紹介する。

(ⅱ) もう一度今の大学で学習したいか？

表Ⅱ-4-5 「もう一度今の大学で学習したいか？」(『シュピーゲル』誌)

順位	大学名	割合	順位	大学名	割合
1	デュッセルドルフ	97.46	30	ドルトムント	48.13
2	リューベック医科	88.89	31	アーヘン工科	47.97
3	ハノーファー医科	77.78	32	ベルリン自由	47.60
4	バイロイト	76.92	33	フランクフルト	47.41
5	デュースブルク	73.10	34	オスナブリュック	47.25
6	クラウスタール	70.37	35	ザールブリュッケン	46.86
7	パッサウ	67.61	36	カールスルーエ	46.85
8	ハイデルベルク	66.67	37	パーダーボルン	46.73
8	ヒルデスハイム	66.67	38	ボッフム	46.00
10	ホーエンハイム	61.11	39	ミュンヒェン	45.85
11	トリーア	59.87	40	マールブルク	45.38
12	カイザースラウテルン	57.94	41	アウクスブルク	45.00
13	ビーレフェルト	56.34	42	フライブルク	44.91
14	コンスタンツ	55.68	43	テュービンゲン	44.81
15	コブレンツ・ランダウ	55.56	44	ギーセン	44.70
16	マンハイム	55.31	45	ミュンヒェン工業	44.52
17	バンベルク	54.84	46	ブラウンシュヴァイク工業	43.43
18	ジーゲン	54.82	47	ケルン	43.15
19	レーゲンスブルク	53.85	48	ヴュルツブルク	40.74
20	キール	52.38	49	マインツ	40.64
21	ゲッティンゲン	51.71	50	ベルリン工業	40.28
22	エッセン	51.53	51	リューネブルク	40.00
23	ブレーメン	51.28	52	ハンブルク	39.03
24	オルデンブルク	51.15	53	ヴッパータール	38.55
25	ミュンスター	51.00	54	ボン	37.15
26	ウルム	50.00	55	ハノーファー	34.33
27	カッセル	49.72	56	ハンブルク・ハールブルク工業	30.56
28	ダルムシュタット工業	49.53	57	シュトゥットガルト	28.24
29	エアランゲン・ニュルンベルク	49.39			

(出所) *Spiegel*, S.24.

「もし再び大学で学ぶとすれば、やはり今の大学に入学したいか？」という趣旨の問い（前掲表Ⅱ-4-1の問22を参照）に対する回答結果をまとめたものが、**表Ⅱ-4-5**である。

これを見ると、やはりトップはデュッセルドルフ大学である。すなわち、被験者となった約200名の同大学の学生中、97.46％の者が「やはりデュッセルドルフ大学に入学したい」と回答している。以下、リューベック（医科）、ハノーファー（医科）、バイロイトといった大学では、学生の4分の3以上の者が「イエス」と回答している。

(ⅲ) **教授からのアドバイス**

教授に対するインタビューでは、大学の学習課程を基礎学習（Grundstudium）と主要学習（Hauptstudium）の2段階に区分して[10]、それぞれの段階で、もっとも推薦する大学としない大学を、各々3校ずつ挙げさせている（前掲表Ⅱ-4-2を参照）。

表Ⅱ-4-6がその結果である。『シュピーゲル』誌によれば、教授の多くは、

表Ⅱ-4-6　教授のアドバイス（『シュピーゲル』誌）

	＋＋＋		＋＋		＋		－		－－	
政治学／社会学	ビーレフェルト	(+43)	ハンブルク	(+27)	ケルン	(+24)	カッセル	(-12)	ブレーメン	(-39)
数学	ボン	(+95)	ゲッティンゲン	(+48)	ハイデルベルク	(+32)	オルデンブルク	(-9)	ブレーメン	(-17)
英語・英文学	ミュンヒェン	(+34)	フライブルク	(+34)	テュービンゲン	(+19)	ブレーメン	(-23)	ハンブルク	(-24)
生物学	フライブルク	(+45)	ゲッティンゲン	(+33)	ハイデルベルク	(+33)	オルデンブルク	(-23)	ブレーメン	(-30)
教育学	テュービンゲン	(+35)	ビーレフェルト	(+20)	ベルリン自由	(+17)	ドルトムント	(-7)	ブレーメン	(-11)
経済学	マンハイム	(+61)	ボン	(+39)	キール	(+35)	オルデンブルク	(-23)	ベルリン自由	(-43)
化学	ミュンヒェン工業	(+38)	ゲッティンゲン	(+21)	マールブルク	(+20)	オルデンブルク	(-18)	ブレーメン	(-41)
独語・独文学	テュービンゲン	(+58)	ボン	(+28)	ゲッティンゲン	(+27)	ハンブルク	(-13)	ブレーメン	(-23)
物理学	ハイデルベルク	(+37)	アーヘン工科	(+32)	ミュンヒェン	(+20)	オルデンブルク	(-10)	ブレーメン	(-28)
歴史学	ケルン	(+27)	フライブルク	(+26)	ビーレフェルト	(+24)	オスナブリュック	(-15)	ブレーメン	(-29)
電気工学	アーヘン工科	(+37)	ミュンヒェン工業	(+28)	シュトゥットガルト	(+17)	カッセル	(0)	ブレーメン	(-29)
法学	フライブルク	(+34)	テュービンゲン	(+20)	コンスタンツ	(+14)	ベルリン自由	(-15)	ブレーメン	(-51)
情報学	カールスルーエ	(+35)	ザールブリュッケン	(+21)	エアランゲン・ニュルンベルク	(+19)	ブレーメン	(-9)	ヒルデスハイム	(-12)
機械工学	アーヘン工科	(+39)	ダルムシュタット工業	(+21)	カールスルーエ	(+18)	ドルトムント	(-3)	ハンブルク・ハーブルク工業	(-5)
医学	ハイデルベルク	(+21)	ハノーファー医科	(+19)	フライブルク	(+19)	ベルリン自由	(-11)	フランクフルト	(-15)

（出所）*Spiegel*, S.20.
なお、同じ資料にもとづき一部加筆

はっきりとした否定的意思表示を避けたということである。すなわち、「自分の子どもを学ばせたい」大学は回答しても、「学ばせたくない」大学については「ノーコメント」という回答が少なくなかったとしている。その際、「学ばせたい」大学として1回カウントされるごとにプラス1点、逆に「学ばせたくない」とされた場合はマイナス1点とし、両者の合計点でもって最終結果が算出されている。ただし、この表に取り上げられているのは、少なくとも5回以上言及された場合に限定されている。したがって良きにつけ悪しきにつけ、教授たちの念頭に浮かばなかった大学は、この表には登場していない。

この表から、教授の評価と学生のそれとは必ずしも一致していないことがわかる。たとえば、次のような結果が認められる。

① アーヘン工科大学について見ると、教授たちの目では、たとえば電気工学はトップであるが、同じ学科の学生による評価は最下位から2番目である。物理でも、教授たちの評価は第2位であるが、学生のそれは最下位から4番目である

② テュービンゲン大学の法学部は、教授の評価は第2位であるが、学生の評価は最下位から3番目である。

③ 数学では、ハイデルベルク大学は教授の評価は第3位であるが、一方、学生の評価は最下位である。

④ コンスタンツやビーレフェルトといった大学は、学生からも教授からも高い評価を受けている。

⑤ ボン大学は、経済、独語・独文学で教授の評価は高いが、学生から見ると下位グループ（最下位から5位と4位）である。

なお、いずれの専攻分野でも共通しているのは、ブレーメン大学に対する評価がきわめて低いという点である（15専攻中10の専攻で最下位、2つの専攻で最下位から2位）。この点はのちに見る『シュテルン』誌の調査結果とほぼ一致している。その理由として、『シュピーゲル』誌は、同大学の教育の質が低いということよりも、「赤い大学」(rote Universität) と呼ばれる同大学に対するとりわけ保守側からの偏見に由来するのではないかとしている[11]。

(ⅳ) 修了試験の予想点

前述のように、ドイツの大学では、国家試験、ディプローム試験、マギスター試験等々といった大学での学習の最終段階で行われる各種試験に合格することが、大学の卒業を意味している。通常、自然科学、社会科学の諸学科ではディプローム試験が、人文諸科学ではマギスター試験が、医学(歯学、獣医学を含む)、薬学、法学、教職課程などでは医師国家試験、教職国家試験等の国家試験が、それぞれ大学における修了試験の役割を果たしている。

学生に対し、こうした大学の修了試験でどのくらいの点数がとれそうかを質問してみたのが、「修了試験の予想点」である(表Ⅱ-4-1の「問23」を参照)。これらの試験の最高点は「1」(非常によい)、最低点は「6」(不可)である。通常「4」以上の成績を収めれば合格となる[12]。

本章では、その詳細について紹介することは省略するが、高い予想点を挙げた学生は、クラウスタール(1.61)、ヒルデスハイム(1.89)、カイザースラウテルン(1.96)といった大学に多かった(括弧内は学生の挙げた点数の平均)。なお、デュッセルドルフをはじめとするランキング表の上位にある大学の学生は、下位の大学の学生たちよりもよりよい成績を収めることができると考えているかというと、必ずしもそうではない。むしろ彼らは自分の成績をあまり高く見積もっていない、とされている。

2 『シュテルン』誌の大学ランキング
(1) 調査の方法および内容

『シュテルン』誌のランキング調査は、『シュピーゲル』誌とは異なり、もっぱら教授のみを対象にして行われたものである。同誌によれば、『シュピーゲル』誌の第1回目の調査は、「被験者が学生であり、自分の大学のことしか判断していない」非常に限定されたものであった。したがって同誌では、学生ではなく、大学の運営に実際に携わっている教授たちにインタビューを行うという方法をとることにした、としている。なお、『シュテルン』の調査では、旧西ドイツの大学のみが考察の対象となっている。

この調査の質問項目等を作成したのは、オスナブリュック大学で心理学を講じているユルゲン・クリツ(Jügen Kriz)教授である。被験者は、旧西ドイツ

の51の大学に属する約700名の教授であった。調査は、1992年7月と1993年1月の2回に分けて実施された[13]。被験者には、各々の専門分野について、自分の所属する大学以外の大学名を挙げさせた。その結果、延べ93,242項目について回答が寄せられ、これらのデータは同教授のプロジェクトチームにより、コンピュータで分析された。

被験者に対する質問文は次のとおりであった。
① どこの大学で、あなたはもっとも学習したいか(教えたいか)？
② 学術的教育で、もっとも優れている(もっとも劣っている)と思われる大学はどこか？(後掲表Ⅱ-4-11〈以下同じ〉では「学術面」と略)
③ 実践的教育で、もっとも優れている(もっとも劣っている)と思われる大学はどこか？(表では「実践面」と略)
④ 学科全体を見て、もっとも幅広い教育を行っていると思われる(思われない)大学はどこか？(表では「幅の広さ」と略)
⑤ 人的および物的な設備面で、もっとも優れている(もっとも劣っている)と思われる大学はどこか？(表では「設備面」と略)
⑥ 学術研究者の名声がもっとも高い(もっとも低い)と思われる大学はどこか？(表では「教授の名声」と略)
⑦ どこの大学の教授がもっとも多額の第三者資金(Drittmittel)[14]を得ているか(得ていないか)？(表では「第三者資金」と略)
⑧ 学習地の大学以外の魅力がもっとも高い(低い)と思われる大学はどこか？(表では「大学外の魅力」と略)

なお、調査の対象となっている専攻分野は、『シュピーゲル』誌とほぼ同様で、次の15分野である。生物学、化学、電気工学、独語・独文学、歴史学、情報学、機械工学、数学、医学、教育学、物理学、心理学、法学、社会諸科学、経済学(『シュピーゲル』誌では、英語・英文学が入っているが、『シュテルン』誌の方はその代わりに心理学を入れている)。

このうち、「学術面」(質問文の②)、「実践面」(同③)、「教授の名声」(同⑥)の結果について、全分野の総合点を合計して作成されたものが**表Ⅱ-4-7**「大学のランキング(『シュテルン』誌)」である。また、①の「どこの大学で、あ

表II-4-7　大学のランキング（『シュテルン』誌）

順位	学術面	実践面	教授の名声
1	ゲッティンゲン***	アーヘン工***	ミュンヒェン***
2	コンスタンツ**	カールスルーエ***	ハイデルベルク**
3	ハイデルベルク**	ミュンヒェン工***	ゲッティンゲン***
4	ボン***	ダルムシュタット***	ボン***
5	フライブルク***	シュトゥットガルト***	ミュンヒェン工***
6	テュービンゲン***	カイザースラウテルン**	フライブルク***
7	ビーレフェルト**	ケルン**	ミュンスター**
8	ミュンヒェン***	ボッフム***	テュービンゲン***
9	ミュンスター***	エアランゲン・ニュルンベルク**	ケルン
10	ミュンヒェン工**	ドルトムント**	コンスタンツ*
11	ケルン***	ミュンスター**	ビーレフェルト***
12	カールスルーエ**	ベルリン工	カールスルーエ***
13	ボッフム***	アウクスブルク*	ボッフム*
14	ザールブリュッケン***	ブラウンシュヴァイク	シュトゥットガルト***
15	エアランゲン・ニュルンベルク**	テュービンゲン***	ザールブリュッケン**
16	アーヘン工***	ミュンヒェン**	アーヘン工***
17	レーゲンスブルク***	マンハイム***	フランクフルト**
18	マンハイム**	ハイデルベルク***	マンハイム**
19	マールブルク*	フライブルク*	エアランゲン・ニュルンベルク***
20	シュトゥットガルト*	ゲッティンゲン*	ベルリン工*
21	ダルムシュタット*	ザールブリュッケン*	キール**
22	マインツ***	ビーレフェルト***	ダルムシュタット***
23	キール**	マインツ**	レーゲンスブルク*
24	フランクフルト***	コンスタンツ*	マインツ**
25	ヴュルツブルク***	キール	ヴュルツブルク***
26	カイザースラウテルン**	クラウスタール	マールブルク*
27	ベルリン工*	レーゲンスブルク*	ハンブルク**
28	ハンブルク***	バイロイト*	カイザースラウテルン*
29	ギーセン**	ギーセン*	トリーア***
30	デュッセルドルフ***	ウルム***	ベルリン自由***
31	ドルトムント**	マールブルク**	デュッセルドルフ**
32	バイロイト***	トリーア	ギーセン*
33	アウクスブルク**	ホーエンハイム*	バイロイト***
34	ブラウンシュヴァイク*	ハノーファー*	ドルトムント**
35	ウルム	ボン	ブラウンシュヴァイク**
36	トリーア***	バンベルク**	ハノーファー**
37	ハノーファー***	ハンブルク	アウクスブルク**
38	バンベルク**	ヴュルツブルク***	ウルム**
39	パッサウ	パッサウ	バンベルク**
40	ベルリン自由**	ジーゲン*	ジーゲン***
41	ジーゲン***	フランクフルト*	パッサウ**
42	パーダーボルン***	エッセン***	パーダーボルン***
43	エッセン***	パーダーボルン**	エッセン***
44	オスナブリュック***	デュースブルク*	ヴッパータール***
45	デュースブルク**	デュッセルドルフ*	オスナブリュック***
46	ヴッパータール***	ベルリン自由**	オルデンブルク***
47	オルデンブルク***	オスナブリュック***	デュースブルク**
48	ホーエンハイム**	オルデンブルク***	ホーエンハイム**
49	クラウスタール**	ヴッパータール***	クラウスタール**
50	カッセル***	カッセル**	カッセル***
51	ブレーメン***	ブレーメン***	ブレーメン***

注）＊の表わす意味については、本章注13を参照。
(出所) Stern, Nr.16.15. Apri 1993, S.184.（以下、Stern と略）

表Ⅱ-4-8 「どこの大学で学びたいか／教えたいか」(『シュテルン』誌)

	1	2	3	4	5	6	7	8	9	10
生物学	フライブルク	ミュンヒェン	ハイデルベルク	テュービンゲン	ヴュルツブルク	コンスタンツ	ゲッティンゲン	ケルン	バイロイト	レーゲンスブルク
	フライブルク	ハイデルベルク	ミュンヒェン	ヴュルツブルク	ゲッティンゲン	テュービンゲン	コンスタンツ	レーゲンスブルク	ベルリン自由	ハンブルク
化学	ゲッティンゲン	ヴュルツブルク	フライブルク	ミュンヒェン工	マールブルク	ミュンスター	ベルリン工	ハイデルベルク	アーヘン	テュービンゲン
	ミュンヒェン工	フライブルク	ヴュルツブルク	アーヘン	ベルリン工	ボン	ゲッティンゲン	ミュンヒェン	マールブルク	カールスルーエ
電気工学	ダルムシュタット	ミュンヒェン工	カールスルーエ	アーヘン	エアランゲン・ニュルンベルク	カイザースラウテルン	シュトゥットガルト	ベルリン工	ドルトムント	ハノーファー
	ミュンヒェン工	エアランゲン・ニュルンベルク	アーヘン	ダルムシュタット	カールスルーエ	カイザースラウテルン	ジーゲン	シュトゥットガルト	ベルリン工	ウルム
独語独文学	フライブルク	テュービンゲン	ミュンヒェン	ハイデルベルク	ゲッティンゲン	ベルリン自由	ケルン	コンスタンツ	ジーゲン	ハンブルク
	テュービンゲン	ミュンヒェン	フライブルク	ゲッティンゲン	ハイデルベルク	ハンブルク	ケルン	コンスタンツ	ベルリン自由	ミュンスター
歴史学	フライブルク	ミュンヒェン	ビーレフェルト	ゲッティンゲン	ミュンスター	ケルン	テュービンゲン	ベルリン自由	ボッフム	ハンブルク
	フライブルク	ミュンヒェン	ゲッティンゲン	ケルン	コンスタンツ	ミュンスター	ハイデルベルク	テュービンゲン	ベルリン自由	ハンブルク
情報学	ザールブリュッケン	カールスルーエ	ミュンヒェン工	ドルトムント	パーダーボルン	アーヘン	エアランゲン・ニュルンベルク	ハンブルク	シュトゥットガルト	ベルリン工
	カールスルーエ	ザールブリュッケン	ミュンヒェン工	パーダーボルン	アーヘン	ハンブルク	オルデンブルク	ダルムシュタット	ドルトムント	エアランゲン・ニュルンベルク
機械工学	アーヘン	ミュンヒェン工	カールスルーエ	シュトゥットガルト	ダルムシュタット	ブラウンシュヴァイク	クラウスタール	ベルリン工	ハノーファー	カイザースラウテルン
	ミュンヒェン工	アーヘン	カールスルーエ	シュトゥットガルト	ダルムシュタット	ブラウンシュヴァイク	クラウスタール	ハノーファー	ベルリン工	カイザースラウテルン
数学	ボン	ゲッティンゲン	ハイデルベルク	フライブルク	ミュンスター	テュービンゲン	ミュンスター	アーヘン	ミュンヒェン工	エアランゲン・ニュルンベルク
	ハイデルベルク	ミュンヒェン	フライブルク	ボン	ゲッティンゲン	ミュンスター	テュービンゲン	エアランゲン・ニュルンベルク	ミュンヒェン	カールスルーエ
医学	ハイデルベルク	ミュンヒェン	ヴュルツブルク	ハイデルベルク	テュービンゲン	ハノーファー	ゲッティンゲン	エアランゲン・ニュルンベルク	ハンブルク	ウルム
	ハイデルベルク	ハイデルベルク	フライブルク	ヴュルツブルク	ケルン	エアランゲン・ニュルンベルク	テュービンゲン	ハンブルク	デュッセルドルフ	ミュンスター
教育学	テュービンゲン	ハンブルク	ビーレフェルト	ミュンヒェン	ミュンスター	ベルリン自由	ゲッティンゲン	マールブルク	ケルン	ヴュルツブルク
	ミュンヒェン	ハンブルク	ビーレフェルト	テュービンゲン	ベルリン自由	ミュンスター	ハイデルベルク	ヴュルツブルク	ケルン	ゲッティンゲン
物理学	ハイデルベルク	ミュンヒェン	ボン	ミュンヒェン工	アーヘン	フライブルク	コンスタンツ	ゲッティンゲン	ヴュルツブルク	テュービンゲン
	ハイデルベルク	ミュンヒェン	フライブルク	コンスタンツ	ミュンヒェン工	ボン	ハンブルク	アーヘン	テュービンゲン	ゲッティンゲン
心理学	フライブルク	マールブルク	ハイデルベルク	ミュンヒェン	トリーア	テュービンゲン	コンスタンツ	ハンブルク	マンハイム	ビーレフェルト
	フライブルク	ミュンヒェン	ハイデルベルク	ハンブルク	テュービンゲン	コンスタンツ	マールブルク	ゲッティンゲン	トリーア	バンベルク
法学	フライブルク	ミュンヒェン	テュービンゲン	ハイデルベルク	ボン	ハンブルク	フランクフルト	ミュンスター	バイロイト	ベルリン自由
	ミュンヒェン	フライブルク	ハイデルベルク	ボン	ハンブルク	テュービンゲン	フランクフルト	ヴュルツブルク	ミュンスター	バイロイト
社会諸科学	ビーレフェルト	マンハイム	コンスタンツ	ハイデルベルク	ミュンスター	ケルン	ベルリン自由	フライブルク	ハンブルク	フランクフルト
	フライブルク	ハイデルベルク	ミュンヒェン	テュービンゲン	ハンブルク	コンスタンツ	ビーレフェルト	ベルリン自由	ケルン	マンハイム
経済学	マンハイム	ミュンヒェン	パッサウ	フランクフルト	フライブルク	ミュンスター	ザールブリュッケン	テュービンゲン	キール	コンスタンツ
	ミュンヒェン	マンハイム	フライブルク	ヴュルツブルク	テュービンゲン	コンスタンツ	ミュンスター	フランクフルト	ザールブリュッケン	ケルン

(注) 各専攻とも上段は「学びたい大学」、下段は「教えたい大学」のランキングを示す。
(出所) Stern, S.172ff. にもとづき作成

なたはもっとも学習したいか（教えたいか）」について、各専門分野ごとにベストテンの大学を記したのが表Ⅱ-4-8である。

(2) 調査結果の概要

ざっと概観しただけでもわかるが、『シュピーゲル』誌とは明らかに異なった結果が出ている。『シュピーゲル』誌できわめて高い評価を与えられた1960年代から70年代にかけて創設されたデュッセルドルフ大学をはじめとする、デュースブルク、ジーゲンといった歴史の新しい諸大学は、『シュテルン』誌では、あまり高い評価を受けていない。その逆に、『シュピーゲル』誌でもっとも低いランクしか与えられなかったボン大学は、『シュテルン』誌では、「学術面」、「教授の名声」といった項目で上位（いずれも4位）にランクされ面目を保っている。同様に、古い歴史をもった伝統ある大学に、おおむね高い評価が与えられている。

個々の質問項目ごとに見られる特色としては、たとえば工科大学や単科大学は実践的な教育という面では上位であるが、学術的面では、中位以下であるといった点も指摘されている。

なお、『シュピーゲル』誌のところでも記したが、教授の目から見たブレーメン大学に対する評価は『シュテルン』誌でも極端に低い。やはりその理由は、同大学が「赤い大学」、「赤い教授たち」というレッテルをはられているからである、とされている。

3　法学と医学に見る両誌のランキング表の比較

以下、法学と医学におけるそれぞれ特徴的な点を箇条書にしてまとめておく。

(1) 法　学
(ⅰ)『シュピーゲル』誌
① 　上位5大学は、コンスタンツ、パッサウ、レーゲンスブルク、ビーレフェルト、ザールブリュッケン、下位5大学は、ヴュルツブルク、ミュンスター、

第4章 ドイツの高等教育改革 325

表II-4-9 「法学」のランキング（『シュピーゲル』誌）

	順位	大学名	点数
上位グループ	1	コンスタンツ	2.88
	2	パッサウ	2.91
	3	レーゲンスブルク	2.99
	4	ビーレフェルト	3.10
	5	ザールブリュッケン	3.12
中位グループ	6	バイロイト	3.19
	7	ギーセン	3.21
	8	ブレーメン	3.22
	9	ケルン	3.27
	9	キール	3.27
	11	トリーア	3.28
	12	マンハイム	3.31
	12	マールブルク	3.31
	12	ハイデルベルク	3.31
	15	フライブルク	3.32
	16	ゲッチンゲン	3.33
	17	エアランゲン・ニュルンベルク	3.35
	18	ミュンヒェン	3.40
	19	ハンブルク	3.45
	20	オスナブリュック	3.49
	21	ベルリン自由	3.53
	22	マインツ	3.55
	23	アウクスブルク	3.56
	24	ボッフム	3.60
	24	ハノーファー	3.60
下位グループ	26	ヴュルツブルク	3.68
	27	ミュンスター	3.70
	28	テュービンゲン	3.71
	29	フランクフルト	3.77
	30	ボン	3.88

（出所）Spiegel, S.47.

表II-4-10 教授1人あたりの卒業生数（法学）（『シュピーゲル』誌）

順位	大学名	学生数
1	ブレーメン	3.9
2	コンスタンツ	4.8
3	フランクフルト	7.0
4	ザールブリュッケン	7.4
4	トリーア	7.4
6	マンハイム	7.6
7	オスナブリュック	8.2
8	ギーセン	8.6
9	バイロイト	8.7
9	ビーレフェルト	8.7
9	マールブルク	8.7
12	ベルリン自由	8.8
13	エアランゲン・ニュルンベルク	9.1
14	ヴュルツブルク	9.4
15	ハンブルク	9.8
16	ハノーファー	9.9
17	アウクスブルク	10.3
18	パッサウ	11.0
19	キール	11.1
20	テュービンゲン	11.8
21	ハイデルベルク	12.1
21	レーゲンスブルク	12.1
23	ゲッチンゲン	12.6
24	マインツ	13.0
25	ケルン	15.2
26	ボッフム	15.7
27	フライブルク	17.7
28	ミュンヒェン	18.6
29	ボン	19.6
30	ミュンスター	20.9

（出所）ibid.

　　テュービンゲン、フランクフルト、ボンであった（**表II-4-9**を参照）。
② 　教授対学生の比率を見ると、ブレーメンが教授1人あたりの卒業者数（3.9人）は一番少なくなっている。ボンやミュンスターは、大体20人前後であるので5倍の開きがある（**表II-4-10**を参照）。
③ 　教授が推薦する大学としては、フライブルク、テュービンゲン、コンスタンツがベスト3、ラスト3は、ハノーファー、ベルリン自由、ブレーメンである。なかでも、ブレーメン大学に対する評判がきわめて悪い（前掲表II-4-6を参照）。
④ 　学習期間の全体的平均は、12ゼメスター（6年間）である。このうち、

平均がもっとも短いのがコンスタンツの10.5ゼメスター、アウクスブルクの10.6ゼメスター、反対に長いのがベルリン自由の13.1ゼメスター、ボッフムの13.2ゼメスターである。

⑤　法学の学習環境が、調査した15の専攻中、経済とならんでもっとも悪かった。ちなみによいのは、数学 (2.8)、物理 (2.9)、情報学 (2.9)、悪いのは、経営学 (3.4)、法学 (3.4) である。

⑥　いわゆる「マス・プロ大学」の中で比較的評判がよいのは、ケルン大学であった。

(ⅱ)『シュテルン』誌

①　テュービンゲン、ミュンヒェン、ハイデルベルク、フライブルク、ボンといった伝統ある歴史の古い大学が上位5傑であった。一方、下位5大学は、エアランゲン、マールブルク、ベルリン自由、ハノーファー、ブレーメンであった(「学術面」から見たランキング)(**表Ⅱ-4-11**を参照)。

②　ミュンヒェンがほとんどすべての問いでトップを占めている(「教えたい大学」、「幅の広さ」、「設備面」、「教授の名声」、「第三者資金」、「大学外の魅力」

表Ⅱ-4-11　「法学」のランキング(『シュテルン』誌)

		学術面	実践面	幅の広さ	設備面	教授の名声	第三者資金	大学外の魅力
上位10大学	1	テュービンゲン	バイロイト	ミュンヒェン	ミュンヒェン	ミュンヒェン	ミュンヒェン	ミュンヒェン
	2	ミュンヒェン	パッサウ	ボン	ボン	ボン	ボン	フライブルク
	3	ハイデルベルク	ハイデルベルク	フライブルク	パッサウ	テュービンゲン	ハイデルベルク	ベルリン自由
	4	フライブルク	レーゲンスブルク	ミュンスター	フライブルク	ハイデルベルク	トリーア	ハイデルベルク
	5	ボン	アウクスブルク	ハイデルベルク	ケルン	フライブルク	フライブルク	ハンブルク
	6	バイロイト	テュービンゲン	テュービンゲン	バイロイト	ケルン	キール	テュービンゲン
	7	ケルン	ビーレフェルト	ケルン	ハイデルベルク	ミュンスター	テュービンゲン	ボン
	8	ミュンスター	ミュンヒェン	フランクフルト	レーゲンスブルク	フランクフルト	ビーレフェルト	ミュンスター
	9	キール	ボン	トリーア	ビーレフェルト	キール	ケルン	フランクフルト
	10	ビーレフェルト	フライブルク	ビーレフェルト	テュービンゲン	トリーア	ミュンスター	ヴュルツブルク
下位大学		エアランゲン	エアランゲン	ギーセン	ギーセン	エアランゲン	マインツ	ブラウンシュヴァイク
		マールブルク	マールブルク	エアランゲン	マールブルク	ギーセン	マールブルク	ビーレフェルト
		ベルリン自由	ベルリン自由	ハノーファー	ハノーファー	マールブルク	ギーセン	ギーセン
		ハノーファー	ハノーファー	マールブルク	ブレーメン	ハノーファー	エアランゲン	カッセル
		ブレーメン	ブレーメン	ブレーメン	ハンブルク	ブレーメン	ブレーメン	ボッフム

(出所)　*Stern*, S.180f.

でトップ、「学びたい大学」、「学術面」で第2位）（前掲表Ⅱ-4-8およびⅡ-4-11を参照）。

③　これに対し、ブレーメン大学の評価がきわめて低い。この点は、『シュピーゲル』誌の結果と同様である（「学術面」、「実践面」、「幅の広さ」、「教授の名声」、「第三者資金」でラスト、「設備面」でもラストから2番目）。

(2) 医　学

(ⅰ)『シュピーゲル』誌

①　上位グループには次の4大学がランクされた。デュッセルドルフ、キール、リューベック医科、フライブルク。他方、下位グループに属する大学は、ケルン、エアランゲン・ニュルンベルク、ミュンヒェン、エッセン、ハンブルクとなっている（表Ⅱ-4-12を参照）。

②　学習期間についてみると、全ドイツの平均期間は12.9ゼメスターである。学習期間の平均が短い大学として挙げられるのは、マインツの12.1ゼメスター、他方、長い大学は、フライブルクとゲッティンゲンの13.2ゼメスター、ケルンの13.3ゼメスターである。このように、医学の場合、他の専攻分野と比較すると学習期間に大学間の差はあまりみられない。

③　これに対し、教授1人あたりの卒業生数を見ると、一番少ないのがウルムの1.6人で、もっ

表Ⅱ-4-12　「医学」のランキング（『シュピーゲル』誌）

	順位	大学名	点数
上位グループ	1	デュッセルドルフ	2.16
	2	キール	2.93
	3	リューベック医科	2.98
	3	フライブルク	2.98
中位グループ	5	ボン	3.07
	5	ウルム	3.07
	5	ミュンスター	3.07
	8	ハノーファー医科	3.15
	9	ボッフム	3.17
	10	ヴュルツブルク	3.25
	11	ベルリン自由	3.32
	11	アーヘン工	3.32
	11	ハイデルベルク	3.32
	14	マールブルク	3.34
	15	ギーセン	3.36
	16	マインツ	3.37
	17	ミュンヒェン工	3.38
	18	ゲッティンゲン	3.39
	19	テュービンゲン	3.41
	20	フランクフルト	3.44
	21	ザールブリュッケン	3.45
下位グループ	22	ケルン	3.46
	23	エアランゲン・ニュルンベルク	3.48
	24	ミュンヒェン	3.49
	25	エッセン	3.54
	26	ハンブルク	3.67

（出所）　*Spiegel*, S.80.

表II-4-13　教授1人あたりの卒業生数（医学）（『シュピーゲル』誌）

順位	大学名	学生数	順位	大学名	学生数
1	ウルム	1.6	14	エアランゲン・ニュルンベルク	2.9
2	リューベック	1.8	15	ハイデルベルク	3.0
3	ハンブルク	2.1	16	テュービンゲン	3.1
3	マールブルク	2.1	17	デュッセルドルフ	3.3
5	キール	2.5	17	フライブルク	3.3
5	ミュンヒェン工	2.5	19	エッセン	3.4
7	ベルリン自由	2.6	19	ミュンスター	3.4
7	ギーセン	2.6	21	ボン	3.6
7	ゲッティンゲン	2.6	22	マインツ	3.7
10	ザールブリュッケン	2.7	23	ハノーファー医科	3.9
11	フランクフルト	2.8	23	ケルン	3.9
11	ミュンヒェン	2.8	25	ボッフム	5.0
11	ヴュルツブルク	2.8	26	アーヘン工	5.3

（出所）*Spiegel*, S.80.

とも多いのはアーヘン工科の5.3人というように大学間の開きが大きい。またデュッセルドルフ、フライブルクなど学生の評価が高い大学が、必ずしも上位にランクされているわけではない（両大学とも26大学中17位）。一方、ハンブルクは、ランキングの最下位であるが、教授1人あたりの学生数は2.1人で第3位となっている（**表II-4-13**を参照）。

④　学生の評価では、デュッセルドルフ大学がずば抜けてよい点数を与えられているが、教授たちから見た評価のなかには、デュッセルドルフの名前は挙がっていない（前掲表II-4-6を参照）。

⑤　ハンブルク大学は、プラスの評価をする教授が13名、マイナスの評価をする教授も同じく13名で差し引き0となっている。このように教授により判断が極端に異なる大学もある。

(ii)『シュテルン』誌

①　ハイデルベルクをトップに、以下、テュービンゲン、フライブルク、ハノーファー、ヴュルツブルクという順序になっている。これに対し、ラスト5大学は、レーゲンスブルク、ボッフム、ザールブリュッケン、ギーセン、フランクフルトである（「学術面」から見たランキング）（**表II-4-14**を参照）。

②　全般的にハノーファー大学に対する評価が高い。ほとんどの問いでべ

表 II-4-14　「医学」のランキング（『シュテルン誌』）

		学術面	実践面	幅の広さ	設備面	教授の名声	第三者資金	大学外の魅力
上位10大学	1	ハイデルベルク	ハノーファー	ハイデルベルク	ハノーファー	ヴュルツブルク	ハイデルベルク	ミュンヒェン
	2	テュービンゲン	エアランゲン	フライブルク	ハイデルベルク	ハイデルベルク	ミュンヒェン	ハイデルベルク
	3	フライブルク	ヴュルツブルク	ミュンヒェン	ヴュルツブルク	ミュンヒェン	フライブルク	フライブルク
	4	ハノーファー	テュービンゲン	ヴュルツブルク	テュービンゲン	フライブルク	ゲッティンゲン	ミュンヒェン工科
	5	ヴュルツブルク	フライブルク	マールブルク	ミュンヒェン	エアランゲン	ヴュルツブルク	ベルリン自由
	6	エアランゲン	ハイデルベルク	ハノーファー	エアランゲン	ハノーファー	ハノーファー	ハンブルク
	7	ゲッティンゲン	アーヘン	ケルン	ミュンヒェン工	ゲッティンゲン	エアランゲン	ヴュルツブルク
	8	ケルン	ゲッティンゲン	エアランゲン	アーヘン	テュービンゲン	デュッセルドルフ	ケルン
	9	デュッセルドルフ	ミュンヒェン	ゲッティンゲン	フライブルク	ケルン	テュービンゲン	デュッセルドルフ
	10	ミュンヒェン	ケルン	ウルム	ミュンスター	ウルム	ウルム	テュービンゲン
下位大学		レーゲンスブルク	エッセン	マインツ	マールブルク	ハンブルク	レーゲンスブルク	レーゲンスブルク
		ボッフム	ハンブルク	フランクフルト	ギーセン	エッセン	フランクフルト	エッセン
		ザールブリュッケン	ザールブリュッケン	レーゲンスブルク	キール	キール	キール	ザールブリュッケン
		ギーセン	ギーセン	キール	フランクフルト	ボッフム	ボッフム	ギーセン
		フランクフルト	フランクフルト	ザールブリュッケン	ボッフム	ザールブリュッケン	ザールブリュッケン	ボッフム

(出所) *Stern*, S.178f.

ストテンに入っている。とりわけ、同大学は、「実践面」と「設備面」の点で優れているとみなされている（表 II-4-14 を参照）。

③　一方、ザールブリュッケン大学はほとんどの問いでラスト5に挙げられている。同大学で教えたい（学びたい）とする教授は、当然のことながらベストテンのなかには見られない（前掲表 II-4-8 を参照）。なお、興味深いのは、同大学は国家試験の平均点では全ドイツでもトップグループに属しているということである。

④　これに対し、ハンブルク大学は教授にとって「教えたい大学」、「学びたい大学」のベストテンに入っているが、同時に、「実践面」や「教授の名声」などでは、ラスト5大学にランクされている。この点は、前述の『シュピーゲル』誌の結果とも相関しているものと思われる。

第2節　大学ランキングに対する大学人の反応

本節においては、『シュピーゲル』誌と『シュテルン』誌の大学ランキング

の試みに対する当該学長のコメント、ドイツ大学学長会議（HRK）の反応等について見ていきたい。なお両誌以外の大学ランキングの試みについても、ごく簡単に言及することにしたい。

1　デュッセルドルフ大学とボン大学の学長の感想

　最初に、『シュピーゲル』誌のランキングでトップの座を獲得したデュッセルドルフ大学と、ラストに位置付けられたボン大学の、それぞれの学長の感想を紹介してみよう[15]。

　まずデュッセルドルフ大学のゲルト・カイザー（Gert Kaiser）学長は、「私は『シュピーゲル』をある種の懐疑の念をもって読んだ。そんなはずはないという懐疑である。しかし読んでみて、やはり本当だと思った」とその第一印象を語っている[16]。同学長によれば、デュッセルドルフ大学がこのように高い評価を受けたのは必ずしも偶然ではないとして、次のようにその理由を述べている。

① 「人は惜しまず与えることもできなければならない」ということを、われわれはモットーとしてきた。ボン大学は学生数が過剰であるといわれるが（後述）、私が調べた数字で言えば、ドイツ語・ドイツ文学の場合、デュッセルドルフ大学では教員1人あたりの学生数は193名である。これに対し、ボン大学のそれは126名であって、けっしてわれわれが恵まれた条件にあるわけではない。われわれは「惜しまず与える」ための努力をしてきたつもりである。私はデュッセルドルフ大学で学長をすでに10年以上やっているが、この間学生たちと学習条件の改善をめぐって恒常的に対話を重ねてきた。自然科学の領域だけでなく、人文科学の学科でも、できる限り実践に即したカリキュラムを組むよう心がけてきた。こうした結果が学生から評価されたのではないかと思われる。私にとって大学は「神話」ではなく、「サービス業」（Dienstleistungsbetrieb）である。

② もちろんすべての面で、デュッセルドルフ大学がトップであるとは思っていない。しかし少なくとも教育の面でみる限り、デュッセルドルフが優れた大学であることはたしかだと思う。教育の面だけでなく、研究の

質も重要であることは言うまでもない。この点でも、たとえばわれわれの大学の医学部は、第一級の水準にあるという評価を受けている[17]。

これに対し、ボン大学のマックス・フーバー（Max Huber）学長は、『シュピーゲル』誌のランキング表は「間違ったランク付け」であるとして憤慨している。しかし、同時にそのように評価される理由がまったく考えられないわけではないとして、次のように言っている[18]。

① 客観的な前提条件が、ボン大学とデュッセルドルフ大学の間では著しく異なっている。ボン大学では、学生数が定員をはるかにオーバーしている。何しろ学生の90％が、定員を上回る学科で学んでいる。その結果、ボン大学の学生は他の大学の学生と比較して、教育面でも設備面でも十分な配慮を受けていないと感じているのではないかと思われる。その点、デュッセルドルフ大学の教員は恵まれている。人文科学の領域でみると、ボン大学の教員が面倒をみなければならない学生の数は、デュッセルドルフ大学の3倍に達している。ノルトライン・ヴェストファーレン州の大学はどちらかというと高い評価を与えられているが、いずれも定員オーバーの度合いが高くなればなるほど、ランキングは低くなっている[19]。

② 『シュピーゲル』誌のアンケートは、もっぱら大学生から見たその大学の「快適度」であって、大学における学習の質については検証されていない。たしかにわれわれの大学には、学生の教育面で行き届かないところが多々ある点は否定できない。組織が大きくなればなるほど、色々な不都合が生じることは避けがたい。学生に対する配慮をできる限り心がけているつもりではあるが、何しろここ何年来、財政的にも、人の面でも改善の余地がなくなってきている。しかし強調したいのは、ボン大学ではよい研究をしようというモチベーションが支配的であるという点である。研究の質という点では、ボン大学はきわめて高い位置にある。ドイツ研究協会（DFG）などの「第三者資金」による研究助成額をみても、また政府の審議会などにおける活躍をみても、ボン大学はけっして劣っていないどころかトップグループに属している[20]。

2 「ドイツ大学新聞」から

　ドイツの大学人の情報誌である『ドイツ大学新聞』(DUZ) などを見ると『シュテルン』誌のランキングに対しても、これは単なる大学の「イメージ調査」で信用できないとする反論が、とくに低い評価を与えられた大学の関係者を中心に多数掲載されている。そのうちのいくつかを訳出してみよう[21]。

① 　ザールブリュッケン大学医学部は、『シュテルン』誌の評価ではラストに近いが、ドイツ全体の医師国家試験の成績はいつもトップを占めている[22]。

② 　オスナブリュック大学の副学長（物理学専攻）によれば、同大学はドイツ研究協会の特別研究費を、他の大学よりずっと多く獲得しているし、各種財団からも多額の補助金を得て、学術的成果を数多く発表している。しかし『シュテルン』誌では、その点が全然評価されていない[23]。

③ 　パーダーボルン大学は電気工学の分野で、実際にはカールスルーエ大学よりはるかに多額の「第三者資金」を調達している。しかしランキング表では、カールスルーエよりずっと低く見積もられている[24]。

④ 　ブレーメンはいずれの分野でもほぼ最下位であるが[25]、たとえば同大学の研究費に占める「第三者資金」の割合は、ドイツ全体の平均が15％であるのに対し、25％に達している。

　これらはほんの一例である。このように個々の大学の実情は、『シュテルン』誌の結果とはだいぶ異なったものであるという指摘が少なからず見られた。ここではひとつの代表的なコメントとして、『ドイツ大学新聞』に掲載されたエッセン大学のローリー・デーヴィス (Laurie Davies) 教授（数学専攻）に対するインタビュー記事の内容を要約し、紹介しておくことにしよう[26]。

① 　両誌のどちらが正しいかを比較することはできない。学生にとっては、日常の具体的な学習条件が最大の関心事である（『シュピーゲル』誌の場合）。一方教授たちは、各大学のこれまでの研究上の実績や評判の方に眼が向いている（『シュテルン』誌の場合）。

② 　『シュピーゲル』誌の調査では、第5ゼメスター[27]以上の学生を被験者としている。しかし実情をみると、第5ゼメスター以前にすでに相当多

数の学生が、専攻を変更するとか、別の大学に移るとか、あるいは大学を中退するとかといった理由で、入学したときと同じポストにとどまっていない、という結果が報告されている。こうした何らかの理由で当該大学を「去っている」者には、それなりの言い分があるはずである。『シュピーゲル』誌の調査には、これらの学生たちの声が反映されていない。

③ また『シュピーゲル』誌の場合、被験者の数が少なすぎる。全被験者数は10,637人であるが、各大学のそれぞれの専攻を評価しているのは、わずか18人である。たしかに18人であろうが、180人であろうが調査方法が正しければかまわないのではないかということもできる。もし18人全員が似通った評価を下しているならば、調査結果は安定したものであると言える。しかし現実には、被験者間で回答に相当のばらつきが見られる。

④ 『シュテルン』誌の場合は、約700人の教授に延べ93,242項目のアンケートを試みているが、総体として「イメージ分析」の域を出ていない。すなわち、個々の大学の実際の状況が把握されていない。単に、よその大学をどう思うかと聞いているだけである。もっと正確に多くの側面から設問が考慮されなければならない。たとえば同僚の研究業績や講義を実際に比較し、具体的に評価するといった作業が行われない限りは、現実に即した調査結果ということはできない。

以上は、いずれも大学人たちの感想であるが、行政当局の側からは、調査方法などたしかに問題はあるが試み自体は悪いことではないとして、どちらかと言えば好意的な反応が見られたようである。たとえば、当時の連邦教育学術相ライナー・オルトレープ(Rainer Ortleb)は、「少なくともこうした試みは、大学の問題を考える場合のひとつの手がかりとなる」と語っている。またノルトライン・ヴェストファーレン州のアンケ・ブルン(Anke Brunn)学術・研究相は、「総合雑誌が、大学における教育という点に関心をもってくれることは大変結構なことである」といった談話を発表している[28]。

3 『シュピーゲル』誌と『シュテルン』誌以外の大学ランキング

一方、『シュピーゲル』誌や『シュテルン』誌のこうした試みに呼応するように、両誌以外の雑誌でも、大学ランキングを内容とする特集記事がいくつか組まれている。また学生団体などが進める大学教育の改善を求める運動のなかでも、「ランキング」という言葉が、ひとつのキーワードとしてしばしば登場するようになった。ここではその一端を、ごく簡単に概観しておくことにしよう。

たとえばキリスト教民主同盟（CDU）の学生グループ（Ring Christlich Demokratischer Studenten, 以下RCDSと略）は、「教授を試験しよう」（"Prüf' den Prof"）というスローガンを掲げて、学生に教授たちの講義の仕方等を採点させるキャンペーンを展開している。このRCDSの運動は、一般紙にも次のように報道されている[29]。

「RCDSは1992/93年冬学期に、34の大学の延べ72の専門分野で合計26,000名の学生を被験者として、500名の教授の評価を実施した。評価は、講義の仕方などを中心に18の質問項目について、「1」（もっともよい）から「5」（もっともわるい）の5段階で行われた。その結果は、平均して「2.5」から「2.9」くらいで、「まあまあ」の成績であった。評価がもっとも低かったのは経済学の教授で、「3」以下の教授が相当多数に上った。一般的に学生から見て不満が多かった点は、「学生が自学自習できるよう導いてくれない」（3.11）[30]、「講義時間以外の場で面倒をみてくれない」（3.24）、「学生がどれだけ理解しているかチェックしながら講義してくれない」（3.25）などであった。RCDSの代表ツィーシャング女史は、次のように語っている。『われわれは教授を侮蔑しようなどとはまったく考えていない。われわれは、〈生贄の羊〉ではなく、トップテンの教授を各専攻ごとに選び出し公表した。われわれのキャンペーンモットーは、〈教授を試験しよう〉である。われわれはこの運動を通して、大学大綱法や各州の大学法のなかに、〈学生による講義批判〉（studentische Veranstaltungskritik）を可能とする条文が盛り込まれることを望んでいる。また各専攻ごとに定期的に教育に関する報告書を作成すること、そのための委員会を各大学に設けること、さらに教授の採用にあたって研究業績が同じ場合

には、教育への取組み面を重視すること、等々を要求していくつもりである』」。

以上は『フランクフルター・アルゲマイネ』紙から訳出したものであるが、『ヴェルト』紙には、法学部を例にして、『シュピーゲル』、『シュテルン』、RCDS の三種の「大学ランキング」が比較・掲載されていたので、参考までに挙げておこう（表II-4-15を参照）。なお、この記事には、こうした比較は「林檎と梨と桃の美味しさを比較するようなものである」というコメントが付されている[31]。

また、『ヴェルト』紙の別の記事では、「偶然のヒットパレード、大学ランキングは誰の役に立つのか？」という見出しで、「今年（1993年）になって、もう4回も大学ランキングが発表された」として、次のような内容の記事が掲げられている[32]。

「今週『フォーカス』誌にも大学のヒットパレードが掲載された。これは何と今年に入って4番目の大学ランキングである。『フォーカス』誌のランキングは、1992年に約7,000の専門雑誌に掲載されたそれぞれの専門分野ごとの教員の論文数を基準にしている。4つの雑誌でそれぞれトップにランキングされた大学は、次のとおりである。

表II-4-15　法学のランキング順位（シュピーゲル，シュテルン，RCDS）

順位	シュピーゲル	シュテルン[1]	RCDS
1	コンスタンツ	テュービンゲン	ハイデルベルク
2	パッサウ	ミュンヒェン	ヴュルツブルク
3	レーゲンスブルク	ハイデルベルク	コンスタンツ
4	ビーレフェルト	フライブルク	バイロイト
5	ザールブリュッケン	ボン	エアランゲン／フライブルク
下位5大学	ヴュルツブルク	エアランゲン	アウクスブルク
	ミュンスター	マールブルク	ハノーファー
	テュービンゲン	ベルリン自由	ギーセン
	フランクフルト	ハノーファー	ミュンスター
	ボン	ブレーメン	マインツ

1）『シュテルン』誌の順位は「学術的教育」の面から見たランキング。
（出所）Welt 紙 1993年5月13日

『シュピーゲル』誌:デュッセルドルフ大学
『シュテルン』誌:ゲッティンゲン大学(学術面)、アーヘン大学(実践面)、ミュンヒェン大学(教授の名声)
『フォーブス』誌:ケルン大学
『フォーカス』誌:ベルリン自由大学。

個々の分野ごとに見ると、たとえば法学部の場合、『フォーカス』ではベルリン自由大学、『シュピーゲル』ではコンスタンツ、『フォーブス』ではフライブルク、『シュテルン』ではミュンヒェンが[33]、それぞれトップを占めている」。

この記事では、続いて法学国家試験について取り上げられている。すなわち、法学国家試験の補習学校の教師 (Repetitor)[34] を務めているある弁護士の感想が掲載されている。彼は次のように言っている。「ランキングの決定はもっぱら偶然に左右される。順位も常に変動する。法学部における教育の質は、どこの大学も似たり寄ったりである。要するに、どの大学も一様によくない。もし多少でもよくなれば、誰も高いお金を払って補習学校に通う必要はなくなる。そもそもランキングなど学生にとって何の役に立つのだろうか。われわれは、キール、ベルリン、ハンブルクで同じ問題を出して比較してみた。その結果は、ベルリンの学生がもっともよい答案を書いた。ハンブルクの学生が中間で、キールの学生は一番見劣りした。しかし実際の試験では、キールの学生が一番よい成績を収めた。国家試験は州ごとに行われるので、その州がどんな試験問題を出題するかで点数も変わってくる」。彼によれば、「ハンブルクは最近明らかに試験をやさしくしたので、来年はおそらくまた別の様相を呈するであろう」ということである。要するに、「法学部の学生にとってはどこの大学に学んだかよりも、国家試験でどの位よい成績を収めたかが将来のキャリアと結び付いてくる。ベルリン自由大学に学生が数多く集まるのは、同大学の実務家による講義の多くがベルリン政府の役人により担われており、国家試験の問題も彼らによって出題されることが多いからである」とされている。

4 大学学長会議の議論とパイロットプロジェクトの開発

　最後に、大学学長会議におけるランキング等をめぐる最近の議論の概要を、同会議のエーリヒゼン (Hans-Uwe Erichsen) 会長[35]の発言を中心に見ておきたい。また同会議による大学評価のパイロットプロジェクトについても、ごく簡単に紹介しておくことにする。

(1) 大学学長会議の議論

　1993年6月9日、ボンで「ドイツにおける大学の発展に関する構想」(Konzept zur Entwicklung der Hochschulen in Deutschland) をテーマにした専門家フォーラムが、大学学長会議により開催された[36]。このフォーラムでは、たとえば「大学に対する公的経費の配分状況はますます厳しくなってきているが、これにどう対応するか」、「国家や世論のプレッシャーに直面し、国民の税金をどう使ったかをいかなる形で説明するか」といった諸問題が集中的に論議された[37]。

　その際、学長会議から提唱されたのが、『シュピーゲル』誌や『シュテルン』誌などに見られるような「ヒットパレード（ランキング）」ではない「学術的比較」にもとづいた報告書の作成であった。エーリヒゼン会長は、この点に関連して次のように述べている。「われわれは究極的には意味のないランキングのなかに、すべての大学をむりやり押し込めるといった企てはするつもりはない。その代わりに、データの明白性 (Transparenz) を通して、大学の実績に関する具体的な問合わせに対し、いつでもこれに応じられるような、そういうシステムを考えている」[38]。

　すなわち、エーリヒゼン会長は、「『シュテルン』誌や『シュピーゲル』誌に発表された大学ランキングは、現在のドイツの大学状況を明白化する試みとして全然意味がないわけではないが、両誌の方法では複雑な事象を正確に把握することは不可能である。どちらも評価の仕方が主観的であり、視野が狭い。われわれは大学における学習、教育および研究の枠組みをきちんと把握した報告書を作成したい」と語っている[39]。

　同会長によれば、それは具体的には次のような内容をもつものである[40]。「まず一方では、スタンダード化された形式で厳密なデータを掲載した測定

可能な尺度（Meßinstrument）である。それはたとえば、学生数、教授および学術協力者（wissenschaftliche Mitarbeiter）の数、各学科ごとの平均学習期間数、学位取得者、教授資格取得者数、学術的な賞の受賞数、学生数と教授数の比率、等々である。またもう一方では、いわゆる『ソフト』なデータも記載される。たとえば『大学の顧客』（Hochschulkunde）としての学生や経済界からの反響、さらに個々の専門領域の実績についての文章による説明など、興味深い内容が盛り込まれる」。そして「こうしたデータのスタンダード化」により、「大学の施設および質について、大学内部の比較と大学間の比較の両方が可能となる」としている。

　続いて同会長は、「大学法のなかで規定されている教育および学習の目標がどの程度達成されているか、たとえば基礎学習のあとの職業能力、および標準学習期間（Regelstudienzeit）[41]内で専門の学習能力が、それぞれどの位身に付いたか」、さらに「大学教育が学術的な思考、すなわち偏見のない思考を取り入れているかどうか、同時に学生および経済界の要請にかなっているかどうか、さらに最新の学問的および実践的認識にもとづいたものとなっているかどうか、等々といった諸点が検証されなければならない」。以上を通してはじめて、「ヨーロッパ市場における競争能力が保証されるのである」と強調した[42]。

　なお、エーリヒゼン会長のこうした発言に対し、連邦教育学術省のフリッツ・シャウマン（Fritz Schauman）次官は、次のようにコメントしている[43]。すなわち、こうした報告書は「大学の学習を効果的なもの」としなければならない。さらに、彼によれば「大学教育に関する幅広いコミュニケーションの機会が欠如している」。とくに「教員と学生の間のコミュニケーション、教員同士のコミュニケーションが欠如している」。したがって、「学生と教授は教育についてもっと話し合うべきであり、組織化された教育の評価と、そのための条件が開発されなければならない」としている。彼はまた次のようにも述べている。「大学の自己評価は、第一のフィードバック（Rückkopplungskreis）である」。その際、「意味のないデータばかり集めたものとならないように注意しなければならないし、いかなる不当な単純化や誤った結論も許されては

ならない」。また、この方法論化にあたっては、「学生による講義批判も認められるようにすべきである」。「第二のフィードバック」は、もちろん客観的コントロールという意味での「他者による大学評価」である。外部評価なくしては、「ぴかぴかに磨かれた都合のよい記述ばかりの広報」で終わってしまうと批判した。

(2) 大学学長会議のパイロット・プロジェクト

(1)で言及したように、大学学長会議のエーリヒゼン会長は、「大学学長会議は、『シュテルン』や『シュピーゲル』、あるいはRCDSなどのランキングとは異なり、単なる見積もりではなく、実証された厳密なデータを使って作業しなければならない」として、「こうしたデータを相互に比較し、関連付けることにより、ランキングに代わる、学問的方法にもとづいた教育と研究の質の規定に関する測定可能な尺度」を開発しなけれならないと訴えた[44]。

こうした特色をもった「大学プロフィール」の試みの、第1回目の報告書が1993年6月に開催されたドイツ学長会議で報告された[45]。

この報告書の表題は、『パイロットプロジェクト、プロフィール形成』(Pilotprojekt Profilbildung)である。今回(1993年時点)はまだ試行段階であり、今後、専門分野や対象領域をさらに拡大して、調査が継続されることになっている。今回対象となった専門分野は、①物理学、②経済学、③ドイツ語・ドイツ文学の三領域で、検証を受けたのは、次の10大学であった。すなわち、バンベルク大学、バイロイト大学、ベルリン工業総合大学、ドルトムント大学、カイザースラウテルン大学、カールスルーエ大学、カッセル大学、オスナブリュック大学、ヴッパータール大学、ブレーメン専門大学である。なお、どの大学を調査の対象とするかでも難航したとのことである。この結果の詳細について、ここでは十分に紹介する余裕がないが、だいたい次のような内容のものであった。

① 各専攻ごとの1990年以降の卒業者数、1984年以降の新入生数、国家試験、ディプローム試験等の合格者数などからたとえば次の点が判明した。すなわちドルトムント大学では、入学者に占める国家試験等の合格

者数の割合は40％であった。つまり60％の者は何らかの理由で同大学を「去っている」。一方、カイザースラウテルン大学は、入学時より卒業時の方が学生数が増加しており、この割合は100％を超えている。つまり同大学には、途中から転学してくる学生が多いということがわかる[46]。

② 物理学でみると、調査対象となった大学間で相当の相違がある。カールスルーエ大学は、学生、新入生、国家試験等の受験者数で最高値を示している。教員1人あたりの学生数ももっとも多くなっている。しかし学生の大学在学期間でみると、大体平均値と同じである。これに反し、教員1人あたりの学生数がもっとも少ないベルリン工業総合大学の学生の在学期間が、もっとも長くなっている。なお「第三者資金」(注14を参照)でいうと、カイザースラウテルン大学が、1教授ポストあたり618,000マルクを数え、トップとなっている。

③ 経済学でみると、バイロイト大学は調査の対象となった大学のなかで新入生数はもっとも多いが、逆に教授数はもっとも少なくなっている。しかし学生の大学在学期間はもっとも短いという結果が出ている（10.8ゼメスター。長いところでは、ヴッパータールが13.0ゼメスターであった。なお、連邦全体の平均は11.3ゼメスターである）。つまりバイロイト大学は、教育条件は悪くても卒業率は高いということがわかる。またカッセル大学では学生の90％が標準学習期間で修了しているが、ヴッパータール大学では、その割合は70％となっている。

④ 1教授ポストあたりの担当試験数を比較すると、カッセル大学の物理学の1教授ポストあたりの試験数は平均して「0.8」、一方カイザースラウテルンのそれは「3.1」である。経済学になると、教授は「ベルトコンベアーで受験生をさばいてゆかなければならない」。一番多いのはバイロイトで「21.6」である。そのほか、ベルリン工業総合では「7.3」、ドルトムントとヴッパータールは「6」以下、カッセルではわずか「4.4」となっている。

以上は、学長会議がまとめた第1回目の報告書の一部であるが、エーリヒゼン会長によれば、今後すべての大学のすべての専門分野で、この種の調査

を実施し、その成果を毎年公刊したいということである。

　以上、ドイツの大学ランキングについて見てきた。こうした大学のランキングの試みに、果たしてどの程度客観的な裏付けがあるのか、さらにドイツにおいてこのような試みがどのような意義を有しているのか等々について、十分に論ずることはできなかったが、大学のユーザーとしての学生の立場にたって、学生の大学選択を援助し、同時にランキングというショッキングな方法を採用することにより、なかなか動こうとしない大学人に改革を促す一石を投じることが目論まれていることはたしかであろう。これまでドイツでは、大学進学希望者に対し個々の大学がどのような特色をもっているかといったガイダンスは、少なくとも公的な機関では行われてこなかったからである。学生の多様なニーズと社会の需要にどれだけ応えられるかが、ドイツにおいても大学改革のひとつの中心テーマとなってきているといえよう。

第3節　大学改革の課題

　1990年代に至る戦後のドイツにおける大学の発展状況をまとめると次のようになる。学生数は、1950年代は20万人台であったのが、60年代半ばに40万人近くに倍増し、70年代半ばには80万人前後、80年台に入るとついに100万人を突破するに至った（**図Ⅱ-4-2**および**表Ⅱ-4-16**を参照）。大学の数もこれに対応して、1950年度に143校であったものが、統一直前の1989年には243校に達した。統一後の1991/92年冬学期の数値を見ると、旧西ドイツに251校、旧東ドイツに67校を数え、在学者数は西が168万5,000人、東が14万2,000人で、同年齢層の約3割が大学で学んでいる[47]。

　こうした高等教育の急速な大衆化という事態を背景に、ドイツでも今後の大学の在るべき姿をめぐって、様々な議論がいろいろな場で活発に展開されるようになった[48]。第1節で見た「大学ランキング」の作成なども、そのひとつの現れであると言ってよいであろう。本節では、90年代における大学改革をめぐる論議の要点を概観し[49]、合わせて大学大綱法の第4次改正(1998年)

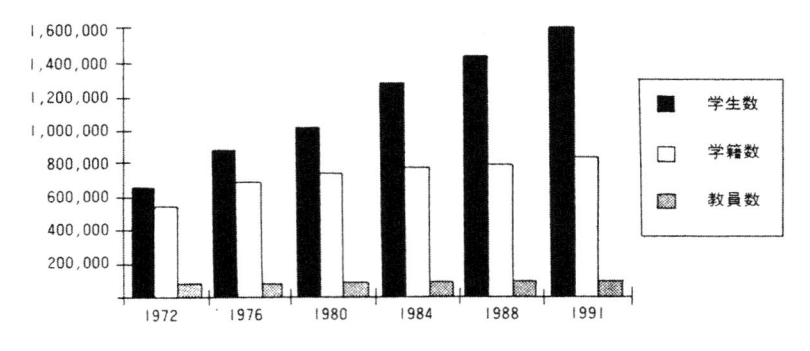

図Ⅱ-4-2　学生数等の推移（旧西ドイツ）

（出所）Bundesministerium für Bildung und Wissenschaft, *Aktuell: Bildung, Wissenschaft,* 5/1993, S.2.

表Ⅱ-4-16　学生数等の増加（旧西ドイツ）

	1972年	1976年	1980年	1984年	1988年	1991年
新入生数（人）	155,500	158,472	182,031	204,496	230,178	249,477
学生数（人）	652,540	859,471	995,630	1,259,037	1,414,918	1,575,164
学籍数	545,400	688,300	733,504	772,606	786,958	821,397
教員数（人）	69,946	77,341	79,577	80,451	81,820	87,901
定員オーバー率（％）	120	125	136	163	180	192
教員1人あたりの学生数（人）	9.33	11.11	12.51	15.65	17.29	17.92

（出所）Bundesministerium für Bildung und Wissenschaft, *a.a.O.*, S.1.

についても言及することにしたい。

　なお、90年代前半に発表された主な大学改革案をいくつか挙げると、次のとおりである。

① 　大学学長会議の「ドイツにおける大学の発展に関する構想」(Konzept zur Entwicklung der Hochschulen in Deutschland) (1992年7月)[50]

② 　学術審議会の「90年代の大学政策に関する10のテーゼ」(10 Thesen zur Hochschulpolitik für die 90er Jahren) (1993年1月)[51]

③ 　連邦教育学術省の「大学における達成能力の活性化に関する提言」(Vorschläge zur Belebung der Leistungskraft der Hochschulen) (1992年6月)[52]

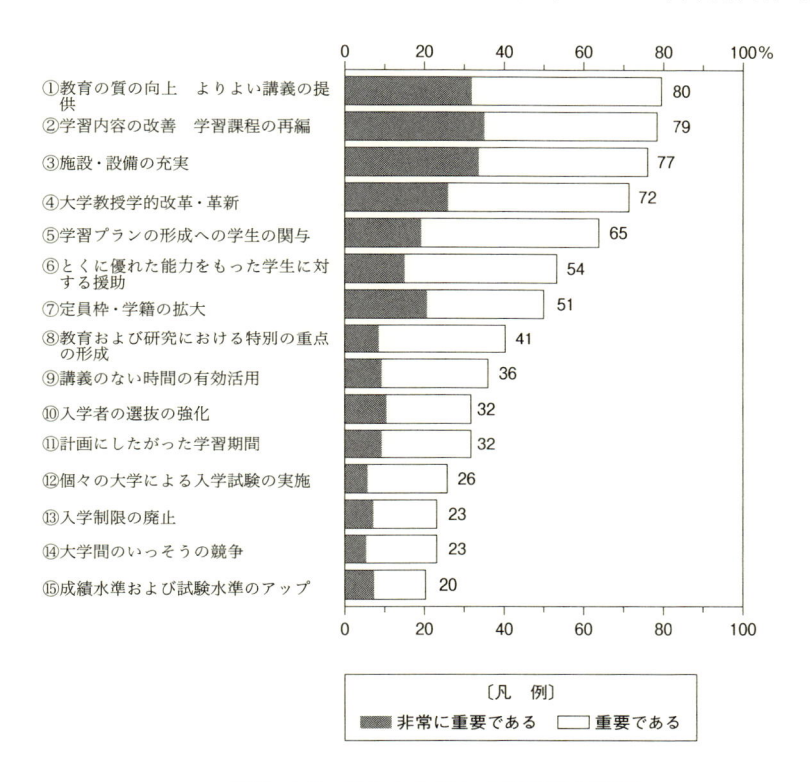

第4章　ドイツの高等教育改革　343

	%
①教育の質の向上　よりよい講義の提供	80
②学習内容の改善　学習課程の再編	79
③施設・設備の充実	77
④大学教授学的改革・革新	72
⑤学習プランの形成への学生の関与	65
⑥とくに優れた能力をもった学生に対する援助	54
⑦定員枠・学籍の拡大	51
⑧教育および研究における特別の重点の形成	41
⑨講義のない時間の有効活用	36
⑩入学者の選抜の強化	32
⑪計画にしたがった学習期間	32
⑫個々の大学による入学試験の実施	26
⑬入学制限の廃止	23
⑭大学間のいっそうの競争	23
⑮成績水準および試験水準のアップ	20

〔凡　例〕　■非常に重要である　□重要である

図II-4-3　学生から見た大学改革の課題

（出所）Bundesministerium für Bildung und Wissenschaft, 11/1993, S.9.

　以下では、これらの文書のなかで提案されている大学改革の課題を、①大学入学者選抜方式の見直し、②専門大学の拡充、③標準学習期間での修了、④学生に提供する教育の質の向上、⑤学術後継者の養成、⑥大学評価の導入と国際化への対応、⑦女性教授の登用の7点にまとめて紹介することにする。
　なお参考までに、学生の目から見た「大学改革の課題」を**図II-4-3**として掲げてみた。この図から、学生はとりわけ「教育の質の向上／よりよい講義の提供」、「学習内容の改革／学習課程の再編」等々といった点に、もっとも関心をよせていることが理解される[53]。

1　大学入学者選抜方式の見直し

　ドイツでは大学入学資格を有する者は原則として、希望する大学、学部に入学することができる。ただし、一定の専攻分野では「入学制限」(numerus clausus) が行われている。こうした「入学制限」がとられている専門分野としては、医学部がもっとも代表的である。こうした専門分野では、中央学籍配分機関 (ZVS) によって、アビトゥーア試験の成績や「待機期間」の長さなどを基準として、全国一律に入学者の決定が行われている[54]。

　これに対し、もっとそれぞれの学科の専門性や特性を生かした選抜方法があってしかるべきではないか、という提案がなされている。また、大学学長会議などでは、ZVSの機能を縮小し、各大学自らが設定する基準にしたがって入学者を決定できるシステムを導入すべきである、といった議論も行われている。さらに、大学入学資格を有しない職業資格取得者 (マイスター等) に大学への入学を認める制度も考えられている。

　ただし、現行のアビトゥーア試験方式を廃止し、わが国のような各大学ごとに実施する入学試験制度を導入することは、憲法上許されないとみなされている[55]。

　大学大綱法第4次改正では、「入学者の選抜が必要な専攻については、定員の約20％は大学が決定できる」という条文が新たに挿入された (第32条3項2b号)。またこれまで、「ドイツ全体の総定員数は志願者全員を入学させるのに足りるが、一部の大学では定員をオーバーしている」という場合、その大学の所在する州出身者 (その州でアビトゥーア試験に合格した者) に、優先して入学枠が与えられてきた。今後はこれを一部改め、「定員の25％までは、自州以外の成績優秀者 (アビトゥーア試験の成績優秀者)」に配分できることになった (第31条2項)。

2　専門大学の拡充

　ドイツの大学は博士号、大学教授資格 (Habilitation) 等を授与することのできる学術大学と、こうした学位等を授与する権限を有しない専門大学の2種類に区分される。これに対し、学術審議会、連邦教育学術省などは、とくに

専門大学にもっと多様性をもたせ、これを拡充すべきであるとしている。すなわち、従来の大学政策がもっぱら学術大学を中心に行われてきたのを見直し、もっと専門大学の特性を生かした発展をはかるべきであるとして、具体的には、現在全学生数の2割強にすぎない専門大学の在学者数を、今後は少なくとも40％にまで高めるといった提案がなされている。

また専門大学の拡充は、工学、経済学だけでなく、法学、工学以外の自然科学の分野、さらには語学の領域にまで及ぼすことが計画されている。

3 標準学習期間での修了

ドイツの大学の特色として、伝統的に学生は自らの計画にしたがって学習するという点を挙げることができる。一応標準的な学習期間（標準学習期間）は定められているが、わが国のように何単位とったから卒業といった概念はない。大学の卒業は、修学した学期（ゼメスター）数と、最終的にどのような試験（医師や教職などの国家試験、ディプローム試験、マギスター試験など）に合格したかによって定まる。これらの試験に合格し、大学を退学することが卒業を意味しているわけである。しかし、たとえば表Ⅱ-4-17に示したように、標準学習期間で大学を「卒業」する学生の割合はきわめて低く、長期にわたっ

表Ⅱ-4-17　全卒業者に占める標準学習期間内の卒業者の割合（自然科学の例）

	標準学習期間（ゼメスター）	8ゼメスターで卒業した者	9ゼメスターで卒業した者	10ゼメスターで卒業した者
数　学	9 (4.5年)	2.5%	2.96%	―
情報学	9 (4.5年)	3.2	2.96	―
物理学	10 (5年)	1.4	2.05	7.39%
化　学	10 (5年)	1.2	3.70	15.03%
生物学	9 (4.5年)	2.4	4.31	―
地　学	9 (4.5年)	1.1	1.92	―
地理学	9 (4.5年)	0.9	2.47	―

（出所）　*DUZ*, 9/1992, S.15.

て大学に在学する学生数の増大が、大きな社会問題となっている。

その理由として、まず第一に国家試験などの受験回数が原則として2回まで、と定められている点が挙げられる。つまり不合格は1回だけしか許されないので、学生は合格する見込みが付くまでなかなか受験しないのが現状である。また授業料が無料[56]ということ、奨学金制度が発達していることもあり、30歳を過ぎてやっと就職するといった学生も珍しくない(**表II-4-18**およびII-4-19に、大学生の卒業年齢と在学期間の平均値を掲げておいた)。

このような状況に対し、学術審議会は、全学生から1ゼメスターあたり1,000マルク(年間:2,000マルク)の授業料を徴収する案を提出したが、学生の側の猛反発にあい、この提案は実現しなかった[57]。しかし、長期在学者からは、一定額の授業料を徴収してもかまわないのではないかとする意見は各方面か

表II-4-18　自然科学の卒業者の平均年齢および学習期間(平均)

ディプローム試験／マギスター試験

	学　科　名	年　齢	学　習　期　間
1	地　学	28.5歳	13.4ゼメスター
2	地理学(ディプローム)	28.3	13.1
3	地理学(マギスター)	28.3	12.7
4	生物学	28.1	12.6
5	物理学	27.3	12.5
6	情報学	27.3	12.5
7	数　学	27.2	12.6
8	化　学	26.8	12.0

教職試験

	学　科　名	年　齢	学　習　期　間
1	地理学	28.9歳	13.5ゼメスター
2	生物学	28.2	13.1
3	物理学／天文学	28.1	13.4
4	化　学	27.9	13.2
5	数　学	27.6	13.4

(出所) *ibid.*

表II-4-19　大学生の卒業年齢と学習期間（平均）

	学　科　名	年　齢	学習期間
1	心理学（ディプローム）	31.0歳	12.8ゼメスター
2	哲学（マギスター）	29.7	13.3
3	教育学（マギスター）	29.6	12.2
4	教育学（ディプローム）	29.6	12.1
5	建築学	29.2	13.9
6	社会学（マギスター）	29.2	13.2
7	社会学（ディプローム）	29.2	12.8
8	政治学（マギスター）	29.2	12.1
9	社会科学（ディプローム／マギスター）	29.2	12.0
10	芸術（国家試験）	29.0	12.4

（出所）ibid. S.14.

らいわれており、たとえばベルリン州では1993年8月に州大学法が改正され、標準学習期間（9ゼメスター：4.5年、工学部の場合は10ゼメスター：5年）を4ゼメスター（2年）超えて在学する学生から、1ゼメスターあたり100マルクが徴収されることになった[58]。

　こうした動向と合わせて、州から高等教育機関への経常費の配分に際しては、標準学習期間内に修了した学生数を基準とすべきであるとする規定を、大学法に設けようという動きもいくつかの州に見られる。また、ノルトライン・ヴェストファーレン州では、1993年6月に大学法が改正され、大学の在学期間の最長が9ゼメスターと定められた[59]。

　一方、学生の側からは、たとえば前述の連邦教育学術省のアンケート調査の結果にも見られるように[60]、「不合格であった試験を同じ学期にもう一度受験可能とする」(82%)、「標準学習期間内であれば、再々受験も可能とする」(63%)というように、受験回数の見直しを求める意見が大勢を占めている（図II-4-4を参照）。これに対し、すでにいくつかの州では州大学法を改正し、標準学習期間内に修了試験を受験する者については、不合格となってもこれを受験回数としてカウントしない、などの規定を設けている[61]。

　これらを踏まえて大学大綱法第4次改正では、従来は拘束力をもたなかっ

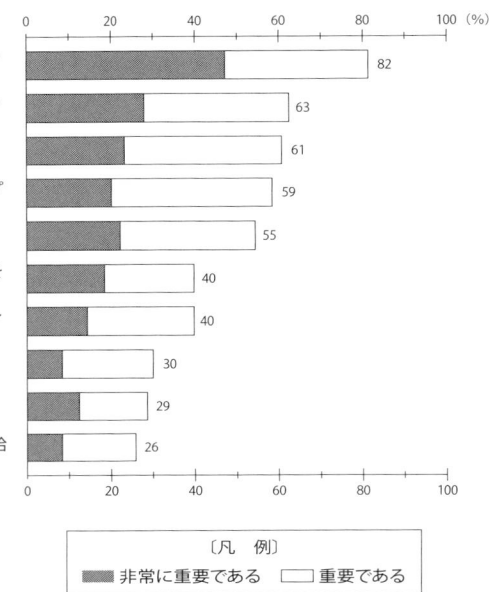

図II-4-4　学生から見た学習期間短縮のための措置

措置	％
①不合格であった試験を同じ学期にもう1度受験可能にする	82
②標準学習期間内であれば再々受験も可能とする	63
③試験手続きを円滑化する	61
④チューターや学生指導担当グループを配置する	59
⑤アルバイトを減少する	55
⑥ディプローム試験の論文作成期間を最高6か月とする	40
⑦入学時点や中間時点で行う学習ガイダンスを義務化する	40
⑧授業の休暇期間にも講義等を行う	30
⑨長期在学者から授業料を徴収する	29
⑩連邦教育助成法に奨学金の最高支給期間を定める	26

〔凡例〕■非常に重要である　□重要である

(出所) Bundesministerium für Bildung und Wissenschaft, *a.a.O.*, S.17.

た標準学習期間を、これからは具体的に「4年ないし4年半」と明記し(第11条)、合わせて標準学習期間の中間点で「中間試験」を実施することを義務付けた(第15条1項)。また「回数にカウントしないシステム」(Freischuß)も取り入れられることになり、これまでは2回しか認められなかった受験回数が、今後は一定の期間内であれば何度でも受験することができるようになった(第15条2項)。

4　学生に提供する教育の質の向上

(1) 一般的な状況

　従来ドイツの大学は、研究第一主義という傾向が非常に強かった。これに対し、たとえばオルトレープ連邦教育学術相は、「ドイツの大学制度が高い水準を恒常的に維持しようとするなら、われわれは教育の質の評価と質の確保という新しいアプローチを必要とする」[62]と語っているように「学生に提供

する教育の質の向上」ということが、近年のドイツにおける大学改革のもっとも中心的な課題となっている。こうした「教育面の重視」という点に関して、学生、教授、そして雇用者たちはそれぞれどのように考えているのか、オルトレープの言葉にしたがって、ごく簡単にまとめておこう[63]。

① 学生の側からは、たとえばすでに紹介したキリスト教民主同盟(CDU)の学生グループによる「教育にもっと重きを置こう」とか「教授を試験しよう」といった運動に見られるように、批判の中心は、大学教員の専門的能力の欠如よりも、提供される教育が行き届いていないことに対する不満にある。今後は、大学教員の採用に際して、研究業績だけでなく、教育面の実績も考慮することが求められる。これと並行して、学生の教育を補助するチューターの制度の導入であるとか、学生の教育を専門とする教員の配置といったことも考えられる。

② しかし教授たちは、自らにその責任があるとは考えていない。たとえば、大学教員を対象に実施されたボッフム大学のトライネン教授の調査では、次のように指摘されている。すなわち、教授たちに言わせれば「大学教育の質が問題視されるのは、個々の教授の欠陥に起因するものではない。組織のなかでの調整がうまくいっていない点に、その原因がある」とされている。

③ 経済界の側からは、大学教育に対して、次の点が期待されている。すなわち、たとえばドイツ経済研究所が雇用主たちに対して行った調査では、「知識だけが決定的な要素ではない。社会的なコミュニケーション能力がもっと必要である」とされている。

なお参考までに、連邦教育学術省のアンケート調査の結果(前述)から、学生が「教育の質の向上」に関して、どのような要望をもっているかを紹介しておこう(**図Ⅱ-4-5を参照**)[64]。学生の目からは、次の諸点が指摘されている。

① 大学の種類によって異なるが、大体4分の1から半数の学生は「重要な講義の時間が頻繁に休講になる」としている(図Ⅱ-4-5の①を参照)。

② 旧西ドイツよりも旧東ドイツの大学生の方が、「教員から個人的に指導を受けることができる」と答えている者の割合が高い[65]。また学術大

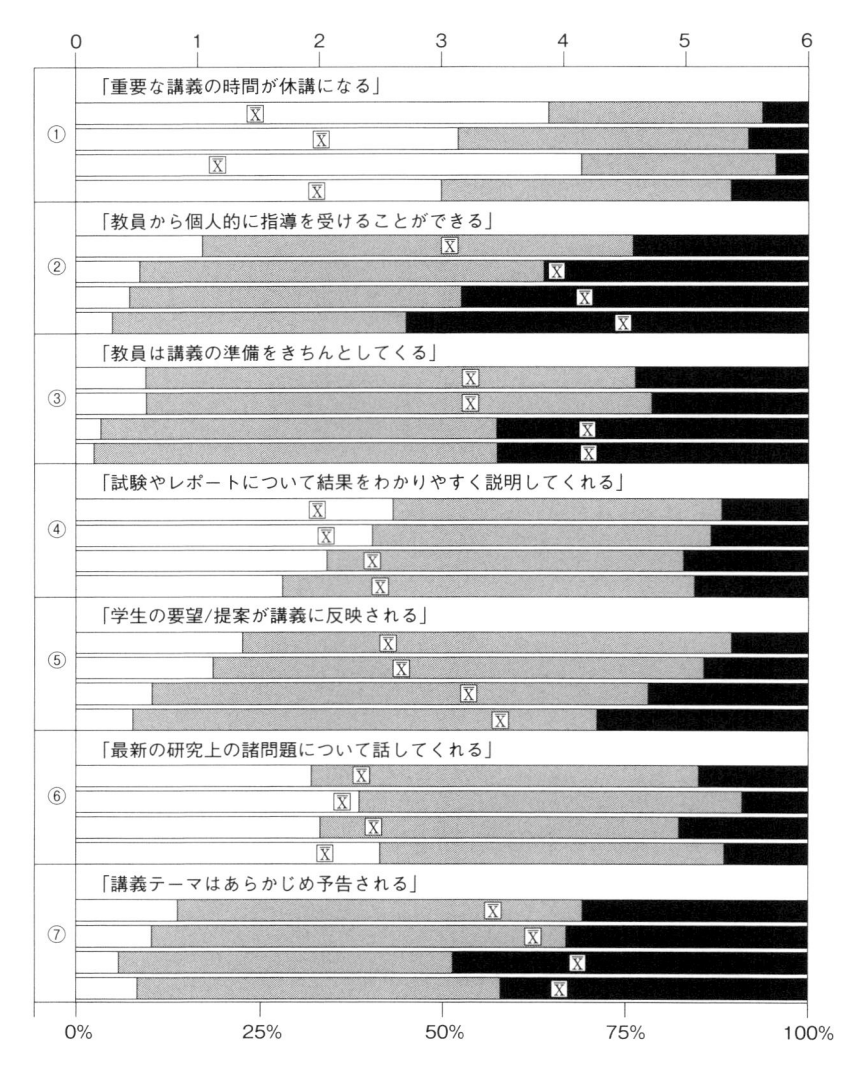

350 第Ⅱ部 ヨーロッパ統合とドイツの教育

①「重要な講義の時間が休講になる」
②「教員から個人的に指導を受けることができる」
③「教員は講義の準備をきちんとしてくる」
④「試験やレポートについて結果をわかりやすく説明してくれる」
⑤「学生の要望/提案が講義に反映される」
⑥「最新の研究上の諸問題について話してくれる」
⑦「講義テーマはあらかじめ予告される」

[凡例] (1) いずれも第1段目が旧西ドイツの総合大学（学術大学），第2段目が旧西ドイツの専門大学，第3段目が旧東ドイツの総合大学（学術大学），第4段目が旧東ドイツの専門大学を指す。

(2) □：稀である
　　▨：しばしばある
　　■：頻繁にある

(3) 𝕏：中間値

図Ⅱ-4-5 「教育の質」に対する学生の感想

（出所） Bundesministerium für Bildung und Wissenschaft, *a.a.O.*, S.26.

学よりも専門大学の方が、学生に対する教員の面倒見がよい（図Ⅱ-4-5の②を参照）。

③　西の学生のうち「教員は講義の準備をきちんとしてくる」と答えている者は、わずか4分の1にすぎない。一方東の大学では、その割合は約半分である（図Ⅱ-4-5の③を参照）。

④　西の大学では、約40％の者は「試験やレポートについて結果をわかりやすく説明してくれない」と回答している。東では、その割合は西より若干低くなっている（図Ⅱ-4-5の④を参照）。

⑤　「学生の要望／提案が講義に反映される」と回答している者は、あまり多くない。東の方が「そうである」とする者が多い（図Ⅱ-4-5の⑤を参照）。

⑥　東西ともに学術大学の方が「最新の研究上の諸問題について話してくれる」と回答している（図Ⅱ-4-5の⑥を参照）。

⑦　「講義のテーマはあらかじめ予告される」という点では、「稀である」とする割合は、かなり低くなっている。この面でも東の大学の方が「そうである」とする者が多い（図Ⅱ-4-5の⑦を参照）。

このように、従来研究面と比較して、とかくおろそかにされがちであった教育面の充実という要請がますます強くなってきた。

第4次大学大綱法改正では、今後は研究業績だけでなく、「教育的適性」(pädagogische Einigung) を有していることが、大学教授資格の付与、あるいは教授の採用・昇格等にあたり、その前提条件となると明記された（第44条1項2号）。ただし適性をどのように判断するかは州政府に委ねられた。また「教育面の評価にあたっての学生の関与」も認められ、学生団体などがこれまで要求してきた「学生による講義批判」(studentische Veranstaltungskritik) も可能となった（第6条）。なお現在は、大学教授資格の取得が大学教授になるための必須要件となっているが、今後は「大学外において達成された同等の学問的業績」によっても、「大学教授としての専門性を証明できる」と改められた（第44条2項）。これにより大学教授資格をもたない有能な人材を教授に登用する道も開かれたとされている。

これと合わせて「学生に対するガイダンス義務の強化」も謳われている（第

14条)。これは具体的には、チューターの制度の導入、学生の教育を専門とする教員の配置といったことが考えられているようである。

(2) ノルトライン・ヴェストファーレン州の「教育の質に関する行動計画」

こうした学生に対する教育の質の向上という点について、ノルトライン・ヴェストファーレン州の学術・研究省が刊行した『教育の質に関する行動計画：最終報告書』が参考になる。ここではその内容を具体的に紹介してみたい[66]。

この行動計画は、ノルトライン・ヴェストファーレン州の総合大学（学術大学）および専門大学の両方からなる作業グループ（大学教授側代表、政府側代表および学生側代表から構成）により作成され、その最終報告書は1991年10月31日付けで、ノルトライン・ヴェストファーレン州学術研究大臣に対し提出された。以下、この計画のなかの提言内容を紹介し、合わせてこれら提言が、その後どのように実行に移されているのかについて、若干のコメントを付しながら見ていくことにしたい。

最終報告書では、学術大学では28項目、専門大学では22項目の具体的措置を講じることが要請されている。それらを列挙しまとめると、**表Ⅱ-4-20**「具体的提言一覧」のようになる。この表で、（学）は学術大学のみ、（専）は専門大学のみ、（共）は両者に共通の提言である。

なお、以上のような具体的措置は、学術大学について言うと、次の4つの行動領域に分類されている（**表Ⅱ-4-21**を参照）。

まず「学習および試験に関する構造上・数量上の基準数値の設定」ということが提言されている。これは、本節3で見たように、ドイツの大学では、標準学習期間は定められているが、この期間で実際に大学を卒業する者は大体2割程度にすぎないのが現実である。こうした状況に対し、「学習および試験に関する構造上・数量上の基準数値」をきちんと明確なものとして法制化すべきであるというのが、この提言である。合わせて、「標準学習期間内で国家試験を受験する場合は、不合格となってもこれを受験回数にカウントしない」、「標準学習期間を超える学生からは授業料を徴収する」といったことも言われている。

表II-4-20　具体的提言一覧（ノルトライン・ヴェストファーレン州学術研究省『教育の質に関する行動計画：最終報告書』から）

1	学習および試験に関する構造上・数量上の基準数値（Eckdaten）の設定	（共）
2	教師教育および法学教育の改革の推進	（学）
3	教授の専門を幅広く設定する	（共）
4	教授は大学の所在地に居住義務をもつ	（共）
5	引っ越しが完了することが任用を許可するための条件とする	（学）
6	学術協力者（wissenschaftliche Mitarbeiter）の教育能力を高める	（学）
7	教授能力に関して大学教授資格試験の手続きを拡大する	（学）
8	教授の任用にあたってはその者の教育的資質をより詳細に吟味する	（共）
9	慰留交渉（Bleibeverhandlung）にあたっては教育上の実績を吟味する	（学）
10	大学教員として初めての任用にあたっては、試用期間内にその者が教育上の資質を有するか否かを検証する	（共）※
11	教育に携わる学術研究者に特別の報酬を支給する	（共）
12	チューター・プログラムの導入	（共）
13	学生による講義批判（studentische Veranstaltungskritik）の実施	（共）
14	様々な連関のなかで教育資格の判定に学生を関与させる	（共）
15	基礎学習における教育を教授が行う	（学）
16	Ｃ２の教授のなかで教育上特別の実績が認められる者をＣ３に格付ける	（専）
17	メントール（チューター）に学生の試験準備を手伝わせる	（共）
18	教育の評価（学長の「教育報告書」、州学長会議の「試験委員会」）の実施	（共）
19	予算書タイトルグループ94にもとづく特別報奨金（ボーナス）	（共）
20	学習改革モデルに対する特別支出	（共）
21	学部長（Dekan）の権限強化	（共）
22	教授に対する特別手当の支給	（共）
23	義務時間を越えて講義を担当し教育上の実績を有する者に対し、6ゼメスター後に研究専念ゼメスターを優先して与える	（共）※
24	通常の研究専念ゼメスターは教育上の実績のある場合にのみ認める	（共）
25	新しいプロジェクトに関与している教員に対し資金面および特別休暇によって優遇措置を講ずる	（学）
26	学習期間が短い学生に対し特典を与える	（共）
27	学生の研究場所の改善に対する特別支出	（共）
28	教育上のニューメディアに対する特別支出	（共）
29	休暇期間における補習講義に対する特別支出	（共）

（注）（学）は学術大学のみ、（専）は専門大学のみ、（共）は両者に共通の提言である。※を付したものは、文言は必ずしも同一ではないが、両者（学術大学、専門大学）ほぼ同趣旨の提言である。なおドイツの大学教授は、俸給表に対応してＣ２、Ｃ３、Ｃ４に区分される。一番上のランクがＣ４である（提言16を参照）。

（出所）Ministerium für Wissenschaft und Forschung des Landes Nordrhein-Westfalen, *Aktionprogramm, Qualität der Lehre, Abschlußbericht*, zweite erweiterte Auflage, 1992. をもとに作成

表Ⅱ-4-21　行動領域一覧（学術大学の場合）

領　　域	具体的措置
行動領域Ⅰ （1, 2）	基礎的学習課程の構造改革 →　学習課程全般に関わる基礎的な構造改革を行う
行動領域Ⅱ （3～11）	教育の強化 →　学生に提供する教育の質の向上をはかる
行動領域Ⅲ （12～14）	学生に対するオリエンテーション的援助、および教育経営の形成への学生のより積極的な関与 →　学生を大学改革の現場にコミットさせる
行動領域Ⅳ （15,17～28）	特別の教育上の達成と改革措置への働きかけ、および教育評価の促進 →　学生に提供する教育の質の向上にあたって、有益なプログラムに対し積極的にこれを援助する

（出所）Ministerium für Wissenschaft und Forschung des Landes Nordrhein-Westfalen, *a.a.O.* にもとづき作成

　以下、この行動計画のなかで、教育の質の向上との関わりで大学教授について具体的にどのような提言がされているかを、箇条書にしてまとめてみよう（表Ⅱ-4-20を参照）。

① 　まず3で「教授の専門を幅広く設定する」と提言されている。これは、教授が自らの専門を深めることはもちろんであるが、学生に提供する教育という面では、幅広い専門分野をカバーしなければならない、という意味である[67]。この提言を受け、ノルトライン・ヴェストファーレン州大学法では、次のような改正条文が挿入されている。「教育上の使命に関しては、そのポストの就任者によりその専門に関する必要な教育の適切な部分が継続性をもってカバーされるよう、より幅広く把握されなければならない」（第51条第1項）。

② 　次に4で「教授は大学の所在地に居住義務をもつ」とされている。その理由として、「恒常的に大学の所在地に居住することは、秩序にかなった効率的な教育運営のための重要な前提条件である」と言われている。したがって、講義のある日だけベルリンからボンにやってくるといったことは認められないということである。これと合わせて、5では「引っ越しが完了することが任用を許可するための条件とする」とされている。

③ 7で、「教授能力に関して大学教授資格試験の手続きを拡大する」とされている。この点については、ノルトライン・ヴェストファーレン州大学法では、次のような条文が挿入された。「大学教授資格試験の口述試験の成績には、学習課程と関連した授業を行わせることも含まれる」(第95条第3項)。

④ 8では、「教授の任用にあたってはその者の教育的資質をより詳細に吟味しなければならない」と提言されている。この点では、ノルトライン・ヴェストファーレン州の大学法は、次のような条文に改正された。「教授の招聘提案は、3名の者に順位を付けて行われる。順位には、とりわけその者が教育的および研究的使命を十分にみたすことができるか否かが記載される。その際、学外教授による2通の所見が添付されるものとする」(第51条第3項)。

⑤ 9では、「慰留交渉にあたっては教育上の実績を吟味する」と提言されている。これは次のような意味である。ある大学の教授に、別の大学からお呼びがかかった場合、その者は今いる大学およびその大学を所管する文部省、あるいは文部省に相当する省と、いわゆる「慰留交渉」(Bleibeverhandlung)を行うことができるようになっている。慰留交渉では、たとえば給与の額であるとか、あるいは教育条件や研究条件の改善など、どんな条件であれば今の大学にとどまれるかが話し合われる。この慰留交渉にあたり、今後は教授の研究上の業績もさることながら、それ以上に教育上の業績も考慮の対象となるというのである。したがって今後は、学生側の意見を集約してこの教授には教育上の実績が認められないということになると、文部省側も、この教授とは「慰留交渉」を行わない、つまり引き止めないということになる。

⑥ 13では「学生による講義批判の実施」という提言も掲げられている。それはたとえば、表Ⅱ-4-22のような「教育の質の判定に関する質問表」を学生に配付して、各教授の一つひとつの講義について、学生に記述させるといった形式がとられている。要するに、表Ⅱ-4-20の14に挙げられているように「様々な連関のなかで教育資格の判定に学生を関与させ

表 II-4-22　教育の質の判定に関する質問表の例

1. あなたがこれから勉学を続ける上で、あるいは試験に望む上で、その講義がどのような意味をもっているか明らかにされていますか？
2. 講義で取り扱われている素材が、その範囲およびその要請に関して、あなたの見るところでは、どれだけ上手に処理されていると思いますか？
3. 講義が専門に関するあなたの興味・関心、あなたの問題理解を促進しましたか？
4. 教員の講義の実際について伺います。次の各項目について、あなたはどのように評価しますか？
   ・講義に教員はきちんと現れるか（休講、代講などがないか）？
   ・講義への学生の関与は？
   ・講義の区切り方・構成は？
   ・講義は理解しやすいか？
   ・講義のスタイルは？
   ・テーマの説明の仕方は？
   その他、講義以外で相談にのってくれるか？　等々。

(訳者注) いずれも「1」(非常によい)から「5」(不十分)の5段階で、受講した学生が教員の講義(Vorlesung)、ゼミナール(Seminar)、演習(Übung)、実習(Praktikum)の内容を評価する。質問表には、「当該教員の氏名」、「講義題目」、その科目が「必修」か「選択」かなどの事項が記入される。また自由記述の欄もある。
(出所) Ministerium für Wissenschaft und Forschung des Landes Nordrhein-Westfalen, a.a.O に掲載されたノルトライン・ヴェストファーレン州研究学術省の1991年6月7日の通達を訳出。

る」ということである。あるいは「12. チューター・プログラムの導入」については、次のように記載されている。「チューターには、学習プランの作成など大学での学習面でのガイダンスを行うオリエンテーション機能、マンモス大学のなかでの学生生活に対し助言を与える社会的機能、学生の学習の手助けをする演習機能、の3つの機能を果たすことが求められる」。なおチューターには、学術補助員(wissenschaftliche Hilfskraft)が、これに携わるとされている。

⑦　「21. 学部長(Dekan)の権限強化」という提言に対しては、ノルトライン・ヴェストファーレン州大学法第27条に次のような新しい文言が挿入された。「学部長は、とりわけ教育提供が完全に行われているか、学習および試験規則、ならびに2年ごとに作成される教育報告に関して責任をもつ。学部長は学習および試験規則の原案を作成し、学部の構造発達に関する提案をする」。また学部長が行動計画の実施、とくに学生によ

る講義批判と教育報告書の事前準備の実施にあたり、その責任を全うできるように、予算書のなかで特別の助成を行うことができるようになった。さらに、ノルトライン・ヴェストファーレン州の提案により、文部大臣会議は、「新」学部長に対しおおよそ月あたり1,000マルクまで手当てを支給することを決議した。

⑧　そのほか、「17.チューターに学生の試験準備を手伝わせる」、「22.教授に対する特別の教育手当ての支給」、あるいは23のいわゆるサバティカル休暇が認められるのは、「教育上の実績のある場合にのみ認められる」であるとか、「25.新しいプロジェクトに関与している教員に対し資金面および特別休暇によって優遇措置を講ずる」等々、種々の具体的提言が唱えられている。

5　学術後継者の養成

　ドイツでは、わが国のように修士課程、博士課程という具合に、制度化された大学院教育といったものは行われてこなかった。たとえば、博士号を取得する場合、大学卒業後、指導教授のもとで数年間にわたって論文を作成し、博士試験に合格する、といったステップが踏まれている[68]。こうした現状に対し、何らかのきちんとした学術後継者の養成システムが構築されるべきであるとされている[69]。

　とくに大学教員の年齢構成をみると、東も西も2005年までに約半数が退職する見込みになっている[70]。したがって、優秀な大学教員をいかに養成するかが、今後の大きな課題となっている。連邦教育学術省や学術審議会では、大学における教育を、①学術的な教育、②職業のための教育、③学術後継者の養成教育、の3つに明確に区分すべきであるとしている。そしてこれに対応して、大学における教育は、学部レベルと大学院レベルに役割分担すべきであるとされている。すなわち、ひとつは標準学習期間内にディプロームを取得して修了する教育である。ここでは、学問的基礎知識を有する職業人の育成が目指される。もうひとつは、学術後継者を養成する教育である。後者は博士号を取得することにより修了する教育であり、これがいわば大学院段

階に相当する。

6　大学評価の導入と国際化への対応

　大学大綱法は、各大学がその活動内容について報告書を作成し、公表することを義務付けている[71]。しかしドイツでは、公的機関による大学評価は行われていない。これに対し、たとえば学術審議会などは、各大学はそれぞれの活動報告書のなかで、提供した教育の実績などに関する「自己評価」の結果を明らかにすると同時に、学術審議会が設ける委員会による「外部評価」も実施されるべきであると提案している。

　また、大学評価の問題と関連して学術審議会などは、各大学、学部への財政措置にあたっては、こうした自己評価、外部評価の結果を参考にすべきであるとしている。さらに、各大学が自己の責任において大学改革を遂行できるよう、経費の配分や人事面で、学長や学部長の権限を強化することも要請されている[72]。

　たとえばラインラント・プファルツ州の大学法改正案などをみると、州から大学への資金の配分にあたっては、25％を基本的経費とし、40％は標準学習期間内に修了した学生の数に応じて、35％は「第三者資金」の取得状況にしたがって、といった具合に、教育・研究の実績に応じた経費配分方式を導入することが考えられている[73]。

　なお、こうした点に関して、前述の連邦教育学術省の報告書は次のように提言している[74]。「大学は、予算、人事および組織の領域で、より自己責任をもたなければならない。大学は、あてがわれた予算をフレキシブルに、かつ自己の責任で取り扱うことができる。（中略）もちろんその際、大学は大企業、サービス業がそうであるように、効率的な経営の責任を引き受け、そのためにふさわしい構造とやり方を発展させる義務も負っている。大学の予算はあまりに大きくなり、人に対しても、物に対しても、責任が非常に重要になってきているので、それに対応してプロフェッショナルなマネジメントが必要不可欠になっている」。

また、国際化への対応という点では、1998年の大学大綱法の改正において、従来の制度と並行して、学部段階としての「学士」(Bachelor)、大学院段階としての「修士」(Master) の課程を各大学の裁量で設置できるようになった（第19条）。また合わせて「単位制度」(Credit Point System) を設け、学習成績を単位の形でポイント化して、国内の大学間だけでなく、外国の大学とも学習成果の比較・互換を可能にする条文が新設された（第15条第3項）。

また、これからは「研究と教育にどれだけ実績を残したかを基準に予算を配分する」という趣旨の「達成を志向した大学財政」(Leistungsorientierte Hochschulfinanzierung) という条文が新設された（第5条）。合わせて「研究と教育の評価」(Evaluation von Forschung und Lehre) という言葉で、はっきりと「評価」の実施とその公開が義務付けられた（第6条）。同時に大幅な「規制緩和」も推進されることになり、これまで細かく大学運営について規定していた条文のうち、かなりの箇所が改正法では削除された。これにより今後は、各大学が自己の責任において、積極的に大学改革を遂行していくことが急務であるとされている。

7　女性教授の登用

最後に、「女性教授の登用」ということが挙げられる。ドイツでは1994年10月に基本法が改正され（第42回改正）、「男女は、平等の権利を有する」（第3条）という従来からの条文のあとに、「国家は、実質的な男女平等の実施を促進し、現存する不利の除去のために努力する」という条文が付け加えられた。

大学大綱法では、第2条「大学の使命」のなかで「大学はその使命の遂行にあたり、女性研究者の現に存在する不利を除去することにつとめる」と規定している（第2条2項）が、第4次改正では、新たに第3条を「男女の平等」(Gleichberechtigung von Frauen und Männern) として、次のような条文が設けられている。「大学は、実質的な男女平等の実施を促進し、現存する不利の除去につとめる。大学における女性担当官および平等担当官の任務および関与権 (Mitwirkungsrecht) については、州法によりこれを定める」。このほか、教授など「学術的および芸術的本務職員」について規定した42条のなかでも「男女

平等の実施にあたり、女性は、その適性、能力および専門的達成を優先して考慮され、促進される」という文言が新たに付された（第42条第2文）。

こうした「実質的な男女平等」の促進を求める政策の背景には、社会の多数の分野で、まだまだ女性の進出が阻まれているという認識がある[75]。大学について見ると、女子の割合は大学入学者数で48.5％、在学者数で44.5％、卒業者数で43.2％としだいに低くなり、博士号取得者で33.1％、大学教授資格取得者数では15.3％となっている。さらに大学教授全体に占める女性の割合でいうと9.5％と著しく低くなっている（1998年）[76]。

以上、1990年代のドイツにおける高等教育の動向とその課題を概観した。従来ドイツの大学では、建前として大学間の格差は存在しないものとされ、「ランキング」などといった発想は存在しなかった。連邦教育学術省が、毎年新入生の数（各大学ごとの増減率などを含む）などを集計し、合わせて国家試験の合格者数、平均学習期間等を一覧表にすることはあった。しかしこれはあくまで、大学予算の計上のために必要な統計であって、学生のために必要なガイダンスという意味合いはもっていなかった[77]。

ドイツで大学の評価ということが公的に考えられるようになったのは、1985年に提出された学術審議会の勧告「ドイツの大学制度における競争」(Empfehlungen zum Wettbewerb im deutschen Hochschulsystem) からであると言われる[78]。このなかで大学間、とくに諸大学の同一学部・学科間の競争の必要性が要請された。そのために個々の学部・学科の実績を比較し、評価することが求められた。大学の研究活動の面では、すでに70年代後半から一部の専門分野で、その学問的な生産性に関する比較研究が行われ、評価のための個々の指標のもつ問題点についても論議されていた。しかし、教育活動の評価については、その実績の評価の仕方、比較等、それまでほとんど研究の対象とはなってこなかった。

しかし本章で見てきたように、戦後の学生数の急増の結果生じた学生のレベルやニーズの多様化に、制度をどのように対応していったらよいのか、そして高等教育の大衆化という事態を前に、大学の質をいかに維持し、かつ向

第4章　ドイツの高等教育改革　361

上させるかということが、わが国同様ドイツにおいても緊急な課題となった。なかでも、とりわけ学生に提供する教育の質の充実を中心に、従来の大学教育の在り方が根本的に反省され、その改善をめぐって様々な試みが模索されはじめてきた。この文脈のなかで、大学間の競争を通して、大学の活性化をはかることが要請されるようになった。

　ドイツの大学は、圧倒的多数が州立大学であり、また授業料も徴収されないなど、大学財政は政府が全面的に保障してきた。そのため、アメリカの大学などに典型的に見られる市場経済的な競争原理とは無縁のものとして発展してきたといわれている。しかしドイツの大学においても、限られた予算のなかで大学を運営していくためにも、特に「評価」という考え方が、近年前面に登場してきたことが注目されよう。

　こうしたドイツの大学の新しい動向と展開を次章において見ていくことにしたい。

注

1　本章では、旧西ドイツの大学を取り上げる。旧東ドイツの大学の状況に関しては、第Ⅰ部第4章を参照。なお、『シュピーゲル』が実施した「旧東ドイツ地域の大学ランキング」については同章第2節を参照。東西ドイツそれぞれのランキングを図示した前掲図Ⅰ-4-1「ドイツの主な大学とランキング」を参照。
2　第1回目は、旧東ドイツにおける「転換」(Wende)の真っ最中の1989年12月に実施された。このときは旧西ドイツの51大学、約6,000人の学生を対象とした。その結果は今回とほぼ同様で、伝統的な大学がランキングの下位に位置付けられ、逆に新設大学がトップグループを占めた。したがってこのときの『シュピーゲル』誌のタイトルは、「新しい大学は良い大学である」となっている。第1回目の調査結果については、児玉嘉之「西ドイツにおける大学評価の問題―その従来の経緯と最近の状況」『レファレンス』40(7)、1990.7, p.26以下を参照。
3　„Welche Uni ist die beste?, Spiegel-Rangliste der deutschen Hochschulen", *Der Spiegel,* Nr.16, 19.April 1993; „Wie gut sind unsere Universitäten?", *Stern,* Nr.16, 15. April 1993.
4　このほかに、ハンス・ユルゲン・ブロック(Hans-Jürgen Block)(学術審議会)、エルンスト・ギーゼ(Ernst Giese)(ギーセン大学、地理学)、ディーター・サドウスキー(Dieter Sadowski)(トリーア大学、経済学)、フリートヘルム・ナイトハルト(Friedhelm Neidhard)(ベルリン社会研究学術センター、社会学)などの研究者が協力した。

5　ドイツの大学では、4月から始まる夏学期（Sommersemester）と10月から始まる冬学期（Wintersemester）の2学期制が採用されている。

6　このうち、政治学／社会学は社会諸科学、社会学、政治学を、経済学は経営学、国民経済学（Volkswirtschaftslehre）等を、それぞれ包括して取り扱っている。

7　総合制大学は、1970年代に伝統的な総合大学とは異なる新しい大学タイプとして設けられた。同一地域の大学を統合して、学術大学と専門大学の両方の性格をもっていた。ただし、これらの大学もその後、徐々に総合大学（Universität）の名称を用いることになり、現在では総合制大学という大学タイプは存在しない。

8　たとえば、デュッセルドルフ大学の「95.5」という数字は次のようにして算出されたものである。すなわち、同大学は調査の対象となった11の専攻のうち10の専攻が上位グループ、1つの専攻が中位グループであるので、10（専攻）×2（点）に1（専攻）×1（点）を加えた21を分子とし、理論的に可能な最高点数である11（専攻）×2（点）の22を分母にして、割り算して得られた数値に百を乗じた結果が「95.5」というわけである。

9　第1回目の結果は次のとおりであった。第1位ジーゲン（67.9）、以下、クラウスタール工業（63.7）、パーダーボルン（62.6）、ヴュルツブルク（60.7）、ビーレフェルト（59.3）、コンスタンツ（58.3）、バイロイト（58.3）、アウクスブルク（56.3）、ヴッパータール（56.1）、デュッセルドルフ（56.1）。一方、下位5大学は、シュトゥットガルト（44.7）、ミュンヒェン工業（44.0）、フライブルク（43.6）、ハンブルク（43.4）、ブラウンシュヴァイク工業（43.2）であった。

10　ドイツの大学の学習課程は、通常、基礎学習と主要学習という2段階から構成されている。基礎学習の最後に、中間試験（Zwischenprüfung）または予備試験（Vorprüfung）が行われる。この試験に合格した者は、主要学習の段階に進級する。主要学習は、国家試験（Staatsprüfung）、ディプローム試験（Diplomprüfung）、マギスター試験（Magisterprüfung）などに合格することによって修了することができる。前述したように、これらの試験に合格することが、大学の卒業を意味している。

11　ブレーメン大学は、とくに70年代前半の大学紛争やその後の大学運営等に見られる革新的な改革状況などを通して、「過激な大学」というイメージが大学人の間に形成され、以後「赤い大学」という言葉で同大学を呼称する場合がしばしば見られた。

12　ただし、法学の国家試験は、「0」から「18」の19段階で評定される。「18」が最高点、「0」が最低点である。したがって表Ⅱ-4-1では、問23で法学以外の専攻の者に6段階の評価をさせ、法学学習者については、問24で別個に答えさせている。なお、本文の数値は、いずれも法学学習者を除いて得られた結果である。ドイツの大学の法学教育に関する邦語参考文献として、小野秀誠「ドイツにおける大学再建と法学教育の改革(1)」『一橋論叢』110(1), 1993.7. および『同(2)』111(1), 1994.1. を参照。

13　表Ⅱ-4-7の＊の数は、1992年7月と1993年1月の2回の調査結果の間の「ずれ」

第4章　ドイツの高等教育改革　363

を示すものである。すなわち、＊＊＊は、第1回目と第2回目の調査結果の間で2ランクまでの相違しか生じなかった大学を、＊＊は同様に3〜5ランク異なっていた大学、＊は、6〜10ランクの差異が見られた大学をそれぞれ表している。『シュテルン』誌によれば、表Ⅱ-4-7に示されているとおり大部分の大学では、第1回目と第2回目の調査の間で、その結果にほとんど違いが見られなかった（表で取り上げられている51大学中25大学は＊＊＊、20大学は＊＊であった）。すなわち、この調査結果は非常に「不変性」(Stabilität) をもったものである、とされている（Vgl. *Stern*, a.a.O., S.183f.)。

14　第三者資金とは、経常的な研究費以外の研究費をいう。すなわち、ドイツ研究協会 (DFG) による助成、連邦政府や各州政府による委託研究費、財団や経済界からの資金によるプロジェクト研究費、寄付金等がすべて含まれる。長島啓記「ドイツの学術研究体制」山本眞一（研究代表者）『欧米における学術研究体制』科学研究費補助金総合研究(A)1991.9. を参照。

15　*Der Spiegel*, 17/1993, S.112ff.

16　同上。また *Deutsche Universitätszeitung*（以下、*DUZ* と略）7.Mai 1993, S.14. も参照。なお、カイザー学長は1941年生まれ。ハイデルベルク大学教授を経て、デュッセルドルフ大学教授となり、1983年より同大学学長。専攻はドイツ語・ドイツ文学。

17　たとえば、教授の目からみた医学部のランキング（「学術面」）では、デュッセルドルフ大学はベストテンに入っており、教授たちの評価は、けっして低くはない。

18　前掲注15を参照。フーバー学長は1937年生まれ。エアランゲン・ニュルンベルク大学教授などを経て、1983年からボン大学教授。専攻は物理学である。なお、フーバー学長は『シュピーゲル』誌のインタビューのなかで、「息子さんが物理学を専攻したいとおっしゃたらどこの大学を薦めるか？」という質問に、「ベルリンとミュンヒェンは避けた方がよいと思う。どちらの大学も大きすぎる。ハイデルベルク、アーヘン、テュービンゲン、あるいはバイロイト、ケルンといったところを推薦する。ボンもよい。ボンは他の専攻の学生とのつながりが密接であり、エコロジー、気象学、数学などの第一線の研究にも触れることができるから」といった回答をしている。

19　デュッセルドルフ大学もボン大学も、どちらもノルトライン・ヴェストファーレン州の大学である。

20　この点については、『シュテルン』誌のランキング表ではボン大学は「学術面」、「教授の名声」といった項目で第4位となっており、相当に高い評価が与えられているといえる（前掲表Ⅱ-4-7を参照）。なお『シュテルン』誌では、ボン大学のほか、ゲッティンゲン、アーヘン、ミュンヒェン、フライブルクといった昔からの伝統のある大学が上位にランクされている。これに対し、デュッセルドルフ、デュースブルク、ジーゲンなど『シュピーゲル』誌で高い評価を受けた大学の評判は、『シュテルン』誌ではあまり芳しくない。

21　*DUZ*, a.a.O., S.14f.
22　*Spiegel*, a.a.O., S.178f. なお『シュテルン』誌のランキングでは、ザールブリュッケン大学医学部は、講義の「幅の広さ」、「教授の名声」、「第三者資金」の調達で最下位、「学術面」、「実践面」、「大学外の魅力」では、ラストスリーとなっている。前掲表Ⅱ-4-14を参照。
23　たとえば『シュテルン』誌によれば、物理学の分野でみると、オスナブリュック大学は、「実践面」、講義の「幅の広さ」、「第三者資金」の調達等で、いずれもラストファイブにランクされている（Vgl. *Stern*, a.a.O., S.180f.）。
24　『シュテルン』誌のランキング表によれば、「第三者資金」の調達に関していうと、カールスルーエ大学は第5位にランクされている。これに対し、パーダーボルン大学はラストツーの大学として評価されている（Vgl. *Stern*, a.a.O., S.174f.）。なお、第三者資金をどれだけ多く獲得しているかは、研究者としての「評価」のひとつのメルクマールとされている。
25　たとえば前掲注11に記したように、ブレーメン大学は大学人の間では、いわゆる「赤い大学」というレッテルを貼られ、その評価がきわめて低い。そのためもあり教授たちの目からは、同大学はいずれの調査項目でもほとんど最下位に位置付けられている。
26　Vgl. *DUZ*, a.a.O., S.14f.
27　注5に記したように、ドイツでは2学期制が採られているので、第5ゼメスターの学生は入学後2年を経過していることになる。
28　*DUZ*, a.a.O., S.15.
29　*Frankfurter Allgemeine Zeitung*, 13.Mai 1993, Nr.110, S.5.
30　括弧のなかの「3.11」という数字は、「学生が自学自習できるよう導いてくれるか」という質問に対し、「まったくそのとおり」を「1」、「全然そうではない」を「5」とした場合の平均値である。以下も同じ。
31　*Welt*, 13. Mai 1993.
32　*ibid.*, 2.Okt. 1993.
33　『シュテルン』誌では、各学部を10数項目に分けてランク付けしている。法学部の場合、そのなかのほとんどの項目でミュンヒェン大学がトップであったので、ここではミュンヒェン大学の名が挙げられているが、表Ⅱ-4-15「法学のランキング」は、「学術的教育」の面での順位が掲げられており、この面ではテュービンゲン大学が第1位で、ミュンヒェン大学が第2位となっている。前掲表Ⅱ-4-11を参照。
34　法学の場合、学生は法学国家試験に合格することが大学卒業を意味しており、またその受験回数は2回までとされていることもあり、ここに記されているように、多くの学生は国家試験受験のための予備校である補習学校に通学し（大体、法学国家試験の受験者の90％くらいが補習学校に通っていると言われている）、そこで補

習教師から受験のための指導を受けるといった状況が存在する。なお、ドイツの大学における法学教育の詳細については、前掲小野秀誠「ドイツにおける大学再建と法学教育の改革(1)」および「同(2)」を参照。

35 エーリヒゼン会長は、1934年生まれ。ミュンスター大学教授を経て、1986-90年同大学学長。1990年からドイツ学長会議の会長を務めている。専攻はヨーロッパ法。

36 *DUZ*, 9/1993, S.6. なお、このフォーラムで検討された事項は次のとおりであった。①学習および教育の質の測定のための透明性および指標、②学習および教育の大綱規定、③「通常の学習」、博士号取得のための学習、学術的継続教育、④質の保証手段：コントロール可能性と方法、⑤学習、教育および試験の組織、ならびにこれらの間の結合。

37 *dpa-Dienst für Kulturpolitik*, 28/93, 12.07.1993, S.13.

38 *DUZ*, 9/1993, S.6.

39 *ibid.*

40 *dpa-Dienst für Kulturpolitik*, a.a.O., S.13.

41 各学科ごとに、大体8-9ゼメスター（4-4.5年）程度の「標準学習期間」が定められているが、これは義務化された期間ではなく、後述するように標準学習期間をすぎても在学する者の割合がきわめて高くなっている。

42 *dpa-Dienst für Kulturpolitik*, a.a.O., S.13.

43 *ibid.*, S.14.

44 *Süddeutsche Zeitung*, 19/20 Juni 1993. なおこのフォーラムの席で、エーリヒゼン会長は次のようにも語っている。「様々な大学と専攻分野を同時に比較することは、たしかに困難である。しかしある学科について比較することはできる。大学入学希望者が、次のように言えるデータの提供は可能である。『A大学の生物学または物理学が、自分にもっともふさわしい学科である』」(*ibid.*)

45 以下の記述は、次の資料をもとに要約したものである。*dpa-Dienst für Kulturpolitik*, 24/93, 14.06.1993, S.14 , 28/93, 12.07.1993, S.14 および *DUZ*, 12/1993, S.13.

46 ドイツの大学では、ゼメスター（学期）ごとに自由に大学を移動することができる。

47 Statistisches Bundesamt, *Statistisches Jahrbuch für die Bundesrepublik Deutschland*および Bundesministerium für Bildung und Wissenschaft, *Grund- und Strukturdaten* の各年版を参照。

48 たとえば連邦教育学術省が発表した「大学教育における質および競争」に関する中間報告書を参照。Bundesministerium für Bildung und Wissenschaft, „Qualität und Wettbewerb in der akademischen Lehre, Zwischenbilanz zum Modellprogramm des Bundesministeriums für Bildung und Wissenschaft", *Bildung und Wissenschaft: Aktuell,* 5/1993. この中間報告書では、「何故効率性と質が問題となるのか」、「何のための評価か」等々について、問題点が整理されている。また、「教育における質と競争の改善のためのモデルプログラム」として、いかなるプロジェクトが実施され、どんな方法論が採用されているか、さ

366　第Ⅱ部　ヨーロッパ統合とドイツの教育

らに各大学においてどんな取組みが展開されているか、などが紹介されている。
49　ドイツの大学の1990年代の大学改革の状況について書かれた邦語文献として、次の論文を参照。長島啓記「高等教育への期待と懸念―ドイツ」『IDE　現代の高等教育』第350号, 1993. 1. ; 同「〈ドイツ〉拡大する高等教育と改革提案―在学期間の長期化が大きな問題―」『教育と情報』第430号, 1994. 1. ; 同「将来の経済競争力確保への教育改革論議―財政事情の悪化に苦しむドイツの教育―」『内外教育』1994. 4. 19.
50　Hochschulrektorenkonferenz , *Konzept zur Entwicklung der Hochschulen in Deutschland*, 1992.
51　Wissenschaftsrat, *10 Thesen zur Hochschulpolitik für die 90er Jahren*, 1993.
52　„*Vorschläge des Bundesministers für Bildung und Wissenschaft zur Belebung der Leistungskraft der Hochschulen vom 16.Juni 1992*" なお、この勧告は連邦教育学術省の次の報告書のなかに所収されている。Bundesministerium für Bildung und Wissenschaft, Zur Situation der Hochschulen in der Bundesrepublik Deutschland, Bericht an das Bundeskabinett vom 7. Oktober 1992, *Schriftenreihe Grundlagen und Perspektiven für Bildung und Wissenschaft.*
53　この調査は、連邦教育学術省が1993年8月に発表したものである。調査の対象となったのは、旧西ドイツと旧東ドイツの大学（学術大学、専門大学）の学生9,240名で、1992/93年冬学期に実施された（複数回答）。Bundesministerium für Bildung und Wissenschaft, Studienqualität und Hochschulentwicklung, Fünfte Erhebung zur Studiensituation an Universitäten und Fachhochschulen, *Bildung und Wissenschaft:Aktuell*, 5/1993. なお、この調査報告書では、「大学生が過剰になったことで、どんな問題が生じているか」について、次の数字が掲げられている（括弧内の数字は、「非常にしばしばそうである」と回答した旧西ドイツの学術大学の学生の割合）。「本がスムーズに借りられない」（46％）、「大学教員との面談時間がない」（13％）、「座席の不足や騒がしさのため授業に集中できない」（37％）、「実験室などを短時間しか使えない」（30％）、「食堂などで待たされ時間の無駄である」（53％）、「希望者が多くゼミに参加できない」（27％）などが挙げられている。以上、同報告書の37ページを参照。
54　序論Ⅱ-1-(4)「大学入学制度」を参照。
55　連邦教育学術省の前掲報告書の29ページを参照。なお、「入学制限」をめぐる憲法上の諸問題については、拙稿「西ドイツの大学入学者選抜制度―医学部の場合を中心に―」『諸外国の大学入試基準（続）』昭和63年度科学研究費補助研究成果報告書〔代表者：中島直忠〕1988. 12, 16ページ以下を参照。
56　ドイツの大学は、そのほとんどが国立（staatlich, 州立）であり、授業料は基本的に徴収されないのが原則であった。しかし、その後大幅な見直しが行われている（第5章第2節4「授業料徴収問題」を参照）。
57　*dpa-Dienst für Kulturpolitik*, 1-2/1993, S.2.

58 *ibid*., 35/1993, S.12.
59 *DUZ*, 17/1993, S.20.
60 前掲注53の連邦教育学術省「調査報告書」14ページ以下を参照。
61 たとえば、ノルトライン・ヴェストファーレン州がその一例である。Vgl. *DUZ*,17/1993,S.20ff.
62 „Ortleb zieht Zwischenbilanz eines Modellprogramms,Qualität und Wettbewerb in der Lehre verbessern", *Informationen: Bildung, Wissenschaft*, 6/1993,S.1.
63 *ibid*., S.1f. また注48に掲げた連邦教育学術省が発表した「大学教育における質および競争」に関する中間報告書も参照。
64 前掲注53の「調査報告書」25ページ以下を参照。また、この調査では「講義の質」という面では、次の5点が問われている(括弧内は、「たいていの場合そうである」と回答した者の割合)。同調査報告書の27ページ以下を参照。①「講義の学習目標がはっきり定義付けられているか?」(51％)、②「教員の講義がわかりやすくかつ適切か?」(35％)、③「講義における例示の仕方やテーマの具体化が学習成果を促進しているか?」(33％)、④「教員は全体的な見通しをもって前後の関連性に言及し、重要な点を反復して教えてくれるか?」(11％)、⑤「教員は講義のテーマが学生に理解されているかを確認しているか?」(15％)。
65 第Ⅰ部第4章第2節で「教員の質について」の東西の比較表を掲げたが(図Ⅰ-4-3を参照)、その結果でも、旧東ドイツ出身の教員は「教育面の能力」といった点では、旧西ドイツ出身の教員よりも評価が高くなっている。
66 ノルトライン・ヴェストファーレン州学術研究省『教育の質に関する行動計画：最終報告書』(1991年) (Ministerium für Wissenschaft und Forschung des Landes Nordrhein-Westfalen, *Aktionprogramm, Qualität der Lehre, Abschlußbericht*, Zweite erweiterte Auflage, 1992.)
67 簡単に言うと、たとえば東洋史の教授のポストが、中国の古代史専攻の教授からトルコが専門の教授に替わったからといって、これまであった中国史の講義がなくなってしまうといったことがないように、というわけである。
68 大学大綱法は第10条(学習課程)第5項で、「大学における学習の修了者に関して、より上級の学術上もしくは職業上の資格付与のために、または学習の深化、とりわけ学術上および芸術上の後継者の養成のために、付加学習(Zusatzstudium)、補完学習(Ergäzungsstudium)、および上構学習(Aufbaustudium) を提供することができる。これらの学習は最高2年間継続するものとする。博士号試験への受験許可は、これらの学習への参加を前提としない」と規定している。すなわち、ここで規定されている「付加学習」、「補完学習」、「上構学習」の課程がいわば大学院に相当するわけであるが、現状は、ほとんど機能していない。博士号取得のために、これらの課程に通学することはとくに要求されていないので、博士号を目指す者は多くの場合、

特定の指導教授（Doktorvater）のもとで研究指導を受け、博士論文を執筆するというのが現状である。なお、大学大綱法の訳文は、「西ドイツにおける改正大学大綱法」文部省大臣官房調査統計課『教育調査』第118号, 1988.5. を参照。

69　*Informationen: Bildung, Wissenschaft,* a.a.O., S.1f.
70　前掲注53の連邦教育学術省の報告書27ページを参照。
71　大学大綱法は第2条（大学の使命）第8項で、「大学は、一般社会に大学の使命の達成状況について報告する」と規定している。
72　たとえば、1993年7月に制定されたザクセンの大学法では、予算や人事の面での学部長の権限を大幅に認めている（Vgl. *DUZ*, 17/1993, S.22）。
73　*ibid.*
74　前掲注53の連邦教育学術省の報告書26ページを参照。
75　そうした状況を反映して、ドイツでは「女性の地位向上法」などの法律により、200人以上の事業所には女性問題を担当する部署の設置が義務づけられている。大学にも女性問題担当官が配置されている。ドイツの男女平等政策全般に関して詳しくは、斎藤純子「ドイツの男女平等政策 (1) (2)」『レファレンス』48 (1), 48 (2), 1998. 1, 1998. 2を参照。
76　連邦統計局（Statistisches Bundesamt Deutschland）のホームページ（http://www.destatis.de/jetspeed/portal/cms/）から、„Frauenanteile in verschiedenen Stadien der akademischen Laufbahn" を参照。なお、その後2007年の数値を見ると、女性の割合は大学入学者数で49.8％、在学者数で47.7％、卒業者数で50.8％、博士号取得者で42.2％、大学教授資格取得者数で24.3％、大学教授で16.2％と数値は上昇している。大学教授の俸給表のうち最高ランクであるC4の教授（ドイツの大学教授は、俸給表に対応してC2、C3、C4に区分されている。C4の教授がいわば正教授に相当する）で見ると、1999年では5.9％であったが、2007年では10.0％となっている。なお、ドイツの大学人の新聞である『ドイツ大学新聞』(DUZ) には、各号の末尾に、教授の公募が数ページを費やして掲載されているが、そのなかで「本学は女性の割合を高めるべく努力しています」とか、「業績が同じ場合には女性を優先します」といった文章が挿入されていることが多い。これは、以上のような事情による。
77　前掲、児玉嘉之「西ドイツにおける大学評価の問題―その従来の経緯と最近の状況―」を参照。
78　同上。

第5章　2000年代ドイツの大学改革
―― 新たな動向と今後の方向性

　第3章でみたように、ヨーロッパでは、「ボローニャ・プロセス」と呼ばれる高等教育改革が推進されている。これは、EU加盟国だけでなく、広くヨーロッパ46か国が参加して、2010年をひとつの目標に、ヨーロッパの大学全体のレベルアップをはかり、ヨーロッパの高等教育を世界最高水準に高めようという試みである。ヨーロッパの大学の間を自由に移動でき、どこの大学で学んでも共通の学位、資格を得られる「ヨーロッパ高等教育圏」を確立しようというものである。制度面では、学部、大学院という高等教育の基本構造の整備、ヨーロッパ共通の単位制度の開発、高等教育の質保証システムの確立、などが目指されている。

　ドイツなどヨーロッパの大学の多くは、アメリカに見られる学士、修士、博士というように段階化された高等教育の基本構造はこれまでとられてこなかった。卒業までに一定の単位を取得するといった単位制度も設けられていなかった。また大学で行われている研究と教育の質を評価するという考え方とも縁遠いものがあった。こうしたヨーロッパの伝統的な大学像が、1980年代に始まる世界的な大学改革の潮流と、それを背景とするボローニャ・プロセスへの取組みのなかで、かつてない変貌をとげている。

　本章では、こうした大きな流れのなかで、ドイツの大学が近年どのように変わりつつあるのか、事例をいくつかピックアップし、できる限り具体的にその内容を見ていくことにする。

　まず第1節において、ドイツの大学の発展状況と、従来のドイツの大学に見られた特色について概観する。次に第2節では、こうした特色をもったド

イツの大学が、近年どのように変わりつつあるかをまとめてみる。第3節では、このような変化を通して、ドイツの大学も全体としては、評価と競争を主体とするアメリカ型の大学へと移行しつつある様相を見ていく。同時にそのなかでヨーロッパには、どのような特色が見られるのかを探る。最後に、こうした大学改革を促している要因は何か。また、それは世界的に見てどのように位置付けられるのかといった点について言及したい。

第1節　ドイツの大学の現状と特色

1　高等教育の大衆化

わが国同様、ドイツ[1]においても、戦後、大学への進学者数は増加の一途をたどった。学生数は、1950年代前半は10万人台にすぎなかったのが後半になると20万人台となり、60年代半ばには40万人近くまで倍増した。70年代後半には85万人前後、80年代に入るとついに100万人を突破するに至った（図Ⅱ-5-1を参照）。大学の数もこれに対応して、1950年度に143校であったものが、統一前年の1989年には243校に達した。統一後の1991/92年冬学期においては、全ドイツで大学数は312校、学生数は178万3,000人であった（旧西ドイツに249校、旧東ドイツに63校。在学者数は、西が164万7,000人、東

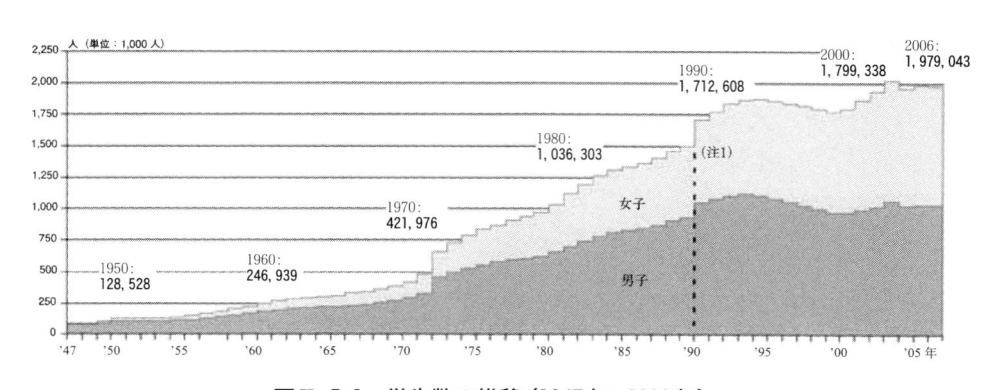

図Ⅱ-5-1　学生数の推移（1947年–2006年）

（注1）1989 年までは旧西ドイツの数値。1990 年からは全ドイツ。
（出所）Bundesministerium für Bildung und Forschung, *Grund- und Strukturdaten 2007/2008, Daten zur Bildung in Deutschland*, S.42. 〈http://gus.his.de/gus/download.html〉

表II-5-1　ドイツの大学の数（2007/08年冬学期現在）

大学の種類	全体	BW	BY	BE	BB	HB	HH	HE	MV	NI	NW	RP	SL	SN	ST	SH	TH
総合大学	104	15	12	8	3	2	5	7	3	11	15	6	1	7	2	3	4
教育大学	6	6	-	-	-	-	-	-	-	-	-	-	-	-	-	-	-
神学大学	14	-	3	-	-	-	3	-	-	5	2	-	-	-	-	-	-
芸術大学	52	8	8	4	1	1	2	3	2	8	-	2	3	2	2	1	-
専門大学	184	35	25	16	7	3	6	12	4	11	27	9	2	11	4	7	5
行政専門大学	31	4	1	1	2	1	-	2	-	-	4	3	1	2	1	1	2
総数	391	68	49	29	13	7	15	28	9	26	59	20	6	27	10	13	12

（凡例）BW＝バーデン・ヴュルテンベルク、BY＝バイエルン、BE＝ベルリン、BB＝ブランデンブルク、HB＝ブレーメン、HH＝ハンブルク、HE＝ヘッセン、MV＝メクレンブルク・フォアポンメルン、NI＝ニーダーザクセン、NW＝ノルトライン・ヴェストファーレン、RP＝ラインラント・プファルツ、SL＝ザールラント、SN＝ザクセン、ST＝ザクセン・アンハルト、SH＝シュレースヴィヒ・ホルシュタイン、TH＝テューリンゲン

（出所）Statistisches Bundesamt, Studierende an Hochschulen Wintersemester 2007/2008, *Fachserie* 11 Reihe 4.1, S.12. 〈https://www-ec.destatis.de/csp/shop/sfg/bpm.html.cms.cBroker.cls?cmspath=struktur,vollanzeige.csp&ID=1022758〉

が13万6,000人）。現在、大学数は391校を数え、学生数は194万1,800人となっている（2007/08年冬学期）（**表II-5-1を参照**）。すでに同年齢層の大体3分の1強が大学に入学している（**表II-5-2を参照**）[2]。

　なお、ドイツの大学は、大きく2つのタイプに区分されている。すなわち、博士号や大学教授資格（Habilitation）を授与できる大学とそうでない大学である。このうち博士号などの授与権をもつ大学を学術大学（wissenschaftliche Hochschule）、そうでない大学を専門大学（Fachhochschule）と呼んでいる。学術大学には、伝統的意味での総合大学（Universität）のほか、教育大学、神学大学などがある。専門大学の多くは、それまでの技術者学校や高等専門学校などの中等教育の学校が、1970年代半ばに大学に昇格したものである[3]。

表II-5-2　大学の学習開始者の割合

年	学習開始者	学習開始者の割合（％）		
		計	男	女
1995	261,427	26.8	26.6	27.0
2002	358,792	37.1	35.9	38.3
2003	377,395	38.9	39.5	38.3
2004	358,704	37.1	37.2	37.1
2005	355,961	37.0	37.1	36.9
2006	344,822	35.7	35.5	35.9

（出所）Statistisches Bundesamt, *Hochschulen auf einen Blick 2008*, Wiesbaden, S.10.

2 ドイツの大学の特色

ドイツの大学に見られる特色について、わが国と比較しながら簡単に概観してみよう。

(1) 大学入試

ドイツでは、わが国のような個々の大学ごとに行われる入学試験制度は存在しない。アビトゥーア試験（Abiturprüfung）と呼ばれるギムナジウム卒業試験に合格することによって、原則としてどの大学、どの専門分野にも進学できるという制度が採用されている[4]。ただしこの原則が例外なく適用されたのは古き良き時代で、大学教育の大衆化がすすんだ1970年代から、医学部などいくつかの分野では、志願者全員を収容できない、いわゆる「入学制限」（numerus clausus）の事態が生じている（表II-5-3を参照）。

このため1973年から中央学籍配分機関（ZVS）と呼ばれる公的機関がノルトライン・ヴェストファーレン州のドルトムント市に設置され、ドイツ全体を一括して、入学者を決定する仕組みがとられている[5]。すなわち、定員に余裕がある限りアビトゥーア試験に合格していれば、希望する大学・学部に例外なく入学を許可される。しかし志願者が定員を上回る場合は、アビトゥーア試験の成績と待機期間（アビトゥーア試験合格後経過した期間，これが長いほど入学可能性が高くなる）などを基準にして選抜が行われる[6]。

表II-5-3　入学制限が行われている専門分野と倍率（2008/09年冬学期）

学部名	学籍数	志願者数	倍率
生物学	138	638	4.6
医学	8,454	35,393	4.2
薬学	1,623	3,294	2.0
心理学	1,034	8,804	8.5
獣医学	1,070	5,567	5.2
歯学	1,495	5,480	3.7
合計／平均倍率	13,814	59,176	4.3

（出所）„ZVS-Daten, bundesweit zulassungsbeschränkte Studiengänge an Universitäten Wintersemester 2008/09"〈http://www.zvs.de/Service/Download/wise2008_pdf/Bew_001_Medizin_WS2008_09.pdf〉

(2) 自由な学習

次に卒業の概念においても、ドイツと日本では大きな違いが見られる。ドイツの大学の特色として、自由な学習という点を挙げることができる。たとえば、6ゼメスター（3年）といった具合に、一応標準的な学習期間（Regelstudienzeit）は定められているが、わが国のように何単位とれば卒業といった概念はない。学生は自らの学習計画にしたがって履修する。大学の卒業は、修学したゼメスター（学期）数と、最終的にどのような試験(医師、教職、法学などの国家試験、ディプローム試験、マギスター試験など)に合格したかによって定まる。つまり、これらの試験に合格し、大学を退学することが卒業を意味している。こうした事情により、ドイツの大学では、学習期間が長期化し、卒業者の平均年齢が高い[7]、国家試験に合格できないなどの理由から大学を中退していく者の割合が高いといった点が指摘されている（図Ⅱ-5-2に示したように、平均中退率は21％となっている）[8]。

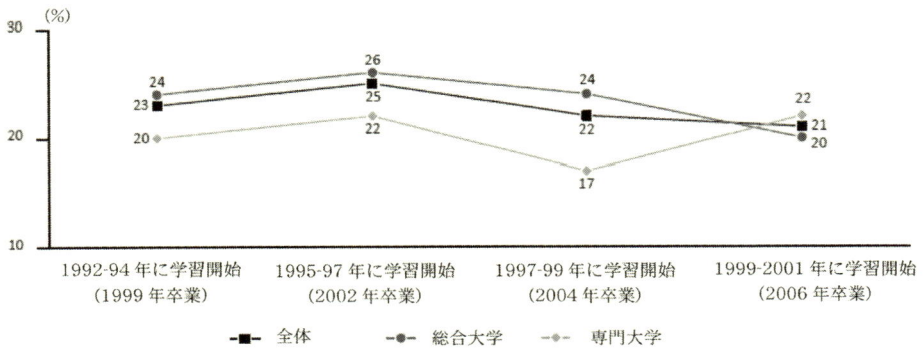

図Ⅱ-5-2　大学中退者の割合

(出所) Ulrich Heublein et al., *Die Entwicklung der Schwund- und Studienabbruchquote an den deutschen Hochschulen, Statistische Berechnungen auf der Basis des Absolventenjahrgangs 2006*, S.11. 〈http://www.his.de/pdf/21/his-projektbericht-studienabbruch_2.pdf〉

(3) 大学教授資格

大学教授の任用という点でも日本とドイツは異なる。ドイツの大学教授は、博士号を取得したあと、さらに博士論文以上の論文を執筆し、「大学教授資格」（Habihtation）を取得した者が就任する（図Ⅱ-5-3を参照）[9]。

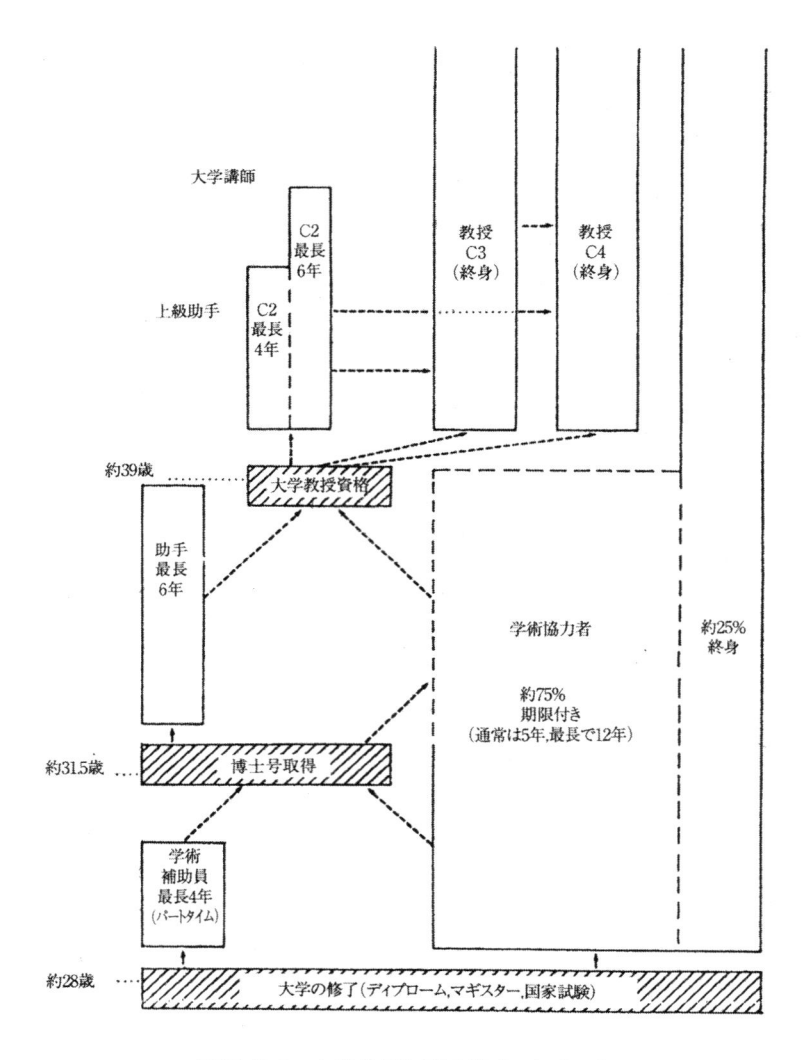

374 第Ⅱ部 ヨーロッパ統合とドイツの教育

図Ⅱ-5-3 大学教授に至る道（これまで）

（原注） 医学の場合の最長は、助手10年、上級助手6年、大学講師10年。
工学では上級助手の最長は8年。
年齢の平均は、1986年の数字。

（出所） Hansgert Peisert und Gerhild Framhein, *Das Hochschulsystem in der Bundesrepublik Deutschland,* Bad Honnef: Bock, 1990, S.87.

これに対し、わが国では教授の任用は、大学ごとに、大学の裁量で行われる。小中高の教員になるためには教員免許が必須であるが、大学教授にはそうした資格は要求されない。

(4) 大学の設置形態

次に、ドイツの大学は、そのほとんどが国立 (staatlich, 州立) であり、授業料は基本的に徴収されないのが原則である（徴収されても、それは多くの場合、標準的な学習期間を超えて在学する者からである）。

一方、わが国では、私立大学の占める比重が高い（国立大学も2004年4月から国立大学法人となっている）。また授業料の面でも、私立大学はもちろん、国立大学法人でも、学生の授業料負担は大変大きい。

(5) 大学間の格差

前述のようにドイツでは、入学資格をもつ者に開かれた「オープン・アドミッション」の制度が採用されている。こうした大学入学制度を維持できるのは、国民の間に、基本的に大学間に格差はないという意識が浸透しているからということもできよう。大学はそれぞれの特色においてバラエティーに富んでいるが、大学としてのレベルの面では、格差はないという考え方である。

一方、わが国では、大学間に格差が存在することは誰もが自明のこととして認識している。

第2節　ドイツの大学の特色の変化

それでは、第1節で見てきたような特色をもったドイツの大学は、近年どのように変化しつつあるのか。とくに90年代以降、どんな変わり方を示しているのか。以下に見ていくことにしたい。

1　大学による選抜枠の拡大

ドイツの大学入学制度では、基本的に大学は自校の入学者の選抜に関与し

ない。こうした方式に対し、前述のZVSの機能を縮小し各大学が自ら設定する基準にしたがって、それぞれの大学の責任で入学者を決定できるシステムを導入すべきであるといった議論は、従来から大学学長会議（HRK）などを中心に行われてきた。

こうした議論を踏まえて、第4章第3節1でも見たように、1998年6月に連邦議会で可決され、同年8月から施行された第4次改正大学大綱法[10]では、大学入学者の選抜に関して次のように改定が行われた[11]。

すなわち、入学者の選抜が必要な専攻分野については、外国人など特別の志願者グループに対する留保分を除いた学籍は、これまで同様、「アビトゥーア試験の成績」と「待機期間」の長さを基準にして配分されるが[12]、これに加えて、「学籍は、大学によって実施される選抜手続きの結果によって決定される」として、一定の枠は各大学の裁量により選抜できることが明文化された。具体的には、「アビトゥーア試験の成績」により55％、「待機期間」により25％が選抜され、各大学が独自に決定できる枠が20％設けられた。この措置により、一部ではあるが、大学の裁量により選抜できる割合が確保されることになった。

2002/03年冬学期からは、大学の裁量により選抜できる割合は、20％から24％に拡大され、その分「アビトゥーア試験の成績」にしたがいZVSによって配分される割合が55％から51％に縮小された（「待機期間」による配分の割合は、25％のまま）。

さらに、2004年8月に公布された第7次改正大学大綱法[13]では、大学の裁量により選抜できる割合がさらに拡大されることになり、最大60％まで、大学が自らの判断基準によって入学者を決定できることになった。これにともないZVSによって行われる「アビトゥーア試験の成績」にもとづく配分の割合は20％にまで縮小された。「待機期間」による配分の割合も20％に変更された。この改正は、2005年冬学期から実施されている。

表Ⅱ-5-4は、各大学の医学部が、それぞれの大学に委ねられた60％の枠について、どのような基準を設けて入学者の選抜を行っているかを一覧表にしたものである[14]。

第5章　2000年代ドイツの大学改革　377

表II-5-4　大学による選抜基準（2008/09年冬学期，医学部の場合）

大学名	学籍数	大学による選抜基準
アーヘン	257	予備選抜：アーヘンを第1-3志望とする者[1] 本選抜：アビトゥーアの平均点数[2]
ベルリン （シャリテ）	300	予備選抜：ベルリンを第1志望とする者 本選抜：アビトゥーアの平均点数で75％（数学、物理、生物および化学を履修していること。ドイツ語、英語の成績は付加的に比重が加味される）。残りの25％は、3倍に絞って面接。
ボッフム	281	予備選抜：なし 本選抜：アビトゥーアの平均点数
ボン	272	予備選抜：なし 本選抜：アビトゥーアの平均点数
ドレスデン	226	予備選抜：ドレスデンを第1志望とする者から360名をアビトゥーアの平均点数により選抜。 本選抜：面接
デュースブルク・エッセン	171	予備選抜：第1-3志望とする者から297名をアビトゥーアの平均点数により選抜。 本選抜：アビトゥーアの平均点数および面接
デュッセルドルフ	360	予備選抜：なし 本選抜：アビトゥーアの平均点数
エアランゲン・ニュルンベルク	155	予備選抜：なし 本選抜：アビトゥーアの平均点数および職業訓練の種類。認定された職業訓練を修了している者は、ボーナス点[3]が0.1付与される。
フランクフルト （アム・マイン）	405	予備選抜：アビトゥーアの平均点数が2.4よりよい成績で、フランクフルトを第1-3志望とする者 本選抜：95％はアビトゥーアの点数。その際、アビトゥーア試験の自然科学の領域の教科（数学を含む）、外国語、歴史の得点が10点[4]以上の場合に考慮されることができる。看護実習を済ましている場合は入学の可能性が改善される。5％は、面接で卓越した学術的、文化的および（または）社会的な達成を証明できる者。
フライブルク	335	予備選抜：フライブルクを第1-2志望とする者 本選抜：アビトゥーアの平均点数、職業訓練／職業実践の種類、社会活動ボランティア年（FSJ）、コンクールへの参加、医学テスト（TMS）の成績
ギーセン	174	予備選抜：なし 本選抜：アビトゥーアの平均点数
ゲッティンゲン	126	予備選抜：ゲッティンゲンを第1-3志望とする者 本選抜：50％は、アビトゥーアの平均点数で選抜する。その際、ドイツ語が2.0[5]よりよい成績（上級段階の4学期の算術平均）の者にはボーナス点が0.2つく。50％は、面接の結果による。面接では、医学の学習、職業に関する動機と適性に関する志願者の説明が考慮される。面接は、ゲッティンゲンを第1志望とする者で、志願の時点で志望動機に関する文書を提出している者に対して行われる。面接の志願者は、学籍に応じて4倍に絞られる。
グライスヴァルト	179	予備選抜：グライスヴァルトを第1志望とする者で、アビトゥーアの平均点数が2.5よりもよい成績の者 本選抜：50％は、アビトゥーアの平均点数と上級段階における学習課程と関連する教科の履修（重点コース／基礎コース）ならびに職業実践経験。50％は面接
ハレ・ヴィッテンベルク	205	予備選抜：ハレ・ヴィッテンベルクを第1-3志望とする者 本選抜：アビトゥーアの平均点数と加重された、大学入学資格および職業訓練の個々の基準
ハンブルク	360	予備選抜：なし 本選抜：学籍の50％はアビトゥーアの点数＋HAM－Nat[6]（ハンブルクの医学部－自然科学部門選抜手続き）にもとづき配分される。大学は、ハンブルクを第1志望に挙げた志願者のなかからアビトゥーアの平均点数により1,000人を選抜し、その1,000人についてHAM-Natを導入する。アビトゥーアの点数は60点[7]（1.0またはそれ以下）から0点（4.0またはそれ以上）で評価される。HAM-Natの結果は52点まで評価される。最高点の志願者は学籍を得る。残りの50％は、アビトゥーアの平均点数により配分される。ここでは、HAM-Natで入学に至らなかった者が考慮される。
ハノーファー医科	270	予備選抜：ハノーファー医科を第1順位とする志願者から学籍の3倍の数が絞られる。 本選抜：アビトゥーアの平均点数および面接

ハイデルベルク	307	予備選抜:アビトゥーアの平均点数が2.3よりよく、第1、第2順位にハイデルベルクを挙げている者 本選抜:選抜手続きは、次の要素から算出される点数により行われる。アビトゥーアの平均点数、医学部テスト[8](TMS)の成績、関連する医学の訓練職種における修了した職業訓練(このなかには、たとえば民間役務[9]、すでに修了した大学における学習は含まれない)、連邦レベルの教育と関連したコンクールにおける達成、社会活動ボランティア年(FSJ)への参加。
ハイデルベルク・マンハイム	171	予備選抜:アビトゥーアの平均点数が2.3よりよく、第1、第2順位にハイデルベルク・マンハイムを挙げている者 本選抜:選抜手続きは、次の要素から算出される点数により行われる。アビトゥーアの平均点数、医学部テスト(TMS)の成績、関連する医学の訓練職種における修了した職業訓練(このなかには、たとえば民間役務、すでに修了した大学における学習は含まれない)、連邦レベルの教育と関連したコンクールにおける達成、社会活動ボランティア年(FSJ)への参加。
イエーナ	260	予備選抜:イエーナを第1および2志望とする者からアビトゥーアの平均点数により提供できる学籍の4倍まで絞る。 本選抜:アビトゥーアの平均点数、修了した職業訓練、個々の点数。基準:アビトゥーアの総合点数は、医学部の学習と関連する職業訓練の修了により改善されることができる。そのほか、医学部の学習と関連する教科における直近4学期間とアビトゥーア試験の大学入学資格(HZB)の個別点数は、改善に導かれることができる。医学のための学習教科として、大学入学資格のうちとくに数学とドイツ語が考慮される。
キール	190	予備選抜:なし 本選抜:アビトゥーアの平均点数。平均点数は、次の教科のうちひとつで、前年の成績でまたはアビトゥーア試験の試験教科として、15点を証明しておりかつその教科が2年間履修されている場合は、0.5のボーナス点が付与される。ドイツ語、数学、英語、生物、化学、物理、ラテン語または古代ギリシャ語。
ケルン	157	予備選抜:ケルンを1位から3位に挙げている者 本選抜:アビトゥーアの平均点数
ライプツィヒ	312	予備選抜:ライプツィヒを1位から4位に挙げている者 本選抜:アビトゥーアの平均点数
リューベック	190	予備選抜:リューベックを1位から3位に挙げている者でアビトゥーアの平均点数が2.5よりよい者 本選抜:80%は、アビトゥーアの平均点数、医学の訓練職種における修了した職業訓練、医学部テストの合格証にもとづく順位リストにより配分される。残りの20%は面接により配分される。
マクデブルク	201	予備選抜:入学点数(ZPZ)=0.6×アビトゥーアの平均点数+0.4×希望地の順位。予備選抜で学籍の5倍に絞る。 本選抜:アビトゥーアの平均点数
マインツ	172	予備選抜:マインツを第1-3志望に挙げている者 本選抜:アビトゥーアの平均点数
マールブルク	270	予備選抜:なし 本選抜:アビトゥーアの平均点数
ミュンヒェン	777	予備選抜:なし 本選抜:アビトゥーアの平均点数および職業訓練の種類
ミュンスター	129	予備選抜:ミュンスターを第1志望としている者 本選抜:アビトゥーアの平均点数
レーゲンスブルク	197	予備選抜:なし 本選抜:アビトゥーアの平均点数および専門学習と関連する職業教育
ロストック	205	予備選抜:アビトゥーアの平均点数が2.3よりよく、第1-3位にロストックを挙げている者 本選抜:60%はアビトゥーアの平均点数(60%)と数学、ドイツ語、物理、化学および生物の直近4学期の成績(40%)の組合せにもとづく順位により、残りの40%はロストックを第1志望としている者のなかから面接により選抜する。

第5章 2000年代ドイツの大学改革

ザールブリュッケン	234	予備選抜：なし 本選抜：アビトゥーアの平均点数
テュービンゲン	154	予備選抜：テュービンゲンを第1志望としている者 本選抜：アビトゥーアの平均点数に加えて、テストによるボーナス点、職業によるボーナス点、コンクールによるボーナス点が付与される。「テストによるボーナス点」は、医学部テスト（任意）の成績が上位100分の10の者には0.6、その次の100分の20までの者には0.4、その次の100分の20に入る者には0.2がそれぞれボーナス点として与えられる。これらの枠に入らない者にはボーナス点は与えられない。「職業によるボーナス点」は、少なくとも3年間の医学隣接領域の職業訓練／職業活動に関して算入される。ひとつの職業訓練／職業活動の各6か月に0.1付与される。全体で0.5まで。次の職種が該当する。医学・技術助手の職種（MTA, RTA, CZA, BTA, PTA, OTA）、看護教育、医療助手、老人介護教育、助産師、言語療法士、救急助手、物理療法士、歯科助手、歯科技工士。「コンクールによるボーナス点」は、州もしくは連邦のレベルの自然科学の領域で行われるコンクール（例：コンクール「青少年は研究する」における成績）またはヨーロッパレベルでのこれらと比較できるコンクールにおける成績。第1位から第3位は「コンクールボーナス」として、1回につき0.5のボーナス点が、アビトゥーアの平均点数に参入される。ただしボーナス点の到達しうる最高は0.9までとする。
ウルム	315	予備選抜：アビトゥーアの平均点数が、2.5よりよい者 本選抜：まず学籍の50％は、アビトゥーアの点数と職業により配分される。選抜にあたっての点数は、アビトゥーアの平均点数とボーナス点から算出される。ボーナス点は、医学の職業教育修了者に0.3、少なくとも2年以上医学の職業実践を経験している者に0.2、実践活動（少なくとも6か月）および医学の学習課程に関する適性について特別な情報を与える学校外の達成がある者に0.1付与される。ボーナス点は、最大で0.3付与される。残りの50％の学籍は、アビトゥーアの平均点数と任意の特別な学習能力テスト（TMS）により配分される（アビトゥーアの平均点数：51％、TMS：49％で算出）。
ヴュルツブルク	137	予備選抜：アビトゥーアの平均点数が2.3よりよい者 本選抜：アビトゥーアの平均点数、個々の点数および関連する職業教育。大学入学資格の平均点数は、数学、物理、生物および化学の点数により改善されることができる。関連する職業教育は、次の資格の修了証。看護師、介護師、保健師、児童保護師、救急補助士、助産師、理学療養士、作業療法士、医療技術助手など。
合計	8,454	

※ 以下は、筆者による訳注である。
1) 大学は、予備選抜と本選抜からなるが、予備選抜を行っていない大学もある。また志願者は、本章注14にあるように、最大6校まで順位を付けて希望する大学をZVS（中央学籍配分機関）に申請することができる。
2) アビトゥーア試験の総合点数は900点満点で、300点以上が合格点である。総合点数は、アビトゥーアの平均点数に置きかえられ、たとえば、823–900点では「1.0」で最高点、以下0.1刻みで、合格最低点の300点は「4.0」である。
3) ボーナス点が、0.1付与されるというのは、たとえば上述のアビトゥーアの平均点数が「2.7」の場合、「2.6」と読み替えられることを意味する。
4) 各教科の成績は、0点から15点の間の得点により評価される。15点が満点である。
5) 15点満点で付与された成績は、15点を「1.0」、0点を「6.0」とした評点に置きかえられる。なお、ギムナジウム最後の4学期（2年間）は、上級段階と呼ばれている。
6) HAM-Natとは、数学、物理、化学および生物の各教科について、医学と関連する視点から出題される試験である。マルチプルチョイス方式で行われるテストで、時間は2時間を超えないものとするとされている。
7) この場合、15点満点で付与された成績を4倍した点数が60点であり、満点の60点が「1.0」と見なされる。
8) ハイデルベルク大学のあるバーデン・ヴュルテンベルク州では、医学部志願者に対し、適性等を判断するための医学部テスト（Test für Medizinische Studiengänge; TMS）を導入している。
9) 民間役務とは、兵役義務の代替として行われる役務をいう（ドイツでは、満18歳以上の男子に兵役義務が課せられている）。

（出所）ZVS, *Studienangebot für den Studiengang Medizin zum Wintersemester 2008/09*〈http://www.zvs.de/default.htm?Studienangebot/AngebWS.htm〉にもとづき筆者作成。

　なお、大学入学制度に関して言えば、職業上の資格を付与された志願者に、学校での大学入学資格の付与なしでも、州の定めるところにより、大学入学の可能性を与えることができるようになった。また、特別の能力をもつ生徒は、

正規の入学要件を満たしていなくても、大学で学習し、そこで得られた成績は、のちに正規の学生になったときに承認することも可能とされている[15]。

2 段階化された高等教育の構造と単位制度の導入

これまでドイツの大学には、「学士」、「修士」といった学位制度は存在しなかった。博士号を取得する場合は大学に残り、指導教授（Doktorvaterと呼ばれている）のもとで、数年間にわたって論文を作成し、博士試験に合格するというステップが踏まれてきた（第3章第2節1，第4章第3節5を参照）。

こうした従来の制度から、ボローニャ・プロセスの展開のなかで、学士、修士、博士というように段階化された高等教育の基本構造が導入されることになった（図II-5-4を参照）。これと合わせて、ECTS（European Credit Transfer System）という名称のヨーロッパ共通の単位互換制度が取り入れられることになり、所定の単位を取得することにより学士（BA）、修士（MA）などの学位が付与されるシステムに変わりつつある[16]。現在（2008/09年冬学期）、ドイツ全体で約75％の学習課程がこうした学士、修士の構造へと移行している[17]。

3 ジュニア・プロフェッサー制度の創設

大学教授の任用システムも、この10年間で大きな変貌をとげている。まず、

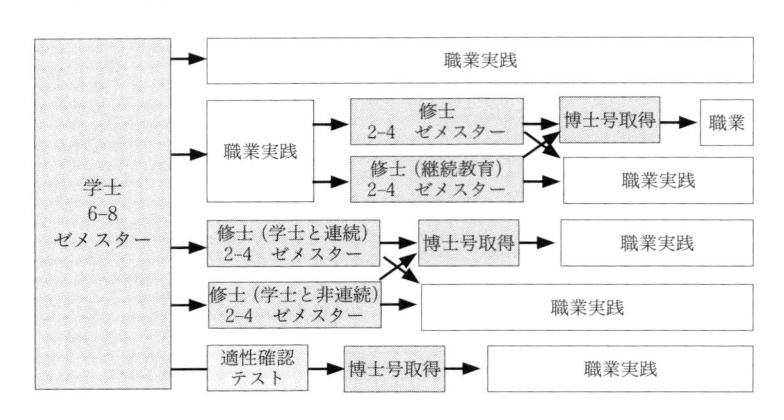

図II-5-4　高等教育の構造

（出所）„Bologna-Prozeß:Die neuen Abschlüsse Bachelor und Master an deutschen Hochschulen"〈http://www.schulberatung.bayern.de/sbwest/BA_Ma.ppt〉

1998年の第4次改正大学大綱法で、今後は研究業績だけでなく、「教育的適性」(pädagogische Eignung) も有していることが、大学教授資格の付与、あるいは教授の採用・昇格等にあたり、その前提条件となると明記された（第44条第1項第2号）。また、これまでの制度では、「大学教授資格」の取得が大学教授になるための前提条件となっていたが、「大学外において達成された同等の学問的業績」によっても、「大学教授としての専門性を証明できる」と改正された（第44条第2項）。これにより大学教授資格をもたない有能な人材を教授に登用する道も開かれるようになった[18]。

さらに、2002年2月の第5次改正大学大綱法[19]により、「大学教授資格」について規定した第44条第2項が削除され、これと合わせて若手研究者のための「ジュニア・プロフェッサー」(Juniorprofessur) 制度が設けられることになった（第47条, 48条）[20]。

これまでのシステムでは、大学教授資格の取得まで年数がかかり、研究者の自立が遅いという問題点が指摘されてきた。新しいジュニア・プロフェッサー制度では、30歳代前半で独立した研究者を輩出することが目指されている（以下、図II-5-5を参照）。今後、学生は、博士課程に学ぶことにより、27歳から29歳くらいまでに博士号を取得する。そのあと32歳くらいまでにジュニア・プロフェッサーに就任することが想定されている。ジュニア・プロフェッサーに任用されるためには、博士号取得後、取得大学とは別の大学に異動するか、すでに他大学で2年以上勤務していることが条件とされている。なお、ジュニア・プロフェッサー以外でも、実社会または外国の大学での研究活動を経て、教授に招聘される道が開かれており、研究者の流動性向上と大学の活性化が志向されている。

なお、ジュニア・プロフェッサーは任期3年で、さらに最大3年までの延長が可能となっている。このように今後、教授は、基本的にジュニア・プロフェッサーを経験した者のなかから選考されることとなった[21]。

また2002年の改正では、大学教授の俸給についても、次のような変更が加えられた。すなわち、従来は基本給の他に年齢に応じた手当てが加算されてきたが、今後は加算される手当ては業績と連動したものとなった[22]。

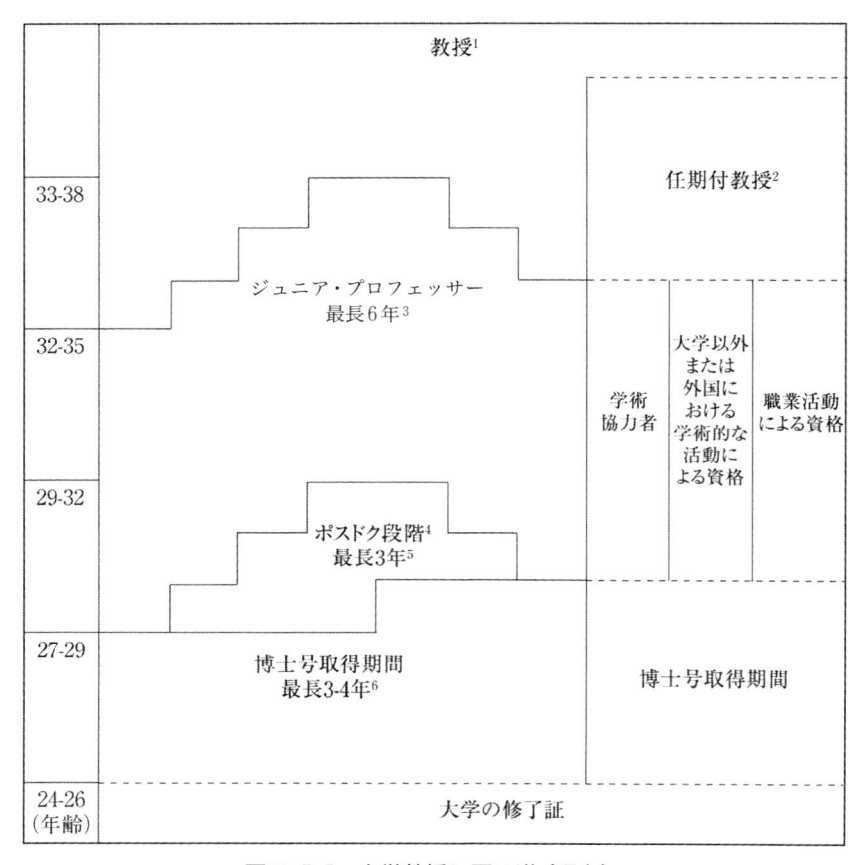

382 第Ⅱ部 ヨーロッパ統合とドイツの教育

年齢		
33-38	教授[1]	
		任期付教授[2]
32-35	ジュニア・プロフェッサー 最長6年[3]	
		学術協力者 / 大学以外または外国における学術的な活動による資格 / 職業活動による資格
29-32	ポストドク段階[4] 最長3年[5]	
27-29	博士号取得期間 最長3-4年[6]	博士号取得期間
24-26 (年齢)	大学の修了証	

図Ⅱ-5-5 大学教授に至る道（現在）

(原注)
1. 教授の任用は「終身教授」（Professuren auf Lebenszeit）。教授になる前に、任期制が適用されるジュニア・プロフェッサーとしての勤務が必要。ジュニア・プロフェッサーから教授への昇任にあたっては「同一学内招聘禁止」（Hausberufungsverbot）は適用されない。ただし、ジュニア・プロフェッサーに任用される前に大学を替わっていなければならない。学術協力者の場合には、「同一学内招聘禁止」が適用される。学術協力者、大学以外で、あるいは外国における職業活動により資格をみたしている者を教授に任用する場合は、期限付きの採用となる。
2. 少なくともジュニア・プロフェッサーに相当すると見なされる教員経験が証明される場合は、例外的に任期を設定しない任用も可能である。
3. 6年間の任期の例外は、たとえば母性保護など大学大綱法第50条第3項に規定されている場合に限る。
4. この段階中、たとえば学術協力者としての活動、研究プロジェクトへの参加、外国滞在などが可能である。
5. ジュニア・プロフェッサーへの任用にあたっては、次の規定が適用される。
 ・博士号取得段階と博士号取得後のポストドク段階が、合計して6年を超えないものとする。
 ・上述の3年ないし6年という任期の例外が認められるのは、大学大綱法第57c条第6項第1号および第3号から第5号に規定された場合のみである（例：子どもの教育、母性保護）。大学外または外国における学術的活動（大学大綱法第57c条第6項第2号）は、例外の対象とならない。
6. 博士号取得期間は、奨学生の場合は最長3年、学術協力者の場合は最長4年。例外は、上記の5と同じ。

(出所) Bericht der Expertenkommission, „Reform des Hochschuldienstrechts, S.21.〈http://www.bmbf.de/pub/bericht_expertenkommission_reform_hochschuldienstrecht.pdf〉

4　授業料徴収問題

　第4章第3節3で見たようにドイツでは、標準学習期間内で大学を卒業する学生の割合が低く、長期にわたって大学に在学する学生数の増大が大きな社会問題となっていた[23]。その理由として、ドイツの大学は、そのほとんどが国立（州立）であり、授業料は基本的に徴収してこなかったことと、国家試験などの受験回数が原則として2回までと定められており、2回不合格となるとその試験の受験資格がなくなるので、学生は合格の見込みがつくまでなかなか受験しないといった点が挙げられてきた[24]。

　授業料については、国の財政面からも無償制の見直しをせまられ、1990年代後半から、州によりその仕組みは異なるが、主として長期在学者を対象にこれを徴収するようになった。しかし学生側からは、猛反発を受けた。その後、1998年9月に実施された連邦議会選挙で社会民主党（SPD）が勝利を収め、2002年8月に「最初の学位の取得までは授業料を徴収しない」[25]旨を盛り込んだ大学大綱法の改正（第6次改正）[26]が行われた（第27条第4項）。しかし連邦憲法裁判所は、一律にこうした規定を設けることは基本法に定められた教育に関する州の権限を侵すとして、この改正を違憲とする判断を下し（2005年1月26日）[27]、この条文は削除されることになった。

　したがって、大学授業料の徴収の仕方は、州により異なっている（**表Ⅱ-5-5**は、各州における大学授業料を概観したものである）。多くの州は、長期在学者から一定額の授業料を徴収している。ただし、授業料の額、どの段階から授業料を徴収するかなどについては、州により異なる。授業料を徴収していない州もある。

5　私立大学の増加

　大学の設置形態で見ると、すでに述べたようにドイツは州立大学が主体である。連邦立の大学は、国防軍の兵士を養成する国防大学などごく一部にすぎない。教会が設立・運営している聖職者養成の大学を除いた私立大学（private Hochschule）は、2009年現在83校存在するが、全学生数に占める私立大学の学

384 第Ⅱ部 ヨーロッパ統合とドイツの教育

表Ⅱ-5-5 各州の大学授業料一覧（2009年4月現在）

州名	授業料（1ゼメスターあたり）[利子]（注1）	その他の納付金
バーデン・ヴュルテンベルク	入学時から：500ユーロ [4.169%／5.5%]	40ユーロ
バイエルン	入学時から：500ユーロまで（専門大学：最小100ユーロ、総合大学：最小300ユーロ） [2.89%／7.75%]	50ユーロ （2009年夏学期からはなし）
ベルリン	―	50ユーロ＋16.36ユーロ（注2）
ブランデンブルク	―	51ユーロ
ブレーメン	長期在学者（注3）：500ユーロ （他州出身者：500ユーロ）（注4）	50ユーロ
ハンブルク	入学時から：375ユーロ（注5）	50ユーロ
ヘッセン	―（注6）	50ユーロ
メクレンブルク・フォアポンメルン	―	50ユーロ（計画中）
ニーダーザクセン	入学時から：500ユーロ [3.26%／7.5%] 長期在学者：600-800ユーロ	75ユーロ
ノルトライン・ヴェストファーレン	入学時から：500ユーロ [3.903%／5.9%]	
ラインラント・プファルツ	学習口座（注7）：650ユーロ 高齢学習者（注8）：650ユーロ 第2学習者（注9）：650ユーロ	―
ザールラント	500ユーロ（第1学期と第2学期の間は300ユーロ）	―
ザクセン・アンハルト	長期在学者：500ユーロ	Xユーロ（注10）
ザクセン	第2学習者：300-450ユーロ	25-150ユーロ（注11）
シュレースヴィヒ・ホルシュタイン	―	―
テューリンゲン	長期在学者：500ユーロ	50ユーロ

※ 以下の注は、原注をもとに筆者が適宜補って作成した。
（注1）授業料を後納する場合の利率。
（注2）16.36ユーロは、長期在学者が支払う社会保険料。
（注3）長期在学者は、第10-13ゼメスター（5年-6.5年）経過した在学者を指す。
（注4）他州出身者とは、大学の所在地と異なる州でアビトゥーアを取得した者。ブレーメンでは第3ゼメスターから徴収する規定となっているが、この規定については、連邦憲法裁判所で審理中。現時点では適用を停止している。
（注5）500ユーロ（入学時から）徴収されていたが、2008/09年冬学期から375ユーロ。
（注6）2007/08年冬学期から2008年夏学期までは500ユーロ（入学時から）であったが、2008/09年冬学期から授業料は廃止となり、徴収されていない。
（注7）学習口座（Studienkonto）とは、長期学習者から授業料を徴収する仕組みで、一定額までは政府がその費用を負担する学習口座から授業料が支払われる。口座分がなくなった場合は、学生が授業料を負担する。
（注8）高齢学習者とは60歳以上の学生をいう。
（注9）第2学習者とは、すでにある課程を修了している者。第1学習の学期が含まれるので、長期在学者と同じ取扱いとなる。
（注10）教材、大学施設、図書館などの費用負担
（注11）受験料、その他外国人学生のための大学コレーク（外国人学生にドイツ語等の授業を行う施設）の授業料
（出所）Studiengebühren ("Studienbeiträge") in Deutschland 〈http://www.studis-on.ine/StudInfo/Gebuehren/〉をもとに筆者作成。

生数の割合は数％にすぎない[28]。

　こうした州立大学中心のドイツの大学制度のなかで、近年、アメリカ型の私立ロースクールや、企業や経済団体が設立する経営学、経済学、会計学などを専門とする私立大学が次々に設置されるようになってきている（**表Ⅱ**

-5-6を参照)。これらの私立大学では、高額の授業料が徴収される[29]。教育課程の編制にあたっても、たとえば英語による講義や実務面での教育を重視するなど[30]、従来のドイツの大学にない特色をもっている。

たとえば私立大学の特色として、次の点が挙げられている[31]。

① 厳しい成績管理をして、学生が標準学習期間で卒業できるよう教育面を重視する。少人数教育を行い、面倒見がよい。

② 入学者の選抜に一定のハードルを設けている。その際、専門知識だけでなく面接も重視している。

③ 実践を重視している。経済界からの要請に応えられるよう、大学の評議機関に経済人も加えている。在学中の実習を重視している。

表II-5-6 主な私立大学一覧

名称(創設年)	所在地(州名)	専攻	学生数
ブツェリウス・ロースクール (Bucerius Law School (BLS)) (2000年)	ハンブルク (ハンブルク)	法学	560人
ヨーロッパ経済大学ベルリン (ESCP-EAP Europäische Wirtschaftshochschule Berlin) (2002年)	ベルリン (ベルリン)	経営学	134人
ヨーロッパ・ビジネススクール (European Business School (EBS)) (1971年)	エストリッヒ・ヴィンケル(ヘッセン)	経営学	1,332人
フランクフルト・スクール・オブ・ファイナンス・アンド・マネジメント (Frankfurt School of Finance & Management (FSFM)) (1990年)	フランクフルト (ヘッセン)	金融学	1,074人
ライプツィヒ商業大学 (Handelshochschule Leipzig (HHL)) (2000年)	ライプツィヒ (ザクセン)	経営学	1,898人
ヤコブ大学ブレーメン (Jacobs University Bremen (JUB)) (1999年)	ブレーメン (ブレーメン)	工学/自然科学 人文科学/社会科学	1,212人
シュタインバイス大学ベルリン (Steinbeis-Hochschule Berlin (SHB)) (1998年)	ベルリン (ベルリン)	経営学	3,109人
オットー・バイスハイム・スクール・オブ・マネジメント・ファレンダー企業経営学術大学 (WHU - Otto Beisheim School of Management) (注1) (1984年)	ファレンダー (ラインラント・プファルツ)	経営学	474人
ヴィッテン/ヘルデッケ大学 (注2) (Universität Witten/Herdecke (UWH)) Witten (1982年)	ヴィッテン (ノルトライン・ヴェストファーレン)	経済学、医学	1,094人

(注1) WHU= Wissenschaftliche Hochschule für Unternehmensführung (企業経営学術大学)
(注2) ヴィッテン/ヘルデッケ大学は、1982年に、博士号、大学教授資格の授与権をもつはじめての私立大学として設立された。この大学の医学部は、人智学者ルドルフ・シュタイナー(1861-1925)の理念に共鳴する人々が中心になり設立したヘルデッケ病院と提携して、独自の医学教育を行っていることでも知られている。
(出所) Statistisches Bundesamt, *Fachserie* 11, R 4.1, WS 2007/2008; HRK, *Hochschulkompass*;各大学のホームページ等により筆者作成

④　大学と企業がタイアップし、労働市場へとスムーズに移行できるよう配慮されており、卒業後の就職機会が一般大学より高い。

このように私立大学が普及していくなかで、州立大学中心のドイツの大学が、今後どのように変わっていくか注目される。

第3節　評価と競争を志向する大学へ

ドイツの大学はこれまで、「大学間に格差はない」という前提のもとで発達してきた。しかし、今やこうした建前は、財政面からも、また社会の実態からも変更を余儀なくされている。ドイツの大学も、大きな潮流としては、「競争」と「評価」を主体としたアメリカ型の大学へと徐々に変化しつつあるように見受けられる。本章ではその一例として、「エリート大学」の選抜と、様々な「大学のランキング」の登場について見ていくことにしたい。

1　エクセレンス・イニシアティブとエリート大学

2005年6月、連邦と州は「ドイツの大学における学術および研究の促進に関する連邦と州のエクセレンス・イニシアティブ協定」を締結した[32]。これは、連邦と州が一体となってドイツの大学における卓越した研究を促進することを目指した構想である。具体的に、どの大学、どの研究課題に重点的に投資するかといったことがらについては、この協定にもとづき、ドイツにおける学術振興の機関であるドイツ研究協会（DFG）と学術審議会（Wissenschaftsrat）の両者が、協同してあたることになった。

このエクセレンス・イニシアティブの目的として、次の点が挙げられている。

①　大学の先端的研究を助成し、国際的な可視性を高める
②　大学における学術後継者のために卓越した条件を整備する
③　学科（Disziplin）、研究機関（Institution）間の協力を深化させる
④　研究の国際的なネットワークを強化する
⑤　学術における男女平等を促進する
⑥　ドイツにおける学術的な競争を強化し、学術スタンダードの質を幅広

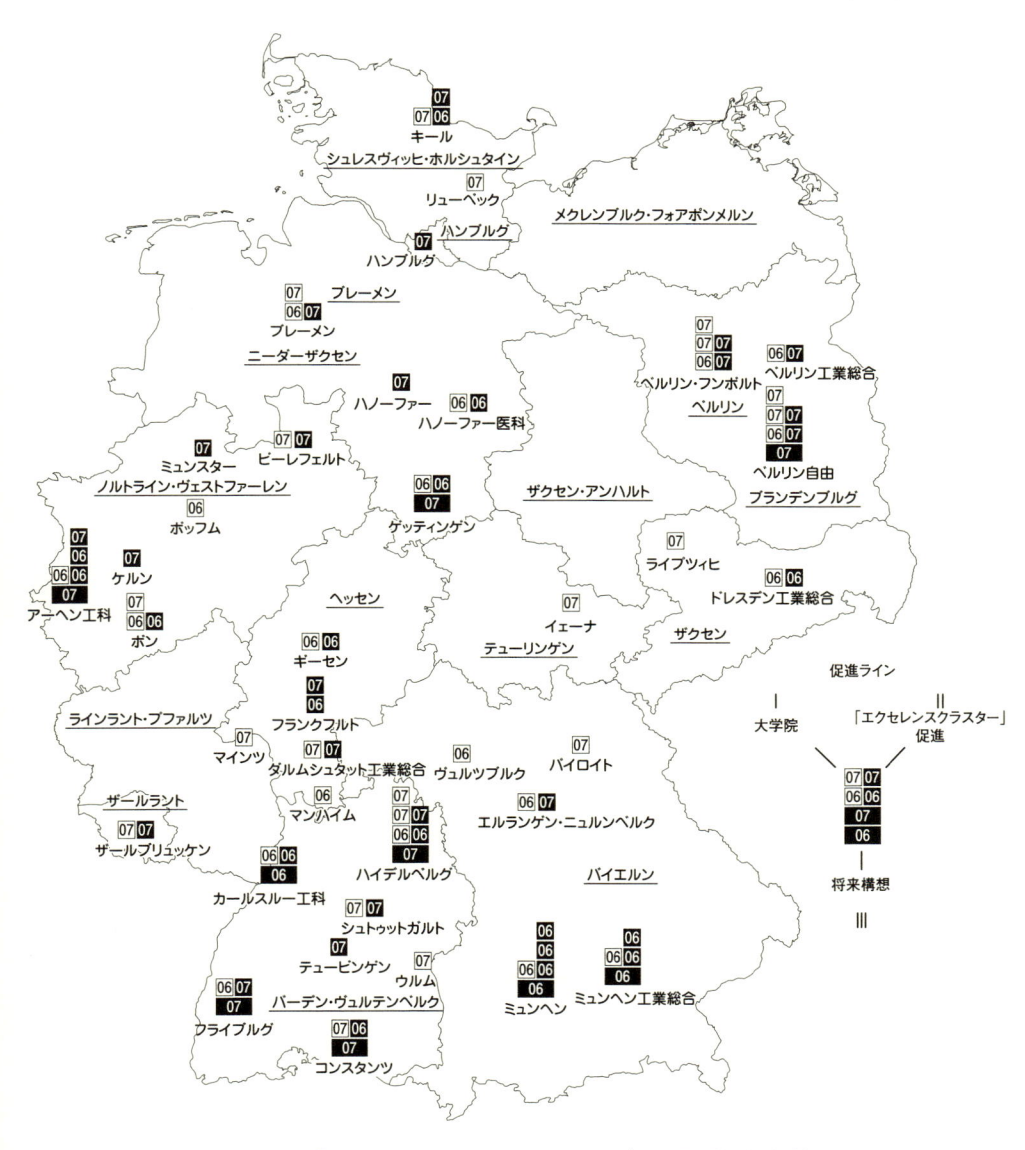

第5章　2000年代ドイツの大学改革　387

図II-5-6　「エクセレンス・イニシアティブ」に選ばれた大学

(注)　下線は州名。
(出所)　Wissenschaftsrat, *Förderentscheidungen in der Exzellenzinitiative 2006 und 2007* ⟨http://www.wissenschaftsrat.de/texte/exini_karte_2006_2007.pdf⟩

く改善する

この目的を達成するために、エクセレンス・イニシアティブは、次の3つの促進ライン（Förderlinie）を包括するとされている。
① 学術後継者の養成促進のための大学院（Graduiertenschule）
② 先端研究促進のためのエクセレンス・クラスター（Exzellenzcluster）[33]
③ 大学における先端研究のプロジェクト構築のための将来構想（Zukunftskonzept）

このうち、①と②の促進ラインについてはドイツ研究協会が、③の促進ラインについては学術審議会がそれぞれ責任を有するとされた。

2006年に第一次、2007年に第二次の公募が行われ、促進の対象となる大学とそのテーマが決定された[34]。その結果選ばれたのが、図Ⅱ-5-6に示した大学である。これを促進ライン別に見ると、①の大学院促進に2億2,370万ユーロ（約290億8,100万円）（全体に占める割合：11.4%）、②の「エクセレンス・クラスター」促進に11億7,980万ユーロ（約1,533億7,400万円）(59.9%)、③の「将来構想」促進に5億6,560万ユーロ（約735億2,800万円）(28.7%)がそれぞれ2011年までの5年間に支出される。全体では5年間で19億6,910万ユー

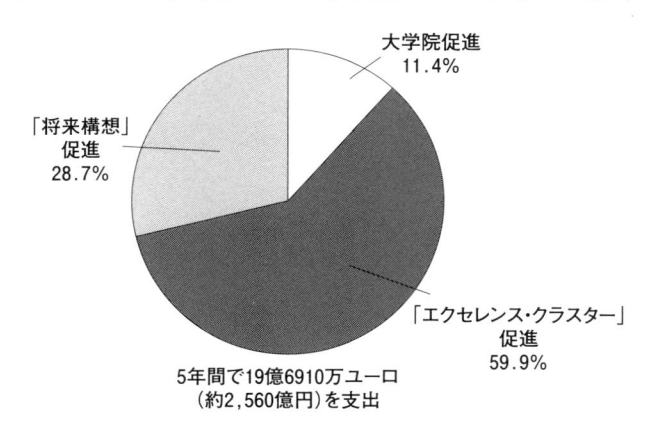

図Ⅱ-5-7　エクセレンス・イニシアティブの配分割合

（出所）Deutsche Forschungsgemeinschaft,Wissenschaftsrat, *Bericht der Gemeinsamen Kommission zur Exzellenzinitiative an die Gemeinsame Wissenschaftskonferenz,* November 2008,S.8. 〈http://www.gwk-bonn.de/fileadmin/Papers/GWK-Bericht-Exzellenzinitiative.pdf〉

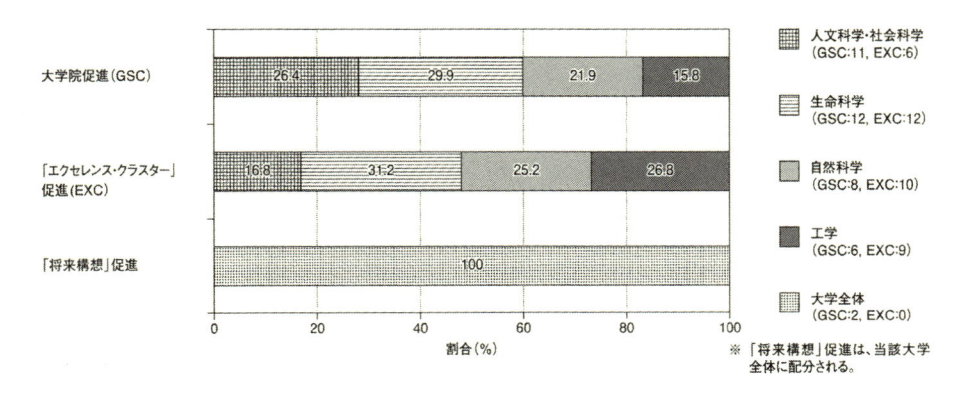

図II-5-8 エクセレンス・イニシアティブの配分割合（分野別）

（出所）ibid.

ロ（約2,560億円）が見込まれている。それぞれに選ばれた大学数は、①で39校、②で37校、③で9校となっている（**図II-5-7**および**図II-5-8**を参照）。また、各促進ラインごとに、分野別の配分割合も示した（図II-5-8を参照）。

なお、③の「将来構想」促進は、分野にかかわらず当該大学に配分される。この「将来構想」促進に選ばれた大学は、政府から大学として特別の助成を受ける「先端大学」（Spitzenuniversität）として位置づけられ、新聞などのメディアは、これらを「エリート大学」（Elite-Uni）と呼んでいる。これに第一次分（2006年10月）で選ばれたのは、カールスルーエ工科大学、ミュンヒェン大学、ミュンヒェン工業総合大学の3大学であった[35]。さらに、2007年10月には第二次分として、アーヘン工科大学、ベルリン自由大学、フライブルク大学、ゲッティンゲン大学、ハイデルベルク大学、コンスタンツ大学の6大学が選抜された[36]。

連邦と州は、2012年以降にエクセレンス・イニシアティブのさらなる展開を行う予定である。

2 大学のランキング

ドイツの大学をランク付けするといったことは、従来ほとんど考えられてこなかった。そうしたなかで、1989年12月にドイツの代表的な週刊誌であ

る『シュピーゲル』が、ドイツの「大学ランキング表」を発表し、各方面に大きな反響を呼んだ。これを受けて、さらに3年後の1993年4月に、同誌は第2回目の調査結果を刊行している（4月19日号）。また同年4月には、やはりドイツの代表的な総合雑誌である『シュテルン』が、『シュピーゲル』誌とは別の視点から大学のランキング表を発表し、関係者の間で話題となった[37]。

いずれのランキング表でも、大学のユーザーとしての学生の立場にたって、学生の大学選択を援助し、同時にランキングというショッキングな方法を採用することにより、なかなか動こうとしない大学人に改革を促す一石を投じることが目論まれていた。その後、現在にいたるまで多くの雑誌等で様々なランキング表が作成されている[38]。

そうしたなかで、近年公的に近い形で大学のランク付けが行われるようになった。その代表的な例として、現在ドイツでもっとも包括的で詳細なランキングと言われているのが大学開発センター（CHE）[39]による大学の格付けである。これは1998年から実施され、最初は経済学と化学から出発したが、その後分野を拡大し、現在35の専門領域（全新入生の4分の3以上に相当する）で大学のランク付けが行われている。その際、1999年から2004年までは雑誌『シュテルン』と、2005年からは週刊新聞『ディ・ツァイト』とそれぞれ連携してその結果が公表されている[40]。

大学の格付けにあたってCHEは、25万人の学生と1万5,000人の教授に質問した。その結果と各種データにもとづいて、学習状況全般、学生のサポート体制（ガイダンス、カウンセリングなど）、図書館などの設備、研究資金の調達（民間からの第三者資金）などについて、各大学が評価されている。ただし、順位を付けるのではなく、トップグループ、中位グループ、下位グループの3ランクに分類し、それぞれについて前回と比較して「改善がみられる」、「下降している」という評価も合わせて記している。これらの結果は、すべてインターネットで公開しており、学生は、大学を選ぶ基準にすることができるとされている。**表Ⅱ-5-7**は、法学部についての評価を一覧にしたものである。

もうひとつ公的なレベルで作成されているものとして、「フンボルト・大学ランキング」が知られている[41]。これは、アレクサンダー・フォン・フン

第5章　2000年代ドイツの大学改革　391

表II-5-7　大学のランキング（CHE調査：法学）

[凡例]　▲ トップグループ　　◆ 下位グループ　　◇ 中位グループ（改善がみられる）　　◆ 中位グループ
　　　　△ トップグループ（改善がみられる）　　▼ 下位グループ（下降している）　　◈ 中位グループ（下降している）　　■ ランクに入っていない

	学習状況全般	カウンセリング	学習設備（図書館）	第三者資金	研究の評判
アウクスブルク	◇	◇	◆	◆	◆
バイロイト	▲	▲	▲	◆	◆
ベルリン自由	◇	◆	▲	◆	◆
ベルリン・フンボルト	◇	◆	◆	▲	▲
ビーレフェルト	◆	◆	◆	◆	◆
ボッフム	◆	◆	◆	◆	▲
ボン	◆	◆	◆	◆	▲
ブレーメン	◆	◆	◆	◆	◆
ドレスデン工業総合	■	■	■	■	■
デュッセルドルフ	▲	▲	◇	◆	◆
エアフルト	◆	◆	◆	◆	◆
エアランゲン・ニュルンベルク	◆	◆	◆	◆	◆
フランクフルト（アム・マイン）	◆	◆	◆	◆	◆
ヨーロッパ大学・フランクフルト（アン・デア・オーデル）	▲	▲	▲	◆	◆
フライブルク	▲	◇	◆	◆	◆
ギーセン	◆	◆	◆	◆	◆
ゲッティンゲン	◆	◇	◆	◆	◆
グライスヴァルト	◆	◆	◆	◆	◆
ハレ・ヴィッテンベルク	◆	◆	◆	◆	◆
ブツェリウス・ロースクール ハンブルク（私立）	▲	▲	▲	◆	◆
ハンブルク（法学部）	◆	◆	◆	◆	◆
ハンブルク（経済・社会科学部）	◆	◆	◆	◆	◆
ハノーファー	◇	◇	◆	◆	◆
ハイデルベルク	◇	◆	◆	▲	▲
イェーナ	▲	▲	◆	◆	◆
キール	◆	◆	◆	◆	◆
ケルン	◆	◆	◆	◆	◆
コンスタンツ	▲	◆	◆	◆	◆
ライプツィヒ	◆	◆	◆	■	◆
マインツ	◆	◆	◆	◆	◆
マンハイム	◆	◆	▲	◆	◆
マールブルク	◆	◇	◆	◆	◆
ミュンヒェン	◆	◇	◆	◆	▲
ミュンスター	▲	◆	◆	◆	◆
オルデンブルク	◆	◆	◆	◆	◆
オスナブリュック	◆	◆	◆	◆	◆
パッサウ	▲	▲	◆	◆	◆
ポツダム	◆	◇	◆	◆	◆
レーゲンスブルク	◆	◆	◆	◆	◆
ロストック	◇	◆	◆	◆	◆
ザールブリュッケン	◆	◆	▲	◆	◆
トリーア	◆	◇	◆	◆	◆
テュービンゲン	◆	◆	◆	◆	◆
ヴュルツブルク	◆	◆	◆	◆	◆

（出所）Der Deutsche Akademische Austauschdienst, *CHE University Ranking, Ranking Overview: Law for Universities.* 〈http://www.daad.de/deutschland/hochschulen/hochschulranking/06543.en.html?module=Hitliste&do=show_ll&esb=5&hstyp=1〉

ボルト財団のフンボルト奨学金を得た外国の研究者がどの大学を留学先に選んだかで順位を付けたものである。2001年から2005年に同財団の奨学金で世界各国から4,943名がドイツの大学に籍を置いているが、その内訳をランキングにしてまとめたものが**表Ⅱ-5-8**である。たとえば、バイオ科学、医学などの生命科学分野では、ミュンヒェン大学を滞在先として希望する者が一番多かった。この表から、ドイツのどの大学が世界的に魅力ある大学と見られているかを窺うことができるとされている。

以上ドイツの大学ランキングを見てきたが、近年EUレベルでも、大学のランキングには大きな関心が払われている。欧州委員会の作業グループがまとめた報告書のなかでも、「世界の大学ランキング」についての言及が見られる[42]。そのなかで現在、世界の大学ランキングとしてもっともよく知られた「上海交通大学作成ランキング」(ARWU)[43]と「タイムズ高等教育版ランキング」(THES)[44]が言及されている。

上海交通大学作成ランキングでは、トップ500大学のなかにEU諸国は

表Ⅱ-5-8 フンボルト・ランキング（生命科学：バイオ科学、医学、農学）

	大 学 名	奨学金・受給者	受賞者	計
1	ミュンヒェン	39	3	42
2	フライブルク	24	8	32
3	テュービンゲン	25	4	29
4	ミュンヒェン工業総合	20	6	26
	ゲッティンゲン	24	2	26
5	ベルリン・フンボルト	19	6	25
6	ボン	21	2	23
7	ヴュルツブルク	14	8	22
8	ハンブルク	17	2	19
	ハイデルベルク	13	6	19
	ホーエンハイム	19	—	19
9	ギーセン	17	1	18
10	フランクフルト・アム・マイン	13	4	17
11	マールブルク	12	2	14
	ミュンスター	13	1	14
12	ベルリン自由	10	3	13
	エアランゲン・ニュルンベルク	12	1	13
	キール	11	2	13
	ケルン	9	4	13

(出所) „Das Humboldt-Ranking", *Annual Report 2005* 〈http://www.avh.de/de/aktuelles/presse/doc/2006ranking72.pdf〉

197校が入っている（そのうちドイツは41校となっている）。ただし、1校もそのなかに入っていないEU諸国も相当数存在する。なお日本は32大学、アメリカ166大学となっている[45]。トップ100大学で見ると、アメリカは54校、EUは29校、日本は6校がそのなかに入っている（**表II-5-9**を参照）。

一方、THESランキングには、トップ100大学の中にEU諸国は34校が名前を連ねている（そのうち英国が19校。ドイツは3校）。アメリカは37校、日本は4校となっている。

こうした国際的な世界の大学ランキングが作成されるなかで、ランキングの方法の改善をはかるため、2006年5月、国際ランキング専門家グループ（IREG）により「高等教育機関のランキングに関するベルリン原則」（Berlin Principles on Ranking of Higher Education Institutions）が採択されている[46]。

以上、ボローニャ・プロセスをはじめとする大学改革の潮流のなかで、ドイツの大学の最近の改革動向について見てきた。そのなかから大きな流れとして、ドイツの大学、さらに言えばヨーロッパの大学も、わが国において見られるのと同じような方向性のなかで、改革が進行しているようにも見て取ることができよう[47]。

では、その方向性は何かと言えば、まず「グローバル化」ということが挙げられよう。経済のグローバル化は世界的な競争を生み出し、自由な市場経済のなかに大学も組み込まれるようになった。グローバル化にともなう自由主義的な市場経済の考え方が、大学改革の方向性に大きな影響を与えることになった。

次に、「制度の共通化」が進展していると言えよう。国際機関による様々な協定の採択、批准により、それにもとづいて国内法的な措置がとられる時代になった。グローバル化という国際的な連関のなかで、ドイツに固有のものがヨーロッパ共通のものへ、さらには世界共通のものへと移行していく様子がうかがえる。教育の面で見れば、WTO（世界貿易機関）のサービス貿易交渉において、教育サービスの自由化に関する交渉が行われている。国境を超えて提供される高等教育の質保証、アクレディテーション、資格の認定に

表 II-5-9 世界の大学ランキング

国 名	上海交通大学作成ランキング（ARWU）		タイムズ高等教育版（THES）	
	トップ500大学の数	学生10万人あたりのトップ500大学数	トップ100大学の数	トップ100大学の数
EU-27	197	1.05	29	34
ベルギー	7	1.77	0	1
ブルガリア	0	0	0	0
チェコ	1	0.30	0	0
デンマーク	4	1.75	1	1
ドイツ	41	1.79	6	3
エストニア	0	0	0	0
アイルランド	3	1.61	0	1
ギリシャ	2	0.31	0	0
スペイン	9	0.50	0	0
フランス	23	1.04	4	2
イタリア	23	1.13	0	0
キプロス	0	0	0	0
ラトビア	0	0	0	0
リトアニア	0	0	0	0
ルクセンブルク	0	0	0	0
ハンガリー	2	0.46	0	0
マルタ	0	0	0	0
オランダ	12	2.07	2	4
オーストリア	7	2.77	0	1
ポーランド	2	0.09	0	0
ポルトガル	2	0.54	0	0
ルーマニア	0	0	0	0
スロベニア	1	0.87	0	0
スロバキア	0	0	0	0
フィンランド	5	1.62	1	1
スウェーデン	11	2.60	4	1
英国	42	1.80	11	19
クロアチア	0	0	0	0
マケドニア	0	0	0	0
トルコ	1	0.04	0	0
アイスランド	0	0	0	0
リヒテンシュタイン	0	0	0	0
ノルウェー	4	1.86	1	0
日本	32	0.78	6	4
米国	166	0.95	54	37
中国	25	0.11	0	3
インド	2	0.02	0	0
ロシア	2	0.02	1	0

（出所）Commission of the European Communities, Commission staff working document, *Progress Towards the Lisbon Objectives in Education and Training Indicators and benchmarks 2008*, p.70.
〈http://ec.europa.eu/education/policies/2010/doc/progress08/report_en.pdf〉

関しても、OECD（経済協力開発機構）やユネスコとの協力など、いずれもグローバル化と並行した「制度の共通化」が進められている[48]。

さらに言えば、こうした「グローバル化」あるいは「制度の共通化」は、現実的には「アメリカ化」に向かっているようにも思われる。自由な市場経済の推進とあいまって、アメリカ的な法制度が世界に伝播している。それはまたヨーロッパの大学改革へも波及しているのではなかろうか。

ヨーロッパの大学は、その方向性と中身について見ると、「評価」と「競争」を主体とするアメリカ型の大学へと変貌しつつあるように見受けられる。しかし、そのなかでヨーロッパにおいては、「ひとつのヨーロッパ」を念頭に、ヨーロッパ全体の知識基盤のレベルアップを視野に置いた一連の高等教育改革が進行している点に、大きな特色が見られるのではないかと思われる。

注

1 以下、ドイツ統一（1990年）までの統計は、旧西ドイツの数値である。
2 表II-5-2は、同年齢人口（18-20歳）に占める大学入学者の割合である。この表のように、同年齢人口の約36％が大学に入学している。2003年には約39％であったので若干減少している。なお、同年齢人口に占める大学入学資格取得者の割合は、43.4％となっている（Statistisches Bundesamt, *Hochschulen auf einen Blick*, S.6.）
3 序論II-1-(5)も参照。なお、専門大学は数の上では全体の半数以上を占めるが（391校中215校）、学生数の割合では29.4％（194万人中57万2,700人）となっている（Statistisches Bundesamt, *Fachserie* 11, R 4.1, WS 2007/2008, S.23.）。
4 序論II-1-(4)も参照。詳細は、拙稿「ドイツの大学入学法制―ギムナジウム上級段階の履修形態とアビトゥーア試験」『外国の立法』238号, 2008.12, pp.21-72. を参照。
5 中央学籍配分機関（ZVS）は2010年5月から、大学入学財団（Stiftung für Hochschulzulassung; SfH）に改組された。この改組によって、大学や学生向けの大学入学に関する情報提供機能をより強化し、サービス機関としての位置付けを明確化することが目指されている。
6 詳細は、拙稿「ドイツにおける接続問題」荒井克弘・橋本昭彦編著『高校と大学の接続：入試選抜から教育接続へ』（高等教育シリーズ130）玉川大学出版部, 2005, pp.295-322. を参照。
7 たとえば、2006年の大学卒業者の平均年齢は27.7歳（男子：28.1歳、女子：27.3歳）であった（Statistisches Bundesamt, *op.cit.* 2, S.20.）。第4章第3節3も参照。

8 図Ⅱ-5-2に示されているように、1999年から2001年に入学した者のうち、総合大学では20%、専門大学では22%の者が卒業以前に学習を中断している。専門分野別に見ると、中退する者の割合は、数学・自然科学が28%でもっとも高く、医学が5%でもっとも低い数値となっている。

9 ドイツでは、教授（Professor）に3ランクあり、官吏公務員（Beamte）に適用される俸給表のうちのCという給与表が適用され、C1が助手、C2、C3、C4が教授となっている。図Ⅱ-5-3にあるように、国家試験、ディプローム試験等に合格して大学を、ドイツ的な意味で「卒業」するのが平均して28歳である。大学教授になるには、このあとパートタイムの学術補助員（wissenschaftliche Hilfskraft）等をつとめながら教授の指導のもとで博士号を取得する。これが大体32歳である。このあと、C1の助手（Assistent）になる。助手には最長6年間という任期が設定されている。助手、あるいは学術協力者（助手は官吏の扱いでC1の給与表を適用されるが、学術協力者は労働協約により雇用される）をしながら大学教授資格を取得する。これが約39歳である。この資格を取得してはじめて、大学教授になるための要件をみたすことになり、C2の教授のポストにつくことになる。C2の教授のポストは、上級助手（Oberassistent）、大学講師（Hochschuldozent）とも呼ばれ、任期が設けられている（上級助手：4年、大学講師：6年）。C3、C4の教授は終身である。なお、ドイツの特色として、C2からC3、C3からC4というように一段高いランクに移るためには、大学を変わらなければならないというのが原則となっている（同一学内招聘禁止）。以上が従来の大学教授任用システムである。こうしたシステムが後述するように近年大きな変貌をとげることになった（後掲図Ⅱ-5-5を参照）。拙稿「ドイツ大学改革の課題―第4次高等教育大綱法改正を中心として」『ドイツ研究』29号,1999.12, pp.49-59. を参照。

10 *BGBl.* IS. 2190.

11 詳細は、前掲拙稿「ドイツにおける接続問題」を参照。

12 「入学制限」が行われる専門分野の学籍は、外国人など特別の志願者グループに対する留保分を除いた60%を「アビトゥーア試験の成績優秀者」に、40%を「待機期間」が長い者に配分するというのが従来の規定であった。ただし医学、獣医学、歯学の学籍は、①10%はこの分野の志願者を対象に全ドイツ一斉に行われるテスト（医学部テスト）の成績優秀者、②45%は「テストの成績」（45%）と「アビトゥーア試験の成績」（55%）の合計点、③20%は「待機期間」の長さ、④15%は各大学が実施する「面接試験」の結果、⑤10%は外国人、重度の障害者など困難な状況にある者に対する特別の割当て、により配分されてきた。詳細は、拙稿「医学部入学者選抜適性テスト―西ドイツの場合―」『レファレンス』451号, 1988.8, pp.102-143. を参照。

13 *BGBl.* IS. 2298.

14 医学部志願者は、ZVSに対して入学を希望する大学を最大6校まで順位を付けて申請することができる。ZVSは、全学籍の20％をアビトゥーア試験の成績により、20％を待機期間により配分する。以上により配分された残りの60％の学籍は、各大学が独自の選抜基準を設けて入学者を決定している。前掲表Ⅱ-5-4にあるように、各大学が設けている選抜基準は、以下のように分類できる。①大学入学資格の平均点数（アビトゥーアの成績）、②大学が行うテストの結果、③大学が行う面接の結果、④学習の専門と関係ある職業教育または職業実践、⑤以上の①から④の組合せ。

15 KMK und BMBF, *Zweiter Bericht zur Realisierung der Ziele des Bologna-Prozesses*, S.17f. 〈http://www.bmbf.de/pub/nationaler_bericht_bologna_2007.pdf〉第3章第2節4も参照。

16 1ECTS単位は、30時間の学習時間を想定しており、年間の学習総時間数は1,800時間（60単位）となる。学士3年間で180ECTS単位、修士2年間で120ECTS単位を取得する。第3章注63を参照。

17 2008/09年冬学期現在、全ドイツで12,300ある学習課程のうち9,200が学士、修士の課程へ移行している（第3章注76を参照）。また、学士課程、修士課程に入学する学生の割合も、2008/2009年冬学期の数値では、7割を超え73.8％となっている（第3章注29を参照）。ただし、全学生数に占める学士課程、修士課程で学ぶ学生数の割合では、まだ42.9％で半数に達していない（Hochschulrektorenkonferenz, *Statistische Daten zur Einführung von Bachelor-und Masterstudiengängen, Wintersemester 2009/2010*, S.21.）。

18 前掲注9の拙稿を参照。第4章第3節4(1)を参照。

19 *BGBl* .IS.693.

20 連邦教育研究省の委託により作成された専門家委員会報告書を参照。Vgl. *Bericht der Expertenkommission „Reform des Hochschuldienstrechts,"* S.20ff. 〈http://www.bmbf.de/pub/bericht_expertenkommission_reform_hochschuldienstrecht.pdf〉

21 2004年7月27日、連邦憲法裁判所は、大学大綱法で全ドイツ一律に「ジュニア・プロフェッサー」の制度を規定することは高等教育の立法に関して州がもっている権限を侵すとして違憲判決を下した。ただし、この判決はジュニア・プロフェッサーの制度自体を違憲としているのではない。（Bundesverfassungsgericht- 2 BvF 2/02-）〈http://www.bundesverfassungsgericht.de/entscheidungen/fs20040727_2bvf000202.html〉）この判決について詳細は、奥田喜道「準教授職の導入を主眼とする第五回大学大綱法改正法を違憲無効とした事例：ドイツ憲法判例研究（132）」『自治研究』977号、2005.7, pp.151-158. を参照。

22 これまでのC1（助手に相当）、C2、C3、C4（いずれも教授に相当。C2は講師も含む）という俸給表が、W1、W2、W3になり、2002年の導入時点でW1は3,260ユーロ、W2は3,724ユーロ、W3は4,522ユーロが基本給となっている。W1はジュニア・プロフェッサーに適用され、W2、W3がこれまでのC2、C3、C4の教授に相当する。

この基本額に業績給が加算される。業績給は教授のみに適用される。ジュニア・プロフェッサーには適用されない。

23 　前掲注9の拙稿、p.50以下を参照。2005年現在で、学生の在学期間の平均は11.6ゼメスター（5.8年）となっている。このうち従来の課程（ディプローム試験などに合格することが卒業を意味する）に学んだ者の平均は13.1ゼメスター（6.55年）と長い。一方、学士（BA）課程では7.9ゼメスター（3.95年）となっている。Statistisches Bundesamt, *op.cit*. 2, S.45.

24 　これに対応するため、1998年の大学大綱法の第4次改正により「回数にカウントしないシステム」（原語は Freischuß「無料の射撃」というドイツ語が使われている）が取り入れられ、これまでは2回しか認められなかった受験回数が、今後は一定の期間内であれば2回以上受験することができるようになった（第15条第2項）。第4章第3節3を参照。

25 　「最初の学位の取得までは授業料を徴収しない」というのは、政権についた社会民主党の公約であった。

26 　*BGBl*. IS.3138.

27 　Bundesverfassungsgericht-2 BvF 1/03- 〈http://www.bundesverfassungsgericht.de/entscheidungen/fs20050126_2bvf000103.html〉ただし、この判決は授業料徴収を違憲としたものではない。授業料を徴収するか否かの決定権は州が有しているというものである。

28 　私立大学83校の内訳は、総合大学などの学術大学が9校、専門大学が73校、芸術大学が1校となっている。2007/08年冬学期の学生数は7万1,000人である（全学生数が194万1,000人であるので全体に占める割合は、約3.7％にすぎない。Statistisches Bundesamt, *op.cit*. 3, S.64. を参照。

29 　たとえば、ファレンダー企業経営学術大学（WHU）のMBA（経営学修士）の全課程（16か月）の授業料は、35,000ユーロ（約455万円）である（外国滞在費、書籍費等を含む）。ブツェリウス・ロースクールは、全学習期間（3学期制で12学期。4年間）で39,600ユーロ（約515万円）である。ヴィッテン／ヘルデッケ大学では、医学部は全学習期間で41,040ユーロ（約534万円）となっている。ただし在学期間が10ゼメスター（5年）を超える場合は、月額684ユーロ（約8.9万円）を支払う。経済学部の場合は、全学習期間で23,040ユーロ（約300万円）。在学期間が6ゼメスター（3年）を超える場合は、月額1,924ユーロ（約25万円）を支払う。同大学ではこのほかに選考料を150ユーロ（約2万円）を納める（不合格の場合も返還されない）。以上、授業料の額等は各大学のホームページを参照した。1ユーロは、2009年4月時点の130円で計算した。

30 　たとえばブツェリウス・ロースクールでは、1学期間を世界30か国に90ある提携大学で学ぶことを義務付けている（同時に提携大学からの留学生を受け入れてい

る)。学習課程は、外国語プログラム、経済学プログラム、一般学習プログラムの3プログラムから成り、法学だけでなく外国語と経済学が重視される。最終2学期間は、法学国家試験の準備にあてる。国際性と実践志向が同大学のモットーとなっており、国家試験の合格率、点数も州立大学よりも高いことを売りとしている。以上、同スクールのホームページ参照。〈http//www.lawschool.de/studium_programme.html?&L=tgykbjqeppxqlf〉

31 „Serie: Studieren–aber wo? Die Privat-Unis" 〈http://www.ruv.de/de/r_v_ratgeber/ausbildung_berufseinstieg/studium/4_wostudieren-privatunis.jsp〉

32 „Bund-Länder-Vereinbarung gemäß Artikel 91b des Grundgesetzes (Forschungsförderung) über die Exzellenzinitiative des Bundes und der Länder zur Föderung von Wissenschaft und Forschung an deutschen Hochschulen" 〈http://www.wissenschaftsrat.de/texte/BLK-ExIni.pdf〉。なお、以下の記述は、連邦教育研究省のホームページに記載された "Exzellenzinitiative" の説明にもとづいている。〈http://www.bmbf.de/de/1321.php〉

33 エクセレンス・クラスターでは、最先端の研究を行っている大学を拠点として、当該研究における大学間協力、ネットワークづくりが推進されている。

34 エクセレンス・イニシアティブの認定は、エクセレンス・イニシアティブの認定委員会により行われる。この委員会は、ドイツ研究協会（DFG）と学術審議会（WR）による共同委員会と連邦および州の学術関係大臣から構成される（委員長はDFG会長。委員には、米英などの外国の学者を含む大学教授が加わる）。共同委員会は、DFGの専門委員会とWRの戦略委員会（Strategiekommission）から構成される。

35 „Erste Runde in der Exzellenzinitiative entschieden 873 Millionen Euro für die universitäre Spitzenforschung", *Pressemitteilung*, Nr.54, 13. Oktober 2006. 〈http://www.dfg.de/aktuelles_presse/pressemitteilungen/2006/presse_2006_54.html〉

36 „Zweite Runde in der Exzellenzinitiative entschieden, Mehr als eine Milliarde Euro für die universitäre Spitzenforschung", *Pressemitteilung*, Nr. 65, 19. Oktober 2007. 〈http://www.dfg.de/aktuelles_presse/pressemitteilungen/2007/presse_2007_65.html〉

37 1993年に発表された『シュピーゲル』と『シュテルン』の大学ランキングと、当時のドイツの大学改革状況については、第4章を参照。

38 『シュピーゲル』（2004年と2006年）、『フォーカス』（2007年）、『研究と教育』（Forschung & Lehre）（2008年）、『若者向けカリエーレ』（Junge Karriere）（2008年）、『フランクフルター・アルゲマイネ大学新聞』（FAZ-Hochschulanzeiger）（2006年）、『フィナンシャル・タイムズ』（2008年）などの雑誌が「大学のランキング」を掲載している。著名な私立大学は、こうした大学ランキングの上位に位置している。たとえば、ファレンダー企業経営学術大学（WHU）は、これらの大学ランキングでいずれもトップクラスに位置付けられている〈http://www.whu.edu/cms/index.php?id=408〉。

39 大学開発センター（CHE: Centrum für Hochschulentwicklung）は、1994年にベルテル

400　第Ⅱ部　ヨーロッパ統合とドイツの教育

スマン財団とドイツ大学学長会議により共同で設置された非営利機関である。

40　ランキングの構想、データ収集、評価については CHE が、それらの出版、販売等は『ディ・ツァイト』が行っている。CHE ⟨http://www.che.de/cms/⟩、『ディ・ツァイト』⟨www.zeit.de/hochschulranking⟩ のそれぞれのホームページを参照。

41　Humboldt-Ranking: Die international attraktivsten Universitäten Deutschlands 24. Mai 2006, Nr. 11/2006. ⟨http://www.humboldt-foundation.de/web/7514.html⟩

42　Commission of the European Communities, Commission staff working document, *Progress Towards the Lisbon Objectives in Education and Training Indicators and benchmarks 2008*, p.70. ⟨http://ec.europa.eu/education/policies/2010/doc/progress08/report_en.pdf⟩

43　ARWU は、以下の指標にもとづいて作成されている。研究のアウトプット（過去4年間に『Nature』誌と『Science』誌に掲載された論文数：20％，学術文献データベースである SCI-EXPANDED、SSCI に収録された論文数：20％）、教育の質（ノーベル賞、フィールズ賞を受賞した卒業生の数：10％）、教員の質（ノーベル賞、フィールズ賞を受賞した教員の数：20％，論文の引用頻度：20％）、以上の得点を教員数で割った教員1人あたり数値：10％。

44　THES は、以下の指標にもとづいて作成されている。学部の質（同業研究者によるピア・レビュー：40％）、研究の質（論文の引用頻度：20％）、卒業生の質（卒業生を採用する経営者の評価：10％）、学習環境（教員1人あたりの学生数：20％）、国際性（外国人スタッフの割合：5％，外国人学生の割合：5％）。

45　アメリカは166校がトップ500大学に入っているが、学生10万人あたりのトップ500大学の数で言うと「0.95」となり、オーストリアの「2.77」、スウェーデンの「2.60」などと比較して低い数値となっている（たとえばオーストリアは、学生数25万3,000人で、トップ500大学に入っている大学は7校あり、これを学生10万人あたりに換算すると2.7校となる）。ドイツは「1.79」となっている。

46　ベルリン原則については、次の URL を参照。⟨http://www.che.de/downloads/Berlin_Principles_IREG_534.pdf⟩ IREG は、2004年にユネスコヨーロッパ高等教育センター（UNESCO European Centre for Higher Education (UNESCO-CEPES)）とワシントンの高等教育研究所（Institute of Higher Education Policy in Washington）により設置された。

47　廣渡清吾教授は、現代世界における「法と社会の変化」を、①法のグローバル化、②法の共通化、③法のアメリカ化として捉えている。廣渡清吾『比較法社会論』放送大学教育振興会，2007, p.200. 以下を参照。

48　大森不二雄「WTO 貿易交渉と高等教育」，米澤彰純「国際的な質保証ネットワークと国際機関の活動」塚原修一編『高等教育市場の国際化』（高等教育シリーズ144）玉川大学出版部，2008.2, pp.69-94, 214-226, を参照。

第6章　教員養成制度

　ドイツの教員養成制度も近年、国際的な動向の中で様々な改革が試みられている。その背景となっている要素として、第3章と第5章で見てきたボローニャ・プロセスと、PISAショックという大きく2つの動きへの対応を挙げることができよう。すなわち、ボローニャ・プロセスの展開のなかで、大学における教職学習も、全面的にバチェラー、マスターに対応する学習課程へと移行する方向で制度改革が進んでいる。またPISAショックへの対応はドイツの教育政策の中心課題となり、生徒の学力向上に向けた一連の主要な取組みのひとつとして、教員養成制度改革も位置づけられている。さらに、ヨーロッパレベルでも、教員養成制度の改善は「リスボン戦略」の目標達成に貢献する重要な要素のひとつとして重視されている。

　本章では、ドイツの教員養成制度を取り上げ、その内容と改革動向を見ていく。まず、第1節で現行の教員養成制度について、ドイツ全体に共通する概要に言及しつつ、ノルトライン・ヴェストファーレン州の事例を見ていくことにしたい。第2節では、ノルトライン・ヴェストファーレン州を中心に、どのような教員養成制度改革が進行しているかを紹介する。最後にヨーロッパの大きな高等教育改革の流れのなかで、教員養成改革がどのように位置づけられるのか、若干のまとめを試みたい。

第1節　現行の教員養成制度

　ドイツの教員養成制度は、①大学における養成教育、②試補勤務、の大き

く二段階に区分することができる[1]。

　大学における教育は、各大学で、それぞれの専門分野に対応して行われる。各大学の学習規則（Studienordnung）にしたがい、3-4年間で所定の科目を履修するとともに、教職に関連する実習を経験する。この段階は、第一次国家試験に合格することによって終了する。第一次国家試験から第二次国家試験の間が、「試補」（Referendar）と呼ばれる見習い期間である。1年半ないし2年間にわたって、一定の指導体制のもとで、学校で実際に授業を行うなど学校実務に携わるとともに、学習ゼミナール（Studienseminar）と呼ばれる研修機関で実践に即した内容の教育を受ける。この間、身分上は、「任命を撤回しうる関係にある官吏公務員」（Beamte auf Widerruf）[2]として、一定額の給与が支給される。試補勤務は、第二次国家試験に合格することによって終了する。第二次国家試験に合格した者の中から、需給関係、成績、その他を考慮して、正規の教員が採用される。以上が、ごく大まかに捉えたドイツの教員養成制度の仕組みとなっている。

　なお、ドイツは連邦制の国家であり、教育に関する権限は基本的に各州に委ねられている。教員養成制度に関しても、州法と、それを受けた省令等により、詳細が定められている。各州に共通する大枠は上記のとおりであるが、細部においては、全州がすべて一様であるというわけではない。

　以下では、ドイツの州のなかで人口がもっとも多く、ライン・ルールの大工業地帯を有するノルトライン・ヴェストファーレン州を事例として取り上げる。記述にあたっては、ドイツ全体の概要について言及しつつ、ノルトライン・ヴェストファーレン州の制度について説明する。

　ノルトライン・ヴェストファーレン州では、州法として「公立学校における教職のための養成に関する法律（教員養成法）」[3]が制定され、同法にしたがい、関連する省令等が発布されている。このうち、大学における養成教育と第一次国家試験に関しては「学校における教職のための第一次国家試験規程（教職試験規程）」[4]が、試補勤務と第二次国家試験に関しては「学校における教職のための試補勤務及び第二次国家試験規程（試補勤務及び第二次国家試験規程）」[5]が、それぞれ詳細を規定している。

1　養成大学の種類と教職の種類
(1) 養成大学の種類

教員養成は、学術大学、すなわち、総合大学、教育大学、神学大学、芸術大学、音楽大学等において行われている。このうち、基礎学校、基幹学校、実科学校の教員は教育大学で、ギムナジウムの教員は総合大学で養成を行うというのが、ドイツの従来の区分であった。

教育大学は、教育アカデミー（Pädagogische Akademie）と呼ばれていた教員養成機関が大学に昇格したものであり、当初は、博士号授与権など学術大学の要件を備えていなかった。しかし1960年代後半から始まる一連の大学改革の中で、教育大学の学術大学化も推進され、70年代初頭に教育大学はすべて学術大学に昇格した。この動きと前後して、既存の総合大学への教育大学の統合が進められ、すべての教員は、学術大学である総合大学で一括して養成されるべきであるという考え方が定着した。こうして教員は、学校種類（段階）に関わりなく総合大学で（科目によっては、神学大学、芸術大学、音楽大学等で）、統一的に養成されることになった。単科大学としての教育大学は、年々減少し、現在では、バーデン・ヴュルテンベルク州に6校存在しているのみである[6]。

ノルトライン・ヴェストファーレン州には、総合大学10校、音楽大学3校、芸術大学2校、体育大学1校があり、これらの大学で教職学習を履修することができる[7]。

(2) 教職の種類

教員養成は、教職の種類に対応して行われる。文部大臣会議の資料によれば、**表Ⅱ-6-1**のように7つのタイプに分類される。これをもとにさらに全州を概観すると、各州は、大きく2つのタイプに分けることができる。すなわち、基礎学校、基幹学校、実科学校、ギムナジウムといった学校の種類にもとづいて教員資格を付与している州と、初等段階、中等段階Ⅰ、中等段階Ⅱというように学校制度の中に占める教育段階の区分にしたがった教員資格が設け

表Ⅱ-6-1　全州の教職の名称一覧

	教職のタイプ	教員の名称	該当する州
1	基礎学校ないし初等段階の教職	― 基礎学校教員	BY, HE, SN, ST, TH
2	初等段階及び中等段階Ⅰのすべての又は個別の学校種類に通用する教職	― 初等段階及び中等段階Ⅰ（第5～9学年）教員 ― 基礎・基幹学校教員 ― 基礎・基幹・実科学校教員（基礎学校を重点） ― 教員職（Amt des Lehrers） ― 普通教育学校の中等段階Ⅰ及び初等段階の教育課程教員 ― 公立学校教員 　教育段階と結びついた重点 　　a）初等段階及び中等段階Ⅰ：初等段階を重点（中等段階Ⅰも併せて）―タイプ6を含む 　　b）初等段階及び中等段階Ⅰ：中等段階Ⅰを重点（初等段階も併せて）―タイプ6を含む ― 基礎・中間学校教員（第一段階）、国民・実科学校教員（第二段階） ― 基礎・基幹学校教員ラウフバーン職（訳注） ― 基礎・基幹・実科学校及び総合制学校の対応する学年担当教員	SL BW, MV, RP NI BE BB HB HH SH NW
3	中等段階Ⅰのすべての又は個別の学校種類に通用する教職	― 実科学校教員 ― 基幹学校教員 ― 2教科で専門科学の養成を受けた教員職 ― 基幹・実科学校教員 ― 基礎・基幹・実科学校教員（基幹・実科学校を重点） ― 基幹学校及び総合制学校教員 ― 実科学校及び総合制学校教員 ― 中間学校教員 ― 中等学校教員 ― 実科学校教員ラウフバーン職 ― 通常学校教員	BW, BY, RP BY BE HE, MV NI SL SL SN ST SH TH
4	中等段階Ⅱ（一般教育科目）又はギムナジウムに通用する教職	― ギムナジウム教員 ― 普通教育学校上級教員職（Amt des Studienrats） ― 公立学校教員 　教育段階と結びついた重点：中等段階Ⅱ ― ギムナジウム及び総合制学校教員 ― 上級段階教員-普通教育（第一段階）、ギムナジウム教員（第二段階） ― ギムナジウムの上級教員ラウフバーン職	BW, BY, BB, HE, MV, NI, RP, SN, ST, TH BE HB NW, SL HH SH
5	中等段階Ⅱ（職業教育科目）又は職業教育学校に通用する教職	― 職業教育学校教員 ― 職業学校上級教員職 ― 職業コレーク教員 ― 公立学校教員：中等段階Ⅱ（職業教育学校） ― 上級段階教員-職業教育（第一段階）、職業教育学校教員（第二段階） ― 職業教育学校教員 ― 職業教育学校の上級教員ラウフバーン職	BW, BY, BB, HE, MV, SL BE NW HB HH NI, RP, SN, ST, TH SH
6	特殊教育の教職	― 特殊学校教員（原注） ― 特殊学校教員職 ― 特殊教育教員 ― 促進学校教員 ― 特殊学校教員ラウフバーン職	BW, BY, HH, HE, NI, RP BE BB, MV, NW, SL SN, ST, TH SH（HBはタイプ2を参照）
7	専科教員	― 専科教員	BW, BY, HE, SH

［州名］BW：バーデン・ヴュルテンベルク、BY：バイエルン、BE：ベルリン、BB：ブランデンブルク、HB：ブレーメン、HH：ハンブルク、HE：ヘッセン、MV：メクレンブルク・フォアポンメルン、NI：ニーダーザクセン、NW：ノルトライン・ヴェストファーレン、RP：ラインラント・プファルツ、SL：ザールラント、SN：ザクセン、ST：ザクセン・アンハルト、SH：シュレースヴィヒ・ホルシュタイン、TH：テューリンゲン

（原注）HH では、第一段階；第二段階：国民・実科学校教員（特殊教育の専門科目を考慮）。

（訳注）ラウフバーン（Laufbahn）とは、同一の資格をもった官吏集団が歩む経路のこと。いずれの州でも、教員の身分は官吏公務員であるが、シュレースヴィヒ・ホルシュタイン州では、「基礎・基幹学校教員が進むラウフバーンに属する者」という呼び方がされている。

（出所）Kultusmnisterkonferenz, *Einstellung von Lehrkräften 2006*, Dokumentation Nr. 180, S.43. 〈http://www.kmk.org/statist/EvL 2006.pdf〉ノルトライン・ヴェストファーレン州の教員については現行法にしたがい表記を修正した。

られている州である。ただ、表Ⅱ-6-1に掲げられているように、学校種類別と学校段階別に、単純に教員資格が二分化されているわけではなく、各州の事情に対応してバラエティーに富んだ区分が見られる。

ノルトライン・ヴェストファーレン州について言えば、以前は、学校段階にしたがった教職が定められていたが、2003年から施行された現行法では、次のように学校の種類をその名称に冠した教職が設けられている。

①「基礎・基幹・実科学校及び総合制学校の対応する学年の教職」(Lehramt an Grund-, Haupt-und Realschulen und den entsprechenden Jahrgangsstufen der Gesamtschulen)
②「ギムナジウム及び総合制学校の教職」(Lehramt an Gymnasien und Gesamtschulen)
③「職業コレークの教職」[8] (Lehramt an Berufskollegs)
④「特殊教育の教職」(Lehramt für Sonderpädagogik)

2 大学における学習と第一次国家試験

(1) 大学における学習

大学における学習は、各州とも、①教育科学の学習、②教科教授学を含む教科に関する専門科学の学習、③教育実習、から構成されている。

教科に関する専門科学の学習は、通常2教科履修される。これらについて、各大学の学習規則にしたがい、所定の学習証明ないし成績証明を得ることによってはじめて第一次国家試験を受験できる。しかし、学習科目の数、その組合せ、必修・選択の別、学習期間、要求される学習領域等に立ち入ると、州により、また同じ州の中でも教職の種類により、その中身は異なっている。

また、教職のタイプごとに標準学習期間(Regelstudienzeit)が定められている。ただし、これはあくまで目安とされる標準的な学習期間で、この期間が過ぎれば、即退学という意味ではない。表Ⅱ-6-2に掲げたように、基礎学校ないし初等段階の教職では7学期（3.5年）、中等段階Ⅰの学校では7学期ないし9学期（4.5年）、ギムナジウムなどの中等段階Ⅱ、職業教育学校、特殊教育学校の教職では9学期が一般的となっている。

ノルトライン・ヴェストファーレン州で言えば、「基礎・基幹・実科学校及び総合制学校の対応する学年の教職」は7学期、その他の教職はいずれも9学期

表Ⅱ-6-2　教職のタイプごとの学習期間及び試補勤務期間

教職のタイプ	第一段階：大学における標準学習期間（学期数）	第二段階：試補勤務期間（月数）
基礎学校ないし初等段階の教職	7	18-24
初等段階及び中等段階Ⅰのすべての又は個別の学校種類に通用する教職	7-9	18-24
中等段階Ⅰのすべての又は個別の学校種類に通用する教職	7-9	18-24
中等段階Ⅱ（一般教育科目）又はギムナジウムの教職	9	24
中等段階Ⅱ（職業教育科目）又は職業教育学校の教職	9	24
特殊教育の教職	9	18-24

（出所）Gábor Halász, Paulo Santiago, Mats Ekholm, Peter Matthews und Phillip McKenzie, *Anwerbung, berufliche Entwicklung und Verbleib von qualifizierten Lehrerinnen und Lehrern Länderbericht: Deutschland*, September 2004, S.16. 〈http://www.kmk.org/aktuell/Germany%20Country%20Note Endfassung deutsch.pdf〉

表Ⅱ-6-3　基礎・基幹・実科学校及び総合制学校の対応する学年の教職

学習段階	教科1	教科2	教授学の基礎的学習	教育科学
基礎学習（3学期）	20SWS	20SWS	10SWS	12-15SWS
	中間試験	中間試験	---	中間試験
主要学習（4学期）	20SWS	20SWS	10SWS	13-15SWS
合計（7学期）	40SWS	40SWS	20SWS	25-30SWS
	125-130SWS			

（注）SWS（Semesterwochenstunde）：1学期（ゼメスター）における週あたりの学習回数。週1回、1単位時間（通常：45分間）の学習を1学期（半年）履修した場合1SWSとなる。
（筆者作成）

が標準学習期間となっている。

　なお、ドイツの大学の学習課程は、通常、基礎学習（Grundstudium）と主要学習（Hauptstudium）という二段階から構成されている。基礎学習の最後に、

表Ⅱ-6-4　ギムナジウム及び総合制学校の教職

学習段階	教科1	教科2	教育科学
基礎学習（4学期）	32SWS	32SWS	12-15SWS
	中間試験	中間試験	中間試験
主要学習（5学期）	33SWS	33SWS	13-15SWS
合計（9学期）	65SWS	65SWS	25-30SWS
	155-160SWS		

（筆者作成）

中間試験（Zwischenprüfung）が行われる。中間試験に合格した者が、主要学習の段階に進む。教職課程の場合、主要学習は、第一次国家試験に合格することにより終了する。

　表Ⅱ-6-3と**表Ⅱ-6-4**は、ノルトライン・ヴェストファーレン州の「基礎・基幹・実科学校及び総合制学校の対応する学年の教職」と「ギムナジウム及び総合制学校の教職」の学習時間を一覧にしたものである。

　教育実習は、講義の一部として行われる場合、講義と並行して行われる場合、一定の期間連続して設定される場合等々、いろいろなケースがある。実習の期間、形態なども、州により、また大学により様々である。さらに、学校における実習だけでなく、社会福祉関係の施設などで奉仕活動を行う社会実習や、企業実習などを並行して課している例も見られる。

　ノルトライン・ヴェストファーレン州では、基礎学習の段階で4週間、主要学習の段階で10週間が、この実習にあてられている。

(2) 第一次国家試験

　第一次国家試験は、いずれの州でも大きく分けて、①論文作成、②筆記試験、③口述試験から構成されている。ただし、試験の実施方法等、具体的な中身は、各州の事情により異なる。

　ノルトライン・ヴェストファーレン州では、論文作成のほか、選択した教科、教育科学、教科教授学の筆記試験および口述試験に加えて、第一次国家試験の最後に、教育科学のコロキウムが実施されている。コロキウムとは面談に

表Ⅱ-6-5 ノルトライン・ヴェストファーレン州の第一次国家試験

基礎・基幹・実科学校及び 総合制学校の対応する学年の教職	ギムナジウム及び総合制学校の教職
◎第一教科* ・専門科学の試験 ・教科教授学の試験 ◎第二教科* ・専門科学の試験 ・教科教授学の試験 ◎教授学の基礎（ドイツ語または数学） ・筆記試験 ◎教育科学 ・筆記試験 ・最終コロキウム（口述） ◎論文作成（教科のうち1つまたは教育科学）	◎第一教科** ・専門科学の一次試験 ・専門科学の二次試験 ・教科教授学の試験 ◎第二教科** ・専門科学の一次試験 ・専門科学の二次試験 ・教科教授学の試験 ◎教育科学 ・筆記試験 ・最終コロキウム（口述） ◎論文作成（教科のうち1つまたは教育科学）

＊教科の2つの試験のうち1つは口述試験、もう1つは筆記試験である（LPO第34条(1)）。
＊＊教科の試験は、筆記試験または口述試験である。教科ごとに少なくとも1つの試験は、筆記試験または口述試験でなければならない（LPO第36条(1)）。
（筆者作成）

よる試験で、教員として備えていなければならない知識と能力を有しているかどうかが、試験官との面談を通して判定される。論文作成では、あらかじめ設定されたテーマについて、3か月を費やして60ページの学術的な論述を行わなければならない。

　表Ⅱ-6-5は、ノルトライン・ヴェストファーレン州における第一次国家試験の内訳を記したものである。

表Ⅱ-6-6　ドイツの成績評価

1＝「秀」（sehr gut, 非常によい）：	卓越した成績
2＝「優」（gut, よい）：	平均的な要求を相当に上回る成績
3＝「良」（befriedigend, 満足できる）：	平均的な要求に合致する成績
4＝「可」（ausreichend, 何とか間に合う）：	欠陥は認められるが、平均的要求を満たしている成績
5＝「不良」（mangelhaft, 欠陥の多い）：	相当の欠陥があり、要求を満たしているとはいえない成績
6＝「不可」（ungenügend, 不満足）：	いかなる点からも、要求を満たしているとはいえない成績

（筆者作成）

表Ⅱ-6-7　評点と成績評価との対応

1.0〜1.5＝「1」秀	3.5超〜4.0＝「4」可
1.5超〜2.5＝「2」優	4.0超〜5.0＝「5」不良
2.5超〜3.5＝「3」良	5.0超〜6.0＝「6」不可

(筆者作成)

　第一次国家試験の成績評価は、一般的なドイツの成績評価と同様、「1」から「6」の6段階で行われる。一番上が「1」、一番下が「6」となっている。「6」は落第点を意味している（**表Ⅱ-6-6**を参照）。ただし、個々の点数は、「1.0」から「6.0」の間で細分化される（LPO第25条(1)および(2)）。したがって、「1.0」から「1.5」の間である場合は最高評価である「1」、「5.0」超から「6.0」の場合は、落第を意味する「6」ということになる（**表Ⅱ-6-7**を参照）。

3　試補勤務と第二次国家試験

(1) 試補勤務

　試補勤務期間は、前掲の表Ⅱ-6-2に示したように、18か月ないし24か月となっている。ただし、この期間は州により、また目指される教員資格によって異なる。基礎学校、初等段階では18か月、中等段階Ⅰの学校では18か月ないし24か月、中等段階Ⅱまたはギムナジウムでは24か月というケースが多い。ノルトライン・ヴェストファーレン州では、いずれの教職も24か月（2年間）となっている。

　試補勤務は、州によってその名称は必ずしも同じではないが、多くの場合、州が設置する研修所（学習ゼミナール（Studienseminar）といった名称で呼ばれる）と、現場の学校とで並行して実施されている。

　学習ゼミナールでは、講義などを通して学校実践的な教育が行われる。学校では、試補は、一定の指導体制のもとで、実際に教壇に立つことにより授業実践を経験する。試補が勤務する学校は、通常、学習ゼミナールの近隣にある公立学校である。

　ノルトライン・ヴェストファーレン州の場合をみると、週1日（7時間）が、

表Ⅱ-6-8　試補勤務の学習内容

第1半期	第2半期	第3半期	第4半期
・授業参観 ・指導下の授業	・独立して行う授業（週9時間） ・ゼミナール養成指導者による授業訪問 ・計画・発展面談	・独立して行う授業（週9時間） ・ゼミナール養成指導者による授業訪問　試験手続開始 ・論文作成：3か月	・ゼミナール養成指導者による授業訪問 ・試験段階 　－授業実践試験 　－コロキウム ⇒第二次国家試験終了

(注)・2年間の養成期間のうち、1年目の前半が第1半期、後半が第2半期、2年目の前半が第3半期、後半が第4半期とそれぞれ呼ばれている。
　　・計画・発展面談では、試補とゼミナールおよび学校の担当者との間で、今後の見通しなどが話し合われる。
　　・学校での養成：平均して週12時間。
　　・学習ゼミナールでの養成：基幹ゼミナール、教科ゼミナールおよびその他の教育形態で、平均して週7時間。（筆者作成）

学習ゼミナールにおける教育にあてられている。学習ゼミナールには、学校教育の理論的内容が扱われる「基幹ゼミナール」(Hauptseminar) と、各教科に対応した「教科ゼミナール」(Fachseminar) が設けられている。

　一方、学校での養成は、①授業参観、②指導下の授業、③独立して行う授業の3段階を踏んで行われる。各試補には、それぞれ指導教員があてがわれ、その指導教員の指導のもとで、独立して授業を行うことができる段階まで到達することが求められる。試補勤務の2年間で、平均して週12時間の授業実践が、これに費やされる（**表Ⅱ-6-8**を参照）。

(2) 第二次国家試験

　第二次国家試験は、各州とも、①論文作成、②試験授業、③口述試験から構成されている。州によっては、口述試験に加えて、筆記試験を併せて課している場合もある。第一次国家試験が専門教科上の達成度に重点が置かれているのに対し、第二次国家試験では主として学校実践的な諸問題にどれだけ取り組むことができるか、その到達度が検査されることになる。また、いずれの州においても、平常点として、試補の指導にあたった教員等の所見などが点数化され、上記試験に加えられる。これらの総合点で最終的な合否が判

表Ⅱ-6-9　第二次国家試験の最終判定

(1)	試補勤務の最終判定の成績：5倍する ＊校長の評点を3倍し、3名のゼミナール養成指導者の評点はそれぞれ1倍のまま、これらを合計し、6で割った点数
(2)	論文作成の点数：1倍のまま
(3)	コロキウムの点数：2倍する
(4)	授業実践試験の点数：2倍する ＊2つの授業実践試験の成績

(注)「第二次国家試験は、論文作成、2つの授業実践試験及びコロキウムから構成される」と規定されている(「試補勤務及び第二次国家試験規程」第28条)。また、同規程第37条第1項では、第二次国家試験の総合点数は、①ゼミナール養成指導者および校長の最終判定、②コロキウム、③論文、④授業実践試験の合計点から形成されると規定している。①は、いわば平常点に相当する。点数の配分は、①：②：③：④が、5：2：1：2である（総合成績＝（(1)＋(2)＋(3)＋(4)）÷10）
(筆者作成)

定される。ただしそれらの配分基準等は、州によって異なっている。

　ノルトライン・ヴェストファーレン州の場合、まず試補は、指導教員の同意を得てテーマを決定し、3か月間をかけて約30ページの論文を作成しなければならない。

　次に、選択した教科で、実際に授業を行う授業実践試験が課せられる。この試験にあたっては、事前に授業計画などの提出が求められる。

　最後に、コロキウムが行われ、面談を通して総合的に受験者の教員としての資質が判断される。コロキウムの時間は60分間とされている。以上に加えて、いわば平常点に相当する「ゼミナール養成指導者および校長の最終判定」が点数化され、それらを合計した点数により第二次国家試験の最終的な合否が決定される（**表Ⅱ-6-9**を参照）。

　以上見てきたように、ドイツの教員養成制度の特色として、試補勤務が課せられている点をあげることができよう。第一段階である大学での学習においても教職に関わる実習の期間が設けられているが、それに加えて試補勤務に就く第二段階では、1年半から2年という長期間にわたり、実際に教壇に立つことを通して、学校教育の専門的経験を積み重ねていく。また州が所管する2回の国家試験を通して、その者の資質が、様々な角度から判定される。

4 　教員の採用状況等のデータ

(1) 教員の採用状況

　教員の採用状況について見ると、1980年代においては、需要と供給の関係から採用率が著しく低い状況にあった。たとえば1984年度では、試補勤務を終え、第二次国家試験に合格した者のうち、実際に採用されたのは、約5人に1人という状況であった（1984年度の試補勤務修了者は26,188人、前年度以前の修了者を含む採用志願者数は52,489人、実際に採用された者は10,610人で、採用率は20.2％であった）[9]。

　その理由として、出生率の低下にともなう学校生徒数の減少、教員の年齢構成比のアンバランスという事情があった。たとえば1984年度の数字を見ると、教員の約72％は45歳未満であった。退職年齢は通常65歳であるので、これらの教員はその後長期間にわたって学校にとどまり、一方退職の近い高齢教員の割合は低く、教員の年齢構成にアンバランスがあった[10]。現在は、この時期45歳未満であった教員が退職時期を迎えており、需要と供給の関係は、当時と逆転している。その結果、当時と比較すると採用率は格段に高くなっており、1980年代に発生した「失業教員」[11]の問題は解消されつつある。第二次国家試験に合格した者の大部分を正規教員として採用できる状況になっている[12]。

(2) 教職学習者の卒業率

　大学情報システム（HIS）という大学関係の情報調査機関が行った調査によれば、教職学習者については、次のような数値が挙げられている[13]。

　すなわち、入学者を100％とすると、8％が途中で学習を中断している（ドロップアウト）。また12％が教職学習から別の専攻へと転出しており、合わせて20％の学生が教職学習を離れている。その一方で、他の専攻から11％が転入してくる。その結果、差し引き9％の者が教職学習から去っていることになる。したがって、100人が教職学習を開始したとすると、卒業するのは91人という計算になる。

第2節　教員養成制度の改革動向

本節では、現行の教員養成制度に対して、どのような改革動向が見られるかを紹介する[14]。背景となっている要素として、前述のとおり、大きく2つの動きへの対応を挙げることができよう。一つは、ボローニャ・プロセス、もう一つは、PISAショックへの対応である。

1　ボローニャ・プロセスとPISAショック
(1) ボローニャ・プロセス

ボローニャ・プロセスは、すでに第3章で見たようにヨーロッパの大学の間を自由に移動でき、どこの大学で学んでも共通の学位、資格を得られる「ヨーロッパ高等教育圏」(European Higher Education Area)を確立しようという試みで、制度面では、学部、大学院という高等教育の基本構造の整備、ヨーロッパ共通の単位制度の開発、ヨーロッパレベルでの高等教育の質保証システムの確立、などが目指されている。

こうしたボローニャ・プロセスの展開のなかで、ドイツでも、バチェラー(学士)、マスター(修士)という段階を踏んだ共通の基本構造をもった高等教育制度を導入する改革が進行している(第5章を参照)。これにしたがいドイツの大学における教職学習も、全面的にバチェラー、マスターに対応する学習課程へと移行する方向で制度改革が進んでいる。

表II-6-10は、教職の全学習課程数に占める新しい学習課程の割合を各州ごとに一覧にしたものである。「国家試験」とあるのは、従来の教職学習がまだ行われている学習課程数を示す。この表に見られるように、ドイツ全体では32.6%であるが、州ごとに見ると大きなばらつきがある。ベルリン、ブランデンブルク、ニーダーザクセンなど6州はすでに100%が学士課程に移行している。一方、ザールラントのように0%というところも存在する。またバイエルンやバーデン・ヴュルテンベルクのようなドイツ南部の大州(この2州は、PISAの平均点も高い)は、まだ5%前後にとどまっている。ノルトライン・ヴェストファーレン州は38.2%となっている。

表II-6-10　教職学習に占める新しい学習課程の普及率（2009/10年冬学期）

州　名	教職の学習課程数	内訳		バチェラーの割合（％）
		国家試験	バチェラー	
バーデン・ヴュルテンベルク	408	389	19	4.7
バイエルン	559	526	33	5.9
ベルリン	48	0	48	100.0
ブランデンブルク	22	0	22	100.0
ブレーメン	21	0	21	100.0
ハンブルク	86	4	82	95.3
ヘッセン	190	180	10	5.3
メクレンブルク・フォアポンメルン	100	97	3	3.0
ニーダーザクセン	180	0	180	100.0
ノルトライン・ヴェストファーレン	479	296	183	38.2
ラインラント・プファルツ	64	1	63	98.4
ザールラント	61	61	0	0.0
ザクセン	73	0	73	100.0
ザクセン・アンハルト	55	54	1	1.8
シュレースヴィヒ・ホルシュタイン	43	0	43	100.0
テューリンゲン	63	44	19	30.2
合計	2,452	1,652	800	32.6

（出所）Hochschulrektorenkonferenz, *Statistische Daten zur Einführung von Bachelor- und Masterstudiengängen, Wintersemester 2009/2010*, S.11. 〈http://www.hrk.de/de/download/dateien/HRK-Statistik-1_2009.pdf〉

(2) PISA ショック

ドイツでは、2000年に行われた OECD（経済協力開発機構）の「生徒の学習到達度調査」（PISA, Programme for International Student Assessment）で OECD 諸国の平均を下回り、国民に衝撃を与えた（ドイツは、参加32か国中、読解力が21位、数学的リテラシーと科学的リテラシーで20位であった）。PISA ショックへの対応が、ドイツの教育政策の中心課題となった。こうした事情を背景に、生徒の学力向上に向けた一連の主要な取組みのひとつとして、教員養成制度改革も位置づけることができよう。

2　ノルトライン・ヴェストファーレン州の改革動向

それでは、具体的にどのような教員養成制度改革が進められているのか、

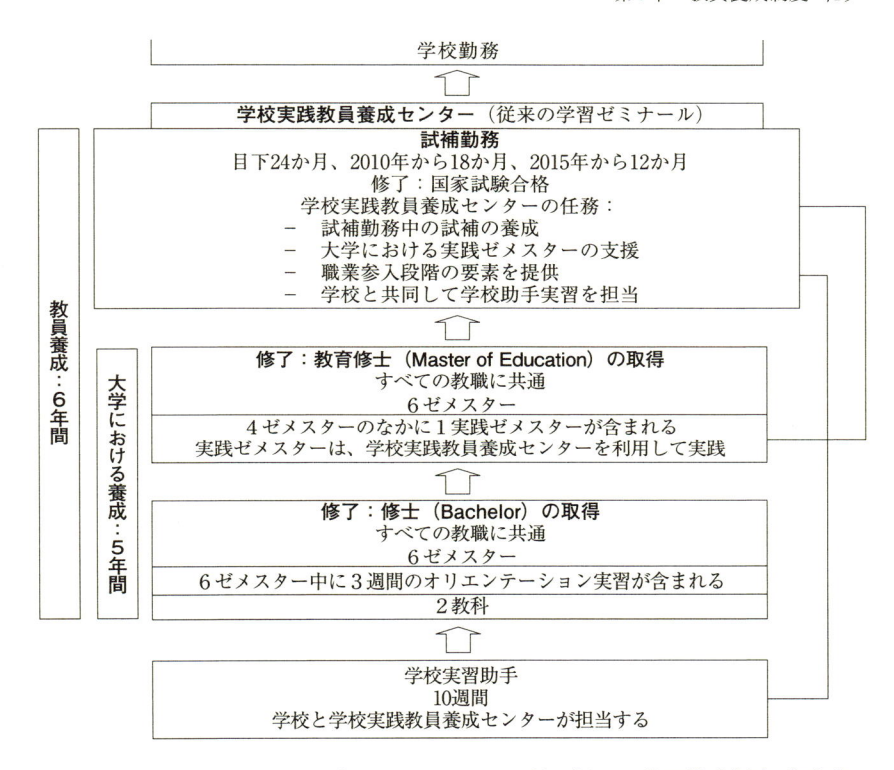

```
                    学校勤務
                      ↑
┌─────────────────────────────────────────┐
│  学校実践教員養成センター（従来の学習ゼミナール）  │
│              試補勤務                      │
│  目下24か月、2010年から18か月、2015年から12か月  │
│         修了：国家試験合格                   │
│      学校実践教員養成センターの任務：          │
│      － 試補勤務中の試補の養成              │
│      － 大学における実践ゼメスターの支援       │
│      － 職業参入段階の要素を提供             │
│      － 学校と共同して学校助手実習を担当       │
└─────────────────────────────────────────┘
                      ↑
┌─────────────────────────────────────────┐
│    修了：教育修士（Master of Education）の取得  │
│            すべての教職に共通                │
│               6ゼメスター                   │
│   4ゼメスターのなかに1実践ゼメスターが含まれる   │
│  実践ゼメスターは、学校実践教員養成センターを利用して実践 │
└─────────────────────────────────────────┘
                      ↑
┌─────────────────────────────────────────┐
│       修了：修士（Bachelor）の取得           │
│            すべての教職に共通                │
│               6ゼメスター                   │
│   6ゼメスター中に3週間のオリエンテーション実習が含まれる │
│                 2教科                      │
└─────────────────────────────────────────┘
                      ↑
              学校実習助手
                10週間
       学校と学校実践教員養成センターが担当する
```

（教員養成：6年間／大学における養成：5年間）

図Ⅱ-6-1　ノルトライン・ヴェストファーレン州の新しい教員養成制度（概観）

（出所）*Schule heute,* 47 (10), 2007, S.16.〈http://www.vbe-nrw.de/vbe_download/SH_1007.pdf〉

ノルトライン・ヴェストファーレン州の事情を見ていくことにする。

ノルトライン・ヴェストファーレン州政府は、2007年9月、教員養成制度の改革案を決定した。同案には、ボローニャ・プロセスに対応する新しい学習課程の義務化とともに、大学における学習に占める実践的要素の割合をいっそう高める内容が盛り込まれている。改革の主要な点を箇条書にすると次のとおりである[15]。なお、**図Ⅱ-6-1**に「ノルトライン・ヴェストファーレン州の新しい教員養成制度」を図解した。

(1) 新しい学習課程の義務化

現在、一部の大学で試行的に行われているバチェラー、マスターという段階化された学習課程は、2010/11年冬学期からすべての大学で義務化する。それにともない、試補勤務は2010年に24か月から18か月に、2015年から12か月に短縮する[16]。

(2) 各教職、同等な学習課程

現在、大学における学習期間は、「基礎・基幹・実科学校及び総合制学校の対応する学年の教職」は7学期（3.5年）、その他の教職はいずれも9学期（4.5年）であるが、今後はいずれの教職もすべて、3年間の学士の課程と2年間の修士の課程を連続した合計5年間（10学期）の課程に統一する（300単位）[17]。また現在、「基礎・基幹・実科学校及び総合制学校の対応する学年の教職」として初等段階と中等段階Ⅰの両方にまたがる教職資格を「基礎学校の教職」と「基幹・実科・総合制学校の教職」に細分する。「基礎学校の教職」を設けることで、初等教育の充実をはかる。

(3) 教職学習の実践関連の強化

教職学習の入学要件として10週間の「学校助手実習」(Schulassistenz-Praktikum)を課す。その指導は、学校と学校実践教員養成センター（後述）が協力してこれにあたる。教職学習に入る前にこうした実習を経験させることにより、志願者自身に教職の適性について自己判断させるというねらいももっている。修士の段階では、1学期間継続する「実践ゼメスター」(Praxissemester)を組み入れる。学士の段階では、3週間の「オリエンテーション実習」を行う。

(4) 試補勤務の再構築

学士、修士と連続して実践に重点をおいた教育を実施することにより、現在2年間行われている試補勤務は、1年間に短縮する。現在の学習ゼミナールは、「学校実践教員養成センター」(Zentrum für schulpraktische Lehrerausbildung)として再構築し、このセンターが試補の養成に責任をもつ。

(5) 大学における教員養成体制の強化

現在の教師教育センター（Lehrerbildungszentrum）を学部レベルに格上げし、今後は、同センターに教員養成の学習内容に関しても責任をもたせる。

このように、今後、教職学習は修士の学位を取得することにより終了する。修士の修了試験が、第一次国家試験に置き換えられる。またバチェラー（学士）、マスター（修士）の制度の全面的導入により、いずれの教職についても、その養成期間は6年間（大学における学習5年、試補勤務1年）となる。

EU（欧州連合）では、2000年3月にリスボンで開かれた欧州理事会で、「2010年までに、EUを世界でもっとも競争力のある、ダイナミックな知識を基盤とした経済空間とする」とした「リスボン戦略」が打ち出されている。その展開のなかで、教員養成の改善により「制度の有効性と質の向上」をはかることは、「リスボン戦略」の目標達成に貢献する重要な要素のひとつとして位置づけられている[18]。そのためにEUが行うべき施策として欧州委員会は、2010年に向けた「5つのベンチマーク」と「16の指標」[19]を設定している。

なお、教員の年齢構成を見ると、EU全体として50歳以上の者が占める割合が高くなっている。EU諸国の平均としては29.7％であるが、ドイツやスウェーデンなどでは、その割合は40％を超えている。今後10年間で、EU全体では、少なくとも100万人の教員を新たに採用しなければならないとされている。今後、優秀な教員を確保していくためには、教職の魅力の向上、給与面などの待遇改善が欠かせないとしている[20]。

また、EUの政策文書である「教員養成の改善」[21]のなかで、教職は、①高い資格の職（well-qualified profession）、②生涯学習者の職（profession of lifelong learners）、③ヨーロッパ内を移動する職（mobile profession）、④パートナーシップにもとづく職（profession based on partnership）でなければならないとしている。

今後、ドイツの教員養成制度改革についても、ドイツ固有の事情と並行して、上にあげたような広くヨーロッパ全体に関わる大きな教育改革の流れの

418　第Ⅱ部　ヨーロッパ統合とドイツの教育

なかでみていくことが必要であろう。

注

1 　関連邦語文献として以下を参照。拙稿「ドイツの教員養成法」『外国の立法』234号，2007.12, pp.113-173.；拙稿「西ドイツの教員養成制度（その1）〜（その5）」『レファレンス』420号，1986.1, pp.54-106, 423号，1986.4, pp.35-81, 426号，1986.7, pp.46-85, 432号，1987.1, pp.54-92, 434号，1987.3, pp.62-92.：長島啓記「ドイツにおける教員養成改革」『早稲田教育評論』20巻1号，2006, pp.37-53.；教員養成研究会〔代表：天野正治〕編『西ドイツの教員養成制度―ノルトライン・ヴェストファーレン州を中心に―』文部省教育助成局教職員課，1986。
2 　ドイツの公務員（公務に従事する者）は、官吏（Beamte）、職員（Angestellte）、労働者（Arbeiter）に分類される。官吏は、国（連邦、州、市町村）に対し公法上の勤務関係に立つ。職員、労働者は、私法上の雇用契約を結ぶ。教員は官吏である。試補は、試補勤務が終了すれば、官吏としての任命が撤回される。
3 　Gesetz über die Ausbildung für Lehrämter an öffentlichen Schulen (Lehrerausbildungsgesetz-LABG) vom 2. Juli 2002, zuletzt geändert durch Gesetz vom 27. Juni 2006 (*SGV. NRW.* 223)
4 　Ordnung der Ersten Staatsprüfungen für Lehrämter an Schulen (Lehramtsprüfungsordnung -LPO) vom 27.März 2003 (*GV.NRW.*S.182)
5 　Ordnung des Vorbereitungsdienstes und der Zweiten Staatsprüfung für Lehrämter an Schulen (Ordnung des Vorbereitungsdienstes und der Zweiten Staatsprüfung―OVP) vom11.November 2003, geändert durch Verordnung vom 1. Dezember 2006 (*SGV. NRW.* 203010)
6 　Bundesministerium für Bildung und Forschung, *Grund-und Strukturdaten 2005*, S.148.
7 　具体的には次の大学である。総合大学が、アーヘン、ビーレフェルト、ボッフム、ドルトムント、デュースブルク／エッセン、ケルン、ミュンスター、パーダーボルン、ジーゲン、ヴッパータールの10校。音楽大学が、ケルン、デトモルト、エッセンの3校。芸術大学がデュッセルドルフ、ミュンスターの2校。体育大学がケルンの1校。ノルトライン・ヴェストファーレン州文部省（学校および継続教育省）のホームページを参照。„SCHULMINISTERIUM.NRW.DE–Zukunftsberuf Lehrer/in NRW" 〈http://www.schulministerium.nrw.de/ZBL/Wege/Lehramtsstudium/index.html〉
8 　職業コレークという名称ですべての職業教育の学校をカバーしている。
9 　Der Bundesminister für Bildung und Wissenschaft, *Grund-und Struktur Daten 1985/86*, S.72.
10 　*ibid.*, S.50.
11 　ドイツでは、試補勤務を終え、第二次国家試験に合格しながら、採用枠がなく、正規教員に任用されない者を「失業教員」（arbeitslose Lehrer）と呼んでいる（序論Ⅱ-2-(3)も参照）。
12 　文部大臣会議の資料によると、2006年度に試補勤務を修了した者はドイツ全体

で21,210人であった（このうちノルトライン・ヴェストファーレン州は5,227人）。同年、全ドイツで公立学校教員に採用された者は26,452人（7,447人）となっている。このように、試補勤務を修了した者よりも採用者の数のほうが多くなっている。これは2006年度の採用者の中に、前述した失業教員が多数含まれているためである。ただし教職の種類によっては、たとえばノルトライン・ヴェストファーレン州のギムナジウム教員の場合、試補勤務修了者2,406人に対し新規採用者2,225人となっており、新規採用者より試補勤務修了者のほうが多い。また州によっては、たとえばヘッセン州では試補勤務修了者1,987人に対し、新規採用者は1,839人にとどまっている。このように州により、また教職の種類により事情は同じではないが、こうした数値に表れているように試補勤務の修了者で採用を希望する者は、おおむね採用される状況にあるものと推定される。文部大臣会議のホームページから以下の資料を参照。Sekretariat der Kultusministerkonferenz, *Einstellung von Lehrkräften 2006*, 〈http://www.kmk.org/statistik/schule/statistiken/einstellung-von-lehrkraeften.html〉

13　Ulrich Heublein et.al.,Die Entwicklung der Schwund und Studienabbruchquoten an den deutschen Hochschulen, *HIS: Projektbericht,* Mai 2008 〈http://www.his.de/pdf/21/his-projektbericht-studienabbruch_2.pdf〉

14　主な改革文書として、以下のものが挙げられる。各州文部大臣会議：「ドイツにおける教員養成の展望」（1999年）、「教員養成のスタンダード」（2004年）、「教員養成におけるバチェラーとマスターの修了証」（2005年）。学術審議会：「教員養成の将来の構造に関する勧告」（2000年）。大学学長会議：「教員養成に関する勧告」（1998年）、「大学における教員養成の将来に関する勧告」（2006年）。

15　ノルトライン・ヴェストファーレン州学校および継続教育省（主として初等・中等教育を所管）と革新・学術・研究および技術省（主として高等教育、学術を所管）が合同で取りまとめた次の文書を参照。Ministerium für Schule und Weiterbildung des Landes Nordrhein-Westfalen, Ministerium für Innovation, Wissenschaft, Forschung und Technologie des Landes Nordrhein-Westfalen, *Die neue Lehrerausbildung in Nordrhein-Westfalen,Grundlagen und Grundsätze*,11.September 2007.〈http://www.innovation.nrw.de/objekt-pool/download_dateien/studieren_in_nrw/Die_neue_Lehrerausbildung_in_NRW.pdf〉

16　2009年5月に、新しい教員養成法が制定された。同法は、遅くとも2011年10月までに、学士（バチェラー）、修士（マスター）の学習課程で適用される。Gesetz über die Ausbildung für Lehrämter an öffentlichen Schulen vom 12. Mai 2009, *GV. NRW.* S 308.を参照。

17　1 ECTS 単位は30時間の学習時間を想定しており、年間の学習総時間数は1,800時間（60単位）となる。これは、ワークロード、すなわち教員が行う授業時間だけでなく、学生が実際に学習に費やす総時間数を意味する。ECTSでは、フルタイムで1年間の学習が60 ECTS 単位に相当する（2学期制の場合は1学期30 ECTS 単位、

3学期制の場合は1学期20 ECTS 単位となる)。以上、第3章注63を参照。したがって教職課程では、学士3年間で180単位、修士2年間で120単位の合計300単位の取得が必要である。

18　前掲表Ⅱ-1-4「普通教育および職業教育におけるリスボン戦略への貢献」を参照。
19　前掲表Ⅱ-1-9「2010年に向けた16の指標」を参照。
20　第1章第3節2(2)を参照。
21　"Improving the Quality of Teacher Education" 2007 COM (2007) 392 を参照。

第7章　ヨーロッパ学校とドイツの海外子女教育

　本章では、ヨーロッパ学校とドイツの海外子女教育について取り上げ、そこで行われている異なる文化の共有（異文化間教育）と、ヨーロッパ統合へ向けての教育面からの寄与の実際を紹介する[1]。

　まず第1節で、EU加盟国によって運営されているヨーロッパ学校について、ヨーロッパ・バカロレア試験など、ヨーロッパ学校で行われている教育の概要と、筆者がかつて訪問したドイツのカールスルーエのヨーロッパ学校について紹介する。第2節では、ドイツの対外文化政策の一環としての海外学校を見ていくとともに、ドイツの海外学校の歴史、海外学校政策の展開、海外学校の種類についてまとめてみる。また、海外学校の実際として、リスボンのドイツ人学校の様子を概観する。

第1節　ヨーロッパ学校

　本節では、欧州連合（EU）加盟国が共同で設立・運営している国際学校として、ヨーロッパ学校（European School）を取り上げる。ヨーロッパ学校は現在、ルクセンブルク、ベルギー、イタリア、ドイツ、オランダ、イギリス、スペインの7か国に設置されている。この学校は、本来的にはヨーロッパ共同体（EC）に勤務する者の子女を対象に設けられたものであった。しかし現在では、より拡大された生徒層に開放されている。この学校の構成は、幼稚園からはじまり、初等学校を経て中等学校へと通じている。中等学校の卒業時に行われる、いわゆるヨーロッパ・バカロレア試験に合格することによって、EU

加盟国すべてに通用する大学入学資格（ヨーロッパ・バカロレア資格，European Baccalaureate Certificate）を取得することができる。

以下ではまず、ヨーロッパ学校全体の概要を述べ、次に筆者がかつて訪問したカールスルーエのヨーロッパ学校を取り上げ、紹介することにしたい[2]。

1　ヨーロッパ学校の概要

(1) 成立の過程と現況

第二次世界大戦後「ひとつのヨーロッパ」を目指す運動は、まず石炭、鉄鋼の共同管理から出発し、1951年4月、西ドイツ（当時）、オランダ、フランス、イタリア、ベルギー、ルクセンブルクの6か国は、欧州石炭鉄鋼共同体（ECSC）を創設した。その際、同機関に勤務する職員等、関係者の間で「教育・家族問題協議会」が結成され、彼らの子女のための学校の開設が強く要望された。その結果、1953年に幼稚園と初等学校が、つづいて翌年に中等学校が、ECSCの本部が置かれているルクセンブルクに創設されるに至った。このルクセンブルク校が、最初のヨーロッパ学校となった。

現在（2009年）、ヨーロッパ学校は次の14校が設置されている（括弧内は設立年）[3]。ルクセンブルクⅠ（1958年）、ブリュッセルⅠ（ベルギー，1958年）、ヴァレーゼ（イタリア，1960年）、モル（ベルギー，1960年）、カールスルーエ（ドイツ，1962年）、ベルゲン（オランダ，1963年）、ブリュッセルⅡ（ベルギー，1974年）、ミュンヒェン（ドイツ，1977年）、カラム（イギリス，1978年）、ブリュッセルⅢ（ベルギー，2000年）、フランクフルト（ドイツ，2002年）、アリカンテ（スペイン，2002年）、ブリュッセルⅣ（ベルギー，2006年）、ルクセンブルクⅡ（2007年）。

なお、1957年にはこれら関係諸国の間で、「ヨーロッパ学校規約」と「ヨーロッパ・バカロレア規則」が締結され、学校の基本的な原則、カリキュラム、ヨーロッパ・バカロレア資格の加盟国間の相互承認などについて、この学校の制度的な枠組みの大綱が定められた。

(2) ヨーロッパ学校の基本原則

ヨーロッパ学校の基本原則は、「ヨーロッパ学校規約」第4条で次のように

規定されている。
① 主要教科の授業は、条約締結国の公用語、すなわち、ドイツ語、デンマーク語、英語、フランス語、イタリア語、オランダ語、ギリシャ語で行われる[4]。生徒の母語は、第一に保証される。
② ヨーロッパ学校には、上に掲げた7つの言語部門がある。しかし、授業は統一された教材および時間割にしたがって行われる。
③ 学校の統一性を保持し、異なる言語間相互の理解と文化交流を促進するために、生徒は特定の教科および「ヨーロッパの時間」で、共通に授業を受ける。その際用いられる言語は、いわゆる補完語 (Ergänzungssprache, 母語以外にコミュニケーションの手段として授業の際使用される言語) としてのドイツ語、英語、フランス語、ギリシャ語である。
④ 生徒たちに現代語を教授することは、とくに重要である。すべての生徒に対し、初等学校の1学年から外国語1科目、中等学校の2学年から外国語2科目が必修となっている。また、これら以外の外国語の習得も可能となるよう、学校の雰囲気づくりに配慮がなされなければならない。
⑤ 授業および教育は、良心的信念を保持することによって行われる。宗教または倫理の授業が、学習時間表のなかに組み入れられる。

(3) 学校の構造とカリキュラム

ヨーロッパ学校は、幼稚園 (4歳児から受け入れられる)、初等学校 (満6歳に達した者が入学する。5年制)、中等学校(7年制)から構成される。なお中等学校は、3年間の下級段階と4年間の上級段階に区分される。

ヨーロッパ学校のカリキュラム、教材等は、ヨーロッパ学校理事会が任命する視学官たちによって作成される。視学官は、ヨーロッパ学校の教育上の監督を行う。ヨーロッパ学校理事会は、ヨーロッパ学校の最高意思決定機関で、加盟各国の教育担当大臣および欧州委員会の代表から構成される。

(ⅰ) 初等学校のカリキュラム

表Ⅱ-7-1および表Ⅱ-7-2が、初等学校の学習時間表のモデルである。前述したように、生徒は英語、フランス語など7つの言語のうち、自分

表 II-7-1 　第1および2学年の学習時間表

科目名	1週あたり時間数	内訳（注）
母語（言語Ⅰ）	8時間	30分×16
数学	4時間	30分×8
言語Ⅱ（外国語）	2時間30分	30分×5
音楽	1時間30分	30分×3
美術	2時間	30分×4
体育	2時間	30分×4
事実科	1時間	30分×2
宗教または倫理	1時間	30分×2
休憩時間	3時間30分	30分×7
合計	25時間30分	30分×51

（注）たとえば、30分×16は、30分の授業が週に16回あることを意味している。
（出所）カールスルーエ校資料

表 II-7-2 　第3-5学年の学習時間表

科目名	1週あたり時間数	内訳（注）
母語（言語Ⅰ）	6時間45分	45分×9
数学	5時間15分	45分×7
言語Ⅱ（外国語）	3時間45分	45分×5
事実科	3時間	45分×4
美術	45分	45分×1
音楽	45分	45分×1
体育	45分	45分×1
ヨーロッパの時間	2時間15分	45分×3
宗教または倫理	1時間30分	45分×2
休憩時間	2時間30分	
合計	27時間15分	45分×33

（注）たとえば、45分×9は、45分の授業が週に9回あることを意味している。
（出所）カールスルーエ校資料

の母語である言語部門のクラスに属し、そこで主要科目の授業を受ける。初等学校のカリキュラム編成に見られる特徴をいくつか挙げておこう。

　①　いずれの生徒も、1年生から母語以外の言語として、ドイツ語、英語、

フランス語のいずれかの言語（言語Ⅱ）を履修する。言語Ⅱで履修した外国語は、後述するように、中等学校の3年生から特定の教科の授業語となる。
② 言語Ⅱは、話すことと理解することに重点をおいた授業形態をとって行われる。
③ 3年生から始まる「ヨーロッパの時間」では、国籍、言語を超えて、すべての生徒が一緒に授業を受ける。この時間では、遊戯や社会・文化活動をとおしてヨーロッパ意識の覚醒が目指されている。
④ 理科（自然科学）、地理、歴史の授業は、事実科の時間で行われる。

(ⅱ) 中等学校のカリキュラム

中等学校でも初等学校同様、基本的には生徒の母語に対応して、言語別にクラスが設けられる。中等学校で履修される科目は、**表Ⅱ-7-3〜5**のとおりである。その主な特色は次のとおりである。

表Ⅱ-7-3　中等学校の第1-3学年の時間表（週あたり時間数）

科目名	1学年	2学年	3学年
主要母語（母語）	5	5	4
数学	4	4	4
言語Ⅱ（外国語）	5	4	4
言語Ⅲ（外国語）	―	3 (注1)	3 (注1)
ラテン語（選択科目）	―	―	4
社会科	3	3	3
統合教科（自然科学）	4	4	4
美術	2	2	2 (注2)
音楽	2	2	2 (注2)
体育	3	3	3
宗教／倫理	2	2	2
補充授業	2 (注3)	2 (注4)	2 (注4)
合計	32	32	31〜33

(注1) 生徒は、まだ習得していない7つの公用語のうちの1つを選択することができる。
　2) ラテン語を履修する生徒は、美術または音楽を履修しない。
　3) 生徒は開講される科目のなかから、2科目を選択しなければならない。
　4) 第2および3学年の補充授業は、選択制である。
(出所) カールスルーエ校資料

表Ⅱ-7-4　中等学校の第4および5学年の時間表（週あたり時間数）

	4，5学年共通
必修科目（すべての生徒に対し必修）	
宗教／倫理	1
言語Ⅰ（母語）	4
言語Ⅱ（外国語）	3
言語Ⅲ（外国語）	3
体育	2
歴史	2
地理	2
生物	2
化学	2
物理	2
数学	4 または6（注1）
	計27 または29
選択必修科目（注2）	
言語Ⅳ（外国語）	4
ラテン語	4
ギリシャ語	4
経済／社会	4
美術	2
音楽	2

（注1）生徒はいずれかの時間を選択する。
　　2）選択科目を決定するにあたっては、必修科目とあわせた週あたりの合計時間数が、少なくとも31時間、多くとも35時間となるよう配慮しなければならない。
（出所）カールスルーエ校資料

① 第2学年から生徒は、第2外国語（言語Ⅲ）を履修する。
② 第3学年から社会科（地理、歴史）の授業は、母語ではなく、言語Ⅱで学習している外国語で行われる。なお、中等学校の最初の3年間は、地理、歴史を統合したひとつの教科として、社会科が履修される。
③ 生物、物理、化学は、最初の3年間は、統合教科「自然科学」として履修される。
④ 体育と美術・音楽等の教科は、国籍、母語に関わりなくクラスが編成

表Ⅱ-7-5　中等学校の第6および7学年の時間表（週あたり時間数）

必修科目（6,7学年共通）			
言語Ⅰ（母語）			4
第1外国語			3
哲学			2
数学			3 または 5
自然科学（生物）			2
社会			
－歴史			2
－地理			2
体育			2
宗教／倫理			1
			21 または 23
選択必修科目（注1）	6学年	7学年	6,7学年
ラテン語			5
ギリシャ語			5
経済			5
物理			4
化学	4	3	
生物	3	4	
第2外国語			3
第3外国語			3
母語拡張コース			3
第1外国語拡張コース			3
哲学拡張コース			3
数学拡張コース			3
補充授業（注2）			
地理拡張コース			2
歴史拡張コース			2
芸術史			2
音楽			2
美術			2
社会			2
自然科学（物理および化学）			2
その他の科目			2

（注1）　生徒は、以下の科目のなかから少なくとも2科目を選択しなければならない。必修科目と選択科目の合計時間数は、少なくとも31時間、多くとも35時間とする。
　　2）　選択科目を少なくとも2科目選択し、週合計時間数が31時間に達している者は、補充授業を受けなくともよい。
（出所）カールスルーエ校資料

される。そこではすべての言語が交互に使用される。

(4) ヨーロッパ・バカロレア試験

中等学校の卒業者は、ヨーロッパ・バカロレア試験を受験することによって、ヨーロッパ・バカロレア資格を取得することができる。以下、ヨーロッパ・バカロレア規約にしたがい、その概要を箇条書にしておこう。

① ヨーロッパ・バカロレア試験の合否は、ⅰ予備試験、ⅱ筆記試験、ⅲ口述試験、の3つの試験の総合成績によって判定される。3者の配分比は、予備試験の成績40％、筆記試験の成績36％、口述試験の成績24％である。

② 予備試験の成績は、第7学年における平常の授業時の成績と学期試験の成績を合計したものである。合計点は、授業時の成績40分の15、学期試験の成績40分の25の割合で算出される。前者は、第7学年の授業を担当した教科教員が、生徒の学習態度等にもとづき評定する。後者は、第7学年の1学期と2学期の学期試験の点数を合計したものである。学期試験の成績に組み入れられる科目は次のとおりである。ⅰ母語、ⅱ第1外国語、ⅲ哲学、ⅳ数学、ⅴ歴史、ⅵ地理、ⅶ統合教科としての自然科学、ⅷ選択必修科目のなかから2科目。

③ 筆記試験と口述試験の問題は、第6および7学年で学習された教材のなかから出題される。例年6月に、全ヨーロッパ学校いっせいに共通の問題で実施される。試験の実施にあたっては、試験委員会が設けられる。試験委員会の構成メンバーは、ヨーロッパ学校理事会によって任命される次の者である。ⅰ委員長および副委員長、ⅱ各加盟国出身の試験官、ⅲ当該校の校長、ⅳ最終学年を教えた教科教員。なお、これら試験委員は加盟国の言語のうち少なくとも2つ以上に熟達していなければならない。また、委員長は当該国の大学の教授のなかから選ばれる。

④ 筆記試験は、次の5科目で行われる。ⅰ主要言語、ⅱ第一外国語、ⅲ選択必修科目から2科目、ⅳ数学。

⑤ 口述試験は、次の4科目で行われる。ⅰ主要言語、ⅱ外国語、ⅲ歴史または地理、ⅳ選択必修科目から1科目。

⑥　試験は、EU の公用語である7つの言語部門に分かれて実施されるが、出題される問題は共通である。

⑦　すべての試験で6割以上の成績を収めた者が合格である。ただし、ヨーロッパ学校理事会は、一定の科目について最低点を定めることができる。

2　カールスルーエのヨーロッパ学校

　ヨーロッパ学校のひとつの例として、ドイツのカールスルーエ校を取り上げ紹介してみたい。筆者は1989年秋、この学校を訪問した。指定された時間に校長室に入ると、校長と2人の教頭が筆者を待っていてくれた。まず言われたのは、「何語で話しましようか？」ということであった。「それではドイツ語でお願いします」と私がいうと、以後すべてドイツ語で応対してくれた。ちなみに彼らのなかにドイツ人は誰もおらず、校長はオランダ人、2人の教頭のうちのひとりはフランス人、もう一人はアイルランド人であった。このことに触れて校長が、「この学校はドイツにありますが、ヨーロッパ人の学校です」と語った言葉が印象に残っている。

　なお、ヨーロッパ学校は EU 諸国が共同で設立した学校であるが、その法的な位置付けは、それぞれの所在国の公立学校である。したがってカールスルーエ校は、所在地であるドイツのバーデン・ヴュルテンベルク州とカールスルーエ市から財政的援助を受けており、ドイツの公立学校と同様、授業料は無料となっている。以下、このときの聞き取り調査と同校が作成した印刷物をもとに、カールスルーエ校の特色を見ていくことにしよう。

(1) 生徒の構成と言語による振り分け

　筆者が同校を訪問した1989年9月の時点で、生徒の構成は、幼稚園88名、初等学校462名、中等学校579名、合計1,129名であった（以下に記す数字は、いずれも1989年9月当時のものである）。まず、彼らの国籍別内訳を見ると次のとおりである（**表Ⅱ-7-6**を参照）。

　さて、実際の授業では、これらすべての国籍の生徒に対応するクラスを設けることができないので、ドイツ語、英語、フランス語、イタリア語、オラ

430 第Ⅱ部 ヨーロッパ統合とドイツの教育

表Ⅱ-7-6 生徒の国籍

国名	幼稚園	初等学校	中等学校	計
ドイツ	23	141	209	373
ベルギー	3	9	9	21
デンマーク	—	—	—	—
スペイン	4	1	—	5
フランス	21	96	130	247
ギリシャ	1	—	3	4
アイルランド	—	2	2	4
イタリア	29	125	131	285
ルクセンブルク	—	3	4	7
オランダ	2	14	30	46
ポルトガル	—	—	—	—
イギリス	—	46	33	79
その他	5	25	28	58
計	88	462	579	1,129

(出所) カールスルーエ校資料

表Ⅱ-7-7 授業語ごとの生徒数

ドイツ語	英語	フランス語	イタリア語	オランダ語	計
343	139	299	285	63	1,129

(出所) カールスルーエ校資料

ンダ語のいずれかの言語を授業語とするクラス編成がなされている。それぞれの言語ごとの生徒数は、**表Ⅱ-7-7**のとおりである。

(2) 教員の国籍とクラス編成

教員の国籍は、**表Ⅱ-7-8**のようになっている。また、表Ⅱ-7-7およびⅡ-7-8に示したような生徒の言語別クラス構成と教員の国籍に対応して、具体的には次のようにクラス編成が行われている。

① 幼稚園児は、ドイツ、フランス、イタリアの3つのクラスに分けられる。オランダ語、英語を話す生徒はドイツ語クラスに入れられる。現在、ド

表II-7-8　教員の国籍

	幼稚園	初等学校	中等学校	校長・教頭	計
ベルギー	-	1	5	-	6
デンマーク	-	-	-	-	-
ドイツ	1	6	18	-	25
フランス	1	4	11	1	17
ギリシャ	-	-	-	-	-
アイルランド	-	1	-	1	2
イタリア	1	5	8	-	14
ルクセンブルク	-	-	1	-	1
オランダ	-	2	3	1	6
ポルトガル	-	-	-	-	-
スペイン	-	-	-	-	-
イギリス	-	3	8	-	11
計	3	22	54	3	82

(出所) カールスルーエ校資料

イツ語クラス28名、フランス語クラス31名、イタリア語クラス29名となっている。

② 初等学校では、ドイツ語、フランス語、イタリア語のクラスは、各学年ともそれぞれの言語を母語とする教員が担任となる。オランダ語のクラスは、オランダ人教員が2名しかいないので、1/2年合併クラス、4/5年合併クラスからなり、3年生は適宜どちらかのクラスに入る。英語の

表II-7-9　初等学校の言語別生徒数

	ドイツ語	英語	フランス語	イタリア語	オランダ語	計
1年生	25	20	25	27	2	99
2年生	25	11	25	24	4	89
3年生	27	10	18	25	5	85
4年生	28	16	26	23	6	99
5年生	25	12	23	27	3	90
計	130	69	117	126	20	462

(出所) カールスルーエ校資料

表 II-7-10　中等学校の言語別生徒数

	ドイツ語	英語	フランス語	イタリア語	オランダ語	計
1年生	24	14	25	25	3	91
2年生	32	10	27	27	5	101
3年生	24	8	21	25	13	91
4年生	28	14	20	16	4	82
5年生	25	5	14	12	7	63
6年生	32	10	24	12	4	82
7年生	23	9	20	13	4	69
計	188	70	151	130	40	579

(出所) カールスルーエ校資料

クラスは、英語を母語とする教員が4名のため2年と3年を合併クラスとする。各学年ごとの言語別生徒数をまとめると**表II-7-9**のようになる。
③　中等学校でも、基本的には**表II-7-10**のように言語別にクラスが編成される。

(3) 生徒の外国語選択状況

ヨーロッパ学校の特色として、初等学校の1年生から外国語の学習が開始される。カールスルーエ校の1年生が選択した外国語の内訳は、**表II-7-11**のとおりであった。

また、中等学校の第4～7学年における、各言語クラスごとの生徒の外国

表 II-7-11　1年生の外国語の選択状況

	ドイツ語	英語	フランス語	計
ドイツ語クラス	-	12	13	25
英語クラス	18	-	2	20
フランス語クラス	20	5	-	25
イタリア語クラス	26	1	-	27
オランダ語クラス	-	2	-	2
計	64	20	15	99

(注) カールスルーエ校の1年生に開講されている外国語は、ドイツ語、英語、フランス語の3か国語である。
(出所) カールスルーエ校資料

第7章　ヨーロッパ学校とドイツの海外子女教育　433

表II-7-12　言語クラスごとの外国語選択状況（第4および5学年）

学年／言語クラス	生徒数	言語II ドイツ語	言語II 英語	言語II フランス語	言語III ドイツ語	言語III 英語	言語III イタリア語	言語III フランス語	言語IV オランダ語	言語IV スペイン語	言語IV イタリア語	言語IV 英語	言語IV フランス語
4年　ドイツ語クラス	28	-	10	18	-	18	10	-	-	14	7	-	-
英語クラス	14	14	-	-	-	-	14	-	-	4	-	-	-
フランス語クラス	20	18	2	-	2	18	-	-	-	11	4	-	-
イタリア語クラス	16	16	-	-	-	15	1	9	-	5	-	-	9
オランダ語クラス	4	4	-	-	-	4	-	3	-	1	-	-	3
小計	82	52	12	18	-	55	25	12	-	35	11	-	12
5年　ドイツ語クラス	25	-	12	13	-	13	12	-	-	6	3	-	-
英語クラス	5	5	-	-	-	5	-	-	-	1	1	-	-
フランス語クラス	14	12	2	-	2	12	-	-	1	6	-	-	-
イタリア語クラス	12	10	1	1	1	11	-	-	-	5	-	-	1
オランダ語クラス	7	3	3	1	3	3	1	-	-	1	-	-	5
小計	63	30	18	15	6	39	18	-	1	19	4	-	6

（出所）カールスルーエ校資料

表II-7-13　言語クラスごとの外国語選択状況（第6および7学年）

学年／言語クラス	生徒数	第1外国語 ドイツ語	第1外国語 英語	第1外国語 フランス語	第2外国語 ドイツ語	第2外国語 フランス語	第2外国語 英語	第3外国語 英語	第3外国語 フランス語	第3外国語 スペイン語	第3外国語 イタリア語
6年　ドイツ語クラス	32	-	20	12	-	15	11	-	-	11	2
英語クラス	10	9	-	1	1	4	-	-	-	1	-
フランス語クラス	24	18	6	-	5	-	16	-	-	6	3
イタリア語クラス	12	10	1	1	1	-	8	-	2	3	-
オランダ語クラス	4	3	1	-	-	-	3	-	-	1	-
小計	82	40	28	14	7	19	38	-	2	22	5
7年　ドイツ語クラス	23	-	11	12	-	3	5	-	-	5	1
英語クラス	9	8	-	1	1	3	-	-	-	1	1
フランス語クラス	20	18	2	-	-	-	15	-	-	2	2
イタリア語クラス	13	11	2	-	-	2	8	-	-	-	-
オランダ語	4	2	2	-	2	1	1	-	-	-	-
小計	69	39	17	13	3	9	29	-	-	8	4

（出所）カールスルーエ校資料

語の履修状況をまとめたものが表Ⅱ-7-12およびⅡ-7-13である。

(4) 社会科の授業で使用される外国語

前述したように、ヨーロッパ学校では、中等学校の3年生から社会科の授業が、そのクラスで用いられる言語ではなく、別の言語で行われている。すなわち社会科の授業を外国語で行うことによって、国籍による偏見を排除することが目指されているのである。カールスルーエ校の3年生が選択した言語は表Ⅱ-7-14のとおりであった。

表Ⅱ-7-14 社会科の授業で使用される外国語

	ドイツ語	英語	フランス語	計
ドイツ語クラス	-	13	11	24
英語クラス	6	-	2	8
フランス語クラス	15	6	-	21
イタリア語クラス	24	1	-	25
オランダ語クラス	10	3	-	13
計	55	23	13	91

(出所) カールスルーエ校資料

(5) 欧州共同体関係者以外の者の子女の受け入れ

ヨーロッパ学校は、欧州共同体関係機関に勤務する者の子女を優先的に受け入れるが、余裕のある限りそれ以外の者の入学も認められる。その場合は、カールスルーエ市があるバーデン・ヴュルテンベルク州文部省によって任命された者からなる選考委員会によって入学許可者が決定される。その結果は次のとおりであった。

初等学校段階：志願者96名、入学許可者22名。
中等学校段階：志願者6名、入学許可者3名。

(6) 生徒の及第・留年状況

ヨーロッパ学校に学ぶ生徒の多くは、ヨーロッパ・バカロレア資格の取得を目指している。しかし授業についていけず、途中で方向転換していく者も

あり、すべての生徒が卒業に至るというわけではない。たとえば、生徒の留年状況は次のようになっている。
① 小学校（1〜5年）では、434名の生徒のうち11名が留年した。留年率は2.5%である（前年：2.4%）。
② 中等学校（1〜3年）では、280名の生徒のうち24名(8.6%)が留年した（前年度：14.6%）。

またヨーロッパ・バカロレア試験の合格状況は、次のような結果であった。
① 卒業試験には、49名の生徒が受験し、48名が合格した。
② 最高点は、10点満点に換算して「9.32」であった。平均点は「7.40」であった。

第2節　ドイツの海外学校制度

ドイツは、ドイツ人の移民および植民の歴史と重なり合って、海外子女教育に関して非常に古い歴史を有している。こうした歴史を背景に、海外学校がドイツ人のみならず、現地国人および現地国以外の外国人にまで広く門戸を開放している点、そしてそれが政府の「対外文化政策」(auswärtige Kulturpolitik) の一環として、はっきりと位置付けられている点等々、わが国の状況と照らし合わせて、私たちがこの国の制度から示唆を与えられる点は決して少なくないように思われる。以下、本節では、できる限り具体的な事例に即しながら、ドイツの海外子女教育の現状とその特色について紹介していくことにしたい。

1　ドイツの対外文化政策と海外学校の歴史
(1) 対外文化政策

ドイツにおいて対外文化政策は、政治および経済関係の政策と並行して、またこれらと一体となって、外交政策上の重要な一翼を担っている[5]。すなわち、対外文化政策には、①文化国としてのドイツを世界に示すこと、②異国文化の知識をドイツで普及させること、という2つの使命があるとされて

いる。その際重要なことは、一方的な文化輸出のみにとどまってはならないという点である。要するに、対外文化政策は、長期間にわたる相互の理解と協力という目標を志向しており、パートナー的共同作業にもとづく文化交流を推進することによって、国際社会における国家間の信頼形成と平和の確保のために供されるものでなければならないと強調されている。

以上のような原則にもとづいて、連邦政府はとりわけ次の2点について、具体的な措置がとられるよう要請している。すなわち、①外国においてドイツ語の普及を促進すること、②ドイツの包括的な現実、つまり精神的、経済的および社会的な現実を、ありのままに外国人に理解してもらうことである。

こうした対外文化政策を推進する直接の所轄機関は、外務省対外文化政策局であるが、外務省は他の省庁、州政府、市町村、民間団体等と共同して、その使命の遂行につとめている。またドイツに見られる特色として、文化交流の具体的実施が、たとえば次のようないわば半官半民の団体に委ねられているという点を挙げることができる。

① ドイツの言語と文化の普及機関としてのゲーテ・インスティトゥート（Goethe-Insitut）
② 研究者や学生の交流を促進し、援助する機関としてのDAAD（ドイツ学術交流会）およびアレクサンダー・フォン・フンボルト財団等の諸財団
③ ドイツに関する広範な情報活動を行う機関としてのインター・ナチオーネス（Inter Nationes）等の諸団体。

そして、これら機関が目指しているのと同じような目的をもって、世界各地に多数の海外学校が設置されている。すなわち、これら海外学校では、ドイツ人子女に対する教育と並んで、ドイツ語の普及と促進、および現地国との文化交流が目指されているわけである。

(2) 海外学校の歴史

(ⅰ) 第二次世界大戦以前の歴史

海外ドイツ人学校がはじめて設立された時期は、14世紀までさかのぼることができる[6]。すなわち、1319年にバルト三国のひとつエストニアのレ

ヴァールに設立されたのが始まりとされている。コペンハーゲンのドイツ人学校（1575年設立）は現在まで存続しており、海外学校としてはもっとも古いものである。

19世紀に入り、南北アメリカにおける植民の開始とともに、ドイツの海外学校は飛躍的な発展をとげた。これらの学校の多くは、ラテンアメリカの国々に設立された。ブエノスアイレスでは、1843年に最初のドイツ人学校が新教徒の集団によって設立された。その後アルゼンチンでは、1880年までに80を超えるドイツ人学校が設けられた。チリでは、ドイツ人移住者によって、宗派を超越した海外学校が設立されている。そのうち、オソルノ(1854)、ヴァルディヴィア(1858)、ラ・ウニオン(1858)等の学校は、今日まで残っている。

南アフリカには、1900年までおおよそ40校のドイツ人学校が存在した。このうち5校が現在も存在している。

オーストラリアには、今世紀になるまで約130のドイツ人学校が存在したが、これらはすべて第一次世界大戦前に消滅した。

19世紀のヨーロッパをみると、次のような諸都市にドイツ人学校が設立された。ブリュッセル(1804)、アントワープ(1841)、ローマ(1851)、ベオグラード(1855)、ミラノ(1860)、コンスタンチノープル(1860)、パリ(1851, 1861)、ハーグ(1863)、ジェノバ(1867)、イスタンブール(1868)、ロンドン(1872)等々である。その他、アレクサンドリア(1884)、カイロ(1904)、テヘラン(1907)、バグダット(1909)、タンジール(1909)などのドイツ人学校も、この時期まで歴史をさかのぼることができる。

アジアでも、とりわけ中国において、20世紀始めに、ドイツ人のための一連の普通教育学校、医学校、技術学校が設立されている[7]。

時の経過とともに、これらの学校は、その土地の状況に順応していった。そして現地人子女を受け入れることにより、教授プランの面でも、しだいに現地国の学校制度と融合していくことになる。

ドイツ本国政府による助成は、1878年以降行われるようになった。この年の助成額は、75,000帝国マルクであった。1906年からは、帝国外務省に

海外学校担当部局が設けられ、以後この部局が、海外学校へのドイツ人教員の派遣を担当することになった。

　1913年に、帝国議会ははじめて海外学校制度に関する詳細な討議を行い、翌年外務省は、「在外ドイツ人学校に関する覚書」(Denkschrift über die deutschen Schulen im Ausland) を作成した。そこには約900の学校がリストアップされているが、そのうち3分の2はブラジルにあった。

　第一次世界大戦は、ドイツの海外学校制度に対し甚大な損害と後退を余儀なくさせた。1920年からは、外務省文化部が海外学校を所管することになり、とりわけ、この当時外相であったシュトレーゼマン (Stresemann, Gustav 1878-1929) は、対外文化政策とそれに対応する海外学校の組織化に努力した。

　第三帝国の時代になると、対外文化政策はナチズムのプロパガンダ以外の何物でもなくなってしまった。海外学校は、ナチズムのイデオロギーの普及のために利用されることになった。

(ⅱ) 第二次世界大戦後の海外学校政策の展開

　さて、第二次世界大戦による敗北の結果、ほとんどの海外学校は閉鎖された。戦後初期の時代は、これらの学校の再建からはじまった。まず1950年に、海外学校担当部局が連邦首相官房に設けられた。60年代の終わり頃になると、海外学校をめぐる財政的状況はしだいに改善され、数多くの学校が新設され、また拡張された。

　1968年から新たに「海外学校制度中央センター」(Zentralstelle für ausländisches Bildungswesen) が設けられ、このセンターが海外学校に関する行政的および扶助的任務の大部分を担うことになった。このセンターは、ケルンにある連邦行政庁の特別セクションに組み入れられており、外務省の専門上の監督を受けている。

　ところで戦後初期の時代は、対外文化政策は外交政策の下に位置づけられた。海外学校は、外国において新生ドイツに対する信頼を獲得し、ポジティブなドイツ像を仲介する重要なメディアと見なされた。しかし、こうした一面的な自己表現という初期の目標はしだいに疑問視されるようになった。70年代になると、次のような見解が一般的なものとなってきた。すなわち、対

外文化政策は、前述のように、多民族に対する一方的な文化輸出としてのみ形成されるものであってはならない。パートナーとなる国の様々な利害関係、および文化的所与が考慮されなければならないとされた。したがって、対外文化政策は、外国との協力関係にもとづく文化交流であり、文化関係を相互に提供し合うものと解釈されるようになった。

こうした観点に立って、戦後、連邦政府ないしは連邦議会が作成した対外文化政策と、そのなかにおける海外学校制度に関係する主要な文書は次のとおりである。

① まず1970年に、外務省は「対外文化政策に関する基本原則」を定めた[8]。

② 同じ年、連邦議会は対外文化政策に関する専門調査委員会を設け、その報告書が1975年に公表され、連邦議会のすべての会派によって承認された（「対外文化政策に関する専門調査委員会報告」）。この報告書の302号から362号のなかで、ドイツの海外学校制度に関する状況と改革可能性が詳細に記述されている。とくに、文化交換の要請によりいっそうかなうような「二文化間学校」(Bikulturelle Schule) のモデルが提唱されている[9]。

③ 1977年に、上記「専門調査委員会報告」に対する「連邦政府の立場表明」が行われ、対外文化政策に関する行政側の見解が打ち出された。たとえば、そのなかの「導入」の章で、海外学校制度の促進は、よりいっそう緊急な課題として位置づけられている[10]。

④ 1978年に、連邦政府は「海外学校、ドイツ語振興および国際協力に関する大綱計画」を作成し、連邦議会の全政党は基本的にこれを支持した。これによって海外学校制度史上初めて拘束力のある概念が提示された[11]。

2　海外学校の種類

前項の④に掲げた「大綱計画」は、対応する目標設定にしたがって、海外学校を次の4種類の学校タイプに分類している。

(1)　交流学校 (Begegnungsschule)

(2)　ドイツ語を話す海外学校 (Deutschsprachige Auslandsschule)

(3)　強化されたドイツ語の授業を伴う学校 (Schulen mit verstärken Deutschunterricht)

（4）　ドイツ語集団学校（Sprachgruppenschule）

以下、ひとつずつ簡単に説明しておこう。

(1) 交流学校

　この学校は、直訳すると「出会い（Begegnung）の学校」である。すなわち、異なった文化がそこにおいて出会う学校という意味である。したがって、ドイツ人子女だけでなく、現地国の子女が積極的に受け入れられている点が特徴である。その他、このタイプの学校の特色として、次のような点を挙げることができる。

　①　外国語を話す生徒に対し、ドイツ語のインテンシブコースを施す。
　②　現地国とドイツとの間の相互協定にもとづいた教授プランにしたがって授業が行われる。
　③　ドイツ語と現地語の二か国語の授業が行われる。
　④　生徒は、現地国の大学入学資格とドイツのそれの両方の資格を取得することができる。ただし、外国語を話す生徒に対しては、「文部大臣会議のドイツ語ディプローム」を取得する機会が与えられる。このディプロームは、ドイツの大学における学習に必要なドイツ語の知識の証明書とみなされる。

　なお前節で取り上げた、EU加盟国が共同で設立・運営している「ヨーロッパ学校」もこうした「交流学校」の一種とみなすことができる。

(2) ドイツ語を話す海外学校

　いわゆるドイツ人学校と呼ばれているものが、この範疇に属する。以前は「エキスパート学校」（Expertschule）と言われていた。すなわち、一時的にその国に滞在する外交官、商社員、開発途上国奉仕員など、「エキスパート」の子女のための学校である。特色としては、たとえば次のような点が挙げられる。

　①　ドイツのカリキュラムに則り、ドイツ国内に適用される教育目標にしたがって教育が行われる。

② 通常、基礎学校（4年制の初等学校＝小学校）、中等段階Ⅰ（わが国の中学校段階）、中等段階Ⅱ（わが国の高等学校段階）から構成される。また合わせて幼稚園が基礎学校に付設される場合が多い。
③ 授業語はドイツ語である。ドイツ語の他、外国語としての現地語が考慮される。
④ アビトゥーア（大学入学資格）または中等段階Ⅱへの移行資格を取得することによって修了する。

(3) 強化されたドイツ語の授業をともなう学校

　この学校は、もっぱら外国語を話す生徒を対象にドイツ語のディプローム等を取得するコースを設けるなど、ドイツ語の普及を目的として設けられたものである。このタイプの学校は、とりわけラテンアメリカ諸国に数多く設けられており、交流学校の基準にまでは達していないが、現地国の教育制度に対して重要な寄与をなしている。

(4) ドイツ語集団学校

　ドイツ語集団学校は、別名、移民学校（Siedlerschule）と呼ばれているように、ドイツ人移民によって設けられたものである。この学校の特色は、ドイツ語が現に話されている移民社会のなかで、ドイツ人の母語であるドイツ語を維持し、保護することを目的としている点にある。1986年12月現在117校存在するがいずれも小規模で、その大部分はパラグアイとウルグアイに置かれている。

　以上の4つの学校タイプの他、連邦政府は、各種語学コース、土曜学校なども設けている。これらの学校は、主としてアメリカ、カナダ、オーストラリア等に置かれ、もっぱらドイツ国籍を有する生徒に対し、ドイツ語の授業が提供されている。これらは、当該国のドイツ語の授業に有益な影響をおよぼす限りにおいて、特別に促進する価値があるものとされている。

3　海外学校の実際——リスボンのドイツ人学校

次に、海外学校の実際として、ポルトガルの首都リスボンにあるドイツ人学校を取り上げてみる。同校は、前述の海外学校の分類にしたがえば、「交流学校」に属する。したがって、ドイツ人子女だけでなく現地国であるポルトガル人の子女も積極的に受け入れられている点が、もっとも大きな特色となっている。

(1) 学校の概要と法的地位

リスボンにドイツ人学校（Deutsche Schule Lissabon，以下、DSL と略称する）が設置されたのは1848年である[12]。しかし第二次世界大戦中は閉鎖を余儀なくされ、戦後は1952年に再開された。1959年に戦後最初の生徒たち7名が卒業試験を受けている。その後、学校も大きな発展をとげ、現在では、初等段階（1～4学年）から中等段階（5～12学年）まで約740名の生徒がDSLに通学している（1989年10月現在、以下同じ）。なおリスボンの本校の他に、エストリルに分校があり、分校の生徒も含めると生徒数は約830名となっている。また本校、分校ともに幼稚園が併設されており、両者合わせて100名近い子どもが通園している。これら全児童生徒を総計すると、在籍者数は900名を超えている。

彼らの国籍別の内訳は、次のとおりである。

①　ドイツ国籍（225名、24％）
②　ポルトガル国籍（484名、52％）
③　ドイツとポルトガルの両方の国籍をもっている者（142名、15％）
④　その他（73名、8％）

一方、母語についてみると、ドイツ語が422名（46％）、ポルトガル語等が502名（54％）となっている。生徒の宗教は、プロテスタント160名（17％）、カトリック435名（47％）、無宗教等329名（36％）、というようにカトリック信徒が多い。

DSLの教員数は1989年現在70名である。このうちドイツ本国から派遣された教員が31名で、残りの39名は現地採用教員となっている。後者につい

ていうと、19名がドイツ語を話す教員、20名がポルトガル語を話す教員となっている。

　DSLの授業は、8時5分にはじまり、6時限終了後の13時15分に終了する。ただし、中等段階では午後の授業もある（14時15分〜15時50分）。課外授業も午後に行われている。

　生徒の通学区域は広く、彼らの多くは通学に1時間以上をかけている。とりわけ住宅事情の関係で、ドイツ人生徒の多くはリスボン郊外に住んでおり、ポルトガル人生徒よりも通学時間は長くなっている。通学バスも運行されている。

　なお、DSLでは新学年は9月から始まり、翌年6月まで続く。そのあと夏休みに入る。途中、クリスマス休暇とイースター休暇が、それぞれ2週間ずつ組み込まれている。また海外学校では、一般に「学校週5日制」が採用されている場合が多いが、DSLでは土曜日も授業が行われている。ただし、大体月1回、授業のない土曜日が設けられている（年間11回）。

　DSLの法的地位についていうと、この学校は、ポルトガルの私立学校に属する。したがって法的には、ポルトガル教育省の管轄の下にある。同時に、DSLは、本国であるドイツ連邦政府から財政的援助を受けており、またドイツの学校修了証を授与するので、連邦外務省と連邦各州文部大臣会議の監督も受けている[13]。

　DSLの設置機関は、リスボンにあるドイツ学校協会で、ポルトガル法下の団体である。この協会には7人の理事がおり、学校維持に必要な資金の調達、学校の全体計画の策定等に携わっている。新任校長の選出や、現地採用教員の任用にあたっても、理事会が大きな発言力を有している。

　海外学校は、上述のように連邦政府から財政上の援助を得ているが、それだけでは学校を維持していくのに十分ではない。収入と支出の間の溝をうめるために、生徒は授業料を支払わなければならない[14]。授業料は、1989年現在年間1,300マルク（1マルク＝約65円）となっている。ただしドイツ人生徒の授業料は、たいていの場合、親の雇用者がこれを補填している。これに対し、そうした補助のないポルトガル人の家庭にとっては、授業料の徴収は相

当の負担になっている。

(2) カリキュラム編成上の特色と大学入学資格の問題

　DSL は、ギムナジウムの形態をとっている。一般に親の学歴が高いことなどもあり、生徒たちの多くは、ギムナジウムのカリキュラムにしたがった授業が行われることにあまり違和感はない。

　しかし、すべての生徒がギムナジウムに通学することを望んでいるわけではないし、ギムナジウムの授業についていけない生徒もいる。こうした生徒は、申請することにより、基幹学校または実科学校の生徒として扱ってもらうことができる。彼らは、ギムナジウム生徒と一緒に授業を受けるが、各学期の成績評価にあたり、次のような措置がとられる。すなわち、実科学校生徒として扱われる者は、フランス語、ポルトガル語、英語、数学の4教科で各1点「ボーナス点」[15]が与えられ、点数が加算される。基幹学校生徒として扱われる者に対しては、すべての教科で各1点「ボーナス点」を与えられる。また進級の際、ギムナジウムで要求される水準に達しなかった者は、基幹学校または実科学校生徒として取り扱ってもらうよう申し出ることができる。その場合も、前述の基準にしたがい「ボーナス点」が与えられ、それによって一定の点数に達すれば、基幹学校生徒または実科学校生徒として次学年へと進級することが許される。

　こうした規則は、一時的に成績が落ち込んだ生徒にとっては都合がよいが、「本来の意味の」基幹学校生徒、あるいは実科学校生徒にとっては問題が少なくない。とりわけドイツ本国の基幹学校から DSL の第7〜9学年（基礎学校入学時からの通算）に転入してきた生徒は、この点で苦労する。彼らは、過大な要求をされることになる。一方、教師の側も、同じクラスで、「通常の」ギムナジウム生徒、言語面のハンディはあるが専門上のハンディはないギムナジウム生徒、専門上のハンディはあるが言語面のハンディはない基幹学校・実科学校生徒等々を、一緒に教育しなければならず大きな負担となっている。

　次にクラス編制についてみると、基礎学校（小学校）は、リスボンもエストリルも、ともに各学年1学級であるが、ギムナジウム段階では、各学年とも

4クラスずつ置かれている。以前は、ポルトガル語を話す子どもは、幼稚園を経てのみDSLに進学することが許されたので、彼らは、小さいときからドイツ語を学んでいた。これに対し、1978/79年からは、ポルトガル語を話す子どもたちを、第5学年、すなわちギムナジウム段階からもDSLへと受け入れる体制が整えられた。ただしDSLへの編入学を許可されるためには、第4年次に1年間、週2回、各2時間ずつDSLが開講するドイツ語の準備コースをあらかじめ履修していなければならないとされている。この準備コースを修了したポルトガル人生徒のうち約半分（50〜60人）がDSLの第5学年に受け入れられているということである。

授業は第5学年では、ドイツ人生徒とポルトガル人生徒は完全に分離されてクラスが編成される。第6学年では、体育のみが両者を混在させてドイツ語で授業が行われる。ポルトガル人生徒のクラスでは、大部分ポルトガル語で授業が行われるが、美術、音楽、および体育は、ドイツ語で授業が行われる。

第7学年からは、ドイツ人生徒とポルトガル人生徒は、個々の教科で、徐々に一緒に授業を受けるようになる。まず第7学年では、体育に加えて、美術、英語、フランス語の授業で両者の統合化がはかられる。

第8学年では、さらに数学と音楽がこれに加わる。続いて第9学年で物理、第10学年で化学といった具合に、共通の授業が増えてゆく。ただしポルトガル人生徒は、これら教科の専門用語の習得のために、補習授業を受ける。ドイツ語は、目下のところ、卒業試験まで別々に分かれたままで授業されている。なお図II-7-1は、DSLにおけるこうした「ポルトガル人生徒とドイツ人生徒の統合過程」を図示したものである（図II-7-1の右端の教科名は、ドイツ人生徒とポルトガル人生徒を統合して行う授業の開始時期を表したものである）。

DSLは、文部大臣会議によって「卒業試験（アビトゥーア試験）へと導かれるドイツ海外学校」として承認されており、第12学年修了時にDSLで行われる卒業試験に合格することによって、ドイツ本国におけるのと同じ大学入学資格（アビトゥーア資格）を取得できることになっている。一般に卒業試験は、第13学年の終わりに実施されるのが通例であるが、文部大臣会議の協定にもとづき、一定の前提条件を備えた海外学校では、第12学年の修了時

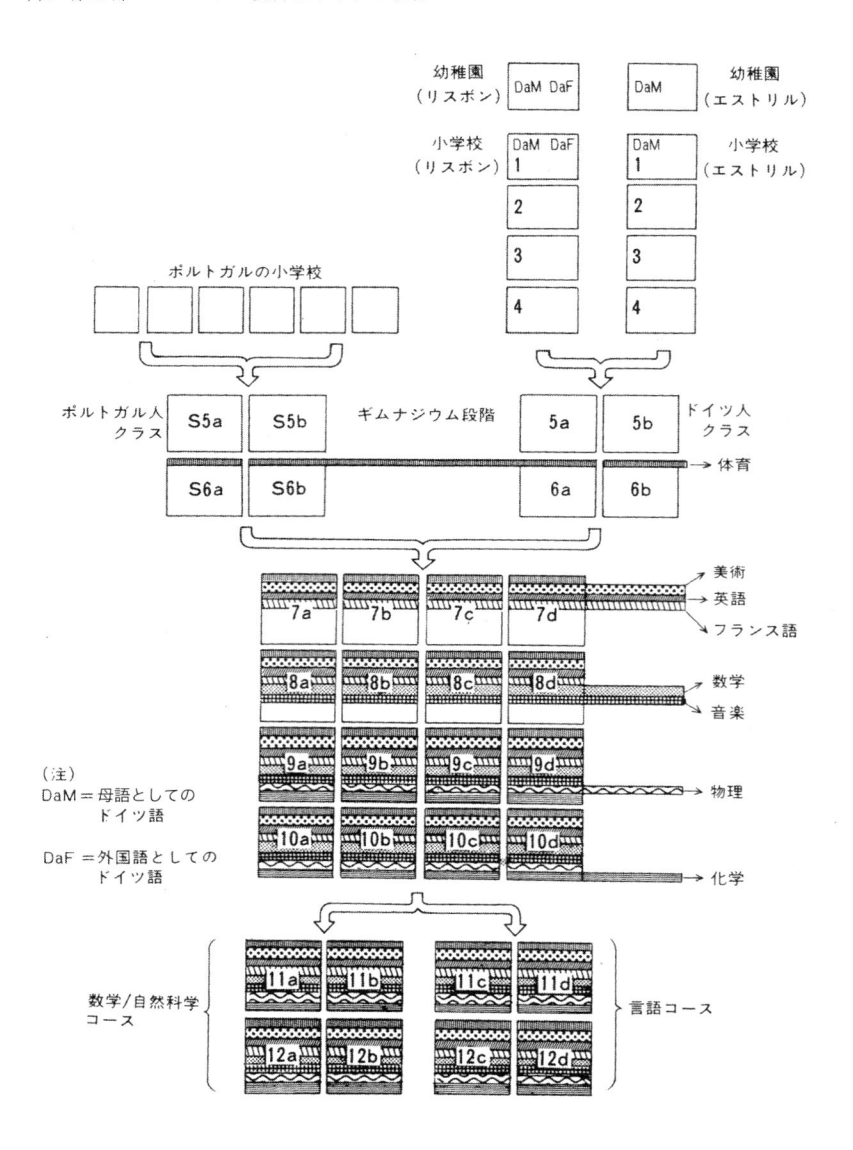

446　第Ⅱ部　ヨーロッパ統合とドイツの教育

図Ⅱ-7-1　DSLにおけるポルトガル人生徒とドイツ人生徒の統合過程
（出所）DSL作成資料による

に行うこともできるとされており、DSLも、このケースに属している。

卒業試験は、筆記試験と口述試験から構成されている。試験の出題、採点等はいずれもDSLの教員たちによって行われるが、同時に試験の実施過程は、すべて文部大臣会議の海外学校委員会によって監督を受けることになっている。また口述試験では、試験官のほかにドイツ大使や学校理事会のメンバーたちが、オブザーバーとして立ち会うこともある。

卒業後ポルトガルの大学で学習することを希望する生徒は、ポルトガルの歴史、地理、および哲学を履修することによって、ドイツの大学入学資格に加えて、ポルトガルの大学入学資格も取得できるようになっている。

(3) 言語の問題

DSLは、ドイツとポルトガルの両方の文化を尊重しつつ、相互の文化のより深い理解へと生徒を導くことを目指した「二文化間学校」(1-(2)-(ⅱ)を参照)である[16]。そして、その目指すところはヨーロッパ統合への寄与である、とされている。

DSLがもっているこうした性格にしたがって、この学校では、まず次のような原則が掲げられている[17]。

① すべてのドイツ人およびポルトガル人生徒に対し、開放されたものであること。
② 授業では、ドイツ語およびポルトガル語の両方を使用し、双方の文化および言語に対し生徒たちの関心を喚起させること。
③ ドイツ語を話す生徒とポルトガル語を話す生徒、ドイツ国籍の生徒とポルトガル国籍の生徒等々に対し、統合された共通の授業を施すこと。
④ ドイツとポルトガルの両方の大学入学資格を付与すること。

以上の原則にもとづいて、使用される言語の面では、DSLには次のような特色がある[18]。

① ドイツ人、ポルトガル人を問わず、すべての生徒にとってポルトガル語が必修となっている。小学校の第2学年次から、ポルトガル語で落第点をとった生徒は、進級できない仕組みになっている。ポルトガル語の

知識なしにDSLへと転校してきた生徒は、2年間のうちにその遅れを取りもどすことを要求されている。またポルトガル語は、卒業試験の必修教科ともなっている。

② ドイツの公立学校で必修とされている教科は、DSLにおいても同様に必修教科になっている。それと同時に、ポルトガル国籍の生徒に対しては、ポルトガルの歴史（Historia de Portugal）、ポルトガルの地理（Geografia de Portugal）、哲学（Filosofia）が必修となっている。これらの科目は、いずれもポルトガルの教授プランにしたがい、ポルトガル語で授業が行われる。なお、ポルトガル人以外の生徒でも、希望すればこれらの科目を履修することができる。

③ ドイツ語（外国語としてのドイツ語）および実技教科（美術、音楽、体育等）は、ポルトガル人の生徒に対しても最初からドイツ語で授業が行われる。地理と生物は、どちらの言語でも授業が受けられるよう配慮されている。その他の必修教科は、もっぱらドイツ語で授業されているが、ポルトガル人生徒に対しては、部分的にポルトガル語でも教授されている。

第2外国語としては、第5学年から英語が必修となっている。ただし英語は、

表II-7-15　授業で使用される言語

学年		科目の数				1週間あたりの授業日数			
		ドイツ語	ポルトガル語	英語／フランス語		ドイツ語	ポルトガル語	英語／フランス語	
5		4+1 45%	4+1 45%	1 9%		14+2 47%	13+1 41%	4 12%	
6		4+1 45%	4+1 45%	1 9%		14+2 47%	13+1 41%	4 12%	
7		5 42%	4+1 42%	2 17%		18 49%	10+1 30%	8 22%	
8		6 46%	4+1 39%	2 15%		19 53%	9+1 28%	7 19%	
9		7 54%	3+1 31%	2 15%		20 59%	7+1 24%	6 17%	
10		9 64%	3 21%	2 14%		25 66%	7 18%	6 16%	
11m	11s	7 58%	6 50%	4 33%	3+1 33%	1 8%	2 17%	23 68%	17 50%	7+1 24%	3 9%	9 26%
12m	12s	7 64%	6 55%	3 27%	2+1 27%	1 9%	2 18%	24 73%	18 55%	5+1 18%	3 9%	9 27%

（注）　m＝数字・自然科学コース　S＝言語コース
（出所）Claus-Günter Frank, Portugal: Neue Sekundarstufe, S.133, *DdLiA*, 1988/4.

第10学年以降は、必ずしも履修しなくてよい、とされている。フランス語は、第7学年から卒業試験まで必修教科となっている。

表Ⅱ-7-15は、第5学年以降の授業において、いずれの言語が使用されているのかを、科目数および週あたりの授業時間数についてみたものである。なおこの表では、英語とフランス語は、もっぱらそれぞれ英語、フランス語による授業が行われているので、別個に項目が立てられている。学年が進行するにしたがって、ドイツ語の割合が高くなっている。なお、DSLの外国語の水準は、ドイツ本国のギムナジウムにおけるそれよりも高いと言われている。その理由は、生徒たちが2つの言語を用いながら成長しているか、すでに小さいときから他の外国語とコンタクトをもっている、という事情によるものと説明されている。

(4) 教員の問題

ここではDSLを含む海外学校の教員一般について言及する[19]。海外学校の教員は、本国であるドイツから派遣された教員と、現地で採用された教員とから構成されている。前者の資格要件としては、まず少なくとも2年間、正教員としての教職経験を有していることが挙げられる。採用の手続きは大体次のような順序で行われる。①派遣志願者は、各州文部省に申請書類（休職承諾書を含む）を提出する。書類は、一括してケルンにある海外学校制度中央センターにまとめられる。②海外学校は、同センターに毎年自校の教員需要を申告する。③これに対し同センターは、各学校の空きポストに対して適当と思われる候補者を複数名リストアップする。④そのなかから当該海外学校の設置者が、最終的に採用者を決定する。

派遣されることが正式に決まると、その教員には州当局から俸給なしの休職措置がとられ、それぞれ当該学校法人と労働契約を締結することになる。この契約のなかで派遣教員は、無報酬で海外学校に勤務することを義務付けられると同時に、海外学校制度中央センターとの雇用関係なしに、同センターから、月々その者がそれまで国内で得ていた俸給額の91.7％にプラスして非課税の在外手当（その額は勤務場所によって異なる）の支給を受けることが約

束される。休職の措置はとられるが、海外学校勤務期間は、勤続年数、老齢者年金期間等に算入され、帰国後不利な取扱いを受けないように配慮されている。海外学校教員としての契約期間は、ヨーロッパ諸国の場合、通常3年間、それ以外の地域ではこれよりいくぶん短くなっている。なお、2年間の任期の延長も可能とされている。

　また、ドイツ本国からの派遣教員とならんで、現地採用教員も多数雇用されている。これらの教員は、それぞれの国の事情にしたがい、各学校の判断で採否が決定されている。多くの場合、その土地にずっと住んでいるか、あるいは家庭上の理由等から現地に一時的に滞在しており、教職の資格を有している者がこれにあたっている。最近ドイツ本国で増加の一途をたどっているいわゆる「失業教員」[20]が、現地採用の形で海外学校に赴任するケースもしばしば見られる。現地採用者の給与は、大体その国の一般的給与水準に調整される。したがって、給与水準の低い国の場合、現地採用者と本国から派遣された教員の間に、かなりの格差が生じている。

(5)　学校が抱える問題点──生徒に対するアンケート調査の結果から

　以下に紹介するアンケート調査は、1985年にDSLの教員によって行われたものである[21]。被験者は、DSLの第7学年から11学年の生徒463名であった。生徒たちの構成を大別すると、次のようなグループに分けられる。

①**第Ⅰのグループ**(24%)

　一時的にポルトガルに滞在しているドイツ人の子女。彼らの多くは、ドイツから直接やってきた者たちである。しかしなかには、ドイツにまだ一度も住んだことのない生徒もいる。ポルトガル以外に彼らは平均して、1.5か国をまわっている。どこの国からポルトガルにきたかについていうと、ドイツからきた者71%。続いてブラジル14%、オーストリア5%、スイス4%、その他、となっている。

②**第Ⅱのグループ**(22%)

　ドイツ人生徒で、幼稚園ないしは第1学年からDSLに通学している者。

③**第Ⅲのグループ**(12%)

第7章 ヨーロッパ学校とドイツの海外子女教育 451

表II-7-16 DSLで使用される言語

	I	II	III	IV	V	全体
ドイツ語のみ	23%	1%	0%	0%	3%	6%
主としてドイツ語	45	16	3	0	9	15
ドイツ語とポルトガル語半々	20	44	21	1	60	24
主としてポルトガル語	11	37	62	67	29	44
ポルトガル語のみ	1	2	13	23	0	10

(出所) Claus-Günter Frank, Portugal: Warum haben viele Lehrer Lieblingsschüler?–Eine Umfrage unter Schülern der Deutschen Schule Lissabon, *Der deutsche Lehrer im Ausland*, 1986/2. S.58

ポルトガル人生徒で、幼稚園ないしは第1学年からDSLに通学している者。
④第IVのグループ (35%)
　ポルトガル人生徒で、中等段階 (第5学年) からDSLに通学している者。
⑤第Vのグループ (7%)
　かつて外国人労働者としてドイツで働き、現在は帰国しているポルトガル人の子女 (いわゆる移民子女)。
　それでは、アンケートの結果を見ていくことにしよう。まず**表II-7-16**は、DSLで生徒がもっぱら使用している言語について質問した結果である。戦前のDSLでは、すべてドイツ語で話さなければならなかったそうであるが、現在では、状況はまったく変わっている。
　表II-7-16のように、学内ではむしろポルトガル語が使用されることの方が多くなっている。
　一方、家庭で、ドイツ語とポルトガル語のどちらがふだん使用されているかを示したものが、**表II-7-17**である。この表からわかるように、ポルトガル語が使用されている割合が圧倒的に高い。なお、被験者中かつて一度以上

表II-7-17 家庭で使用される言語

	I	II	III	IV	V	全体
ドイツ語	59%	18%	0%	0%	0%	16%
ポルトガル語	8	13	89	98	57	54
ドイツ語とポルトガル語	22	69	11	2	43	25
その他の言語	11	0	0	0	0	0

(出所) Claus-Günter, *a.a.O.*, S.58

表Ⅱ-7-18 生徒間（ドイツ人生徒とポルトガル人生徒の間）のコンタクト

	Ⅰ	Ⅱ	Ⅲ	Ⅳ	Ⅴ	全体
ほとんどコンタクトはない	12%	6%	5%	9%	19%	9%
学校でのみコンタクトがある	44	58	53	63	53	55
学校外でもコンタクトがある	45	35	42	28	28	36

（出所）*ibid.*.

ドイツに住んだことがある者は37％で、その期間は平均すると8年間であった。

次に、DSLのもっとも大きな特色である、ドイツ人生徒とポルトガル人生徒との「出会い」が、果たしてうまくいっているのかどうかについて見ていこう。

「君の考えでは、DSLでは、ドイツ人生徒とポルトガル人生徒との間に密接なコンタクトがあると思うか？」という質問に対する回答結果が、**表Ⅱ-7-18**である。

このように「学校でのみコンタクトがある」とする者の割合が一番高くなっている。その理由としては、生徒の居住地域の問題が挙げられている。すなわち、最初に見たようにドイツ人生徒の多くがリスボン郊外に住んでいるのに対し、ポルトガル人生徒たちはもっぱら市内に住居をもっている。以前は、生徒たちは一緒に通学していたものだが、最近はそうした機会が少なくなったから、とコメントされている。

表Ⅱ-7-18は、いわば一般的な問いであるが、これに対し**表Ⅱ-7-19**は、次のような具体的な質問に対する回答の結果である。「君は、ポルトガル人の友人と、ドイツ人の友人とどちらの友人が多いか？」

表Ⅱ-7-19 友人の種類（ドイツ人とポルトガル人のどちらの友人が多いか）

	Ⅰ	Ⅱ	Ⅲ	Ⅳ	Ⅴ
ドイツ人の友人のみ	5%	2%	0%	0%	0%
ドイツ人の友人の方が多い	44	9	0	0	9
同じくらいである	39	65	53	35	63
ポルトガル人の友人の方が多い	12	22	45	59	29
ポルトガル人の友人のみ	0	2	2	6	0

（出所）*ibid.*

第7章　ヨーロッパ学校とドイツの海外子女教育　453

表II-7-20　英語の時間に机を並べたい生徒のタイプ（複数回答）

	I	II	III	IV	V
ドイツ人の生徒	60%	54%	35%	25%	51%
第IIIのグループのポルトガル人	35	36	48	23	40
第IVのグループのポルトガル人	13	25	32	72	14

（出所）Claus-Günter, *a.a.O.*, S.59

　この結果から見る限りでは、他国籍との結び付きはIIのグループが一番強く、IVのグループがもっとも弱い。またドイツ人生徒の方が、ポルトガル人生徒よりも、より開放的に自国以外の友人と付き合っている。
　次の表II-7-20は、「君は、英語（第11学年の生徒ではフランス語）の時間に、誰と机を並べたいか？」に対する回答をまとめたものである。この問いでは、異なった生徒集団間の統合の度合いが測定されている。英語は、第Iのグループの生徒と第IIのグループの生徒が、はじめて共通に受ける授業のひとつである。
　その結果をみると、第Iのグループ（一時的にポルトガルに滞在しているドイツ人子女）と、第IVのグループ（中等段階からDSLに通学しているポルトガル人子女）の間の結び付きが弱いことがわかる。
　表II-7-21は、「教師は異なった生徒集団をどう見ていると思うか？」という問いに対する回答をまとめたものである。ここで注目すべきは、第IVのグループである。彼らは、教師が自分たちの集団に対しあまりよく面倒は見てくれないと思っている。
　これまでの質問は、ドイツ人生徒とポルトガル人生徒との間の共同生活を

表II-7-21　異なった集団に対する教師の接し方

	I	II	III	IV	V
どちらかというとドイツ人生徒の方に集中している	5%	16%	26%	50%	9%
どちらの集団に対しても分け隔てない	67	62	67	50	74
どちらかというとポルトガル人生徒の方に集中している	28	22	7	0	17

（出所）*ibid.*

めぐるものであった。次に、DSLの教育的環境の方に目を向けることにしよう。

まず、「君は、DSLに喜んで通学しているか？」という問いに対して、「ノー」と答えた者はわずか10％であった。「ノー」と答えた者の割合は、どちらかと言えばポルトガル人子女の方が少ない。その理由としては、ポルトガル人生徒の場合、DSLが嫌になればいつでもポルトガルの学校に転校できるからである。

次に、「朝起きたとき、学校に行かないですむよう病気になった方がよい、などと考えることがありますか？」という質問に対しては、各グループ間に差異はほとんどみられなかった。すなわち、「毎日病気でいたい」2％、「しばしばそういうことがある」39％、「ほとんどそういうことはない」52％、「まったくない」7％、となっている。このようにどちらかと言えば、ポジティブな回答が多い。

こうした諸点をより具体的に生徒に列挙させた結果が、**表Ⅱ-7-22**の「生徒が考えるDSLの問題点」である。

表Ⅱ-7-22　DSLの問題点（複数回答）

(％)

	Ⅰ	Ⅱ	Ⅲ	Ⅳ	Ⅴ	全体
教師の多くはお気に入りの生徒をもっている	59	74	73	80	69	72
土曜日が休日でない	70	68	56	67	86	68
土曜日の授業が長すぎる	65	61	60	46	60	57
教材を選択するにあたって、生徒の意見を聞いてくれない	55	63	55	41	69	53
教師は、往々にして生徒の批判に耳を貸さない	53	50	45	46	60	49
教材が、面白くない場合が多い	46	56	45	42	49	47
休暇が短すぎる	25	33	60	62	34	45
宿題が多すぎる	27	37	35	51	46	40
生徒と教師間の意思の疎通がうまくいっていない	54	50	29	16	34	35
教師たちは厳しすぎる	14	15	39	35	26	25
ドイツ人生徒とポルトガル人生徒との間の仲間意識が希薄である	24	20	31	27	34	25
生徒間に団結がない	30	22	19	21	31	24

(出所) *ibid.*

この表から、たとえば次のような諸点を読み取ることができるであろう。
① 「教師の多くはお気に入りの生徒をもっている」と回答した者が7割以上いるなど、総じて教師に対する批判が少なくない。
② 土曜日にも授業があることに対する拒否反応が、かなり強い。ただし、この点は次のような事情のため致し方がないとも言える。すなわち、DSLでは12年間の学習期間で大学入学資格を取得できるシステムになっている。ドイツ本国では、そのためには通常13年間を要する。したがって、DSLでは土曜日も授業をしなければならなくなる。しかも土曜日を月に1回は休みにするために、その他の土曜日の授業が長くならざるをえない。
③ 「教材を選択するにあたって、生徒の意見を聞いてくれない」と回答している者が多いように、生徒たちは自分たちが興味をもてる教材を求めている。
③ 第Ⅴグループ（いわゆる移民子女）を除き、ポルトガル人生徒の多くは「休暇が短すぎる」と回答している。
④ ドイツ人生徒の大体半数が、教師との関係をネガティブなものとみなしているのに対し、ポルトガル人生徒の場合、その割合は約4分の1である。
⑤ しかしながら、「教師たちは厳しすぎる」と回答している者の割合も、ポルトガル人生徒の方がドイツ人生徒の約2倍高い。

以上は、DSLに対して生徒がもっているマイナスのイメージである。それでは、生徒たちはDSLのどんな点を気に入っているか、アットランダムに列挙させた結果が**表Ⅱ-7-23**である。

上の表に見られる特徴的な点をいくつが箇条書にすると次のようになろう。
① 「課外授業」に対する評価が高い。
② 「ドイツ人生徒とポルトガル人生徒の間に仲間意識が存在する」と考えている者の方が、「希薄である」とする者よりも多い。すなわち、他国籍の者との「出会い」をポジティブに評価している者の方が、自国の

表Ⅱ-7-23　DSLのよい点（複数回答）

(%)

	Ⅰ	Ⅱ	Ⅲ	Ⅳ	Ⅴ	全体
試験は予告されて行われる	80	81	85	85	91	83
課外授業がある（合唱、情報学、美術、演劇、等々）	85	84	82	75	69	79
ドイツ人とポルトガル人の両方の教師がいる	38	43	40	57	63	48
ドイツ人とポルトガル人が一緒に学ぶ	48	50	50	37	54	46
ドイツ人生徒とポルトガル人生徒の間の仲間意識	45	40	39	31	43	38
教師の面倒見がよい	16	19	31	40	31	28
概して教師が寛大である。たとえば出した宿題のことを忘れてくれる	26	33	24	28	29	28
教師と生徒の間の関係が良好である	22	15	21	34	14	24

(出所) *ibid.*

　　文化圏に固執する者よりも多くなっている。
③　「教師の面倒見がよい」かどうかについては、ポルトガル人生徒とドイツ人生徒の間で評価が分かれる。同意する者は、前者の方に多い。

　以上、リスボンのドイツ人学校を例に、ドイツの海外学校の実際を見てきた。最後に、筆者が1989年12月に訪問したロンドンのドイツ人学校での印象等を記して、本節のまとめとしたい。

　ロンドンに到着して、ドイツ人学校に電話した。あらかじめ出発前にアポイントメントはとってあったが、再確認の電話を校長に入れたわけである。ところが、私の言葉が拙かったためか校長の秘書は私に「お子さんは何人か？」とか「何歳か？」と聞く。私はなぜそういう質問をされるのか面食らってしまった。よく聞くと、どうも秘書は私が子どもをドイツ人学校に入れたいと思い、それで校長に面会を申し込んでいるのだと勘違いしたらしいことがわかった。

　私たち日本人から見るとロンドンのドイツ人学校は、あくまでイギリス在住のドイツ人子女のための学校であって、生徒もすべてドイツ人であると思いがちである。しかし私がそのとき知ったのは、外国人であっても、希望すれば話し合い次第で入学を許可されるということであった。校長の話では、

生徒の国籍はドイツ人が80％であるが、残りはイギリスを筆頭に、イタリア、ルクセンブルク、オーストリア、スウェーデン、スイス、ハンガリー、ギリシャ、エジプト、オランダ、南アフリカ等々に及んでいるそうである。ちなみに日本人も１人在籍しているということであった。

　以上は、ロンドンでの個人的体験であるが、ドイツの海外子女教育の特色として、最初にも述べたようにそれが政府の「対外文化政策」の一環として、はっきりと位置付けられている点を挙げることができる。こうした考え方に立って、リスボンのドイツ人学校（DSL）のような、いわゆる「交流学校」が世界各地に多数設けられている。このタイプの学校に43,000人の生徒が学んでいるが、このうちドイツ国籍の者は9,300人にすぎず、残りの8割近い生徒はすべて外国人という構成になっている（表Ⅱ-7-24を参照）。私が訪問したロンドンのドイツ人学校や東京や神戸に置かれているドイツ人学校などは、「ドイツ語を話す海外学校」というカテゴリーに属しており、ドイツ語を話せることが入学のための条件となっているが、これらの学校でも、平均すると大体4人に1人は外国人生徒となっている（表Ⅱ-7-24を参照）。

　ひるがえってわが国の海外子女教育に目を転じると、文部省の「海外子女教育の推進に関する研究協議会」は、1989年10月、たとえば次のような提

表Ⅱ-7-24　海外学校の生徒数と生徒１人あたりの助成額等の内訳（1986年12月現在）

学校種類	学校数	生徒数		助成額1986年		派遣教員数	生徒１人あたりの平均助成額
		総数	ドイツ人数	単位：100万マルク	％		
交流学校	47	43,390	9,334	143.848	59.1	832	3,315
ヨーロッパ学校	9	12,185	1,958	9.899	4.1	179	5,056
ドイツ語を話す海外学校	42	7,305	5,578	55.260	22.7	255	7,565
強化されたドイツ語の授業を伴う学校	27	17,274	763	19.828	8.1	100	1,148
ドイツ語集団学校、移民学校、その他ドイツ語の授業を伴う学校	117	33,944	1,934	13.611	5.6	68	401
土曜学校、その他語学コース	94	15,254	—	0.986	0.4	—	65
合計	336	129,352	19,567	243.432	100	1,434	1,882

（出所）Deutscher Bundestag, Bericht der Bundesregierung über Stand und Entwicklung der deutschen Schulen im Ausland, *Drucksache*, 11/1642 vom 14.01.1988.

言をしている。「日本人学校等に外国人の子どもを受け入れることは、それらの子どもが我が国の文化の良き理解者となるのみでなく、日本人の子どもにとっても異文化理解の面で意義があることであり、外国人の子どもが入学を希望する場合には、これを積極的に進める必要がある」[22]。

このように、海外日本人学校を拠点として国際交流を推進するという施策は、かねてより提唱されてきたところである。今後、「日本人学校等の在外教育施設は、現地社会に開かれた学校として、現地事情の理解に努め、教育・文化・スポーツを通じた国際交流活動を積極的に展開」していくことが急務とされている[23]。

ドイツの海外学校は、外国におけるドイツ人植民者・移民者の学校として出発した。それは同時に、ドイツのかつての覇権主義とも結び付いて、ドイツ文化圏の拡大を目的とする学校でもあった。第二次世界大戦後、海外学校は、文化の単なる一方的輸出ではなく、現地文化を尊重しながら異なった文化間の共有を目指す、いわゆる「異文化間教育」の実践機関へと変貌していった。本節で取り上げたリスボンのドイツ人学校で見るならば、当面するヨーロッパ統合へ向けての文化、教育面での寄与がこの種の学校の目下の課題となっている。

もとよりドイツとわが国とでは、歴史的にも、地理的にも、またその背景にある文化・宗教の面でも、両者が置かれている状況は同じものではない。両者を単純に比較することはできないが、今後におけるわが国の海外子女教育の在り方を考える上で、本節で紹介したドイツの事例が何らかの参考になれば幸いである。

注
1 本章の記述は、1989年に筆者がカールスルーエのヨーロッパ学校とロンドンのドイツ人学校を訪問した際入手した資料、インタビュー等をもとに帰国後執筆した拙稿に加除修正を施したものである。現時点で見ると、データ等、古くなってしまったが、「ヨーロッパ統合へ向けての80年代後半から90年代前半にかけての教育面での寄与の事例」という位置づけで本書に所収することとした。
2 以下、第1節の記述内容は、筆者が1989年に、カールスルーエのヨーロッパ学

校で入手した『ヨーロッパ学校案内（ドイツ語版）』(Europäische Schulen, 1983. 9)、『カールスルーエ校年次報告書 1989/1990』(Bericht zum Schuljahresbeginn 1989/1990, Europäische Schule Karlsruhe)、『ヨーロッパ・バカロレア試験覚書』(Memorandum betreffend "Die Europäische Abiturprüfung", Prüfungstermin 1989) を典拠にしている。以下に紹介する「ヨーロッパ学校規約」、「ヨーロッパ・バカロレア試験」の概要、カールスルーエ校のカリキュラム、統計数値等もこの時点のものである。以下の表も、これらのパンフレットにもとづき作成した。執筆時の邦語先行研究としては、次の西村論文を参照。なお、この論文には、ヨーロッパ・バカロレア規約の翻訳も所収されている。西村俊一「ECのヨーロッパ学校とヨーロッパ・バカロレア」『国際的学力の探究―国際バカロレアの理念と課題』創友社, 1989.

3　ヨーロッパ学校事務局 (Bureau du Secrétaire général des Ecoles européennes) のサイトを参照。〈http://www.eursc.eu/〉

4　現在 (2009年) は、これら7つの言語にポルトガル語とスペイン語が加わっている。

5　以下の記述にあたっては、連邦新聞情報庁が刊行している次の資料を参照した。
Presse-und Informationsamt der Bundesregierung (Hg.), *Jahresbericht der Bundesregierung,* 1994; *Bonner Almanach,* 1993/94.

6　以下の海外学校の歴史の記述は、主として次の文献を典拠にまとめたものである。
Hildegart Hamm-Brücher, Auslandsschulen, *Enzyklopädie Erziehungswissenschaft,* Stuttgart, Bd.5. S.429ff.

7　わが国においては、1904（明治37）年に、横浜にドイツ人学校が開校している。戦後、1967（昭和42）年に東京都の大森に校舎を移した。その後生徒数が大幅に増加し、1991（平成3）年に現在の横浜市都筑区の新校舎に移転した。名称は、「東京横浜独逸学園」(Deutsche Schule Tokyo Yokohama) である。詳細は同学園のホームページを参照 (http://www.dsty.ac.jp/)。なお、神戸にもドイツ人学校が1909（明治42）年に設立されている。

8　Auswärtiges Amt (Hg.), *Leitsätze für die Auswärtige Kulturpolitik,* Bonn, 1970.

9　Deutscher Bundestag, Bericht der Enquête-Kommission Auswärtige Kulturpolitik, *Drucksache* 7/4121 vom 07.10.1975.

10　Auswärtiges Amt (Hg.), *Auswärtige Kulturpolitik, Stellungnahme der Bundendesregierung zum Bericht der Enquête-Kommission Auswärtige Kulturpolitik des Deutschen Bundestages,* Dokumentation, Bonn, 1977.

11　Auswärtiges Amt (Hg.): *Auswärtige Kulturpolitik im Schulwesen, Rahmenplan für Auslandsschulen,* Sprachförderung und internationale Zusammenarbeit, Bonn, 1978.

12　以下、(1)から(4)の記述にあたっては、主として次の資料を典拠としている。
Claus-Günter Frank, Leben und Lernen an einer deutschen Auslandsschule, *betrifft: Erziehung,* Juni 1985, S.68ff. なお、本文中の統計数字等は、筆者がDSLより直接入手した各種

460　第Ⅱ部　ヨーロッパ統合とドイツの教育

印刷物にもとづいている。
13　両者の関係は、外務省が海外学校に関するいわば外的事項を、文部大臣会議が内的事項をそれぞれ所管しているということができる。すなわち、前者は海外学校の運営に関する諸経費を支出し、後者は海外学校の教授プラン、試験規則、修了試験等について定めている。
14　ドイツの公立学校では、義務教育段階であると否とを問わず、授業料は原則として無料である。海外学校は法的には私立学校であるので、授業料は徴収される。
15　ドイツの成績評価は、「1」から「6」までの6段階に区分されている。進級の条件は州により、また学校の種類により異なるが、通常主要教科が「4」以上であることが要求される。ただし、成績のよい教科によって、悪い教科との評点の調整を行うこともできるとされている。たとえば、「ボーナス点」を1点もらうことによって、「5」の成績は「4」といった具合に、1ランク高く評価される。ドイツの成績評価については、序論注22を参照。
16　この項の記述にあたっては、Claus-Günter Frank, *a.a.O.* の他、DSL の校長が執筆した同校の概要（P. Jörgens, *Deutsche Schule Lissabon*）を参照した。
17　Jörgens, *a.a.O.*
18　*ibid.*
19　海外学校への派遣教員に関わる諸問題の詳細については、次の資料を参照。*Merkblatt des Bundesverwaltungsamtes für Lehrer und Lehrerinnen, die vorübergehend an Schulen im Ausland* (i.d.Fassung vom 1. Dezember 1987).
20　第6章第1節4(1)を参照。同章の注11も参照。1980年代は、教員資格を取得しながら正規教員に採用されない「失業教員」が急増し大きな社会的問題になっていた。
21　以下に紹介するアンケート調査は、同校教員 Claus-Günter Frank 氏の次の論文を要約したものである。Claus-Günter Frank, Portugal: Warum haben viele Lehrer Lieblingsschüler?—Eine Umfrage unter Schülern der Deutschen Schule Lissabon, *Der deutsche Lehrer im Ausland*, 1986/2, S.52ff.
22　海外子女教育の推進に関する研究協議会報告『今後における海外子女教育の推進について』平成元年10月27日、14-15ページを参照。
23　前掲報告12-13ページを参照。

第Ⅲ部　ドイツの外国人問題と教育格差

第1章　ドイツの外国人問題
　第1節　地域研究と比較の視点
　　　　　──エスニック・マイノリティの教育課題から
　第2節　外国人をめぐる現況とその概念の多様性
　第3節　EUの移民政策
第2章　外国人問題と教育の課題
　第1節　教育の視点から見た課題
　第2節　格差と公正の視点からの課題

【梗概】

　ドイツでは、すでに1960年代から積極的に外国人労働者を受け入れてきた。現在、ドイツの総人口中に占める外国人の割合は約9％となっている。

　ドイツの外国人問題を考察するにあたり、ドイツにおける外国人概念の多様性について理解しておくことが必要である。ドイツには、EU（欧州連合）諸国出身者、移民など非EU諸国出身者、様々な理由をもった難民などの外国人のほか、国籍はドイツでも旧ソ連などからの帰還者等々、言語的にも文化的にもドイツとは異なる背景をもった多様なタイプの人々が存在する。

　近年ドイツでは、ドイツ人と外国人という分類だけでなく、「移民の背景をもつ者」（外国人・ドイツ人）と「移民の背景をもたない者」（ドイツ人）という区分で、外国人問題が語られることが多い。こうした区分にしたがって、ドイツの人口構造を分析すると、移民の背景をもつ者の割合は約2割近くまで達する大きな層を形成している。こうした人々が、いろいろな文脈のなか

で複雑に絡み合って教育問題を形成している。

　外国人子女教育の基本原理として、外国人生徒とドイツ人生徒を早い時期から統合して教育する方式と、基本的に両者を分離して教育する方式がある。現在、前者が一般的となっている。

　宗教の面からみると、ドイツでは基本法で「宗教の自由」を保障するとともに、公立学校における宗教教育の実施を義務付けている。そのなかで、イスラム系教員のスカーフ着用や、公立学校におけるイスラム教の授業設置などをめぐって、様々な相克がある。

　外国人学校の法的地位について見ると、ドイツでは、私立学校は「代替学校」と「補完学校」という大きく２つのカテゴリーに分類されるが、外国人学校の大部分は後者に属する。前者のタイプの学校には、公的な財政援助があり、そこで取得される修了証等は公立学校のそれと同等と見なされる。後者のタイプは、基本的にドイツの公立学校と接続関係はない。

　移民の背景の有無だけでなく、ドイツの教育の実態を見ると、親の学歴、収入といった社会的な背景が、子どもの教育状況に色濃く反映されている。親の学歴と子どもの進路を見ると、親が大学卒業の場合は約８割が大学に進学するのに対し、非大学卒の場合は約２割というように大きな開きがある。

　様々な背景をもつ生徒がどの学校タイプに進学しているかを見ると、基幹学校で学ぶ生徒の割合は外国人が多い。一方、ギムナジウムを経て大学に入学する者の割合はドイツ人が多い。

　学力面では、たとえばOECD（経済協力開発機構）の「生徒の学習到達度調査（PISA）」の結果などから、「移民の背景をもつ」生徒の成績は平均点が軒並み低い。学校中退者の割合も、移民生徒の方が高くなっている。また、親の収入が高い者の方が、低い者よりも大学に進学する割合は高い。成績が同じ場合も、親の学歴、収入が高いほど、高いレベルの学校へと進学している。

　ドイツがこれまで維持してきた三分岐型学校制度についても「教育の公正」という面からその見直しがせまられている。ドイツ教育の実態を見ると、親の学歴、親の収入、移民の背景の有無といった社会的な背景が、子どもの教育状況に色濃く反映されている。子どもたちがもつ社会的な背景に起因する

教育面の様々な格差を、今後どのように是正し、そのなかでいかにして公正さを担保していくかは、現代ドイツの教育が直面する大きな課題となっている。

　外国人子女教育は、様々なタイプの外国人とドイツ国民との多文化共生教育として位置付けられている。日々の教育現実は、西欧の価値観と非西欧のそれとの葛藤、緊張をつねに孕みつつ展開している。

第1章　ドイツの外国人問題

　本章では、まず第1節でドイツの外国人問題を考察する比較の視点を、エスニック・マイノリティの教育課題からピックアップしてみる。第2節では、第1節で設定した視点をもとに、ドイツにおける外国人をめぐる現況とその概念の多様性を整理する。第3節では、EUはどのような移民政策を策定しているのか、政策レベルの実際を紹介する。

第1節　地域研究と比較の視点
──エスニック・マイノリティの教育課題から

　本節では、地域研究と比較の視点ということで、筆者が第32回日本比較教育学会 (1996年) の課題研究「エスニック・マイノリティの教育課題」で発表した内容をベースにまとめてみたい[1]。

　まず筆者は、EU統合とそのなかでの教育課題を、エスニック・マイノリティ[2]に焦点をあて、次のタイプに分類し考察した。

　第一に、たとえばドイツやフランスには、イタリアやスペインからの移民が多数存在する。彼らはEU外国人（自国以外のEU諸国の国民）である。かつて彼らは、ドイツやフランスにおいてエスニック・マイノリティであったともいうことができる。しかしこれからは、いわばEUというヨーロッパ・ネーションを母国とする「ヨーロッパ市民」として、EU諸国間を自由に移動し、就労にあたっても当該国の国民との差別はなくなる。この観点からの教育課題である。

第二に、たとえばスペインのカタルーニャ人、フランスのコルシカ人などEU諸国内部における国内少数民族が考えられる。あるいは北欧のサーミ人などの国内先住民族もこの範疇に入れられる。いわば地域・領土に根ざしたエスニック・マイノリティの存在である。こうした各国内部に存在する先住民族、少数民族に関わる教育課題がある。

　第三に、途上国から先進国への大規模な人口移動の結果生じたエスニック・マイノリティの存在を挙げることができる。すなわち外国人労働者、あるいは移民労働者と呼ばれるトルコ人を筆頭とするアジア・アフリカ系の定住外国人の存在である。こうした人々をめぐる教育課題である。

　第四に、第三のアジア・アフリカ系の外国人による南北の移動に加え、社会主義体制の崩壊により、東欧諸国あるいは旧ソ連から、EU諸国への人の移動がある。南北の移動と同様、いわば貧しい「東」から、豊かな「西」への移動である。その結果発生した東欧人、旧ソ連人によるエスニック・マイノリティの形成もある。

　また同じドイツ人であっても、40年間まったく異なった社会体制のもとで生きてきた旧東ドイツの人々が統一ドイツで味わっている思いは、エスニック・マイノリティのそれであるということができるかもしれない。このような東欧・旧ソ連人をめぐる教育課題である。

　そのほか、途上国からのいろいろなタイプの難民がEU諸国にたくさん入っている。あるいは「国境なきヨーロッパ」の実現により、EU内に入った外国人はEU内を容易に移動することができるので、比較的警備が手薄な南欧諸国に不法入国し、EU諸国に居住する「不法入国・滞在者」といった人々に関わる教育課題も考えられよう。

　そして、この点が問題を複雑にしているところであるが、ここに掲げたエスニック・マイノリティのタイプをめぐる教育課題は、それぞれが並立して存在しているのではなく、様々な文脈のなかで互いに絡み合いながらエスニック・マイノリティ問題を形成しているという現実である。たとえばヨーロッパ人と非ヨーロッパ人、同じ外国人労働者でも定住者と新たな参入者、キリスト教徒と非キリスト教徒ないしはキリスト教徒とイスラム教徒、ある

いはスペイン人とカタルーニャ人という対立関係に加えて、彼らとスペイン以外のEU国民、さらにはトルコ人労働者との関係、あるいはドイツにおける旧ソ連から引き揚げてきたドイツ人とそうではない旧ソ連人の難民、旧東ドイツ国民と外国人労働者の関係、さらに外国人労働者でも様々な国からの外国人労働者の集団等々、いろいろなエスニック・マイノリティ問題をめぐる重層的な問題構造が浮かび上がってくる。

これをドイツの教育課題にあてはめてみると、①旧東ドイツが旧西ドイツに吸収合併されたドイツ、②多数の移民と難民を抱え多民族国家化したドイツ、③EU統合へ向けて国民国家の枠を超えつつあるドイツ、という三重に交錯した社会構造のなかで「教育とは何か」が改めて問い直されているということができよう。

そのなかで、比較教育学の枠組みの視点としてドイツを例にすると、たとえば次のような課題が考えられるであろう[3]。

①言語の問題

ドイツの学校では外国人子女に対し、言語教育に関してベルリン・モデル（統合型）とバイエルン・モデル（分離型）と呼ばれる大きく分けて2つの教育方法が採用されているが、マイノリティ言語の授業語としての使用とマイノリティ言語によるユニバーサルな教育可能性はどこに見出せるかといった問題などが考えられよう。

②決定への参加の問題

学校およびその他の教育施設の設立にあたって、マイノリティに属する者はどんな役割を果たすことができるか、また学校運営にどこまで参加できるかといった問題が考えられる。ドイツでは教員は官吏（Beamte）であり、官吏にはドイツ人以外は就任できないとされているが、こうした外国人の公務就任権に関わる問題も、この範疇に入れられるであろう。

③財政援助の問題

たとえばドイツでは私立学校のタイプとして、代替学校（Ersatzschule）と補完学校（Ergänzungsschule）という区分がある。前者はわが国のいわゆる「1条校」に相当し、公的財政援助を受けるが、後者には基本的にそうした措置はとら

れない。マイノリティ学校をマイノリティの保護との関連で、前者のタイプに組み入れられるかどうかという問題がある。ドイツにはイスラム教の団体が経営するコーラン学校（Koranschule）と呼ばれる教育機関が多数あるが、これについてはそもそも「学校」という概念にあてはまらないのではないかと疑問視されている。

④資格の相互認定の問題

学校間の教育修了証の相互乗り入れということで言えば、上に挙げた代替学校と公立学校の間では何ら問題はないが、外国人学校、マイノリティ学校において取得された資格をどこまで当該国の資格として認定できるかといった問題などが考えられよう。

⑤アイデンティティの問題

EU統合が進展するなかで、たとえばカタルーニャ（地域・民族）、スペイン（国家）、EUという3つのアイデンティティが、相互排他的になるのではなく、互いに併存することができる。すなわち、人々の意識のなかで「多元的アイデンティティ」の可能性が生まれてくる[4]。しかし他方、ドイツのトルコ人を考えると、自分たちが属するのは西欧社会なのか、それとも親の出身国なのかで悩むという、アイデンティティの危機・喪失の問題も出てくるであろう。

いずれにせよ、かつてない規模で非ヨーロッパ人、第三世界出身者がヨーロッパにやってきて、定住化しつつあるという現実がある。彼らはよりよい生活を求めて移動してくる。しかし、これを迎えるEU諸国民はというと、すべての階層が均等に豊かさを享受しているわけではない。そこから生ずる外国人排斥、排除という緊張。同時に、EU統合という社会の大きな再編成が進行しつつある。これに対する期待と同時に、自己の置かれている地位に対する不安、アイデンティティの危機。さらに広くヨーロッパを見れば、東欧やソ連の社会主義体制の崩壊と、その結果生じたこれまでは表面に出なかった民族問題の発生。これらが思ってもみなかった形でドイツをはじめEU諸国民の生活に直接的、間接的に大きな影響を与えている。さらにこうした流れと並行して絶えることなく続いている旧来の少数民族の様々な復権

運動、あるいは民族紛争。このようないろいろな要素が重層的に絡み合って、EU諸国民に、さらにドイツ国民に様々なインパクトを与えている[5]。

以上のような現状認識が、EUの、そしてドイツの外国人問題と教育課題を考える上で、その背景を形づくっていることを理解しておく必要があるように思われる。

第2節　外国人をめぐる現況とその概念の多様性

本節では、すでに1960年代から積極的に外国人労働者を受け入れてきたドイツを取り上げ、ドイツにおける外国人をめぐる現況とその概念の多様性について見ていくことにしたい。

その前に、わが国の状況について若干言及しておく。わが国に在留する外国人の数は国際化の時代を反映して、近年増加の一途をたどっている。民族や文化の多様性が拡大するなかで、「多文化共生社会」の実現に向けての外国人教育への取組みがクローズアップされている。

法務省が2005（平成17）年末現在でまとめた資料によると、外国人登録者の総数は200万人を突破し201万1,555人を数え、総人口に占める割合は1.57％となっている。国籍別の割合で見ると、歴史的経緯に由来する特別永住者が多数を占める韓国・朝鮮が29.8％ともっとも多く、以下、中国（25.8％）、ブラジル（15.0％）、フィリピン（9.3％）、ペルー（2.9％）などとなっている。とくに1990（平成2）年の「出入国管理及び難民認定法」の改正施行以来、日系移民を中心に、「ニューカマー」と呼ばれるブラジル等の中南米の出身者が急増していることが目立っている[6]。

こうした事情を背景に、わが国の小・中・高等学校に在学する外国人児童・生徒数は、小学校4万2,715人、中学校2万404人、高等学校1万1,956人を数えている（2005（平成17）年度）[7]。しかし外国人子女の場合、親が当該市町村教育委員会に就学申請を行わない限り不就学となる実態があり、学齢期に達しながら在学していない外国人児童・生徒の数は相当数に上るものと見られており、この点でも、「関係行政の改善」が求められている[8]。

外国人子女には就学義務は課せられていないが、わが国の公立小中学校への就学を希望する場合には、授業料不徴収、教科書の無償供与など、日本人児童・生徒と同様に取り扱われる[9]。しかしそのためには、日本語指導や生活面・学習面での配慮など、特段の支援体制が求められている。こうした生徒指導面の対応と並んで、外国人学校の法的位置付け、外国人教員の地位、外国人学校の卒業生の大学入学資格など制度面の諸問題もある。

また学力の面での問題もある。わが国に在住する「ニューカマー」と呼ばれる南米系の人々の子どもたちの多くは、日本の公立の小学校・中学校に通学している。しかしながら、日本の学校における彼らの教育達成は、かならずしも十分ではないのが現実である。たとえば高等学校まで進学する者の割合は50％程度にとどまり、「退学」して「不就学」の状態になる者も珍しくないと言われている[10]。

1 外国人をめぐる現況

まず、外国人をめぐる統計数値から見ていこう[11]。ドイツの総人口は8,243万8,000人で、そのうち外国人が728万9,000人（8.8％）を数えている。外国人のうちEU（欧州連合）加盟国の外国人は214万4,600人で、約30％を占めている。また国民の大多数がキリスト教徒であるなかで、310万〜350万人（全人口の約4％）のイスラム教徒も存在する[12]。

外国人の分布を見ると、州によりかなりの偏りがみられる。ドイツ全16州のうち、ノルトライン・ヴェストファーレン（全外国人数に占める割合：26.4％）、バーデン・ヴュルテンベルク（17.5％）、バイエルン（16.2％）、ヘッセン（9.6％）の4州（いずれも旧西ドイツ）に、全外国人のほぼ7割が居住している。一方、州総人口に占める割合で見ると、旧東ドイツ各州は、ザクセン・アンハルト（1.9％）、テューリンゲン（2.0％）という具合に、旧西ドイツよりずっと低くなっている[13]。とくに大都市にトルコ人をはじめとする外国人労働者とその家族が集中している点も特徴となっている。たとえばフランクフルトでは、同市の人口65万人のうち26％が外国人となっている[14]。

外国人の国籍でいうと、トルコがもっとも多く176万4,000人、以下、旧ユー

470 第Ⅲ部 ドイツの外国人問題と教育格差

図Ⅲ-1-1　外国人人口の推移

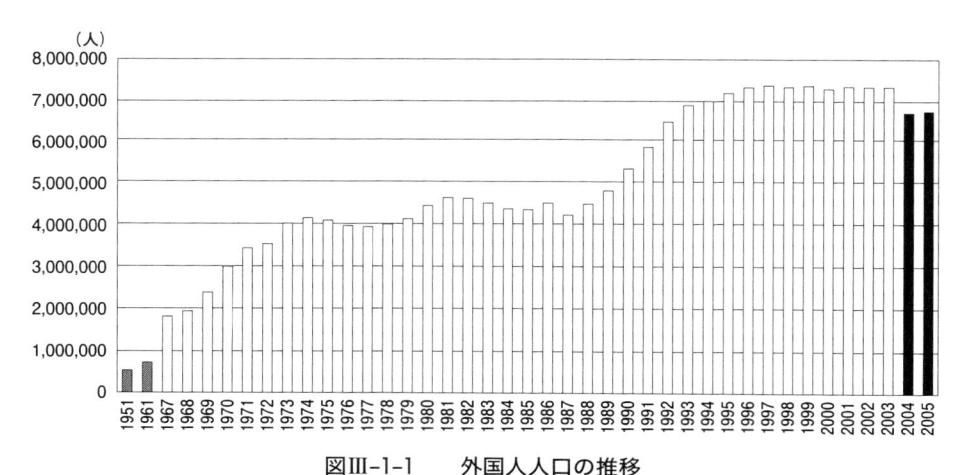

（注）2004年と2005年は推計値、1951年、61年は外国人労働者移住以前。
（出所）Bundesamt für Migration und Flüchtlinge, *Migration, Asyl und Integration in Zahlen,* 14. Auflage, Stand:31.12.05, S.78.（インターネット版）〈http://www.bamf.de/SharedDocs/Anlagen/DE/DasBAMF/Publikationen/broschueres tatistik,templateId=raw,property=publicationFile.pdf/%5C%5Cwww.bamf.de#search=%22Migration%2CAsyl%20 und%20Integration%20in%20Zahlen%22〉

ゴスラビア（セルビア・モンテネグロ、クロアチア、ボスニア・ヘルツェゴビナ、マケドニア、スロベニア）96万3,000人、イタリア54万800人、旧ソ連（ロシアなど）50万7,900人、ポーランド32万6,600人、ギリシャ30万9,800人、等々となっている[15]。

　外国人人口（統一前は旧西ドイツの数値）の推移を見ると、1951年の外国人人口は50万6,000人で、全人口の1.0％にすぎなかった（以下、**図Ⅲ-1-1**を参照）。戦後西ドイツでは、労働力が不足し、1955年からイタリアを皮切りに、スペイン、ポルトガル、ユーゴスラビアなどから労働者の受入れがはじまった。しかしそれでも需要は補えず、60年代に入りトルコと二国間協定が締結され、以後大量のトルコ人労働者が受け入れられることになった[16]。こうして外国人人口の増加率は、61年が前年比＋35.6％、67年には＋163.3％という具合に急上昇した。60年代後半には、年間約100万人に及ぶトルコ人が流入した。全人口に占める外国人の割合も、61年1.2％、67年3.0％、69年3.9％、70年4.9％、71年5.6％、74年6.7％、80年7.2％というように、年々増加し

ていった。

　当初、外国人労働者は一定の仕事が終了後は帰国すべきものとされた。また1973年には、オイルショックを契機に、外国人労働者の国外募集停止措置が講じられた。この措置により70年代後半に、外国人人口は若干の減少を見た（たとえば、76年は前年比－3.5％であった）。しかし、現実的に外国人労働者の受入れを完全に停止することはできず、1983年以降推進された帰国促進政策も効を奏さなかった。

　80年代後半になると、民族紛争などの動乱の結果、多数の難民がドイツに押し寄せることになった。とりわけ1990年代のユーゴ内戦は、戦争避難民の増大をもたらした（たとえば、90年における外国人人口の増加率は前年比10.2％であった。以後、91年10.2％、92年10.4％という具合に、毎年40万人から60万人の増加を見た）[17]。その後90年代後半に入り、外国人人口はおおむね720万〜730万人台を推移している[18]。

　以上のような一般的状況は、学校に通う外国人生徒数の推移にも反映している。その傾向を見ると、60年代は家族の呼び寄せは制限され外国人生徒も目立たなかった。しかし、就労・滞在が長期化するにつれ、制限は緩和され、

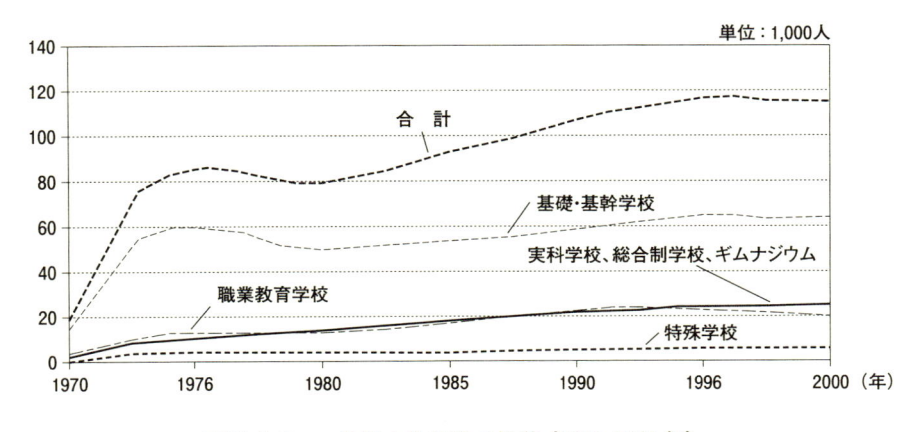

図Ⅲ-1-2　外国人生徒数の推移（1970-2000年）

（注）1990年までは旧西ドイツの数値、1991年以降はドイツ全体。
（出所）Kai S. Cortina, Juergen Baumert, Achim Leschinsky u. a. (Hrsg), *Das Bildungswesen in der Bundesrepublik Deutschland: Strukturen und Entwicklungen im Überblick*, 2.Aufl. ROWOHLT, 2005, S.681.

70年代前半に入ると、外国人生徒数は著しい増加をとげることになった（1970年に20万人に満たなかった生徒数は、75年になると80万人を超えるに至った）。こうした急増期のあと、外国人帰国促進政策を反映し、70年代後半から80年前後にかけては若干の減少が見られる。しかし、80年代前半から90年代半ばにかけて、前述のように多数の難民の流入により、外国人生徒数も増加の一途をたどった。その後、90年代後半からは、生徒数に大きな変動はなく現在に至っている（**図Ⅲ-1-2**は、1970年から2000年まで30年間の推移をたどったものである）。現在（2004/05学年度）、普通教育学校で95万1,300人（全生徒数に占める割合：9.9％）、職業教育学校に19万1,400人（全生徒数に占める割合：6.9％）の外国人生徒が在学している[19]。学校種類別に在学する外国人生徒数を一覧したのが**表Ⅲ-1-1**（普通教育学校）と**表Ⅲ-1-2**（職業教育学校）である。

普通教育学校から見ていこう（表Ⅲ-1-1を参照）。予備学年、学校幼稚園は、それぞれ基礎学校入学の学齢に達しているが、まだ就学可能な段階まで成熟していないため、入学延期の措置をとられた子どもたちを対象とした教育機関である。この者たちは、ここで学んだあと基礎学校または特殊学校（学習困難児のクラス）に入学する。ここで学ぶ子どもの約4分の1が外国人となっている（2004/05学年度、予備学年23.3％、学校幼稚園23.7％）。

義務教育が始まる基礎学校で見ると、外国人生徒の割合は11.5％である。しかし中等教育学校になると、基幹学校18.7％、実科学校7.2％、ギムナジウム4.1％というように、大学進学者が学ぶギムナジウムの在籍率が低い。その一方で、基幹学校や統合型総合制学校[20]（13.1％）に通学する割合は高くなっている。

外国人生徒の場合、夜間の中等教育学校に通学する者の割合が高いことも見て取れよう（夜間基幹学校38.6％、夜間実科学校26.3％など）。コレークは、夜間の学校や職業教育学校など、一般的な大学進学コース以外の学校で学んだ生徒で、大学入学を目指す者に大学入学資格を付与する学校タイプである。コレークに在学する外国人生徒の割合は、5.6％となっている。また私立学校に通学する外国人生徒の割合は低い（自由ヴァルドルフ学校[21]では、2.1％となっている）。

表Ⅲ-1-1　普通教育学校の外国人生徒数

単位：1,000人

学校種類	2002/03年	2003/04年	2004/05年	前年比（％）
予備学年	4.8 (25.1%)	4.6 (24.0%)	4.3 (23.3%)	-6.3
学校幼稚園	8.6 (24.1)	8.2 (23.7)	7.0 (23.7)	-15.1
基礎学校	377.8 (12.0)	369.4 (11.7)	361.4 (11.5)	-2.2
オリエンテーション段階	33.3 (9.5)	32.4 (11.3)	18.2 (16.4)	-43.8
基幹学校	202.5 (18.2)	203.1 (18.6)	203.1 (18.7)	-0.0
多様な教育課程をもつ学校種類	9.5 (2.2)	11.4 (2.7)	11.9 (3.1)	4.0
実科学校	87.5 (6.8)	91.1 (7.0)	97.9 (7.2)	7.4
ギムナジウム	90.2 (3.9)	92.8 (4.0)	98.4 (4.1)	6.1
統合型総合制学校	68.3 (12.5)	69.9 (12.8)	70.5 (13.1)	0.8
自由ヴァルドルフ学校	1.6 (2.2)	1.6 (2.1)	1.6 (2.1)	―
特殊学校	67.8 (15.8)	68.7 (16.0)	67.4 (15.9)	-1.8
夜間基幹学校	0.5 (40.1)	0.5 (40.8)	0.5 (38.6)	-6.5
夜間実科学校	4.9 (28.5)	5.3 (27.6)	5.5 (26.3)	3.1
夜間ギムナジウム	2.9 (15.9)	2.8 (14.2)	2.8 (13.4)	-0.9
コレーク	1.0 (6.5)	1.0 (6.1)	1.0 (5.6)	-1.5
合　計	961.4 (9.8%)	962.8 (9.9%)	951.3 (9.9%)	-1.2

(注) 括弧内は、それぞれの学校種類における全生徒数に占める外国人生徒数の割合。
　　前年比（％）は、2003/04学年度と比較した2004/05年度における生徒数の変化。
(出所) 連邦統計局資料（インターネット版）にもとづき筆者作成〈http://www.destatis.de/themen/d/thm_bildung1.php〉

　後期中等教育について見ると、この段階では普通教育学校と職業教育学校とが、かなりはっきり区分されている点がドイツの特色として挙げられる。普通教育機関としては、ギムナジウム上級段階が設けられているが、職業教育学校には多彩な学校種類が存在し、目標とされる職業資格に対応したカリ

表Ⅲ-1-2 職業教育学校に在学する外国人生徒数

単位：1,000人

学校種類	2002/03年	2003/04年	2004/05年	前年比（％）
二元制度の職業学校	114.6 (6.6%)	107.1 (6.4%)	101.4 (6.1%)	-5.3
職業準備年	14.5 (18.2)	14.0 (17.7)	14.0 (17.4)	―
職業基礎教育年	4.5 (10.4)	5.3 (10.8)	5.2 (10.8)	-1.9
職業上構学校	0.1 (14.3)	0.1 (14.3)	0.1 (14.3)	―
職業専門学校	41.0 (9.1)	45.7 (9.2)	50.0 (9.2)	9.4
専門上級学校	6.0 (5.7)	6.7 (5.7)	7.0 (5.8)	4.5
専門ギムナジウム	5.6 (5.1)	5.8 (5.1)	5.9 (5.0)	1.7
職業上級／技術上級学校	0.5 (4.0)	0.5 (3.6)	0.6 (3.4)	20.0
専門学校	6.9 (4.4)	7.0 (4.4)	6.6 (4.3)	-5.7
専門アカデミー	0.6 (8.3)	0.7 (9.5)	0.6 (8.0)	-14.3
合　計	194.3 (7.2%)	192.8 (7.1%)	191.4 (6.9%)	-0.7

（注）括弧内は、全生徒数に占める外国人生徒数の割合。
（出所）連邦統計局資料（インターネット版）にもとづき筆者作成〈http://www.destatis.de/themen/d/thm_bildung1.php〉

キュラムの多様化がはかられている[22]。職業教育学校に在学する外国人生徒の割合は、普通教育学校よりも全般的に低い数値となっている（表Ⅲ-1-2を参照）。

　外国人生徒の国籍を見ると、トルコが圧倒的に多く41万1,600人を数え、外国人生徒全体の43.3％を占めている。以下、旧ユーゴスラビア、イタリア、ギリシャ、ロシアの順となっている（表Ⅲ-1-3を参照）。全体では、ヨーロッパ諸国出身の外国人が全体の約8割（EU諸国に限定すると18.2％）に達している。

表III-1-3　国籍別外国人生徒数（普通教育学校2004/05年度）

国名	外国人生徒数	全体に占める割合（％）
EU諸国	**173,614**	**18.2%**
ベルギー	1,114	0.1
デンマーク	1,096	0.1
エストニア	311	0.0
フィンランド	570	0.1
フランス	6,060	0.6
ギリシャ	33,244	3.5
アイルランド	405	0.0
イタリア	63,617	6.7
ラトビア	865	0.1
リトアニア	1,301	0.1
ルクセンブルク	335	0.0
マルタ	46	0.0
オランダ	4,929	0.5
オーストリア	6,828	0.7
ポーランド	20,155	2.1
ポルトガル	13,355	1.4
スウェーデン	808	0.1
スロバキア	882	0.1
スロベニア	1,152	0.1
スペイン	7,106	0.7
チェコ	2,083	0.2
ハンガリー	1,628	0.2
英国	5,703	0.6
キプロス	21	0.0
その他のヨーロッパ諸国	**590,548**	**62.1%**
ボスニア・ヘルツェゴビナ	20,811	2.2
クロアチア	20,353	2.1
マケドニア	7,843	0.8
ノルウェー	273	0.0
ルーマニア	3,762	0.4
ロシア	24,561	2.6
スイス	1,894	0.2
セルビア・モンテネグロ	56,566	5.9
トルコ	411,641	43.3
その他	42,844	4.5
アフリカ諸国	**37,000**	**3.9%**
アメリカ諸国	**15,498**	**1.6%**
アジア諸国	**123,130**	**12.9%**
オセアニア諸国	**700**	**0.1%**
その他の国	**10,824**	**1.1%**
合計	951,314	100%

（訳注）この表は2004/05年度の統計のため、ルーマニアはその他のヨーロッパ諸国に分類されている。
（出所）連邦統計局資料（インターネット版）にもとづき筆者作成〈http://www.destatis.de/themen/d/thm_bildung1.php〉

2　外国人概念の多様性

ドイツにおける外国人問題を考える際、まずその概念の多様性について整理しておく必要があろう。ひとくちに外国人といっても、以下のようにいろいろなタイプがある。またドイツ国籍は有していても、移民を背景にもった様々なタイプが存在する（親は移民で外国籍であるが、当人はドイツ国籍をもつ者など）。合わせて後述するように、旧ソ連などからの帰還者（Aussiedler）が多数存在する。彼らにはドイツ国籍が付与されるが、ドイツ語を解さない者も多く、ドイツ社会になかなかとけ込めない状況がある[23]。

(1) EU外国人

第一にドイツには、フランス、イタリアなどEU諸国の国籍をもつ人々が多数存在する。彼らはEU外国人（EU-Ausländer）と呼ばれている。EU外国人は、国籍は外国人であるが、EU市民（EU-Bürger）としてEU加盟国以外の外国人とは異なった特別の扱いをされる。たとえば、自国民から授業料を徴収しないのであれば、EU外国人からも授業料を徴収してはならないという判決（Gravier判決）が出ている[24]。

このようにEU外国人は外国人ではあるが、いわばEUというヨーロッパ・ネーションを母国とするヨーロッパ市民として、EU諸国間を自由に移動でき、教育、就労等にあたっても本国人との差別を撤廃するというのがEUの基本理念である。したがって教育の分野でも、EU内の学位、職業資格の相互承認など色々な形で、いわゆる「ヨーロッパ次元」（European dimension）の確立が推進されている[25]。

(2) 非EU諸国出身の定住外国人

2番目のタイプとして、トルコ人を筆頭とする非EU諸国出身の定住外国人集団が挙げられる。トルコ人のほか、とくにアジア・アフリカ系の定住外国人が、エスニック・マイノリティを形づくっている。

なお、近年ドイツでは、ドイツ人と外国人という分類だけでなく、「移民の背景（Migrationshintergrund）をもつ者」（外国人・ドイツ人）と「背景をもたない者」

第1章 ドイツの外国人問題 477

（ドイツ人）という区分で、外国人問題が語られることが多い。こうした区分にしたがって、ドイツの人口構造を分析したのが、**表Ⅲ-1-4**「移民の背景をもつ者および移民のタイプにもとづく人口構造」と**表Ⅲ-1-5**「ドイツの総人口（移民の背景をもつ者、もたない者）」である。

これらを見ると、同じように移民の背景をもつ者であっても、外国籍のままの者と、帰化してドイツ国籍を取得した者に分類することができる。また自らがドイツに移住してきた第一世代と、ドイツで生まれ育った第二世代、第三世代とでは、文化的背景、受けてきた教育等は同じではない。

ドイツ国籍を取得した者に関して言えば、帰化してドイツ国籍を取得した

表Ⅲ-1-4 移民の背景をもつ者および移民のタイプにもとづく人口構造（2005年）

| 移民の内訳 | 移住してきたかどうか | 親のメルクマール | | ドイツ全体 | | 旧西ドイツ地域 | 旧東ドイツ地域 |
		移住してきたかどうか	国籍	（単位：1,000人）	割合（％）		
移民の背景をもつ者（外国人・ドイツ人）				15,332	18.6	21.5	5.2
外国人				7,321	8.9	10.2	2.7
第一世代	○			5,571	6.8	7.7	2.4
第二世代	×	○		1,643	2.0	2.4	0.3
第三世代	×	×		107	0.1	0.2	—
ドイツ人				8,012	9.7	11.3	2.5
第一世代				4,828	5.9	6.8	1.6
（後期）帰還者	○		ドイツ	1,769	2.1	2.5	0.5
帰化した者	○		非ドイツまたは帰化	3,059	3.7	4.3	1.2
第二世代				3,184	3.9	4.5	0.9
（後期）帰還者	×	○	ドイツ	283	0.3	0.4	0.0
帰化した者	×（自ら帰化）			1,095	1.3	1.6	0.1
	×		少なくとも親の片方が帰化				
出生地主義によるドイツ人	×	○	非ドイツ（両親とも）	278	0.3	0.4	0.1
部分的に移民を背景にもつドイツ人	×		1. 親がドイツ 2. 親が非ドイツ、移住、帰化	1,528	1.9	2.1	0.6
移民の背景をもたない者（ドイツ人）	×	×	ドイツ	67,133	81.4	78.5	94.8
全　人　口				82,465	100.0	100.0	100.0

（注）第一世代は自らが移住してきた者、第二世代は親が移住してきた者、第三世代は祖父母が移住してきた者をいう。
　　○：自らが移住してきた。×：自らは移住してきていない（ドイツ生まれ）。
（出所）Bundesministerium für Bildung und Forschung, *Bildung in Deutschland, Ein indikatorengestützter Bericht mit einer Analyse zu Bildung und Migration*, 2006, S.140.

者のほか、後述するように旧東欧、旧ソ連などからの帰還者が多数存在する。ドイツ国籍を有していない帰還者には、ドイツ国籍が付与される。彼らの場合も、第一世代と第二世代とでは、そのよって立つアイデンティティは様々である。また第二世代の場合、出生地主義（Jus soli）の導入によりドイツ国籍を取得した者もこのなかに含まれる[26]。さらに同じ第二世代でも、両親とも移民、親の片方のみ移民というように、それぞれのケースによって抱えている背景は一様ではない。

このように、ドイツ国籍をもたない者（外国人）は総人口の約8％であるが、国籍はドイツでも、帰化した者や、戦前ドイツ領であった旧東欧、旧ソ連などから帰還した者（Aussiedler）など、様々な移民の背景をもつ者のタイプまで含めると、その割合は約2割近くまで達する大きな層を形成していることが

表Ⅲ-1-5 ドイツの総人口（移民の背景をもつ者、もたない者）(2005年)

単位：1,000人

区分		性別	15歳未満	15-24歳	24-45歳	45-65歳	65歳以上	計	内ドイツ生まれの者	
									数	割合(%)
移民の背景をもたない者		男性	4,131	3,851	9,489	9,028	6,044	32,543	32,543	100.0
		女性	3,944	3,584	9,191	9,260	8,610	34,589	34,589	100.0
		計	8,074	7,435	18,680	18,288	14,654	67,132	67,132	100.0
移民の背景をもつ者		男性	1,759	1,224	2,607	1,628	577	7,795	2,587	33.2
		女性	1,648	1,177	2,487	1,602	624	7,538	2,346	31.1
		計	3,407	2,401	5,094	3,230	1,201	15,333	4,934	32.2
内訳	（後期）帰還者※	男性	407	369	559	453	208	1,995	463	23.2
		女性	369	343	563	486	298	2,058	410	19.9
		計	776	712	1,121	938	505	4,053	872	21.5
	帰化した者	男性	765	346	488	273	120	1,992	1,169	58.7
		女性	749	332	475	272	139	1,967	1,143	58.1
		計	1,514	678	963	545	259	3,959	2,312	58.4
	ドイツに移住したまたはドイツ生まれの外国人	男性	587	510	1,561	901	249	3,809	955	25.1
		女性	529	501	1,449	844	188	3,512	794	22.6
		計	1,116	1,012	3,010	1,746	437	7,321	1,749	23.9
全人口		男性	5,889	5,076	12,097	10,656	6,621	40,339	35,131	87.1
		女性	5,592	4,760	11,678	10,862	9,235	42,127	36,936	87.7
		計	11,481	9,837	23,774	21,518	15,855	82,465	72,066	87.4

※ 1993年1月以降に帰還した者は、後期帰還者（Spätaussiedler）と呼ばれている。
(出所) Deutscher Bundestag, „Siebter Bericht über die Lage der Ausländerinnen und Ausländer in Deutschland", *Drucksache*, 16/7600, 2007, S.154.

第1章　ドイツの外国人問題　479

わかる（移民の背景をもつ者は1,533万2,000人で、全人口の18.6％を占めている）。

(3) 庇護申請者

ドイツの憲法に相当する基本法では、「政治的に迫害された者は、庇護権（Asylrecht）を有する」[27]（第16a条第1項）[28]と規定され、ドイツに対し庇護を求める者をできる限り受け入れる政策が採用されてきた。庇護申請者（Asylbewerber）は、70年代半ばまでは年間1万人を下回っていた（1975年：9,627人）が、旧東欧諸国や旧ソ連の動乱の結果、1989年に12万1,315人、90年には19万3,063人、92年には43万8,191人という具合に、その数は急増した[29]（図Ⅲ-1-3を参照）。庇護申請者のこうした増加を受け、1993年に基本法が改正され、庇護権の保障を大幅に制限する措置がとられることになった[30]。以後、その数は落ち着き、2005年の申請者数は、2万8,914人となっている（最終的に庇護権が認められる者は、庇護申請者のなかの一部にすぎない）[31]。

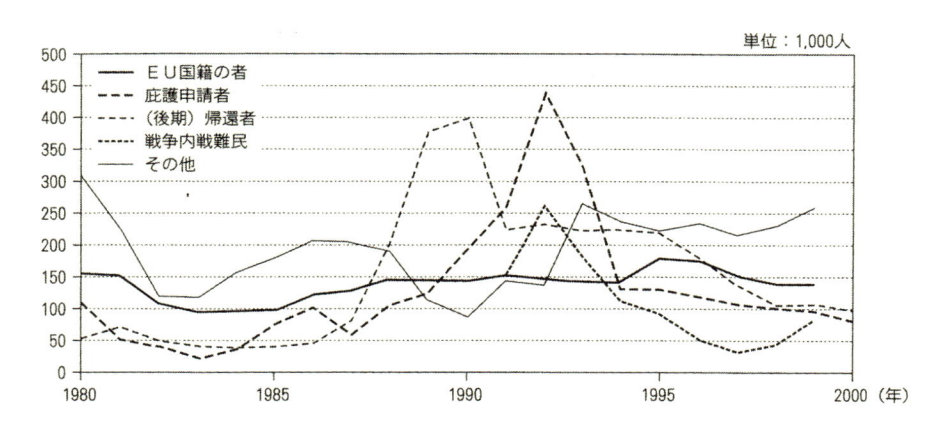

図Ⅲ-1-3　人口グループごとの外国人の流入（1980-2000年）

（注）1990年までは旧西ドイツの数値、1991年以降はドイツ全体。
（出所）Kai S. Cortina, Juergen Baumert, Achim Leschinsky u. a. (Hrsg), *a.a.O.*, S.664.

(4) 様々な難民、不法入国・滞在者等

庇護申請者のほか、いろいろなタイプの難民（Flüchtlinge）が、多数ドイツに

表Ⅲ-1-6　難民のタイプ

種類	2002年1月1日	2003年1月1日	変動
庇護権者	146,000	131,000	−10%
庇護権者の家族	130,000	170,000	+31%
条約難民	69,000	75,000	+9%
分担難民	7,000	6,800	−3%
旧ソ連からのユダヤ人	154,000	173,000	+12%
無国籍外国人	12,000	11,000	−8%
事実上の難民	361,000	415,000	+15%
戦争内戦難民	24,000	0(注)	−100%
庇護申請者	191,000	164,000	−14%
合計	1,094,000	1,145,800	+5%

（注）まだ滞在権を有し、出国していない者等が、約2万人いる。
（出所）Bundesamt für die Anerkennung ausländischer Flüchtlinge, *Wanderungsbewegungen: Migration, Flüchtlinge und Integration*. 1. Aufl, Nürnberg, 2003, S.33.

流入している（**表Ⅲ-1-6**「難民のタイプ」を参照）。その主なタイプとして、まず条約難民（Konventionsfüchtlinge）が挙げられる。これは、「難民の地位に関する条約」（難民条約、1951年）第1条で定義された難民を指す。次に、庇護権者、条約難民として認定されなかった者で、出身国に送還されるとその生命、身体、自由が何らかの脅威にさらされるおそれがある者を、「事実上の難民」（defacto-Flüchtlinge）として、滞在許可を発行する場合がある。そのほか、インドシナ難民などの分担難民（Kontingentflüchtlinge）、主として旧ユーゴスラビア連邦内で起こった内戦に起因する戦争内戦難民（Kriegs-und Bürgerkriegsflüchtlinge）、旧ソ連の崩壊にともなうユダヤ人難民がある。こうした様々な難民に加えて、難民申請却下後に地下に潜伏する不法滞在者、国際機関の保護下にある無国籍者などが存在する[32]。

(5) 旧東欧・旧ソ連からの引揚者等

以上のような人の動きと並行してドイツでは、旧東欧、旧ソ連に居住する旧ドイツ系住民の帰還が大きな問題のひとつとなっている。基本法はドイツ人として、「ドイツ国籍を有する者」のほか、ナチスが領土を拡張する以前

の「1937年12月31日の時点でドイツ国の領域に居住していたドイツ人およびその子孫」もドイツ人であると定めている（第116条第1項）。東プロイセンやシュレージエンなど戦前ドイツ領であった地域に居住していたドイツ人は約1,800万人と言われているが、彼らの多くは、戦後これらの地域から追放され、東西ドイツに帰還した。戦後一段落ついた1950年の時点で、未帰還者は約400万人とされているが[33]、彼らおよび彼らの子孫は、帰還者(Aussiedler)としてドイツに戻ってくることができる[34]。こうした帰還者が社会主義体制の崩壊過程で急増し、年間何十万人という規模でドイツへ流入してきた（前掲図Ⅲ-1-3を参照）。なお、1993年1月以降に帰還した者は、後期帰還者(Spätaussiedler)と呼ばれている[35]。帰還者は、法律上はドイツ人であるが、とくに若い世代の人たちのなかにはドイツ語を解さない者も多数存在し、彼らをドイツ人とみなさない層もドイツの中には少なくない。

　以上、ドイツにおける外国人概念の多様性について、5つのタイプに分類してみた。このほかエスニック・マイノリティという点では、ドイツとデンマークの国境地帯にデンマーク系少数民族が、旧東ドイツのザクセン州にはソルブ語を話すソルブ人がそれぞれ居住している[36]。
　また、ドイツ語で「ユーバージードラー」(Übersiedler)という言葉がある。これは、まだ「ベルリンの壁」があった時代、東ドイツから西ドイツへと合法、非合法を問わず移ってきた「移住者」を指している。戦後40年間、まったく異なった社会システムのなかで生きてきた旧西ドイツと旧東ドイツの人々の間の溝は、いまだ取り払われたとはいえない。こうした状況の中で、とくに旧東ドイツの人々の間に、外国人を敵視する傾向が強まっていることもしばしば指摘される[37]。
　様々な背景のもとで発生している外国人敵視(Ausländerfeindlichkeit)をどう解消するかは、ドイツにおける重要な教育課題となっている。

第3節　EUの移民政策

　ヨーロッパにおいて移民問題は、長い歴史をもっている。しかし20世紀後半に入り、それはとりわけ顕著な形で問題化した。特に1990年代以降、旧ソ連や東欧諸国における社会主義体制の崩壊、バルカン諸国、ユーゴをはじめとする諸国に見られる民族紛争の勃発などを背景に、EU（欧州連合）諸国に移民、難民が多数、殺到した。同時にEU諸国では、すでに1960年代から、労働力不足への対応、少子化、高齢化などの進行とも相まって、数多くの外国人労働者が受け入れられている。こうした人々のなかには、非合法で入国している者も少なくない。

　このように、今日いずれのEU諸国においても多くの移民、難民等を抱えるようになり、各国はその対応にせまられている。そのなかで、ヨーロッパレベルでの共通移民政策の確立が大きな政治課題となっている。

　現状を見ると、2006年1月にEU域内に居住する第三国の国民の数は、1,850万人であった[38]。この数字は、当時のEUの総人口（約4億9,300万人）の3.8％に相当する。国籍で見ると第三国の出身者は、トルコ（230万人）、モロッコ（170万人）、アルバニア（80万人）、アルジェリア（60万人）の順となっている。

　本節においてはまず、これまでのEUレベルでの移民政策の展開を概観する。次に、現在実施されている主な施策の根拠となっている指令等を紹介する。第三に、最近の動向と課題について言及する。

1　移民政策の展開
(1) これまでの移民政策のあゆみ

　ローマ条約が締結された1957年から、現在までのEU（EC）レベルでの移民政策のあゆみを概観すると、大きく3つの時期に区分することができる（第1期：1957〜1990年、第2期：1990〜1999年、第3期：1999年〜現在）[39]。

　欧州経済共同体（EEC）が発足した1957年から1980代までは、構成国間で協調政策がとられた時期であった（第1期）。この時期、共同体は、移民政策の領域では何ら権限を有していなかった。各構成国は、それぞれの事情に対

応した移民政策を採用していた。それらの政策は、個々の事例ごとに各国間で調整された。こうした事情は、不法入国者に対する対応など、一国のレベルを超える問題の解決にあたっても同様であった。

1990年代に入ると、ヨーロッパ各国は、特に増大した庇護申請者など難民の波に直面して、構成国間で共同作業を開始することになった（第2期）。この時期、3つの重要な条約が締結された。①シェンゲン実施協定[40]（1995年発効）、②ダブリン協定[41]（1997年発効）、③マーストリヒト条約（1992年調印、93年発効）である。

マーストリヒト条約ではじめて、移民の問題は「EU共通の利害」として認識されることになった。さらにその後、アムステルダム条約（1997年調印、99年発効）で、EUは「自由、安全、公正」の空間として維持、発展すべきであるとされた。こうして、EU共通の移民政策への取組みが開始されることになった[42]。加盟国に共通する政策の骨格がEUレベルで合意され、それにもとづいて各国は、自国の関連法制を整備するという仕組みが義務づけられることになった。

アムステルダム条約の発効を受けて、1999年10月、加盟国の首脳と欧州委員会委員長で構成される欧州理事会は、フィンランドのタンペレで「タンペレ・アジェンダ」を採択し、EU共通の移民政策は、その新しい第一歩を踏み出した（第3期）。

(2) タンペレ計画とその後の展開

タンペレ欧州理事会の結論文書では、次の3点が確認され、1999年から2004年までの「タンペレ計画」が策定されることになった[43]。

・包括的な概念で移民の波を管理し、人道的及び経済的理由から引き起こされる移民受入れの調整を行う。
・第三国国籍者は、滞在する構成国の国民と比較して、できる限り公正な権利と義務が認められるように扱われなければならない。
・管理にあたり戦略的な鍵となるのは、移民の出身国と共通の政策を構築することを含む各国間のパートナーシップの確立である。

タンペレで確認された以上のような原則は、2004年に策定された「欧州連合における自由、安全及び公正を強化するためのハーグ計画」に引き継がれることになった。同計画は、2005年から2010年におけるEU内の「自由、安全、公正」を促進することを目的としている。

2　移民政策に関わる具体的措置

タンペレ計画で確認された原則にもとづき、合法移民、統合、不法移民に関して、どのような具体的措置がとられたかを欧州委員会のホームページにもとづいてまとめると、次のようになる[44]。

(1) 合法移住者に関して

合法移住者に関連して制定された基本的な指令として、次の4つがある。

①家族の結合

「家族の結合の権利に関する理事会指令」(2003年9月22日)[45]

②合法移民の地位

「長期間滞在する第三国国籍者の地位に関する理事会指令」(2003年11月25日)[46]

③学生

「大学における学習の目的、生徒の交流、無報酬の訓練またはボランティアサービスのための第三国国籍者の許可の条件に関する理事会指令」(2004年12月13日)[47]

④研究者

「科学研究の目的のために第三国国籍者を許可する特別手続に関する理事会指令」(2005年10月12日)[48]

(2) 統合政策に関して

個々の構成国で行われている統合政策に関しては、より大きなレベルでの協調を目指して、以下の文書のなかで共通する基本原則が定められている。

①統合と雇用

「移民、統合及び雇用に関する、委員会から理事会、欧州議会、経済社会評議会及び地域委員会への報告」(2003年6月3日)[49]。

②統合のための各国の連絡機関のネットワーク

「政策決定者及び実務家のための統合に関するハンドブック」の刊行[50]（2004年11月、2007年5月に第2版、2010年4月に第3版を刊行）。

③統合のための共通アジェンダ

「欧州連合における第三国国籍者の統合に関する統合枠組みのための共通アジェンダに関する、委員会から理事会、欧州議会、経済社会評議会及び地域委員会への報告」(2005年9月1日)[51]

(3) 不法移民に関して

不法移民に関しては、①行動計画の作成、②不法移民の送還、③第三国との協力関係、という3つの観点から、次のような具体的措置が講じられた。

①行動計画の作成

「不法移民及び人身売買を阻止するための包括的計画に関する内相及び法相理事会提案」(2002年2月28日)[52]。

②送還

「送還行動計画に関する内相及び法相理事会提案」(2002年11月28日)[53]。

③第三国との協力関係

「移住及び庇護の領域における第三国への財政的及び技術的援助のための計画を確立する規則」(AENEAS) (2004年3月10日)[54]。

3　最近の動向と課題

以上、タンペレ計画で確認された基本方針が、どのようにEUの政策に具体的に位置づけられたかを見た。最後に、欧州委員会で最近採択された提案をいくつか紹介しながら、当面する課題について言及したい。なお、これらの提案は、内相及び法相理事会と欧州議会で審議される。また地域委員会と経済社会評議会の意見も聴取される。

(1) 庇護申請者の保護の促進

　欧州委員会は、2007年6月6日「庇護政策に関する提言の包括的パッケージ」をとりまとめた。これは、「ヨーロッパの庇護制度の将来に関するグリーンペーパー」、「ダブリン制度の評価に関する報告」、「国際的保護を受ける者の適用領域を拡大するための指令の改正案」からなっている[55]。フランコ・フラッティーニ司法・自由・安全担当欧州委員は、その目的を次のように述べている[56]。「EU各国で何度も庇護申請を繰り返す〈庇護ショッピング〉(asylum shopping)を防止し、申請者は域内のどの国でも同じ基準で、審査され保護を受けられるようにする」。

　このように「ヨーロッパ共通庇護制度」(CEAS)に関して、2010年までに共通の最低基準を保障し、加盟国間の法制上の調整をはかっていくことが課題となっている。CEASの基礎となるダブリン制度に関する今回の評価報告書を踏まえ、構成国は、連帯して庇護申請者に対する保護の改善に取り組んでいくことになる。

(2) 人種的偏見及び外国人敵視の除去

　多数の移民、難民の流入を背景に生じる外国人に対する暴行事件などに見られるように、彼らに対する根強い反感がいずれの加盟国においても多かれ少なかれ顕在化している。こうした問題に対応するために、内相及び法相理事会は、2007年4月19日、人種、肌の色、宗教、血統、国籍、民族等を理由とする差別の禁止を内容とした提案(「人種差別及び外国人敵視を除去するための理事会大綱決定に関する提案」)を採択した[57]。

　この提案は、2001年に欧州委員会から閣僚理事会と欧州議会に提出され、6年間にわたる議論を経て、最終的に合意に至ったものである。違反した場合、最高3年の懲役刑を科すことができるなどの規定も盛り込まれている。ドイツ、フランスなど多くのEU諸国ではホロコースト否定を禁ずる法規定が設けられているが、デンマークのように、「表現の自由」の観点からそうした内容の書物の出版を許している国もあり、今後、加盟各国の国内法との調整が行われる。なお、2007年3月に採択された欧州理事会の「ベルリン宣言」

でも、この提案について言及されている[58]。

(3) 単一の労働許可証の発行と高技能者の積極的受入れ

2007年10月23日、欧州委員会は、移民に関係する2つの新たな理事会指令の提案を採択した。ひとつは、「加盟国の領域に滞在し、労働する第三国国籍者の単一許可証のための単一申請手続及び加盟国に合法的に滞在する第三国国籍者の権利のための共通設定に関する理事会指令」[59]であり、もうひとつは、「高度の資格を必要とする業務に従事する第三国国籍者の入国及び滞在の条件に関する理事会指令」[60]である。

前者は、第三国出身の労働者に対し、EU共通の単一な申請手続きを定め、それにもとづく労働許可証を発行するとともに、合法的に滞在している第三国出身の労働者の権利をEU域内で共通のものとするという内容である。後者は、高度の技能をもつ移民を受け入れ、雇用するためのEU共通の枠組みを定めるものである。

これらの提案にあるように、EU共通の単一な労働許可証の発行と、EUの経済的発展に貢献する高度の技能をもつ第三国国籍者の積極的受入れが当面する大きな課題となっている。

以上、最近の3つの動向について紹介した。最後に、欧州委員会がまとめた2007年から2010年までの『移住及び庇護の領域における第三国との協力のテーマとなる問題に関する戦略文書』[61]によれば、これから取り組んでいかなければならない問題領域として次の5つが挙げられている。

① 移民とその発展の間の相互作用の促進
② よく管理された(well-managed)労働移民の促進
③ 不法移民の阻止と合法化された形での再許可の促進
④ 搾取(exploitation)と排除(exclusion)からの移民の保護
⑤ 庇護の促進とその国際的保護

2007年1月から新たにブルガリアとルーマニアを加え、EUは27か国に拡大した。拡大EUが、政治的、経済的、社会的、文化的にどのような発展を

とげていくのか、その過程には解決しなければならない様々な課題が横たわっている。EU の移民政策は、これらすべてに関わって、その発展のひとつの鍵を担っているといっても過言ではないであろう。

注
1 　以下は、第32回日本比較教育学会(1996年)の課題研究「エスニック・マイノリティの教育課題」で筆者が発表した内容である。拙稿「EU統合とヨーロッパ教育の課題」『比較教育学研究』27号，2001，pp. 68-79も参照。
2 　「エスニックとは何か」であるが、類似の概念、たとえば人種、民族(Volk)、あるいは国民(Nation)といった概念と、「エスニック」あるいは「エスニシティ」を次のように使い分ける。「人種」とは、皮膚の色などの身体的特徴によって定義される概念、「民族」とは、言語、文化、歴史などを共有する集団、「国民」とは、ある国家の母体となる人々の統一体、というように考える。したがって多民族国家では、国民は複数の民族から構成されることになる。これに対し、「エスニック」あるいは「エスニシティ」とは、ある国民国家が複数の人種、複数の民族から構成されている場合に、そこにおける主要な民族との関係において、それ以外の人種や民族を指す言葉というように考える。たとえば、日本人という民族は、日本国という国民国家においては国民の主要部分であるが、ブラジルやペルーでは、「エスニック集団」のひとつであり、ひとつの「エスニック・マイノリティ」を形成している。以上、駒井洋「世界を覆うエスニシティと日本―民族間差別の撤廃が緊張を緩和する」『エコノミスト』71(24)，1993. 6. 1, p. 59. による。
3 　これらの課題の詳細については、次章第1節を参照。
4 　梶田孝道『統合と分裂のヨーロッパ：EC・国家・民族』岩波書店，1993.
5 　宮島喬「煽られる不安と求められる理性の政治―外国人問題とヨーロッパデモクラシー」『世界』1992. 9.（とくに p. 78.）を参照。
6 　法務省入国管理局「平成17年末現在における外国人登録者統計について」〈http://www.moj.go.jp/PRESS/060530-1/060530-1.html〉
7 　文部科学省『平成17年度学校基本調査報告書初等中等教育機関，専修学校・各種学校編』2005，pp. 39，103，264.
8 　この点に関して総務省行政評価局は、次のように指摘している。「その正確な数は不明であるが、法務省の在留外国人統計により推計すると、保護者が就学させなければならない学齢児童・生徒の年齢に相当する外国人子女は、近年増加傾向にあり、平成13年末で約10万6,000人となっている。平成13年5月1日現在、義務教育諸学校に在籍している者は約6万8,000人、また、各種学校として認可された外国人学校に在籍している者は約2万6,000人となっていることから、これらの学校

第1章　ドイツの外国人問題　489

に在籍していない学齢相当の外国人子女は、相当数になるとみられる」総務省行政評価局「外国人児童生徒等の教育に関する行政評価・監視結果に基づく通知―公立の義務教育諸学校への受入れ推進を中心として―」平成15年8月〈http://www.soumu.go.jp/s-news/2003/030807_2_01.html〉；宮島喬・太田晴雄編『外国人の子どもと日本の教育』東京大学出版会，2005，pp. 22-23. も参照。

9　米沢広一「外国人の子どもの教育を受ける権利」『憲法と教育15講』北樹出版，2005，pp. 150-162.

10　宮島・太田編前掲書，p. 57.

11　2005年12月31日現在。連邦統計局資料（インターネット版）〈http://www.destatis.de/basis/d/bevoe/bevoetab4.php〉

12　*Europa World Year Book 2006*, London: Europa Publications Ltd, 2005, p.1914.

13　州総人口に占める外国人の割合は、旧西ドイツ各州が10％を超えているのに対し（ただしニーダーザクセン州のみ6.7％）、旧東ドイツ各州では2％台にとどまっている。2005年12月31日現在。連邦統計局資料（インターネット版）〈http://www.statistik-portal.de/Statistik-Portal/de_jb01_jahrtab2.asp〉を参照。なお、ベルリンの外国人人口の割合は13.7％であるが、西ベルリンのミッテ地区では3割近くが外国人である。一方、東ベルリンのトレプトウ・ケーペニック地区では3％強という具合に東西で大きな差が見られる（*Spiegel*, 14/2006, S.34 を参照）。

14　フランクフルト市ホームページを参照。国籍はドイツでも、移民を背景にもつ者を含めるとこの割合はさらに高くなる。〈http://frankfurt.de/sixcms/detail.php?id=3745&_test=2&_myvars[_id_listenartikel]=101894&_test=0〉

15　2005年12月31日現在。連邦統計局資料（インターネット版）〈http://www.destatis.de/download/d/bevoe/auslaender_alter_dauer.xls〉

16　外国人労働者受入れの状況等については、労働政策研究・研修機構編『欧州における外国人労働者受入れ制度と社会統合：独・仏・英・伊・蘭5ヵ国比較調査』労働政策研究・研修機構，2006，pp. 27-28；Rainer Munz（近藤潤三訳）「移民受け入れ国になるドイツ―回顧と展望」『社会科学論集』40・41号，2003，pp. 243-269. などを参照。

17　Bundesamt für Migration und Flüchtlinge, *Migration, Asyl und Integration in Zahlen*, 14. Auflage, S.79.（インターネット版）〈http://www.bamf.de/cln_043/nn_971186/SharedDocs/Anlagen/DE/DasBAMF/Publikationen/broschuere-statistik,templateId=raw,property=publicationFile.pdf/broschuere-statistik.pdf〉

18　*ibid*.

19　連邦統計局資料（インターネット版）〈http://www.destatis.de/themen/d/thm_bildung1.php〉

20　総合制学校には、統合型総合制学校と協力型総合制学校の2種類がある。両者の

相違については、序論注7を参照。
21　自由ヴァルドルフ学校は、初等段階と中等段階を一貫した私立学校で、人智学者ルドルフ・シュタイナー（1861-1925）の教育理念にもとづいた独自の教育が行われていることで知られている。
22　これら職業教育学校の詳細は、拙訳「職業教育学校制度」クリストフ・フュール（天野正治ほか訳）『ドイツの学校と大学』玉川大学出版部，1996，pp. 172-194. を参照。
23　以下の分類については次の図書を参照。Kai S. Cortina, Juergen Baumert, Achim Leschinsky u. a. (Hrsg), *Das Bildungswesen in der Bundesrepublik Deutschland : Strukturen und Entwicklungen im Überblick.*: 2Aufl. ROWOHLT, 2005, S.662.
24　この件で欧州裁判所は、次のような判決を下している（1985年2月13日の「Gravier判決」を参照（*Rechtsache* 293/83, Sammlung 1985, 606, Rdnr）。①職業訓練機関への受け入れに際して、自国民には課せられていない入学金、授業料等を自国以外のEC構成国の国民から徴収することは、ローマ条約第7条で禁止された「国籍による差別」に相当する。②ローマ条約第128条にいう職業訓練の概念には、将来的に一定の職業に従事するのに必要な資格の取得のために行われる準備教育も含まれる。その意味で、大学における教育も職業訓練とみなすことができる。詳細は、拙稿「ドイツにおけるEC外国人学生をめぐる諸問題」平成3・4年度文部省科学研究費補助金研究成果報告書『留学生受入れのシステム及びアフターケアに関する総合的比較研究』研究代表者：江淵一公，1993, pp. 156-160を参照。
25　「マーストリヒト条約」第126条（「アムステルダム条約」第149条）では、EUの活動の目的のひとつとして、「ヨーロッパ次元」の教育を発展させることが挙げられている（前掲表Ⅱ-1-2を参照）。第Ⅱ部第3章第1節2(2)(ii)の「ボローニャ宣言」の⑥も参照。
26　ドイツでは、国籍保持者の子どもに国籍が付与される血統主義が採用されていたが、1999年に国籍法が改正され、2000年から出生地主義の条項が取り入れられた。その主な内容は、両親が外国人でも、どちらかがドイツ国内に8年以上合法に滞在していれば、国内で生まれた子どもに対し自動的にドイツ国籍が与えられ、23歳までは二重国籍を認める（23歳になった時点でどちらの国籍を選択するか、本人が決定する）という内容になっている。福田善彦「ドイツの国籍法改正と二重国籍問題」『神奈川大学国際経営論集』21号，2001.3，pp. 175-201.
27　以下、ドイツ連邦共和国基本法の翻訳は、高田敏・初宿正典編訳『ドイツ憲法集（第4版）』信山社出版，2005を利用した（一部改変した箇所もある）。
28　1993年の改正以前は、第16条第2項第2文。
29　Bundesamt für Migration und Flüchtlinge, *a.a.O.*, S.21.
30　1993年6月の基本法改正で、「欧州共同体を構成する国家から入国する者、または難民（Flüchtlinge）の法的地位に関する協定ならびに人権および基本的自由の保護

に関する条約の適用が保障されているその他第三国から入国する者は、第1項を援用することができない」という条文が加えられた（第16a条第2項）。これにより、「安全な第三国」とみなされる欧州連合加盟国や「難民条約」、「ヨーロッパ人権条約」の適用が保障されている他の欧州諸国を経由してドイツに来た者の庇護請求権は認められないことになった。広渡清吾『統一ドイツの法変動：統一の一つの決算』有信堂高文社，1996, pp. 236-251. を参照。

31　前掲注29と同じ。
32　昔農英明「現代ドイツの難民政策に関する政治社会学的考察への序論―1993年の基本法庇護権改正以降を中心に」『法学政治学論究』68号, 2006春季, pp. 198-199. このほか第1節に記したように、外国人もEU内を容易に移動することができるので、比較的警備が手薄な国から不法入国し、EU諸国に居住する「不法入国・滞在者」の存在も無視することができない。
33　戸田典子「西ドイツの外国人・移住者・越境者」『レファレンス』468号, 1990.1, pp. 112-119. を参照。
34　帰還者とは、「ドイツ国籍を有している者またはドイツ民族に属する者として、一般的な追放措置の終了後において、現在外国の行政機関のもとにある、ドイツ東部地域、ダンツィヒ、エストニア、リトアニア、旧ソ連、ポーランド、チェコスロバキア、ハンガリー、ルーマニア、ブルガリア、ユーゴスラビア、アルバニアなどの地域に、1945年5月8日以前に住所を有しており、この地域を退去したか、または退去する者」をいう（「被追放者及び難民に係る事務に関する法律」（BVFG）第1条第2項第3号）。広渡前掲書, p. 226. を参照。第2章注23も参照。
35　1993年1月1日以降の帰還者（後期帰還者）には、ドイツ民族に属する者の認定要件がより厳密に規定されることになった（BVFG第4条）。広渡前掲書, pp. 231-233. を参照。後期帰還者の数は、2001年に9万8,484人、2005年は3万5,522人であった（Bundesamt für Migration und Flüchtlinge, *a.a.O.*, S.65.）。
36　マイノリティ・ライツ・グループ編（マイノリティ事典翻訳委員会訳）『世界のマイノリティ事典』明石書店, 1996, pp. 227-228, 357-360.
37　第Ⅰ部第5章第3節4「外国人敵視」を参照。
38　以下のデータは、2007年9月に発表された欧州委員会の「移民及び統合に関する第三回年次報告書」（COM (2007) 512 final）に拠る。
39　Petra Bendel, *Geschichte der europäischen Migrationspolitik bis heute.* 〈http://www.bpb.de/themen/OQUHFC,0,0,Wann_war_das.html〉
40　1985年にシェンゲン実施協定が調印された当初の参加国は、フランス、ドイツ、オランダ、ベルギー、ルクセンブルクの5か国であった。その後、イギリスとアイルランドを除くEU諸国がこの協定に加盟している。なお、EU非加盟国であるノルウェー、アイスランド、スイスもこの協定に加わっている。この協定により伝

統的に国家主権の対象であるとされてきた国境管理が、EUといういわば超国家に委譲され、実施する体制がとられることになる。加藤眞吾「人の自由移動政策」『拡大EU：機構・政策・課題： 総合調査報告書』国立国会図書館調査及び立法考査局, 2007, p. 131. を参照。

41　ダブリン協定は、共同体の1つの構成国において行われた庇護申請の審査をする権限国の確定に関する協定である。1990年6月15日に当時のすべての加盟国が署名し、1997年9月1日から発効した。広渡清吾「第11章 国際移住の法システムと法政策」『法の再構築II』東京大学出版会，2007，p. 277. を参照。

42　ただし、EUの内相及び法相理事会は、2002年10月、結論文書（Schlussfolgerung）(14702/02）のなかで移民統合政策の主要権限は各構成国にあることを確認している（補完性の原理）。

43　„Auf dem Weg zu einer gemeinsamen Einwanderungspolitik der EU" 〈http://ec.europa.eu/justice_home/fsj/immigration/fsj_immigration_intro_de.htm〉

44　前掲注43の資料を参照。なお、以下の指令では、それにもとづく国内法の整備について、その期限が設けられた。

45　Council Directive 2003/86/EC of 22 September 2003 on the right to family reunification.

46　Council Directive 2003/109/EC of 25 November 2003 concerning the status of third-country nationals who are long-term residents. この指令は、少なくとも5年以上構成国の領域に合法的に長期間滞在する権利を保障された者の地位について規定している。

47　Council Directive 2004/114/EC of 13 December 2004 on the conditions of admission of third-country nationals for the purposes of studies, pupil exchange, unremunerated training or voluntary service. この指令は、合法移住者について、大学入学に関わる要件、大学での学習、生徒間の交流、報酬をともなわない職業訓練、ボランティア活動などを規定している。

48　Council Directive 2005/71/EC of 12 October 2005 on a specific procedure for admitting third-country nationals for the purposes of scientific research. この指令では、学術研究を目的とする合法移住者の特別入国許可について規定されている。

49　Communication from the Commission to the Council, the European Parliament, the European Economic and Social Committee and the Committee of the regions on immigration, integration and employment, COM (2003) 336. この報告は、移住労働者の統合努力の強化を要請する戦略文書である。

50　統合の強化のために、定期的に、連絡機関で、それぞれ採用された方法について議論し、意見の交換をする各国間のネットワークが設立されることになった。その際、このハンドブックにより情報の交換をする。このハンドブックには、すべての領域における移民の統合に関する情報が盛り込まれる。*Handbook on Integration on policy-makers and practitioners* 〈http://ec.europa.eu/justice_home/doc_centre/immigration/

integration/doc/handbook_en.pdf〉

51 Communication from the Commission to the Council, the European Parliament, the European Economic and Social Committee and the Committee of the regions, A Common Agenda for Integration Framework for the Integration of Third-Country Nationals in the European Union, COM (2005) 389. なお、このあと2007年6月に「多様性の中の統一によるEUにおける統合政策の強化に関する理事会結論」(Council conclusions on the strengthening of integration policies in the EU by promoting unity in diversity) が策定された。また2007年9月には、前掲注38に記した「移民及び統合に関する第三回年次報告書」が、欧州委員会によりまとめられている。このなかで、各国レベルおよびヨーロッパレベルでどのような受入れと統合に関する措置がとられたかが分析されている。

52 Proposal for a comprehensive plan to combat illegal immigration and trafficking of human beings in the European Union, *Official Journal*, C 142 of 14.06.2002. なお、2006年7月、欧州委員会は、「第三国の不法移民を取り締まるための優先する政策に関する報告文書」(COM (2006) 402) を採択している。

53 なお、このあと2005年9月、第三国の不法滞在者を送還するための共通基準である「国境、ビザ、庇護及び移住の領域における行政の協力のための行動計画に関する理事会決定」で、新しい行動計画 (ARGO計画) が策定された。

54 Regulation establishing a programme for financial and technical assistance to third countries in the area of migration and asylum (AENEAS). 2004年から2008年で総額2億5,000万ユーロ (約410億円) がAENEASに支出される。これと合わせて「送還協定」が、香港、マカオ、スリランカ、アルバニアの各国とEUとの間で締結されている。他の国とも交渉中である。

55 Green Paper on the future Common European Asylum System (COM (2007) 301); Report from the Commission to the European Parliament and the Council on the evaluation of the Dublin system (COM (2007) 299); Proposal for a Council Directive amending Directive 2003/109/EC to extend its scope to beneficiaries of international protection (COM (2007) 298)

56 *Designing the future Common European Asylum System–increasing efficiency, protection, solidarity and facilitating integration* 〈http://europa.eu/rapid/pressReleasesAction.do?reference=IP/07/768&format=HTML&age〉

57 Proposal for a Council Framework Decision on combating racism and xenophobia (COM (2001) 664 final)

58 2007年3月25日にベルリンで採択されたローマ条約調印50周年を記念する宣言。

59 Proposal for a Council Directive on a single application procedure for a single permit for third-country nationals to reside and work in the territory of a Member State and on a common set of rights for third-country workers legally residing in a Member State (COM (2007) 638 final)

60 Proposal for a Council Directive on the conditions of entry and residence of third-country

nationals for the purposes of highly qualified employment (COM (2007) 637 final)
61 *Strategy Paper for the Thematic Programme of Cooperation with Third Countries in the Areas of Migration and Asylum 2007- 2010*, pp.4-5. COM (2006) 26 final を参照。

第2章　外国人問題と教育の課題

　本章では、前章を踏まえてドイツの外国人子女教育をめぐる諸課題について検討する。

　第1節で教育の視点から見た外国人問題の課題を取り上げる。その際、わが国の状況と対比しながらドイツの特色を浮かび上がらせる。

　第2節では、移民の背景の有無など、生徒の属性によりどのような格差が生じているのか、格差と公正の視点からの課題を取り上げる。合わせて三分岐型学校制度のなかでドイツの社会構造（親の学歴、親の収入、移民の背景の有無など）が、子どもの教育状況に色濃く反映されている実態を見ていく。

第1節　教育の視点から見た課題

　わが国においては、外国人子女は、親のどちらかが日本国籍をもつ場合や帰化の意思が明らかな場合には、就学義務が課せられる。しかし両親とも日本国籍がない場合は、権利だけが保障される。外国人子女の取扱いについては、内外人平等の原則に立ち、日本人児童・生徒と同様に取り扱うものとされている（例：授業料、教科書の無償給付、上級学校への入学資格、就学援助、災害共済給付、育英奨学など）[1]。

　ドイツでは、ドイツに居住する外国人も就学義務が課せられる。ただし、国際法上の原則あるいは国家間の取り決めにもとづき就学義務を免除されることもある（外交官の子女など）[2]。

　以下、5つの問題（1. 言語教育、2. 宗教の自由と宗教教育、3. 外国人教員の公立

学校への任用、4. 外国人学校の法的位置付け、5. 資格の相互認定）について、わが国の課題を念頭に置きつつ、日独比較の視点からドイツの外国人子女教育の問題点を、主として法制面から見ていく。そのあと、ドイツの外国人子女教育の特色についてまとめてみる。

1　外国人子女教育の問題点
(1) 言語教育をめぐる問題

　わが国では、2005（平成17）年9月1日現在、公立の小学校、中学校、高等学校、盲・聾・養護学校等に在籍する日本語指導が必要な外国人児童生徒は、2万692人と前年（平成16年）より1,014人（5.2％）増加し、調査開始以来最も多い数となった[3]。学校現場ではこうした「教室の国際化」にともなう外国人児童・生徒に対する日本語指導が大きな課題になっており、文部科学省は1992（平成4）年度から、必要とする生徒が5人以上在学する学校に日本語指導の教員を配置している。また1993（平成5）年度からは、外国語がわかるボランティアを学校に派遣し、教師を助けるなどの対策をとっている。しかし多くの学校は、指導体制など不十分な状態で、対応に苦慮している。

　ドイツでは、言語教育に関して「ベルリンモデル」と「バイエルンモデル」と呼ばれる2つの方式が、教育政策の原理ないしは方向性を示す代表的なタイプとされている[4]。

　簡単に言うと、ベルリンモデルは「統合型」ということができる。ドイツ語を母語とする生徒と母語としない生徒を一緒に、統合して教育するやり方である。バイエルンモデルは、両者を基本的に分離して教育する方式である。

　ベルリンモデルでは、ドイツ人生徒と外国人生徒は、両者が共通に学ぶ通常学級（Regelklasse）で授業を受ける[5]。ドイツ語の知識に乏しい生徒は、あらかじめ準備学級（Vorbereitungsklasse）で学び、その上で通常学級に移行する。あるいは、通常学級と並行して促進授業（Förderunterricht）の時間が設けられる。また通常学級における外国人生徒の割合にも一定の枠を設け、第1学年から7学年までは、その割合は30％を超えてはならないとしている。ただし多数の者がドイツ語に苦労していない場合、その割合は50％まで高めることが

できる。こうした割合を設けているのは、特定の学校に、外国人が集中するのを避けるためである。それができない場合、「外国人のための通常学級」（Ausländer- Regelklasse）を設置するが、授業は、すべて「通常学級」に適用されているのと同じカリキュラムにしたがって行われる[6]。

　バイエルンモデルでは、基本的に外国人は本国に帰ることを念頭に置いたいわゆる「ローテーション原則」に依拠している。外国人労働者はあくまでもゲストワーカー（Gastarbeiter）であり、一時的労働力としてローテーションが終われば帰国するという考え方である。したがってバイエルンモデルでは、ドイツ語を母語としない生徒は基本的に彼らだけのクラスで教育を受ける[7]。このクラスでは、第一言語はあくまで彼らの母語であり、第二言語がドイツ語となっている。要するに、彼らが一定のドイツ語の水準に達するまで、クラスを別にして教育する[8]。

　これら2つのタイプに対しては、それぞれ次のような問題点が指摘されている[9]。

　まずベルリンモデルでは、外国人子女のドイツの学校制度への速やかな編入が目論まれているが、これはドイツ側からの一方的な統合であり、同化政策である。外国人の母語や文化に対する考慮が払われていない。通常学級でドイツ語により教育することを外国人生徒にも義務付け、強制している。外国人生徒には母語で授業を受ける権利があるはずだが、その選択権を外国人の親や生徒に認めていない。国家はその権利を侵害している。

　他方、バイエルンモデルに対しては、ドイツ人生徒と外国人生徒が分離されることで、両者のコミュニケーションがなくなるという問題がある。また外国人生徒たちから、ドイツ語を積極的に学習しようという意欲を遠ざける。外国人のクラスから通常のクラスへの移行は、条件が厳しく、結果的にそれは外国人の孤立化をもたらす。また外国人のクラスでは、通常のクラスで得られる修了証等を取得できないので、上級学校等への進学の道が閉ざされる、等々の批判が挙げられている。

(2) 宗教の自由と宗教教育をめぐる問題

わが国では憲法および教育基本法で、宗教教育や宗教活動には厳しい制約が加えられている。戦前は「国家神道」による教育が行われてきた。戦後は、憲法第20条第3項で「国及びその機関は、宗教教育その他いかなる宗教活動もしてはならない」と規定し、これを受けて教育基本法では、公立学校において「特定の宗教のための宗教教育その他宗教的活動」を行うことを禁止している（第15条第2項）。

ドイツでは、教育権者（親）に宗教教育を選択する自由、さらには宗教教育を拒むことができる権利を保障した上で、公立学校における宗教教育を義務付けている[10]。宗教の授業は公立学校における必修教科とされ、通常プロテスタントとカトリックに分けて行われている。ただし無宗教その他の理由がある場合、親の意思で宗教教育を拒むこともできる仕組みになっている（そうした生徒に対しては、宗教の時間のかわりに倫理の授業を受けさせるというシステムが採用されている）[11]。イスラム関係者からは、イスラム教を信仰する生徒に対してもキリスト教同様、イスラム教も公立学校の正規の教科として設定すべきであると主張されている。しかし多くの州では、基本法第7条第3項にいう「正規の授業科目」ではなく、母語の補完授業のなかに「宗教の知識」（Religionskunde）を組み入れるという形でイスラム教について教えられている[12]。

また、イスラム教徒が着用するヒジャーブ（スカーフ）を、伝統的な流儀にしたがってイスラム系の教員や生徒が学校で着用することがしばしば問題となっている。イスラム教徒にとっては、これはまさしく信教の自由に関わる問題であり、これを禁ずることは表現の自由を侵害することにもなる。他方、学校当局の立場からすれば、その行動が学校の正常な運営の妨げとなる場合には、これを見すごすわけにはいかない。この問題では、基本法に定められた「信仰の自由」、「宗教的活動の保障」、「親の教育権」、「国の教育任務」が論点となっている[13]。

スカーフ問題について、2003年9月、連邦憲法裁判所は、アフガニスタン出身の女性（ドイツに帰化）が、試補勤務（Vorbereitungsdienst）中に教室でスカーフを着用し、その結果、教員として採用されなかった件について、彼女の憲

法異議を認容する判決を下している(彼女は教員として採用されなかった件を不服とし、行政裁判所に訴えたが却下され、憲法裁判所に憲法異議を申し立てていた)[14]。連邦憲法裁判所は、憲法異議の対象とされた行政裁判所の判決は、「信仰の自由の不可侵」、「妨げられることなく宗教的活動を行うことの保障」、「公職への就任にあたり、宗教上の信仰により不利益を受けない」という基本法の原則に照らし合わせて、「その適性・資格および専門的能力に応じて、等しく各公職に就くことができる」と基本法が定めた彼女の基本権を侵害しているとした[15]。

これと合わせて連邦憲法裁判所は、公立学校における宗教的衣装の着用については、宗教的多元主義の視点から、立法者が適切な法令を定めることが必要であり、このような法的基礎なしに行われた行政決定は無効であるとされた[16]。

この判決を受けて、当該事件の当事者であるバーデン・ヴュルテンベルク州は、2004年4月に州学校法を改正し、次のような条文を設けた[17]。「公立学校の教員は、学校において、生徒および親に対する国の中立性または政治的、宗教的もしくは世界観的学校の自由を脅かすかまたは損なうような政治的、宗教的、世界観的または同様の外的表明を行ってはならない。とりわけ教員が、生徒または親に、人間の尊厳、基本法第3条にもとづく男女同権、自由な基本権または自由で民主主義的な基本秩序に反するような印象を引き起こすような外的行動をとることは許されない」(第38条第2項)。こうして同州では、スカーフ着用を認めるか否かの判断は、この法律に照らして判断されることになった[18]。

なお、2006年7月7日、同州シュトゥットガルトの行政裁判所は、州学校法のこの条文の合法性に対して異議は唱えなかったが、スカーフを着けて学校勤務することを求めたイスラム教の女性の訴えを認める判決を下している[19]。

以上、宗教問題を例に取り上げたが、このような個人のアイデンティティに関わる問題がつねに存在している。

図Ⅲ-2-1は、「外国人はドイツ人の生活スタイルに合わせるべきである」という主張に対する賛否について、1996年と2000年に行われた調査結果を、

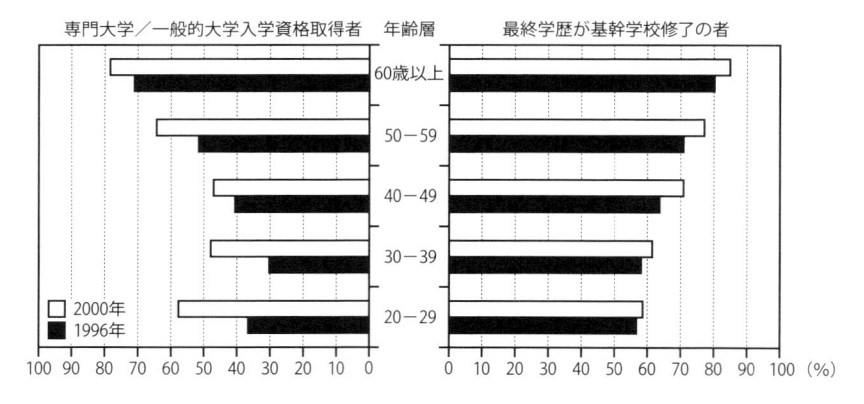

図Ⅲ-2-1 「外国人はドイツ人の生活スタイルに合わせるべきである」という主張に対する賛否（1996年，2000年）

(出所) Kai S. Cortina, Juergen Baumert, Achim Leschinsky u. a. (Hrsg), *Das Bildungswesen in der Bundesrepublik Deutschland : Strukturen und Entwicklungen im Überblick*, 2.Aufl. ROWOHLT, 2005, S.43.

年齢段階別、学歴別にまとめたものである。これを見ると「外国人はドイツ人の生活スタイルに合わせるべきである」と主張する者が、年齢段階、学歴を問わず、いずれも増加していることがわかる。とくに大学入学資格をもつ若い層（20-29歳）で、1996年には40％以下であったその割合が、2000年には60％近くまで上昇していることが目につく。30-39歳の年齢層でも、約30％であったその割合が、約半数に達するなど同様の傾向を示している。全般的に、学歴で言うと基幹学校修了証のみで終わった者、また年齢層が高くなるほど、外国人の同化を主張する者の割合が高くなっている。

(3) 外国人教員の任用問題

明治時代、「御雇教師」と呼ばれた外国人教員が、わが国の教育の発展に多大の貢献をしたことはよく知られている。しかしその後、外国人を国・公立の教育機関の正規の教員として任用することは、制度上認められてこなかった。その理由として政府は「公権力の行使又は国家意思の形成への参画に携わる公務員となるためには日本国籍を必要とする」という「公務員に関する当然の法理」を挙げてきた[20]。それに対し教育研究の進展や学術の国際

交流の推進などの観点から、大学教員については1982（昭和57）年に「国立又は公立の大学における外国人教員の任用等に関する特別措置法」が制定され、外国人の教授等への任用が可能となった。国公立の小中高などの教員については、教諭としてではなく「常勤講師」として任用されている[21]。

ドイツでは、公務に従事する者について、官吏（Beamte）、職員（Angestellte）、労働者（Arbeiter）という3種類の区分を設けている。職員、労働者は、私法上の労働協約（Tarifvertrag）により雇用され、団体交渉権、争議権、団結権を有し、ストライキなども認められている。これに対し、官吏には団結権しか与えられていない。連邦官吏法によれば、外国人は官吏としての採用を請求する権利を有していない（ただし、「EU外国人」は官吏に任用されることができる）[22]。したがって「官吏関係」に任命されることができるのは、「基本法第116条に言うドイツ人」[23]または「欧州共同体の他の加盟国の国籍をもつ者」に限定されている（連邦官吏法第7条第1項）。また基本法では、ドイツ人のみが、「その適性・資格および専門的能力に応じて、等しく各公職に就くことができる」としている（第33条第2項）。しかし、官吏以外の公務の従事者（職員、労働者）には、ドイツ国籍の有無は問われない[24]。

教員の身分は、基本的に官吏とされている。したがって外国籍の者を教員として採用する場合は、職員の身分でこれを行っている。職員としての採用であるが、その処遇にあたっては、給与面など、官吏のそれと差が出ないような調整が行われている[25]。なお、大学教授に関しては、外国人を官吏の身分で任用することが可能となっている[26]。

(4) 外国人学校の法的位置付け

わが国における外国人学校の法的位置付けを見ると、無認可の教育機関として運営されているものも少なくないが、多くの場合は、都道府県知事によって認可を受ける各種学校というカテゴリーに入れられている。いずれにせよ、学校教育法第1条にいう「1条校」でないと言う理由で、私学助成の対象となっていない[27]。

ドイツでは、私立学校は大きく2種類に区分される。ひとつは代替学校

（Ersatzschule）と呼ばれているカテゴリーである。これは、公立学校の代替をする学校という意味で、州の認可を必要とし、州法にしたがい、教育理念、教育目標など、公立学校にない特色をもった学校であることが求められる。シュタイナー学校などの私立学校がこのタイプに属している。代替学校は、その教育に関し、公立学校の場合と同様、学校監督庁の監督を受ける。このタイプの学校に対しては、必要な経費について、州から財政援助が行われている[28]。

　もうひとつは、補完学校（Ergänzungsschule）と呼ばれるタイプである。補完学校は、代替学校と異なり州の認可を必要としない。教育内容などの制約も受けない。届け出により設立することができる。ただし、施設、建物の衛生上の観点、刑法上の観点から公共の安寧秩序が脅かされる場合には、学校監督庁によって業務の停止命令が出される。しかし、カリキュラム面、教員の資格面などで、学校監督庁の監督を受けない。補完学校に対しては、州や市町村からの財政援助は基本的に行われない[29]。

　ドイツにある日本人学校などは、基本的には補完学校の扱いを受けている[30]。国際バカロレア（International Baccalaureate）[31]を取得できるインターナショナルスクールも、多くの場合、補完学校に位置づけられている。しかし一部、代替学校としての地位を有している学校もある。たとえば、ミュンヒェンのインターナショナルスクールは、義務教育段階である初等段階と中等段階Ⅰ（前期中等教育）は代替学校として認可されているが、中等段階Ⅱ（後期中等教育）は補完学校とされている[32]。

　なおドイツ人生徒は、基本的に就学義務を補完学校でみたすことはできない。ただし、例外規定が設けられており、それが認められる場合には、ドイツ人生徒が補完学校であるインターナショナルスクールに通学することも可能となっている[33]。

　そのほか外国人学校として、イスラム系の子どもが通学する「コーラン学校」（Koranschule）が、ドイツ国内に多数存在する。この学校は、コーランの教えにもとづいてイスラム教の教育を行う、イスラム教の団体が経営する教育機関である。コーラン学校に対しては、これがそもそも「学校」という概念

第2章　外国人問題と教育の課題　503

にあてはまる機関であるかが疑問視されている。基本法に謳われた「自由で民主的な基本秩序」を侵害するような教育が、もしそこで行われているとすれば、それはそもそも「学校」と呼ぶに値しない。そうした問題がないならば、補完学校としての取扱いは可能であるとされている[34]。

(5) 資格の相互認定の問題

学校間の教育修了証の相互認定ということで言えば、これまで外国人学校において高等学校に相当する課程を卒業しても、学校教育法の「1条校」でないという理由で、国立大学の受験資格は認められてこなかった。その後、ドイツ人学校、フランス人学校の卒業生には、本国で通用する大学入学資格(アビトゥーア、バカロレア)を取得すれば、大学受験資格が与えられることになった。2003(平成15)年からは、欧米系インターナショナルスクール、中華学校、韓国学校、ブラジル学校などの卒業生にも大学受験資格が付与されている[35]。

ドイツでは、代替学校で取得された資格は、公立学校におけるそれと同等であり、資格の相互認定に関して何ら問題はない。前述のように、フランクフルトやデュッセルドルフの日本人学校など多くの外国人学校は、補完学校と位置付けられている。これらの学校では、カリキュラム、教育内容等について、ドイツの学校監督官庁から何らの制約を受けない。その代わり、これらの学校で取得される資格は、ドイツのそれとして通用しない[36]。ただし国際バカロレアは、ドイツの大学入学資格として認められているので、ドイツにある外国人学校で国際バカロレアを取得した者は、ドイツの大学に入学することが可能となっている。

2　ドイツの外国人子女教育に見られる特色

以上、ドイツの外国人子女教育の問題点について見てきたが、ドイツの特色についてまとめてみると、第一に、外国人子女に対する教育がけっして特別のものでないという点が挙げられるであろう。換言すれば、「ドイツ人子女の教育」と「外国人子女の教育」が、それぞれ別個に存在するのではなく、

相互に交錯し、連続するひとつの教育体系の中に組み入れられているという点である。学校の種類によっては（たとえば基幹学校など）、あるいは都市部などの特定の地域においては（たとえばベルリンのクロイツベルク地区など）、ドイツ人生徒よりも外国人子女の割合の方がずっと高くなっているケースが稀ではない[37]。またこれまで見てきたように、移民の背景をもつ様々なタイプの生徒が存在する。こうした事情もあり、学校現場では、外国人子女教育に関わる種々の問題事例に日々直面している。このような状況を背景に、外国人子女教育に関わる方法論等に関しても、実践を主眼においたシステマティックな体系が、それぞれの場面に応じて考えられている。その成果が必ずしも十分に上がっていないとしても、そうしたシステムが機能的に働くよう、いろいろな角度から数多くの実践研究が行われ、試行錯誤が繰り返されている。

合わせてその実践にあたって、外国人子女教育を一括りにして取り上げるのではなく、それぞれの目的、タイプを想定した教育方法が開発されているという点も、ドイツの特色として挙げられるであろう。そのなかで、外国人子女教育に関わる多種多様な教育メニューが用意され、受講者は、その中からそれぞれのニーズにかなったものを選択することが可能となっている。

また本節では言及できなかったが、学校教育の中だけでなく、学校外の教育機関、たとえば市民大学（Volkshochschule）などの継続教育機関が、学校で行われる教育とはまた異なった視点で、きめ細かな教育を試みている点も、ドイツに見られる特色であると言えよう[38]。

さらに学校と地域社会との連携の中で、関連する諸機関が様々な情報を交換・発信しあいながら、外国人子女の教育を進めているという点も注目してよいであろう。またその過程でインターネットなどの情報機器を利用して、こうした連携が一地域を超えた幅広いネットワークづくりにまで広がっている[39]。

外国人子女教育の概念について言えば、1980年代に入り、外国人の「欠損を埋める」という考え方に立った「外国人・特殊教育学」（Ausländer-Sonderpädagogik）から、「異文化間教育」（interkulturelle Bildung）と呼ばれる名称が一般的になっていった[40]。すなわち、外国人子女のみを対象とした教育ではなく、教育制度

のあらゆる領域の生徒を対象とする多文化共生教育として位置付けられるようになった。90年代に入り頻発した、人種的偏見にもとづく「外国人敵視」と「極右主義」への対応にもせまられ、1996年に、各州文部大臣会議は「学校における異文化間教育」に関する勧告を決議している[41]。

　第Ⅱ部で見てきたように、今やヨーロッパを全体として見ると、これまでの国家の枠組みを超えた「超国家」という、「ポスト国民国家」に向かって大きく動きつつある。EU統合が、ヨーロッパ文化、キリスト教を背景に進行するなかで、EU、国家、地域という3つの帰属集団は、相互排他的になるのではなく、互いに併存することが可能となっている。しかし他方、外国人労働者、移民労働者といった人々は、EUにも、国家にも、地域にも、いずれにも帰属意識をもてないという現実もまた存在する[42]。西欧の価値観で、西欧の価値観を有しない人々にどのように接するのか。たとえばイスラム教の教員が行う教育が、受け入れ国の教育理念、価値観と合致しない場合でも、多文化主義、異文化間教育の理念に立脚するなら、そうしたものも容認しなければならないのか。ドイツの教育は、こうした相克、緊張を孕みつつ、日々展開されているということができよう。

第2節　格差と公正の視点からの課題

　本節では、移民の背景の有無など、生徒の属性によりどのような格差が生じているのか、その実態をデータ等にもとづいて見ていく。合わせて、ドイツの教育制度をめぐる課題について、三分岐型学校制度に焦点をあて、そのなかでドイツの社会構造（親の学歴、親の収入、移民の背景の有無など）が、子どもの教育状況に色濃く反映されている実態を見ていくこととしたい。

1　移民の背景の有無による格差
(1) 外国人生徒とドイツ人生徒の学歴格差

　中等段階における国籍別、学校種類別の生徒数の割合をドイツ人生徒と外国人生徒で比較したのが表Ⅲ-2-1である。これを見ると基幹学校で学ぶ生徒

506　第Ⅲ部　ドイツの外国人問題と教育格差

表Ⅲ-2-1　国籍別、学校種類別の生徒数の割合
（中等段階ⅠおよびⅡ、2005/2006年度、％）

国籍		総合制学校	基幹学校	実科学校	ギムナジウム	自由ヴァルドルフ学校	計
ドイツ人生徒		15.9	14.8	23.5	44.7	1.0	100.0
外国人生徒		17.2	40.5	20.7	21.2	0.3	100.0
内訳	イタリア	14.0	49.0	22.3	14.4	0.3	100.0
	トルコ	19.2	45.4	22.1	13.2	0.1	100.0
	ギリシャ	10.5	42.0	23.6	23.7	0.2	100.0
	スペイン	16.6	26.9	26.2	29.0	1.2	100.0
	ポルトガル	14.7	42.7	23.5	19.0	0.1	100.0
	ロシア	14.8	26.6	15.1	43.0	0.5	100.0

（出所）Deutscher Bundestag, ,,Siebter Bericht über die Lage der Ausländerinnen und Ausländer in Deutschland",
　　　　Drucksache, 16/7600, 2007, S.35.

表Ⅲ-2-2　学校修了者の比較（ドイツ人と外国人、男女別、2005年）

修了証の種類	ドイツ人生徒			外国人生徒		
	合計	男子	女子	合計	男子	女子
修了証未取得	7.2	9.1	5.3	17.5	21.0	13.7
基幹学校修了証	23.2	26.5	19.7	41.7	43.0	40.2
実科学校修了証	42.6	41.3	43.9	31.2	28.0	34.8
専門大学入学資格	1.3	1.2	1.4	1.4	1.3	1.5
一般的大学入学資格	25.7	21.9	29.7	8.2	6.7	9.8

（出所）Deutscher Bundestag, *a.a.O.*, S.36.

の割合はドイツ人では14.8％であるのに対し、外国人生徒では40.5％と大きな開きがある。一方、大学へ進学する生徒が学ぶギムナジウムでは、ドイツ人生徒が44.7％であるのに対し、外国人生徒は21.2％、トルコ人生徒に限って言えば13.2％となっている。このように学校の種類により、ドイツ人生徒と外国人生徒の割合に大きな開きが見られる。

　表Ⅲ-2-2は、ドイツ人生徒と外国人生徒の学校修了者数を比較したものである。外国人生徒の場合、修了証未取得で離学していく者は17.5％（男子21.0％、女子13.7％）であるのに対し、ドイツ人生徒の場合、その割合は7.2％（男子：9.1％，女子：5.3％）である。一方、「一般的大学入学資格」取得者の割合は、ドイツ人生徒では25.7％（男子：21.9％，女子：29.7％）であるが、外国人生徒の場合は8.2％（男子：6.7％，女子：9.8％）にすぎない。

外国人生徒とドイツ人生徒の間に存在するこうした格差は、州によっても相当のばらつきが見られる。たとえばドイツ南部のバーデン・ヴュルテンベルク州では、外国人生徒で大学入学資格を取得する者はわずか3.7％（ドイツ人生徒では23.5％）であるのに対し、ベルリンでは15.0％の外国人生徒が大学入学資格を取得している。ドイツ人生徒の取得率も36.7％と高くなっている[43]。

学校中退者について見ると、義務教育期間を終えても学校修了証を取得できず退学していく生徒は、ドイツ人、外国人とも少なくないが、外国人の場合は、約20％を数えている。図Ⅲ-2-2は、「学校中退者の割合」をドイツ国籍の者とそうでない者に分け、また男女別に1987年から1999年までの推移を比較したものである。国籍で見ると、外国人の場合1987年の時点では、20数％の生徒が学校を卒業できず中退していたが、その後、その割合は少しずつ下がり、99年では20％弱となっている。一方、ドイツ人生徒について見ると学校中退者の割合は、1987年から99年の間にわずかずつ増加している傾向が見られる。男女別でその比率を見ると、女子の中退率の方が男子よりかなり低くなっている。女子が6％前後で推移しているのに対し、男子は87年に9％弱であったのが、99年には12％弱に増加し、女子のほぼ2倍と

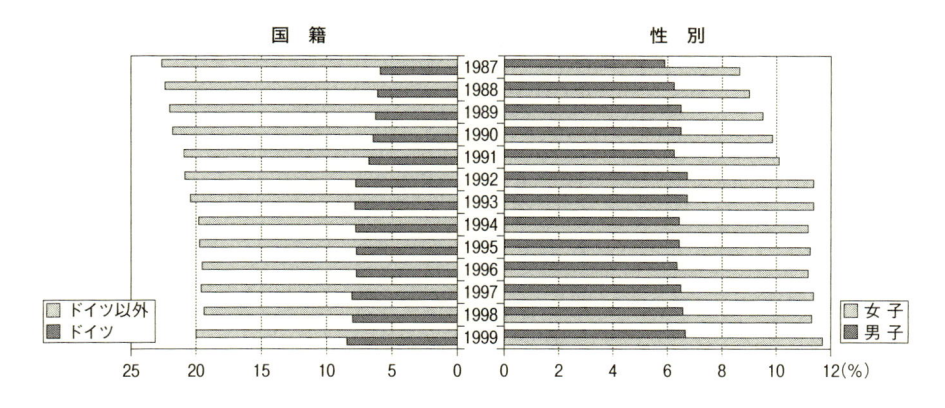

図Ⅲ-2-2　学校中退者の割合（ドイツ国籍・非ドイツ国籍、男女別）

（注）1989年までは、旧西ドイツ。それ以後は全ドイツ。
（出所）Kai S. Cortina, Juergen Baumert, Achim Leschinsky u. a. (Hrsg), *a.a.O.*, S.723.

表Ⅲ-2-3 移民の背景／出身グループごとの中等教育学校就学率（2000年）

移民の背景／出身グループ	基幹学校	実科学校	統合型総合制学校	ギムナジウム
移民の背景をもたない者	16.6	38.6	11.6	33.2
移民の背景をもつ者	31.8	29.7	14.0	24.6
トルコ	48.3	22.1	17.0	12.5
その他旧募集国出身者	30.0	31.4	13.6	25.1
（後期）帰還者（旧ソ連）	38.4	33.6	9.8	18.2
その他の国	20.5	29.3	15.5	34.6

（出所）Bundesministeriums für Bildung und Forschung, *Bildung in Deutschland, Ein indikatorengestützter Bericht mit einer Analyse zu Bildung und Migration*, 2006, S.152.

なっている。

　移民の背景をもつ者ともたない者について比較しても同様の結果となっている。両者の学力面での差異は、生徒が通学する中等教育学校のタイプの分布にも反映している（表Ⅲ-2-3を参照）。移民の背景をもつ者について見ると、基幹学校に通学している者は31.8％であるが、背景にもたない者では、その割合は16.6％である。一方、大学進学コースであるギムナジウムの在籍者は、移民の背景をもつ者24.6％、そうでない者33.2％となっている。さらに移民の背景をもつ者の出身グループ間にも差が見られる。とくにトルコ出身者の場合、基幹学校48.3％、ギムナジウム12.5％となっており、基幹学校通学者の割合がきわめて高い。次に、旧ソ連などからの帰還者のグループも、基幹学校38.4％、ギムナジウム18.2％というように、ギムナジウム進学者の割合は低い。これに対し、同じように移民の背景をもつ者でも、「その他の国」の移民の場合は、基幹学校20.5％、ギムナジウム34.6％という具合に、移民の背景をもたない者とほぼ同様の傾向が示されている。

　同じ傾向は、中等教育学校へ移行時（第5学年、基礎学校入学時からの通算）の振り分け結果と、第9学年での学校種類ごとの在籍率からも見て取ることができる（表Ⅲ-2-4を参照）。たとえば両親ともにドイツ生まれで、移民の背景をもたない生徒の場合、基幹学校に15.1％、ギムナジウムに38.8％が振り分けられている。これに対し、出身国がトルコの場合、基幹学校に振り分けられる生徒が40.6％、ギムナジウムへは19.8％となっている。また後者

表III-2-4　中等段階Iへの移行時（第5学年）の振り分けと第9学年の在籍率（2000年）

親の移民背景	出身国等		振り分け時点の在籍率	第9学年時の在籍率				被験者数（有効回答率(%)）
				HS	RS	IGS	GY	
親の移民背景	両親ともにドイツ生まれ	HS	15.1	12.2	1.7	1.1	0.1	24,744 (93.2)
		RS	36.4	3.7	30.5	1.4	0.7	
		IGS	9.7	0.4	0.9	8.1	0.3	
		GY	38.8	0.3	5.4	1.0	32.1	
		計	100.0	16.6	38.6	11.6	33.2	
	両親のうち少なくとも片方が外国生まれ	HS	27.6	24.2	2.1	1.1	0.2	6,170 (86.4)
		RS	30.5	6.1	22.2	1.6	0.6	
		IGS	11.2	0.5	0.5	9.9	0.2	
		GY	30.7	0.9	4.8	1.4	23.6	
		計	100.0	31.8	29.7	14.0	24.6	
出身国等	トルコ	HS	40.6	37.9	1.2	1.5	0.0	888 (84.7)
		RS	25.3	8.1	15.7	1.0	0.5	
		IGS	14.3	0.8	0.1	13.4	0.0	
		GY	19.8	1.5	5.1	1.1	12.1	
		計	100.0	48.3	22.1	17.0	12.5	
	その他旧募集国	HS	25.0	22.4	1.9	0.6	0.1	1,525 (89.7)
		RS	33.1	6.1	24.5	1.8	0.7	
		IGS	11.4	0.7	0.4	10.0	0.3	
		GY	30.4	0.7	4.5	1.2	24.0	
		計	100.0	30.0	31.4	13.6	25.1	
	（後期）帰還者	HS	34.9	30.5	3.1	1.1	0.3	1,160 (83.0)
		RS	35.8	6.7	27.0	1.3	0.8	
		IGS	7.1	0.3	0.9	5.8	0.1	
		GY	22.2	0.9	2.6	1.6	17.1	
		計	100.0	38.4	33.6	9.8	18.2	
	その他の国	HS	18.2	14.7	1.9	1.2	0.4	1,756 (86.8)
		RS	27.4	4.7	20.4	1.9	0.5	
		IGS	12.3	0.4	0.6	10.9	0.4	
		GY	42.1	0.7	6.4	1.6	33.3	
		計	100.0	20.5	29.3	15.5	34.6	

（注）HS：基幹学校、RS：実科学校、IGS：統合型総合制学校、GY：ギムナジウム
（出所）Bundesministerium für Bildung und Forschung. a.a.O., S.296.

の場合、第5学年で約20％あったギムナジウム在籍者も、第9学年になると12％まで落ち込んでいる。このようにギムナジウムに進学しても約8％の者は、基幹学校、実科学校等に学校種類の変更を余儀なくされている。さらにトルコ出身者の場合、第5学年でいったん基幹学校に振り分けられると、ほとんどそのまま基幹学校にとどまり、第9学年でギムナジウムに学校種類を変更している生徒は0％となっている。同じような傾向は、トルコ以外のか

表Ⅲ-2-5　就業状況の比較──移民の背景をもつ者ともたない者（2005年）

(%)

		就業可能な者	実際に就業している者	就業可能な状態にあるが就業していない者
移民の背景をもたない者	男	81.0	73.0	9.8
	女	68.9	62.2	9.8
	小計	75.0	67.6	9.8
移民の背景をもつ者	男	78.2	63.6	18.6
	女	58.1	48.2	17.2
	小計	68.3	56.0	18.0

（出所）Deutscher Bundestag, *a.a.O.*, S.48.

つての募集国、旧ソ連などからの帰還者のグループにも見られるが、移民の背景をもたない者との差異は、トルコ出身者ほどではない。

「移民の背景をもつ者」と「移民の背景をもたない者」とで、就業にあたりどのような相違があるかを見たのが**表Ⅲ-2-5**である。このように、15歳から65歳人口の「移民の背景をもつ者」では68.3％が就業可能であるが、実際の就業者は56.0％、就業が可能でありながら就業できないでいる者の割合は18.0％にのぼっている。「移民の背景をもたない者」では67.6％が実際に就業し、就業できない者は9.8％で、両者の間には10ポイントの差が見られる。

以上をまとめると、①移民家庭の子どもは全般的に学力面で劣っている。とくに第一世代よりも、ドイツで生まれ育った第二世代の生徒の学力が低い（後掲表Ⅲ-2-7を参照）。②移民家庭の子どもが通学する学校タイプとしては基幹学校が多く、ギムナジウムは少ない。その結果、移民の背景をもつ子どもの場合、大学入学資格を取得する者の割合も低い。③基幹学校修了資格など学校修了証を何ら取得することなく退学していく生徒は、移民家庭に多い。男子と女子を比較すると、男子の成績が悪い。

(2) 国際学力調査にみる生徒の学力

次に、「移民の背景をもつ者」と「移民の背景をもたない者」との間の差異を国際学力調査の結果から見ていこう。ドイツでは2000年に行われたOECD（経済協力開発機構）の「生徒の学習到達度調査」(PISA, Programme for International

Student Assessment) で、OECD 諸国の平均を下回り、国民に大きな衝撃を与えた（「PISA ショック」と言われている）。この2000年の調査でドイツは、参加32か国中、読解力が21位、数学的リテラシーと科学的リテラシーで20位であった。その後、2003年、2006年の調査では、この状況は少しずつ改善されつつある[44]。しかし、移民の背景をもつ生徒については、平均点が軒並み低い結果が出ている。

図Ⅲ-2-3は、「読解力」について、移民の割合が多い他のOECD諸国とドイツとを比較したものである（2003年調査）。これを見ると、ここに掲げられた国のなかで、ドイツの点数が一番低くランクされている。移民の背景をもたない生徒の場合、大多数が基礎レベル以上の成績（段階2以上）を獲得しているのに対し、移民の背景をもつ生徒の場合、半数近くは段階1以下の成績となっている。他の国では、滞在期間が長くなるほど成績が改善されるのに対し、ドイツの場合は、移民の第二世代の40％以上が「段階2」に達していないなど、逆に悪くなっていることが目につく。ドイツ以外の国では、一般

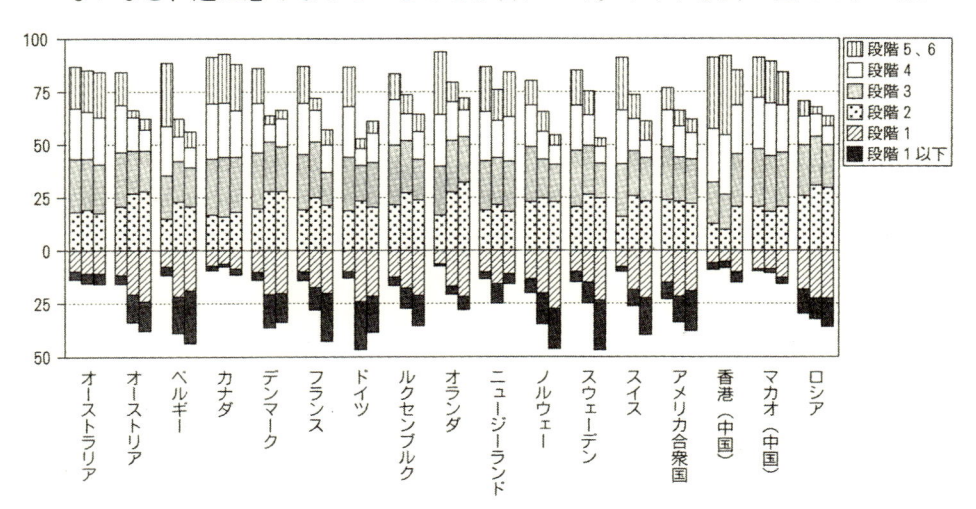

図Ⅲ-2-3　OECDによる学力調査の結果（読解力、2003年）

（注）各国とも左から「移民の背景をもたない生徒」、「第2世代」、「第1世代」の順。
　　　得点によって生徒の習熟度が、「段階1以下」から「段階6」まで7段階に区分されている。
　　　「段階6」がもっとも高いレベルである。
（出所）*Wo haben Schüler mit Migrationshintergrund die größten Erfolgschancen: Eine vergleichende Analyse von Leistung und Engagement in PISA 2003 Kurzzusammenfassung*, S.7.

に移民の第二世代の方が、第一世代よりもよい成績を収めている。

同様の結果は、「数学的リテラシー」についての調査のなかにも見られる(**表Ⅲ-2-6を参照**)(2003年調査)。移民の背景をもつ生徒の「数学的リテラシー」の点数は、もたない生徒と比較して、その点数は相当低くなっている。OECD諸国の平均点を500点とした場合、ドイツの平均点は503点であるが、移民の背景をもたない生徒(全体の79.4％がそれに相当する)に限って言えば、平均点を24点上回っている。移民の背景をもつ第二世代の生徒(親は外国生まれで、ドイツに移住。当人はドイツ生まれ。全体に占める割合：6.9％)について見ると、彼らの点数は、全体の平均点よりも71点低い。一方、家族で移住してきた第一世代の生徒(8.5％)では、全体の平均点との差は49点となっている。このように、「読解力」の場合と同様、「数学的リテラシー」でも、第二世代よりも第一世代の点数が高いという結果が出ている。

一般的に、いずれの移民国も、移民を背景にもつ者よりもそうでない者の

表Ⅲ-2-6　移民家庭の生徒の平均点比較(数学的リテラシー、2003年)

国名	平均点	移民を背景にもたない生徒		親のどちらかが外国生まれの生徒		ドイツ生まれの生徒で、親はどちらも外国生まれ		家族で移住してきた生徒	
		％	平均点との差	％	平均点との差	％	平均点との差	％	平均点との差
オランダ	538	81.8	14	7.2	5	7.1	−46	3.9	−66
カナダ	532	69.7	4	10.2	10	9.2	11	10.9	−2
ベルギー	529	77.0	21	11.2	−16	6.3	−75	5.5	−92
スイス	527	64.4	19	15.6	2	8.9	−43	11.1	−74
オーストラリア	524	58.8	1	18.5	10	11.7	−2	11.0	1
ニュージーランド	523	64.2	2	15.9	19	6.6	−27	13.3	0
フランス	511	73.7	10	12.0	4	10.8	−39	3.5	−63
スウェーデン	509	79.4	9	9.0	6	5.7	−26	5.9	−84
オーストリア	506	81.5	8	5.2	16	4.1	−47	9.2	−54
ドイツ	503	79.4	24	5.2	5	6.9	−71	8.5	−49
OECD平均	500	83.9	2	7.5	10	4.0	−19	4.6	−34
ノルウェー	495	87.1	5	7.2	−5	2.3	−35	3.4	−57
ルクセンブルク	493	50.9	16	15.9	7	15.8	−17	17.4	−31
アメリカ	483	78.8	6	6.8	15	8.3	−15	6.1	−30

(注)　移民の背景をもつ生徒(15歳)が10％以上の国。
(出所)　PISA-Konsortium Deutschland, *PISA 2003, Ergebnisse des zweiten internationalen Vergleichs Zusammenfassung*, S.25.
〈http://pisa.ipn.uni-kiel.de/Ergebnisse_PISA_2003.pdf#search=%22deutsches%20pisa%20konsortium%202003%22〉

表Ⅲ-2-7　移民の背景をもたない者ともつ者との間の学力の差異（PISAの調査から）

年	移民を背景にもつ者	読解力	数学的リテラシー	科学的リテラシー
		点数の差異		
2000	第一世代	-79	-73	-88
	第二世代	-75	-77	-90
	親の片方が移民	-7	-15	-10
2003	第一世代	-72	-66	-76
	第二世代	-81	-79	-95
	親の片方が移民	-11	-22	-19
2006	第一世代	-73	-67	-79
	第二世代	-84	-80	-95
	親の片方が移民	-31	-30	-37

（出所）Autorengruppe Bildungsberichterstattung (Hrsg.), *Bildung in Deutschland 2008: Ein indikatorengestützter Bericht mit einer Analyse zu Übergängen im Anschluss an den Sekundarbereich I* , Bielefeld: Bertelsmann, W, 2008, S.268.

ほうが、点数は高くなっていることが認められるが、ドイツの場合、とくにその差が顕著に見られる。ただし同じ移民国でも、カナダ、オーストラリアなどでは、移民とそうでない者との間に、こうした差異はほとんど見られない。

　2006年の結果でも傾向は同じである。**表Ⅲ-2-7**は、「読解力」、「数学的リテラシー」、「科学的リテラシー」について、「移民の背景をもたない者」と「移民の背景をもつ者」の間に見られる得点差を「第一世代」、「第二世代」、「親の片方が移民」に分類し、比較した数値である。いずれの場合も、「移民の背景をもつ者」は、「移民の背景をもたない者」よりも低い点数となっている。合わせて特徴的な点は、「第一世代」よりも「第二世代」の者の成績がよくない点である。たとえば、読解力で見ると、「第一世代」では「移民の背景をもたない者」との差がマイナス73点であるのに対し、「第二世代」では、マイナス84点となっている[45]。また「第二世代」についてみると、2000年と比較して2006年の結果は、いずれの能力においても悪化している。

　以上は、PISAの結果であるが、初等教育段階における「国際読書力調査」であるPIRLS（Progress in International Reading Literacy Study）[46]からも同じような傾向を見てとることができる（**表Ⅲ-2-8**を参照）。「移民の背景をもつ者」の得点は、「移民の背景をもたない者」と比較すると、48点低くなっている（2006年）。ただし、2001年の調査ではその差は55点であったので、状況は若干改善さ

表Ⅲ-2-8　初等教育段階における国際読書力調査（PIRLS）による生徒の学力比較

国名	平均得点（標準偏差）		社会的背景の影響[1]		移民の背景の影響[2]		性による相違[3]	
	2006	2001	2006	2001	2006	2001	2006	2001
香港	564 (59)	528 (63)	19	21	-10	-9	—	—
カナダ（オンタリオ州）	555 (71)	548	23	28	-15	-13	13	20
イタリア	551 (68)	541 (71)	30	39	-30	-35	7	8
ハンガリー	551 (70)	543 (66)	51	43	-3	-21	5	14
スウェーデン	549 (64)	561 (66)	33	29	-37	-45	18	22
ドイツ	548 (67)	539 (67)	40	43	-48	-55	7	13
オランダ	547 (53)	554 (57)	26	28	-41	-44	7	15
ブルガリア	547 (83)	550 (83)	46	58	-66	-79	21	24
ラトビア	541 (63)	545 (62)	27	26	-8	-10	23	22
米国	540 (74)	542 (83)	—	—	-29	-31	10	18
イングランド	539 (87)	553 (87)	43	43	-48	-24	19	22
リトアニア	537 (57)	543 (64)	26	30	-28	-19	18	17
カナダ（ケベック州）	533 (63)	537	26	26	-27	-33	13	14
ニュージーランド	532 (87)	529 (94)	38	43	5	1	24	27
スロバキア	531 (74)	518 (70)	43	34	-36	3	11	16
スコットランド	527 (80)	528 (84)	48	44	-50	-36	22	17
フランス	522 (71)	525 (71)	39	48	-35	-31	11	11
スロベニア	522 (71)	502 (72)	37	30	-37	-27	13	22
アイスランド	511 (68)	512 (75)	25	34	-52	-39	19	19
ノルウェー	498 (67)	499 (81)	31	40	62	-58	19	21
ルーマニア	489 (91)	512 (90)	70	56	-20	-63	14	14

（訳注）
1）親の学歴、収入などの社会的背景による得点の開き。ドイツの場合、40点の開きが見られる（2006年）。
2）「移民の背景をもたない者」と比較して「移民の背景をもつ者」の得点の開き。ドイツの場合、後者は前者よりも平均得点が48点低くなっている（2006年）。
3）男女間の得点の開き。ドイツの場合、男子の平均点は544点、女子が551点で、その差が7点となっている（2006年）。
（出所）Autorengruppe Bildungsberichterstattung (Hrsg.), *a.a.O.*, S.268.

れたということもできる。またドイツの場合、「移民の背景をもつ者」と「移民の背景をもたない者」の間に見られる差異は、親の学歴など「社会的背景」による相違とほぼ同じ傾向を示している（こうした「社会的背景」による差異は40点となっている）。これに対し、たとえばハンガリーなどを見ると、親の学歴などによる得点差は51点と大きいが、移民の背景をもっているかどうかによる点数の開きは、わずか3点にすぎない。

2　親の属性と子どものギムナジウム進学

　まず親の学歴と子どもの進路から見ていこう。図Ⅲ-2-4は、親が大学卒業者か、非大学卒業者かの違いにより、その子どもがどのくらいの割合で大学

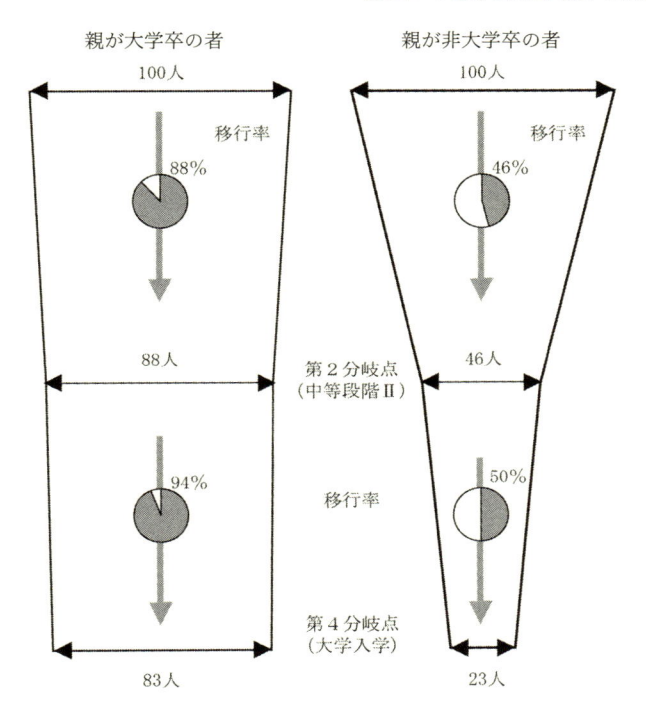

第2章　外国人問題と教育の課題　515

```
       親が大学卒の者              親が非大学卒の者
          100人                       100人

           移行率                       移行率
            88%                         46%


         88人    第2分岐点        46人
               （中等段階Ⅱ）

           移行率                       移行率
            94%                         50%


         83人    第4分岐点        23人
               （大学入学）
```

図Ⅲ-2-4　大学入学者の割合（親が大学卒業かどうかによる相違）

（出所）Bundesministerium für Bildung und Forschung (hrsg.), *Die wirtschaftliche und soziale Lage der Studierenden in der Bundesrepublik Deutschland 2006: 18. Sozialerhebung des Deutschen Studentenwerks durchgeführt durch HIS Hochschul-Informations-System,* Berlin, 2007, S.110.

に進学するかを表したものである。親が大学卒業者の場合、その子女の88％が中等段階Ⅱ（ギムナジウム上級段階など）に進学している。そのなかの94％の者が大学に進学するので、100人のうち、大学入学者は83人ということになる。

　親が大学卒業者でない場合、中等段階Ⅱへ移行する者の割合は46％にとどまり、そのなかで大学に進学する者は50％である。その結果、親が大学卒業でない子どもの場合、大学に入学する者は100人中23人となっている。

　次に、親の属性（学歴、収入、移民の背景）と、子どもがギムナジウム進学を勧告される割合について、その相関性を見てみよう[47]。図Ⅲ-2-5は、親の収入を等価収入（Äquivalenzeinkommen, 世帯収入を、家族構成員数などをもとに一

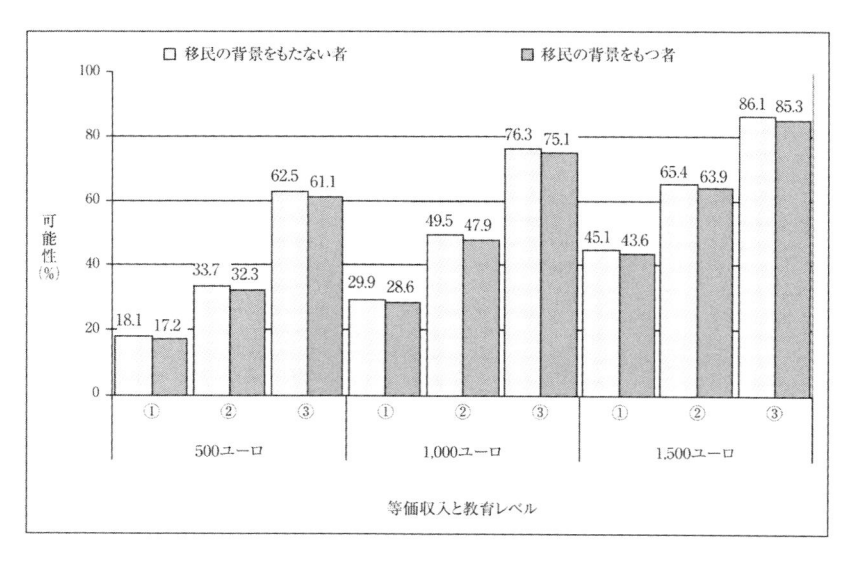

図III-2-5 親の属性とギムナジウム進学の勧告割合

（凡例）① 修了証をもたない／基幹学校修了証
② 実科学校修了証
③ アビトゥーア取得／専門大学／一般大学

（出所）Stefan Hradil et al., *Bildungschancen und Lernbedingungen an Wiesbadener Grundschulen am Übergang zur Sekundarstufe I , Projekt- und Ergebnisbericht zur Vollerhebung der GrundschülerInnen der 4. Klasse im Schuljahr 2006/07*, Wiesbaden, 2008.,S.43.

人あたりの収入に換算した数値）ごとに、ギムナジウム進学を勧告される可能性を百分率にして算出している。

　等価収入が500ユーロ、1,000ユーロ、1,500ユーロの大きく3段階に分けて、それぞれについて親の学歴と、「移民の背景をもつ」か「もたないか」で見ていくと、次のような結果となっている。

　親の等価収入が500ユーロで、親の学歴が基幹学校修了（またはそれ以下）の場合、「移民の背景をもたない」生徒では18.1％、「移民の背景をもつ」生徒では17.2％が、それぞれギムナジウム進学の勧告を受けている。同じく親の収入が500ユーロで、親の学歴がアビトゥーア（大学入学資格）取得以上では、「移民の背景をもたない」生徒の62.5％、「移民の背景をもつ」生徒の61.1％がギムナジウム進学の勧告を受けている。このように、親の収入が同

じでも親の学歴が高くなるほど、また移民の背景をもたない者の方がもつ者よりも、その子どもがギムナジウムへの進学を勧告される可能性は高くなっている[48]。

親の等価収入が1,500ユーロとなると、その傾向はますます顕著である。親が、基幹学校修了の場合、子どもの4割以上がギムナジウム進学の勧告を受けている（移民の背景をもたない：45.1％、移民の背景をもつ：43.6％）。親がアビトゥーア取得以上になると、9割近い子どもがギムナジウム進学の勧告を受けている（移民の背景をもたない：86.1％、移民の背景をもつ：85.3％）。

以上は、基礎学校が生徒に対して行った勧告の結果であるが、それでは、実際に生徒がギムナジウムに進学した割合はどうであったか、その結果をみると次のようになる[49]。

収入が500ユーロで、親の学歴が基幹学校修了では、移民の背景をもたない生徒の18.1％がギムナジウム進学の勧告を受けているが、実際にギムナジウムに進学した生徒は24.7％であった（移民の背景をもつ生徒の場合は17.2％がギムナジウムの勧告を受け、実際には32.2％が進学している。以下、括弧内は、移民の背景をもつ生徒の割合）。親の収入が500ユーロで、親の学歴がアビトゥーア取得以上では、ギムナジウムを勧告される割合は62.5％（61.1％）であるが、実際にギムナジウムに進学している割合は70.1％（77.8％）となっている。同様に収入が1,500ユーロとなると、親の学歴が、基幹学校以下では45.1％（43.6％）の者がギムナジウムの勧告を受け、59.7％（68.1％）がギムナジウムに進学している。親がアビトゥーア取得以上の学歴の場合は、86.1％（85.3％）がギムナジウム進学の勧告を受け、91.2％（94.0％）がギムナジウムへと入学している。

このように、ギムナジウム進学の勧告を受ける者の割合よりも、実際にギムナジウムに入学する者の割合がいずれのケースでも高くなっている[50]。また特徴的な点として、ギムナジウムの勧告を受けることなく、ギムナジウムへと進学している者の割合が、「移民の背景をもつ者」の方が、「移民の背景をもたない者」よりも、相対的に高くなっていることが挙げられる。その理由として、親の学歴、収入が同じ場合には、移民の背景をもつ親の方が、子

どもの将来を考えてギムナジウムへ進学させる傾向が強いとされている[51]。

生徒の成績が同じ場合も、親の学歴、収入により、ギムナジウム進学の勧告を受ける者の割合は異なっている[52]。生徒の平均点が「2.0」[53]の場合、親の学歴、収入ともに下位のグループではギムナジウムの勧告を受ける割合が75.5％であるのに対し、上位グループの場合、その割合は96.5％となっている。平均点が「2.5」になると、さらに顕著な違いが見られる。下位グループでは、ギムナジウムの勧告を受ける割合は19.5％である。一方、上位グループになるとその割合は70％となっている。このように、親の受けた教育と収入の違いが、生徒の進路の勧告に反映され、移民の背景の有無との相関性は認められないとされている。

3　三分岐型学校制度と早期振り分けの見直し

これまで維持してきた三分岐型学校制度に対しても、親や生徒は、より上級の修了証を取得しようとする傾向が強まっている。とくに基幹学校は、進学者の減少に見舞われ「問題校」(Problemschule)[54]というレッテルまで貼られている。このような状況のなかで、三分岐型の学校制度の見直しも議論されている。

この点については、国際連合人権理事会によるドイツ現地調査（2006年2月）の報告が少なからぬ反響を呼んだ。この調査を実施した同理事会のムニョス (Vernor Muñoz) 特別報道官は、「ドイツの教育制度には平等性の保障がない」として、三分岐型学校制度に見られる「早期選抜の不平等、機会の不均等は、改革されなければならない」と報告している（2007年3月21日）[55]。また、同報道官は、ドイツの教育は「ドイツ語が母語でない移民子女など、不利な学習状況にある者への配慮が足りない」とした。こうした指摘に対し、文部大臣会議や連邦教育研究省は、同報道官はドイツの教育制度を正しく理解していないとしている[56]。

また、欧州委員会が、閣僚理事会と欧州議会に提出した『ヨーロッパの学校における効率性と公正』のなかでも、ドイツの早期の振り分け制度が批判されている[57]。

早期の振り分け制度について、アンケート調査からは、次のような結果が出ている[58]。

まず、「どの時点で振り分けを行うのが適切か」について見ると、旧西ドイツと旧東ドイツでは、被験者の回答にかなりの開きが見られる。「第4学年修了後がよい」とする者は、西が30％、東が19％となっている。「第6学年修了後がよい」という者は、西が51％、東が41％、「9学年修了後がよい」は西が14％、東が38％という具合に、東の方が高学年になってからの振り分けが好ましいと考えている[59]。また、「できるだけ長期間共通の授業を受けることが望ましい」とする者はドイツ全体で51％（親では58％）、「成績により、できるだけ早い時期に多様な学校タイプに振り分けることが望ましい」とする者が43％（親では37％）となっている[60]。このように、早期振り分けに対しては、様々な意見が見られる。

以上、ドイツの外国人問題と教育格差の問題に焦点をあて、合わせて現代ドイツ教育が抱えている課題に言及した。現在のドイツは、東西ドイツの統一、ヨーロッパ統合へ向けての超国家的な動きと並行して、ドイツ社会になかなか融合できない多数の「移民の背景をもつ」人々を抱え、そのなかで教育の在り方が問われている。

これまで見てきたように、子どもの学力、進路は、親の学歴、収入、移民の背景の有無といった要因に大きく影響を受けている。アンケート調査のなかでも、「あらゆる社会階層、文化圏出身の青少年の職業上の機会の平等は保障されているか」という問いに対し、「保障されていない」と答えている者は76％（生徒の親では86％）にのぼっている[61]。またドイツが維持してきた「三分岐型学校制度」に対しても、「教育の公正」という面からその見直しを求める声も小さくない。

子どもたちがもつこうした社会的な背景に起因する教育面の様々な格差を、今後どのように是正し、そのなかでいかにして公正さを担保していくかが、現代ドイツの教育が直面するきわめて大きな課題であるということができよう。

表Ⅲ-2-9 『シュピーゲル』誌のアンケートから(2007年)

「該当する」と答えた者の割合		旧西ドイツ		旧東ドイツ	
		14-24歳	35-50歳	14-24歳	35-50歳
西の人々は、全体として東の状況に対し理解があまりない。		35%	55%	62%	61%
東の構築のために西が行った実績は、東からあまり評価されていない。		54%	64%	48%	50%
東で誇ることができるものは何も残っていないという考えは、おかしい。		40%	43%	60%	61%
社会主義は、その実行の仕方が悪かったのであって、理念自体はよい。		36%	44%	47%	73%
現在のドイツと比較して、旧東ドイツはどの領域で長所をもっていたか？	社会保障	26%	48%	47%	92%
	学校制度	29%	46%	57%	79%
	犯罪防止	31%	54%	57%	78%

(出所) *Der Spiegel*, Nr.45/5, 5.11.07, S.74ff.

　これと合わせて見逃せないのは、旧東ドイツ地域の人々の60％が「ドイツの教育制度は公正でない」と回答している点である（西では41％で、東西間に20％の開きがある）[62]。東の人々にとっては、「社会主義自体は、けっして悪い理念ではなく、その適用が誤っていた」とする考え方が強い。そのなかで、「現在のドイツと比較して、旧東ドイツがもっていた長所」として、東ドイツの教育制度を挙げる者が多い。とくに35-50歳の層の79％がそう思っている。一方、旧西ドイツの出身者には、こうした見方をする者はあまり多くない（以上、**表Ⅲ-2-9**を参照）。このような東西間に見られる考え方の相違を、どのように融合していくかも忘れてはならない課題として挙げられよう。

注

1　米沢広一「外国人の子どもの教育を受ける権利」『憲法と教育15講』北樹出版, 2005, p. 150.
2　European Commission, *Integrating Immigrant Children into Schools in Europe, GERMANY NATIONAL DESCRIPTION,* 2003/04, p.3.
3　文部科学省「日本語指導が必要な外国人児童生徒の受入れ状況」〈http://www.mext.go.jp/b_menu/houdou/18/04/06042520/001/001.htm〉
4　Hermann Avenarius u. Hans Heckel, *Schulrechtskunde,* 7.Aufl. 2000, S.92. 邦語文献として、結城忠「ドイツの学校法制と学校法学－外国人生徒の教育法制(1)(2)」『季刊教育法』145号, 2005.6, pp. 70-71, 146号, 2005.9, pp. 79-81. を参照
5　「ベルリン学校法」第15条は「出身言語(Herkunftssprache) がドイツ語でない生徒のための授業」について、次のように規定している「(1)出身言語がドイツ語でない

生徒は、第2項及び第4項にもとづき、制定される法規命令に別段の定めがない限り、すべての他の生徒と共通に授業を受ける。(2)ドイツ語に熟達せず、授業に十分ついていけず、かつ通常学級での促進が可能でない生徒は、通常学級への移行を準備する特別の学習グループに統合されるものとする。ドイツ語の知識は、学校への入学にあたり校長または校長から委託を受けた教員により、学問的に保証されたテスト方式で検証される。(3)出身言語がドイツ語でない生徒は、母語習得の授業を受けることができる。学校はその際、第三者にその提供をさせることができる。(4)文部省は、出身言語がドイツ語でない生徒のための授業の前提及び構成に関する詳細を法規命令によって定めることができる。そのなかにはとりわけ次のものが含まれる。1. 通常学級への受入れ及び第2項にもとづく特別の学習グループへの受入れのための前提条件、2. ドイツ語の知識の検証に関する根拠及び手続き、3. 学校での移住子女の統合に関する措置、4. 出身言語がドイツ語でない生徒のための母語及びバイリンガルの授業」(Schulgesetz für das Land Berlin vom 26. Januar 2004 (*GVBl.* S.26))

6 Avenarius u. Heckel, *a.a.O.*, S.94.

7 「バイエルン州国民学校規則」第11条「ドイツ語を母語としない生徒のための授業」は、第1項で次のように規定している。「ドイツ語を母語としない生徒で、ドイツ語で行われる学級の授業についていけない者に対して、二言語クラスが設定される。この決定は州学務局がこれを行う。その者の教育権者が、これを申請した生徒は、二言語クラスに振り分けられる」(Volksschulordnung vom 23. Juli 1998, *GVBl* 1998, S.516, zuletzt geändert am 1.9.2005, *GVBl* 2005, S.479)。

8 Avenarius u. Heckel, *a.a.O.*, S.95.

9 ベルリンモデルもバイエルンモデルも憲法上は、どちらも許されるとされている。法の前の平等（基本法第3条第1項）は、外国人子女が、何らかの規定により恣意的に不平等に取り扱われる場合にのみ侵害される。生徒の発展権（基本法第2条第1項「各人は、…自己の人格を自由に発展させる権利を有する」）にも、親の権利（基本法第6条第2項「子どもの育成および教育は、親の自然的権利であり、かつ何よりもまず親に課せられた義務である」）にも抵触しない。外国人生徒および親が、彼らの希望にかなった学校の形成を要求することは、法的にできない。学校制度を組織化するのは国のことがらである。国家（州）は、これに関して幅広い形成余地をもっている。国家が外国人子女をドイツの「学習文化」に組み入れるか、あるいは外国人子女に彼らの言語および文化的伝統にかなった授業を提供するかは、基本的に国家の決定に委ねられている。したがって国家が、一方で（ベルリンモデルで）、ドイツ語と「ドイツの」教授プランを基準としても、また他方で（バイエルンモデルで）、ドイツ語に苦労している外国人生徒に2言語クラスを提供しても、同様に憲法にしたがった行動をしていることになる。以上、Avenarius u. Heckel, *a.a.O.*, S.95f. を参照。

10　基本法は、第7条第2項で「教育権者は、子どもを宗教の授業に参加させることについて決定する権利を有する」、第3項で「宗教教育は、非宗派学校を除く公立学校において、正規の授業教科とする」と規定している。

11　Avenarius, u. Heckel, *a.a.O.*, S.530f.

12　*ibid.*, S.98.

13　基本法の関連条文は以下のとおりである。「信仰、良心の自由、ならびに宗教および世界観の告白の自由は、不可侵である」(第4条第1項)、「妨げられることなく宗教的活動を行うことが保障される」(同条第2項)、「すべてドイツ人は、その適性・資格および専門的能力に応じて、等しく各公職に就くことができる」(第33条第2項)、「市民権および公民権の享受、公職への就任、ならびに公務において得た権利は、宗教上の信仰のいかんに左右されることはない。何人も、ある信条または世界観に所属するかしないかによって、不利益を受けてはならない」(同条第3項)、「子どもの育成および教育は、親の自然的権利であり、かつ、何よりもまず親に課せられた義務である。この義務の実行については、国家共同体がこれを監視する」(第6条第2項)、「全学校制度は国(Land)の監督の下にある」(第7条第1項)。基本法の訳文は、高田敏・初宿正典編訳『ドイツ憲法集〔第4版〕』信山社出版、2005に拠る(改変した箇所もある)。

14　国家の宗教的中立性の原則にしたがってスカーフの着用が許されず、これについての当局の指示に従わないことは職業的適性を欠くという少数意見もあった。詳細は、渡辺康行「ドイツ憲法判例研究(127)公教育の中立性・宗教的多様性・連邦的多様性——イスラーム教徒の教師のスカーフ事件(2003.9.24ドイツ連邦憲法裁判所第二法廷判決)」『自治研究』80巻10号(通号968)、2004.10, pp. 141-150. を参照。

15　なお、本事案は連邦行政裁判所に差し戻されたが、2004年6月、同裁判所は彼女の異議を却下し、彼女は最終的に教員に採用されなかった。

16　広渡清吾「EUにおける移民・難民法の動向——「国際人流と法システム」の一考察」『聖学院大学総合研究所紀要』30号、2004, pp. 139-142.

17　バーデン・ヴュルテンベルク州学校法の条文およびこの箇所の記述は、次の資料を参照。Deutschland: Lehrerin darf mit Kopftuch unterrichten, *Migration und Bevölkerung, Newsletter*, Ausgabe 6, August 2006.（インターネット資料）〈http://www.migration-info.de/migration_und_bevoelkerung/artikel/060602.htm〉

18　バーデン・ヴュルテンベルク州(2004年4月)のほか、法律で同様の規定が設けられている州は、ニーダーザクセン(04年4月)、ザールラント(04年6月)、ヘッセン(04年10月)、バイエルン(04年11月)、ベルリン(05年1月)、ブレーメン(05年6月)、ノルトライン・ヴェストファーレン(06年6月)である。こうした規定を法律に盛り込むことを考えていない州は、ハンブルク、メクレンブルク・フォアポンメルン、ザクセン、ザクセン・アンハルト、テューリンゲンである(ハンブルク

第2章 外国人問題と教育の課題 523

以外は、旧東ドイツ州)。残りのブランデンブルク、ラインラント・プファルツ、シュレースヴィヒ・ホルシュタインの3州では、法案段階である (2006年6月現在)。⟨http://www.uni-trkouier.de/%7Eievr/kopftuch/kopftuch.htm⟩

19 ZEIT紙のインターネット版 (2006年7月7日) を参照。⟨http://www.zeit.de/online/2006/28/kopftuchstreit⟩

20 たとえば、岡崎勝彦「自治体における外国人の公務員就任権―「当然の法理」の現状と課題」『法律時報』77巻5号 (通号956)、2005.5、pp.78-85. を参照。

21 「在日韓国人など日本国籍を有しない者の公立学校の教員への任用について」平成3年3月22日各都道府県・指定都市教育委員会あて文部省教育助成局長通知文教地第80号；米沢前掲書、p.161. を参照。

22 連邦官吏法第7条は「公務就任権」について次のように規定している。「(1)次の各号に該当する者のみが官吏関係 (Beamtenverhältnis) に任用される。1. 基本法第116条 (注23を参照) の意味でのドイツ人または欧州共同体の他の加盟国の国籍をもつ者、2. 基本法の意味での民主的な基本秩序をつねに擁護することを保障する者、3 a) その経歴 (Laufbahn) のために規定された予備教育もしくはそうした規定が欠如している場合はその他の予備教育を受けている者、またはb) 公勤務の内もしくは外で生活および職業経験により必要な能力を取得している者」(Bundesbeamtengesetz, in der Fassung der Bekanntmachung vom 31. März 1999, *BGBl.* I S.675); Avenarius u. Heckel, *a.a.O.*, S.284ff. を参照。

23 基本法第116条では、ドイツ人の定義について次のように規定している。「(1) この基本法の意味におけるドイツ人とは、法律に特段の定めのある場合を除いては、ドイツ国籍を有している者、または、ドイツ民族に属する難民 (Flüchtling) もしくは被追放者 (Vertriebener) として、またはその配偶者もしくは卑属として、1937年12月31日現在のドイツ国の領域に受け入れられていた者をいう。(2) 1933年1月30日から1945年5月8日までの間において、政治的・人種的または宗教的理由にもとづいて国籍を剥奪された旧ドイツ国籍保有者およびその卑属は、申請にもとづいて、再び帰化しうるものとする。これらの者は、1945年5月8日以降にその住所をドイツに置き、かつ、反対の意思表明をしていなかった限りにおいて、国籍を剥奪されなかった者とみなされる」。

24 基本法には「高権的権能 (hoheitsrechtliche Befugnis) の行使は、恒常的任務として、公法上の勤務関係および忠誠関係にある公務員に委託するのを通例とする」(第33条第4項) とあり、官吏は、公法上の勤務関係および忠誠関係に立って高権的権能を行使する。職員および労働者は、私法上の労働協約関係によって雇用され、公権力の行使に関わらない。このうち職員は主として事務的業務を行い、労働者は労務的作業に従事する、とされている。第Ⅱ部第6章注2も参照。

25 Avenarius u. Heckel, *a.a.O.*, S.404.

26 「基本法第116条にいうドイツ人でない教授または大学助手を官吏関係に任用することについては、例外を認めることができる」(「連邦官吏法」第4条第2項)とされている。

27 各種学校としての民族学校への補助金は支出されている。しかし私学助成と比較し、低い水準にとどまっている。たとえば大阪の朝鮮学校の場合、私学助成額の約5分の1となっている(米沢前掲書, p. 154.)

28 連邦憲法裁判所は、基本法第7条第4項第1文(私立学校を設立する権利の保障)の規定から、代替学校に対する州の達成義務(Leistungspflicht)を導き出している。すなわちすべての州は、代替学校に対し、公的な財政援助の法的な請求権を保障している。バーデン・ヴュルテンベルク州では、一定の基準をみたす補完学校に対しては、州の財政援助の範疇に入れることができるとされている(バーデン・ヴュルテンベルク州「私立学校法」第17条第3項を参照)。Vgl. Peter Vogel, „Die rechtliche Stellung der Internationalen Schulen in der Bundesrepublik Deutschland", *Bildung und Erziehung*, 44.Jg. Heft 3, September 1991, S.354f.

29 ラインラント・プファルツ州私立学校法は、外国人学校について第34条第1項で「ラインラント・プファルツ州において、ドイツ国籍を有しない者またはドイツ以外の機関によって運営され、全部または部分的に外国の教授プランおよび教授方法にもとづいて活動し、第一にドイツ国籍を有しない者の子女のために設けられた学校(外国人学校)は、補完学校に対し適用される一般的および特別の規定が準用される」、同条第2項で「国際間の協定および条約は、本条の規定により影響を受けない」と規定している。また補完学校については、第14条第1項で「補完学校とは、代替学校でないすべての私立学校をいう」、第2項で「補完学校は、代替学校との混同を引き起こすいかなる名称も用いてはならない」、第3項で「補完学校の設立に関しては、授業の開始前に学校監督官庁に対し届出されなければならない」と規定している(Landesgesetz über die Errichtung und Finanzierung von Schulen in freier Trägerschaft (Privatschulgesetz) in der Fassung vom 4. September 1970, zuletzt geändert durch Gesetz vom 16.12. 2005, *GVBl.* 2005, S.502)。

30 中山あおい「ドイツの外国人学校と国際学校」福田誠治・末藤美津子編『世界の外国人学校』東信堂, 2005, pp. 230-234.

31 スイス民法典に基づく財団法人である国際バカロレア事務局(International Baccalaureate Organization)が定める教育課程を修了した者に授与される資格。

32 Peter Vogel, *a.a.O.*, S.353.

33 バーデン・ヴュルテンベルク州学校法は、就学義務の履行について次のように規定している。「すべての青少年は、彼らの訓育および教育が他の方法で十分に配慮されない限り、基礎学校およびそれに継続する中等教育学校への就学義務を有する。基礎学校に代わる他の方法による教育は、例外的な特別の場合として、学校監督庁

がこれを許した場合に限り認められる」(第76条第1項)。Vgl. Schulgesetz für Baden-Württemberg, in der Fassung vom 1. August 1983, GBL. S.397; *K.u.U.* S.584, zuletzt geändert durch Änderungsgesetz vom 11. Oktober 2005, *GBl.* S.669.

34　アベナリウス教授によれば、コーラン学校は、学校法的には補完学校ということができる。コーラン学校も基本法第4条第1項および第2項で保障された「信仰の自由」、「宗教的活動の自由」のもとにあるが、しかしそこでの教育に、とりわけ政治的教化、反ユダヤ主義、さらに身体的懲罰が存在するのであれば、それはドイツの教育目標と合致するものではない。その場合、コーラン学校がそもそも法的意味で学校と呼べるのかについて、個々のケースで検証しなければならない。学校監督官庁は、たとえばそこで身体的な懲罰が実施されているならば、コーラン学校を禁止させることができる。コーラン学校はその場合、宗教の自由という基本権を持ち出すことはできないとされている。Vgl. Avenarius u. Heckel, *a.a.O.*, S.215. コーラン学校をめぐる法的問題に関しては、以下の論文が詳しい。Martin Stempel, „Schulaufsicht über Koranschulen", *Recht der Jugend und des Bildungswesens,* 1982, S.58ff.

35　国際的な評価団体(WASC、ACSI、ECIS)の認定を受けたインターナショナルスクール卒業者、外国の学校教育制度において、わが国の高等学校と同等の課程(12年)を有すると位置付けられている外国人学校の卒業者は、「高等学校を卒業した者と同等以上の学力があると認められる者」とみなされる。上記基準に該当しない外国人学校の卒業者の入学資格については、各大学において個別に入学資格審査を行う。文部科学省報道発表「学校教育法施行規則及び告示の一部改正について」(平成15年9月19日)〈http://211.120.54.153/b_menu/houdou/15/09/03092001.htm〉；田中宏「在日外国人の民族教育権に関する一考察」『龍谷大学経済学論集』45巻5号, 2006. 3, pp. 9-11. も参照。

36　いくつかの州では、授業が認可された教授プランにもとづき行われ、試験が州によって認定される試験規則にしたがって実施されるならば、補完学校で取得される資格についても承認できる可能性について規定している。バーデン・ヴュルテンベルク州「私立学校法」第15条を参照。Vgl. Peter Vogel., *a.a.O.*, S.355.

37　たとえば、2006年に教室内の暴力がエスカレートし大きな社会問題にもなったベルリンのリュットリ(Rütli)基幹学校の外国人生徒の割合は83%であった(*Spiegel*, 14/2006, S.34)。

38　たとえば、継続教育機関である市民大学に通学することにより、基幹学校修了証などの学校修了証を取得することができる。

39　木戸裕ほか「ドイツにおける教育情報の発信の実態」『諸外国における外国人子女教育に対する基本理念と施策および教育情報サービスに関する調査研究：平成9年度外国人教育に関する調査研究報告書』国際日本語普及協会, 1998, pp. 167-189.

40　連邦政治教育センター (Bundeszentrale für politische Bildung) のホームページに掲

載された次の論文を参照。Lisa Britz, *Bildung und Integration, Von der Ausländerpädagogik zur Interkulturellen Pädagogik*〈http://www.bpb.de/themen/TI50RA,5,0,Bildung_und_Integration.html〉邦語文献として、天野正治「外国人教育から異文化間教育へ」天野正治・村田翼夫編著『多文化共生社会の教育』玉川大学出版部，2001，pp. 30-35. を参照。

41 „*Empfehlung Interkulturelle Bildung und Erziehung in der Schule*", Beschluss der Kultusministerkonferenz vom 25.10.1996.〈http://www.kmk.org/doc/beschl/671-1_Interkulturelle%20Bildung.pdf#search=%22kmk%20Interkulturelle%20Bildung%20und%20Erziehung%22〉

42 梶田孝道・小倉充夫編『国民国家はどう変わるか』東京大学出版会，2002，pp. 23-55.

43 Deutscher Bundestag, „Siebter Bericht über die Lage der Ausländerinnen und Ausländer in Deutschland", *Drucksache*, 16/7600,2007, S.169.

44 OECD諸国の平均点を500点として、2006年の調査では、「読解力」495点（484点）、「数学的リテラシー」504点（490点）、「科学的リテラシー」516点（487点）であった（括弧内は2000年の点数）。"OECD PISA Online"を参照〈http://www.pisa.oecd.org/document/2/0,3343,en_32252351_32236191_39718850_1_1_1_1,00.html〉

45 いずれもOECD諸国の平均点を500点として換算した場合のそれぞれの数値を比較した差。

46 PIRLSは、IEA（国際教育到達度評価学会）が実施しており、第4学年の生徒を対象としている。参加国は、2001年が34か国・地域、2006年が41か国・地域となっている。ただし日本は参加していない。

47 ここで紹介するデータは、マインツ大学のStefan Hradil教授（社会学）のグループが行った調査による。同調査は、2007年3月にヴィースバーデン（ヘッセン州）の36の基礎学校の第4学年の105学級の生徒2,303名と、生徒の親および学級担任教員を対象に実施された。Stefan Hradil et al., *Bildungschancen und Lernbedingungen an Wiesbadener Grundschulen am Übergang zur Sekundarstufe I, Projekt- und Ergebnisbericht zur Vollerhebung der GrundschülerInnen der 4. Klasse im Schuljahr 2006/07*,Wiesbaden, 2008,〈http://www.soziologie.uni-mainz.de/Dateien/Schulze_Unger_Hradil.pdf〉

48 親がどのくらいの割合で子どものギムナジウム進学を希望しているかを見ると、ギムナジウムを希望している親の割合は、階層が上がるにつれ増加している（下位階層では21％、上位階層では82％。全体の平均が54％）。一方、基幹学校への進学を望む親の割合は、下位階層でも8％にすぎないが、中上位階層以上では0％である。移民の背景をもっている場合ともっていない場合で比較すると、移民の背景をもたない下位階層の親は15％が子どもの進学する学校を基幹学校としているのに対し、移民の背景をもつ下位階層の親では、その割合は5％にすぎない。また移民の背景をもたない親で下位階層に属する者でギムナジウムを子どもの進学先に挙げている者は10％であるが、移民の背景をもっている者では27％となっている。*ibid.*, S.5,31.

49 *ibid.*, S.50.
50 序論Ⅱ-1-(1)-(i)で見たように、この調査が実施されたヘッセン州では、基礎学校からギムナジウム進学の勧告を受けない生徒でも、親がギムナジウム進学を希望すれば、ギムナジウムに進学できるので、勧告を受ける割合よりも実際に高くなっている。
51 Stefan Hradil et. al., *a.a.O.*, S.50.
52 以下、*ibid.*, S.52. を参照。
53 ドイツの学校の成績評価については、序論の注22を参照。
54 Ulrich Trautwein et al., „Hauptschulen=Problemschulen?", *Aus Politik und Zeitgeschichte*, 28/2007, S3ff.
55 "Report of the Special Rapporteur on the right to education, Vernor Muñoz, Addendum, MISSION TO GERMANY" (A/HRC/4/29/Add.3 9 March 2007)〈http://www.netzwerk-bildungsfreiheit.de/pdf/Munoz_Mission_on_Germany.pdf〉
56 „UN-Inspektor verdammt deutsches Schulsystem, Bericht für den UN-Menschenrechtsrat",『南ドイツ新聞』(電子版, 2007年3月21日)〈http://www.sueddeutsche.de/politik/144/398928/text/〉
57 同報告書では、次のように言われている。「早期に生徒の振り分けを行っている国（たとえば、ドイツ、オランダ、オーストリアなど）は、統合型の学校制度を採用している国と比較して生徒の達成度という点で大きな差異が見られる。早期の多様化は、不利な条件にある子どもにとりわけネガティブな影響をもたらす。その理由は、普通教育、職業教育ともに、こうした子どもたちを悪い方向に導くからである。中等学校の半ばでの多様化は、異なる学校タイプ間の移動可能性をもたらし、階層の分化を和らげ、公正へと導く」（括弧内は訳者）。Kommission der Europäischen Gemeinschaften, *Mitteilung der Kommission an den Rat und das Europäische Parlament. Effizienz und Gerechtigkeit in den europäischen Systemen der allgemeinen und beruflichen Bildung*, S.6f.〈http://ec.europa.eu/education/policies/2010/doc/comm481_de.pdf〉
58 序論注32に記したベルテルスマン財団がエムニッド研究所に委託して実施したアンケート調査（*Integration durch Bildung, Ergebnisse einer repräsentativen Bevölkerungsbefragung in Deutschland*, Gütersloh: Bertelsmann Stiftung, August 2008.）を参照。
59 *ibid.*, S.10.
60 *ibid.*, S.8.
61 「機会の平等は保障されている」と回答している被験者は24％（生徒の親では14％）であった（*ibid.*, S.7. を参照）。
62 *ibid.*, S.6. を参照。

終章　今後の展望
──持続可能な社会の構築に向けて

第1節　アジェンダ21の内容とその展開・構造
　1　アジェンダ21の内容
　2　アジェンダ21の展開・構造
第2節　EUおよびドイツの「アジェンダ21」策定状況
　1　EU
　2　ドイツ
第3節　ドイツのローカル・アジェンダ21 ──その発展と事例
　1　ローカル・アジェンダ21の発展
　2　ノイマルクトのローカル・アジェンダ21
　3　ローカル・アジェンダ21の効果と課題

　本書では、ドイツ統一からヨーロッパ統合へと向かう教育の軌跡をできる限り幅広い視点からたどってみた。そのなかで、現代ドイツの教育がいかなる制度をもち、そこでどのようなシステムが実際に機能しているのか、さらにヨーロッパレベルでは、その統合へ向けてどのような取組みが行われているのか等々、主として高等教育改革の潮流に焦点をあてて、制度面、政策面を中心にその実際を見てきた。
　「はじめに」で設定した現代ドイツ社会の三重構造という視点から言えば、第Ⅰ部では旧西ドイツと旧東ドイツの統合という東西ドイツの統一をめぐる諸問題を、第Ⅱ部では「超国家」という「ポスト国民国家」に向かって大きく

動きつつあるヨーロッパの統合に向けた諸問題を、第Ⅲ部では、こうした動きからいわば疎外された外国人など社会的なハンディキャップを抱えている人々との統合に関する諸問題について、それぞれが抱える状況と課題の解決へ向けて、教育の面からどのような取組みが行われているのかを見てきた。

　これらを通して、全体として浮かび上がってくる大きな課題として挙げられるのは、今後、ドイツを含むヨーロッパが本来の意味での市民の共同体となることができるか否かは、単に政治・経済上の問題にとどまらず、言語的、宗教的、文化的な多様性の正確な把握と理解にかかっているという点である。その意味でも、とりわけその将来を担う青少年の教育こそは、ドイツの、そしてヨーロッパの今後の発展を左右するもっとも重要な要素のひとつであると言って過言ではない。こうした認識のもとで、第Ⅱ部で見たような「ヨーロッパ市民」の育成を念頭に置いた多彩な教育計画が、欧州委員会を中心に実施されている。そのなかでも、第Ⅱ部第1章第4節で見た「市民性の教育」の果たす役割はきわめて大きいということができよう。こうした取組みは、EU加盟国の枠組みを超え、ほとんどヨーロッパ全域を包括するまで拡大している。

　そうしたなかで、将来のドイツの教育、さらにはヨーロッパの教育が進むべきひとつの方向性を示唆する動きとして、「持続可能な社会の構築」に向けた一連の取組みに注目したい[1]。この取組みは、ローカルなレベルからグローバルなレベルまで幅広い領域をカバーし、その構築のために様々な分野の人々が積極的に関与している。

　終章では、今後の展望として、「持続可能な社会の構築」を目標に、国際的にどのような取組みが行われているのか、その動向を概観し、そのなかで欧州連合（EU）のレベル、ドイツの連邦、州、市町村のレベルでそれぞれどのような施策が講じられているのかを紹介してみたい。そのなかから、将来の世代に向けて、どのような教育課題が浮かび上がってくるのか、できる限り具体的にそのテーマを浮き彫りにしていくことを試みたい。

　今日国際社会においては、いかにして、限りある地球環境と経済社会の発

展を調和させ、世代内と世代間の公平を確保し、将来世代の発展の可能性を損なうことなく、現世代の要求を満たす「持続可能な社会」(Sustainable Society) を構築したらよいかということで、いろいろな分野で多彩な取組みが行われている。

こうした「持続可能な発展」という概念が、「持続可能な発展戦略」として各国で策定される直接的なきっかけをつくったのは、1992年に国連環境開発会議において採択された「アジェンダ21」である。このなかで「持続可能な発展」のためには、各国はそれぞれ「発展戦略」をもたなければならないとされた。さらに、これをきっかけとして、地方自治体が市民と一体となって活動する「ローカル・アジェンダ21」の取組みも始まることとなった。

そのなかで、EUでは、すでに「欧州連合条約」のなかで、「持続可能な発展」が設立の基本目的のひとつに掲げられている。EUとしての「持続可能な発展戦略」は、2001年に策定された。2006年には、同戦略の改訂が行われた。また最近では2009年に、達成状況に関する報告書が公刊された。

EUの「持続可能な発展戦略」を受けてドイツでも、連邦政府により、2002年に国家としての持続可能な発展戦略である「ドイツのための展望——持続可能な発展のためのわれわれの戦略」が策定された。

さらに市町村レベルで行われているローカル・アジェンダについてみると、1994年にはじめてローカル・アジェンダがつくられている。2005年現在で、全体の約20％に相当する2,605の市町村が「ローカル・アジェンダ21」を策定している。

以下では、まず「アジェンダ21」の内容を紹介し、それがどのような形で持続可能な発展戦略へと発展しているのかを概観する（第1節）。次に、具体的にEUにおける持続可能な発展戦略の策定状況を見ていく。そのあとドイツの事例を取り上げる（第2節）。最後に、持続可能な地域社会に向け、世界各地で行政・市民・企業等の関係機関が連携をはかり、地域の課題解決に取り組んでいる「ローカル・アジェンダ21」について、ドイツのバイエルン州ノイマルクト市の事例を取り上げ紹介する（第3節）。最後に、これらを通して浮かび上がってくる「持続可能な社会」の構築にあたり教育の果たす役割

に言及してまとめとしたい。

第1節　アジェンダ21の内容とその展開・構造

1　アジェンダ21の内容

　「持続可能な発展」という考え方は、すでに古くからあるが[2]、この言葉が広く国際的に知られるようになったのは、1992年にリオデジャネイロで開かれた「環境と開発に関する国連会議」(地球サミット)からである。この会議で、人類の今後の共通課題として「持続可能な発展」が宣言された。この会議には、国連加盟178か国、1,200以上のNGO、3万人以上の参加があった[3]。この会議で、「持続可能な発展」のための「21世紀に向けての行動綱領」として、「アジェンダ21」が採択された。

　このなかで、環境についてだけでなく、経済と社会が持続的に発展するという考え方がはっきりと採られるようになった。

　「アジェンダ21」の内容は、広範多岐にわたり、全体で40章に及んでいる[4]。**図終-1**は、そのなかから「アジェンダ21」の中核となる要素を図解したものである[5]。

　まず「アジェンダ21」の主要な目標として次のように言われている。すなわち、「環境、経済、社会が未来可能的に統合される持続可能な発展を通して、現世代および将来世代のために同じ生活機会を保証すること」である。

　具体的な中心課題としては、次のようなテーマが挙げられている。

　資源の保全、森林、気候保護、種の多様性、エコシステム、砂漠化防止、海洋および飲用水保全、健康、貧困除去、廃棄物の削減、住居、商業、質の高い成長、消費および生産様式の変更、持続可能な農業。

　関与する集団の例として挙げられているのは、次のとおりである。

　子どもおよび青少年、農民、女性、学者、市町村、先住民集団、労働組合、企業、NGO(非政府組織)

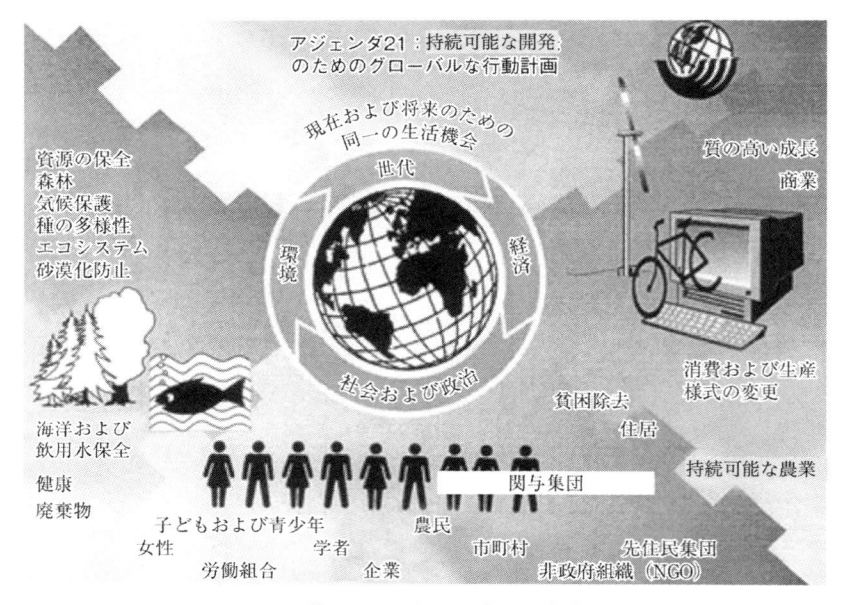

図終-1　アジェンダ21の内容

（出所）Agenda 21 Treffpunkt から „Agenda 21 Globales Aktionsprogramm für eine nachhaltige Entwicklung"
〈http://www.agenda21-treffpunkt.de/info/af21epd2.htm〉に掲載された図を翻訳。

2　アジェンダ21の展開・構造

「アジェンダ21」にもとづき、国際機関および各国は、持続可能な発展を実現するためにそれぞれ行動計画を策定することになった。この行動計画にあたるのが、各国の「持続可能な発展戦略」（以下、持続可能戦略）である。また市町村など地方公共団体のレベルでの持続可能戦略にあたるものが、ローカル・アジェンダ21である（これらの詳細は次節以下で取り上げる）。

図終-2は、ドイツを例に持続可能戦略のレベルを図解したものである。この図にあるように、世界のレベルとして、国連による「アジェンダ21」がある。超国家レベルとしては、EUが2001年に策定した「EU持続可能戦略」が挙げられる。

ドイツでは、EUの持続可能戦略に歩調を合わせて2002年に国レベルの持続可能戦略が策定された。ドイツの特色として挙げられるのは、国の持続可

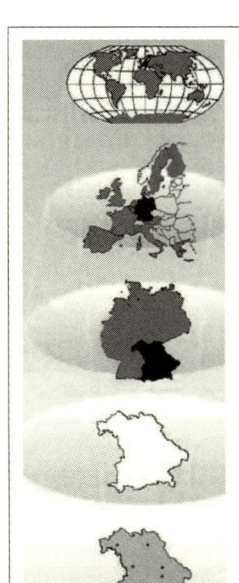

世界のレベル（国連：アジェンダ21）
1987年：ブルントラント委員会報告書『われら共有の未来』
1992年　環境と開発に関する国連会議（地球サミット）179か国が参加
　　　　アジェンダ21を採択
2002年　ヨハネスブルク持続可能な発展のための世界サミット

超国家のレベル（EU：EU持続可能戦略）
1997年　EU条約に「持続可能な発展の原則」が盛り込まれる
2001年　EU持続可能な発展のための戦略
2006年　EU改訂持続可能な発展のための戦略

国のレベル（ドイツ：国の持続可能戦略）
1994年　基本法第20a条に持続可能性の原則が盛り込まれる
2002年　国の持続可能戦略策定
2004、2008年　持続可能戦略進捗状況報告書

地域のレベル（バイエルン州：バイエルン州持続可能戦略）
1998年　バイエルン州政府のバイエルン・アジェンダ
2000年　環境協約Ⅱ
2002年　バイエルン・アジェンダのための行動計画

市町村のレベル（ローカル・アジェンダ21）
1995年から地方自治体は、市民との対話の中で、環境、経済、社会に関わるモデル、行動計画としてローカル・アジェンダ21を形成
例：ノイマルクト市ローカル・アジェンダ21「未来に可能なノイマルクト」

図終-2　持続可能戦略のレベル

（出所）Agenda 21 in Bayern-Evaluierungsergebnisse und Konsequenzen auf dem Weg zur Nachhaltigen Bürgerkommune
〈http://www.perspektive-memmingen.de/fileadmin/perspektive/Pdfs/Agenda21_Praesent-Stamm_Endversion.pdf〉
にもとづき作成。

能戦略とローカル・アジェンダ21の間に、州が策定する持続可能戦略が設けられているという点である。図終-2では、バイエルン州の事例が挙がっている。同州は、ドイツ国内の各州に先がけて、1998年に州としての持続可能戦略を策定している。

　市町村レベルのローカル・アジェンダ21について見ると、ドイツでは1995年から「アジェンダ21」にしたがった行動計画が作成されている。

　次に**図終-3**は、持続可能な社会構築に向けて、その取組みの構造を図解したものである。個人のレベルから、家族・小集団、市町村、地域・地方、国、超国家、世界へと広がるなかで、社会、経済、政治、環境という大きく4つの領域における課題が展開される。それは、ひとつは垂直的にローカル・レ

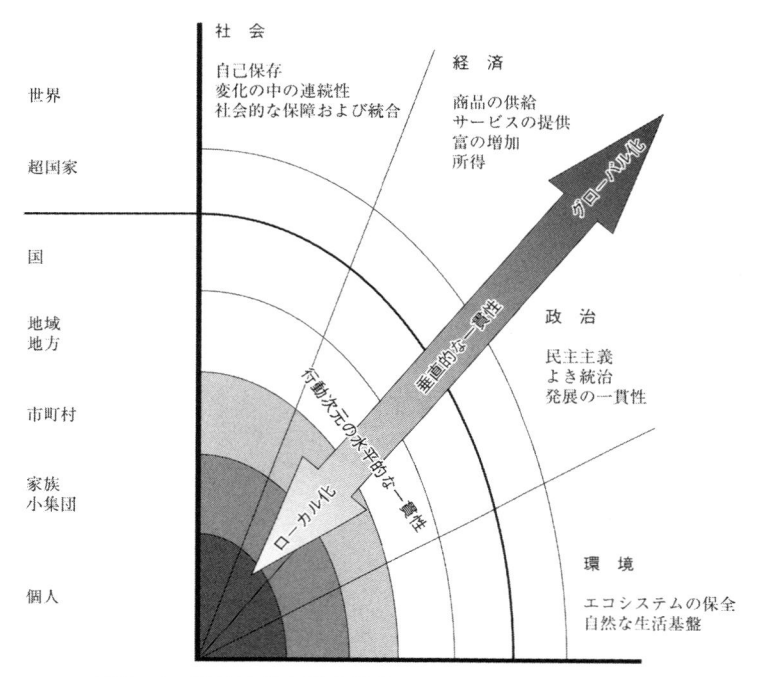

図終-3　持続可能な社会構築へ向けての取組みの構造

(出所) Dieter Appelt et. al., *Orientierungsrahmen für den Lernbereich Globale Entwicklung im Rahmen einer Bildung für nachhaltige Entwicklung,* Bonn: Kultusministerkonferenz (KMK) & Bundersministerium für wirtschaftliche Zusammenarbeit und Entwicklung (BMZ), 2007, S.40. 〈http://www.bne-portal/de/coremedia/generator/unesco/de/Downloads/Hintergrundmaterial_national/Orientierungsrahmen_20f_C3_BCr_20den_20Lernbereich_20Globale_20Entwicklung.pdf〉

ベルとグローバル・レベルの間で、もうひとつは水平的に社会、経済、政治、環境の領域の間で横断的に、それぞれ一貫性をもって取り組まれるべきものであるとされている。

第2節　EUおよびドイツの「アジェンダ21」策定状況

1　EU

「欧州連合条約」では、「持続可能な発展」という理念がEU設立の基本目的のひとつに掲げられている。EUとしての「持続可能戦略」は、2001年に

策定された。このなかで、狭義の環境保護に限らず、社会的な平等や結束、経済的な繁栄がともに達成されるべきものとされている。各国は、EUのそれをベースに国レベルの戦略を取りまとめている。

(1) 欧州連合条約と持続可能な発展戦略の策定

EU（欧州連合）では、その基本条約である「アムステルダム条約」（「欧州連合条約」の改訂条約，1997年調印）のなかに、次のように「持続可能な発展の原則」(principle of sustainable development) という文言が盛り込まれた[6]。「…持続可能な発展の原則を考慮し、域内市場およびより強固な結束 (cohesion) の達成ならびに環境保護を背景としつつ、各国民のための経済的および社会的な進歩を促進すること…」（前文）。

2001年5月に、欧州委員会は『よりよき世界のための持続可能なヨーロッパ：EU持続可能な発展戦略』をとりまとめ欧州理事会に提案した[7]。この文書は、同年6月スウェーデンのイェーテボリで開かれた欧州理事会で採択された[8]。このなかで持続可能な発展のためには、環境保護に限定することなく、広く社会的な平等や結束、経済的な繁栄がともに達成されるべきものとされた。そこでは、とくに次の6つの優先的分野が挙げられている[9]。

①気候変動の抑制とクリーンエネルギーの利用増、②公衆衛生への脅威への対処、③責任ある天然資源の管理、④交通システムと土地利用管理の改善、⑤貧困削減と社会的排除の除去、⑥高齢化社会の経済的および社会的影響への対応。このうち⑤と⑥は、2000年に欧州理事会が採択した経済・社会戦略である「リスボン戦略」の目的を補完するものとなっている[10]。

(2) 持続可能な発展戦略の展開

その後2002年2月に、欧州委員会は、同年8月のヨハネスブルク・サミットに向けて『持続可能な発展のためのグローバルなパートナーシップへ』と題する文書を取りまとめた[11]。このなかでは、今後とくに持続可能な発展を「グローバルな次元」で進めていくことが強調されている。

2005年2月、欧州委員会は、「現状を見るといまだその進展は十分とは言

えない」とする文書をまとめ、「持続可能な発展戦略」の改訂に向けた作業が集中的に行われなければならないとした[12]。

この文書を踏まえて、2005年6月の欧州理事会で、持続可能な発展のための次の4つの基本的目標が改めて確認された[13]。①環境保護、②社会的平等および結束、③経済的豊かさ、④国際的な責任。またこうした目標を達成するために必要な政策の原則として、次の10点が挙げられている[14]。①基本的人権の擁護の促進、②世代内および世代間の公正、③開放的で民主的な社会、④市民の参加、⑤業界および社会的パートナーの参加、⑥政策の一貫性とガバナンス、⑦政策の統合、⑧最善の利用可能な知識の使用、⑨予防原則、⑩汚染者費用負担原則の適用。

(3) 持続可能な発展戦略の改訂

2005年12月、欧州委員会は『持続可能な発展戦略の改訂について：行動のためのプラットフォーム』をとりまとめた[15]。この文書をもとに2006年6月の欧州理事会で、従来の持続可能戦略を見直した「EU持続可能な発展戦略」の改訂が採択された[16]。そこには、上に述べた4つの基本的目標と10の政策の原則が盛り込まれている。

また、このなかでは「もっとも重要な課題は、現状では持続可能となっていない消費および生産のパターンと、政策形成にあたり統合的に行われていない取組みとを徐々に改めることである」（第2パラグラフ）[17]として、次のように、よりよい政策決定が行われなければならないとしている。

すなわち、「主要な政策の決定にあたっては、高いレベルの質の影響アセスメント（Impact Assessment, IA）が行われ、持続可能な発展の社会的、環境的および経済的な次元がバランスのとれた方法で評価され、持続可能な発展の外的な次元と、何も行動を起こさなかった場合の損失が考慮されていることが求められる」（第11パラグラフ）[18]。

持続可能な発展戦略の改訂ではこのように記述され、次の7つの主要な課題が挙げられている。

①気候変動とクリーンエネルギー、②持続可能な交通、③持続可能な消費

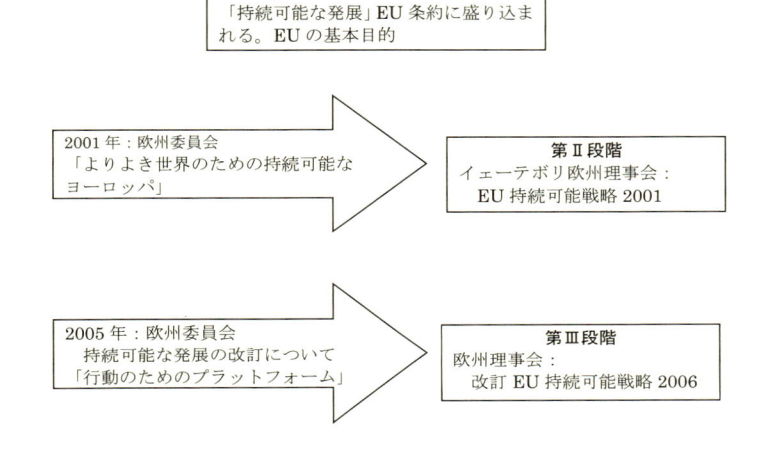

```
┌─────────────────────────────┐
│         第Ⅰ段階              │
│ 1997年:                      │
│ 「持続可能な発展」EU条約に盛り込ま│
│ れる。EUの基本目的           │
└─────────────────────────────┘

2001年:欧州委員会
「よりよき世界のための持続可能な    ⟹    ┌──────────────────┐
ヨーロッパ」                              │    第Ⅱ段階       │
                                          │ イェーテボリ欧州理事会:│
                                          │ EU持続可能戦略2001│
                                          └──────────────────┘

2005年:欧州委員会
持続可能な発展の改訂について      ⟹    ┌──────────────────┐
「行動のためのプラットフォーム」          │   第Ⅲ段階        │
                                          │ 欧州理事会:       │
                                          │ 改訂EU持続可能戦略2006│
                                          └──────────────────┘
```

図終-4　EU持続可能戦略の3段階

(出所) Christoph Müler, *The EU Sustainable Development Strategy-Characteristics, Monitoring and Follow up*. 〈http://www.oecd.org/dataoecd/41/8/38834367.ppt?contentId=38834368〉にもとづき作成。

と生産、④天然資源の保全と管理、⑤公衆衛生、⑥社会的統合、人口、移住、⑦世界の貧困と持続可能な発展の課題。

また知識社会へ貢献する分野横断的政策課題として、教育および訓練、研究開発などが挙げられている。

EUの持続可能戦略のこれまでの歩みを図解すると上の**図終-4**のようになる。また現行の持続可能戦略の概要をまとめたのが、**表終-1**である。

(4) 今後の課題

2009年12月に開催された欧州理事会では、「持続可能戦略」のレビュー文書の末尾で、目下解決をせまられている問題を次のように総括している[19]。こうした課題への取組みが今後の課題となっている。

- エネルギーおよび資源効率のよい技術にもとづく、安全で持続可能な低炭素および低投入経済への迅速な移行。持続可能な食品パターンを含む持続可能な消費行動への移行。エネルギーの安全性と気候変動への

表終-1　EUの改訂持続可能戦略の概要

― 気候変動とクリーンエネルギー
- EUでの温室効果ガスの排出削減が2020年までに20%。国際的な同意に達した場合30%。
- エネルギー効率の改善を2020年までに20%。
- 再生可能エネルギーの割合を2020年までに20%に高める。
- 輸送用の油に占めるバイオ燃料の割合を2020年までに10%に増加。

― 持続可能な交通
- 人の健康および環境に与える影響を最小限にするために汚染物質の排出量を削減する。
- 異なる交通のモード間の使用頻度のバランスをとる。
- 乗り物の二酸化炭素排出量を、2009年までに140g/km、2012年までに120g/kmまで削減。
- 道路上の事故死者数を（2000年と比較して）2010年までに半減する。

―持続可能な消費と生産
- 経済成長と環境破壊との間の破壊的な関係を終わらせる。
- 責任をもって製造された物を使用する企業および個人を奨励する。
- 国の諸機関は、ヨーロッパ全域で、環境を破壊しない製造物およびサービスを購入することを目指す。このことはすでにいくつかの国では行われている。2010年までに、EUは、域内のすべての国が環境に敬意を払った生産物およびサービスを調達する国となるよう取り組ませる。
- 環境にやさしいテクノロジーと革新のなかにある市場を増加させる。
- EU内外で、動物福祉を改善する。

― 天然資源の保全と管理
- 2010年までに、および2010年以降、世界規模の生物多様性損失割合を大幅に減少させるよう監視する。
- 2015年までにヨハネスブルク・プラン（2002年）に沿って、劣化した海洋環境を浄化し、水産資源の乱開発を避ける。
- 2015年までに国連の森林保護の目的に向けて行動する。
- 使用の効率性を徐々に改善し、競争力を獲得する。
- リサイクリングを促進し、廃棄物の発生を削減する。

― 公衆衛生
- 2020年までに農薬を含む化学物質が安全に製造され、取り扱われ、使用されるよう確認する。
- EU内で、アルコール中毒、肥満などの生活習慣病による平均寿命の格差を是正する。
- 健康上の脅威を速やかに、かつ効率的に取り扱う戦略を推進する。
- EU内を通じて、自殺率を下げ、メンタルヘルスを改善する。
- われわれの食品およびわれわれが動物に与える餌に関する法律を厳しくする。
- EU内外で動物福祉標準を高めることを保証する。

― 社会的統合、人口、移住
- とくに子どもの貧困に力点をおいて、2010年までに貧困および社会的排除の危機にある者の数を削減する。
- 地域的および社会的結束を保証する。
- 出生率および高齢化の課題に直面して、社会的保護を改革しているEU各国を援助する。
- 2010年までに、雇用、とくに女性、高齢者、移民の雇用を促進する。
- 移民がヨーロッパ社会に統合されることを歓迎する。
- 青少年の雇用を促進する。少なくとも22歳の青少年の85%が中等教育を修了することを保証する。2007年以降、学校教育修了後6か月以内に、すべての青少年は、仕事に就くか、徒弟となるか、職業訓練を受けるか、または雇用を容易とする資格を取得しているものとする。
- 障害をもつ者が仕事に就けるよう援助する。

―世界の貧困と持続可能な発展の課題
- 極端な貧困と飢餓を撲滅する。
- いずれの地域でも初等教育を達成する。
- 性の平等を強化する。
- 子どもの死亡率を下げる。
- 母子保健を促進する。
- HIV/AIDS、マラリアおよびその他の病気と闘う。
- 環境の持続可能性を保証する。
- 開発のためのグローバルなパートナーシップを育成する。

（出所）European Commission Secretariat-General, *A Guide to the EU's Sustainable Development, Sustainable Future in Our Hands* 〈http://ec.europa.eu/sustainable/docs/sds_guide_en.pdf〉の記述にもとづき作成。

適応の促進。
- 生物多様性、大気、水およびその他の自然資源、食品の安全性への取組みの強化。たとえば共通農業政策、共通漁業政策および交通政策の一部として、生物多様性に潜在的な負の影響を与えている政治領域で、生物多様性問題に対する統合化された、より重点的な取組み。
- 人口動態的および移民の側面を含む社会的一体性（social inclusion）と統合の促進。健康への脅威に対する予防の促進。
- 公正な環境の保護をともなう成長の強化を含む国際的な次元の構築とグローバルな貧困との闘いの強化。天然資源に対する負荷の増加の観点から、人口増加にともなう影響との取組み。

2　ドイツ

　ドイツでも連邦政府により、「持続可能な発展のための国家戦略」が策定された。そのなかではとくに、世代間の公正、生活の質、社会的協同、国際的責任という4つの主要な座標軸が設けられ、それに対応した21の行動領域と指標が掲げられている。同戦略の策定、実施にあたっては、各界出身者から構成される「持続可能な発展評議会」が重要な役割を果たしている。

(1) ドイツのこれまでの動き

　ドイツでも、「環境と開発に関するリオ宣言」とその行動計画としての「アジェンダ21」(1992年)、EUの「持続可能な発展戦略」(2001年)などを受けて、90年代後半から、連邦レベルでの「持続可能な発展のための国家戦略」を策定する動きが高まった。こうしたなかで2000年1月に、連邦議会は超党派で政府に対し持続可能戦略の策定を求める決議を採択した[20]。

　こうして連邦政府は、2002年にドイツの持続可能戦略である「ドイツのための展望――持続可能な発展のためのわれわれの戦略」(Perspektiven für Deutschland: Unsere Strategie für eine nachhaltige Entwicklung) を決定した[21]。そこでは、3つの次元（環境、経済、社会）に対して、4つの座標（世代間の公正、生活の質、社会的協同、国際的責任）が掲げられた。さらにこの4つにそれぞれ対応する

21の指標が定められた(後掲表終-2を参照)。

なお、連邦議会には2006年4月から、分野横断的な事案を検討する「持続可能な発展に関する議会諮問委員会」(Parlamentarischer Beirat für nachhaltige Entwicklung)が設置されている[22]。この委員会は、関連する常任委員会に対し「持続可能な発展」に関する措置を勧告しており、超党派の連邦議会議員で構成されている[23]。

(2) 連邦政府の関連機関

連邦政府の持続可能戦略の策定、実施等にあたっては、「持続可能な発展評議会」(Rat für Nachhaltige Entwicklung)が重要な役割を果たしている(**図終-5**を参照)。この評議会は、連邦政府の審議委員会(Beratungsgremium)で、その構成員は、環境団体、経済界、教会、労働組合、市町村の代表等から首相により任命される。各界から選出されるが、団体の代表としてではなく個人として任務を遂行する。2010年1月現在、フォルカー・ハウフ(Volker Hauff)元連邦

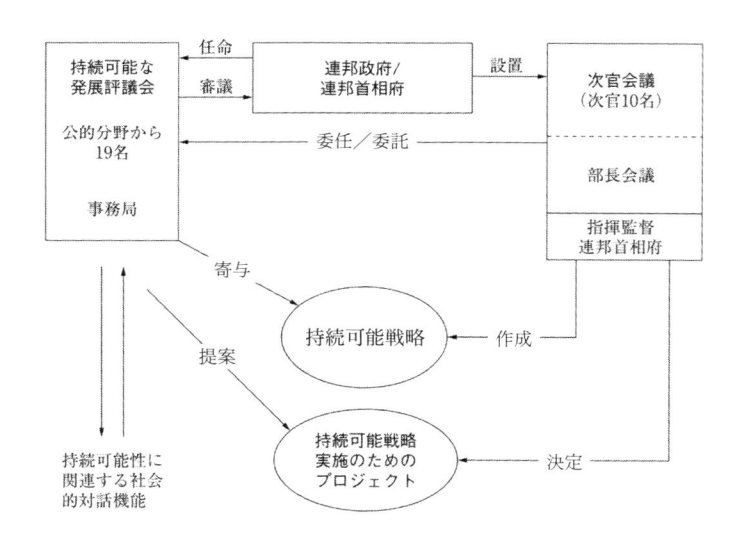

図終-5 ドイツの「持続可能戦略」の関係機関

(出所) Claudia Koll, *Nachhaltigkeit als Maxime der Zeit—nationale und globale Herausforderungen für die Politik*〈http://www.nachhaltigkeitsinitiative.de/cms/upload/File/Infopool/Praesentationen/Koll_08.11.05.pdf〉

研究・技術相が会長を務めている。同評議会の任務として、大きく次の3点が挙げられる[24]。

・持続可能戦略の策定にあたっての寄与
・持続可能戦略実施のための各種プロジェクトの提案
・社会各層との対話を通じた国民的コンセンサスの形成

なお、持続可能戦略は、政府の次官会議とその下の部長会議により原案が作成される。同評議会は、政府の持続可能戦略の実施にあたり貢献するとともに、政府に対し政策の勧告などを行っている。

(3) 持続可能戦略の進捗状況

持続可能戦略の策定後、2004年と2008年の2回、その進捗状況を示す報告書が連邦政府によって刊行されている。**表終-2**は、2008年の報告書から現在の達成状況を見たものである。

同報告書では、達成状況が4段階で示されている。「☀」は、「すでに達成している。または達成までに残された工程が5％未満」で、全体で35ある指標のうち12がこれに該当している。したがって約3分の1の指標はすでに達成されたか、達成に近いことを見て取ることができる。以下、「⛅」は「達成までに残された工程が5～20％」(4)(括弧内の数字は該当する指標の数)、「☁」は「達成までに残された工程が20％以上」(12)、「⛈」は「誤った方向に向かっている」(7)となっている。このように約2割の課題は、達成からはほど遠くなっている。

(4) バーデン・ヴュルテンベルク州の持続可能戦略

ドイツでは、連邦レベルの持続可能戦略と市町村の「ローカル・アジェンダ21」の間に、各州政府が州としての戦略を策定している点に特色がある。

ここではバーデン・ヴュルテンベルク州の持続可能戦略を取り上げてみた。同州では、2007年3月から「持続可能戦略」が開始されている。そのタイトルは、「今、明日を形成する」(Jetzt das Morgen gestalten)となっており、この言葉が同州のモットーとされている。**図終-6**に示したように、10の目標領域が設定

表終-2　ドイツの持続可能戦略と指標の達成状況

座標	行動領域		指標（目標）	現況
世代間の公正	資源保存	1a	・エネルギーの生産性（1990-2020年：＋200％）	
		1b	・原料の生産性（1994-2020年：＋200％）	
	気候保護	2	・温室効果ガス削減（1990-2008/2012年：-21％）	
	再生可能エネルギー	3a	・一次エネルギー消費に占める割合（2010年：4.2％，2020年：10％）	
		3b	・電力消費に占める割合（2010年：12.5％，2020年：少なくとも30％）	
	土地の利用	4	・住宅用／交通用の土地（2020年：30ha/日）（注1）	
	種の多様性	5	・選択された種類（注2）	
	国の負債	6	・国の赤字（注3）	
	経済的備蓄	7	・GDPに占める総固定資本形成（注4）	
	革新	8	・研究および開発のための支出（2010年：GDPの3％）	
	教育	9a	・18-24歳で教育修了証をもたない者（2010年：9％，2020年：4.5％）	
		9b	・25歳の大学修了者（2010年：10％，2020年：20％）	
		9c	・大学入学者の割合（2010年：40％）	
生活の質	経済的豊かさ	10	・1人あたりのGDP（注5）	
	移動	11a	・貨物輸送集中度（2010年までに1999年の98％，2020年までに95％）	
		11b	・人の輸送集中度（2010年までに1999年の90％，2020年までに80％）	
		11c	・貨物運輸に占める鉄道交通の割合（2015年：25％）	
		11d	・貨物運輸に占める国内海運の割合（2015年：14％）	
	食料	12a	・窒素過剰（2010年：80kg/ha）（注6）	
		12b	・エコロジー農業の比率（2020年：20％）	
	大気の質	13	・汚染有害物質負荷削減（1990-2010年：-30％）	
	健康	14a	・10万人あたりの65歳以下の男性死亡率（2015年：190人）	
		14b	・10万人あたりの65歳以下の女性死亡率（2015年：115人）	
		14c	・12-17歳の青少年の喫煙率（2015年：12％以下）	
		14d	・15歳以上の成人の喫煙率（2015年：22％以下）	
		14e	・18歳以上の成人の肥満率（2020年までに減少）	
	犯罪	15	・住居侵入（2015年までに1年間で10万件以下）	
社会的協同	雇用	16a	・全体の就業率（15-64歳）（2010年：73％，2020年：75％）	
		16b	・高齢者の就業率（55-64歳）（2010年：55％，2020年：57％）	
	家族の視点	17a	・0-2歳までの子どものための全日の世話（2010年：30％，2020年：35％）	
		17b	・3-5歳までの子どものための全日の世話（2010年：30％，2020年：60％）	
	男女同権	18	・年収の比較（注7）	
	移民の統合	19	・基幹学校修了証をもたない外国人生徒の割合（2020年：ドイツ人生徒並みとする）	
国際的責任	開発の共同作業	20	・公共の開発共同作業の対GDP比（2010年：0.51％，2020年：0.7％）	
	市場の開放	21	・発展途上国からの輸入（さらに増大）	

（注1）2020年までに土地使用の増加を1日につき30ヘクタールに抑制する。
（注2）2020年までに指標値100まで上昇させる。
（注3）連邦予算を遅くとも2011年以降、純借入高なしとする。
（注4）割合を上昇させる。
（注5）経済的達成を環境に適って、社会的に受け入れられるよう上昇させる。
（注6）農業用地での窒素過剰を2010年までに1ヘクタールあたり80kgに削減する。
（注7）男女の差を2010年までに15％、2020年までに10％にまで縮小する。

（出所）Bundesregierung, *Fortschrittsbericht 2008, zur nationalen Nachhaltigkeitsstrategie*, S.81ff. <http://www.bundesregierung.de/Content/DE/_Anlagen/2008/05/2008-05-08-fortschrittsberich-2008, property=publicationFile.pdf> および *Handlungsfelder und Indikatoren der Nationalen Nachhaltigkeitsstrategie 'Perspektiven für Deutschland'* <http://www.agenda21.rlp.de/index.php?id=158> をもとに作成。

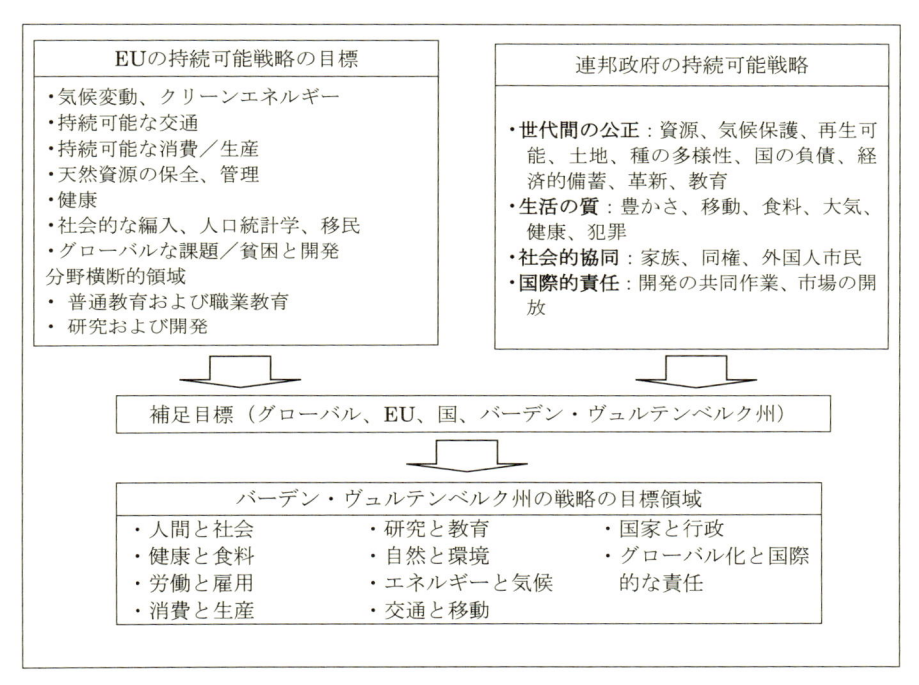

```
┌─────────────────────────────────────┬─────────────────────────────────────┐
│      EUの持続可能戦略の目標         │      連邦政府の持続可能戦略         │
│ ・気候変動、クリーンエネルギー      │ ・世代間の公正：資源、気候保護、再生可│
│ ・持続可能な交通                    │   能、土地、種の多様性、国の負債、経 │
│ ・持続可能な消費／生産              │   済的備蓄、革新、教育              │
│ ・天然資源の保全、管理              │ ・生活の質：豊かさ、移動、食料、大気、│
│ ・健康                              │   健康、犯罪                        │
│ ・社会的な編入、人口統計学、移民    │ ・社会的な協同：家族、同権、外国人市民│
│ ・グローバルな課題／貧困と開発      │ ・国際的責任：開発の共同作業、市場の開│
│  分野横断的領域                     │   放                                │
│ ・普通教育および職業教育            │                                     │
│ ・研究および開発                    │                                     │
└─────────────────────────────────────┴─────────────────────────────────────┘
                 ▽                                    ▽
         ┌─────────────────────────────────────────────────────┐
         │ 補足目標（グローバル、EU、国、バーデン・ヴュルテンベルク州）│
         └─────────────────────────────────────────────────────┘
                                   ▽
         ┌─────────────────────────────────────────────────────┐
         │      バーデン・ヴュルテンベルク州の戦略の目標領域       │
         │  ・人間と社会    ・研究と教育    ・国家と行政          │
         │  ・健康と食料    ・自然と環境    ・グローバル化と国際  │
         │  ・労働と雇用    ・エネルギーと気候   的な責任         │
         │  ・消費と生産    ・交通と移動                          │
         └─────────────────────────────────────────────────────┘
```

図終-6　EU・連邦・バーデン・ヴュルテンベルク州の持続可能戦略

(出所)　*Jetzt das Morgen gestalten, Nachhaltigkeitsstrategie Baden-Württemberg*, 〈http://www.2.um.baden-wuerttemberg.de/servlet/is/37256/Grundlagenpapier_Ziele.pdf?command=downloadContent&filename=Crundlagenpapier_Ziele.pdf〉

され、それぞれについて、関連する EU の戦略、連邦の戦略との参照が行われている。具体的には、①未来に可能なエネルギーの供給と利用、②生産と労働、③未来に可能な都市の発達、④生活の質、⑤未来に可能な社会的な発展、⑥持続可能な発展の原動力としての教育および知識、という 6 つの分野で、現在 18 のプロジェクトが進行している。これに参加している関係者は 250 人以上となっている[25]。

(5) 個人から国家を超えた世界へ

「持続可能戦略」の達成状況を記述した 2008 年版『進捗報告書』は、その総括を次の言葉で結んでいる[26]。「持続可能性は継続的な課題であり、長いス

パンを必要とする。必要なことは、包括的でかつ一貫した、政策の基本原理としての持続可能性の考慮である。持続可能性は、あらゆる政治領域を刻印付ける。技術的、経済的、社会的な進展は、持続可能性の原理で測定されなければならない。持続可能性が真に受け入れられ、あらゆる関係者の日常生活の中で実行されるとき、持続可能性は再生のための原動力となることができる。この意味で、持続可能戦略は、21世紀のための未来戦略である」。

このように、持続可能性の概念は、あらゆる政治領域を包括しており、連邦、州、市町村、市民社会すべてに関わる課題となっている。国だけの問題ではなく、広く公共的な対話が求められるとされている。ドイツの学校教育

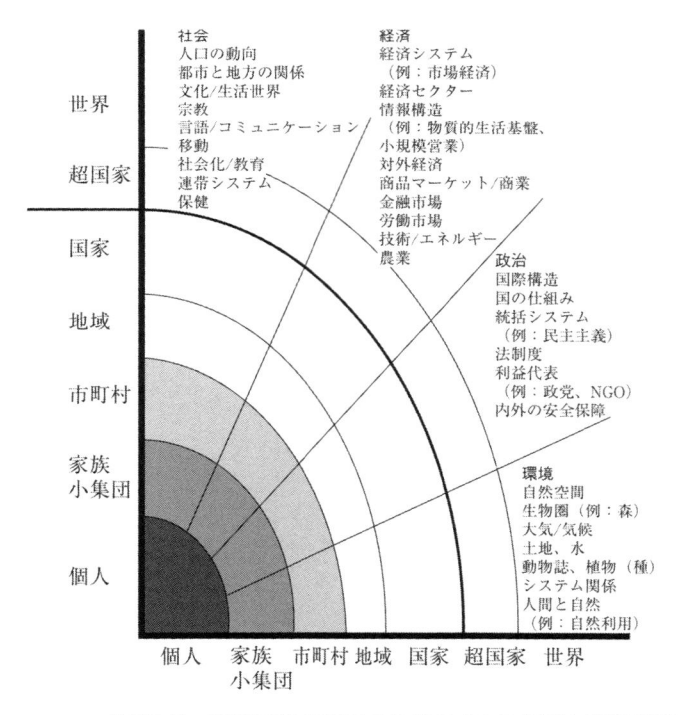

図終-7 持続可能な発展のための4つの領域と段階構造

(出所) Dieter Apple et. al., *Orientierungsrahmen für den Lernbereich Globale Entwicklung im Rahmen einer Bildung für nachhaltige Entwicklung,* Bonn: Kultusministerkonferenz (KMK) & Bundesministeriums für wirtschaftliche Zusammenarbeit und Entwicklung (BMZ), 2007, S.30.

用にまとめられた資料では、**図終−7**のように、持続可能な発展を、環境、経済、社会に政治を加えた4つの領域で、個人のレベルから国家を超えた世界規模で、共同して取り組む課題として位置付けている。

第3節　ドイツのローカル・アジェンダ21──その発展と事例

　ドイツでも1992年の「環境と開発に関する国連会議」(地球サミット) で採択された「アジェンダ21」を受けて、地方自治体のイニシアティブによる「ローカル・アジェンダ21」が策定されるようになった。ただしドイツの場合、イギリス、スウェーデンなどと比較して、その普及率はまだ高くない。持続可能な都市づくりと持続可能戦略を結び付けた、バイエルン州のノイマルクト市の試みが注目される。

1　ローカル・アジェンダ21の発展

　ドイツでは、1994年にベルリンのケペニック地区で初めて「ローカル・アジェンダ21」が策定された[27]。しかしドイツでの発展状況は、必ずしも順調ではなく、1996年末までにローカル・アジェンダがつくられたのは、連邦全体で約14,000ある自治体のうち2%以下にすぎなかった (以下、**図終−8**を参照)。そのなかで、1995年にドイツ都市会議は、指針として『環境に適した発展のための都市』(Städte für eine umweltgerechte Entwicklung) を作成した。これをもとに、1996年にまず、ミュンヒェン、ブレーメン、ハンブルク、ハノーファーといった大都市で「ローカル・アジェンダ21」が策定され、以後その数は増加することになる。

　地球サミットの10年後にあたる2002年になると、連邦全体の約16%に相当する2,292の自治体で「ローカル・アジェンダ21の策定に関する決議」が行われている。この数値は、ほぼ100%の自治体で策定されているイギリス、オランダ、スウェーデンといった国々と比較すると、まだ相当低い[28]。2005年の時点で見ると、その数は、2,605の自治体に増加している[29]。また、ノルトライン・ヴェストファーレン州 (277自治体：全体の64.9%)、シュレース

図終-8 ドイツのローカル・アジェンダの発達

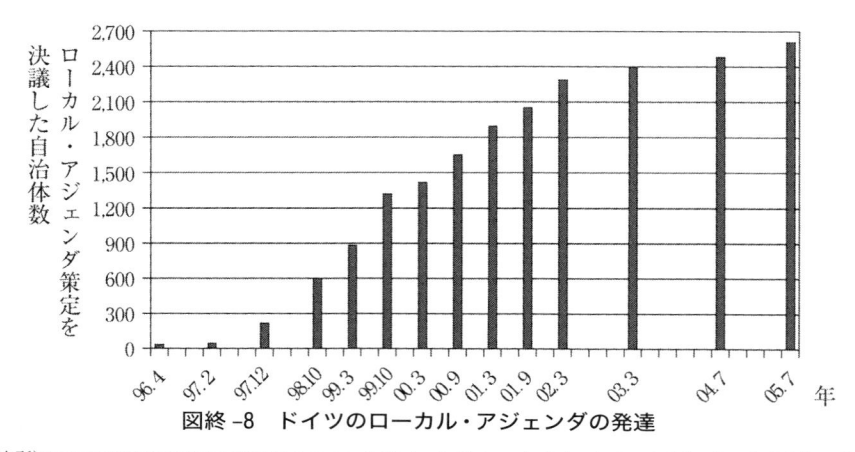

縦軸：ローカル・アジェンダ策定を決議した自治体数

（出所）Umweltministerium Baden-Württemberg u.a., *Leitfaden, Indikatoren im Rahmein einer Lokalen Agenda*, S.5.〈http://www.lubw.baden-wuerttemberg.de/servlet/is/57770/leitfaden_vierte_aktual_vers_2009.pdf?command=downloadContent&filename=leitfaden_vierte_aktual_vers_2009.pdf〉

ヴィヒ・ホルシュタイン州（63自治体：5.5%）といった具合に州により差が見られる。このあと見ていくノイマルクト市のあるバイエルン州では、33%（701自治体）となっている[30]。

2　ノイマルクトのローカル・アジェンダ21

　ローカル・アジェンダ21の一例として注目されるもののひとつとして、バイエルン州ノイマルクト市の取組みがある。同市は、都市計画のなかで、持続可能戦略を総合的に位置づけている点に特色がある。市全体で様々なプロジェクトが実施されており、広範な市民がこれに関わっている。同市は、人口約4万人で、ドイツでは初めて本格的に、持続可能な都市づくりとローカル・アジェンダ21を結び付けたという点で特色がある。

(1) 策定作業

　ノイマルクトにおけるローカル・アジェンダ21への取組みは、2002年から行われている。その最も重要な成果として挙げられるのが、「未来に可能なノイマルクト」（Zukunftsfähiges Neumarkt）の策定である。この文書は、2004年

に同市議会で決定され、ノイマルクトにおける持続可能な都市づくりのための基本戦略となった。

この戦略の策定にあたっては、市議会、市役所だけでなく、多くの市民の幅広い参加を得て、関係者が一体となり、段階を踏んだ対話の手続きを経てまとめられた。こうした手続きは「ピンポン方式」（市議会、市役所など市当局と市民、関係団体等との間で、相互にアイデア等を交換し合う仕方）と呼ばれている[31]。

(2) 全体の構成

全体は、ノイマルクトの2025年までを描いた、大きく6つの中核となる基本理念（Leitbild）と、それに対応した24の中心課題（Leitsatz）から構成されている[32]。たとえば、「共同してよい生活を営む」という基本理念のもとに「連帯ある社会」、「家族に優しい都市」といった中心課題が設定され、その課題を実現するための指標が掲げられている（**表終-3**を参照）。なお、表終-3では、こうした課題に対して市民が「どの程度満足しているか」を調査した結果も掲載してみた。たとえば「社会的弱者支援に満足しているか？」という問いでは、68％の被験者が「非常に満足／満足している」、32％が「あまり満足していない／不満足」といった結果が出ている。

こうした基本理念とそれにもとづく中心課題を実現するために、17の基本プロジェクトとそれを展開した164の個別プロジェクトが設定されている。基本プロジェクトとして、たとえば基本理念1では、「アクティブな市民」、「家族に優しいノイマルクト」などが進められている。個別のプロジェクトとしては、「多文化の祭典」、「家族の連帯フォーラム」といったコミュニティセンターとしての「市民の家」を使った行事、「世界が学校を作る」というタイトルのグローバル学習の教材の作成と各学校への配布など、多彩な取組みが行われている[33]。こうしたノイマルクトの試みは、バイエルン州のモデルケースとして同州環境・保健・消費者保護省からの助成も受けている[34]。

なお、個別プロジェクトについて、2007年時点の達成状況を見ると次のようになっている[35]。「すでに実施された」（35％）、「実施中である」（22％）、「計

表終-3 持続可能な都市づくりのための6つの基本理念とその展開

1 共同してよい生活を営む
→ 人口動態的な行動概念、コミュニティセンターの発展)
1.1 連帯ある社会（指標1：自立支援団体等の数）
「社会的弱者支援に満足しているか？」（7%, 61%, 24%, 8%）
1.2 家族に優しい都市（指標2：0-5歳児の数）
「家族のための行事に満足しているか？」（11%, 56%, 29%, 4%）
1.3 青少年に対し「イエス」（指標3：青少年活動への支出）
「子どもおよび青少年に対する支出に満足しているか？」（21%, 48%, 25%, 6%）
1.4 高齢者が快適に感じる場所（指標4：65歳以上の高齢者数）
「高齢者のための行事に満足しているか？」（13%, 67%, 13%, 7%）
1.5 障害をもつ者、もたない者にとっての住みやすさ（指標5：法律にもとづく世話のケース。州との比較で）
「バリアフリーに対して満足しているか？」（4%, 56%, 27%, 13%）
1.6 健康を意識した人生スタイル（指標6：入学時に占める肥満生徒の割合。州との比較で）
「ヘルスケアに満足しているか？」（21%, 58%, 16%, 5%）
基本プロジェクト：①アクティブな市民 ②家族に優しいノイマルクト ③隣人の獲得 ④多文化との出会い ⑤子どもに対する責任
2 質をともなって住む
→ 地域の移動概念の形成，ノイマルクト市の市場の発展
2.1 旧市街の活性化（指標7：旧市内への集中的投資）
「旧市街の魅力に満足しているか？」（21%, 59%, 15%, 5%）
2.2 楽しく買い物ができる魅力的な都市（指標8：売上高と購買力の関係）
「多様な購買可能性に満足しているか？」（31%, 48%, 15%, 6%）
2.3 インテリジェントで持続可能な交通の整備（指標9：都市バスにおける排出ガス）
「公共近距離交通（OPNV）に満足しているか？」（13%, 53%, 25%, 9%）
2.4 都市構造の持続可能な発展（指標10：住民一人あたりの舗装された土地）
「住居環境のローカルアメニティに満足しているか？」（21%, 54%, 14%, 11%）
基本プロジェクト：①一体となった旧市街の美化、活性化、形成 ②ノイマルクトの購買体験 ③持続可能な総体的な移動概念
3 自然と調和して生活する
→ 市の環境マネジメント、地方市民会議
3.1 資源の確保および保護（指標11：家庭での平均的な水使用）
「都市の環境保護に満足しているか？」（12%, 55%, 25%, 8%）
3.2 快適な「緑の都市」（指標12：市管轄区域に植えられた樹木）
「緑の中の近郊レクリエーションに満足しているか？」（32%, 54%, 11%, 3%）
3.3 自然の保護（指標13：市管轄区域における景観育成措置）
「景観保護と自然保護に満足しているか？」（16%, 57%, 16%, 11%）
基本プロジェクト：①水—価値ある財産 ②快適でリフレッシュできる緑の都市

4 学習し文化を体験する
→ 国連の持続可能な開発のための教育の幅広い展開、「文化公園」ノイマルクトの発展
4.1 革新的な教育と大学の所在地（指標14：訓練場所を見つけて卒業した基幹学校生徒の割合） 「教育および継続教育の提供の魅力に満足しているか？」（26％、65％、9％、0％）
4.2 多様な文化的立脚点（指標15：大ホール、小ホールでの催し数） 「文化的行事に満足しているか？」（27％、57％、14％、2％）
4.3 魅力的な余暇とスポーツの機会の提供（指標16：ノイマルクト・スポーツ連盟会員数） 「スポーツおよび余暇の機会の提供に満足しているか？」（26％、59％、14％、1％）
4.4 われわれの未来のための学習（指標17：成人教育施設の行事数） 「教育をテーマにした行事に満足しているか？」（6％、60％、31％、3％）
基本プロジェクト：①会議開催地、大学所在地としてのノイマルクト　②文化的公園としてのノイマルクト　③学習プログラム「未来可能性」
5 未来を向いて働く
→ バイエルン州環境クラスターの位置付け、地域の発達概念を実施に移すにあたっての関与
5.1 総合力上位都市への途上（指標18：大学卒業者の割合） 「大学の提供に満足しているか？」（14％、47％、31％、8％）
5.2 魅力的な経済の所在地（指標19：社会保険義務のある雇用） 「職場の状況に満足しているか？」（45％、36％、17％、2％）
5.3 革新的なハイテクセンター（指標20：営業申請数） 「訓練生および徒弟の教育に満足しているか？」（37％、47％、14％、2％）
5.4 地域との共同（指標21：ボーナスシステム*への参加者数） 「地域の生産とサービスに満足しているか？」（16％、66％、16％、2％）
基本プロジェクト：①ノイマルクトにあるわれわれの企業との一体化　②訓練および教育の連帯
6 グローバルに思考し、ローカルに行動する
→ ローカルな気候保護概念／気候保護機関、持続可能フォーラム
6.1 気候保護へ向けたわれわれの寄与（指標22：電力消費に占める再生可能エネルギー。ドイツ全体との比較） 「気候保護のローカルプランに満足しているか？」（6％、40％、36％、18％）
6.2 責任ある消費（指標23：商店の数） 「公正な取引をテーマにした催しに満足しているか？」（12％、55％、27％、6％）
6.3 グローバル化した世界におけるわれわれの役割（指標24：学校の国際交流） 「環境教育、持続可能な開発のための教育に満足しているか？」（4％、46％、39％、11％）
基本プロジェクト：①地方自治体のエネルギー節約と気候保護プログラム　②環境に負荷を与えない責任を自覚した消費者

* 支払金額の3％までがボーナスポイントとして加算され、地域通貨として使用できるシステム。
（出所）„Nachhaltigkeitsbericht mit Zwischenbilanz zur Umsetzung des Stadtbildes"〈http://www.neumarkt.de/fileadmin/neumarkt.de/mitarbeiter/Pdf-Dateien/Buerger/Nachhaltigkeitsbericht.pdf〉にもとづき筆者作成。

画中である」(11％)、「まだ実施されていない」(32％)。

3　ローカル・アジェンダ21の効果と課題

関係者によれば、ローカル・アジェンダ21の発達により、次のような効果が表れているということである[36]。

① 市町村が行う活動に活気が出てきた。
② 市民と行政の間のコミュニケーションが強化された。
③ 資源が効率的に使用されるようになった。
⑤ ローカル・アジェンダ21が、基本理念、目標、指標を掲げることにより、政治および行政に方向性を与えている。

また、今後望まれる課題としては次の点が挙げられている[37]。

① 行政の取組みが、市民に身近なものとして行われなければならない。
② その際、関係者の役割が透明性のあるものでなければならない。
③ ローカル・アジェンダ21が、地域の日常生活と密接に結合するものにならなければならない。

このように、ローカル・アジェンダ21は、市町村の透明性のある構造と政治的プロセスに寄与するものでなければならないとして、とくに「透明性」ということが言われている。

以上、現代社会が抱える諸課題を「持続可能な社会の構築」に向けた理念とその具体的な取組みという観点から概観した。前掲図終-2に掲げたように「持続可能戦略」のレベルは、世界のレベル（国連：アジェンダ21）から、超国家（EU：EU持続可能戦略）、国（ドイツ：国の持続可能戦略）、地域（州：バイエルン州持続可能戦略）、市町村（ローカル・アジェンダ21：ノイマルクト）といった具合に「垂直的な一貫性」をもち、同時に、社会、経済、政治、環境の各領域における「行動次元の水平的な一貫性」を保っている（前掲図終-3を参照）。こうした枠組みの中に「持続可能な社会の構築」に向けた課題が設定されている。たとえば、ドイツの「持続可能戦略」のなかで教育は、「世代間の公正」を保証する重要な要素として位置付けられている。「社会的協同」のなかに

も教育に関わる内容が盛り込まれ、達成すべき目標が具体的な数値とともに記されている（前掲表終-2を参照）[38]。

また「持続可能戦略」のなかで、課題の解決にあたっては、様々な立場の関係者が参加するマルチステークホルダー的アプローチがとられている[39]。地域、国、EUといったレベルを問わず、このようなマルチステークホルダーの役割や対話のなかから、一人ひとりが社会の担い手であるという意識をもつことにつながっている。合わせてそこでは、持続可能な未来を作るためには、まず持続可能な未来のビジョンを描き、描いたビジョンを具体化するという手法が採用されている[40]。

加えて強調されているのは、こうした意識の形成とそのことによる共同を支える重要な要素として「教育」が挙げられている点である。そのなかで2005年から開始された「国連持続可能な開発のための教育（ESD）の10年」が注目されよう[41]。ESDの取組み期間は2005年から2014年までの10年間であり、その内容をさらに充実させていくことが求められている。

こうした「持続可能な社会の構築」という大きな枠組みのなかに教育を位置付けることにより、「ヨーロッパのなかのドイツ」、「世界のなかのドイツ」という視点から、今後のドイツ教育、さらにはヨーロッパ教育が進むひとつの方向性が見出されるのではないかと思われる。筆者としては、こうした「持続可能戦略」を基盤に置いた研究を今後の課題としたい。

注

1　拙稿「はじめに」、「持続可能な発展戦略の展開と構造―アジェンダ21、EU、ドイツ」（国立国会図書館調査立法考査局『持続可能な社会の構築：総合調査報告書』2010.3, pp. 1-2, pp. 57-69, pp. 99-103；阿部治「今なぜ「持続可能な社会」なのか」同上書, pp. 11-13. を参照。

2　たとえばドイツでは、18世紀からとくに林業の面で「持続可能」という言葉が使われていた。1975年には「連邦森林法」（Bundeswaldgesetz）のなかにこの言葉が盛り込まれた。1976年の「連邦自然保護法」（Bundesnaturschutzgesetz）では、「人間の自然な生活基盤として、またその生活基盤を回復するものとして」、「自然および風土の持続的な確保」を位置付けている（第1条）。„Landschaftsplanung als Grundlage für die Lokale Agenda 21" を参照。〈http://www.kolleg.loel.hs-anhalt.de/professoren/hlange/tresor/

Seiten/BaNaLa/M-LPs-GOPs-Dateien/SS_08/LP-GOP-05-19.+26.05.08-Grundlage-Agenda21.pdf〉

3 矢口克也「〈持続可能な発展〉理念の実践過程と到達点」国立国会図書館調査立法考査局, 前掲『総合調査報告書』, p. 17を参照。

4 「エネルギーと環境」編集部編, 環境庁・外務省監訳『アジェンダ21実施計画（'97）：アジェンダ21の一層の実施のための計画』エネルギージャーナル社, 1997.

5 以下の記述は, 図終-1に記載された説明による。

6 訳文は, 奥脇直也編『国際条約集 2008年版』有斐閣, 2008, p. 49. を参照。

7 Communication from the Commision, *A Sustainable Europe for a Better World: A European Union Strategy for Sustainable Development*, COM (2001) 264 final.

8 Presidency Conclusions–Göteborg, 15 and 16 June 2001. 〈http://www.consilium.europa.eu/uedocs/cms_data/docs/pressdata/en/ec/00200-r1.en1.pdf〉

9 European Commission, *A European Union Strategy for Sustainable Development* 〈http://ec.europa.eu/sustainable/docs/strategy2001_en.pdf〉を参照。EUの持続可能戦略に関する邦語先行研究として, 和達容子『欧州統合と持続可能な社会構築の実践：EUによる他政策への環境配慮を事例として』（文部科学省科学研究費補助金研究成果報告書）, 2008を参照。

10 *op.cit* 7, p.16.

11 Communication from the Commission to the European Parliament, the Council, the Economic and Social committee of the Regions, *Towards a global partnership for sustainable development*, COM (2002) 82 final.

12 Commnication from the Commssion to the Council and the European Parliament, *The 2005 Review of the EU Sustainable Development Strategy: Initial Stocktaking and Future Orientations*, COM (2005) 37 final; 以下の資料も参照。Barbara Steffner, *Die Nachhaltigkeitsstrategie der EU und ihre Überprüfung.* 〈http://fr.federaleurope.org/fileadmin/files_ebd/PDF-Dateien/EBD_EU_Analyse_Nachhaltig_EU-KOM.pdf〉

13 Brussels European Council 16 and 17 June 2005, Presidency Conclusions 〈http://www.consilium.europa.eu/uedocs/cms_data/docs/pressdata/en/ec/85349.pdf〉

14 Communication from the commission to the Council and the European Parliament, *Draft Declaration on Guiding Principles for Sustainable Development,* COM (2005) 218 final

15 Communication from the Commission to the Council and the European Parliament, *On the review of the Sustainable Development Strategy, A platform for action,* COM (2005) 658 final

16 Review of the EU Sustainable Development Strategy (EU SDS), Renewed Strategy 〈http://ec.europa.eu/sustainable/docs/renewed_eu_sds_en.pdf〉

17 *ibid.*, p.2.

18 *ibid.*, p.7; 以下の資料も参照。Christoph Müller, *The EU Sustainable Development Strategy*

- *Characteristics, Monitoring and Follow up*. 〈http://www.oecd.org/dataoecd/41/8/38834367. ppt?contentId=38834368〉
19　2009 *Review of the EU Sustainable Development Strategy - Presidency Report*, p.21 〈http://register.consilium.europa.eu/pdf/en/09/st16/st16818.en09.pdf〉
20　*Lexikon der Nachhalitgkeit* から „Nachhaltigkeitsstrategie" を参照。〈http://www.nachhaltigkeit.info/artikel/nachhaltigkeitsstrategie_528.htm〉
21　連邦政府のホームページから「持続可能戦略」を参照。〈http://www.bundesregierung.de/Webs/Breg/nachhaltigkeit/DE/Nationale-Nachhaltigkeitsstrategie/Nationale-Nachhaltigkeitsstrategie.html〉ドイツの「持続可能戦略」について書かれた先行文献として、坪郷實『環境政策の政治学：ドイツと日本』早稲田大学出版部，2009, pp. 25-32. を参照。
22　*Bundestagsdrucksache*, 16/1131 を参照。
23　2010年現在（第17議会期）、22名の連邦議会議員から構成されている。キリスト教民主・社会同盟（9名）、社会民主党（5名）、自由民主党（3名）、左派党（3名）、90年連合・緑の党（2名）。同委員会は、連邦政府の持続可能戦略の実施を議会としてフォローし、持続可能戦略の進展に関する勧告の作成に関与する。同委員会は、外国の議会との間で行った協議など、少なくとも2年に1回、報告書を作成するものとされている。
24　持続可能な発展評議会のホームページから、*Fact Sheet: Der Rat für Nachhaltige Entwicklung* を参照。〈http://www.nachhaltigkeitsrat.de/der-rat/auftrag-des-rates/〉
25　*Lexikon der Nachhalitgkeit* から „Baden-Württemberg, Nachhaltigkeitsstrategie" を参照。〈http://www.nachhaltigkeit.info/artikel/nachhaltigkeitsstrategie_baden_wuerttemberg_1207.htm〉
26　Bundesregierung, *Fortschrittsbericht 2008, zur nationalen Nachhaltigkeitsstrategie*, S.18.
27　以下の記述にあたってデータ等、地球サミットの10年後の2002年に刊行された次の報告書を参照。Forum Umwelt & Entwicklung, *Nachhaltigkeit Lokal, Lokale Agenda 21 in Deutschland, Eine Zwischenbilanz 10 Jahre nach Rio*, S.7. 〈http://www.rio-10.de/rioprozess/bilanzpapiere/bilanzpapier_agenda21.PDF〉邦語文献として、坪郷前掲書, pp. 136-162. を参照。
28　Forum Umwelt & Entwicklung, *ibid.* S.6.
29　*Lokale Agenda 21 und Schule / Beschlusse bundesweit* 〈http://www.agenda21-treffpunkt.de/lokal/stadt/abc_stadt/bund.htm〉
30　*ibid*.
31　*Zukunftsfähiges Neumarkt* 〈http://www.neumarkt.de/fileadmin/neumarkt/mitarbeiter/Pdf-Dateien/Buerger/Stadtleitbild.pdf〉
32　*Nachhaltigkeitsbericht mit Zwischenbilanz zur Umsetzung des Stadtbildes* 〈http://www.neumarkt.de/fileadmin/neumarkt/mitarbeiter/Pdf-Dateien/Buerger/Nachhaltigkeitsbericht.pdf〉

33　*ibid.*
34　*Die Erstellung des Stadtleitbildes Neumarkt i.d. OPf.*〈http://www.neumarkt.de/de/buerger/stadtentwicklung-undbauen/grundlagen-staedtischer-planungen/stadtleitbild.html〉
35　*op.cit.* 32, S.4.
36　Kathrin Schaarschmidt, *Nachhaltige Kommunalenntwicklung in Deutschland*, 2005〈http://www.forum-nachhaltige-regionen.net/download_de/Nachhaltige-Kommunalentwicklung-in-Deutschland_Katja-Schaarschmidt_dt.pdf〉
37　*ibid.*
38　同戦略では、教育を「世代間の公正」と「社会的協同」を保証する重要な要素として位置付け、達成すべき目標が具体的な数値とともに次のように記されている。①世代間の公正：18歳から24歳の者で学校修了証をもたない者の割合を2010年までに9％、2020年までに4.5％とする（1999年：14.9％，2007年：12.9％）／大学修了証をもつ25歳の者の割合を2010年までに10％、2020年までに20％増加させる。／同年齢人口に占める大学入学者の割合を2010年までに40％まで高める（1993年：24.8％，2007年：34.4％）。以上により、教育と資格の連続性を改善する。②社会的協同：子どもの世話を行う昼間の施設への受け入れ割合を、0-2歳児では2010年までに30％に（2020年までに35％に）、3-5歳児では2010年までに30％に（2020年までに60％に）上昇させる（2007年の時点で、0-2歳児は6.5％、3-5歳児は24.2％）。これにより家庭と職業の両立の改善をはかる／少なくとも基幹学校修了証を取得して離学する外国人生徒の割合を、ドイツ人と同じ水準まで高める（2006年の時点で、ドイツ人生徒：93.0％，外国人生徒：83.2％）。これにより外国人とドイツ人との間にある格差を是正する。
39　阿部前掲論文p.13.を参照。
40　こうした手法は、バックキャスティング方式といわれている。目標を定めて「現在を振り返る」（Back-casting）、すなわち、直面する問題にのみ捉われることなく、あるべき将来像をまず示し、その実現までにどのような具体的な対策が考えられるか、その工程表を作成していくという手法である。矢口前掲論文, pp.35-37を参照。
41　阿部前掲論文および次の論文を参照。上原有紀子「地域からはじまるESD（持続可能な開発・発展のための教育）の可能性―我が国の実践事例から―」前掲『総合調査報告書』pp.239-254；同「現地調査報告　ESDユネスコ世界会議―「国連持続可能な開発のための教育の10年」後半に向けて」『レファレンス』702号，2009.7, 79-89.を参照。

関連拙稿一覧

※ 本書の記述に直接関連する既発表の拙稿は、以下のとおりである。このうち、☆印を付した拙稿が本書の内容のベースとなっている。これらを中心に、そのほかの関連拙稿の記述を随時挿入した。ただし今回所収するにあたり、いずれも適宜加除修正を施している。

序論　ドイツの教育制度概観

- ☆「現代ドイツの教育課題－教育格差の現状を中心に－」『レファレンス』No. 703, 2009. 8, pp. 5-29.
- ・「教育の概況－ドイツ」桑原敏明編『国際理解教育と教育実践』第3巻『西ヨーロッパ諸国の社会・教育・生活と文化』エムティ出版, 1994. 3, pp. 197-214.
- ・「言葉の社会と批判的判断力をもった人間の育成－ドイツの場合」北尾倫彦編『思考力・判断力－その考え方と指導と評価』図書文化社, 1995. 6, pp. 56-57.
- ・「教育制度」『事典　現代のドイツ』大修館, 1998. 6, pp. 547-565.
- ・「ドイツにおける接続問題」荒井克弘, 橋本昭彦編著『高校と大学の接続：入試選抜から教育接続へ』玉川大学出版部, 2005. 2, pp. 295-322.

第Ⅰ部　ドイツ統一と旧東ドイツ教育の再編

- ☆「東ドイツからの移住者のための教育－西ドイツ－」『レファレンス』No. 474, 1990. 7, pp. 84-89.
- ☆「ドイツ統一と旧東ドイツ教育の再編（上）（下）」『レファレンス』No. 499, 1992. 8, pp. 27-55；No. 500, 1992. 9, pp. 100-131.
- ☆「旧東ドイツ地域における教育制度の再編成－後期中等教育の諸問題を中心にして－」『後期中等教育の史的展開と政策課題に関する総合的比較研究』平成2・3・4年度科学研究費研究成果報告書〔研究代表者：手塚武彦〕1993. 3, pp. 143-159.
- ☆「ドイツの青少年の社会意識－東西ベルリンの生徒たちに対するアンケート調査の結果から－」『青少年問題』1993. 9, pp. 46-49.
- ☆「ドイツの大学ランキング（中）」『レファレンス』No. 518, 1994. 3, pp. 57-87.
- ・天野正治・木戸裕・長島啓記・高木浩子「ドイツ統一と教育・学術」日本ドイツ学会『ドイツ研究』第12号, 1991. 5, pp. 1-60.
- ・「ドイツの大学入学制度をめぐる諸問題－統一後の教育制度も含めて－」『レファレンス』No. 487, 1991. 8, pp. 2-56.
- ・天野正治・木戸裕・長島啓記「ドイツ統一と教育の再編」日本比較教育学会『比較

教育学研究』第18号，1992.6，pp. 5-23.
- 「旧東ドイツの新しい学校法－ザクセン州学校法（翻訳）－（資料）」『レファレンス』No. 501, 1992.10, pp. 38-79.
- 天野正治・木戸裕・長島啓記・髙木浩子『ドイツ統一と教育の再編』成文堂，1993.6，全92頁．
- 「ドイツ統一と教育の再編」『教育思想』第21号，1994.3, pp. 14-27.

第Ⅱ部　ヨーロッパ統合とドイツの大学
第1章
☆「教育政策－多様性のなかの収斂と調和」国立国会図書館調査及び立法考査局『拡大EU－機構・政策・課題：総合調査報告書』2007.3, pp. 207-223.

☆「ベンチマークの設定による教育格差の是正―EUの政策文書から」『外国の立法』No. 236, 2008.6, pp. 19-31.

☆「はじめに」国立国会図書館調査及び立法考査局『青少年をめぐる諸問題：総合調査報告書』2009.2, pp. 3-14.

- 第11章「教育政策」国立国会図書館内EC研究会編『新生ヨーロッパの構築：ECから欧州連合へ』日本経済評論社，1992.10, pp. 266-286.

第2章
☆「大学評価のためのヨーロッパ・パイロットプロジェクトとドイツの対応」『大学評価に関する総合的比較研究』平成8年度文部省科学研究費総合研究（A）最終報告書〔研究代表者：桑原敏明〕，1997.3, pp. 173-183.

☆「ヨーロッパの大学にもランキング？－『シュピーゲル』誌の調査を中心に」『IDE』第406号，1999.3, pp. 50-57.

☆「EU諸国の大学評価の動向」『大学評価研究』第2号，2002.3, pp. 25-34.

- 「ヨーロッパの大学ランキング（その一）（その二）（その三）」『週刊教育資料』No. 587, 1998.8.10, pp. 32-33；No. 588, 1998.8.24, pp. 32-33；No. 589, 1998.8.31, pp. 32-33.
- 「ヨーロッパの大学ランキング－競争と評価を主体とした大学へ」『大学ランキング2000年版』朝日新聞社，1999.5, pp. 212-217.
- 「ヨーロッパ諸国の高等教育情勢(1)～(22)」『教育学術新聞』2000.5.17, 5.24, 6.7, 6.14, 6.21, 6.28, 7.5, 7.12, 7.19, 7.26, 8.2, 8.9, 8.23, 9.6, 9.13, 9.20, 9.27, 10.4, 10.11, 10.18, 11.1, 11.8.

第3章
☆「ヨーロッパの高等教育改革－ボローニャ・プロセスを中心にして」『レファレン

ス』No. 658, 2005.11, pp. 74-98.
- ☆「ヨーロッパ高等教育の課題－ボローニャ・プロセスの進展状況を中心として－」『レファレンス』No. 691, 2008.8, pp. 5-27.
- ☆「ヨーロッパの高等教育改革とラーニングアウトカム」『比較教育学研究』第38号, 2009.2, pp. 159-171.
- ・「ヨーロッパの高等教育改革とドイツの大学」東京学芸大学新教員養成システム推進本部『知識基盤社会を創る高度実践型教員養成を考える（Part 2）』2009.3, pp. 53-69.

第4章

- ☆「ドイツの大学ランキング（上）（下）」『レファレンス』No. 516, 1994.1, pp. 9-43; No. 522, 1994.7, pp. 25-55.
- ・「ドイツの大学改革と大学評価（資料）」『大学評価に関する総合的比較研究』平成7年度文部省科学研究費総合研究（A）中間報告書：資料編〔研究代表者：桑原敏明〕, 1996.3, pp. 95-113.
- ・「ドイツ大学改革の課題－第4次高等教育大綱法改正を中心として（フォーラム：高等教育大綱法（HRG）の改正をめぐって）」『ドイツ研究』第29号, 1999.12, pp. 49-59.

第5章

- ☆「ドイツ大学改革の課題－ヨーロッパ高等教育改革との関連において－」『レファレンス』No. 700, 2009.5, pp. 9-32.

第6章

- ☆「ドイツの教員養成法」『外国の立法』No. 234, 2007.12, pp. 113-173.
- ☆「ヨーロッパから学ぶ新しい教員養成－ドイツの教員養成はどうなっているか？－」東京学芸大学新教員養成システム推進本部『知識基盤社会を創る高度実践型教員養成を考える（Part 2）』2009.3, pp. 70-83.
- ・「西ドイツの教員養成制度（その1）～（その5）」『レファレンス』No. 420, 1986.1, pp. 54-106; No. 423, 1986.4, pp. 35-81; No. 426, 1986.7, pp. 46-85; No. 432, 1987.1, pp. 54-92; No. 434, 1987.3, pp. 62-92.
- ・教員養成研究会〔代表：天野正治〕編『西ドイツの教員養成制度－ノルトライン・ヴェストファーレン州を中心に－』文部省教育助成局教職員課, 1986.3, 全226頁。

第7章

- ☆「ドイツの海外子女教育」外国人学校研究会『諸外国における外国人学校の位置

づけに関する研究』〔研究代表者：加藤幸次〕，1996.3，pp. 345-374.
- ☆「EU のヨーロッパ学校」外国人学校研究会『諸外国における外国人学校についての重点的研究』〔研究代表者：加藤幸次〕，1997.3，pp. 231-243.
- ・「西ドイツの海外子女教育－ロンドンのドイツ人学校を訪問して－」東京学芸大学海外子女教育センター『海外子女教育研究』第122号，1990.11，p.1.
- ・「西ドイツの海外学校制度（その1）（その2・完）」『レファレンス』No. 464, 1989.9, pp. 83-119；No. 480, 1991.2, pp. 14-44.
- ・「ドイツの海外子女教育」海外子女教育振興財団『月刊海外子女教育』1991.10, pp. 30-33.
- ・「EC のヨーロッパ学校」中西晃編『国際理解教育と教育実践』第11巻『国際理解教育における国際学校の教育』エムティ出版，1994.6，pp. 127-142.

第Ⅲ部　ドイツの外国人問題―教育の視点から

- ☆「ドイツの外国人問題－教育の視点から」『レファレンス』No. 670, 2006.11, pp. 59-83.
- ☆「現代ドイツの教育課題－教育格差の現状を中心に―」『レファレンス』No. 703, 2009.8, pp. 5-29.
- ☆「EU 統合とヨーロッパ教育の課題」『比較教育学研究』第27号，2001.6，pp. 68-79.
- ☆「EU の移民政策」国立国会図書館調査及び立法考査局『人口減少社会の外国人問題：総合調査報告書』2008.1，pp. 275-280.
- ・「多元社会とインクルージョン－ドイツの外国人子女教育の視点から」『国際教育』第13号，2007.12，pp. 131-133.
- ・「ドイツの外国人子女教育－現地調査報告」外国人学校研究会『諸外国における外国人学校についての重点的研究』〔研究代表者：加藤幸次〕，1997.3，pp. 91-126.
- ・木戸裕・小林孝子・近藤彩「ドイツにおける教育情報の発信の実態」文部省学術国際局委嘱・平成9年度外国人教育に関する調査研究報告書『諸外国における外国人子女教育に対する基本理念と施策および教育情報サービスに関する調査研究』（社）国際日本語普及協会，1998.3，pp. 167-189.

今後の展望

- ☆「はじめに」、「持続可能な発展戦略の展開と構造―アジェンダ21、EU、ドイツ」国立国会図書館調査及び立法考査局『持続可能な社会の構築：総合調査報告書』2010.3，pp. 1-2，pp. 57-69，pp. 99-103.

あ と が き

　私事にわたり恐縮であるが、筆者は一昨年（2010年）3月、33年間勤務した国立国会図書館を退職した。退職後、比較的余裕のある時間をもてるようになり、本書の取りまとめにかかった。「はじめに」にも記したように、本書は「ベルリンの壁」が崩壊した1989年前後から20年くらいの間に、ドイツ統一、ヨーロッパ統合、ドイツの外国人問題などを中心に、ドイツの教育とヨーロッパの教育に関わる諸課題をテーマに、折に触れて執筆してきた拙稿をもとに、加除・修正を施し、全体を再構成したものである。もととなった原稿はかなり早い時期にできていたが、途中諸般の事情がいろいろ重なり、ここに至るまで思わぬ時間を要してしまった。

　初出の原稿は、発表時期も異なり、記述の仕方、注のつけ方などにも精粗がある。また内容面でも、重複している部分が少なからず見られる。今回まとめるにあたり、そうした重複を削り、足りないところはだいぶ加筆し、表記、訳語など、できる限り全体的な統一をはかることを心がけたが、不十分な箇所がまだまだ残っているのではないかと恐れている。

　また20年前と違い、現在はインターネットを通して、新しい情報が次々と入ってくるが、とてもすべては追いきれないので、一応、一昨年初頭位までに書き上げた原稿がもとになっている。インターネット情報も、この時点が最終アクセスとなっている。通貨の円換算なども、執筆時を基準にしている。

　その後の動きとしてたとえば、2010年3月に、ボローニャ・プロセス10周年を記念した高等教育大臣会議がブダペストとウィーンで開催され、「ブダペスト・ウィーン宣言」を発表するなど、ボローニャ・プロセスも新たな段階に入っており、注目すべき動きもいろいろ見られる。本文中では、ボローニャ・プロセスの参加国数をヨーロッパ46か国と書いたが、この会議から

カザフスタンが加わり47か国となっている。ドイツでは、2009年12月に文部大臣会議がボローニャ・プロセスに対する学生や大学教員からのさまざまな批判や提言に応える形で、学士、修士の課程を見直し、改善していくことを決議している。エクセレンス・イニシアティブも2012年からは第二次プログラムが始動している。また大学授業料をめぐっても、2011年からノルトライン・ヴェストファーレン州が再びこれを廃止するなど新たな展開が見られる。こうした動向もフォローアップして本文中に挿入したかったが、残念ながら間に合わなかった。他日を期したいと思う。またドイツ統一後すでに20年がたち、この間、統一の意味と評価を問う興味深い文献も数多く公刊されている。こうした新しい資料を参照した加筆もできなかった。

　なお筆者としては、今後の課題として、最後に取り上げた「持続可能な社会の構築」というテーマを発展させ、第Ⅱ部第1章第4節「市民性の教育」、第Ⅲ部の外国人問題も含めて、全体を「シティズンシップ教育」の視点から考察できないかと思っている。また本書では、高等教育を中心に扱ったので、別に稿を改めて、序論で言及した「大学入学制度」、第Ⅱ部第6章の「教員養成制度」など、主として初等・中等教育に関わる諸問題に焦点をあて、その詳細をまとめたいと考えている。

　筆者の学生時代の専攻はドイツの教育哲学であったが、国会の立法補佐機関である国立国会図書館調査及び立法考査局に勤務することになり、日々の国政課題との関わりの中で、研究分野で言えば比較教育学的な調査研究に従事できたのではないかと思っている。今、国立国会図書館で過ごした来し方を振り返ってみて、一方においては役所の事務的な仕事、もう一方では研究的な調査の仕事という2つの道を、並行して歩むことができたのではないかと思う。能力的な問題もあり、そのどちらの道も中途半端なままで終わってしまったといえばそのとおりであるが、ただ個人的な思いとしては、その時々において、自分なりに充実感をもって一つひとつの仕事に取り組むことができたのではないかという満足感のようなものはある。

　こうした思いを抱いて国立国会図書館を退職することができたのは、館内外のいろいろな方々から賜った温かいご指導、ご芳情のお蔭であり、本当に

ありがたいことだと思っている。

　筆者が比較教育学研究の道を歩むことができ、何とかここまでたどり着くことができたのは、ひとえに筑波大学名誉教授天野正治先生のご指導によるものである。天野先生との出会いと、この間における先生のご教導がなければ、本書をまとめることはできなかった。天野先生のこれまでの学恩にまず衷心より感謝申し上げたい。また長島啓記氏（早稲田大学教授）に謝意を表したい。長島氏とは、この30数年間、天野先生のもとで一緒に研究を進めてきた。とりわけ1989年秋、天野先生は科学研究費（以下、科研）の海外学術調査で、長島氏と筆者はそれぞれの勤務先からの在外研究で、同時期に3人がドイツに滞在し、一緒にドイツを研究旅行でき、その間にベルリンの壁崩壊を現地で体験したことは思い出深い。

　勤務先であった国立国会図書館では、故児玉嘉之・元専門調査員をはじめとする上司、先輩、同僚の皆さんに御礼申し上げたい。政治・経済・社会の各分野の第一線で活躍する調査員の皆さんから、日常の業務を通して、学際的に実に多くのことを学ぶことができた。かつて国立国会図書館調査員を務められた喜多村和之先生（広島大学名誉教授）から励ましのお言葉をいただいたことも忘れられない。

　日頃から外国教育調査の面で、ご教示を賜ってきた文部科学省生涯学習政策局調査企画課の元職・現職の方々にも御礼申し上げたい。また国立教育研究所（現国立教育政策研究所）の諸先生方からは同研究所のプロジェクトへの参加を通して、数多くのご教導をいただいた。

　初出原稿の一覧は末尾に記したが、それぞれの執筆にあたっては、科研費等の共同研究や各種研究プロジェクトへの参加、学会、研究会等での発表など、さまざまな機会を通して、多数の皆様のご指導を賜っている。直接関連するものを思いつくまま記すと、次のとおりである。

　序論は、勤務先であった国立国会図書館調査及び立法考査局が刊行する雑誌『レファレンス』に掲載した「現代ドイツの教育課題――教育格差の現状を中心に――」(2009.8)がベースになっているが、遡ると国立教育研究所（当時）刊行の『諸外国の初等・中等教育の制度と現状』（文部省初等中等教育局・学

校教育の改善に関する特別研究委託）(1985.3刊）の作成に参加させていただいたことが大きい。このプロジェクトを通して天野先生のご指導のもとで、西ドイツ（当時）の教育制度を全般的に学ぶことができた。また、大学入学制度関係では、中島直忠先生（大学入試センター教授，当時）の科研「諸外国の大学入試等に関するシラバス及び試験問題の国際比較研究」(1989.3) と荒井克弘先生（大学入試センター教授）の科研「マス高等教育段階における新しい教育接続の研究」(2003.3) で、ドイツの大学入学制度、高・大の接続関係について分担させていただいたことがきっかけとなっている。

　第Ⅰ部の「ドイツ統一と教育の再編」というテーマは、前述の在外研究から帰国後、天野先生、長島氏とで共同研究を始め、日本ドイツ学会(1991.6.8)、日本比較教育学会(1991.7.7)、日本教育学会(1991.8.10，1992.8.30)で共同発表した。日本ドイツ学会では髙木浩子氏（国立国会図書館，当時）、日本教育学会では石井正司先生（日本大学，当時）も加わった。その後、天野先生、長島氏、髙木氏とで共著『ドイツ統一と教育の再編』（成文堂，1993）を刊行した。第2章の一部は故手塚武彦先生（国立教育研究所次長，当時）の科研「後期中等教育の史的展開と政策課題に関する総合的比較研究」(1992.3) に掲載したものである。また東北教育哲学教育史学会の「《シンポジウム》現代の生き方と教育」で、「ドイツ統一と教育の再編」をテーマに報告した(1993.9.11)。

　第Ⅱ部に関しては、職場の同僚たちとの共著『新生ヨーロッパの構築――ECから欧州連合へ』（国立国会図書館内EC研究会編，日本経済評論社，1992）に「ECの教育政策」について執筆したことが研究のひとつの出発点となっている。あわせて故江淵一公先生（広島大学教授，当時）の科研「留学生の受け入れのシステム及びアフターケアに関する総合的比較研究」で「ドイツにおけるEC外国人をめぐる諸問題」(1993.3)を執筆し、内容を深めることができた。元原稿は、第1章は国立国会図書館調査及び立法考査局の総合調査「拡大EU――機構・政策・課題――」に執筆した「EUの教育政策」(2007.3) がベースになっている。そのうちの第4節「市民性の教育」は、同局総合調査「青少年をめぐる諸問題」(2009.2) の内容を改変した。

　第2章は、桑原敏明先生（筑波大学教授，当時）の科研「大学評価に関する総

合的比較研究」で執筆した「大学評価のためのヨーロッパ・パイロットプロジェクトとドイツの対応」(1997.3) と大学基準協会の機関誌『大学評価研究』に掲載された「EU 諸国の大学評価の動向」(2002.3) などがもとになっている。とくに桑原先生の科研では、研究会などを通して大学問題の専門家である諸先生方から多くの貴重な知見を得ることができた。

　第3章の初出は、『レファレンス』(2005.11, 2008.8) に掲載されたものであるが、第5章の内容とあわせて、東北大学教育学部 (2009.10.10)、広島大学高等教育研究開発センター (2010.1.5) 等で、ヨーロッパの高等教育改革をテーマとした講演をさせていただき、全体を深めることができた。また第3節は、日本比較教育学会 (2008.6.29) の公開シンポジウム「高等教育ラーニングアウトカムの測定をめぐる国際動向」で東北大学石井光夫教授とともに司会を務めたことがきっかけになり、『比較教育学研究』(2009.2) に執筆したものである。

　第4章も、桑原先生の前出の科研でドイツを担当し「ドイツの大学改革と大学評価」(1996.3) について執筆するなかで学んだ蓄積が反映されている。並行して日本比較教育学会の課題研究「大学改革──21世紀への構造転換を展望する」で、「大学改革──ドイツを事例として」と題してドイツの状況を報告した (1994.7.1)。また日本ドイツ学会の「フォーラム：高等教育大綱法 (HRG) の改正をめぐって」(1999.6.5) では、文部省の小松親次郎課長（当時）と一緒に「ドイツの大学改革の課題」について発表させていただいた。そのときの内容は『ドイツ研究』(1999.12) に掲載されている。

　第5章の初出は、第3章と同じく『レファレンス』(2009.5) であるが、その内容は前述の東北大学、広島大学等での講演を踏まえて、一部修正している。そのあと日本ドイツ学会のフォーラムで「ボローニャ・プロセスとドイツの大学」という題目で発表した (2010.6.12)（のちに同じタイトルで『ドイツ研究』(2011.5) にその内容が掲載されている）。

　第6章の教員養成制度に関しては、東京学芸大学三石初雄教授からお呼びいただき、同大学の新教員養成推進本部で行った2度の講演 (2008.11.26, 2009.1.21) 用に作成した元原稿がベースになっている。この講演のあと、大

阪教育大学副学長栗林澄夫先生のご推薦で同大学国際センターのシンポジウム「ボローニャ・プロセスの光と影――ドイツ，スイス，日本における教員養成制度改革――」(2010.2.20) でも同じような内容で発表をする機会に恵まれた。

第7章の海外子女教育に関する研究をはじめるきっかけを作ってくださったのは、西村俊一先生（東京学芸大学教授，当時）である。先生が代表者を務められた「各国の海外学校政策に関する調査研究プロジェクト」(1989-90) で、筆者はドイツの海外学校について担当させていただいた。その後、加藤幸次先生（上智大学教授，当時）の主宰する外国人学校研究会のメンバーに加えていただき、西村先生のプロジェクトの成果をもとに、同研究会の成果報告書『諸外国における外国人学校の位置づけに関する研究』に「ヨーロッパ学校」と「ドイツの海外子女教育」について執筆することができた (1996.3, 1997.3)。

第Ⅲ部は、「ドイツの外国人問題――教育の視点から」(『レファレンス』2006.11) が全体のベースになっているが、前出の加藤先生の外国人学校研究会の仕事で行ったドイツの外国人問題についての現地調査 (1997.1) がひとつのきっかけとなっている。その成果は同上『諸外国における外国人学校の位置づけに関する研究』で報告した (1997.3)。そのあと㈳国際日本語普及協会のプロジェクト「諸外国における外国人子女教育に対する基本理念と施策および教育情報サービスに関する調査研究」に参加し、最終報告書の一部を分担執筆した (1998.3)。なお、第1章第1節については、江原武一先生（京都大学教授，当時）からお声をかけていただき日本比較教育学会の課題研究「エスニック・マイノリティの教育課題――比較の視点から」(1996.6.15) で発表した内容と、それをもとに執筆した「EU統合とヨーロッパ教育の課題」(『比較教育学研究』2001.6) にもとづいている。また早稲田大学前田耕司教授から日本国際教育学会の大会にお招きいただき、「多元社会とインクルージョン――ドイツの外国人子女教育の視点から――」というタイトルで発表することができた (日本国際教育学会シンポジウム《多元社会とインクルージョン》2007.5.26)。この発表がきっかけとなって、帝京大学江原裕美教授編『国際

移動と教育——東アジアと欧米諸国の国際移民をめぐる現状と課題』(明石書店, 2011.1)に「多元社会とインクルージョン——ドイツの外国人子女教育から」を執筆させていただいた。

「今後の展望」の部分は、調査及び立法考査局の総合調査「持続可能な社会の構築」の報告書に執筆したものである(2010.3)。なお同総合調査では、この分野の第一人者である立教大学阿部治教授を国立国会図書館客員調査員としてお迎えできた。

主な初出は以上のとおりであるが、とくに第Ⅱ部のヨーロッパの高等教育に関わる部分については、早稲田大学教授(当時)故中嶋博先生の御推挽により、その内容を数次にわたり、日本私立大学協会関連の講演等でお話させていただいた。その際、同協会の故原野幸康常務理事から賜わった数々のご高配も忘れることはできない。小出秀文事務局長をはじめとする日本私立大学協会の皆様からは現在もご厚誼をいただいている。

東北大学大学院時代の恩師である故小林政吉先生(東北大学名誉教授)からは、ヨーロッパ精神史の大きな流れとそれを捉える視点を教えていただいた。若くして亡くなられた千葉泰爾先生(元東北大学教授)は、学生時代のもっとも懐かしい先生のひとりである。母校の研究室は、笹田博通教授がそのあとを継いでいる。母校の研究室関係者で組織している東北教育哲学教育史学会では、再三にわたり発表の機会を与えていただいた。東北大学名誉教授故荒井武先生、沼田裕之先生からも暖かいご指導を賜った。宮腰英一教授(東北大学大学院教育学研究科長)からは、学生時代以来、何かにつけてお心にかけていただいている。小林先生のもとで一緒に学んだ高崎経済大学池野正晴教授にも日頃いろいろな面でお世話になっている。また増渕幸男先生(東北大学教授、当時)から折に触れて激励のお言葉とご教導をいただいた。

ドイツ教育の研究会等を通して、石井正司先生(日本大学名誉教授)、潮木守一先生(名古屋大学名誉教授)、藤沢法瑛先生(金沢大学名誉教授)をはじめ、結城忠白鷗大学教授、別府昭郎明治大学教授、石橋哲成玉川大学教授、今井重孝青山学院大学教授、佐藤義雄国士舘大学教授、関川悦雄日本大学教授、大友秀明埼玉大学教授、三輪建二お茶の水女子大学教授、吉田武男筑波大学

教授、坂野慎二玉川大学教授、近藤孝弘早稲田大学教授等々、すべてお名前をあげきれない多数の方々からさまざまな形で知的刺激を受けた。また諸先生方の鋭い問題意識を通して研究のあり方など、実に多くのことを学ばせていただいた。

　本書の内容については、青山学院大学大学院、東北大学大学院、国際基督教大学で非常勤講師としてお話させていただく機会に恵まれた。また現在、上智大学大学院、立教大学でドイツを中心とするヨーロッパの教育改革の動向等について講義をさせていただいている。出講の機会を与えて下さった大曽根良衛先生（青山学院大学教授、当時）、柴山直先生（東北大学教授）、立川明先生（国際基督教大学名誉教授）、高祖敏明先生（上智学院理事長）、杉村美紀先生（上智大学准教授）、下地秀樹先生（立教大学教授）に、この場をお借りして心から感謝申し上げたい。学生の皆さんから、授業を通して多くの刺激を与えられたこともたいへんありがたく思っている。

　国立国会図書館法（昭和23年法律第5号）は、その前文で「国立国会図書館は、真理がわれらを自由にするという確信に立って、憲法の誓約する日本の民主化と世界平和とに寄与することを使命として、ここに設立される」とその設立の目的を謳っている。こうした使命をもった職場に長年勤務でき、いろいろな機会を通して、さまざまな場面で、数多くの方々の知遇を得ることができたことを、これを書いている今たいへん幸運であったと思っている。

　最後になったが、天野正治先生監訳の『西ドイツの教育のすべて』（1989年、東信堂刊）のお手伝いをさせていただいて以来、何かにつけお世話になってきた東信堂下田勝司社長からは、終始ご鞭撻を賜った。今回こうして出版まで行きつくことができたのは、下田社長はじめ東信堂の皆様のお蔭であり、厚く御礼申し上げたい。

平成24（2012）年10月

　　　　　　　　　　　　　　　　　　　　　　　　　　　　　木戸　裕

【事項・人名索引】

[凡例]
※ 括弧内に必要に応じて、原語、別表現、追加表現、補足などを記した。
※ アルファベット表記の語については、たとえばEU、PISAなどは、それぞれ「い」、「ひ」の先頭に置いた。
　数字ではじまる語は、数字の読みにしたがって挿入した。
　カタカナ表記の長音は配列にあたって無視した。
※ 人名の肩書きは、当時のものである。
※ (日)と記したのは、日本の事項である。

〔ア行〕

「ITの領域における学習および試験成績の大学での学習への算入に関する各大学への勧告」
　（連邦教育研究省、各州文部大臣会議、大学学長会議） 266
アイデンティティの問題（多元的アイデンティティ） 467
赤い大学 319, 324, 362, 364
アカウンタビリティー（説明責任） 164, 232
アクレディテーション（基準認定） 245, 254-255, 259-260, 268-270, 274, 287-288, 290, 292, 393
　—アクレディテーション・認証および質保証協会（ACQUIN） 256
　—アクレディテーション評議会 247, 257, 259-260, 270, 298
　—「アクレディテーション方式の導入にかかわる協定」（文部大臣会議決議） 255
アーティキュレーション 3, 12, 164, 237
　—基礎学校と前期中等教育の学校のアーティキュレーション 12-15
　—後期中等教育と高等教育のアーティキュレーション 164, 217-218
アビトゥーア（アビトゥーア試験） 9-11, 16-18, 21-23, 26-28, 40, 47, 51, 58, 77-78, 90, 101, 103, 145-146, 149, 285, 344, 372, 376-379, 396-397, 405, 441, 503, 516-517
　—「アビトゥーア試験の統一的試験基準」（EPA）（文部大臣会議決議） 62
　—アビトゥーアを付与される職業訓練 142, 146
「アムステルダム条約」 200, 483, 535
アメリカ化 165, 395, 400
アレクサンダー・フォン・フンボルト財団 390, 436
EU外国人 464, 476, 501
EU市民（ヨーロッパ市民） 476
「EU自由移動法」 270
イェーテボリ欧州理事会 535, 537
「移住及び庇護の領域における第三国との協力のテーマとなる問題に関する戦略文書」（欧州委員会） 487
「移住及び庇護の領域における第三国への財政的及び技術的援助のための計画を確立する規則」（AENEAS）（欧州議会および閣僚理事会） 485, 493
移住者（Übersiedler） 57-59, 62, 67, 481
「移住労働者の子女の教育に関する理事会指令」 168

一括補助金 212
一定の方式にもとづく財政 212
異文化間教育 198, 421, 458, 504-505
　―「学校における異文化間教育」（文部大臣会議決議） 505
移民 464, 466, 468, 477-478, 482-487, 511-513, 518, 538-539, 542-543
　―移民政策 482-488
　―「移民、統合及び雇用に関する、委員会から理事会、欧州議会、経済社会評議会及び地域委員会への報告」 485
　―移民の背景をもつ者 461-462, 476-479, 489, 504-505, 508, 510-519, 526
　―移民労働者 170, 465, 505
慰留交渉 353, 355
インターナショナルスクール 502-503, 525
インター・ナチオーネス（Inter Nationes） 436
インフォーマルな教育 244, 272, 279, 296
インフォメーションの夕べ 12
ヴォルフ（Wolf, Christa）（作家） 49
ヴツケ（Wutzke, Oswald）（メクレンブルク・フォアポンメルン州文部大臣） 64
NGO（非政府組織） 258, 531, 544
英語の授業 36, 48-49, 84, 97, 385, 423-424, 429-434, 444-445, 448-449, 453
エクセレンス・イニシアティブ 386, 388-389, 399
　―学術後継者の促進のための大学院（Graduiertenschule） 388-389
　―先端研究促進のためのエクセレンス・クラスター 388-389, 399
　―大学における先端研究のプロジェクト構築のための将来構想 388-389
　―「ドイツの大学における学術および研究の促進に関する連邦と州のエクセレンス・イニシアティブ協定」 386
エスニック・マイノリティ（少数民族） 464-466, 476, 481, 488
エファネット（Eva Net） 208
エムニッド研究所 308
エモンス（Emons, Hans-Heinz）（東ドイツ教育学術相） 42-43
エラスムス計画 170, 174-176, 192, 200, 204, 217, 221, 282-283, 293
エラスムス・ムンドゥス 266, 301
エリート大学（先端大学） 386, 389
エーリヒゼン（Erichsen, Hans-Uwe）（大学学長会議会長） 337-340, 365
遠隔教育（遠隔学習） 171-172, 211-212
エンダーライン（Enderlein, Hinrich）（ブランデンブルク州学術・研究・文化相） 64
OECD（経済協力開発機構） 32, 185, 202, 395, 414, 462, 510-512
欧州委員会（European Commission） 173, 176-177, 180, 188, 190, 193-194, 215, 217, 243-244, 247-248, 253, 271, 275-276, 282-283, 295, 392, 417, 423, 486-487, 518-519, 529, 535-537
欧州議会（European Parliament） 173, 194, 276, 485-486, 518
欧州共同体（EC） 77, 434, 490, 501, 523
欧州経済共同体（EEC） 167, 482
　―ローマ条約（欧州経済共同体を設立する条約） 167-169, 199, 482, 490, 493
欧州経済領域（EEA） 176, 180

事項・人名索引　569

欧州原子力共同体（EURATOM）　167, 199
欧州自由貿易連合（EFTA）　173, 215, 219, 244
欧州審議会（Council of Europe）　172, 177, 193, 195, 243, 247, 262, 282-283, 296
欧州石炭鉄鋼共同体（ECSC）　167, 199, 201, 422
欧州理事会（European Council）　162, 177-178, 180, 192, 201-202, 240, 417, 483, 486, 535-537
欧州連合（EU）
　－欧州連合基本憲章　200
　－「欧州連合条約」（欧州連合を設立する条約）　171, 530, 533-535
　－「欧州連合における自由、安全及び公正を強化するためのハーグ計画」　484
　－「欧州連合における第三国国籍者の統合に関する統合枠組みのための共通アジェンダに関する、委員会から理事会、欧州議会、経済社会評議会及び地域委員会への報告」
　　　485
落ちこぼれ意識　27-28
オープン・アドミッション　237, 293, 375
親の教育権　20, 80, 498
オランダ大学協会　209, 299
オリエンテーション実習　415-416
オリエンテーション段階（Orientierungsstufe）　7-8, 29, 66, 71, 74-75, 90, 101, 473
　－「オリエンテーション段階に関する協定」（文部大臣会議）　62
オルトレープ（Ortleb, Rainer）（教育学術相）　65

〔カ行〕
海外学校政策（海外子女教育政策）　438-439, 457-458
　－「海外学校、ドイツ語振興および国際協力に関する大綱計画」（連邦政府）　439
　－海外子女教育の推進に関する研究協議会（日）　457
　－「在外ドイツ人学校に関する覚書」（外務省）　438
海外学校制度中央センター　438, 449
海外学校の教員　449-450
海外学校の種類
　－移民学校（Siedlerschule）　441, 457
　－エキスパート学校（Expertschule）　440
　－強化されたドイツ語の授業を伴う学校（Schule mit verstärken Deutschunterricht）
　　　439, 441, 457
　－交流学校（出会いの学校，Begegnungsschule）　439-440, 442
　－ドイツ語集団学校（Sprachgruppenschule）　440-441, 457
　－ドイツ語を話す海外学校（Deutschsprachige Auslandsschule）　439-440, 457
海外学校の歴史　436-438
外国語（外国語の学習）　15, 36, 55, 78, 84, 90, 97, 149-150, 192, 204-205,
　　　377, 399, 423-428, 432-434, 440-441, 448-449
外国人子女教育
　－外国人学校の法的位置づけ　501-502
　－外国人教員の任用　469, 495, 500-501
　－外国人子女の就学義務　469, 495, 524

－外国人生徒（数、国籍、割合）　　　　　　　　457, 462, 468, 471-475, 489,
　　　　　　　　　　　　　　　　　　　　496-497, 505-507, 521, 525, 542, 554
　　　－外国人・特殊教育学　　　　　　　　　　　　　　　　　　504
　　　－準備学級（Vorbereitungsklasse）　　　　　　　　　　　496
　　　－促進授業（Förderunterricht）　　　　　　　　　　　　　496
　　　－通常学級（Regelklasse）　　　　　　　　　　　　　496-497, 521
外国人問題
　　　－外国人概念　　　　　　　　　　　　　　　　　461, 476, 481
　　　－外国人帰国促進政策　　　　　　　　　　　　　　　　　472
　　　－外国人人口　　　　　　　　　　　　　　　　　　470-471, 489
　　　－外国人敵視　　　　　　　　　　　　　155, 158, 481, 486, 505
　　　－外国人の公務就任権（決定への参加の問題）　　　　　466, 523
　　　－外国人労働者　　　　27, 149, 451, 461, 465-466, 468-469, 471, 482, 497, 505
カイザー（Kaiser, Gert）（デュッセルドルフ大学学長）　　　　330, 363
回数にカウントしないシステム（Freischuß）　　　　　　　347-348, 398
科学アカデミー（東ドイツ）　　　　　　　　　　　　　　　　　47
「科学研究の目的のために第三国国籍者を許可する特別手続に関する理事会指令」　484
学位（学位制度）　　　　　　　　　24, 61, 163, 212, 241-246, 250-255,
　　　　　　　　　　　　　261, 266-269, 292-293, 344, 380, 383, 417
　　　－学位証　　　　　　　　　　　　　　　　　　　　241, 261
　　　－学位の相互承認　　　　　　　170-172, 192, 214, 245-246, 261, 476
「学士課程教育の構築に向けて」（中央教育審議会大学分科会制度・教育部会）（日）　280
学習課程のアクレディテーションによる質保証機関（AQAS）　　　256
学習規則　　　　　　　　　　　　　　　　　　　　　　　402, 405
学習内容の改革（大学改革の課題）　　　　　　　　　　　　　343
学術協力者（wissenschaftliche Mitarbeiter）　　224, 338, 353, 374, 382, 396
学術後継者の養成　　　　　　　　　　　　　　224, 343, 357, 386
学術審議会（Wissenschaftsrat）　　47, 115, 138, 344, 346, 357-358, 360, 386, 388, 399
学生・教職員の移動促進　　　　　　　　　　164, 169, 172-173, 175, 187, 192,
　　　　　　　　　　　　　211, 214, 239, 243-244, 269-270, 276
　　　－移動の障害（除去）　　　　　　　　　　　　　180, 189, 243, 286
学生・市民の意識覚醒　　　　　　　　　　　　165, 232, 239, 281, 425
学生自由連合（fzs）　　　　　　　　　　　　　　　　　247-248, 260
学生に対するガイダンス義務の強化　　　　　　　　　　　　　351
学生に提供する教育の質の向上　　　　　　218, 290, 300, 343, 348-349, 352. 354
学生による講義批判　　　　　　　　　　　　334, 339, 351, 353, 355-357
学生の在学期間　　　　　　　　　　238, 286, 294, 304, 340, 346-347, 398
拡大実科学校（Erweiterte Realschule）　　　　　　　　　　　　　7
拡大上級学校（Erweiterte Oberschule）　　　　　　40, 48, 59, 91, 142, 147
学童保育（Hort）　　　　　　　　　　　　　66, 82, 91-92, 94-95, 110, 143
学年会議　　　　　　　　　　　　　　　　　　　　　　　13-14
学部／大学院
　　　－学士（Bachelor）　　　　　　　164, 212, 236, 243, 245, 251-252, 254, 262, 270,

事項・人名索引　571

272-274, 279, 297, 302, 359, 369, 380, 413, 416-417, 420	
－学部（undergraduate）と大学院（graduate）の２段階構造　　243, 245-246, 251, 268, 297	
－修士（Master）　　　　　　　　　　　　　　　　　164, 236, 243, 252, 254, 270, 272, 274,	
289, 369, 380, 413, 415-417, 419-420	
－第１サイクル（学士課程）　　　　　　　　　　　　　　　　　　　　　　　　212, 251-252	
－第２サイクル（修士課程）　　　　　　　　　　　　　　　　　　　　　212, 251-252, 269	
－第３サイクル（博士課程）　　　　　　　　　　　　　　　　　　　　　　　212, 245, 252	
－次のサイクルへのアクセス　　　　　　　　　　　　　　　　　　　　　　　　　252-253	
学部長の権限強化　　　　　　　　　　　　　　　　　　　　　　　　　　　353, 356, 358, 368	
閣僚理事会（教育関係閣僚理事会）　　　173, 178-179, 186, 188, 194, 203, 215, 232, 257, 276, 518	
貸し官吏（Leibeamte）　　　　　　　　　　　　　　　　　　　　　　　　　　　　　　　110	
「家族の結合の権利に関する理事会指令」　　　　　　　　　　　　　　　　　　　　　　484	
学校修了証　　　　　　　　　　　　　　　　　　　62, 79, 145, 153, 443, 507, 510, 525, 554	
学校センター（Schulzentrum）　　　　　　　　　　　　　　　　　　　　　　　　　　　100	
学校中退者　　　　　　　　　　　　　　　　　　　　　　　　　　　　　　　190, 462, 507	
学校幼稚園（Schulkindergarten）　　　　　　　　　　　　　　　　　　　　　　　6, 472-473	
カトリック　　　　　　　　　　　　　　　　　　　　　　　　　　　　　　　84, 442, 498	
「加盟国の領域に滞在し、労働する第三国国籍者の単一許可証のための単一申請手続及び	
加盟国に合法的に滞在する第三国国籍者の権利のための共通設定に関する理事会指令」	
487	
環境教育　　　　　　　　　　　　　　　　　　　　　　　　　　　　　　　　　195, 549	
官吏（Beamte）　　　　　　　　　　　　　　　110, 145, 396, 404, 418, 466, 501, 523-524	
基幹学校（Hauptschule）　　　　5-9, 13-17, 27, 29, 36, 66, 70, 73, 75-76, 90, 100-102, 144,	
147-150, 444, 462, 472-473, 504-505, 508-510, 517-518, 525-526, 549	
－基幹学校修了資格（基幹学校修了証）　　　　　　　　　　　　　　30-31, 71-73, 90, 101-102,	
145, 500, 506, 510, 516, 525, 542, 554	
帰還者（Aussiedler）　　　　　　　　　　　　　　　　　　62, 476, 478, 481, 491, 508, 510	
－後期帰還者（Spätaussiedler）　　　　　　　　　　　　　　　　　　　　478, 481, 491	
技術、情報学、自然科学および数学の学習課程に関するアクレディテーション機関（ASIIN）	
255-256	
基礎学習（Grundstudium）　　　　　　　　　　　　　224, 311, 318, 338, 353, 362, 406-407	
基礎学校（Grundschule）　　　　　　　4-8, 12-14, 16-18, 20, 26-27, 30-31, 66-77, 79, 82, 101,	
143-144, 147-149, 151, 403, 441, 444, 472-473, 517, 524, 527	
基本的人権　　　　　　　　　　　　　　　　　　　　　　　　　　　　　　　　　43, 536	
ギムナジウム（Gymnasium）　　　　5-11, 13-17, 19-23, 26-27, 30-31, 66-67, 69-73, 75-76, 79-80,	
82, 91, 101, 143-144, 147-149, 444-445, 462, 472-473, 506, 508-510, 514-518, 526-527	
－親の属性と子どものギムナジウム進学　　　　　　　　　　　　　　　　　　514-517	
－ギムナジウム上級段階（Gymnasiale Oberstufe）　　　11, 17, 69-70, 72, 74, 76-78,	
80, 87, 92, 101, 379, 473	
－９年制ギムナジウム　　　　　　　　　　　　　　　　　　　　　　　　　　　11, 30	
－８年制ギムナジウム　　　　　　　　　　　　　　　　　　　　　　　　　10, 30, 91	
－職業ギムナジウム（Berufsgymansium）　　　　　　　　　　　　30-31, 67, 78, 81, 101	
－専門ギムナジウム（Fachgymnasium）　　　　　　　　　　　　　30-31, 67, 78, 81, 474	

572

 ―「中等段階Ⅱにおけるギムナジウム上級段階の新形成に関する協定」（文部大臣会議決議）   62
「90年代の大学政策に関する10のテーゼ」（学術審議会）   342
旧東ドイツ地域の暫定法
 ―「学生援護会の設立に関する規程」   47
 ―「教員養成に関する規程」   47
 ―「大学に関する規程」   47
 ―「普通教育学校および職業教育学校に関する原則と規則に関する規程」   47
教育アカデミー（Pädagogische Akademie）   403
教育インターナショナル（全ヨーロッパ教育構造インターナショナル）   247, 282
「教育及び訓練におけるリスボンの目的へ向けての進展を監視するための指標及びベンチマークの一貫した枠組み」（教育関係閣僚理事会）   186
「教育改革に関するテーゼ」（東ドイツ教育学術省）   43
教育・科学組合（GEW）   247–248
教育格差（学歴格差）   188, 505, 507–510, 519, 554
教育勧告書（生徒の進路の勧告）   14
「教育・訓育・青少年」（東ドイツ円卓会議）   43
教育・訓練への投資   163, 187–188
教育契約にもとづく財政   212
教育権者   80, 84, 498, 521–522
教育制度
 ―単線型の教育制度   38
 ―複線型の教育制度   3, 4, 38
「教育における新しい情報技術の導入措置」（教育関係閣僚理事会）   169
「教育の質に関する行動計画」（ノルトライン・ヴェストファーレン州）   352–354, 356
「教育の領域における行動計画」（教育関係閣僚理事会）   168
教育・文化総局（欧州委員会）（Directorate-General for Education and Culture）   173
教育へのアクセスの向上   178, 191, 301
教育連邦主義   287
教員
 ―教員資格の承認（旧東ドイツで取得した資格）   58–59
 ―教員失業（失業教員）   24, 25, 33, 412, 418–419, 450, 460
 ―教員の採用状況   412
 ―教員の年齢構成   25, 190, 357, 412, 417
教員養成
 ―改革動向   414–417
 ―学校実践教員養成センター   415–416
 ―学校助手実習（Schulassistenz-Praktikum）   415–416
 ―学習ゼミナール（Studienseminar）   402, 409–410, 416
 ―基幹ゼミナール（Hauptseminar）   410
 ―「教員養成の改善」（EU政策文書）   417
 ―教科ゼミナール（Fachseminar）   410
 ―実践ゼメスター   415–416

事項・人名索引　573

－試補（Referendar）	165, 402, 409-411, 415-416, 418
－試補勤務（Vorbereitungsdienst）	25, 59, 83, 165, 401-402, 406, 409-412, 415-419, 498
－社会実習	407
教員養成所（旧東ドイツ）	59, 83, 109, 116
「教授を試験しよう」("Prüf' den Prof")	334, 349
教職（教員資格）	
－教職のタイプ	404-406
－基礎・基幹・実科学校及び総合制学校の対応する学年の教職	405-408, 416
－ギムナジウム及び総合制学校の教職	404-405, 407-408
－職業コレークの教職	405
－特殊教育の教職	404-405
教職学習	165, 401, 403, 412-414, 416-417
教職国家試験	
－「学校における教職のための試補勤務及び第二次国家試験規程（試補勤務及び第二次国家試験規程）」	402
－「学校における教職のための第一次国家試験規程（教職試験規程）」	402
－「公立学校における教職のための養成に関する法律（教員養成法）」	402
－授業実践試験	410-411
－ゼミナール養成指導者および校長の最終判定	411
－第一次国家試験	25, 402, 405, 407-410, 417
－第二次国家試験	25, 59, 402, 409-412, 418
競争原理	231, 292-293, 361
「共同職業訓練政策の実施に関する一般的原則」（閣僚理事会）	168
「共同体内における労働者の移動の自由に関する理事会規則」（閣僚理事会）	168
キリスト教民主同盟（CDU）	45, 58, 63-65, 77, 101
－キリスト教民主同盟学生グループ（Ring Christlich Demokratischer Studenten）	
	334-335, 339
Gravier 判決	198, 476, 490
グルントヴィ（GRUNDTVIG）	174-176
クレマン（Klemann, Jürgen）（ベルリン州教育担当大臣）	65
グローバル化	165, 393, 395, 400, 543, 549
軍事教練（Wehrunterricht）	42, 109
経済効率の重視（投資の効率性・効果）	179, 191-192, 210, 293
経済社会評議会（欧州連合）(Economic and Social Committee)	172-173, 485
継続教育（現職教育）	5, 11, 14, 70, 73, 95, 102-103, 168, 170, 175, 179, 211, 216, 266, 270, 274, 276, 288, 365, 504, 525, 549
血統主義	490
ゲーテ・インスティトゥート	436
言語教育	192, 466, 496-497
－バイエルンモデル	496-497, 521
－ベルリンモデル	496-497, 521
後期中等教育修了者の拡大（ベンチマーク）	179, 182, 184, 186-187, 191
公正（Gerechtigkeit）	192, 197, 483-484, 510, 520, 527

－教育の公正	462, 519
－世代内および世代間の公正	536, 539, 543, 550, 554
公的教育支出（対 GDP 比）	188, 191, 542
高等学務局（Oberschulamt）	98, 100, 106-107, 110
「高等教育および高等教育機関間の協力の発展に関する決議」（欧州議会）	169
「高等教育機関のランキングに関するベルリン原則」（国際ランキング専門家グループ，IREG）	393, 400
高等教育財政審議会（HEFC，英国）	209
「高等教育における移動の促進」（教育関係閣僚理事会結論）	169
「高等教育における質の保証のためのヨーロッパ間協力」（教育関係閣僚理事会勧告）	257
高等教育における中・東欧質保証ネットワーク（CEE）	258
高等教育の大衆化（大学の大衆化）	17, 28, 341, 360, 370-372
「高度の資格を必要とする業務に従事する第三国国籍者の入国及び滞在の条件に関する理事会指令」	487
公民科（Staatsbürgerkunde）	36, 40, 42, 48, 53, 55, 84, 86, 106-109
公務員に関する当然の法理（日）	500
公用語（EU）	192, 423, 425, 429
国際読書力調査（PIRLS）	513-514
国際バカロレア	502-503, 524
国際ビジネス管理アクレディテーション基金（FIBAA）	255-256
国際連合人権理事会	518
「国立又は公立の大学における外国人教員の任用等に関する特別措置法」（日）	501
国家施設型大学	293
国家保安省／国民保安庁（シュタージ，秘密警察）	36, 104-107, 123, 153, 155
コブレンツ・ランダウ大学教育研究センター（zepf）	287
コペンハーゲン・プロセス	163, 175, 192-193, 240, 244, 271, 276
コペンハーゲン宣言	244
コーポレート型大学	293
コメニウス（COMENIUS）	174-176, 200
雇用可能性（employability）	185, 241, 268-270, 279, 301
コーラン学校（Koranschule）	467, 502, 525
コール（Kohl,Helmut）（連邦首相）	44-45, 65
コレーク（Kolleg）	19, 67, 74, 472-473

〔サ行〕

ザクセン・アンハルト州の教育再編	
－学校制度の再編	30, 66-67, 71, 75, 77, 80, 82, 86-87, 90, 92
－「ザクセン・アンハルト州学校改革法」	66, 68
－「ザクセン・アンハルト州大学革新法」	139
－大学の再編	120-121, 138
ザクセン州の教育再編	
－学校制度の再編	30, 66-67, 71, 75, 77-82, 86, 88, 90-91, 100-101
－「ザクセン州学校法」	66, 68, 85, 89, 99, 102

事項・人名索引　575

　　－ザクセン州現職教育アカデミー　　　　　　　　　　　　　　　　　103
　　－「ザクセン州大学革新法」　　　　　　　　　　　　　　　　　　　139
　　－「ザクセン州大学構造法」　　　　　　　　　　　　　　　　　　　139
　　－大学の再編　　　　　　　　　　　　　　　　　　　　　　119-120
参加を主体とした学校文化　　　　　　　　　　　　　　　　　　　　198
三分岐型学校制度　　　　　　　7, 19, 30, 32, 75, 100-102, 148, 462, 495, 505, 518-519
「シェンゲン実施協定」（EU）　　　　　　　　　　　　　　　　　483, 491
資格枠組み　　　　　180, 192, 236, 246-247, 253-254, 267-273, 276, 278-281, 298, 301-302
　　－「生涯学習のためのヨーロッパ資格枠組み」（EQF-LLL）　　240, 253-254, 270-271,
　　　　　　　　　　　　　　　　　　　　　　　　　　　　　　　　275-276, 298
　　－「ドイツの大学修了証のための資格枠組み」　　　　　240, 254, 268, 273-274
　　－「ヨーロッパ高等教育圏のためのヨーロッパ資格枠組み」（QF-EHEA）
　　　　　　　　　　　　　　　　　　　　　　　　　　　　　　　253-254, 271-272
支出に見合った価値（value for money）　　　　　　　　　　　　　　　164
自然科学分野における立ち遅れ　　　　　　　　　　　　　　　　　238, 295
　　－数学・自然科学・工学の大学卒業生の拡大（ベンチマーク）　　179, 182-184
持続可能な発展
　　－「アジェンダ21」（21世紀に向けての行動綱領）　　530-534, 539, 541, 545-546, 550
　　－環境と開発に関する国連会議（国連環境開発会議，地球サミット）　530-531, 545
　　－環境と開発に関するリオ宣言　　　　　　　　　　　　　　　　531, 539
　　－気候変動とクリーンエネルギー　　　　　　　　　　　535-536, 538, 543
　　－国連持続可能な開発のための教育（ESD）　　　　　　　　　　　　551
　　－「持続可能戦略―今，明日を形成する」（バーデン・ヴュルテンベルク州）　541, 543
　　－「持続可能な発展戦略」（EU）　　　　　　　　　　　　　　530, 534-538
　　－持続可能な発展に関する議会諮問委員会（連邦議会）　　　　　　　540
　　－持続可能な発展の原則（EU）　　　　　　　　　　　　　　　　　535
　　－「持続可能な発展のためのグローバルなパートナーシップへ」（欧州委員会）　535
　　－持続可能な発展評議会（連邦政府）　　　　　　　　　　　　　　540
　　－「ドイツのための展望―持続可能な発展のためのわれわれの戦略」（連邦政府）　539-542
　　－「未来に可能なノイマルクト」（バイエルン州ノイマルクト市）　　541, 543
　　－ヨハネスブルク・サミット　　　　　　　　　　　　　　　　　　535
　　－ローカル・アジェンダ　　　　　　　　　　　　　　　　　530, 545-546
　　－「ローカル・アジェンダ21」　　　　　　　　530, 532-533, 541, 545-546, 550
　　－「ローカル・アジェンダ21の策定に関する決議」　　　　　　　　545
実科学校　　　　　　　　　6-9, 11, 13-17, 27, 30-32, 36, 66, 69-71, 73-76,
　　　　　　　　　　　　　　90, 100-102, 143-144, 148-150, 444, 472-473, 509
　　－実科学校修了資格（実科学校修了証，中級修了証）　　　11, 67, 71, 73, 80-82,
　　　　　　　　　　　　　　　　　　　　　　　　　　　90, 102, 145, 506, 516
質の改善・保証（大学教育）
　　－教育の質改善　　　　　　　　　　　　　　　　　238-239, 271, 281, 334
　　－外部による質保証システム　　　　　　　　　　　　　　　　　259, 268
　　－質改善プロジェクト（Projekt Q）　　　　　　　　　　　　　　　257
　　－質の保証文化（quality assurance culture）　　　　　　　　　　　　268

－質保証システム　223, 243, 255, 257-259, 280, 413
　－質保証のための基準（スタンダード）　245-247, 259
　－質保証への学生の参加・関与　260, 267-268
　－質保証への国際的な参加　261, 268
　－質保証マネジメント　268-269
市民性（citizenship）　167, 185, 193-197
　－市民性の教育（シティズンシップの教育）　193-198, 205
市民大学（Volkshochschule）　31, 67, 74, 504, 525
「市民的および政治的権利に関する国際規約」（国際人権規約）　196, 198, 529
シャウマン（Schauman, Fritz）（連邦教育学術省次官）　338
社会科（Gesellschaftskunde）　86-88, 425-426, 434
社会主義統一党（SED）　36, 40, 42, 51, 60, 84, 106, 108-109, 138, 142, 153, 155
社会的次元（social dimension）　247, 269
　－社会的一体性（inclusion）　197, 539
　－社会的協同（共同）　174, 539, 543, 550, 554
　－社会的弱者　151, 547-548
　－社会的平等・結束（cohesion）　173, 194, 535-536, 538
社会民主党（SPD）　45, 58, 63-65, 77, 101, 383, 398, 553
ジャン・モネ・プロジェクト（Jean Monnet Projekt）　174, 176, 201
就学義務　6, 30, 67, 83-84, 469, 495, 502, 524
　－全日制就学義務　10, 29-30, 83-84
　－定時制就学義務（職業学校就学義務）　30, 83-84
就学前教育（基礎領域、基礎段階）　6, 41, 186-189, 191, 203
宗教
　－宗教的活動の保障　498-499, 522, 525
　－宗教の自由（信仰の自由）　462, 498-499, 522
宗教教育（宗教の授業）　67, 84-86, 423-427, 442, 462, 498-499
　－「人生の形成、倫理、宗教」（ブランデンブルク州）　86
「州制度導入法」　46, 85, 111
従前の学習（prior learning）　265, 268, 272, 279
自由ドイツ青年同盟（FDJ）　36, 40, 53, 99, 106-108
自由な学習　236, 263, 373
10年制普通教育総合技術上級学校（zehnklassige allgemeinbildende polytechnische Oberschule）
　　40-41, 59, 69, 83, 91, 142-143, 147
　授業料　10, 212, 231, 233, 291, 304, 346, 348, 352, 361, 375, 385, 398, 429, 443, 460, 469, 476, 490, 495
　－大学授業料徴収問題　290, 383-384, 398
シュタイナー（Steiner, Rudolf）（人智学者）　385, 490, 502
　－自由ヴァルドルフ学校（シュタイナー学校）　9, 472-473, 490, 502
出生地主義（ius soli）　477-478, 490
シュトレーゼマン（Stresemann, Gustav）（ワイマール時代のドイツの外相）　438
ジュニア・プロフェッサー　380-382, 397-398
主要学習（Hauptstudium）　224, 309-311, 318, 362, 406-407

事項・人名索引　577

ジョイント・スタディ・プログラム	282-283
ジョイント・ディグリー（共同学位）	247, 266-269, 281, 296
生涯学習	173-176, 179-180, 211, 265, 269, 272, 276, 301, 417
－「生涯学習の促進に関する統合計画」（欧州委員会）	173-174, 201
－生涯学習の促進（生涯学習へのアクセス改善）	191, 244
－生涯学習参加者の拡大（ベンチマーク）	179, 181, 183, 185-187, 191
障害をもつ者の学校	12
－促進学校（Förderschule）	12, 66-67, 71, 76
－促進センター	12
－特殊学校（Sonderschule）	5, 12, 31, 41, 66-67, 70, 83, 92, 472-473
上級学校（Oberschule）	7
上級段階センター（Oberstufenzentrum）	69, 78
上構学習（Aufbaustudium）	367
情報コミュニケーション技術（ICT）	174, 176, 187, 190, 213-214, 238
職員（Angestellte）	110, 418, 501, 523
職業教育（職業訓練）	
－承認された訓練職種（anerkannte Ausbildungsberufe）	11, 31, 61, 178
－職業訓練関係（Berufsausbildungsverhältnis）	84
－徒弟（Lehrling）	10, 61, 538, 549
職業教育学校	
－職業アカデミー（Berufsakademie）	30
－職業学校（Berufsschule）	10, 69-71, 78, 83, 143, 145, 152-155, 474
－職業基礎教育年（Berufsgrundbildungsjahr）	30, 74, 474
－職業コレーク（Berufskolleg）	30, 418
－職業上級学校（Berufsoberschule）	30
－職業上構学校（Berufsaufbauschule）	10, 67, 474
－職業専門学校（Berufsfachschule）	10-11, 67, 69, 71-72, 474
－専門学校（Fachschule）	10-11, 44, 61, 67, 69, 71, 474
－専門上級学校（Fachoberschule）	7, 10-11, 19, 69-71, 79, 101, 474
女性教授の登用	343, 359
私立学校（Privatschule）	89, 92, 149-150, 443, 460, 462, 466, 472, 501-502, 524
－自由な設置者による学校（Schule in freier Trägerschaft）	92
自律性（大学，学校の自律性／Autonomie）	152, 208, 210, 212, 231, 269, 293
「人種差別及び外国人敵視を除去するための理事会大綱決定に関する提案」（内相及び法相理事会）	486
スウェーデン高等教育に関する国家機関	209
スカーフ（ヒジャーブ）着用問題	462, 498-499, 522
「少なくとも3年間継続する専門の教育および訓練の修了に際して授与される高等教育のディプロームの承認に関する一般的制度」（教育関係閣僚理事会）	169
「政策決定者及び実務家のための統合に関するハンドブック」（司法・自由・安全総局）	485
清算（Abwicklung）	137, 155
政治教育	195, 197, 205
「青少年行動計画」（EU）	193-195

「青少年の職業準備を改善し学校から職業生活への移行を容易なものとする措置」(教育関
　係閣僚理事会)　169
青少年の読解力向上 (ベンチマーク)　179, 181-182, 184-186, 190
成績評価 (6段階評価)　31, 97, 110, 126, 146, 408-409, 460
制度の共通化　165, 393, 395
世界人権宣言　105
世界貿易機関 (WTO)　165, 393
絶対評価　3, 22-24, 26
セレクティブ・アドミッション　237
全国大学評価委員会 (Comité National d'Evaluation, C.N.E.) (フランス)　209
全日学校 (Ganztagsschule)　19-20, 26, 66, 82, 91, 100, 149-150
全日の世話 (午後の世話、昼間の世話)　66, 82-83, 542, 554
専門労働者 (Facharbeiter)　61, 78
「送還行動計画に関する内相及び法相理事会提案」　485
早期学校離学者の減少 (ベンチマーク)　163, 179-180, 182, 186-187
総合技術教育 (politechnischer Unterricht)　40, 55, 143
総合制学校 (Gesamtschule)　5, 7, 9, 18-20, 30, 32, 66, 69, 75-76, 80, 100-102, 147-148, 471
　−協力型総合制学校 (kooperative Gesamtschule)　13, 30-31, 76
　−統合型総合制学校 (integrierte Gesamtschule)　8, 9, 13, 16-17, 20, 30-31, 76, 472-473
　−現代化された総合制学校　151
　−「総合制学校の修了証の相互承認に関する大綱協定」(文部大臣会議決議)　62
相対評価　22-24, 26
促進段階 (Förderstufe)　13, 29, 31, 66, 75
ソクラテス計画　201, 283
ソクラテス・大学契約 (Sokrates-Hochschulvertrag)　283
ゾベツコ (Sobetzko, Werner) (ザクセン・アンハルト州教育・学術・文化相)　64
ソルブ語　481
ソルボンヌ宣言　163, 240-241, 247, 283

〔タ行〕
第1の教育の道　19
　−第2の教育の道　19
　−第3の教育の道　19
対外文化政策 (auswärtige Kulturpolitik)　435-436, 438-439, 457
　−外務省対外文化政策局　436
　−「対外文化政策に関する基本原則」(外務省)　439
　−「対外文化政策に関する専門調査委員会報告」　439
大学
　−州立大学　139, 291, 361, 383-384, 386, 399
　−私立大学　231, 291, 293, 298, 312, 375, 383-386, 398-399
　−教会が設立・運営する大学　298, 312, 383
　−学術大学 (wissenschaftliche Hochschule)　5, 11, 19, 90, 116, 123, 138,
　　　312, 344-345, 350-354, 362, 371, 398, 403

事項・人名索引 579

　―専門大学（Fachhochschule）　　　　5, 7, 11, 19, 31, 70-71, 73, 90, 116-117, 123-124, 138,
　　　　145-146, 222, 287, 289, 311-312, 343-345, 350-353, 362, 371, 373, 384, 396, 398
　―総合大学（Universität）　　　　　　　　　　11, 70, 73, 114, 116, 124, 146, 216,
　　　　　　　　　　　　　　　　　　　　222, 350, 352, 371, 373, 396, 398, 403, 418
　―総合制大学（Gesamthochschule）　　　　　　　　　　　　　　　　　73, 312, 362
　―教育大学（Pädagigische Hochschule）　　　　　　　　114, 116, 120, 371, 403
　―芸術大学（Kunsthochschule）　　　　　11, 73, 114, 116, 120, 371, 398, 403, 418
　―神学大学（Theologische Hochschule）　　　　　　　　　　　　　　　　11, 371, 403
　―体育大学（Sporthochschule）　　　　　　　　　　　　　　　　　　11, 403, 418
　―通信制大学（Fernuniversität）　　　　　　　　　　　　　　　　　　　　　312
　―国防大学（Universität der Bundeswehr）　　　　　　　　　　　298, 312, 383
大学開発センター（CHE）　　　　　　　　　　　　　　　　　　390-391, 399-400
「大学革新プログラム」(旧東ドイツの大学)　　　　　　　　　　　　　　　　140
大学・学校教職員の人的革新（適格審査）(旧東ドイツ)　　　　　　123 124, 136
　―移行措置　　　　　　　　　　　　　　　　　　　　　　　　　　　　123-124
　―解雇基準（解雇の法的根拠）　　　　　　　　　104-106, 108-110, 115-116
　―人格的適性（人格的潔白性）の審査　　　　　　　　　　　　105, 107, 123
　―専門的適性の審査　　　　　　　　　　　　　　　　　　　　　　　　　107
　―引受け措置　　　　　　　　　　　　　　　　　　　　　　　　　　　123-124
　―名誉措置　　　　　　　　　　　　　　　　　　　　　　　　　　　　123-124
大学間の格差　　　　　　　　　207, 225, 236, 291-292, 306, 360, 375, 386
「大学教育に関する覚書」(欧州委員会)　　　　　　　　　　　　　　　　　283
大学教員
　―教授能力　　　　　　　　　　　　　　　　　　　　127-128, 134, 353, 355
　―専門的能力　　　　　　　　　　　　　　　　　　　　　126-127, 131, 349
　―大学教授資格（Habilitation）　　11, 242, 344, 351, 353, 355, 360, 368, 371, 373, 381, 385, 396
　―大学教授の任用　　　　　　　　　　　　　353-355, 373, 375, 380-382, 396
大学憲章（Magna Charta Universitatum）　　　　　　　　　　　　　　　　283
大学情報システム（HIS）　　　　　　　　　　　　　　　　　　　　　　　412
「大学設置基準」の改正（日）　　　　　　　　　　　　　　　　　　　　　306
「大学大綱法」
　―第2条
　　　（大学の達成状況についての報告義務）　　　　　　　　　　　　　358, 368
　　　（女性研究者の不利の除去）　　　　　　　　　　　　　　　　　　　359
　―第3条（男女の平等）　　　　　　　　　　　　　　　　　　　　　　　359
　―第5条（達成を志向した大学財政）　　　　　　　　　　　　　　　　　359
　―第6条
　　　（教育の質の評価への学生の参加）　　　　　　　　　　　　　　　　351
　　　（研究と教育の評価）　　　　　　　　　　　　　　　　　　　　　　359
　―第9条（アクレディテーション）　　　　　　　　　　　　　　　　　　255
　―第10条（学習課程）　　　　　　　　　　　　　　　　　　　　　　　367
　―第11条（標準学習期間）　　　　　　　　　　　　　　　　　　　　　348
　―第14条（学生に対するガイダンス義務の強化）　　　　　　　　　351-352

－第15条（中間試験） 348
　－第15条
　　（回数にカウントしないシステム） 348, 398
　　（単位制度） 264, 359
　－第31条（自州以外の成績優秀者の枠） 344
　－第32条（選抜が必要な場合に大学が入学者を決定できる枠） 344
　－第42条（男女平等のための女性優先の考慮） 359-360
　－第44条
　　（大学教授資格付与にあたっての教育的適性） 351, 381
　　（大学外で達成された同等の学問的業績） 351, 381
　－第47条（ジュニア・プロフェッサーの任用） 381
　－第48条（ジュニア・プロフェッサーの地位） 381
　－第50条（ジュニア・プロフェッサーの任期の例外） 382
　－第57c条（大学外または外国における学術的活動） 382
「大学大綱法」の改正
　－第4次改正 251, 256, 264, 341, 344, 347, 351, 376, 381, 398
　－第5次改正 381
　－第6次改正 383
　－第7次改正 376
「大学における学習の目的、生徒の交流、無報酬の訓練又はボランティアサービスのための第三国国籍者の許可の条件に関する理事会指令」 484
「大学における質の評価に関するヨーロッパ・パイロットプロジェクト」（欧州委員会）
 214-221, 233, 257
「大学における達成能力の活性化に関する提言」（連邦教育学術省） 342
大学入学財団（Stiftung für Hochschulzulassung） 395
大学入学資格　18-19, 22-23, 30-31, 56-58, 60-61, 78, 90-91, 145-146, 166, 266, 274, 280, 296, 344, 377-379, 395, 397, 422, 440-441, 444-445, 447, 455, 469, 472, 500, 503, 507, 510, 536
　－一般的大学入学資格 11, 31, 69, 77, 90, 274, 500, 506
　－専門大学入学資格 11, 19, 31, 69, 71, 73, 90, 274, 506
　－特定専門分野大学入学資格 31, 274
大学入学者選抜方式の見直し 343-344
大学の学校化（Verschulung des Studiums） 285-286, 288
大学の企業化 210, 293
大学の国際化 211, 214, 343, 358-359
大学の自由（akademische Freiheit） 264, 286
大学の設置形態 375, 383
大学ランキング
　－ドイツ（『シュテルン』誌） 307, 320-324, 326-329, 363-364, 390
　－ドイツ（『シュピーゲル』誌） 307-320, 324-328, 361, 389-390
　－ドイツ（『フォーカス』誌） 336, 399
　－ドイツ（『フォーブス』誌） 336
　－ドイツ（フンボルト） 390, 392
　－ドイツ（旧東ドイツ） 125-137

事項・人名索引　581

―ドイツ（大学開発センター）	390-391
―ドイツ（RCDS）	334-335
―ドイツ（大学人の反応）	330-339
―世界（タイムズ高等教育版ランキング，THES）	392-394
―世界（上海交通大学作成ランキング，ARWU）	392-394
―ヨーロッパ	225-232
待機期間（Wartezeit）	17, 22, 344, 372, 376, 396-397
「滞在法」（Aufenthaltsgesetz）	270
第三者資金（Drittmittel）	321, 326-327, 329, 331-332, 340, 358, 363-364, 390-391
代替学校（Ersatzschule）	92, 462, 466-467, 501-503, 524
多言語主義（多言語政策）	162, 189, 192
ダニエル（Daniel, Hans-Dieter）（マンハイム大学心理学研究者）	308
「ダブリン協定」	483, 492
ダブリン・ディスクリプター（Dublin Descriptor）	253, 272, 275
多文化（共生）教育	205, 463, 505
多様化（Differenzierung）	43, 48, 66, 72, 101, 151, 164, 170, 174, 197, 211, 225, 237, 239, 360, 474, 527
―多様化された高等教育のタイプ	231
多様な教育課程をもつ学校（Schule mit mehreren Bildungsgängen）	5, 7-9, 17, 473
単位制度（Credit Point System）	164, 236, 263-265, 281, 359, 369, 380, 413
単一労働許可証（EU共通の許可証）	487
「タンペレ・アジェンダ」（欧州理事会）	483
地域委員会（欧州連合）（Committee of the Regions）	172-173, 284, 485
地域学校（Regionale Schule）	7
知のヨーロッパ（Europe of knowledge）	241
中央アビトゥーア	33
中央学籍配分機関（ZVS）	17, 344, 372, 376, 379, 395, 397
中央評価・アクレディテーション機関（ZevA）	209, 255-256
中間学校（Mittelschule）	7, 66, 71, 75, 79, 91, 100-103, 147
中等学校（Sekundarschule）	7, 66, 71, 75-76
「長期間滞在する第三国国籍者の地位に関する理事会指令」	484
治療教育、福祉、保健および社会活動の領域の学習課程に関するアクレディテーション機関（AHPGS）	256
ツィンネッカー（Zinnecker, Jürgen）（ジーゲン大学教授）	52
「通貨・経済・社会同盟条約」（東西ドイツの国家条約）	46, 111
通常学級（Regelklasse）	496-497, 521
通常学校（Regelschule）	7, 66, 72, 75-76, 80-81, 90
定時制の学校	10-11, 83, 143, 147
ディプロマ・サプリメント（Diploma Supplement）	241-242, 245-246, 261-262, 268, 301
ディプローム（ディプローム試験）	24, 28, 61, 64, 109, 169, 214, 251, 267, 287, 290, 320, 339, 346-348, 357, 362, 396, 398
デーヴィス（Davies, Laurie）（エッセン大学教授）	332
デメジエール（de Maizière, Lothar）（東ドイツ首相）	45, 64

テューリンゲン州の教育再編
　－学校制度の再編　　　　　　　　　　　　30, 66-67, 72, 74-77, 80-82, 86-87, 90-92
　－大学の再編　　　　　　　　　　　　　　122
　－「テューリンゲン州暫定教育法」　　　　　65
　－「テューリンゲン州大学法」　　　　　　　139
転換（Wende）　　　　　　　　　　　　　　　41, 158, 361
デンマーク評価機関（Danmarks Evalueringsinstitut）　　　　　209
ドイツ学術交流会（DAAD）　　　　　　　　247-248, 436
ドイツ学生援護会（DSW）　　　　　　　　　47, 247-248
ドイツ官吏組合（Deutscher Beamtenbund）　　59
ドイツ経営者団体連合会（BDA）　　　　　　247-248
ドイツ経済研究所　　　　　　　　　　　　　349
ドイツ研究協会（DFG）　　　　　　　　　　331-332, 363, 386, 388, 399
ドイツ語（国語，ドイツ語の授業）　　　　15, 36, 48-50, 55, 84, 90, 103, 109, 377-378, 408,
　　423-424, 429-434, 436, 440-443, 445-449, 451, 457, 476, 481, 496-497, 518, 520-521
　－ドイツ語ディプローム　　　　　　　　　440-441
　－ドイツ語の普及と促進　　　　　　　　　436, 441
ドイツ国際教育研究所（DIPF）　　　　　　　96
ドイツ人学校
　－カリキュラム編成　　　　　　　　　　　444-447
　－教員　　　　　　　　　　　　　　　　　449-450
　－言語の問題　　　　　　　　　　　　　　447-448
　－大学入学資格　　　　　　　　　　　　　445, 447
　－法的地位　　　　　　　　　　　　　　　442
　－問題点　　　　　　　　　　　　　　　　450-456
ドイツ大学学長会議（HRK）　　　　　　　208, 221, 225, 247-248, 255, 257, 262,
　　　　　　　　　　　　　　　　　　266-267, 274, 337, 339-340, 342, 344, 376
ドイツ大学連盟（DHV）　　　　　　　　　　289
「ドイツ統一条約（ドイツの統一の回復に関するドイツ連邦共和国とドイツ民主共和国との
　間の条約）」　　　　　　46-47, 61-62, 65, 104-105, 107, 110, 113, 115-116, 123
「ドイツにおける学習課程のアクレディテーションを行う機関を設立する法律」　　255
「ドイツにおける大学の発展に関する構想」（大学学長会議）　　　　　　337, 342
「ドイツの大学制度における競争」（学術審議会）　　　　　　　　　　　　360
「ドイツ連邦共和国基本法」
　－第2条（人格の自由）　　　　　　　　　521
　－第3条（法の前の平等）　　　　　　　　359, 499, 521
　－第4条（信仰、良心、宗教的活動の自由）　522, 525
　－第6条（子の教育に関する親の権利と義務）　20, 26, 91, 521
　－第7条（学校制度に対する国の監督）　　　522
　　（正規の教科としての宗教）　　　　　　84, 85, 498, 522
　　（私立学校を設立する権利の保障）　　　　524
　－第12条（教育訓練の場所を自由に選択する権利）　　　59
　－第16a条（庇護権）　　　　　　　　　　479, 490-491

事項・人名索引　583

－第23条（東ドイツ州の西ドイツ州への加入，旧条文）	45-46
－第33条（公職への就任，信条等による不利益取扱いの禁止，高権的権能の行使）	
	501, 522-523
－第91b条（連邦と州による教育計画）	47
－第116条（ドイツ人の概念）	481, 501, 524
－第141条（ブレーメン条項）	85
－第146条（基本法の効力期間）	45
「ドイツ連邦共和国の生涯学習戦略」	265-266
統一学校（Einheitsschule）	36, 38, 79
「統一的社会主義的教育制度に関する法律」（東ドイツ）	39
透過性（Durchlässigkeit）	43, 79, 91, 100-101, 163, 275, 279, 290
－異なる学校種類間の横断的移行（Durchlässigkeit）	15-16, 79-82, 91, 149-151
－職業教育と高等教育の間の相互移行可能性（Durchlässigkeit）	266, 270-271, 274
同化政策	497
統合型基幹・実科学校（Integrierte Haupt-und Realschule）	7
透明性（Transparenz）	208, 215, 239, 241, 244, 261, 302, 365, 550
トライネン（Treinen, Heiner）（ボッフム大学教授）	349
ドルトムント大学学校開発研究所（IFS）	141
ドロップアウト	164, 238, 412

〔ナ行〕

難民（Flüchtlinge）	153-155, 465-466, 471-472, 479-480, 482-483, 486, 490, 523
－事実上の難民（defacto-Flüchtlinge）	480
－条約難民（Konventionsflüchtlinge）	480
－戦争内戦難民（Kriegs-und Bürgerkriegsflüchtlinge）	480
－「難民の地位に関する条約」	480, 491
－分担難民（Kontingentflüchtlinge）	480
－ユダヤ人難民	480
ニーアマン（Niermann, Johannes）（ケルン大学教授）	157
二言語クラス	521
二元制度（duales System）	10, 474
「21世紀の大学像と改革方策について」（大学審議会）（日）	231
「二重学位および共通修了証の発達に関する勧告」（大学学長会議）	267
二重国籍	490
二文化間学校（Bikulturelle Schule）	439, 447
入学制限（numerus clausus）	17, 22-23, 58, 163, 237, 343-344, 372, 396
ニューカマー（日）	468
二流市民（Bürger zweiter Klasse）	37, 156-157
任命を撤回しうる関係にある官吏公務員（Beamte auf Widerruf）	402
ノヴァック（Nowak, Wolfgang）（ザクセン州文部次官）	95, 97, 100-101
ノンフォーマルな教育	244, 272, 296

〔ハ行〕

排除（exclusion）	487, 535, 538
「パイロット・プロジェクト、プロフィール形成」（大学学長会議）	339
ハウフ（Hauff, Volker）（持続可能な発展評議会会長）	540
博士号取得	251-252, 274, 357, 360, 365, 367-368, 380-382, 396
博士指導教授（Doktorvater）	368, 380
バシリウ（Vassiliou, Androulla）（教育・文化・多言語主義・青少年担当欧州委員）	173
バースラー（Birthler, Maianne）（ブランデンブルク州教育相）	64
バーデン・ヴュルテンベルク州評価機関財団（EVALAG）	257
バローゾ（Barroso, José Manuel）（欧州委員会委員長）	173
半日学校（Halbtagasschule）	19, 26, 91
「ハンブルク協定」	47, 61
PISA（生徒の学習到達度調査）	32-33, 185, 202, 413, 462, 510
－読解力	181, 185, 511
－数学的リテラシー	512-513
－科学的リテラシー	513
－PISAショック	20, 165, 401, 413-414, 511
ピア・レヴュー	233, 259, 400
－ピア・レヴュー・グループ（PRG）（評価チーム，専門家チーム）	214, 218-223, 233, 260-261, 281
ピオニール少年団（共産党少年団）	99, 103, 106, 109
「東ドイツ各州の普通教育学校制度の改編に関する勧告」（両ドイツ共同委員会）	48, 61
「東ドイツ出身者の西ドイツの大学への入学許可に関する決議」（文部大臣会議）	46
東ベルリンの大学再編	117, 137, 139
庇護	
－庇護権（Asylrecht）	479-480, 491
－庇護ショッピング（asylum shopping）	486
－庇護申請者（Asylbewerber）	479-481, 483, 486
－「庇護政策に関する提言の包括的パッケージ」（欧州委員会）	486
－ヨーロッパ共通庇護制度（CEAS）	486
ビジネス・ヨーロッパ	247
非宗派学校（bekenntnisfreie Schule）	84, 522
非政府組織（NGO）	195, 258, 531, 544
非大学高等教育機関	212, 238
非大学卒業者	462, 514-515
ひとつの国家のなかの2つの文化（zwei Kulturen in einem Staat）	150
秘密警察解体委員会	107
評価	
－教育実績の評価（教育面の能力の重視）	134, 209, 217, 338, 349, 351, 353-354, 367, 385
－外部評価（他者評価）	210, 215, 218-219, 222-225, 258, 261, 339, 358
－内部評価（自己評価）	210, 215-218, 220-225, 233, 258-260, 338, 358
標準学習期間（Regelstudienzeit）	242, 338, 340, 343, 345, 347-348, 352, 357-358, 365, 383, 385, 405-406
開かれた調整方法（offene Methode der Koordinierung）	177

事項・人名索引　585

ピンポン方式	547
ヒンメルマン（Gerhard Himmelmann）	195-196
フィケル（Fickel, Ulrich）（テューリンゲン州学術・文化相）	64
フィンランド高等教育審議会	209
付加学習（Zusatzstudium）	367
普通教育（普通教育学校）	9, 48, 61, 66-68, 142, 163, 173-174, 178, 180, 201, 238, 276, 278-279, 298, 437, 472-475, 527, 543
―「普通教育および職業教育制度の具体的な将来目標に関する報告」（教育関係閣僚理事会）	178
―「普通教育学校の第7学年～10学年（中等段階Ⅰ）の生徒のための学習時間表に関する協定」（文部大臣会議決議）	62
フーバー（Huber, Max）（ボン大学学長）	331, 363
不法移民（不法入国・滞在者）	465, 479-480, 483-485, 487, 491, 493
―「不法移民及び人身売買を阻止するための包括的計画に関する内相及び法相理事会提案」	485
フラッティーニ（司法・自由・安全担当欧州委員）（Frattini, Franco）	486
プラハ会議（プラハ・コミュニケ）	245-246, 283, 296
ブランデンブルク州の教育再編	
―学校制度の再編	30, 69, 75-80, 82-84, 86, 90-91
―大学の再編	117-118
―「ブランデンブルク州第一次学校改革法」	68, 89
―「ブランデンブルク州大学法」	138
ブルン（Brunn, Anke）（ノルトライン・ヴェストファーレン州学術・研究相）	333
フレキシブルな学習の道	247, 254, 265, 296
ブレーメン条項	85
プロテスタント	84, 442, 498
文化高権（Kulturhoheit）	29, 198, 284-285, 304
フンボルト（Humboldt, Alexander von）（ベルリン大学創設者）	286
―包括的な教育（umfassende Bildung）	286
ベルゲン会議（ベルゲン・コミュニケ）	246-247, 253, 272, 285, 300
ベルリン会議（ベルリン・コミュニケ）	245, 272, 283, 296
ベルリン宣言（欧州理事会）	486
ベルリンの壁	39-41, 50, 52, 56, 58, 62, 84
ベンチマーク（欧州委員会）	163, 177, 179-180, 182-186, 188, 190-191, 295, 417
保育園（保育所）（Kinderkrippe）	6, 82
法学国家試験	336, 362, 364, 399
補完学習（Ergäzungsstudium）	367
補完学校（Ergänzungsschule）	92, 462, 466, 502-503, 524-525
補完性原理	284, 492
北欧質保証ネットワーク（NOQA）	258
母語	168, 170, 205, 423-428, 431-432, 441-442, 496-497, 518, 521
―母語で授業を受ける権利	497
―母語の補完授業	498

ポスト国民国家	505, 528
ホーネッカー，マーゴット（Margot Honecker）（東ドイツ国民教育相）	42
ホルンボステル（Hornbostel, Stefan）（イエーナ大学社会学研究者）	308
ボローニャ・エキスパート	248-249
ボローニャ・コーディネーター	248-249
ボローニャ宣言	163, 235, 240-241, 244-246, 283, 295-297
ボローニャ・フォローアップ・グループ（BFUG）	247-248, 282
ボローニャ・プロセス	163-165, 193, 235-237, 240, 244-250, 257-258, 264-265, 269, 271-273, 275, 279, 280-290, 296, 301, 369, 380, 393, 401, 413
ボローニャ・モラトリウム	290

〔マ行〕

マイスター	10, 26-27, 344
マイノリティ学校	301, 466-467
マイノリティ言語	466
マイヤー（Meyer, Hans-Joachim）（ザクセン州学術相，旧東ドイツ学術・教育相）	64
マギスター試験	264, 320, 345-347, 362, 373
魔女狩り	157-158
マーストリヒト・コミュニケ	244, 276
「マーストリヒト条約」	167, 169, 171-172, 200, 284-285, 483
マス・プロ大学（マス化された大学）	163, 237, 326
マルチステークホルダー的アプローチ	551
民主社会党（PDS）	155
民主主義の学習	196
ムニョス（Muñoz, Vernor）（国際連合人権理事会特別報道官）	518
命令教育学（Kommmandpädagogik）	142
メクレンブルク・フォアポンメルン州の教育再編	
―学校制度の再編	30, 61, 70, 75, 77, 81-82, 86-87, 91
―大学の再編	118-119, 136
―「メクレンブルク・フォアポンメルン州第一次学校改革法」	68, 79-80
―「メクレンブルク・フォアポンメルン州大学革新法」	138
メレマン（Jürgen Möllemann）	42, 46, 65
モドロウ（Hans Modrow）（東ドイツ首相）	42, 107
モドロウ教員（Modrow-Lehrer）	106-107
問題校	518
文部大臣会議（KMK）	4, 47, 57-58, 61-62, 77, 95, 163, 247-248, 254-255, 259, 266, 274, 279, 357, 419, 440, 443, 445, 447, 460, 518

〔ヤ行〕

夜間基幹学校（Abendhauptschule）	472-473
夜間ギムナジウム（Abendgymnasium）	19, 67, 473
夜間実科学校（Abendrealschule）	19, 67, 472-473
ユネスコ	261-262, 283, 395

事項・人名索引　587

ユネスコ・ヨーロッパ高等教育センター（UNESCO/CEPES）	243, 247, 282, 400
ユーロパス（Europass）	244
幼稚園（Kindergarten）	6, 191, 421-423, 429-431, 441-442, 445, 450-451
予備学年（Vorklasse）	6, 66, 74, 472-473
ヨーロッパ・アクレディテーション・コンソーシアム（ECA）	257
ヨーロッパ学生連合（ESU）	247-248, 282-283, 300, 302

ヨーロッパ学校（European School）
―言語による振分け　429-432
―授業語　425, 430, 441
―初等学校のカリキュラム　423-425
―生徒の構成　429
―中等学校のカリキュラム　425-427
―補完語（Ergänzungssprache）　423
―ヨーロッパ学校規約　422
―ヨーロッパ学校理事会　423, 428-429, 447
―ヨーロッパの時間　423-425

ヨーロッパ高等教育関係大臣会議	193, 236, 244-246, 248, 270, 282-283
ヨーロッパ高等教育機関協会（EURASHE）	247, 282, 300, 302
ヨーロッパ高等教育圏（EHEA）	174, 177, 235, 240-241, 243, 245, 253-254, 269-270, 272, 279, 281-283, 289, 301, 413
「ヨーロッパ高等教育圏における質の保証のためのスタンダードおよびガイドライン」（ESG）	246-247, 258-259, 268
ヨーロッパ高等教育質保証協会（ENQA）	225, 232, 247, 257-259, 261, 282, 300, 302
ヨーロッパ産業連盟（UNICE）	282
ヨーロッパ次元（european dimension）	169-172, 175, 180, 211, 215-216, 243-244, 246, 269, 476, 490
ヨーロッパ質保証登録（EQAR）	246, 270, 302
ヨーロッパ情報センターネットワーク（ENIC）	262
ヨーロッパ職業教育・訓練単位互換制度（ECVET）	240, 244, 254, 279
ヨーロッパ先端工学教育研究会議（CESAER）	282
ヨーロッパ大学院連盟（EURODOC）	282
ヨーロッパ大学協会（EUA）	247, 254, 279, 282
ヨーロッパ単位互換制度（ECTS）	163, 192, 240, 243-244, 246, 254, 263-265, 268-269, 272, 274-275, 289, 300-301, 380, 397, 419-420
「ヨーロッパの学校における効率性と公正」（欧州委員会）	518
ヨーロッパ・バカロレア資格（European Baccalaurate Certificate）	422

〔ラ行〕

ラウフバーン（Laufbahn）	404
ラーニング・アウトカム（学習成果）	163, 236, 254, 271-273, 275-281, 298, 302
リスボン欧州理事会	177-178
「リスボン協定」（「ヨーロッパ地域の高等教育に関する資格の相互承認協定」）	262-263, 268-270, 283, 300

588

リスボン戦略	162-163, 165, 167, 175, 177-178, 180, 188, 235, 239-240, 271, 401, 417, 535
リーバークネヒト（Lieberknecht, Christine）（テューリンゲン州教育相）	64
留年	16-17, 26, 28, 434, 435
倫理の授業（Ethikunterricht）	86, 423, 498
ルーヴァン／ルーヴァン・ラ・ヌーヴ会議	245, 270, 301, 303
レオナルド・ダ・ヴィンチ（LEONARDO DA VINCI）	174-176, 201
レーム（Rehm, Stefanie）（ザクセン州学校・青少年・スポーツ相）	64
連携または統括された基幹・実科学校（Verbundene oder Zusammengefassste Haupt-und Realschule）	7
連合90（Bündnis 90）	64
連邦各州教育計画研究助成委員会（BLK）	266, 301
－合同学術会議（GWK）	301
「連邦官吏法」	501, 523-524
連邦教育研究省（BMBF）	4, 29, 247-248, 257, 266, 274, 279, 518
連邦憲法裁判所	384, 397, 498-499, 524
労働協約（Tarifvertrag）	94, 110, 396, 501, 523
労働者（Arbeiter）	145, 149-150, 153, 244, 418, 501, 523
ロシア語の授業	36, 55, 64, 84, 106, 109
ロースクール	384
ロルフ（Rolff, Hans-Günter）（ドルトムント大学教授）	150-151
ロロフ・モミン（Roloff-Momin, Ulrich）（ベルリン州文化担当大臣）	65
ロンドン会議（ロンドン・コミュニケ）	244, 246-247, 249, 251, 258, 263, 267, 269-270, 296-297, 302

【大学名索引】

[凡例]
※ ドイツの大学については、（総）は総合大学（Universität）、（工）は工業総合大学（Technische Universität）または工科大学（Technische Hochschule）、（医）は医科大学（Medizinische Hochschule）、（専）は専門大学（Fachhochschule）を表す。私立大学は（私）、ドイツ統一後廃校となった旧東ドイツの大学（高等教育機関）は、（廃）と記した。なお、デュースブルク大学とエッセン大学は2003年1月に統合され、現在はデュースブルク・エッセン大学となっている。マクデブルクは、本文中（当時）は（工）であるが、現在は（総）となっている。
※ ドイツ以外の大学については、国名のみを記した。

〔ア行〕

アウクスブルク（総）	313, 316-317, 322, 325-326, 335, 362, 391
アーヘン（工）	313, 316, 318-319, 322-323, 327-329, 336, 363, 377, 387, 389, 418
アムステルダム（オランダ）	228
イェーナ（総）	114, 122, 127-133, 135-136, 139, 378, 387, 391
イルメナウ（工）	114, 122, 125, 128, 131-133, 135-136, 139-140
インペリアル・カレッジ・ロンドン（英国）	226
ヴィッテン・ヘルデッケ（私）	385, 398
ヴッパータール（総）	313, 316-317, 322, 339-340, 362, 418
ヴュルツブルク（総）	313, 316-317, 323-324, 328-329, 362, 387, 391-392
ウルム（総）	313, 316, 322-323, 327-329, 379, 387
エアランゲン・ニュルンベルク（総）	313, 316-317, 322-323, 326-329, 335, 377, 387, 391-392
エイントフォーヘン（Eindhoven）工科大学（オランダ）	226
エディンバラ（英国）	227
オスナブリュック（専）	221-223
オスナブリュック（総）	313, 316-318, 322, 325, 332, 339, 364, 391
オックスフォード（英国）	226-227
オルデンブルク（総）	313, 316-318, 391

〔カ行〕

カイザースラウテルン（総）	313, 316-317, 320, 322-323, 339-340
カッセル（総）	313, 316, 317-318, 322, 339-340
カールスルーエ（工）	313, 316-318, 323, 332, 339-340, 364, 387, 389
ギーセン（総）	313, 316-317, 322, 325-329, 335, 377, 387, 391-392
キール（総）	313, 316-318, 323, 325-329, 336, 378, 387, 391-392
グライスヴァルト（総）	114, 118-119, 127-133, 135-137, 139-140, 377, 391
クラウスタール（工）	313, 317, 320, 323, 362
ゲッティンゲン（総）	307, 313, 316-318, 322-323, 327-329, 336, 363, 387, 377, 389
ケムニッツ・ツヴィッカウ（工）	119-120, 127-133, 135-136, 139
ケルン（総）	227, 313, 316-318, 322-323, 326-329, 336, 363, 378, 391-392, 387, 418
ケンブリッジ（英国）	226-278
コンスタンツ（総）	307, 313, 315-319, 322-326, 335-336, 362, 387, 389, 391

〔サ行〕

ザルツブルク（オーストリア）	227
ザールブリュッケン／ザールラント（総）	313, 316, 318, 323–325, 327–329, 332, 364, 379, 387, 391
ジーゲン（総）	313, 315–317, 322, 324, 362–363, 418
シュタインバイス・ベルリン（私）	385
シュトゥットガルト（総）	313, 316–318, 362, 387
ストックホルム（スウェーデン）	227

〔タ行〕

ダルムシュタット（工）	313, 316–317, 322–323, 387
チューリヒ（スイス）	227
ティルブルク・カトリック（オランダ）	226, 227
デュースブルク・エッセン（総）	221–222, 307, 313, 316–317, 322, 324, 327–329, 332, 363, 377, 391, 418
デュッセルドルフ（総）	307, 313, 315–318, 320, 324, 327–328, 330–331, 336, 362–363, 377, 391, 418
テュービンゲン（総）	307, 313, 316–317, 319, 323, 325–328, 363–364, 377, 387, 391–392
トリーア（総）	313, 316–317, 322–323, 325–326, 361, 391
ドルトムント（総）	313, 316–318, 322–323, 339–340, 418
ドレスデン（工）	114, 119–120, 127–133, 135–136, 139–140, 221–223, 377, 387, 391

〔ハ行〕

ハイデルベルク（総）	227, 307, 313, 316, 318–319, 322–323, 326–329, 335, 363, 378, 387, 389, 391–392
バイロイト（総）	228, 313, 316–318, 322–323, 325–326, 335, 339–340, 362–363, 387, 391
パーダーボルン（総）	313, 316–317, 322–323, 332, 362, 364, 418
パッサウ（総）	226–229, 307, 313, 316–317, 322, 324–325, 335, 391
パドゥア（イタリア）	227
ハノーファー（医）	317–318, 327–328, 377, 387, 391
ハノーファー（専）	221–222
ハノーファー（総）	313, 315–317, 322–323, 325–326, 328–329, 335, 387
パリ大学（第Ⅰ大学）（フランス）	227
パリ大学（第Ⅱ大学）（フランス）	227
ハレ・ヴィッテンベルク（総）	120–121, 127–133, 135–136, 139, 377, 391
ハンブルク（総）	313, 316, 318, 322–323, 325–329, 336, 336, 362, 377, 387, 391
バンベルク（総）	313, 316–317, 322–323, 339
ヒルデスハイム（総）	317–318, 320
ビーレフェルト（総）	313, 315–319, 322–326, 362, 387, 418
ファレンダー企業経営学術（私）	385, 399
ブツェリウス・ロースクール（私）	385, 391, 398
フライブルク（総）	107, 227, 313, 316–318, 322–323, 325–329,

大学名索引　591

　　　　　　　　　　　　　　　　　　　　　335-336, 362-363, 377, 387, 389, 391-392
フライベルク鉱山アカデミー（工）　　　114, 119, 120, 127-133, 135-136, 139
ブラウンシュヴァイク（工）　　　　　　313, 316-317, 322-323, 326, 362
フランクフルト（アム・マイン）（総）　313, 316-318, 322-323, 325-329, 335, 377, 387, 392
フランクフルト（アン・デア・オーデル）（総）　　　　　　　　　117-118
ブレーメン（総）　　　307, 313, 316-319, 322, 324-327, 332, 335, 362, 364, 387, 391
ブレーメン（専）　　　　　　　　　　　　　　　　　　　　　　　339
ヘルシンキ大学（フィンランド）　　　　　　　　　　　　　　227-228
ベルリン経済大学（廃）　　　　　　　　　　　　　　　　　115-117, 138
ベルリン（工）　　　　　　　　　　　　313, 316-317, 322-323, 339-340, 387
ベルリン自由（総）　　　　313, 316-318, 322-323, 325-329, 335-336, 387, 389, 391-392
ベルリン・フンボルト（総）　　　64, 114, 117, 127-133, 135-136, 139, 387, 391-392
ホーエンハイム（総）　　　　　　　　　　　　　　　　313, 317, 322, 392
ポツダム（総）　　　　　　　　　　　　117-118, 127-133, 136, 139, 313, 391
ポツダム法律・行政（廃）　　　　　　　　　　　　　　115, 117-118, 138
ボッフム（総）　　　　　　　　313, 316-317, 322-323, 325-329, 377, 387, 391, 418
ボローニャ（イタリア）　　　　　　　　　　　　　　　　　　　　　227
ボン（総）　　　227, 307, 313, 315-319, 324-328, 330-331, 363, 377, 387, 391-392

〔マ行〕
マイセン農業生産協同組合（廃）　　　　　　　　　　　115, 119-120, 138
マインツ（総）　　　　　　　　　　　313, 316-317, 322, 325-329, 335, 378, 387, 391
マクデブルク（総）　　　　　　　　　　120-121, 127-133, 135-136, 139, 378
マールブルク（総）　　　　　　　　　313, 316, 322-323, 326-328, 335, 378, 387, 391
マンハイム（総）　　　　　　　　　　　313, 316-318, 322-323, 325, 387, 391
ミュンスター（総）　　　　　　　313, 315-317, 322-329, 335, 378, 387, 391-392, 418
ミュンヒェン（工）　　　　　　　　　313, 316-318, 322-323, 327-329, 362, 387, 389, 392
ミュンヒェン（総）　　　　　　　　　　227, 307, 313, 316-318, 322-323, 325-329,
　　　　　　　　　　　　　　　　　　　　　335-336, 363-364, 378, 387, 389, 391-392

〔ヤ行〕
ヤコブ・ブレーメン（私）　　　　　　　　　　　　　　　　　　　　385
ユニバーシティ・カレッジ・ダブリン（アイルランド）　　　　　　227
ユニバーシティ・カレッジ・ロンドン（英国）　　　　　　　　　　227
ヨーロッパ・ビジネススクール（私）　　　　　　　　　　　　　　385

〔ラ行〕
ライデン（オランダ）　　　　　　　　　　　　　　　　　　　　　227
ライプツィヒ（総）　　　　　　　　　　114, 119-120, 127-133, 136, 378, 387, 391
ライプツィヒ商業（私）　　　　　　　　　　　　　　　　　　　　385
ライプツィヒ・ドイツ体育（廃）　　　　　　　　　　　115, 119-120, 138
ライプツィヒ文学研究所（廃）　　　　　　　　　　　　　　114, 119-120
リューベック（医）　　　　　　　　　　　　　　　317-318, 327-328, 378, 387

ルーヴァン・カトリック（ベルギー）	226-227
レーゲンスブルク（総）	307, 313, 316-317, 322-326, 328-329, 335, 378, 391
ローザンヌ（スイス）	226
ロストック（総）	114, 118-119, 127-133, 135-136, 139, 378, 391
ローマ（イタリア）	227
ロンドン・スクール・オブ・エコノミックス（英国）	227

著者紹介
　木戸　裕（きど・ゆたか）
1949年8月生まれ。東北大学大学院教育学研究科教育学専攻修士課程修了。同博士課程退学。1977年4月から国立国会図書館に勤務。調査及び立法考査局文教科学技術課長等を経て、2005年総合調査室主幹。2007年から専門調査員（海外立法情報調査室、総合調査室）。この間、国会議員の立法活動を補佐。とくに文教問題に係わる内外の事項全般の立法調査業務に従事。青山学院大学大学院非常勤講師（比較教育学）を務める。文部省（文部科学省）、国立教育研究所（国立教育政策研究所）、大学入試センター等の各種研究プロジェクト、科学研究費共同研究等に参加。2010年3月、国立国会図書館を退職。現在、大学入試センター入学者選抜研究機構客員研究員。あわせて、東北大学大学院（「教育課程設計特論」2011年）、上智大学大学院（「国際教育学特殊講義」2012年）、国際基督教大学（「西洋教育史」2011年）、立教大学（「高等教育の歴史的展開」2012年）、高崎経済大学（「ドイツ語」2010年から）、日本女子大学（「情報メディアの活用」等、2011年から）、東洋大学（「図書館情報資源特論」等，2012年）で非常勤講師を務める。1989年、在外研究員としてドイツ国際教育研究所（フランクフルト）に滞在。日本比較教育学会、日本ドイツ学会会員。教育学修士。

[主な著訳書]（いずれも共著・共訳または分担執筆）
マックス・プランク教育研究所研究者グループ著、天野正治監訳『西ドイツの教育のすべて』（東信堂、1989年）。国立国会図書館内EC研究会編『新生ヨーロッパの構築：ECから欧州連合へ』（日本経済評論社、1992年）。ヘルマン・レールス，ハンス・ショイアール編、天野正治〔ほか〕訳『現代ドイツ教育学の潮流―W・フリットナー教授百歳記念論文集』（玉川大学出版部、1992年）。天野正治・木戸裕・長島啓記・高木浩子著『ドイツ統一と教育の再編』（成文堂、1993年）。クリストフ・フュール著，天野正治・木戸裕・長島啓記訳『ドイツの学校と大学』（玉川大学出版部、1996年）。天野正治・結城忠・別府昭郎編著『ドイツの教育』（東信堂、1998年）。荒井克弘・橋本昭彦編著『高校と大学の接続：入試選抜から教育接続へ』（玉川大学出版部、2005年）。マックス・プランク教育研究所研究者グループ著，天野正治・木戸裕・長島啓記監訳『ドイツの教育のすべて』（東信堂、2006年）。総合調査報告書『青少年をめぐる諸問題』（国立国会図書館調査及び立法考査局、2009年）。総合調査報告書『持続可能な社会の構築』（国立国会図書館調査及び立法考査局、2010年）。三石初雄・川手圭一編『高度実践型の教員養成へ』（東京学芸大学出版会、2010年）。

ドイツ統一・EU統合とグローバリズム──教育の視点からみたその軌跡と課題

2012年11月20日　　初　版第1刷発行　　　　　　　　　　〔検印省略〕

定価はカバーに表示してあります。

著者ⓒ木戸裕／発行者　下田勝司　　　　　　　　　　　印刷・製本／中央精版印刷

東京都文京区向丘1-20-6　郵便振替00110-6-37828
〒113-0023　TEL(03)3818-5521　FAX(03)3818-5514　　発行所　株式会社 東信堂
Published by TOSHINDO PUBLISHING CO., LTD.
1-20-6, Mukougaoka, Bunkyo-ku, Tokyo, 113-0023 Japan
E-mail : tk203444@fsinet.or.jp　http://www.toshindo-pub.com

ISBN978-4-7989-0145-9　C3037　Ⓒ Yutaka, KIDO

東信堂

比較教育学事典	日本比較教育学会編	一二〇〇〇円
比較教育学——越境のレッスン	M・ブレイ 馬越徹編	三六〇〇円
比較教育学——伝統・挑戦・新しいパラダイムを求めて	馬越徹・大塚豊監訳	三八〇〇円
世界の外国人学校	末福田誠治編著	三八〇〇円
多様社会カナダの「国語」教育(カナダの教育3)	浪田克之介編著 関口礼子	三八〇〇円
国際教育開発の再検討——途上国の基礎教育普及に向けて	小川啓一・友納友人子編著	二四〇〇円
中国教育の文化的基盤	大塚豊監訳	二九〇〇円
中国の大学入試研究——変貌する国家の人材選抜	大塚豊	三六〇〇円
中国高等教育独学試験制度の展開	南部広孝	三二〇〇円
大学財政——世界の経験と中国の選択	鮑威	三四〇〇円
中国の民営高等教育機関——社会ニーズとの対応	阿部洋編著	四六〇〇円
「改革・開放」下中国教育の動態	劉文君	五四〇〇円
中国の職業教育拡大政策——背景・実現過程・帰結	呉琼瑛 成瀬龍夫監訳	五〇四八円
中国の後期中等教育の拡大と経済発展パターン	王傑	三八二七円
現代中国初中等教育の多様化と教育改革——江蘇省と広東省の比較	楠山研	三九〇〇円
ドイツ統一・EU統合とグローバリズム——教育の視点からみたその軌跡と課題	木戸裕	六六〇〇円
教育における国家原理と市場原理——チリ現代教育史に関する研究	斉藤泰雄	三八〇〇円
中央アジアの教育とグローバリズム	嶺井明子・川野辺敏編著	三二〇〇円
バングラデシュ農村の初等教育制度受容	日下部達哉	三六〇〇円
オーストラリア学校経営改革の研究——自律的学校経営とアカウンタビリティ	佐藤博志	三八〇〇円
オーストラリアの言語教育政策——多文化主義における「多様性と」「統一性」の揺らぎと共存	青木麻衣子	三八〇〇円
マレーシア青年期女性の進路形成	鴨川明子	四七〇〇円
「郷土」としての台湾——郷土教育の展開にみるアイデンティティの変容	林初梅	四六〇〇円
戦後台湾教育とナショナル・アイデンティティ	山﨑直也	四〇〇〇円

〒113-0023 東京都文京区向丘1-20-6
TEL 03-3818-5521 FAX 03-3818-5514 振替 00110-6-37828
Email tk203444@fsinet.or.jp URL:http://www.toshindo-pub.com/

※定価：表示価格（本体）＋税

東信堂

転換期を読み解く——時評・書評集	潮木守一	二六〇〇円
大学再生への具体像	潮木守一	二五〇〇円
フンボルト理念の終焉？——現代大学の新次元	潮木守一	二五〇〇円
いくさの響きを聞きながら——横須賀そしてベルリン	潮木守一	二四〇〇円
大学教育の思想——学士課程教育のデザイン	絹川正吉	二八〇〇円
国立大学法人の形成	大﨑仁	二六〇〇円
国立大学・法人化の行方——自立と格差のはざまで	天野郁夫	三六〇〇円
転換期日本の大学改革——アメリカと日本	江原武一	三六〇〇円
大学の責務	D・ケネディ著 立川明・井上比呂子訳著	三八〇〇円
大学の財政と経営	立川明・坂本辰朗	三二〇〇円
私立大学マネジメント	㈳私立大学連盟編	四七〇〇円
私立大学の経営と拡大・再編——一九八〇年代後半以降の動態	両角亜希子	四二〇〇円
大学の発想転換——体験的イノベーション論二五年	坂本和一	二〇〇〇円
ドラッカーの警鐘を超えて	坂本和一	二五〇〇円
30年後を展望する中規模大学——マネジメント・学習支援・連携	市川太一	二五〇〇円
大学のカリキュラムマネジメント	中留武昭	三二〇〇円
戦後日本産業界の大学教育要求——経済団体の教育言説と現代の教養論	飯吉弘子	五四〇〇円
教育機会均等への挑戦——授業料と奨学金の8カ国比較	小林雅之編著	六八〇〇円
アメリカ連邦政府による大学生経済支援政策	犬塚典子	三八〇〇円
アメリカ大学管理運営職の養成	高野篤子	三二〇〇円
〔新版〕大学事務職員のための高等教育システム論——より良い大学経営専門職となるために	山本眞一	一六〇〇円
アメリカにおける多文化的歴史カリキュラム	桐谷正信	三六〇〇円
現代アメリカの教育アセスメント行政の展開——マサチューセッツ州（MCASテスト）を中心に	北野秋男編	四八〇〇円
現代アメリカにおける学力形成論の展開——スタンダードに基づくカリキュラムの設計	石井英真	四二〇〇円
大学教育とジェンダー——ジェンダーはアメリカの大学をどう変革したか	ホーン川嶋瑤子	三六〇〇円
スタンフォード 21世紀を創る大学	ホーン川嶋瑤子	二五〇〇円

〒113-0023 東京都文京区向丘1-20-6　TEL 03-3818-5521　FAX 03-3818-5514　振替 00110-6-37828
Email tk203444@fsinet.or.jp　URL:http://www.toshindo-pub.com/

※定価：表示価格（本体）＋税

東信堂

大学の自己変革とオートノミー──点検から創造へ	寺﨑昌男	二五〇〇円
大学教育の創造──歴史・システム・カリキュラム	寺﨑昌男	二五〇〇円
大学教育の可能性──教養教育・評価・実践	寺﨑昌男	二五〇〇円
大学は歴史の思想で変わる──FD・評価・私学	寺﨑昌男	二八〇〇円
大学改革 その先を読む	寺﨑昌男	一三〇〇円
大学自らの総合力──理念とFDそしてSD	寺﨑昌男	二〇〇〇円
高等教育質保証の国際比較	羽田貴史編	三六〇〇円
大学教育の臨床的研究	杉本和弘編米澤彰純	二八〇〇円
臨床的人間形成論の構築──臨床的人間形成論第1部	田中毎実	三六〇〇円
大学教育のネットワークを創る──FDの明日へ	田中毎実	二八〇〇円
ポートフォリオが日本の大学を変える──ティーチング/ラーニング/アカデミック・ポートフォリオの活用	京都大学高等教育研究開発推進センター編松下佳代編集代表	三二〇〇円
ティーチング・ポートフォリオ──授業改善の秘訣	土持ゲーリー法一	二五〇〇円
ラーニング・ポートフォリオ──学習改善の秘訣	土持ゲーリー法一	二五〇〇円
学士課程教育の質保証へむけて──学生調査と初年次教育からみえてきたもの	土持ゲーリー法一	二〇〇〇円
大学教育を科学する──学生の教育評価の国際比較	山田礼子	三二〇〇円
初年次教育でなぜ学生が成長するのか──全国大学調査からみえてきたこと	山田礼子編著	三六〇〇円
アクティブラーニングでなぜ学生が成長するのか──経済系・工学系の全国大学調査からみえてきたこと	河合塾編著	二八〇〇円
教育哲学	宇佐美寛	二四〇〇円
[新訂版]大学の授業	宇佐美寛	二五〇〇円
大学授業の病理──FD批判	宇佐美寛	二五〇〇円
授業研究の病理	宇佐美寛	二五〇〇円
大学授業入門	宇佐美寛	一六〇〇円
作文の論理──〈わかる文章〉の仕組み	宇佐美寛	一九〇〇円
作文の教育──〈教養教育〉批判	宇佐美寛	二〇〇〇円
問題形式で考えさせる	大田邦郎	二〇〇〇円
視写の教育──〈からだ〉に読み書きさせる	池田久美子	二四〇〇円

〒113-0023　東京都文京区向丘1-20-6
TEL 03-3818-5521　FAX 03-3818-5514　振替 00110-6-37828
Email tk203444@fsinet.or.jp　URL:http://www.toshindo-pub.com/

※定価：表示価格（本体）＋税

東信堂

子ども・若者の自己形成空間——教育人間学の視線から	高橋勝編著	二七〇〇円
君は自分と通話できるケータイを持っているか	小西正雄	二〇〇〇円
教育文化人間論——知の消遥／論の越境	小西正雄	二四〇〇円
グローバルな学びへ——協同と刷新の教育「現代の諸課題と学校教育」講義	田中智志編著	二〇〇〇円
教育の共生体へ——ボディエデュケーショナルの思想圏	田中智志編	三五〇〇円
人格形成概念の誕生——近代アメリカの教育概念史	田中智志	三六〇〇円
社会性概念の構築——アメリカ進歩主義教育概念史	田中智志	三八〇〇円
教育の自治・分権と学校法制	結城忠	四六〇〇円
教育による社会的正義の実現——アメリカの挑戦(1945-1980)	D・ラヴィッチ著 木藤美津子訳	五六〇〇円
学校改革抗争の100年——20世紀アメリカ教育史	D・ラヴィッチ著 末藤・宮本・佐藤訳	六四〇〇円
教育における国家原理と市場原理——チリ現代教育政策史に関する研究	斉藤泰雄	三八〇〇円
ヨーロッパ近代教育の葛藤——地球社会の求める教育システムへ	太田美幸編	三二〇〇円
ミッション・スクールと戦争——立教学院のディレンマ	前田一男編	五八〇〇円
多元的宗教教育の成立過程——アメリカ教育と成瀬仁蔵の「帰一」の教育	大森秀子	三六〇〇円
未曾有の国難に教育は応えられるか	新堀通也	三二〇〇円
演劇教育の理論と実践の研究——「じひょうご」と教育研究年	広瀬綾子	三八〇〇円
教育の平等と正義——自由ヴァルドルフ学校の演劇教育	大桃敏行・中村雅子・後藤武俊訳	三二〇〇円
〈シリーズ〉日本の教育を問いなおす 拡大する社会格差に挑む教育	K・ハウ著	二四〇〇円
混迷する評価の時代——教育評価を根底から問う	西村和雄・大森不二雄・倉元直樹・木村拓也編	二四〇〇円
教育における評価とモラル	西村和雄・大森不二雄・倉元直樹・木村拓也編	二四〇〇円
地上の迷宮と心の楽園《コメニウス〔セレクション〕》	J・コメニウス 藤田輝夫訳	三六〇〇円
〈現代日本の教育社会構造〉（全4巻）〈第1巻〉教育社会史——日本とイタリアと	小林甫	七八〇〇円

〒113-0023 東京都文京区向丘1-20-6 TEL 03-3818-5521 FAX 03-3818-5514 振替 00110-6-37828
Email tk203444@fsinet.or.jp URL:http://www.toshindo-pub.com/
※定価：表示価格（本体）＋税

東信堂

日本の羅針盤〔改訂版〕——日本よ、浮上せよ！	村上誠一郎＋21世紀戦略研究室	一五〇〇円
このままでは永遠に収束しない。福島原発の真実——原子炉を「冷温密封」する！	村上誠一郎＋原発対策国民会議	二〇〇〇円
まだ遅くない——福島原発の真実		
3・11本当は何が起こったか：巨大津波と福島原発——科学の最前線を教材にした暁星国際学園「ヨハネ研究の森コース」の教育実践	丸山茂徳監修	一七一四円
2008年アメリカ大統領選挙——オバマの勝利は何を意味するのか	吉野孝・前嶋和弘編著	二〇〇〇円
オバマ政権はアメリカをどのように変えたのか——支持連合・政策成果・中間選挙	吉野孝・前嶋和弘編著	二六〇〇円
オバマ政権と過渡期のアメリカ社会——選挙、政党、制度メディア、対外援助	吉野孝・前嶋和弘編著	二四〇〇円
政治学入門	内田満	一八〇〇円
政治の品位——日本政治の新しい夜明けはいつ来るのか	内田満	二〇〇〇円
日本ガバナンス——「改革」と「先送り」の政治と経済	曽根泰教	二八〇〇円
「帝国」の国際政治学——冷戦後の国際システムとアメリカ	山本吉宣	四七〇〇円
国際開発協力の政治過程——国際規範の制度化とアメリカ対外援助政策の変容	小川裕子	四〇〇〇円
アメリカ介入政策と米州秩序——複雑システムとしての国際政治	草野大希	五四〇〇円
ドラッカーの警鐘を超えて	坂本和一	一八〇〇円
最高責任論——最高責任者の仕事の仕方	大内一寛	二五〇〇円
実践 ザ・ローカル・マニフェスト	樋尾起年	一八〇〇円
実践 マニフェスト改革	松沢成文	一二三八円
受動喫煙防止条例	松沢成文	二三〇〇円
〈シリーズ防災を考える・全6巻〉	松沢成文	一八〇〇円
防災の社会学〔第二版〕——防災コミュニティの社会設計へ向けて	吉原直樹編	三八〇〇円
防災の心理学——ほんとうの安心とは何か	仁平義明編	三三〇〇円
防災の法と仕組み	生田長人編	三三〇〇円
防災教育の展開	今村文彦編	三三〇〇円
防災と都市・地域計画	増田聡編	続刊
防災の歴史と文化	平川新編	続刊

〒113-0023 東京都文京区向丘1-20-6
TEL 03-3818-5521　FAX 03-3818-5514　振替 00110-6-37828
Email tk203444@fsinet.or.jp　URL:http://www.toshindo-pub.com/

※定価：表示価格（本体）＋税